国家重点档案专项资金资助项目

编委会

XINZHONGGUO CHENGLI YILAI
NINGXIA YIMIN DANGAN ZHENGLI XUANBIAN

新中国成立以来
宁夏移民档案整理选编

宁夏回族自治区档案馆 ◎ 编

黄河出版传媒集团
阳 光 出 版 社

图书在版编目（CIP）数据

新中国成立以来宁夏移民档案整理选编 / 宁夏回族
自治区档案馆编. -- 银川：阳光出版社，2024. 12.
ISBN 978-7-5525-7747-1

Ⅰ. D632.4
中国国家版本馆 CIP 数据核字第 2025TP4127 号

新中国成立以来宁夏移民档案整理选编　　　　宁夏回族自治区档案馆　编

责任编辑　郑晨阳　赵维娟
封面设计　姜喜荣
责任印制　岳建宁

出版发行　阳光出版社
地　　址　宁夏银川市北京东路 139 号出版大厦（750001）
网　　址　http://ssp.yrpubm.com
网上书店　http://shop129132959.taobao.com
电子信箱　yangguangchubanshe@163.com
邮购电话　0951-5047283
经　　销　全国新华书店
印刷装订　宁夏凤鸣彩印广告有限公司
印刷委托书号　（宁）0031932

开　　本　880 mm×1240 mm　1/16
印　　张　26.5
字　　数　650 千字
版　　次　2024 年 12 月第 1 版
印　　次　2024 年 12 月第 1 次印刷
书　　号　ISBN 978-7-5525-7747-1
定　　价　368.00 元

前　言

　　宁夏这片土地，自古以来就是一个多民族融合，各地区移民共同开发、共同发展的区域。早在秦朝时期，这里便开始实施了屯垦守地方略，从而开启了宁夏移民开发史的序幕。自此以来，历代中央政权十分注重宁夏平原的移民耕垦与农业开发，采取了不同形式的移民措施，历经两千余年而不衰。

　　新中国成立以来，宁夏也经历了多次大规模的移民潮。在以政府为主导的移民过程中，留存了数量庞大的移民档案。这些档案是复原移民迁移历程，深入研究宁夏当代历史极为重要的佐证材料和翔实系统的原始文献。开展当代宁夏移民档案整理研究，追溯新中国成立后不同时期宁夏移民类型，探寻其发展变迁的轨迹及在经济社会发展过程中的特殊影响和积极作用，对于真实再现当代宁夏移民史，充分彰显在中国共产党的领导下，宁夏经济社会发生的翻天覆地变化，助推全面建设社会主义现代化美丽新宁夏，具有重要的历史意义和现实意义。

　　迄今为止，宁夏学术界运用原始档案对"当代宁夏移民史"的研究还较为薄弱，大量移民档案被保存在各级档案馆中，从未有人对这些档案进行过系统的整理与研究，致使人们对宁夏移民的关注和了解只是停留在移民个体的片段回忆性记述里，都是一种情感的再现，缺乏从历史档案中更真切、更深入、更理性、更完整的体察与分析。事实上，当代宁夏移民历史不仅与这片土地相关，更是与当代中国历史发展轨迹紧密相连，在众多移民的生命经历中，烙下了中华人民共和国全部历史进程的重大印记。

　　档案是还原历史真相最有力的证据。深入挖掘整理当代宁夏移民档案，可以为今天的移民史研究提供系统化的"第一手"实证文献。这便是我们编辑出版《新中国成立以来宁夏移民档案整理选编》的初衷。

一、新中国成立以来宁夏移民概况

　　1949 年 9 月 23 日，宁夏解放，开启了人民当家作主的社会主义革命和建设时期。参加支援宁夏建设的干部来自各方面：中共中央西北局、中共陕北区委、中共三边区委、人民解放军以及华大（华北人民革命大学）、民大（西北人民革命大学）派来了千余人，加之地方新提拔的 2000 多人，构成了解放初期宁夏干部骨干队伍，建立了各市、县、旗党政机构，同时还接收了大批支援边疆建设的知识分子和分配的大中专学生，参加宁夏的接管、建设、维护社会治安和生产自救等各项工作。

1950年12月，为了疏散城市人口，减轻政府财政负担，解决城市居民的生活就业困难，北京、上海等地政府动员组织多批市民到宁夏安家落户。随着国家政权逐渐稳固，全面转入和平时期经济建设，中国人民解放军大批军人复员转业，部分驻宁部队开始了艰苦的屯田垦荒事业，为宁夏农垦事业的发展奠定了基础。1950年12月1日，宁夏军区负责筹建的西北地区第一个国营农场——灵武机械化示范农场成立；1952年7月，农建一师6000多名官兵于平罗西大滩创建国营前进机械化农场；1955年10月25日，农建一师集体转业，将3个团建成独立核算的前进一、二、三场。1955年7月30日，全国人民代表大会一届二次会议通过了《关于根治黄河水害和开发黄河水利的决议》，决定修建三门峡水库。从1956年开始，陕西库区分期、分批向宁夏地区移民。截至1958年，累计向银川专区移民31500多人。

宁夏回族自治区成立前后，为了加快改变宁夏人才缺乏、发展滞后、基础薄弱以及经济、文化、教育、科技、医疗卫生等各方面十分落后的局面，中央及各省、市、自治区对宁夏给予了大力支持。调配大批干部、职工、科学技术人员来宁夏工作，北京、天津、上海、南京、陕西、河南、河北、山东、安徽等省、市，还动员大批青年学生、城市和农村居民支援宁夏建设。据档案记载，1958—1960年，各省来宁建设人员近20万人（包括家属），其中浙江96793人，陕西31529人，河南16861人，北京14080人，上海约31000人，以及天津、南京、济南等地迁厂来宁职工3700人。加之大批自流移民迁移到宁夏落户，这一时期移民到宁夏的人口达到了30多万，占当时宁夏人口总数的15%左右。1961—1978年，来自北京、天津和杭州等城市的知识青年8300余人到宁夏农村和生产建设兵团以及国营农牧场安家落户；1965年至"文化大革命"期间，本区"上山下乡"知识青年4.91万人，其中银川的一部分知识青年安置在固原地区各县。

此外，还有一批特殊的"时代移民"——响应政府号召，参加三线建设的内地迁宁大型企业职工及其家属。他们从东北地区和其他大城市随企业举家迁徙来宁夏安家落户。据统计，1964—1971年，根据三线建设的需要，通过全迁、分迁、包建和技术支援等形式，从东北、华北及沿海一些地区内迁到宁夏的有机械、轻工、冶金、煤炭、石油化工、农机、国防工业和建筑等行业的30多家厂、矿、公司，共19700多人。

当然，当代宁夏移民中亦包含众多的区内移民。在1958年8月开工的青铜峡水利枢纽工程建设中，水库移民工作从1967年开始至1976年结束，历时10年，先后从库区迁出19000余人。根据档案记载统计，1983年，随着"三西"农业建设计划启动，宁夏经历"三西"及吊庄移民19.8万人、扶贫扬黄灌溉工程移民40.51万人、国家易地扶贫搬迁试点工程移民11.8万人、中部干旱带县内生态移民16.08万人、"十二五"中南部地区生态移民34.6万人以及"十三五"易地扶贫搬迁移民等，共计从宁夏中南部贫困地区农村搬迁近130万人。他们从"不适宜人类生存"的大山、荒漠迁居到有土地、有水源、交通方便、适宜发展的地方重建新家园，创业发展，使百万移民彻底摆脱了贫困，开创了新的生产与生活前景，实现了与全国人民同步建成全面小康社会，抒写了宁夏移民史上的辉煌篇章。

70多年来，众多的干部移民、军垦移民、城市移民、科技移民、教育移民、卫生移民、文化移民、支宁青年、库区移民、知青移民、"三线"企业移民、商业移民、生态移民等，构成了开发宁夏、建设宁夏十分重要的"方面军"，为宁夏经济社会发展做出了不可磨灭的历史贡献。全国人民、宁夏人民将永远铭记这些移民们的彪炳功勋。

二、当代宁夏移民档案的分布及内容

当代宁夏移民档案主要收藏在宁夏回族自治区档案馆（以下简称"宁夏档案馆"），区内各市、县档案馆及有关单位档案室中，外省相关移民地也有收藏，如浙江杭州、宁波、温州、金华、嘉兴等地档案馆存有1959年、1960年浙江支宁青年档案。此次收集整理的档案主要以宁夏地区为主。

现查阅到的当代宁夏移民档案主要为：宁夏档案馆536份、银川市档案馆64份、吴忠市档案馆127份、石嘴山市档案馆157份、中卫市档案馆123份、固原市档案馆82份、贺兰县档案馆237份、灵武市档案馆47份、平罗县档案馆17份、青铜峡市档案馆298份、永宁县档案馆20份、中宁县档案馆153份、泾源县档案馆3份、隆德县档案馆15份、西吉县档案馆15份、固原市原州区档案馆42份、宁夏农垦集团档案11份、宁夏回族自治区水利厅档案7份、其他包括部分外省档案33份，共计1987份。这些移民档案的主要内容概括起来有以下六大类。

（一）决策性文件，如决定、通知、回复意见等。此类文件为上级机关向下级部门布置工作、对下级机关请示的批复等。如：贺兰县档案馆藏1960年4月20日《欢迎60年浙江来宁青年标语口号的通知》，吴忠市档案馆藏1958年1月10日《甘肃省吴忠回族自治州人民委员会关于安置河南移民工作的通知》，宁夏档案馆藏1966年11月28日宁夏回族自治区工业厅向国家第一机械工业部报《关于银川电表厂有关搬迁工作的安排意见》附天津电表厂同意搬迁人员及设备仪器清单等。

（二）会议纪要类，包括各类会议记录、纪要。譬如，宁夏档案馆藏1958年12月16日《宁夏工委第97次会议纪要》，听取了民政厅马杰关于上海、浙江移民情况的汇报，决定成立由马玉槐、王金璋负责，相关部门参加的欢迎支援宁夏建设人员委员会，负责接待安置工作。

（三）计划方案、分配任务、工作检查汇报、事件处理、政策落实等。如：中宁县档案馆藏1956年2月11日甘肃省银川专员公署通知（56）署办字第27号《通知本署移民委员会名单及省新拨河南二万六千人的分配数字》，宁夏档案馆藏1960年9月12日《中央十个工业部支援宁夏干部工人调配方案》，贺兰县档案馆藏1959年2月6日《贺兰县人民公社管理委员会关于浙江参观团在我县参观情况的简要报告》等。

（四）有关移民工作讲话稿、发言材料。如：宁夏档案馆藏《在欢送上海铁道医学院来宁人员座谈会上的讲话》等。

（五）各级机构、部门的工作报告、工作总结。这一类档案数量最多，记录内容较为详细，具有重要参考价值。如：宁夏档案馆藏《宁夏回族自治区安置来宁建设人员委员会关于安置浙江青年工作情况报告》《关于志愿军531医院转业我区工作情况的报告》，中宁县档案馆藏1959年《三门峡水库区陕西境内向宁夏地区移民工作的总结报告》。

（六）表册类，包括任务分配表，迁送、安置、返籍等情况统计表，生产资料统计表，财务报表，支宁审批登记表，移民名册等。如：宁夏档案馆藏1959年10月25日《浙江来宁青年人数统计表》等。

三、当代宁夏移民档案的价值

当代宁夏移民档案是推进新中国移民史、当代宁夏移民史研究不可或缺的原始文献。全面收集、系统整理、深入挖掘当代宁夏移民档案，对揭示新中国成立以来不同类型移民迁移原因、安置方式、规模及人口来源变化等，具有极为重要的史料价值。例如：从移民迁移原因看，有新中国成立后服从国家召唤抱着满腔热血支援新宁夏各项事业建设的干部、工人和知识分子；有投亲靠友落户宁夏的自流人员；有随企业搬迁的三线建设干部职工及家属；有响应党的号召"上山下乡"的城市知识青年；有为摆脱贫困的"吊庄"和生态移民。从移民规模看，有从某一地域大规模迁入并统一安置的政策性移民，也有国家统一分配的大中专毕业生和抽调的特殊技术人员，还有零星流落到宁夏并定居当地的自流移民。从职业类型看，既有农业生产者，也有工矿生产和社会各行业从业者，还有科教文卫行业的从业人员。从地域来源看，既有来自东北、华北和西北地区的移民，也有来自上海、浙江等江南地区的移民。如此丰富的档案，对于深入系统地研究新中国移民史、当代宁夏移民史而言，无疑是价值富蕴的史料。

当代宁夏移民档案是深入挖掘、凝练当代宁夏"移民文化"必不可少的第一手资料。宁夏的移民历史及由此而形成的"移民文化"源远流长，对于宁夏数千年的发展历程具有重要的影响作用。那么，有别于历代移民文化，新中国成立70多年来宁夏的"移民文化"突出特征是什么呢？通过对支援宁夏建设者相关档案的挖掘和整理研究，深入解读不同背景的移民群体从自己熟悉的家乡迁移到一个与家乡自然环境、社会文化颇具差别的宁夏，当现实与想象产生巨大落差的时候，是如何适应当地自然环境与社会文化，在岁月的更替中构建适应自己的生存和发展的社会环境，其生活发生了怎样的变迁等，有助于进行全面、客观、真实、深层的探讨与思考，进而得到历史与现实同频共振的答案。例如：当年在移民移出地区、移入地区，到处都可听到或看到人们发自内心的"响应党的号召，到宁夏去""把青春献给祖国边疆的社会主义事业""党指向哪里，就奔向哪里""搞好当前生产，支援宁夏建设"等口号，这些心愿承载着一代人四海为家、自我牺牲、奋力拼搏、开拓创业的时代精神。这种精神是宁夏移民史上前所未有的，它对于后人不仅仅是一段珍贵的移民的历史，更是一笔宝贵的精神文化财富，凝聚着艰苦创业的执着、自强不息的坚韧、拼搏奋进的豪情与蓬勃向上的活力，彰显着独特的精神气派。此种特殊的"移民文化"，对于当今宁夏的发展以及各族人民铸牢中华民族共同体意识，促进民族团结进步，仍具有重要现实意义。

研究整理当代宁夏移动档案有助于全面、客观、准确地评价当代移民对宁夏各项事业的发展产生的积极影响和历史贡献。

1. 对新政权建设的重大作用。1949年12月，宁夏省人民政府成立后，接管宁夏的主要领导干部均由中央选派调入，在新政权建设初期，党中央从中央各部门和各省、市、自治区抽调了一大批干部充实到宁夏党政机关和有关业务部门中，不仅改善了宁夏干部队伍的结构，提升了干部队伍的整体素质，也为宁夏各项事业的发展提供了组织保证，使得宁夏新政权迅速得到巩固和发展。

2. 对经济建设的推进作用。新中国成立70多年来，国家动员、抽调大量人员和设备支援宁夏，建成了一批具有一定规模的新企业，伴随着技术工人的迁入和工业厂矿的兴起，宁夏的城市布局也发生了巨大的变化。如石嘴山市由原惠农县一个数千人的小镇一跃发展成为西部地区新型工业城市。又如"三线建设"时期，随着大批企事业单位的迁入，一大批职工家属也跟随到银川安家落户，大部分集中在银川市包兰铁路以西地区，形成了银川工业聚集区。大批工业职工的到来，带来了宁夏生产建设中最为活跃的劳动力和生产技术，改善了生产力布局和工业布局，宁夏的工业产品结构发生了根本变化，实现了多个新兴工业领域的"从无到有"，逐步形成了以矿产开发、机械制造、仪器仪表和化学化工为核心的工业体系；大量农业人口、农业技术的融入，为宁夏农业生产建设与发展注入了新的活力，提高了劳动效率，改变了落后的耕种方式，逐步走上了现代农业发展之路。

3. 对科技、教育、卫生、文化各项事业的推进作用。70 多年来，国家抽调和分配了大批知识分子支援宁夏建设。这些科技人员及教师、医生、文艺工作者对于提高宁夏人口整体文化素质、传播新型价值观念、满足科技教育文化卫生需求，发挥了积极的推动作用。据统计，1961 年 6 月自治区文教厅各单位职工总数 1306 人，其中外省区的共计 901 人，占比达 68.99%，是推动宁夏文化教育事业发展不可或缺的生力军；到 20 世纪 80 年代，宁夏已实现了基本扫除文盲，脱盲率达到 98% 以上，在全面普及基础教育和中等教育的同时，职业教育和高等教育亦有较大发展，其中"科教文卫移民"发挥了关键性的起步与引领作用。在"卫生移民"的带动下，宁夏的医疗卫生事业发展水平与发达省区间的差距，特别是城乡医疗水平的差距有了明显缩小。尤其是大批"科技移民"的到来，对于推进宁夏农业、工业、医疗卫生等方面的技术进步和发展水平，起到了关键的作用。以农业为例，1950 年宁夏粮食总产量只有 3.35 亿公斤，到 2018 年年底，粮食总产量已经达到了 39 亿公斤，增长 11.64 倍。节能日光温棚打破了宁夏"冬季无鲜蔬"的历史。沙漠治理等一大批科技成果，达到世界先进水平。

4. 对民风民俗、地方文化的积极影响。伴随着"移民文化"的形成、传承及其影响力的扩大，使得宁夏人生活方式和思想观念发生了划时代的变化——宁夏来自五湖四海的"外地人"有着极强的包容性和真诚的合作善意，各地区、各民族的生活习俗、文化内涵在这里得到了发自内心的相互尊重、相互交流、相互融合，以铸牢中华民族共同体意识为主线，形成了具有宁夏特色的"天南地北来相聚，五湖四海一家亲。踔厉奋发创大业，携手共建新宁夏"的新时代宁夏移民文化。

上述当代移民对宁夏各项事业发展及社会生活进步的积极影响与历史贡献，均可在本书中得到最为原始、真实、客观、全面的史料诠释。

当代宁夏移民档案是总结移民历程、汲取历史经验、获得现实启发的系统化原始文献。在本书中，既有组织得当、计划周密、措施到位、安置合理、成效显著的移民经验，又有不顾历史规律、忽视移民特点、脱离发展实际、盲目完成指标、遗留大量问题的移民教训。这些系统化的原始文献，从正反两个方面为我们深入研究当代宁夏移民历史，对移民工作经验进行系统总结与教训反思，提供了十分难得的真实素材。对于延续历史文脉，讲好宁夏故事，坚定历史自信，更好凝聚团结奋斗的精神力量，助推宁夏经济社会和谐发展，全面建设经济繁荣、民族团结、环境优美、人民富裕的社会主义现代化美丽新宁夏，具有重要的历史与现实意义。

《新中国成立以来宁夏移民档案整理选编》
所反映的当代宁夏移民史脉络

《新中国成立以来宁夏移民档案整理选编》收集、节选、编辑了 1950—2020 年党中央、国务院、有关机关、中国人民解放军、全国各地支援宁夏的档案资料，亦收集、选摘、编辑了这一时期宁夏当地接收、安置各类移民，宁夏区内移民等方面的档案资料。内容涵盖"干部移民""科技移民""教育移民""文化移民""卫生移民""军垦移民""农垦移民""城市安置移民""水库安置移民""浙江支宁青年""自流移民""早期工业移民""三线建设工业移民""上山下乡知青""吊庄移民""生态移民""闽宁协作移民"等。这些档案的系统化聚集，以档案文献特有的"记事语言"，客观清晰地反映着从解放初期到全面建设社会主义现代化美丽新宁夏，宁夏移民的历史脉络。

一、支援宁夏的干部

（一）解放初期支援宁夏的干部

解放初期的宁夏各级地方人民政府不仅面临着经济社会发展方面的困难，还在政权建设等方面存在着诸多亟待解决的问题，其中，缺乏必要的干部是关键问题之一。为了巩固人民政权，加强地方各项事业的建设，党中央先后从各解放区抽调了大批政治素质高的干部、教师、优秀学生到宁夏参加建设。

随着解放战争的胜利迅速在西北推进，1948 年 12 月 7 日中共中央西北局作出决议，对即将新解放地区需要干部做出了计划安排，决定让中共三边地委与宁夏、伊克昭盟两工委负责准备宁夏及伊克昭盟 24 个县、旗干部 200 名左右。

1949 年 9 月 23 日，宁夏解放，开启了人民当家作主的社会主义革命和建设新时代。

1949 年 10 月 7 日，由中共原三边地委和中共宁夏工委组成的中共宁夏省委机关进驻宁夏省城银川并开始工作。与此同时，由中共原三边地委、中共宁夏工委组成的中共宁夏省委机关进驻银川，并配备了省一级基层干部。至 1950 年 3 月，先后从各地调来干部 1546 人，其中宁夏籍干部仅数十人。

这一时期，参加支援宁夏建设的干部来自各方面，具体有：中共中央西北局派来 261 人，中共陕北区党委派来 74 人，三边分区来的 836 人，解放军第十九兵团转业干部和战士 408 人、华北人民革命大学派来195人、西北人民革命大学派来207人。其中，尤其重视少数民族干部培养，1947年宁夏工委就在三边干校设立"回族干部班"等，宁夏解放时，从三边带来回族干部60人；入宁后，十九兵团、西北局前后又派来回族干部70名。这130名回族干部立即被分配到回族集中的同心、金积、灵武等11个县、市工作，除此宁夏省委又多次指示各县应注意培养选拔少数民族干部，各县在接管、征粮、剿匪、肃特、生产等工作中，培养提拔了一批回族的区、乡基层干部。以此为骨干，加之地方人民政府新选拔的2408人，建立起了宁夏省各市、县、旗党政机构，并配备了区一级基层干部。与此同时，还接收大批支援边疆建设的知识分子和分配的大中专学生，参加宁夏的接管、建设、维护社会治安和生产自救等各项工作。

1951—1954年，中央从外省区又陆续向宁夏调配了多批的干部，分配到各市、县工作。据统计：1950年8月，宁夏省的区以上干部人数共计6292人。到1954年4月30日，有干部10407人。其中，党委系统737人，群工系统1676人，政府系统6598人（行政首长163人，办公室218人，政法部门1137人，经济建设部门1208人，财政经济部门2937人，文教部门935人），乡干部1268人，其他干部128人。当时在干部中，行政干部9842人，技术干部565人。增加的干部多数由外地调入。这些干部为巩固新生的人民政权，保证各项建设事业的发展奠定了良好的基础。

1954年6月19日，中央人民政府委员会第32次会议决定撤销宁夏省建制，将宁夏省、甘肃省合并为新的甘肃省。1954年9月27日，宁夏省政府正式停止行使职权，设立甘肃省银川专区，领导干部多数调往新的甘肃省机关。原河东回族自治区、蒙古自治区的组织机构均不变更。

（二）宁夏回族自治区成立之初支援宁夏的干部

1957年11月，中共中央成立中共宁夏回族自治区工作委员会，明确宁夏回族自治区机关按丙等省的编制配备干部。这一时期的干部调配来自四个方面：一是将宁夏撤省时并入甘肃省级机关的干部基本上都调回宁夏，并由甘肃省级各业务单位调来一部分干部充实到自治区机关；二是自治区回族干部的调配除从自治区所辖地、专署（州）调配一部分外，又从中央直属有关机关和内地各省抽调一批；三是由中央有关部门调配一定数量的业务干部；四是由高教部、教育部及中央各企业、事业部门的干部学校抽调一批学生，按其所学专业分配到自治区各业务部门。

针对宁夏回族自治区成立时回族领导干部缺乏的实际，负责自治区筹备工作的主要领导刘格平向中央提出解决回族干部缺少的问题。中央组织部向全国发出号召，要求回族县处级以上干部支援宁夏。由此，来自全国各地众多回族干部聚集到宁夏，为宁夏回族自治区干部队伍建设改善了结构。

1958年10月25日，宁夏回族自治区成立。为了加快宁夏回族自治区经济社会发展步伐，改变宁夏人才缺乏、发展滞后、基础薄弱以及经济、文化、教育、医疗卫生等各方面落后的局面，中央及各省、市、自治区对宁夏给予了大力支持，调配了大批干部。先后从外地调入宁夏的各级各类干部共6557人，占自治区干部总数的31.6%。这些支援宁夏的干部中，技术干部占23.6%。这批干部中的大部分都具有较高的文化水平、专业知识和实际工作经验。

这一时期"干部移民"呈现出政治素质强、知识层次高、行业分布广、回族干部占有一定比例的特点，基本保证了宁夏回族自治区成立之初各级党政机关及众多企事业单位对于领导干部、技术干部的需要。

（三）宁夏回族自治区经济社会发展初期支援宁夏的干部

1958 年 10 月宁夏回族自治区成立，标志着宁夏的发展进入了一个新的历史时期。这一时期，中央对宁夏予以了全方位的大力支持，尤其是在工业领域的干部支持，为宁夏的大发展提供了必要的组织领导保障。

在自治区成立之初调入大量干部的基础上，1959 年国家又统一分配给宁夏军队转业干部、高等学校毕业生 1000 多名；1960 年，中央 10 个工业部门支援宁夏各类干部 621 名，技术工人 543 名。这些干部、技术工人涉及冶金、化工、机械、煤炭、水电、石油、建工、轻工、纺织及农业机械等众多工业领域。对于这些支援宁夏的干部及技术工人，自治区坚持"全面安排，重点配备"的原则，绝大部分分配到自治区党政机关和新扩建的厂矿及水电系统工作。

据宁夏回族自治区机械工业局 1960 年对其下属的汽修厂、通用机械厂、综合机床厂、冶金矿山机械厂等 7 个单位的干部情况统计，7 个单位共有干部 376 人，其中宁夏籍 22 人，外省籍 354 人，外省籍干部占 94%。可见，这一时期的"干部移民"对于宁夏现代工业的大发展，具有重要的奠基作用。

在后来的"文化大革命"期间、"三线建设"期间，国家煤炭部等部门"下放"到宁夏煤矿系统的干部 1200 多名。此外，伴随着国家三线建设迁入宁夏的大中型企业中的一大批干部，亦成为了这一时期"干部移民"的主要来源。仅以西北轴承厂为例，1969 年该厂干部总数 297 人，其中外省区的干部 283 人，所占比率高达 95.3%——三线建设期间迁入宁夏的大中型企业中"干部移民"情况，由此可见一斑。

综上，支援宁夏的干部队伍为宁夏经济社会发展发挥了关键作用和贡献了重要力量。一是为宁夏省的政权建设、生产恢复和经济建设、人民生活稳定、社会秩序安定等奠定了组织保证；二是创建并不断强化了宁夏回族自治区成立初期的干部队伍，尤其是在少数民族干部队伍建设方面，奠定了基础；三是为宁夏现代工业发展提供了既有领导能力又有专业水平的干部队伍，进而为宁夏工业经济的规模化发展，奠定了必需的干部基础。

二、支宁的科、教、文、卫干部及大中专毕业生

（一）支援宁夏的科技工作者

1958 年宁夏回族自治区成立，来自祖国各地的一批科技人员会聚宁夏，献身科技事业。根据 1959 年 12 月 10 日宁夏回族自治区科学技术委员会编制的《宁夏回族自治区关于"二五""三五"期间科学研究机构和研究人员发展规划的初步意见》记载：宁夏的科学研究工作是从 1958 年后才开始的，截至目前，各厅局已建立了农业、化学、医学等 6 个研究所和冶金、机械等 6 个研究室。总计研究人员为 292 名，其中包括工程师以上的研究人员 20 名，大专学生 120 名，中技生 152 名，已初步形成一支科研队伍，为今后发展创造了一些条件。

随着众多的科技人员陆续支援宁夏，为宁夏科技事业快速发展奠定了人才基础。这些"科技移民"以大分散、小集中为特点，主要聚集于农业、医疗、教育、科研等领域，后来他们中的大多数成为了各自领域的科研领军人物，为宁夏的科技事业发展做出了重要贡献。从档案文献来看，聚集于科研领域的"移民"主要有以下几类。

首先是宁夏农业科学技术研究机构的成立。1959 年 10 月 1 日宁夏科学技术协会和宁夏农业科学研究所成立。宁夏农业科学研究所内设作物、土壤肥料、森林、畜牧兽医、园艺、植保 6 个系，办公、化验、兽医诊断 3 个室，灌溉、盐碱土改良 2 个实验站，并附设细菌肥料厂和家畜病院各 1 处。

宁夏农业科学研究所和各试验研究场站当时有技术干部 113 人，除 58 人，其余大部分均系 1959 年毕业于高等院校和中等专业技术学校的毕业生。

同时积极着手筹办宁夏回族自治区科学院，先后从中国科学院物理所、原子能研究所、化学研究所等单位抽调一部分科研人员到宁夏工作，筹办物理研究所、化学研究所和电子研究所，为当代宁夏的科研事业发展奠定了人才基础。

1958 年 10 月，从北京、上海和中国人民解放军第四军医大学抽调一批具有一定临床与教学经验的医疗卫生人员来宁，相继成立了自治区妇幼保健院、结核病防治所、医学科学研究所、药品检验所、地方病防治所、工业卫生所和医疗器械检验所。

1962 年 12 月 29 日，中共宁夏回族自治区委员会宣传部经请示批准成立宁夏回族自治区民族历史研究室，宁夏开始有了社会科学方面的专业研究机构。

1965 年 12 月，北京有色金属研究总院的 3 个研究室及 497 人搬迁至宁夏，组成宁夏有色金属冶炼厂，对外称为"九〇五"厂，主要从事稀有金属钽、铌、铍等高端新材料研究。后来的中色（宁夏）东方集团有限公司便是以此为基础组建的首批国家技术创新示范企业。该企业自主研发的产品占据世界领先地位，钽、铌、铍产品在世界市场三分天下有其一，是科技部、中国科学院认定的国家重点高新技术企业，也是全区科技人员占比最高的企业之一。

宁夏回族自治区成立后，随着大批"科技移民"进入宁夏，有效带动了宁夏农业、工业、医疗卫生等领域科研事业的突飞猛进。尤其是农业领域的育种技术始终走在西部前列，全区各农业科研单位选育出各类农作物优育品种 100 多个，小麦、水稻、玉米等主栽品种实现了几次更新换代，其中仅小麦种植上就先后有 3 次较大规模的品种更新，产量提升 1 倍以上；在水稻育种方面，形成了以宁夏农科院、宁夏农学院为主的科研团队，培育出"宁粳 5 号""宁粳 7 号""宁粳 9 号"等水稻新品种，增长幅度在 50% 以上，成为全区水稻主打品种。育成的枸杞"宁杞 1 号""宁杞 2 号"被列入国家重点项目。

此外，在几代"科技移民"与当地科研工作者的共同努力下，宁夏的防沙治沙技术进入国际先进行列。中国科学院沙坡头沙漠试验研究站于 1955 年建站，1990 年成为中国科学院开放站，1992 年成为中国生态系统研究网络站，1997 年被联合国开发计划署列为技术试验示范基地，2000 年被科技部确定为国家重点野外科学观测试验站，2006 年被科技部正式批准纳入国家野外科学观测研究站，是联合国教科文组织人与生物圈和世界实验室的研究点，也是国际沙漠化治理研究培训中心的培训基地。

截至 2020 年末，宁夏全区拥有国家级工程技术研究中心 3 个，自治区级工程技术研究中心 72 个；国家级重点实验室 3 个，自治区级重点实验室 38 个（含省部共建国家重点实验室培育基地 2 个）；自治区级产业技术协同创新中心 5 个，临床医学研究中心 25 个，自治区技术创新中心 304 个。有国家级企业（集团）技术中心（含分中心）12 个，自治区级企业（集团）技术中心 86 个；国家地方联合工程研究中心 26 个，自治区工程研究中心 19 个。

（二）支援宁夏的教育工作者

新中国成立初期，人民政府在接管了旧学校后，对学校进行了整顿，撤并了私立和教会学校；废除了旧的课程和教材，整顿培训了教师队伍，建立了学校的民主管理制度。1951 年，全省中小学生达44163 人。1952 年推行"速成识字法"，学习人数增加到 13.6 万人。经过改造、调整和整顿，教育事业有较大发展。1953 年，宁夏省有小学 568 所，在校学生 59849 人；有中学、师范学校、技校、工业速成学校共 15 所，在校学生 4200 多人；各类学校共有教师 2016 名。

为了迅速解决教师奇缺问题，1952 年 3 月，甘肃省从上海、天津两地招收了 4000 余名应届初高中毕业生和社会青年，支援基础教育发展，其中 430 人分配到了西海固回族自治区，成为最早支援宁夏教育的群体。这些"支教移民"经过半年左右的职业培训后，绝大多数分配在固原、西吉、隆德、海原各县担任小学和初中教师，并在当地安家落户。至 1957 年，宁夏地区的中学发展到 27 所，在校学生 10317 人，学生数比 1949 年增长 9.3 倍；中专（含中等师范学校）6 所，在校学生 2707 人，学生数比 1949 年增长 2.9 倍；小学 1617 所，在校学生 140638 人，学生数比 1949 年增长 2.1 倍。这期间，来自上海、北京、天津、浙江、江苏、山东、福建等省、市的"支教移民"陆续来到宁夏，促进了宁夏中小学教育事业的较快发展。

1958 年宁夏回族自治区成立时，计划筹建宁夏大学、宁夏农学院和宁夏医学院 3 所高校。1958 年 8 月 21 日，首批自愿报名支援宁夏高教事业的各地教师 110 人到达银川，他们大部分是北京师范大学、华东师范大学、东北师范大学的应届毕业生。1958 年 10 月，北京回民学院 200 多名毕业生分配到宁夏，支援宁夏高等教育事业。1962 年 7 月 31 日，宁夏师范学院和宁夏农学院联合举行首届毕业生典礼，宁夏第一批高等院校共 162 人毕业。这一时期，宁夏高等院校的教师多数来自外地的"支教移民"。

此外，1958 年宁夏回族自治区成立之时，上海市与宁夏商定，支援宁夏中等教育所需教师 505 名，又称"上海文教大队"。这部分来宁教师全部是有一定教学经验的教师，多数分配到农村学校任教。"上海文教大队"的教师教学经验丰富，知识层次高，来宁后对宁夏中等教育的发展，特别是农村中等教育发展贡献突出，很多人后来还进入了全国优秀教师行列。例如，全国闻名的优秀教师冯志远、胡介文等人都出自这个群体。

1971 年，根据中央全国教育工作会议关于"上海铁道医学院与宁夏大学医学系合建为宁夏医学院"的决定，1972 年上海铁道医学院职工开始迁进。虽然来宁教职工在宁夏工作仅 8 年时间，但他们为宁夏医学院的发展及宁夏卫生教育水平的提升，做出了不可磨灭的贡献。

1973 年，为解决师资力量严重不足问题，从下乡在农建五师、林建师的北京、天津知青中又选调700 人补充到教师队伍中，在固原师范、银川师范、吴忠师范集中学习 3~6 个月后，分配到各地任教。

支援宁夏的教育工作者为宁夏基础教育所做的贡献集中体现在以下方面：一是对宁夏现代教育事业的发展起到了关键的起步和引领作用；二是推进宁夏的基础教育有了"质的飞跃"，经过数十年的播种与培育，全面普及了基础教育和中等教育，使得宁夏基础教育规模发生了历史性巨变；三是职业教育和高等教育从零起步，实现了跨越式发展，形成了以理、工、农、医、法、师、艺术七大门类为主体的高等教育、职业教育体系；四是培养了一支忠诚于党和人民教育事业的教职工队伍，较之解放初期的宁夏，如今宁夏基础教育教师队伍规模增长了数十倍，职业教育教师队伍规模增长了百倍以上，高等教育教师队伍规模的增长可谓千倍万倍。上述伟大业绩均离不开广大"支教移民"们开拓性的历史贡献。

（三）支援宁夏的新闻、文化工作者

宁夏解放以前，新闻、文化事业可谓破败凋零。解放后，尤其是宁夏回族自治区成立后，国家对于宁夏的新闻、文化事业发展给予了无微不至的关怀与支持，在专业人才支持方面，通过整建制地选派专业队伍，使得宁夏的新闻、文化事业产生了"忽如一夜春风来，千树万树梨花开"的发展效应。

为了适应宁夏回族自治区成立及宁夏新闻事业发展的需求，1958 年 9 月，上海人民广播电台 95 人整建制到宁夏组建宁夏人民广播电台，包括播音、记者、编辑、技术管理、行政干部、资料管理、门卫等岗位工作人员，涉及电台所有的部门和专业。10 月 1 日宁夏人民广播电台开始试播。10 月 15 日，正式对外广播，同时向中央人民广播电台传送了宁夏回族自治区成立及经济社会建设等方面的消息。

1958 年 9 月，北京大学新闻系 10 名应届毕业生自愿来宁夏，参加筹备中的宁夏回族自治区的社会主义建设工作，其中 8 名分配到宁夏日报社，任编辑或记者。

1960—1965 年，先后有北京大学、四川大学、北京广播学院、中山大学、山东大学、郑州大学、上海音乐学院等高等院校的应届毕业生分配到宁夏，人数在 100 名左右，多数分配在宁夏日报社、宁夏人民广播电台和各市、县广播站工作。

为支援和发展宁夏的文化艺术事业，在中央有关方面的协调和支持下，1958 年 6 月，50 多名文艺工作者来到宁夏工作。同年 9 月，中国京剧院四团遵照文化部指示，全团 121 名演职员和 78 名家属迁到宁夏，成立宁夏京剧院。1962 年，宁夏京剧院改为宁夏京剧一团和二团，一团在银川，二团于 1965 年被调拨成为石嘴山市京剧团。1979 年两团又重新合并，沿用宁夏京剧团名称。

1958 年 10 月，上海华艺、光华、红花越剧团选拔出 55 名演职员组团调到宁夏，组建了宁夏越剧团，使宁夏大地上的文化之苑有了越剧这一新的剧种。早期的越剧团在宁夏很受欢迎，主要原因是当年移民宁夏的上海人较多，观看越剧演出，让上海支宁人员有了身处家乡的感觉。

1958 年 9 月，由中央杂技团调来的杂技演员和由天津调来的杂技魔术演员合编为宁夏回族自治区杂技魔术团。1958 年 10 月，由来到宁夏的中国杂技团、铁道兵杂技团、天津市杂技团的 23 名演员组建了银川杂技团。

1964 年，以宁夏文工团话剧队为基础，吸收了中央实验歌剧院、中央歌舞团、空军政治部歌舞团、铁道兵文工团和杂技团、北京军区政治部话剧团、中华全国总工会文工团和话剧团、长春电影制片厂演员剧团的部分演员和陆续分配来的中央戏曲学院毕业生，分别组建了宁夏歌舞团、宁夏话剧团。

此外，博物馆、图书馆、展览馆、群众艺术馆等文化部门亦由国家分配了一批专业人员来宁夏工作，为推进这些领域事业的蓬勃发展注入了人才动力。

据统计，截至 1961 年 6 月末，仅自治区文教厅各单位（主要是文化部门）职工中，来自北京、天津、上海、浙江以及东北地区等地支援宁夏的文化工作者就有 900 多人，占比达 69%。

上述"文化移民"的到来，使宁夏的文化演艺事业突破了长期以来以秦腔等西北地方戏曲为主导的单一模式，形成了秦腔、京剧、话剧、歌舞、杂技、魔术、越剧及电影摄制等艺术门类相对齐全的百花齐放的新景象，推进了宁夏文化事业的繁荣发展。

在"文化移民"的辛勤努力下，宁夏的新闻、文化事业取得了卓越成就，填补了多项历史空白，形成了欣欣向荣的大好局面，满足了广大人民群众对文化产品的多样化需求，在宣传党的方针政策，宣传宁夏社会主义经济建设成果，促进宁夏的对外交流等方面，做出了突出的贡献。

（四）支援宁夏的卫生工作者

解放初期，宁夏医疗卫生事业十分落后，全省仅有几所较正规的医疗机构，卫生技术人员仅有 360 多人，无法满足宁夏人民就医治病的基本需求。为了尽快改变宁夏医疗卫生水平落后的局面，国家在医疗资源分配方面对宁夏予以了特殊倾斜，将一些具有一定规模且医疗水平较高的医院整体迁入宁夏，同时动员了大批有志于祖国大西北建设的医疗卫生工作者到宁夏工作，从根本上改变了宁夏医疗卫生事业长期落后的历史。

1958 年 5 月，宁夏回族自治区成立前夕，中国人民志愿军五三一医院撤离朝鲜回国，73 人集体安置在固原，并以此为班底成立了固原回族自治州人民医院。同年，国家还将来自北京、西安、兰州的 28 名高、中级医务人员，分配到该医院。固原回族自治州人民医院的创建，填补了西海固地区无正规化、现代化国立医疗机构的空白。

1960 年 12 月，由卫生部调配，吉林省 9 名鼠疫防疫人员调入宁夏回族自治区地方病防治所工作，为宁夏的卫生防疫和地方病防治事业的发展，及时提供了人才支持。

1969 年 11 月，为贯彻毛泽东主席关于"把医疗卫生工作的重点放到农村去"的指示精神，卫生部军管会决定并报经国务院批准，由天津市下放医务人员 700 名，连同行政人员和家属共约 2500 人，到宁夏农村安家落户。这批天津来宁医务人员全部分配在公社卫生院或农村地区医院，一般每个公社按 5~7 人配备。这些具有较高水平的医务工作者来到宁夏农村，为广大农民群众提供了及时、专业的医疗服务，为改变宁夏农村医疗卫生事业相对落后、农民就医看病相对困难的状况，做出了重要贡献。

1970 年 1 月，经国务院批准，天津市第四医院成建制地迁至宁夏石炭井矿区，改名为"大武口煤矿职工医院"，主要服务于石炭井矿区的大武口煤矿机修总厂、大武口洗煤厂、汝箕沟矿区（包括汝箕沟煤矿）和煤炭部西北机械一、二、三厂等单位的职工及家属。

支援宁夏的"卫生移民"是宁夏科教文卫移民中批次最多、人数最多、贡献也最为突出的群体。据统计，1949 年全宁夏仅有卫生技术人员 369 人，到 1970 年增加到 12439 人，其中支宁人员的比率达 87.6%。这些"卫生移民"对带动宁夏医疗卫生事业的整体发展水平，缩小与发达省区间差距、城乡之间医疗水平差距，全面保障宁夏数百万人民群众的健康，发挥了不可替代的重要作用，做出了非常突出的贡献。

（五）分配到宁夏的大中专毕业生

从解放初期到宁夏回族自治区成立及自治区经济社会发展初期，从三线建设再到改革开放以后，在历届中央政府的重视和关怀下，通过国家统一分配的方式，为宁夏派遣了一批又一批的大中专毕业生，为宁夏的建设和发展提供了源源不断的知识分子和专业技术人才。这些"大学生移民"为宁夏的发展奉献了青春和才华，书写了宁夏当代移民史中亮丽的篇章。

1952 年 8 月，西北军政委员会人事部按照分配方案共计分配给宁夏应届大学毕业生 40 人，其中西北大学 15 人，西北师范学院 11 人，西北农学院 14 人。这 40 人是国家分配给宁夏的新中国首届大学毕业生。同期，还从西北区中等技术学校应届毕业生中，分配给宁夏 55 人，其中农科类 15 人，工科类 20 人，财经类 20 人。这是新中国成立以来，国家首次分配给宁夏的应届中等技术学校毕业生。

1953 年 7 月，国家从武汉大学、北京政法学院等高校分配给宁夏省应届毕业生 54 人。由此，新中国培养的大中专毕业生源源不断地输入宁夏，为 20 世纪 50 年代宁夏的经济建设输入了新鲜血液。

宁夏回族自治区成立前后，由煤炭部中等技术学校、水电部中等专业学校、中国地质局西安地质学校、中央气象局成都气象学校以及吉林师范大学、兰州艺术学院、南京农学院等一批中等专业学校、高等院校分配至宁夏的应届毕业生数千名，涉及工、农、林、财、医及政法、师范、体育等诸多领域，为自治区经济社会全面发展所需的人才队伍建设输入了青春力量。

1958 年经教育部批准，在国务院及全国各省、市的大力支持下，创建了宁夏师范学院、宁夏医学院和宁夏农学院，为自治区培养当地所急需的高级专门人才。北京市、上海市以及全国各地近千名教师和高校毕业生前来支援宁夏建设，充实了宁夏的师资队伍，为宁夏教育事业奠定基础。

1958—1961 年，仅国家计划分配到宁夏的高等学校大专毕业生就有 2268 人，平均每年达 560 多人；1962—1966 年，国家先后分配给宁夏的大学毕业生计 1600 多人，加之宁夏自己培养的大学毕业生近千名，共计 2600 多人。

在 1958—1966 年的 9 年间，约 5000 名大学毕业生陆续在宁夏经济社会建设第一线工作，对于宁夏构建较完善的专业技术人才队伍，提升宁夏经济社会发展质量与水平，发挥了无可替代的重要作用。尤其是改革开放以来，以经济建设为中心的发展时期，经过多年实践锻炼的这批大学生们，成为了宁夏四个现代化建设的中坚力量和领导骨干。

1977—1990 年，国家计划分配到宁夏的高等学校毕业生有 16000 多人，其中不乏硕士、博士等高层次毕业生，涉及农业、畜牧、水利、教育、卫生、科研、政法、商业、煤炭、石化、重工、地矿以及大中型企业和乡镇集体企业管理等各行各业。这些"大学生移民"中，大部分是"文革"结束后经过系统化专业知识学习的大学毕业生，他们的到来，为宁夏高等专业技术人才队伍带来了生机勃勃的景象。由此，宁夏的高等专业技术人才队伍进入了大规模、全方位、多层次的全面发展阶段。

三、军垦、农垦移民

（一）宁夏的军垦移民

1949 年 12 月，中央人民政府人民革命军事委员会发布了《关于 1950 年军队参加生产建设工作的指示》，号召全军除继续作战和勤务者外，应当负担一部分生产任务，使我人民解放军不仅是一支国防军，且是一支生产军，借以协同全国人民克服长期战争所遗留下来的困难，加速新民主主义的建设。1952 年 2 月，毛泽东主席签署《中央人民政府革命军事委员会命令》，批准中国人民解放军某军某师的改编计划，明确"将光荣的祖国经济建设任务赋予你们"。由此，人民军队中的部分成员承担起了光荣的祖国经济建设任务，并在生产建设的战线上，成为有熟练技术的建设突击队。其中，有相当数量的解放军指战员走上了军垦生产第一线。

鉴于宁夏所处的战略地位以及当时宁夏经济社会发展整体水平低下的状况，1950 年 4 月，西北军政委员会根据毛泽东主席"军队要成为战斗队、宣传队、生产队"的指示精神，决定由宁夏军区负责，在宁夏建立西北地区第一个国营农场。同年 11 月，农场筹建处由银川铁匠巷（今利民街）迁往灵武县城内一座旧军营的 28 孔窑洞办公。1950 年 12 月 1 日，西北地区第一家国营农场——灵武机械化示范农场正式成立，驻宁部分部队开始了艰苦的屯田垦荒事业，拉开了解放后宁夏军垦、农垦事业建设的序幕。当时，国营灵武农场的干部为 59 人，其中来自外省区的达 50 人以上，占比 84.74%。

1952 年 2 月，毛泽东主席发布人民革命军事委员会命令："批准中国人民解放军西北军区独立一师转为中国人民解放军农业建设第一师，将光荣的祖国经济建设任务赋予你们。"农建一师随即全面转入农业生产建设，1952 年 7 月 6000 多名官兵于平罗西大滩创建了国营前进机械化农场。1955 年 10 月 25 日，农建一师集体转业，将 3 个团建成独立核算的前进一、二、三场。

1966 年 2 月，国家在西北地区建立中国人民解放军西北林业建设兵团，固原地区为林业建设第三师，下辖西、海、固、隆、泾林业建设团，沿六盘山林区和农村国营林场为连队建制，有干部 174 名，工人 1510 人。到 1968 年 9 月，林建三师下属 2 个团，23 个连队（内 3 个牧场），2 个独立队。全师共有 2395 人，其中干部 232 人，战士 1669 人，家属 474 人。1969 年 10 月 14 日，西北林业建设兵团撤销，林建三师下放地方，改为宁夏回族自治区林业建设师，六盘山林区所属团连建制不变。

1965 年 9 月，中共中央、国务院发布了《关于宁夏回族自治区、陕西省建立农业建设师问题的批复》，同意宁夏回族自治区、陕西省建立农建师，采取军垦形式，开垦耕地，建设农场，发展生产。宁夏回族自治区的番号为农业建设第十三师，陕西省的番号为农业建设第十四师。1966 年 5 月 18 日，中国人民解放军生产建设兵团农业建设第十三师成立，保持中国人民解放军的组织形式，既是一支劳动大军，又是一支有战斗力的军队，在国家需要时，还是一支野战部队。

农建十三师是在宁夏原有的平吉堡、暖泉、前进、南梁等 9 个国营农场的基础上建立起来的。编制有 5 个团、1 个良繁场以及工程队、勘察队、建材厂、灰砂砖厂、修补缝纫厂、学校和医院等单位，师部设在银川新城西南之方家圈。全师共有 20000 余人，其中有 4000 余名是来自京津两市的知识青年，他们积极响应党的号召，到宁夏参加军垦建设。各团场分布于贺兰山东麓、黄河之滨，在南起青铜峡，北至石嘴山，长达 100 余公里的大片土地上。

1974 年 1 月，根据中共宁夏回族自治区党委〔1973〕126 号文件精神，撤销林建三师，成立固原地区林业管理局和六盘山林业管理所，各县成立林业局。1974 年 6 月 14 日，农建十三师撤销，该师各团、场归属于宁夏农垦局。

（二）宁夏的农垦移民

解放后的宁夏农垦，发轫于 1950 年年底成立的灵武机械化示范农场。经过短短的一年半时间，到 1952 年 7 月，宁夏省的国营农场就发展到 9 县 12 处，这些农场的干部职工，大多数是来自外省、市的"农垦移民"。后来，随着农场规模的不断扩大，来自全国各地的"农垦移民"亦成倍增长，成为了宁夏农垦的主力军。

1955 年上半年，银川专区各国营农场接收转业复员军人 1044 人。1960 年，宁夏接收来自浙江的支宁青年 12000 人（包括 20%家属），在银川平吉堡、中宁渠口堡、同心王团庄、海原高崖子等地建设国营农场。这期间，国家在组织数批复员转业官兵、支宁青年到宁夏各农场从事生产劳动的同时，还在浙江、四川、甘肃、陕西等地招募了众多青壮年到宁夏各农场定居工作。随着大批的复员转业军人、新疆生产建设兵团与黑龙江北大荒干部、支边青年、黄河青铜峡库区移民、科技人员、大中专院校毕业生以及从全国各地招收的部分农民工先后来到了宁夏各个国营农场，宁夏的"农垦移民"初具规模。

截至 1960 年，宁夏的国营农、牧、林场有灵武、前进、暖泉、连湖、平吉堡、渠口堡、兴隆堡、王团庄、李家大湾、巴浪湖农场以及银川牧场、贺兰山畜牧试验场、芦花台园林试验场、王太堡农业试验场、灵武园艺试验场等 15 家，共有干部、职工 53500 多人，其中大多数为移民。

宁夏农垦其实是典型的移民农垦，大部分是由来自全国各地的复员军人、大中专毕业生、支宁青年和知青等组成。他们以开发大西北，建设新宁夏为己任，扎根边疆，以苦为荣、以苦为乐，硬是在亘古荒原上建设起了美好、富庶的家园，为宁夏农垦事业的划时代发展，为宁夏农牧业技术创新与推广，做出了巨大的贡献。

四、安置到宁夏的各地移民

（一）北京、上海移民

中华人民共和国成立初期，旧中国遗留下来的城市失业人员达 400 多万人，相当于 1949 年末全国在职职工数的一半。为了疏散城市人口，减轻政府财政负担，解决城市居民的生活就业困难问题，国家根据生产建设的需要，结合失业人员、闲散劳动力的特长，一方面就地安置，组织回乡生产自救；另一方面动员和支持一部分人支援边疆建设和垦荒。由于宁夏地广人稀，又有黄河灌溉之便，国家便将宁夏纳入安置大城市失业人员及闲散劳动力，垦荒建设边疆的重点区域。其中，来自北京、上海的移民相对较多。

1950 年 12 月，宁夏、北京两地人民政府商定，由北京市计划遣送宁夏移民 1500 人。宁夏由此专门成立了移民委员会，在银川设立了两个移民接待站，分派干部负责对移民的接待、管理、教育和分配等事务。

1951 年 2 月至 1953 年 2 月，北京市民政局先后送来 5 批移民 1141 人，分别安置在永宁、宁朔、灵武、贺兰、平罗、惠农、陶乐等县。1955—1956 年，银川专区又安置北京移民约 14000 人，采用分散插社、集体迁徙等方式，分别安置在银川、贺兰、永宁、青铜峡、灵武、中宁、中卫等市、县。

但几年后，上述北京移民陆续自动返回北京或流动到外地的（这部分占很少数）有 12000 人左右，占安置总数的 85% 以上。北京移民未能巩固下来，究其原因有 3 个方面：一是移民大多是城市中没有固定职业的居民，迁移出来安置在农村从事农业生产，给他们在劳动和生活上带来了长期的一系列难以克服的困难；二是移民中有许多为劳动力弱、家庭人口多、生活负担重的困难户，难以适应垦荒生产；三是这些人在城市长期形成的劳动习惯和生活习惯，很难适应安置区以垦荒为主的农村生产和生活环境，加之"故土难离"意识较浓，思想极不稳定。故此，1956 年 7 月，北京市移民办公室与甘肃省民政厅协商，决定将移民 48 户 258 人送达后，即暂行停止移民。

20 世纪 50 年代期间，宁夏也是安置上海移民的主要地区之一。1956 年，分两批从上海移居而来的

500 多名单身妇女（包括小孩在内），分别被安置在贺兰、宁朔、永宁、中卫、中宁、金积等县。

（二）河南、陕西移民

1956 年 2 月，为了加强对移民工作的领导，甘肃省银川专员公署成立了专区移民委员会。同时，根据甘肃省民政会议决定，银川专区除原分配安置一定数量的北京移民、上海市单身妇女外，另增加安置河南移民 26000 人，分配于银川、贺兰、永宁、宁朔、中宁、中卫、平罗、惠农、陶乐等市、县。

1957 年 9 月，从敦煌转迁固原的河南移民 44 户 187 人。

1958 年春，来自河南民权、太康、宁陵、虞城、商丘、夏邑、郸城、睢县、淮阳、上蔡、长葛等县的 16000 名移民，被安置在金积、灵武、同心、平罗、永宁、宁朔、贺兰、惠农、陶乐等县从事农业生产。

来自陕西的移民主要是因修建三门峡水库而由国家安置到宁夏的。1955 年 7 月 30 日，全国人民代表大会一届二次会议通过了《关于根治黄河水害和开发黄河水利的综合规划的决议》，决定修建三门峡水库。根据陕西省的规划，移民从 1956 年开始分期、分批迁出。第一阶段的安置地点为甘肃省的银川专区。为了进一步加强对库区移民工作的领导与协调，切实做好移民和移民安置工作，1957 年 2 月，经陕、甘两省协商，成立了三门峡水库区陕甘移民委员会，并召开了第一次委员会会议，制定了工作纲要。

根据《三门峡水库区陕甘移民委员会工作纲要》要求，由陕西省朝邑、华阴、大荔、潼关等县迁出大量移民到银川专区。在中央和陕、甘两省党、政领导重视下，经各方面共同努力，到 1958 年，三门峡库区陕西界内移民已提前结束外迁，这期间累计向银川专区迁移 31500 多人，分别安置在中卫、中宁、宁朔、永宁、贺兰、平罗、惠农、陶乐等县。

为了做好移民安置的具体工作，1958 年 5 月，中共宁夏回族自治区工委民政部编印了《移民工作手册》，内容包括：移民垦荒的意义；如何执行中央"勤俭办移民"精神；移民中的几个具体问题；如何做好移民巩固工作；上级有关移民政策的指导性文件等。《移民工作手册》在移民安置工作中发挥了重要的指导作用。

截至 1959 年，宁夏共安置陕西、河南移民 48390 人。但由于主、客观方面的多种原因，绝大部分都陆续返回原籍或流动到内蒙古等外省区。仅据 1960 年春的统计，陕西、河南来宁人员返籍外流的就达 9974 人，占安置总数的 20.61%。另据 1961 年 12 月的统计，陕西移民宁夏的人员中，已有 13060 人先后自行返籍。截至 1962 年 6 月，贺兰、银川、中卫的陕西移民基本上全部离开。

尽管河南、陕西移民中的绝大部分人在宁夏生活、生产只有短短的几年时间，甚至其中许多人只待了不到一年的时间就返回原籍了。但他们响应国家号召，以大局为重，移民宁夏、垦荒种地的历史事迹，依然值得后人铭记。

从宁夏的发展视角来看，尽管因种种原因未能巩固移民安置成果，但在这期间经历的工作实践，从正反两个方面为后来以"脱贫致富、恢复生态"为主旨的大规模"吊庄移民"安置工作，探索了路径，积累了经验。

（三）浙江支宁青年

1958 年 8 月 29 日，中共中央印发《关于动员青年前往边疆和少数民族地区参加社会主义建设的决定》（以下简称《决定》）。《决定》指出："劳动力不足是加速边疆和少数民族地区的社会主义建设的重大困难。为使边疆和少数民族地区的社会主义建设事业能够逐步地同内地一样地获得迅速发展，齐头并进，中央决定自今年至1963年五年内，从内地动员570万青年到这些地区参加社会主义开发和建设工作。"该《决定》的具体落实，涉及全国17个省、自治区，涉及面之广、迁移人数之多，在新中国历史上前所未有。

1958年，宁夏的钢铁、煤炭、电力、机械、化工、交通等大批工业项目正在兴建。青铜峡水电站工程已"上马"，西干渠、东干渠等大型水利工程即将动工。宁夏地广人稀，上百万亩荒地亟待大量技术人才和劳动力开发建设。

根据中央决定，1959年1月12日，宁夏回族自治区工委书记、人委副主席马玉槐赴浙江协商接收安置支宁人员工作，宁夏和浙江两省区商定5年内由浙江省动员30万青年支援宁夏建设。随后浙江省委作出了《关于动员青年支援宁夏回族自治区社会主义建设的指示》，开始组织实施移民工作。

关于浙江支宁青年的安置，自治区人委第七次行政会议决定，根据宁夏工农业发展需要及浙江民情，原则是将浙江支宁青年安置在自然条件较好的川区，采取"大分散小集中"方式，即使其自成一个生产单位和生活单位。关于支宁青年的人数及时间安排，浙江省民政厅于1958年年底提出了《关于动员三十万青年参加宁夏社会主义建设的意见》（以下简称《意见》），并报经省委批准。《意见》计划采取"分散分批、先少后多、中间大、两头小"的办法，争取在3年内完成移民任务，即1959年移民5万，1960年移民15万，1961年移民10万。为加强组织领导，切实做好移民及移民安置工作，浙江和宁夏分别成立了浙江省动员青年参加宁夏社会主义建设委员会和宁夏回族自治区安置来宁建设人员委员会，由省区级主要领导亲自挂帅。两省区各地、市、县委和公社党委设立相应的机构，由一位书记专管或兼管。

1959年1月22日下午，浙江青年参观团抵达银川，自治区党政领导同志亲赴车站欢迎。参观团一行119人，由浙江省的4个专区、1个市和51个县的县、乡、社干部和各行各业人员组成。参观团分4路到安置浙江青年的平罗、贺兰、宁朔、永宁、吴忠、金积、灵武、中宁、中卫等县（市）参观访问，了解当地的生产生活状况、地理环境和风俗习惯等。参观团回去后，在浙江开始了全面的动员。动员的对象，主要是本人自愿，政治可靠，家务拖累不大的青年，也包括部分有较多生产经验的壮年，男女人数大致相等。除大部分农民外，还有一定数量的工人（包括手工业工人）及商业、教育、卫生和各种服务业的人员，同时还配备了一定数量的干部和党、团员。浙江省广大青年积极响应党中央支援边疆的号召，踊跃报名。报名者经全家同意，社队审查，支宁委员会批准，发给"支宁"光荣证。

1959年5月至7月，来自杭州、宁波、金华、嘉兴、建德、台州、温州、绍兴等地（市）47个县的浙江青年及其家属57800多人，先后分两批到达宁夏，受到当地热情接待。这些支宁青年分别被安置在引黄灌区条件较好的银川、吴忠、中卫、中宁、金积、灵武、宁朔、永宁、贺兰、平罗、惠农11个市、县，建立生产队一级的安置点328个，安置点的人数一般在100人左右，最多的800人；安置在灵武、前进、贺兰山等8个国营农牧场和贺兰、惠农两个县农场7000多人；安置在青铜峡水库建设工地及其他工矿、财贸、文教、卫生部门10400多人；经统一考试录取700名具有初中文化程度的青年到各种技术学校学习。

据宁夏回族自治区安置来宁建设人员委员会1962年7月的工作报告可知，原计划从1959年起，5年内由浙江移送青年30万人到宁夏参加生产建设，计划执行了两年之后停止了。两年来浙江来宁人员共计96793人，其中青壮年79667人，家属17126人，男女比例大致相等，平均年龄不足21岁，共产党员、共青团员有21000余人，占总人数22%。这些支宁青年大部分从事农业生产，其中独立核算自负盈亏的873个青年安置点（即青年生产队）共安置50175人，带队干部安排在所在县、社工作；35118人安置到国营农场；另有来自城市的国家干部和职工11500人，按专业对口安置原则，安排到国家机关、工矿企业、交通、商业、水电、文教、卫生部门工作。

移民工作的复杂性，导致一些具体的工作难以适应当时的环境，难以解决诸多困难，加之1959年以来，宁夏连年受灾，城乡群众皆进入"低标准、瓜菜代"生活阶段，这对刚刚来宁毫无经济积累的浙江支边人员来说，生活更加困难。由此，支宁青年中出现了较为严重的"返乡潮"。尽管宁夏、浙江两地政府做了大量的工作，以期缓解和解决"返乡潮"问题，但仍收效甚微。据宁夏回族自治区安置来宁建设人员委员会1962年7月《关于安置浙江青年工作的情况报告》通报，截至1962年6月，支宁青年返籍外流达8万余人，占浙江支宁人数的84%。其中，安置在农村人民公社的返籍外流48000余人，占安置农村人数的96%；安置在国营农牧场的返籍外流28000多人，占60%；安置在工矿企业单位的返籍外流5000多人，占49%。留下来的约16000人。另据1962年9月宁夏回族自治区民政厅《关于浙江来宁青年情况报告》通告，当时全区有浙江支宁人员10000余人，其中，农村人民公社1550余人，县市1370余人，自治区属国营农牧场4700余人，工业部门2980余人。

由于确实难以留住移民，1962年年底，浙江、宁夏两省区中止了从浙江迁移支宁青年的计划。浙江青年支援宁夏建设，是当代宁夏数量最多、时间最为集中的一次移民进程，同时也是返迁最快、巩固率较低的移民群体。据宁夏回族自治区民政厅1990年1月的不完全统计，现在宁夏的浙江支宁青年有4640人，他们和他们的子女继续在宁夏为建设社会主义做贡献。

尽管浙江支宁青年在宁夏的时间不长，最后绝大部分返回了原籍，但他们在宁夏社会主义建设事业中奉献的青春力量，做出了贡献，在宁夏当代史中书写了浓墨重彩的篇章。

（四）青铜峡水库移民

青铜峡水利枢纽工程于1958年8月开工修建，1967年4月开始蓄水，当年底第一台机组发电，1978年年底全部完工，是一座集防洪、发电、灌溉为一体的综合水利枢纽工程。水库设计总库容7.35亿立方米，最大坝高42.7米，水库面积113平方千米，正常蓄水位1156米，设计防洪水位1157米。作为青铜峡水利枢纽工程重要组成部分的青铜峡水库，是二十世纪六七十年代宁夏回族自治区建设历时最长、库区移民动迁规模最大、困难最多，也是移民遗留问题最多的一项综合性工程。

1965年8月，按照水利电力部《青铜峡水库淹没迁移安置规划报告》中的库区移民规划，1966年汛期淹没耕地30556~38996亩，至1976年共淹地40556亩，移民15600多人。

1966年，宁夏回族自治区库区迁安领导小组提出了关于青铜峡水库区移民的具体安置计划。根据计划，库区移民集中于青铜峡县、中宁县、渠口农场，共淹没农田67425亩，淹没房屋21500多间，应迁出移民4400多户19600多人。根据水库蓄水情况，分三期进行移民。1967年前为第一期移民，1971年前为第二期移民，1976 年前为第三期移民。关于移居区域，安置计划确定尽量把移民安置在自流灌溉地区，使移民很快地恢复生产生活，安居下来。自流灌溉地区确实解决不了的，要考虑选择既能保证灌溉，又能尽快恢复生产发挥效益的扬水灌溉地区安置移民。对移民居住点的布局，本着体现"自力更生"的精神，与新农村的规划布局结合起来，并要求各地应根据本地区的移民任务和具体情况制定分期移民计划，事先做好各项准备工作，提前开发安置区，使移民到达安置区后，迅速投入生产，稳定居住下来。青铜峡库区移民的具体安置安排：中宁县应迁出 1811 户 8193 人，分别安置在永宁、贺兰县的公社和西湖农场；青铜峡广武农场应迁 1594 户 6785 人，部分安置在青铜峡县的大坝农场，部分集中插队于青铜峡县范围内的各公社。因广武农场是全民所有制，这里的移民要插队迁徙到青铜峡县各公社，涉及体制问题，当时决定将广武农场下降为集体所有制，以便插队安置，这就为后来"遗留问题"的形成埋下伏笔。

移民工作从 1967 年开始至 1976 年结束，历时 10 年，先后从库区迁出 19000 余人。受当时经济条件制约，水库移民在安置地的生活、生产条件特别简陋，至 20 世纪 90 年代初，库区移民的许多突出困难仍没有彻底解决。造成遗留问题的根本原因是过去移民安置工程标准低，设计规划迁安漏洞多，工程实施不到位。加之水库新问题的出现，虽经 20 多年的努力，移民生产生活水平仍难以恢复和发展。

在改革开放和社会主义市场经济体制建立与完善的过程中，水库移民遗留问题得到了党中央和自治区高度重视。2001 年，《中央直属水库移民遗留问题处理（2001—2006 年）实施规划工作大纲》印发，水库移民遗留问题处理工作进入一个新阶段，在水库移民专项资金支持下，移民及安置区的农田水利、交通、饮水、用电、卫生等条件发生很大变化，水库移民全部解决了温饱问题。2006 年，国务院又出台了《关于完善大中型水库移民后期扶持政策的意见》（国发〔2006〕17 号），加大对水库移民的后期扶持力度，进一步维护了水库移民利益和移民区社会稳定大局。

为切实贯彻落实国务院 17 号文件精神，宁夏回族自治区人民政府制定《宁夏大中型水库移民后期扶持政策实施方案》（宁政发〔2007〕19 号），细化人口核定、资金管理等内容。宁夏回族自治区公安厅下发通知，要求全区公安机关对大中型水库移民人口进行摸底核查，涉及搬迁人员逐一登记造册，中央和宁夏回族自治区将统筹巨额经费对 2006 年 6 月 30 日之前的水库移民进行后期扶持，每人每年补助 600 元，连续扶持 20 年。根据自治区水库移民管理办公室初步调查，宁夏全区共有 20 座大中型水库移民 111957 人，其中原迁移 47121 人，移民后代 64836 人，分布在全区 18 个市、县（区）的 84 个乡（镇）355 个行政村及农垦系统 22 个国营农场。

党的十八大以来，在以习近平同志为核心的党中央坚强领导下，自治区党委、政府高度重视移民，特别是贫困移民的遗留问题，将解决移民困难与打赢脱贫攻坚战有机结合，彻底解决了移民群众关注的诸多难点问题，移民安置区基础设施和生产生活条件大幅改善，移民平均可支配收入得到明显提高，增收致富的路子逐步拓宽，广大移民群众建设新农村的热情高涨，解决水库移民遗留问题的工作取得了可喜的社会效益和经济效益。

（五）自流移民及灾民侨民

20 世纪 50 年代中期至 60 年代初，人口较密集的山东、河北、河南等地区的农村人口，因自然灾害等原因出现了大量自发性外流现象。

自发性移民中的大部分流向了内蒙古、新疆、青海、宁夏等地区。20 世纪 50 年代中期至 60 年代初，山东、河北、河南、甘肃等地的自发性移民大量移入宁夏等地，宁夏回族自治区安置委员会对以上自流人员做了妥善安置。

1956 年 9 月，宁夏接收来自河北的因受灾严重不能恢复生产的移民 6000 人，分别安置在平罗 2000 人，惠农 1500 人，陶乐 700 人，贺兰 500 人，宁朔 700 人，中宁 600 人。另据石嘴山市 1959 年的统计，从河南、山东、河北、江苏、吉林、黑龙江等地自发流入该市工矿区的移民近 10000 人。

此外，因历史原因，还有少数外国侨民一度被安置在宁夏。1953 年，灵武农场和前进农场分别安置日侨 111 人。其中，农建一师前进农场安置日侨 77 人，灵武农场安置 34 人。这些侨民部分是旧军队转业人员，部分是来自东北地区的工矿人员。次年由人民政府遣送回国。

（六）国民经济调整时期精简人员

1961—1963 年是我国国民经济"调整、巩固、充实、提高"时期，根据中央压缩减少城镇人口的指示，宁夏城镇人口在 1960 年年底的基数上减少 85000 人。精简的重点是工矿企业和学校及文教事业单位。这些精简人员多数搬迁到农村和原籍地区。

据宁夏回族自治区计划委员会统计局统计资料记载，1959 年全区共有职工 52000 人，1960 年则达到了 257000 人，截至 1961 年 6 月底，职工人数增加了近 4 倍，人口数量与职工数量的比例由 34∶1 变为 8∶1。而这一时期的全国职工只增加了 1 倍多，西北地区增加 1.4 倍。由于职工增加快，从而影响宁夏人口与职工数量的合理比例关系。

为落实中央关于在"调整、巩固、充实、提高"时期压缩减少城镇人口的指示精神，1961 年 8 月，自治区人民政府制定了《宁夏回族自治区精简计划》。根据此计划，工矿和建筑企业在确保支援西北地区工作（如煤炭），支援本区农业生产和供应市场必需的前提下，对于工矿企业，采用撤、停、并、缩的办法分期分批大力进行精简。重点是基本建筑队伍的原材料不足，占用劳力多，质量低，成本高的企业。3 年内中央直属企业减 15000 人，占比 22.4%；地方企业减 34000 人，占比 43.2%；学校和文化事业企业减 12000 人；国营商业职工减 8500 人。精简下来的职工家属随同本人转入农业生产。

五、工业及三线建设移民

（一）宁夏早期工业

宁夏解放前仅有几个小型工矿企业，除电厂外，其他如毛纺、火柴、瓷器、造纸等都是土法手工业生产。全部职工 675 人，年工业产值 160 余万元。手工业也极不发达，1949 年统计，全区手工业只有 25 个行业，共 4147 户 8864 人，年总产值 1000 余万元，基本上都是以个体手工业劳动为主。

新中国成立之初，宁夏省的工业经过接管、恢复与重点发展 3 个阶段。

1949 年 10 月至 1950 年 2 月底为接管时期。共接管了地方 9 个小型企业（电厂、面粉厂、火柴厂、毛线厂、瓷器厂、造纸厂、机器厂和两个煤矿），还有 8 个有名无实的以土法手工业生产的手工作坊，如帽厂、酒精厂、玻璃厂、精碱公司等。这些手工作坊陈旧不堪，仅有少量机器，基本处于停产和半停产状态。为促进生产，保护本市工商业正常发展，1950 年初宁夏省人民政府印发《银川市工商业登记暂行办法》，规定凡在银川市设有固定厂址、作坊、门市的工商业，不论公营、私营和合作经营，均需申请登记后发营业证。

1950年3月至1951年6月底为恢复时期。在这一时期中，首先调整了现有企业，把当时没有出路的火柴、毛线厂停工，把直接关乎国计民生的企业，如面粉厂、电厂、煤矿的生产加以补充和扩大。据《1950年宁夏省企业公司三、四月工作总结报告》记载："通过检查机器厂、毛织厂、造纸厂、造烟厂等企业的生产，依靠工人实行民主管理工厂的新办法，产品产量均有较大提高。"

1951年7月至1952年年底，对工矿企业进行了一系列的零星基建，如修理厂补充了车床等设备，特别是重点新建了银川毛纺织厂和发电厂。经过3年的改建与扩充，大部分企业由完全手工业转化为半手工业，陈旧机器换成新机器，提高了劳动生产率。

表1 1950—1952年银川市主要产品及生产量

年度/年	电/千瓦时	面粉/千克	无烟煤/千克	褐煤/千克	瓷器/套	盐/千克
解放前	100	100	—	100	100	—
1950	143	—	100	181	98	100
1951	581	412	185	262	256	446
1952	819	787	297	654	433	295

1954年6月19日，宁夏省建制撤销，银川成为甘肃省管辖的一个专区，宁夏省银川市的第一个五年国民经济计划目标就此中止，从而在一定程度上影响制约了银川市的社会经济发展。特别是在工业方面只是新建了一座银川毛纺织厂，另外仅有棉织品厂、面粉厂、毛纺厂、机器厂、糕点加工厂、酒厂、酱厂、石灰厂、砖瓦厂、文具厂等为数不多的几个小型地方企业及铁业、铸造、农具、木器、铁皮加工、土造纸、鞋业、制毡、地毯、麻绳、制糖等合作社组。这种情况一直延续到1958年自治区成立之前。

随着工业不断发展，职工队伍也快速增长，1949年宁夏解放时仅有职工670人，到1958年全区工矿企业有职工39000余人。

（二）自治区成立之初随厂迁入宁夏的移民

1958年8月1日，包兰铁路在银川正式接轨全线贯通，开始办理临时客货营运，为宁夏工业发展创造了有利的外部条件。1958年10月，宁夏回族自治区成立后，国家在工业建设领域给宁夏以极大的关怀和支持。为帮助宁夏建设自己的工业体系，将一批厂矿或整建制、或部分迁移到宁夏，如上海、南京、天津等地部分工厂先后迁建宁夏。与此同时，沿海地区一些企业和管理干部、工程技术人员及熟练工人来到宁夏支援工业发展，有力地促进了自治区工业发展规模与水平的快速扩展与提升。

1959年8月，宁夏回族自治区党委相关部门领导带领工作组历时4个月，走访了天津、沈阳、鞍山、抚顺、旅大（今大连市）、长春、哈尔滨7个城市。此次走访的主要目的是请求这些工业相对发达的地区对工业基础比较落后的宁夏给予物质、技术和人才方面的支持。其中，天津支援宁夏工业建设项目10项，搬迁职工和家属共949人。此次支宁的工厂职工来自天津市7个区的49个单位。按迁宁地点分：中卫106人，银川123人，石嘴山112人。按迁宁所属系统分：机械局中卫机械修配厂106人；银川印刷厂

59 人；工业局服装制鞋工人 19 人；电机制造工人 4 人；文教用品工人 7 人；肥皂工人 2 人；棉纺织厂印染、针织工人 20 人；商业局食品加工工人 5 人，厨师 7 人；石嘴山玻璃厂工人 100 人，坩埚工 2 人；造船厂职工 10 人。同时迁厂支援各类设备共 44 种，224 台（套）（不包括工具、仪器、办公家具等小设备）。1958 年由天津回民皮革社、包头皮革厂迁来部分技术工人，和银川市黑皮社、白皮社合并组建成银川皮革厂，是宁夏第一个正规化综合性毛皮皮革生产企业。1959 年 12 月由天津第三水暖厂、第一量具厂、通用机械厂等迁至宁夏中卫机械修配厂，成功试制自治区第一台大型球磨机，标志着自治区机械工业技术水平向前跨了一大步。

与此同时，银川市也抽调了 22 名干部组成工作组，赴上海请求支援银川市的经济建设。经过 3 个多月，共招收各种人员 6186 人。其中，青年学生 806 人，社会劳力 499 人（包括商贩），服务性行业 361 人（包括南京被服厂、公私合营康乐木器店），生产自救小组（厂）26 个 1280 人。随上述人员来宁的还有在职干部和职工 20 人，家庭共 1075 户 3220 人。

据记载：上海先后迁来组（厂）32 个，两个系国营和公私合营厂，规模较大，如康乐木器厂、被服厂原封不动安置。1959 年 4 月 22 日，银川市为了安置上海迁银川工人的生产，对银川市属部分企业进行了重组合并：① 五金器材厂、改锥厂、电磁厂、锯条车间合并为一个厂，命名为"五金工具厂"，有职工 310 人，主要生产产品以五金工具为主，如小胶轮胎钢圈、尖嘴钳子、老虎钳子、切面机、改锥等；② 电磁厂、电料厂合并为一个厂，命名为"电料厂"，有职工 278 人，主要生产各种电磁、胶木电瓶、夹板、安全灯头、电线盒、闸刀开关、马达开关、各种耐火砖等；③ 五金螺丝厂、弹簧厂、安瓿厂及由宁朔迁银川的洋钉厂合并为一个厂，命名为"螺丝铁钉厂"，有职工 112 人，主要生产钉子、弹簧、螺丝、锁子、门扣、插销等；④ 电讯器材厂将五金器材厂双连贮电器车间并入，命名为"电讯器材厂"，有职工 120 人，生产收音机、电动插座、双连贮电器等；⑤ 喷烘漆电镀厂除抽出 15~20 人连同两台煤球机交给商业部门外，其余部分与银川市油漆厂合并，命名为"电镀油漆厂"，有职工 196 人，除民用油漆生产外，可喷大小汽车、脚踏车、仪器零件、电讯器材等，烘漆各种车料，镀锌镀黑五金零件、照相器材、缝纫机等；⑥ 拉链厂改为拉链提包厂，主要生产拉链及拉链提包；⑦ 仪表厂，有职工 41 人；⑧ 制盒厂，有职工 95 人，主要生产各种纸盒纸袋。

据 1959 年 1 月 11 日《宁夏日报》报道，由上海、南京等地迁来支援宁夏建设的银川被服厂、五金工具厂、电料厂、电讯器材厂、喷烘漆电镀厂、康乐木器厂、拉链提包厂、螺丝铁钉厂、仪表厂、制盒厂等 15 个工厂，短期内纷纷投产，产品上市。此外，1958 年，上海厚生胶印厂支宁，带来了两台半自动单色胶印机，在宁夏日报社印刷厂建立了胶印车间，从此宁夏报纸印刷从铅印转变为胶印；1959 年，国家农垦部与宁夏合资扩建银川磷肥厂（原贺兰山磷肥厂），上海迁入 62 人，与宁夏合建银川磷肥厂；1959 年，上海迁入银川机械修配厂 123 人；1959 年，上海迁入银川毛纺织厂 23 人；1959 年，上海迁入银川化工厂 60 人。

据 1960 年 3 月 20 日宁夏回族自治区人民委员会接待上海慰问团数据统计，上海来宁职工及家属共计 27624 人，其中自治区属总计 6496 人，各市、县总计 21128 人。

除了从上海、天津迁入宁夏的企业和移民外，其他省区迁入宁夏的移民和组建的企业主要有：① 1958

年，南京服装厂职工150人迁到银川，成立了银川红旗服装厂，随迁脚踏缝纫机数十台，以批量生产各式男女服装为主；② 1958年，固原亚麻纺织厂从黑龙江省哈尔滨市亚麻纺织厂调来16名纺织工程技术人员，从华东纺织工学院分配来7名大学毕业生、咸阳纺织工业学校分配来9名中专毕业生，并从江苏无锡天元棉麻纺织厂调入该厂从英国引进的亚麻纺织设备；③ 1959年4月，宁夏通用机械厂接收由中卫县迁来的上海职工41人；④ 1959年初，沈阳市沈河区橡胶制品二厂搬迁设备和迁来职工及家属200多人，与1956年建立的银川橡胶社合并为银川橡胶制品厂，于当年底投产；⑤ 1959年7月，由上海江宁仪表小组、卢湾区聋哑工厂仪表小组迁入207人，与银川市机电仪表厂和吴忠五金厂仪表车间合并成吴忠仪表厂，1964年10月，吴忠仪表厂划归为一机部直属企业。同时，从上海崇明仪表厂（上海自动化仪表七厂）调配72名技工，搬迁部分设备，加强吴忠仪表厂建设。

1958年甘肃省张掖市建筑工程公司调入宁夏，与银川专署建筑工程队合并成立宁夏建筑工程公司。1959年以后，建设部陆续从甘肃、内蒙古、黑龙江、河北等省、区调入各种专业施工队伍来宁夏。

此外，为适应工业发展对人才的需求，1959年5月15日宁夏第一所培养技术工人的学校——吴忠机械工业学校开学，招生2400多名，其中从浙江支宁青年和三门峡水库移民中招收部分学生。该校设车工、钳工、铣工、刨工、电工、铸工、焊接、木模、热处理等专业。学制一年半至二年。

同时期，宁夏地方政府还在沿海大城市招收了一批工商业职工，并接收大量国家下放人员。如：1958年7月，交通部所属公路总局第二工程局机关的一部分及所辖四处、局汽车队、公路测绘设计五分院第七测量队下放由自治区领导管理，共移交工作人员863人，领导干部44人，技术干部77人，行政干部191人，技工272人，普工232人，学徒47人，以此为基础组建宁夏交通管理机构及公路建设队伍。

1960年，中央10个工业部支援宁夏各类干部621名，技术工人543名。这些干部、技术工人涉及冶金、化工、机械、煤炭、水电、石油、建筑、轻工、纺织及农业机械等众多工业领域。对于这些支援宁夏的企业干部及技术工人，自治区按照"全面安排，重点配备"的原则，绝大部分分配到新扩建的厂矿及水电系统工作。

据记载，1958年8月以来，自治区陆续分配来固原参加工业建设的北京、南京、上海、安徽等地青年学生和社会知识青年828人（男586人，女242人），其中北京4人、南京69人、上海249人、安徽506人。原则上一律都分配在国营厂矿。

以上人员的到来，大大壮大了宁夏工业建设力量，这些人员都具有一定的生产技术和经验，绝大部分随厂迁来，还带来了生产设备，这为宁夏各项建设提供了有利的物质条件。

根据统计，截至1960年末，全区职工257000人，比1959年的52000人增加了205000人。新增加的职工中，来自区外130000多人，占65%。

另据统计，1961年8月宁夏各类工业企业人数如下。① 煤炭工业：全区煤炭企业1960年年底有职工4万人；② 冶金工业：钢铁工业1960年年底有12624人；③ 机械工业：1960年年底有职工12242人；④ 石油化工：1960年年底有职工4762人；⑤ 建筑材料：1960年年底有职工6384人；⑥ 轻工纺织：1960年年底有职工10048人；⑦ 水电：1960年年底有职工8839人；⑧ 交通运输：1960年年底有职工7275人；⑨ 铁路：1960年年底有职工13002人；⑩ 石油勘探：1960年年底有职工4226人（不包括局本身）；⑪ 青铜峡工程局：1958 年 8 月 26 日青铜峡水利枢纽工程开工，1960 年年底有职工 5612 人；⑫ 地质：冶金地质队并入宁夏回族自治区地质局，1960 年年底有职工 2816 人；⑬ 邮电：1960 年年底有职工 1583 人；⑭ 建筑安装企业：1960 年年底有职工 17649 人。

从宁夏回族自治区机械局 1960 年对其下属的汽修厂、通用机械厂、综合机床厂、冶金矿山机械厂等 7 个单位的情况统计可以看出，7 个单位共有管理干部 376 人，其中宁夏籍 22 人，外省籍 354 人，外省籍干部占 94%。可见，这一时期的企业和职工移民对于宁夏现代工业的大发展，具有重要的奠基性作用。

（三）石嘴山煤炭基地工业移民

石嘴山地区的煤炭遍布黄河东、西两岸和贺兰山山谷中，地质构造简单便于开采，煤田煤种齐全。为解决兰新铁路、包兰铁路通车后的铁路用煤以及包头钢铁厂、酒泉钢铁厂的工业用煤，1956 年，国家煤炭工业部、西北煤管局决定将地处兰州与包头中间的石嘴山建设成西北煤炭工业基地。

1956 年，陕西铜川矿务局 131 队、132 队，西北煤田地质局 146 煤田勘探队共约 580 人，相继迁入石嘴山。1957 年，山西大同煤矿 2000 人、陕西省煤炭管理局 1000 人、铜川矿务局 2000 人，迁入石嘴山工业基地。1958 年，石嘴山矿区基本建设全面展开。按计划，黑龙江哈尔滨煤管局迁入 30 人，东北第二基建局迁入 300 人，甘肃阿干镇煤矿迁入 1000 人，江苏徐州基建局迁入 3000 人，河北沧州和保定迁入 3600 人。又从铜川、山丹、兰州、徐州、大同等地调入建井工人 1720 人，其他地区调入 311 人，就地招工 2922 人（大部分是外地人），年末职工总数超过万人。1959—1961 年，接收转业军人 152 人，外省招收 340 人，就地招收 1133 人（多数为外省、区自愿来宁人员）。1959 年，上海迁入石嘴山矿务局 275 人。同年，上海迁入石嘴山安装建筑公司 178 人。1959—1961 年，接受转业军人 152 人，外省招收 340 人，就地招收 1133 人（多数为外省、区自愿来宁人员）。1961 年末，石嘴山矿务局共有职工 13718 人。1964 年年底，石嘴山矿区煤炭生产和建设队伍已达 2 万人。

在石嘴山煤炭建设基地的建设过程中其他相关产业链有：1959 年 6 月 6 日，石嘴山煤矿基地 3000 千瓦火力发电厂竣工，基地的机修厂、职工医院、学校等也相继启动建设。为解决人才不足问题，1958 年 7 月 14 日，国家煤炭工业部分配至宁夏的中技毕业生共 164 人，指定到石嘴山基建局报到。

1960 年 7 月 2 日，宁夏回族自治区党委决定，将石炭井改为大武口镇，成立大武口矿区党委。

1965 年 6 月，国家煤炭工业部决定成立贺兰山煤炭工业公司，统一领导宁夏、甘肃、青海、新疆、内蒙古 5 省、区的煤矿生产建设，规划在"三五"和"四五"期间将贺兰山煤田的石炭井、汝箕沟、呼鲁斯太矿区列为"大三线"建设的重点矿区。到 20 世纪 60 年代末，随着矿区建设的发展，石嘴山市区（也就是现在的惠农区）已成为一个拥有 20 多万人口的繁华煤城，其中从外省、市迁入的职工和家属，约占总人口的 70%。

1969 年 10 月 11 日，辽宁抚顺矿务局支援 600 名施工人员，担负大峰露天煤矿的建设和生产任务。

1972 年 11 月 25 日，宁夏石嘴山第二矿务局（石炭井矿务局）卫东煤矿设计年产 120 万吨的现代化大型无烟煤矿斜井建成投产。

1973 年 10 月 5 日，宁夏第一座生产优质无烟煤的大型现代化露天煤矿——石嘴山第二矿务局大峰露天煤矿建成并投入生产。

1975 年 6 月 30 日，宁夏生产焦煤的现代化大型煤矿石炭井矿务局乌兰煤矿投产。年产能力为 90 万吨，采用先进的皮带运输机。

20 世纪 60 年代中期到 70 年代中期的 10 年间，国家从辽宁、江苏、山西、甘肃等省共选调迁入 5 万余名职工。还从河北、河南、陕西、浙江、山东等地的城市待业青年和农村青壮年中招聘了许多工人。1976 年 5 月 27 日《宁夏日报》报道，宁夏已拥有 4 个煤田，拥有较完整煤炭工业体系的贺兰山煤炭工业基地已经建成。

（四）三线建设移民

20 世纪 60 年代中期，中共中央开始考虑在西部建设后方工业基地的战略问题，对国民经济布局作出重大调整。

1965 年 8 月，中共中央作出集中力量建设"三线"大后方的决定，三线建设正式开始。当时对于"三线"区域的划分是："一线"指位于沿海和边疆的前线地区；"三线"指包括四川、贵州、云南、陕西、甘肃、宁夏、青海等西部省区及山西、河南、湖南、湖北、广东、广西等省区的后方地区；"二线"指介于一、三线之间的中间地带。中央要求一线、二线，即东部沿海地区停建一切新开工项目，压缩正在建设的项目，将部分企事业单位整建制搬迁到"三线"，把一些企事业单位一分为二，分出部分迁往"三线"，从技术力量和设备等方面对"三线"企业实行对口帮助。

1965 年 10 月 30 日，中共中央批准并下发了国家计委提出的《1965 年计划纲要（草案）》，确定了1965 年国民经济计划的总目标是：要采取多快好省的方法，在纵深地区建立起一个工农业结合的、为国防和农业服务的、比较完整的战略后方工业基地，实现搬迁项目"大分散、小集中"的目标，实际上也是国民经济继 1963 年调整结束后的又一次大调整。

宁夏作为国家三线建设重点地区，国务院先后安排了一些重点项目。1964 年 12 月 17—19 日，中共中央西北局召开的西北地区迁厂工作和"三五"规划会议，讨论了 1964 年和 1965 年迁到西北地区的工厂、企业的落实情况和迁厂工作中的问题。1965 年 4 月，自治区党委成立了自治区基本建设指挥部，具体负责三线建设。这些迁建项目，绝大部分是利用"下马"工厂和半截工程，因而既可以节省投资，又争取了时间。其中，第一批初步确定宁夏回族自治区 10 项，最终落实了 9 项。最初规划如下。

1. 冶金部 1 项

将鞍钢钢丝绳厂的部分设备，天津钢厂生产航空钢丝绳、密封钢丝绳的部分设备，天津线材公司生产针布钢丝的部分设备和本溪耐火材料厂的全部设备和人员，迁往宁夏石嘴山（约 3400 人），生产军工和民用的各种钢丝和钢丝绳，使石嘴山成为"三线"的一个金属制品基地。

2. 一机部 7 项

（1）将大连机床厂部分设备和人员（400 人，机床 50 台）迁往宁夏石嘴山，和石嘴山钢厂机修车间合并建立宁夏组合机床厂，生产组合机床。该产品是全国短线产品。

（2）将沈阳中捷友谊厂立钻车间的全部和摇臂钻车间的部分设备和人员（共 500~600 人，机床 160~

180 台）迁往宁夏中卫，并入中卫钻床厂（利用中卫机修厂），生产立钻和摇臂钻。该产品填补了"三线"空白。

（3）将大连机床厂部分设备和人员（80 人，机床 20 台）迁往宁夏石嘴山，建立宁夏组合机床刀具厂（利用石嘴山农具厂），生产组合刀具，为组合机床配套需要。

（4）将旅大市大连起重机器厂部分设备和人员（300 人，机床 60 台）迁往宁夏银川，与银川机械修配厂合并，生产减速机，供配套需要。

（5）将上海崇明仪表厂部分设备和人员（132 人，机床 42 台）迁往宁夏吴忠，建立吴忠调节阀厂（利用吴忠机械农具修配厂），生产调节阀，为化肥、石油自动化配套需要。

（6）将北京仪器厂部分设备和人员（300 人）迁往青铜峡，建立青铜峡材料实验机厂（利用青铜峡化工厂和建筑工程局碳化砖楼），为配合新型材料实验，生产新型材料试验机。

（7）将大连仪表厂部分设备和人员（400 人，生产流量计的成套设备）迁往宁夏银川，建立银川流量仪表厂（利用银川磷肥厂），生产差压流量计（是 801 的配套产品，全国短线）。

3. 农机部 1 项

将石家庄拖拉机配件厂和洛阳拖拉机厂生产活塞的设备和人员（40 人，机床 40 台）迁往宁夏中卫，并入宁夏中卫机械修配厂，年产活塞 15 万只，以加强三线建设，使配套生产合理分布。

4. 化工 1 项

未落实，后变更地点为甘肃兰州。将天津染化五厂苯胺（年产 650 吨）车间、山东新华药厂醋酸（年产 4000 吨）车间及青岛染料厂（促进剂年产 510 吨，防老剂年产 670 吨）车间的全部设备及人员（天津 40 人，山东 30 人，青岛 300 人）搬迁，解决医药及橡胶的配套原料问题。

表 2　宁夏地区 1964—1965 年计划（第一批）迁厂项目落实情况对照

所属部	企业名称	一线企业名称	原定迁入地（厂名）	落实的地址（厂名）	原定迁入人数/人	落实迁入人数/人	原定迁入设备/套	落实迁入设备/套
冶金工业部	第十六钢厂	鞍山钢厂、天津钢厂、本溪钢厂钢丝部分	宁夏石嘴山钢厂	宁夏石嘴山钢厂	3 400	2 100	0	2 200 吨
	长城机床厂	大连机床厂	石嘴山钢厂机修车间	银川铝厂	400	852	50	143
	大河机床厂	沈阳中捷友谊厂	中卫机修厂	中卫机修厂物资仓库	500~600	420	160~180	105
	银川机械修配厂	大连起重机厂	银川机械修配厂	银川机械修配厂	300	300	60	60
	吴忠仪表厂	上海崇明仪表厂	吴忠机械农具修配厂	吴忠仪表厂	132	126	42	42
	青铜峡材料实验机厂	北京仪器厂	青铜峡化工厂	青铜峡化工厂	300	250	未定	53
	银川流量仪表厂	大连仪表厂	银川磷肥厂	银川东门拖拉机修理站	400	350	未定	87

所属部	企业名称	一线企业名称	原定迁入地（厂名）	落实的地址（厂名）	原定迁入人数/人	落实迁入人数/人	原定迁入设备/套	落实迁入设备/套
农机部	吴忠配件厂	石家庄拖拉机配件厂活塞生产线	宁夏中卫机修厂	吴忠县机械农具修配厂	40	80	40	40
化工部	银川橡胶厂	青岛橡胶厂、沈阳橡胶三厂	银川橡胶厂	银川橡胶厂	920	950	0	0
	西北有机化工厂	天津染化五厂、青岛染料厂、山东新华药厂	宁夏	兰州烧碱厂	370	71	0	0

1965 年 3 月 13 日，中央批准将 1964 年和 1965 年在我区迁建、新建项目变更为 14 个，其中迁建 11 个，新建 3 个。

根据记载，截至 1965 年 4 月上旬，已迁入职工 2600 余人，家属 114 户 350 余人。自治区共调整出厂房、生活用房 83000 余平方米。全部搬迁项目的设计在 6 月完成。长城机床厂 3 月已投产，吴忠配件厂 5 月投产，五四厂、银川机修厂、青山实验机厂要求在 10 月投产，银河流量仪表厂、银川橡胶厂、吴忠仪表厂及银川毛纺厂要求在 11 月份投产，九○五厂、大河机床厂 12 月投产。

1965 年 4 月 12 日，宁夏回族自治区计划委员会对五四厂、九○五厂、三○四厂的筹建和五四厂、九○五厂施工情况做了检查，已来宁土建大队（石嘴山、大武口各两个大队）、基建工程队、管道工程队、集运队各一个，加上加工厂、动力站、门诊部等单位，已到职工 2516 人，其中，工人 1784 人（包括生产工人 61 人），干部 450 人（包括生产管理干部 102 人）。至 4 月末，来宁总人数达 3500 人左右。冶金部已决定再由内蒙古调配临时工 2500 人，已陆续到达。

1965 年 5 月 13 日，根据中央指示，河北省第六建筑安装公司共抽调 1034 名职工支援宁夏建设。其中，干部 167 人，工人 867 人。

从 1965 年初开始，各地陆续向宁夏整体搬迁或合并创建了一批大中型工业企业，包括相应的建筑安装、地质勘探队伍等，全年迁入职工和家属约 24000 人。随着这些"三线"企业先后建成投产，彻底改变了宁夏工业落后的面貌。

1965 年 3 月，由大连机床厂迁建的长城机床厂利用原来银川铝厂做厂址，共迁来职工 306 人，搬来设备 86 台，其中金属切削机床 58 台，于 3 月底投入生产，并在"五一"节前装配出液压仿形机床 3 台，另还有 4 台正在试车。这是三线建设中在宁夏建成投产的首家企业。

1965 年 7 月 1 日，由石家庄拖拉机配件厂迁建的吴忠配件厂建成投产，批量生产东方红-54 型和4146 型活塞。

1965 年 7 月 16 日第一机械工业部决定在 1966 年将长春材料试验机研究所（简称"材机所"）迁入吴忠，利用吴忠材料试验机厂开展研究实验与生产相结合的技术协作，加快开发新产品。

1965 年 9 月下旬，上海福康制毡厂迁往银川市，内迁职工及家属共计 161 人，并入银川毛纺织厂，为银川毛纺织厂制毡车间。

1965 年 12 月，由北京有色金属研究总院 435 室、436 室、215 室合并迁建的全国最大的钽、铌、铍生产科研基地和全国唯一的铍材料研究中心——宁夏有色金属冶炼厂（又称西北稀有金属材料研究院），在石嘴山市大武口建成投产。

1965 年 7 月 6 日，北京仪器厂材料试验机生产线全迁至青铜峡，成立青山试验机厂，迁入职工 261 人，另外从天津分配徒工 34 人，国家统一分配大中专毕业生 46 人，共计 341 人。同年 10 月 15 日建成试生产，生产 K2 型扭力试验机 30 台（零部件毛坯大部分是北京带来的）。

1965 年 11 月 15 日，由大连起重机器厂迁建的以生产起重机、减速器等为主的银川起重机器厂在银川建成投产。

1965 年 12 月 1 日，辽宁沈阳中捷人民友谊厂立钻车间职工 697 人分批迁入中卫县。1970 年验收投产报告由第一机械部〔70〕1569 号文批复，以生产方柱立式钻床、珩磨机床等为主的大河机床厂在中卫县建成投产。

1965 年 12 月 31 日，由青岛橡胶二厂和沈阳第三橡胶厂部分合并 950 人迁建的以生产载重汽车车轮胎、轻卡汽车轮胎、轿车轮胎、航空轮胎、子午线轮胎、农用轮胎及航空轮胎翻新等为主的银川橡胶厂基本建成投产。

1966 年 2 月，由辽宁大连仪表厂迁建的以生产插入式、圆环式涡旋流量计等流量、压力类仪表为主的银河仪表厂在银川建成投产。

1966 年 3 月 30 日，由上海自动化仪表七厂 126 人迁建的国内规模最大的调节阀生产厂家——吴忠仪表厂在吴忠县建成投产。

1966 年 3 月，由东北迁入职工及部分设备的青铜峡铝厂动工兴建，该厂代号"304"，1970 年 8 月 21 日，电解车间一厂房 44 台电解槽正式通电焙烧，开始正式生产电解铝。是年底，宁夏青铜峡铝厂全部建成。1985 年 4 月，青铜峡铝厂扩建工程正式开工，1988 年年底，青铜峡铝厂形成年产 5 万吨电解铝生产能力。

1966 年 4 月 11 日，经西北局计委批准，银川亚麻纺织厂开工建设。1959 年宁夏曾在固原筹建一个亚麻纺织厂，当时纺织工业部还从江苏无锡调来了一部分英制亚麻纺纱设备，1961 年该厂下马停建，设备也由固原迁到银川，并入银川棉纺织厂。批准建设规模为：年产亚麻帆布 34 万平方公尺、水龙带 30 万公尺。1967 年第二季度建成并投产。

1966 年 11 月 28 日，根据第一机械工业部的通知，由天津电表厂搬迁职工 150 人，主要生产设备 30 台，迁入新的银川电表厂。

1967 年 12 月 26 日，宁夏最大的水利工程——青铜峡水利枢纽工程大坝建成，第一台装机容量 3.6 万千瓦水轮发电机组发电。

同时，在三线建设的带动下，20 世纪 60 年代国民经济调整时下马的许多企业，纷纷恢复建设和生产。如：1965 年，青铜峡铝厂在山东铝厂、郑州铝厂、抚顺铝厂、兰州冶炼厂等厂的设备、技术和人员支持下再度上马；石嘴山钢铁厂于 1965 年改建和扩建，鞍山钢铁公司、天津市冶金局、本溪钢铁厂支援了大批干部、技术人员和机器设备。

据统计，从 1964 年年底开始到 1968 年 6 月，宁夏的三线建设共有中央部属和自治区属主要工业企业共计 96 项，其中已建成投产和交付使用的 41 项，其余的正在建设或筹备。

这些工业企业项目的建设使宁夏国民经济水平有了显著的提高。1966 年，主要工业产品的生产能力已经达到如下水平：原煤 353 万吨（其中中央矿 286 万吨），电机装机容量 7.75 万瓦，小型钢材 1.67 万吨，橡胶轮胎 20 万条，金属切削机床 1000 台，减速机 3000 台，铸铁管 2000 吨，水泥 45000 吨，机制纸 15000 吨，日用陶瓷 650 万件，部分可供出口；铁路建设方面有正修建的 8 条专用线（68 千米），新修大武口到矿区，渠口堡到宁夏化工厂，枣园站至中宁电厂，迎水桥到五四厂二期和西大滩到西北轴承厂 4 条专用线（共计 50 千米）。

20 世纪 60 年代末至 70 年代初中期，宁夏持续推进三线建设，一批重要企业相继建成投产。

（1）国营宁光电工厂（四四三〇厂，在银川火车站西面）。1965 年 4 月，国家轻纺部组织上海纺织工业局有关人员，赴四川选择厂址，决定在四川南充专区蓬安县县城内建厂，后发现所选厂址交通运输困难，环境湿度较大，投资增多。根据上述情况，对厂址又重新研究，5 月决定在银川利用原棉纺厂厂房进行改造，减少投资 460 万元。1966 年完成安装织机 188 台。1967 年下半年全部建成投产，设计能力为年产 10 万米金属网。1969 年 4 月，在原新立织造厂基础上改建成四机部属的电子元件厂。1970 年 12 月正式验收投产，生产硅高频大小功率管。有干部职工 1136 人，其中，生产工人 991 人，干部 252 人。

（2）胜利阀门厂（九九二二厂，在贺兰山榆树沟）。1970 年 4 月 10 日，由山东淄博 732 厂（代号 9922 厂）迁建银川的以生产军用配套设备等为主的胜利阀门厂建成投产。1971 年 1 月，职工总数 796 人。1984 年 3 月改名为"兴庆机器厂"。

（3）国营红卫机械厂（五二三三厂）。1975 年 10 月 2 日，由吉林省 524 厂援建的红卫机械厂（代号 5233 厂）在固原县东灰沟建成投产。有职工 1179 人，干部 185 人。1980 年 8 月改为"宁夏清河机械厂"。

（4）国营综合元件厂（八九七一厂，在固原羊坊）。1970 年开始兴建的地方无线电元件厂。生产电解电容器、小扬声器等。有职工 426 人，干部 68 人。

（5）国营宁夏化工厂（五二二五厂，厂址选定中宁县枣园堡）。是五机部属万吨 TNT 炸药厂，编制职工 800 人。

（6）国营二九五库。1971 年，五机部下达新建部属物资周转库，1972 年年底建成使用。有职工 8 人，干部 8 人。

1969 年 9 月，由沈阳市中捷人民友谊厂迁建的长城机床铸造厂在银川建成投产。

1969 年 10 月 1 日，由辽宁省瓦房店轴承厂迁建，以生产广泛用于铁路、石油、化工、冶金等行业所需各类轴承为主的西北轴承厂在平罗县建成投产。随迁职工 784 人。

同日，由天津市红旗仪器厂（天津微型实验机厂迁职工 153 人）迁建，以生产硬度计、冲击试验机、蠕变及持久强度试验机、包装容器试验机等为主的吴忠微型试验仪器厂在吴忠县建成投产。

1970 年 3 月 27 日，天津内燃机支援宁夏柴油机厂，支援职工 120 人，试制成功全区第一台 190 型立式柴油机，开创了宁夏制造农业机械动力机的历史。

1970 年 9 月 15 日，由河北省张家口煤矿机械厂、安徽淮南煤矿机械厂、辽宁抚顺煤矿机械厂分别迁建的以生产综采普采刮板机、车载机、破碎机、皮带机、洗选设备、矿井专用设备、各类防爆电机等为主的西北煤矿机械一厂、二厂、三厂（电机厂）在石嘴山大武口建成投产（1973 年成立西北煤矿机械总厂后统一领导）。支援干部 51 人，职工及家属 200 人左右。

1972 年 4 月 21 日，根据国家计委、一机部通知，从天津标准件厂、天津材料改制厂、天津螺纹工具厂等单位分迁部分设备和人员，在银川组建标准件厂，后改为技术支援。

1972 年 9 月 10 日，天津工农电机厂支援宁夏，迁来职工 81 人，组建贺兰电机厂。

在三线建设进程中，1966 年宁夏的工业总产值比 1964 年增加 3.13 倍。尤其是增加了一批宁夏历史上从未有过的新产品，如橡胶内外胎、液压仿形车床、材料试验机、流量仪表等。建成了钢铁、化工和配件、设备维修等新工业门类。

三线建设对宁夏的工业发展意义重大。一是三线建设中内迁的大量工厂及职工队伍，给宁夏带来了先进的工业技术和管理经验。二是大量企业的迁入，为宁夏经济发展注入了强大动力，极大地增强了宁夏的工业基础和经济实力。1978 年与 1964 年相比，宁夏的工业企业、单位数增加 1.4 倍，达到 1072 个，其中大中型企业发展到 27 个。工业总产值增长 9.5 倍，达到 14.4 亿元，平均每年递增 18.3%，固定资产（原值）增长 8.7 倍，达到 20.2 亿元，使宁夏经济社会发生了翻天覆地的变化，促进了宁夏工业的跨越式发展。三是有力推进了工业成为宁夏经济发展的主导产业。宁夏工业在工农业生产总值中所占比重已由 1964 年的 24.8% 上升到 1978 年的 68.9%。四是为宁夏现代化工业的发展奠定了坚实的基础。三线建设使得宁夏在短时期内初步建立了一定规模的以煤炭、电力为基础，以石油、化工、冶金、机械、轻纺、医药、建材、农副产品加工为重点的具有地方特色的工业体系。五是促进了宁夏的城市化进程。1965 年，银川市主要城区面积仅为约 8 平方公里，在三线建设带动下，众多工业企业落户银川市新城区（含新市区），迅速形成了一个面积 5 平方公里的城市新区，基本上形成了今天银川市的城市格局和各个功能区。1960 年，石嘴山建市时仅辖 1 个镇、3 个人民公社，至 1980 年已发展成为 3 区 2 县 8 个公社。同时，吴忠、青铜峡、中卫、固原都有快速发展，宁夏的城镇体系缘此而形成。六是增进了移民文化融合。1965—1971 年，从华东、华北、东北等地通过全厂搬迁、部分迁厂、包建和技术援助等形式，迁入宁夏的大中型工矿企业 29 个，职工 19715 人，增强了不同地域、不同民族间的文化融合。尤其是各地民俗文化融入宁夏本土文化，形成了宁夏文化"五湖四海"的特征。

1957 年至 1971 年的 14 年间，由全国各地到宁夏参加建设的干部、技术人员和各个行业的工人有 30 多万人。他们在极其艰苦的条件下，为宁夏的建设与发展做出了巨大贡献。他们的奋斗精神和敬业精神，已经镌刻在了宁夏的发展历史上。今天，虽然这些企业大多已经不复存在，但是当代宁夏经济社会的高质量发展依然融浸着他们这一代人的精神、汗水和文化气质。

六、知识青年"上山下乡"

（一）外省来宁的知识青年

知识青年"上山下乡"，是在特殊历史条件下产生的城镇知识青年流向广大农村的人口流动。从 1965 年起，先后有浙江、北京、天津等地知识青年赴宁夏"上山下乡"，参与农牧业开发建设。

1965 年 6—7 月，来自北京的知识青年 2186 人分三批到宁夏参加社会主义建设，分别安置在暖泉农场二场、平吉堡农场和平吉堡奶牛场 3 个单位从事农牧业生产；1965 年 9 月，天津市首批来宁参加农业生产建设的知识青年 446 人，安置在国营平罗前进农场；同月，浙江省杭州市来宁知识青年 634 人到永宁县集体插队落户；1966 年 7 月，浙江省舟山专区首批来宁知识青年 224 名，到达青铜峡县；同年 8 月，杭州市知识青年 300 余人，分批到永宁县增岗、李俊、杨和、胜利等公社和县农场插队落户；同年 9 月，浙江省舟山专区第二批来宁知识青年 576 人，到达青铜峡县邵岗、蒋顶公社插队落户；当年又一批天津知识青年 326 人，到达平罗西大滩农建十三师三团参加农业生产建设；1968 年 9 月 10 日，浙江省杭州市 67 名知识青年到六盘山插队落户。

1961—1978 年，共有来自北京、天津、上海、浙江等地的知识青年 8300 余人到宁夏插队、入场。

（二）宁夏区内的知识青年

1964 年，45 名银川市青年到银川郊区掌政公社安家落户，开启了宁夏知青下乡当农民的先河。

1968 年，宁夏回族自治区革命委员会政治部、生产指挥部发出通知，组织动员知识青年"上山下乡"，并就知识青年"上山下乡"安置待遇作出了规定，要求各地区、市、县"要关注他们的政治生活，同时还要安排他们生产、生活的具体问题，积极帮助他们解决各种具体困难"。由此，宁夏"老三届"中学生开始了大规模的"上山下乡"。

1973 年初，中共宁夏回族自治区委员会、宁夏回族自治区革命委员会批转了自治区城市下乡知识青年安置领导小组《关于动员、安置城市知识青年上山下乡的报告》，要求"各级党的组织和革委会，要把知识青年'上山下乡'工作列入议事日程，加强领导，切实抓好"，并明确"凡年满十六周岁未升学和未正式分配工作的应届初、高中毕业生和社会知识青年都应动员'上山下乡'，参加农业生产劳动"。至此，宁夏的应届中学毕业生"上山下乡"形成了制度性安置机制。

1973 年，全区动员 10000 余名应届初、高中毕业生和社会知识青年"上山下乡"，参加农业生产，加强农业战线生产力量。到 1976 年，仅银川市就有 11000 余名知识青年奔赴农村和国营农、林场插队落户。截至 1978 年，宁夏有 5.74 万名知识青年"上山下乡"，其中插队落户占 72%，进入国营、集体农场占 18%。

1979 年，按照 1978 年全国知识青年"上山下乡"工作会议精神和中共中央相关文件，宁夏城镇知识青年不再"上山下乡"，已下乡的绝大多数知青开始返城。

七、扶贫搬迁及生态移民

宁夏南部的西海固地区，自然条件极差，是闻名于世的"贫瘠甲天下"之地，加之开发建设所需的能源短缺，交通落后，无力也无法就地改变贫困局面。并且，这里的人口密度超过当地生态条件可承载的临界指标数倍甚至十几倍，人口超载，已达到必须迁出一部分人口不可的地步。在 20 世纪 80 年代之前，党和国家在西海固扶贫工作上的巨大投入并不能收获对等的回报，西海固人民的生产生活条件也难以从根本上得以改善。

1983 年，随着"三西"农业建设计划启动，宁夏经历吊庄移民、扶贫扬黄灌溉工程移民、易地生态移民、中部干旱带县内生态移民、"十二五"中南部地区生态移民、"十三五"易地扶贫搬迁 6 次移民搬迁，共搬迁 123 万人，占全区农村人口的 48.8%。由此，长期处于贫困状态的百万西海固地区及同心、盐池等县区的农民，走出大山，迁徙到了贺兰山下黄河两岸，开辟了新的田地，建设起新的家园，进而彻底摆脱了贫穷，逐步走上了小康之路。

（一）吊庄移民

吊庄指从 1983 年开始持续到 2000 年，国家在宁夏南部 7 个国家级贫困县实行的一种特有移民方式。

宁夏南部山区的西海固地区生态条件极端恶劣，人民生活特别贫困。而距西海固数百公里外广阔的贺兰山东麓洪积平原，虽属戈壁沙地，但具有引黄河水开垦良田、发展生产的美好前景。为此，国家在这里规划了移民新村及农业开发基地，给搬迁来的吊庄户分配新的庄基地和口粮地，并保留其老家原有的房屋和耕地，采取"以川济山，山川共济"灵活方式，吊庄户可以在新家园和老家园之间自由往返。人们将这种特有的扶贫模式称之为"吊庄移民"。

1982 年 12 月 10 日，国务院决定对"三西"地区进行专项农业建设，并列入国家计划，每年拨款 2 亿元，连续建设 10 年。1983 年，中央一号文件提出了"有水走水路，无水走旱路，水旱路都不通另找出路"的建设方针。在这一方针指导下，宁夏从宁南山区"一方水土养活不了一方人"的实际状况出发，开启了吊庄移民工程。按照"3 年停止破坏，5 年解决温饱，10 至 20 年解决问题"的目标，宁夏制定了"以川济山、山川共济"的扶贫开发政策，采取吊庄移民的方式，搬迁南部山区部分生产生活条件比较落后的 19.8 万贫困群众，开创了宁夏扶贫移民搬迁的先河。

在早期的 4 年建设中，宁夏共建立了芦草洼、潮湖、大战场、马家梁、狼皮子梁、月牙湖 6 处吊庄点。经过 1987—1995 年的发展巩固阶段，又兴建了南梁台子、扁担沟、西吉玉泉营、海原玉泉营和石坡子 5 处吊庄点。1996 年，通过东西部省、区对口帮扶，合作共建宁夏华西村和闽宁村两处吊庄。通过数年的开发与建设，上述吊庄移民村均已具备了相对可靠且前景广阔的生产生活条件，彰显了明显优于"老家园"的综合基础条件。2001 年 12 月，宁夏回族自治区人民政府第 80 次常委会研究批准，将县际吊庄改为属地市县的乡、镇建制。至此，吊庄移民圆满完成了其具有划时代意义的历史使命。

吊庄移民在宁夏扶贫减贫历史中的划时代意义，具体体现在以下 4 个方面。

其一，首次实现了"反贫困"理念的大变革。追溯西海固的历史，随着明末清初以来生态环境的不断恶化，这里的人们便一直被贫穷所困扰。为了摆脱贫困，维持生计，人们不断开垦新地，进而导致生态环境不断遭到破坏，如此周而复始、恶性循环，历经数百年，不但没有消除贫困，反而造成了"一方水土养活不了一方人"的生存困境。尽管新中国成立以后，党和政府在生产和生活方面给予了该地区农民全面的支持与帮扶，但由于"深度贫困"太过严重，仍然难以从根本上摆脱贫困。吊庄移民则是在深刻反思数百年来"开发式反贫困"收效甚微的事实后，遵循自然规律，秉承"山不转水转、地不移人移"的发展理念，积极变革思维定式，以"走出大山、恢复生态"为主旨，确立的新思路，进而历史性地开拓了摆脱贫困的新路径。

其二，首次开创了"两地同属、两庄同住"的"反贫困"模式。吊庄移民作为宁南山区农民摆脱贫困的新路径，在实施过程中，并没有盲目而想当然地"一搬了之"，而是根据宁南山区农民的主观意愿和移居新村、开垦新地的客观实际，创造性地探索出给移民"分配新的庄基地和口粮地，并保留其老家原有的房屋和耕地，吊庄户可以在新家园和老家园之间自由往返"的"两地同属、两庄同住"的"反贫困"模式——吊庄移民，这在我国移民史上是一个创举。这一创举有效解决了移民家庭故土难离的苦衷及移居新地的彷徨、垦荒创业的顾虑等实际问题，既增加了移民家庭收入，又缓解了移民搬迁的紧迫感，进而增强了移民"先遣队"奋发图强的决心和毅力。实践证明，吊庄移民的模式是成功的，是深受广大移民肯定的。

其三，首次实现了"彻底摆脱贫困"。在吊庄移民模式下，宁南山区的部分农民先后举家走出了大山，也逐步摆脱了数百年来笼罩在他们身上的"贫困之网"，与全国人民一道步入了小康之路，彻底告别了贫困。尤其是以闽宁镇为代表的一批吊庄村，在新的家园、新的土地上村民们全力以赴，将自身奋斗与东部地区的帮扶、各级政府的支持相结合，走一、二、三产业融合发展之路，经济收入明显提高，"造血"功能空前提升，可持续发展能力与日俱增，形成了前所未有的"反贫困"动力，进而从根源上消除了贫困，谱写了新的历史。

其四，为后续"百万大移民"的顺利实施蹚出了路子，奠定了基础。吊庄移民模式在宁夏整体的脱贫攻坚战略中，具有必不可缺的"先遣队""前哨站""试验点"意义。正是吊庄移民的圆满成功，充分展示了在政府主导及其一揽子配套政策支持下的易地搬迁，在摆脱贫困方面的决定性作用，彻底解除了广大移民的思想疑虑，消除了移民对背井离乡、勇闯新路之前景的茫然情绪。正是吊庄移民的圆满成功，使得更多有待移民的家庭看到了共同富裕的现实，看到了移民新村辉煌的发展前景，看到了子孙后代的幸福未来，进而对易地搬迁、脱贫致富道路充满信心，实现了由"动员搬迁"转变为"申请搬迁"。正是吊庄移民的圆满成功，为后来的大规模易地搬迁、垦荒创业赢得了经验，探索了路径，总结出了一系列科学、合理且具针对性、可复制推广的政策体系及运行机制，为后来"百万大移民"的顺利实施蹚出了路子，奠定了基础。

（二）扶贫扬黄灌溉工程移民

扶贫扬黄灌溉工程是党和政府为保障宁夏南部山区贫困人口的生存权和发展权，切实改善宁南山区人民群众生产、生活条件，从根本上解决农村贫困人口温饱问题进而助力其脱贫致富而实施的一项重大战略工程，是目前国内规模最大的以水利为依托、以开发扶贫为目标的移民项目。

1998 年，按照《国家八七扶贫攻坚计划（1994—2000 年）》，宁夏在"双百"扶贫攻坚中，确立了"兴水治旱、以水为核心、以科技为重点、扶贫到村到户"的思路。1998 年 3 月，扶贫扬黄灌溉工程开工，2005 年 11 月竣工，2008 年 8 月通过黄河水利委员会主持的竣工验收。工程位于宁夏回族自治区中部，涉及中卫、吴忠、固原 3 市的 9 县（区）。主要建设内容包括：水利骨干工程、农业及田间配套工程、移民工程、水保和环保工程等。开发灌溉面积 80 万亩，搬迁安置移民 30.1 万人（不含就地旱改水安置原住户 9.35 万人），实现了移民"一年搬迁，两年定居，三年解决温饱"的工程目标。

1. 盐环定扬黄工程安置移民

盐环定扬黄工程是为解决宁夏、陕西、甘肃 3 省（区）4 县 1 区人畜饮水问题、防治地方病、发展农业灌溉、改善生态环境、保障城镇和工业用水而兴建的电力扬水工程，是现今我国规模最大的人畜饮水工程之一。工程于 1988 年 7 月正式动工，1996 年共用工程全面竣工投入使用，共建成梯级泵站 12 座，渠道 123.8 公里，水工建筑物 231 座，总装机容量 6.59 万千瓦，最高扬程 651 米。工程从东干渠取水，设计流量 11 立方米每秒，分配宁夏流量 7 立方米每秒，陕西省、甘肃省各 2 立方米每秒。工程建成通水后，开发灌区 24.3 万亩，安置移民 4.6 万人，受水区 25.4 万人告别了饮用苦咸水、高氟水的历史，发挥了显著的社会效益、经济效益、生态效益，成为中部干旱带的生命工程。

2. 固海扬水工程安置移民

固海扬水工程是宁夏建设最早、规模最大的一项电力提灌工程。由同心扬水工程、固海扬水工程、世行扩灌工程和固海扩灌工程 4 部分组成，是全国扬程最高、灌溉面积最大的提水工程之一。工程运行泵站 32 座，总设计流量 41.2 立方米每秒，净扬程 878.3 米，总装机容量 20.2765 万千瓦。干渠、支干渠总长 446.36 千米。

固海扬水灌区位于宁夏中部干旱带，主要包括沙坡头区、中宁县、同心县、红寺堡开发区、海原县、原州区和国营长山头农场、中卫山羊场。灌区基本农田 98.62 万亩，特色设施农业补灌 53.1 万亩，受益人口 68.04 万人，为群众脱贫致富、维护民族团结、促进社会发展做出了巨大的贡献。

以全国最大的生态扶贫移民集中区——红寺堡开发区为例，该区是宁夏扶贫扬黄灌溉工程的主战场，截至 2015 年，共开发整理土地面积 60 万亩，搬迁安置宁南山区 23 万贫困人口。通过扬黄灌溉工程，将山区广开脱贫致富门路与川区土地资源开发利用相结合，充分利用河套及新灌区经济发展的有利条件，按照高起点、快步伐、多功能、高效益的要求，统一规划，合理布局，综合开发，高标准、高质量地把红寺堡开发区建成农业节水、高产、高效，村镇联网互补，服务体系完善配套，内有凝聚力、外有辐射力的现代化新灌区。开发区按现代城镇建设发展的要求，高起点、高标准地规划、建设了若干个中心集镇，确保"五通"（通路、通电、通邮、通电话、通广播电视），并在中心集镇大力发展为农村经济服务的社会化中介组织及教育文化、医疗卫生、商贸流通等基础设施，使之成为联结城市、辐射乡村的经济枢纽，现已发展成为工业发展、商品流通、科技推广、信息传递、文明传播的区域中心城镇。

3. "1236"工程安置移民

"1236"工程是一项"用 6 年时间，投资 30 亿元，通过新建电力扬水灌溉工程，开发 200 万亩荒地，以吊庄移民方式，从根本上解决宁南山区 100 万人口贫困问题"的跨世纪工程。

"1236"工程由水利、供电、通信、移民和农田开发五大部分组成。工程于 1998 年 3 月开工，2005 年全部建成。由红寺堡和固海扩灌两大扬水系统组成，共有骨干泵站 26 座，总装机容量 21.5975 万千瓦，一期工程设计引水流量 37.7 立方米每秒，年引水量 5.17 亿立方米，灌溉面积 80.63 万亩，安置移民 40.51 万人。项目涉及宁南山区 7 县（固原、海原、西吉、隆德、泾源、同心、彭阳）。为保障中部干旱带粮食安全、人饮安全和经济社会可持续发展做出了突出贡献。

（三）易地扶贫搬迁试点移民

2001 年 4 月，国家计委在广西南宁召开会议，提出了实施国家易地扶贫搬迁试点工作的设想。同年 6 月，国家计委正式将宁夏、云南、贵州、内蒙古确定为国家易地扶贫搬迁试点项目区。由此，宁夏借助国家易地扶贫搬迁试点移民工程，坚持"政府引导、群众自愿、政策协调、讲求实效"的原则，以长期居住在六盘山水源涵养林区、水库淹没区、贺兰山自然保护区内直接影响林区保护，就地难以脱贫的贫困人口为搬迁对象，实行整村搬迁。

宁夏易地扶贫搬迁安置地区规划在陶乐县红墩子、盐池城西滩、中卫南山台子、长山头农场、渠口农场以及盐池惠安堡扬黄灌区开发区等地，鼓励采取"公司+农户"的形式，纳入自治区易地扶贫搬迁范围。

2002年2月，自治区计委下达了盐池县城西滩项目区、彭阳县长城源项目区、国营长山头农场项目区移民安置计划19000人，建设项目投资计划500万元的实施计划，宁夏易地扶贫搬迁拉开了序幕。据统计，自易地扶贫搬迁安置计划实施以来，宁夏共建设易地搬迁移民安置点31处，开发农田10.76万亩，搬迁安置移民12.6万人。

（四）中部干旱带县内生态移民

中部干旱带是宁夏的三大地貌类型区之一，区域包括盐池县、同心县、海原县、红寺堡开发区、原州区北部、西吉县西部和中宁县、中卫市的山区部分，涉及8个县（市、区）64个乡（镇、区），总面积2.85万平方公里，占自治区总面积的43%，总人口143.4万人，占自治区总人口的23.8%。这里地处西北内陆干旱中心区域，地形复杂、气候多变、自然灾害频繁，特别是干旱十分严重，是我国水资源最匮乏的地区之一。

中部干旱带县内生态移民工程于2008年3月14日在同心县韦州镇南门生态移民项目区正式启动。按照规划，这项工程惠及同心、海原、盐池、西吉、原州、沙坡头6县（区）37个乡（镇）185个行政村520个自然村20.68万人，其中贫困户4.64万。共建设移民点76个，开发土地27.7万亩，搬迁16.08万人。

（五）"十二五"中南部地区生态移民

宁夏"十二五"中南部地区生态移民，是指在"十二五"期间，把原州、西吉、隆德、泾源、彭阳、同心、盐池、海原、沙坡头9个县（区）91个乡镇684个行政村1655个自然村的7.88万户34.6万人，按照"山内的问题山外解决，山上的问题山下解决，面上的问题点线解决"的思路，采取开发土地集中安置、适度集中就近安置、因地制宜插花安置、劳务移民务工安置、特殊人群敬老院安置等方式，搬迁定居到打工近、上学近、就医近、吃水近的"近水、沿路、靠城"区域。到2015年全面完成搬迁安置任务，移民生产生活条件明显改善，初步形成以特色种养收入为基础，劳务收入为主体的新格局。再用5年时间发展致富，确保2020年与全国同步实现小康。

"十二五"期间，在国家的大力支持下，在自治区党委的坚强领导下，宁夏各地各部门精心组织、奋力拼搏，易地扶贫搬迁工作取得明显成效。全区累计完成投资123亿元，通过土地权属处置批准安置区用地9万亩，批复建设移民安置区161个，建成移民住房7.75万套，搬迁安置移民7.65万户32.9万人。移民村道路硬化率、自来水普及率、供电保证率等均达到100%，户户安装了太阳能热水器，实现移民村"七通八有"（即通电、通自来水、通硬化路、通公交车、通广播电视、通邮、通电话；有学校、有村级活动场所、有医疗计生服务站、有劳动就业服务中心、有超市、有文化广场、有新能源、有环保设施），解决了移民饮水难、出行难、上学难、就医难、住房难等一系列问题，人居环境大为改善。移民村共建成通村公路1543公里，架设供电线路1701公里，新（扩）建教育、卫生等公共服务设施50万平方米。移民村累计建设养殖圈棚3.19万座，大中型拱棚1.28万亩，日光温室0.35万亩；发展马铃薯、枸杞、葡萄、中药材等特色种植 21.68 万亩；开展移民培训 12.55 万人次，实现务工就业 11.85 万人；共引进 30 余家企业在移民村投资建厂。移民收入水平稳步增长，绝大部分移民已初步跨越贫困线。

"十二五"移民搬迁对象中少数民族人口超过总规模的 60%，充分体现了党和政府对少数民族群众的关怀，促进了搬迁群众与迁入地群众的相互交流和融合，在共同发展生产、勤劳致富的过程中，增进了民族感情，促进了少数民族经济文化发展，实现了各民族共同繁荣。

"十二五"中南部地区生态移民，是进入 21 世纪以来宁夏在易地扶贫搬迁方面规模最大且效率颇高、成效显著的移民工程，对宁夏的经济、社会、生态及文化发展均起到了重要的促进作用。尤其是其中的宝贵经验对于下一步打好脱贫攻坚战，实现与全国人民一道进入全面小康社会，具有重要的历史意义。

宁夏"十二五"中南部地区生态移民的宝贵经验，归纳起来主要有以下四个方面。

其一，加强领导，健全机制。把强化组织领导作为易地扶贫搬迁的首要保障。党中央、国务院始终关心宁夏中南部地区的贫困问题，国家发展改革委、财政部、国土资源部等部委对宁夏易地扶贫搬迁给予特殊照顾。自治区党委、人民政府高度重视易地扶贫搬迁工作，将其列为全区民生计划的一号工程，举全区之力全面推进；各部门认真履行职责，创新工作机制，采取省直管县的办法，在规划编制、方案审定、资金投入、工程建设、政策完善等方面发挥积极作用；各市、县（区）把易地扶贫搬迁工程作为一项政治任务，精心组织，攻坚克难，稳步推进；各企事业单位、社会各界积极响应，以捐资出力等不同方式参与移民搬迁，形成了"政府主导、部门协同、群众自愿、社会参与、群策群力"的移民工作格局。

其二，统筹规划，完善政策。把统筹规划作为易地扶贫搬迁的重要基础。深入落实中央战略部署，立足宁夏实际，着眼长远，顶层设计，统筹考虑全区脱贫攻坚、区域发展、城乡建设、水土资源开发和移民区产业发展、设施配套、公共服务、就业培训等因素，高起点编制易地扶贫搬迁规划。坚持问题导向，出台了《自治区人民政府关于印发〈宁夏回族自治区生态移民土地权属处置实施办法〉的通知》（宁政发〔2011〕58 号）、《自治区人民政府关于印发〈宁夏回族自治区生态移民资金管理暂行办法〉的通知》（宁政发〔2011〕75 号）、《自治区党委、人民政府关于进一步做好生态移民工作的意见》（宁党发〔2014〕40 号）等 40 多项政策性文件，健全完善了移民户籍管理、工程建设、土地权属处置、资金管理、产业发展、社会管理等一系列相关政策，保障了易地扶贫搬迁工程的顺利实施。

其三，突出重点，协同推进。把"搬得出、稳得住、管得好、逐步能致富"作为易地扶贫搬迁的核心任务。围绕"搬得出"，认真筛选搬迁对象，大力宣传政策，选派移民代表到安置区参观考察，移民搬迁后及时有序拆除原有住房及生产生活设施，同步推进植被修复等恢复生态工作。努力拓宽安置途径，创新安置方式，对不同人群进行分类安置。围绕"稳得住"，同步推进移民住房和基础设施、公共服务设施建设，确保移民安置区实现"七通八有"；及时签订土地承包经营合同，颁发宅基地证和房产证，做好户籍、社会保险等迁转工作，发放水费及取暖费补助，让移民身安心安。围绕"管得好"，健全村两委班子，加强社会管理，建立网格管理体系，推行便民服务，引导移民自我管理、民主治理。围绕"逐步能致富"，每户安排 1 个增收项目，至少有 1 人稳定就业。引进劳动密集型企业在安置区建设产业基地，引导移民走组织化、规模化、产业化发展路子。大力开展技能培训，做好就业服务，促进移民转移就业，提高收入水平。

其四，整合资金，保障建设。积极争取国家支持，按照"统一规划，统筹安排，渠道不乱，用途不变，各建其账，各记其功"的原则，各县（市、区）、各部门密切协作，加大专项资金整合力度，保证工程顺利建设。统筹国家投资、自治区配套、部门整合、社会支援、移民自筹等资金，加大投入力度，为移民工程建设提供了资金保障。

（六）"十三五"易地扶贫搬迁

为全面贯彻落实党的十八届五中全会、中央扶贫开发工作会议战略部署和习近平总书记关于扶贫开发的系列重要讲话精神，举全区之力打赢脱贫攻坚战，"十三五"时期，宁夏在总结以往扶贫移民经验、大力巩固提高移民工作成果的基础上，抢抓国家加大脱贫攻坚力度、大力实施易地扶贫搬迁的机遇，继续把易地扶贫搬迁作为脱贫攻坚的重大举措，通过挖掘移民安置潜力，对中南部地区生存条件恶劣、就地脱贫难度大、基本公共服务难以保障、"一方水土养不起一方人"区域的贫困人口实施易地扶贫搬迁，改善生产生活条件，提高收入水平，实现脱贫致富。

根据《中共中央　国务院关于印发〈中国农村扶贫开发纲要（2011—2020年）〉的通知》《中共中央　国务院关于打赢脱贫攻坚战的决定》《国务院扶贫办　国家发展改革委关于印发六盘山区域发展与扶贫攻坚规划的通知》《国家发展改革委　国务院扶贫办　财政部　国土资源部　人民银行关于印发"十三五"时期易地扶贫搬迁工作方案的通知》《自治区人民政府关于印发宁夏空间发展战略规划的通知》《自治区人民政府关于印发宁夏回族自治区国民经济和社会发展第十三个五年规划纲要的通知》等重要文件要求，在深入调研和摸底的基础上，自治区人民政府制定了《宁夏"十三五"易地扶贫搬迁规划》，并要求各地结合实际，抓好组织实施。

《宁夏"十三五"易地扶贫搬迁规划》的主要目标是："十三五"期间，统筹推进移民住房、基础设施和公共服务设施建设，技能培训，产业培育等工作，到2018年完成82060人易地扶贫搬迁，移民安置区基本公共服务达到贫困村脱贫标准，到2020年使移民生产生活条件得到明显改善，移民收入接近全区农民收入平均水平，与全区人民一道进入全面小康社会。移民迁出区域：中南部地区原州区、西吉县、隆德县、泾源县、彭阳县、同心县、盐池县、海原县、中宁县（徐套乡、喊叫水乡）9个县（区），均属国家和自治区扶贫开发重点地区。移民安置区域：围绕山川统筹、全区"一盘棋"的思路，在全区5个地级市17个县（区、市）和宁东能源化工基地安置。安置方式：采取山区与川区结合、城镇与农村结合、集中与插花结合、政府组织与市场化推动结合等多种途径，创新移民安置方式，在全区范围内对移民进行安置。充分挖掘安置潜力，对各县（区）安置有困难的，由所在地级市协调在市域范围内调剂安置。具体安置方式及搬迁规模：① 县内就近安置，结合中南部地区新建水库工程、盐环定扬水改造工程等，提高移民耕地生产能力，规划安置36107人（含非建档立卡1242人），占搬迁总规模的44.0%；② 劳务移民安置，依托沿黄城市带、清水河城镇产业带、重点城镇、工业园区、产业基地以及山区大县城，新建或回购符合标准的现有存量商品住房，安置有就业意愿、具有一定就业创业技能的移民，规划安置38422人（其中县内28644人，县外9778人），占搬迁总规模的46.8%；③ 小规模开发土地安置，在有水土资源条件的县（区），通过挖掘潜力，小规模开发部分土地，或利用现有国家、集体耕地资源，安置少量移民，规划安置4610人（其中非建档立卡814人），占搬迁总规模的5.8%；④ 农村插花安置，在有条件的县（区），由安置县（区）人民政府采取统一收储、统一整修、统一编号、统一评估、统一公证的办法，回购当地农民进城后闲置在农村的房屋和土地，安置少量移民，规划安置 2921 人，占搬迁总规模的 3.6%。

宁夏在实施"十三五"易地扶贫搬迁规划的进程中，充分利用新型工业化、信息化、城镇化和农业现代化同步推进的有利条件，把精准扶贫、精准脱贫作为基本方略，进一步瞄准"一方水土养不起一方人"地区的建档立卡贫困人口，以脱贫致富为目标，以提升自我发展能力为核心，以整合资源为保障，以沿黄城市带和清水河城镇产业带为依托，着力创新投融资模式、组织方式和市场化扶持机制，着力加强就业技能和创业能力培训，着力拓宽增收渠道，着力改善基本生产生活条件，做到了"搬得出、稳得住、管得好、能致富"，取得了脱贫攻坚战的决定性胜利，实现了与全国人民一道进入全面小康社会。

（七）东西部地区协作扶贫移民

1996 年 5 月，党中央、国务院作出了东部 13 个比较发达的省、市结对帮扶西部 10 个省、区的战略部署，由福建省对口帮扶宁夏。从 1996 年 11 月 4 日召开闽宁两省区第一次对口扶贫协作联席会议，至 2023 年，已连续召开 28 次。东西部扶贫协作和对口支援，是推动区域协调发展、协同发展、共同发展的大战略，是加强区域合作、优化产业布局、拓展对外开放新空间的大布局，是打赢脱贫攻坚战、实现先富帮后富、最终实现共同富裕目标的大举措。在东西部扶贫协作和对口支援中，大批福建干部、技术人才来到宁夏，深度参与宁夏科技、教育、卫生等领域工作，更有大批人来宁夏经商办企业，宁夏的闽宁镇、华西村是扶贫移民、创业致富的成功范例。

1. 闽宁镇移民

闽宁镇是 1997 年时任福建省委副书记、福建省对口帮扶宁夏领导小组组长的习近平同志亲自提议、亲自命名、亲自推动建设的闽宁协作示范镇，也是电视剧《山海情》的故事发源地。

闽宁镇的发展历经三个阶段。

一是易地搬迁阶段（1990 年 10 月—2000 年 9 月）。1990 年 10 月，自治区党委、政府组织西吉、海原两县 1000 余户贫困群众搬迁到这里，建立了玉泉营和玉海经济开发区两处吊庄移民点。1996 年 5 月，福建与宁夏建立对口扶贫协作关系，时任福建省委副书记的习近平同志担任福建对口帮扶宁夏领导小组组长，拉开了闽宁对口扶贫协作的序幕。1997 年 4 月，习近平同志赴宁夏出席第二次闽宁协作联席会议期间，提议在这里设立一个以福建、宁夏两省区简称命名的移民开发区，即为闽宁村。

二是搬迁安置阶段（2000 年 9 月—2013 年 5 月）。2000 年 9 月，玉泉营经济开发区和闽宁村整体移交永宁县管理。2001 年 1 月，经自治区政府批准，县际吊庄改为属地市、县的乡、镇建制，闽宁村改为永宁县闽宁镇。2012 年 5 月，固原市原州区、隆德县 13 个乡镇 8 批移民 1998 户 10578 人搬迁安置到闽宁镇，成立了原隆村。

三是开发建设阶段（2013 年 5 月至今）。2013 年以来，在区、市、县各级党委、政府大力推动和福建方面援助下，闽宁镇迈入快速发展阶段。2016 年 7 月 19 日，习近平总书记在视察宁夏并召开东西部对口扶贫协作工作会议（银川会议）时，专程到闽宁镇考察调研，指出"闽宁镇探索出了一条康庄大道，我们要把这个宝贵经验向全国推广"。2017 年，闽宁镇成功入选全国特色小镇。2021 年 2 月被评为全国脱贫攻坚楷模，挂牌"全国脱贫攻坚考察点""全国脱贫攻坚交流基地"。

截至 2020 年年底，闽宁镇总面积 310 平方公里，下辖 6 个村民委员会和 1 个社区，有 89 个村民小组，常住人口 11984 户 56409 人（其中户籍人口 9553 户 38762 人），形成了特色种植养殖、文化旅游、光伏发电、商贸物流、劳务五大支柱产业。截至 2022 年年底，闽宁扶贫产业园总规划面积 3235 亩，已有 15 家企业入园，其中福建企业 4 家，有 10 家企业建成投产。先后建设了镇中心广场、闽南风情商业街等一批标志性建筑，建成了教育、卫生、文化、体育等一批公共服务设施，实现了村村通宽带、通硬化路、通自来水，村村有小学、有标准化卫生室、有文化活动中心、有民生服务大厅。

自设立闽宁村以来，通过东西协作、移民搬迁、生态修复、精准脱贫等工作，全镇上下一届接着一届抓、一任接着一任干，在昔日的"干沙滩"上修渠引水建村落、植树造林防风沙、平田整地修公路、引才引智抓产业、闽宁协作夯基础、政策帮扶保民生，把当初人口不足 8000 人，人均可支配收入不足 500 元的闽宁村发展成为 2020 年人口 6.6 万、人均可支配收入 16775 元的闽宁镇，先后获"全国民族团结进步模范集体""全国社会扶贫先进集体""全国民族团结进步创建活动示范乡镇""全国脱贫攻坚组织创新奖""全国乡村治理示范乡镇""全国脱贫攻坚楷模"等荣誉。

2. 华西村移民

1995 年，江苏省华西村党委书记吴仁宝在宁夏考察时，提出"由华西村投资，在宁夏建立一个东西合作扶贫示范区"的设想。这一设想得到了自治区人民政府的支持，扶贫示范区的地点选定在银川市镇北堡，并定名"华西村"，移民对象选定为宁南山区的贫困农民。

1995 年，先期搬迁了 1000 户山区贫困户到华西村，另外还有 20 户是自发地来到华西村进行荒地开垦。土地由政府无偿提供。1998 年，宁夏华西村的基础设施建设全部完成。

2000 年以前，华西村由自治区农建委管理，2000 年交由属地银川市郊区管理，江苏华西村停止资金支持。至此，江苏华西村累计向宁夏华西村提供了 400 万元的扶贫资金。2004 年撤乡并镇中，宁夏华西村与原郊区芦花乡合并为银川市西夏区芦花镇，合并后人口为 2 万人，其中原华西村的人口是 1.2 万人。

与其他几个移民吊庄有所不同的是，华西村只有初始的 1000 户移民是由政府负责搬迁安置的，此后大规模的移民活动则都是民间行为。尤其是 1998 年，华西村俨然成了一块热土，全国各地的移民聚集此地，近处的有甘肃、陕西移民，稍远的有河南、安徽移民，最远的还有广西等地移民。

由于宁夏华西村村址靠近镇北堡西部影城，加上周边的西夏陵、滚钟口、苏裕口、贺兰山岩画旅游景点，可以就近进行劳务输出，较好地解决了移民们的就业问题。此外，不少投资商看中镇北堡越来越显现的勃勃旅游生机，纷纷在这里投资，当别的吊庄不得不向外省、区进行劳务输出的时候，华西村仅靠本地，就使不少的农村富余劳动力找到了出路。

近年来，华西村坚持"一村一品"发展特色产业，融合田园风光、休闲度假、特色农产品等元素，集观光性、体验性、休闲性、示范性于一体，在推动建成农业旅游综合体方面卓有成效。先后建设起来的文化大院、民宿、传统手工艺培训中心、温棚采摘园区、农家采摘园等多样化企业，每年为村民提供 300 余个就业岗位，人均增收 2 万元。截至 2020 年，华西村已然发展成为银川周边市民休闲旅游、民俗体验、亲子游乐的首选之地。每年接待游客 50 万人次，旅游年收入超 3000 万元。作为江苏华西村东西部协作对口帮扶村，宁夏华西村已经成为了集史前文明、边塞风情、西夏遗存、田园风光、移民文化、人文精神等于一体的多元文化旅游之地。

目 录
CONTENTS

第一章　支援宁夏的干部档案摘录

1. 中共中央西北局关于准备 1949 年度新解放区所需干部的决议

（一）由于解放战争胜利的迅速发展，准备西北及其他将要解放地区所需大批干部，已成为迫切与重要的任务。正如中央准干决议中指出的："如果我党缺乏此项准备，势必不能适应战争发展的需要，而使我党处于被动的地位。"关于此项工作，西北局在去冬以来虽曾有多次之决定、指示、计划等，但深感实际准备工作，仍不能适应形势发展之需要，故近复召开组织会议（有各地委、工委组织部长及边区级有关部门负责同志参加），重新讨论制定此决议。

（二）中央规定西北明年内须准备用于其他将要解放地区之干部 3000 名（内须包括各级主要负责干部：中央局一级 8 人，区党委一级 15 人，县级一级 200 人）。故计在明年 6 月前，西北解放区之邻近区可能新解放 60 个左右县的地区，在这 60 个左右的区域内，至少需设地委 7 个，区党委 2 个。依据黄龙新区的经验，凡新开辟地区在开始建立工作时，每县至少需要县、区级干部 50 人左右，60 个县则共需 3000 人左右。每地委级至少需要干部 50 人左右，7 个地委则共需 350 人左右，每区党委至少需

干部 80 人左右，两个区党委则共需 160 人左右。以上共需准备干部约 6500 人。（明年下半年可能解放之地区和某些大城市所需干部，另拟计划）

（三）上述所需干部的解决办法，确定为：西北邻区可能解放之 60 个左右县所需之 3500 名左右的各级干部，大部由陕甘宁边区及西北地下党抽调训练解决。中央规定之 3000 名干部，在明年 3 月前由陕甘宁边区抽调准备 800 名，晋绥抽调准备 1000 名，（内应有之各级主要负责干部为：中央局一级 4 人，区党委一级 15 人，地委一级 30 人，县一级 70 人，此外应包括有党、政、民、财经、文教、电讯、机要等各方面之干部）晋南抽调准备 300 名（内应有县级主要负责干部 30 人，县、区级一般党、政、干部 120 人，财经、文教等干部 150 人）。余 900 名后另确定。

陕甘宁边区在明年 3 月前应准备之干部的任务分配：三边与宁夏、伊盟工委负责准备宁夏及伊盟 24 个县、旗之部分干部大约 200 名。（部分内容略）

陕甘宁边区准备供给新区之县级以上主要干部，由西北局指名抽调与调整。

（四）过去各地在调派新区干部工作上，存在着某些严重缺点（部分内容略）。这在今后必须予以改正：首先是不只完成规定抽调之数目，必须注意质

量，确定凡调派新区党、政工作干部一律调区级以上者，并应是政治上清白、思想意识较好，有一定工作能力，身体较强及无传染病者。其次须进行深入的积极解释工作与切实解决其家庭生活困难（凡去新区工作干部，其家属均按军属待遇），使能安心出外工作。在调集后必须予以一定时期之训练（整顿思想与学习新区各种政策）；晋绥与晋南调派新区之干部，分别集中于晋绥和晋南两党校训练，陕甘宁边区三边、陇东、关中、黄龙调派新区之干部，均集中各该分区干校训练（三边分区、区书以上之干部送西北党校训练），绥、延两分区调派新区之干部均集中西北党校训练。

（五）为了完成上述新区干部的准备工作，与解决干部缺乏的困难，及准备将来干部需要，应大量地培养训练与提拔干部，故须：

1. 老区各级干部应随调随补并继续设副职培养（经验证明设副职为培养干部的有效方法），为此应在每个乡，经过群众选择与提拔二至三个积极分子参加乡级工作，并由下而上大胆放手提拔思想意识与工作能力较好的干部，打破某些地方在提拔干部时只从资历上考虑的观点。其次应采取带徒弟、开轮训班、加强在职学习等方法，提高新补干部的政治水平与工作能力，以免在干部抽调后工作受到"过大影响"。

2. 加强与扩大各干部学校和各种干部训练班：西北党校应经常保持学员1000名上下。以培养供给新区党、政干部为主，训练时间为半年左右。延大学生应在明年3月前扩大到1000名上下，以培养供给教育、新闻、经济建设及一部分行政与司法干部为主，训练时间为半年（专门人才训练的时间另定）。财校学生应在明年3月前扩大至600名上下，培养金融、贸易、财政、税收、供给等方面的干部，训练时间三月至半年。军干校、军政大学学生应在明年三月前扩大至2000名上下，以培养供给新区地武干部为主，训练时间为半年。卫生学校招生900人，培养供给军队及地方卫生干部，训练时间一年左右（以上各学校共扩大训练干部5600名上下）。各分区干校均须按前计划扩大学生，除训练少部分派新区干部外，以培养老区乡、区级干部为主，陇东干校附设一回民干训班，以培养一批回族、蒙古族干部。各分区中学、师范均应逐渐恢复与扩大，以培养中等知识分子与延大、财校、卫校等后备生及小学师资为主。扩大通讯学校之学员及由机要处开办机要人员培训班，培养电讯及机要人员。办好现有之警政人员训练班，培养警察与治安工作干部。办好现有之邮务人员训练班，经常保持学员50名上下，培养邮务干部。各县可办短期干部轮训班，每年办3~4期，训练乡村级干部及农村中可造就之积极分子，以供补充乡区级干部，训练时间半月至一月。

晋绥、晋南两区，可根据当地实际情况另定出培养训练干部的计划。

（六）新区当地干部的培养，是我们开展新区工作及巩固新区的基本条件，也是新区干部的主要来源（即新区的大部分工作干部，应在当地培养解决）。因此凡新区及蒋区党的领导机关，必须极其重视与切实做好这一工作，并采取如下办法。

1. 各工委均须按前计划举办地下党员干部训练班，以准备当地解放后所需之部分干部。另黄龙、关中、西府须各调地下党知识分子100名，送西北党校训练（今冬至明3月前各半）。

2. 大量培养提拔当地经过群众运动与实际斗争之干部（应全面地观察当地党员干部，防止与克服只看工作经验不足等缺点，忽视其与群众有联系、当地情况熟悉等优点），并有计划地开办分区干校及训练班，进行培养当地干部。以当地党员、贫寒与进步的青年知识分子、群众中积极分子为主要对象。

3. 尽力办好原有中等以上学校，并大量争取改造与使用当地知识分子及原有的非反动的技术人员（技师、工程师、医生等）和职员等，以求解决城市、文化、财经、卫生等方面之干部需要。经过上述办法，使较早解放之新区，在一定时期后能抽出干部，供给后解放之新区。

（七）为了完成准备与培养大批新区干部之计划，应采取统一领导与分工负责的办法，即党的领导机关负责统一筹划与检查督促，各部门（政府、军队、财经、群众团体等）对本系统所需之干部，在党的统一规划、指挥下，各自负责筹划与培养。因此各级党委与各部门均须以此决议，定出具体计划并切实加以实施。

中共中央西北局

1948 年 12 月 7 日

（档号：G001-001-0011-0005）

2. 三边分区第二届党代表大会工作报告（节选）

第二个问题：党务工作

第一，干部问题

第二，（略）

第三，一年来干部的教育培养与提拔

各级党委在一年来重视了培养提拔干部。除调西局 236 人外，用带徒弟、设副职、在职干部学习、开办县训班及调分区干校学习等方式，一年来各级党政民财学共培养提拔了 588 个新干部，内有分区级 27 人，县级 107 人，区级 181 人，乡级脱离生产的干部 272 人，基本上健全了各级干部。

中国共产党三边地方委员会

1949 年 5 月 22 日

（档号：G001-001-0056-0016）

3. 三边地委关于今后工作意见（节选）

第四，党务工作

一、干部教育培养与提拔

各级党委领导必须予以足够的重视，大力进行干部教育培养与提拔，借以提高干部觉悟，克服经验主义、个人主义，提高工作效率，保证新区干部供给，为此必须：

（一）加强在职干部教育

根据干部不同程度以理论政策文化教育为主，配合进行思想教育。具有一般文化程度与工作经验的干部，除经常学习报纸外，以学习政策为主，目前学习内容应以（七届）二中全会决议为主，配合学习西北局关于今年在职干部学习指示所指定的文件（土改文件除外）和接管城市问题、劳大决议、文教政策、对国民党三青团员的政策，并应精读《新民主主义论》和《中国革命与中国共产党》。具有相当文化程度与工作经验较多的县级干部，除学习政策外，应学完西北局指出的八本书籍。一切文化太低的干部，均应学习文化。文盲干部从识生字做起，争取两年内消减区级以上干部的文盲现象。其次应加强思想教育，健全党内民主生活，开展批评与自我批评，确实掌握干部思想动态，每年终用民主方式给干部做鉴定。

（二）大力培养干部

为保证宁夏解放后的干部供给，从今年六月至明年二月底，每个乡要培养提拔一个脱离生产的干部，每个区提拔两个区级干部，达到包括敌占区在内 33 个区 181 个乡，培养提拔 181 个乡干部、66 个区干部。明年 3 月至年底，每个乡再培养提拔 1 人，这是当前最紧要的任务，必须从多方面努力。1. 普遍设立副职。于 8 月前，从分区到区乡，各级党政财等部门均设立副职。2. 各县于今冬明春开办 2～3 次县训班。每次训练 30~40 个乡村干部。3. 加强地委对干部的领导。保证干校经常有 250 个学生，并在干校内设办区乡在职干部轮训班，每期30 人，学期 3 个月，毕业后仍回原地工作。4. 用带徒弟的办法，有计划培养提拔政治上有发展的乡村干部。5. 经常切实地了解掌握各级干部的思想动态，及时纠正毛病，建立严格的干部奖惩制度，提高干部的积极性，并建立管理干部的各种必须的制度。

中国共产党三边地方委员会

1949 年 5 月 22 日

（档号：G001-001-0056-0016）

4.《宁夏省委组织部干部工作总结报告》（节选）

宁夏干部是来自各方面的，计有西北局派来的 261 名，陕北区党委派来 74 名，三边来的 836 名，军队派来 408 名（3 月前是 298 名，后十九兵团军区前后又介绍来 110 名），华大派来 195 名（编余 3 名，逃跑 2 名，介绍回西北局 1 名不在内），民大派来 207 名，地方新提拔的 2408 名，其中有干校学生 553 名（原 755 名，行政人员训练班分配 114 名，计算在留人员中，在毕业前后淘汰、逃跑 60 名，军区及阿拉善的 28 名未计算在内），留用旧职员 2311 名。

全省现共有在职干部 6700 名（内有省级 1315 名，县级 2340 名，区级 1875 名，乡级 1130 名），事业机关的 2798 名干部均在内，其中新干部 5724 名（按中央规定，1949 年 1 月以后参加革命的均为新干部）。有少数民族干部 627 名，占干部总数 9.36%，有妇女干部 223 名，占干部总数 3.32%，有党员干部 1844 名，占干部总数 27.35%，有团员干部 658 名，占干部总数 9.8%，非党员干部 4198 名，

占干部总数 62.66%。

（一）宁夏解放后，各级干部很感缺乏，因此各级党政领导重视培养提拔地方新干部，8 个月来，全省现已培养提拔了地方新干部 2408 名（内有省级 200 名、县级 546 名、区级 582 名、乡级 1080 名）占全省新干部总数的 47%，占全省干部总数的 36%。

（二）宁夏是五种民族杂居的地区，全省有汉民 596266 名，占全省总人口 74.06%，回民 189572 名，占全省总人口 23.55%，蒙民 16232 名，占全省总人口 2.016%，满民 1404 名，占全省总人口 0.174%，藏民 1200 名，占全省总人口 0.15%，全省总共人口 804672 名。因此培养少数民族干部很重要，1947 年宁工委就注意了这个问题，那时在三边干校就设回民干部班等，宁夏解放时，我们从三边带来回民干部 60 名。入宁后，十九兵团、西北局前后又派来 70 名回民干部，我们将这 130 名回民干部即分配到有回民的县区去工作（同心、金积、灵武等十一个县市），除此省委又多次地指示各县应注意培养提拔少数民族干部，各县经过接管、征粮、剿匪、肃特、生产等工作，培养提拔了一批回民的区乡干部。另在留用旧职员中有一部分，在省干校中设回民班，有回民学生 139 名，并有 4 个蒙古青年也在干校学习，全省现有少数民族干部 627 名（内有回民干部 598 名，占少数民族干部总数 95.2%，蒙民干部 15 名，阿拉善旗人员不在内，满民干部 14 名），省级 68 名、县级 89 名、区级 260 名（内有小学教员 148 名）、乡级 210 名。

宁夏省委组织部

1950 年 7 月 14 日

（宁夏档案馆：J002-001-0093-0026，共 12 页）

5.《关于干部与建党工作的总结报告》（节选）

宁夏解放后到现在（1950 年 3 月），先后从各地调来干部 1546 名，其中只有宁夏籍干部数十个，并多是来自各方面的。全省党政民军财总共现有干部 6667 名（军区所属的干部不在内）有从三边调来的干部 798 名，占干部总数 11.97%，西北局派来的 209 名，占干部总数 3.135%，陕北区党委派来的 39 名，占干部总数的 0.585%，十九兵团派来的 298 名，占干部总数 4.47%，华大派来的 202 名，占干部总数 3.029%，留用的旧职员 3767 名，占干部总数 56.5%，在当地新提拔的地方新干部 1354 名，占干部总数的 20.31%。这些干部除来自各方面外，有老干部、新干部、军队干部、地方干部、外来干部、本地干部、知识分子干部、工农干部，还有留用的相当数量旧职员。

中共宁夏省委组织部

1950 年 3 月 1 日

（宁夏档案馆：J002-001-0009-0042）

6.《宁夏省、县（市）、区三级组织人员编制方案》（节选）

根据中央人民政府政务院所拟定之《关于统一全国各级人民政府、党派、群众团体员额暂行编制（草案）》原则，及西北军政委员会 8 月 23 日颁发之新编制方案，对本省之具体规定，参照各该原编制方案和目前实际情况，重新规定本省、县（市）、区各级组织人员编制如下。

各级人民政府、县委、群众团体组织人员之编制如下：

甲、省的编制：西北军政委员会规定本省省级添加 707 名与原编制 900 名，共编制为 1607 名，依据工作情况分配如下。

省府办公厅 92 名、财经委员会 25 名（包括合作局在内）、监察委员会 9 名、民族事务委员会 5 名、民政厅 44 名、公安厅 75 名、公安队 200 名、财务厅 60 名、粮食局 30 名、盐务局 40 名、税务局 35 名、工商厅 46 名、劳动局 5 名、建设厅 50 名、水利局 26 名、公路局 25 名、内河航运局 17 名、文教厅 35 名、自然科学研究会 2 名、保育院 18 名、保育委员会 2 名、宁夏日报社 115 名、广播电台 25 名、卫生处 39 名、省法院 79 名、人民检察署 15 名、省委 140 名、工会 16 名、农会 5 名、青年团 30 名、省妇联 16 名、文联 12 名、中苏友协 2 名、文工团 80 名、协商会 7 名、休养所 50 名、预备干部 135 名，共计 1607 名。

各县（旗、市）新编制员额表

单位：人

县别	原编	增编	现编
中卫县	181	17	198
中宁县	181	16	197
永宁县	181	16	197
惠农县	171	15	186
贺兰县	171	15	186
灵武县	161	14	175
平罗县	161	15	176
金积县	161	14	175
宁朔县	161	14	175
盐池县	143	14	157
同心县	167	15	182
磴口县	144	13	157
陶乐县	105	14	119
阿拉善旗	24	646	670
额济纳旗		180	180
总计	2 112	1 018	3 130
银川市	517	4	521
吴忠市	148	112	260
总计	665	116	781
总计	2 777	1 134	3 911

1950年宁夏省级各级组织人员编制表

单位：人

项目	原编	增编	现编
省级	900	707	1 607
县（旗、市）级	2 777	1 134	3 911
区级	1 400	172	1 572
合计	5 077	2 013	7 090
县级粮、盐、税	1 106	40	1 146
干训			450
土改			100
残废军人			1 500
囚犯			900
合计			4 096
总计			11 186

（宁夏中卫县档案馆：35-2）

7.《宁夏省民政厅厅长王金璋向西北民政部报送宁夏省区以上干部人数情况的电报》（节选）

王部长及任、吴副部长：

8月19日电悉，（一）本省现共有区以上干部6292名，其中政法系统1967名，文教系统1748名，财经系统2577名。其中，1949年元旦前参加工作的干部1145名，1949年以后参加工作干部5147名。其中，工农干部817名，省级2194名，县级1746名，区级635名。另教员1748名未在内。现干校土改班1055名，学习指导员班46名，宣训班47名，均附设干校内。教育研究班150名，其他财经班未有。（二）现缺额：省级、厅长级（副职）8名，科长级19名，科员级37名，事业单位和企业单位财经工作者332名。县级：县长12名，县科长级42名，科员级112名。区级：区长级42名，区助理员252名。以上阿额两旗干部未计在内。（三）另全省不脱产干部2912名。

宁夏民政厅　王金璋

1950年8月23日

（宁夏档案馆：J015-001-0032-0001）

8.《宁夏省复员委员会关于宁夏省接收遣送复员军人初期工作报告》（节选）

截至10月24日，先后共接收遣送复员军人4735名。兹将经过详情，分述于下。

一、接收之数：10月10日陕西军区送来本省复员军人138名，并有六五军及甘肃固原骑二师9名，共计147名。14日四川军区送来本省复员军人19名，另眷属2名。15日陕西军区又送来复员军人111名（六三军及六四军）。20日宁夏军区送来本省复员军人380名，川北又送来1名，下午到省站后，即招待食宿。21日华北军区送来本省复员军人11名。10月20日兰州、新疆军区送来本省复员军人20名，内计有银川市籍者28名、永宁67名、宁朔59名、中卫134名、中宁112名、同心15名、盐池21名、金积43名、灵武35名、贺兰40名、平罗63名、惠农44名、陶乐2名、磁口6名、吴忠市19名、定远营2名，均于10月11、18、22等日，分批代请雇大车，装运行李，接送病号、眷属，派由本会及民政厅干部，（将上述人员）送往各原籍县、市复员委员会接收，由各县、市复员委员会派员送回各原籍区乡村，作适当安排。

二、遣送之数：宁夏军区遣送各大行政区之复员军人，（六五军、独二军）于9月27日起，开始进行遣送，计首批送出湘、鄂、皖、平、苏、浙、闽、赣、东北等省复员军人401名；二批10月3日送出川、云、贵、桂等省复员军人138名；三批10月3日送出河北省复员军人442名；四批14日，送出豫、陕等省复员军人433名。以上四批均系送交陕西咸阳站接收。又于18日送出热察绥、陕北复员军人484名（热察绥省送交包额站接收，陕北省送定边县接收）。10日送出甘肃复员军人509名。24日送出甘、青、新复员军人259名，均系送交兰州站接收。10月20日送出宁夏复员军人380名。总计以上八批

3046 名。

宁夏省复员委员会

1950 年 11 月 8 日

（宁夏档案馆：J015-001-0013-0092）

9.《宁夏省人口、区划及两年训练干部统计》

宁夏省人口及区划统计

1951 年 9 月制

类别	1949 年	1950 年	1951 年
人口/人	776 563	820 367	868 710
县/个	13	13	13
市/个	1	2	2
旗/个	2	2	2
区/个	89	81	81
乡/个	452	506	521
行政村/个		1 901	1 864
自然村/个		5 216	4 829
说明			

宁夏省两年训练干部统计

1951 年 9 月制

类别		1950 年		1951 年	
全省干部总数/人	男	7 671	7 986	男	8 607
	女	315		女	
省干校训练数/人	男	1 193	1 270	男	1 077	1 154
	女	77		女	77
各县市训练数/人	男	1 417	1 560	男	1 708	1 877
	女	143		女	169
说明					

（宁夏档案馆：J009-001-0007-0040）

10.《宁夏省政府干部统计情况》（节选）

宁夏省委统计干部共 10326 名，13 个县、2 个市、2 个旗，共 17 个县、市、旗，73 个区，437 个乡。其中，省（市）级 3205 名，县（市、旗）级 3710 名，区级 1977 名，乡级 1434 名。现有干部中男干部 9717 名，女干部 609 名。截至 1951 年 12 月底，统计数据显示，县、市、区级群工干部共有 993 名，其中宁夏籍的 506 名，外省籍的 487 名，占总数的 49.04%。县政府干部共 3746 名，其中宁夏籍的 2652 名，外省籍的 1094 名。省级群工干部共有 276 名，其中宁夏籍的 97 名，外省籍的 189 名，占 68.5%。政府干部共有 874 名，其中宁夏籍的 274 名，外省籍的 600 名，占 68.65%。县（市）委、区委、乡支部干部共有 694 名，其中宁夏籍的 211 名，外省籍的 483 名，占 69.6%。附属单位干部共有 1404 名，其中宁夏籍的 339 名，外省籍的 1065 名，占 75.9%。

1951 年 10 月 29 日

（宁夏档案馆：J002-001-0100-0001；

中卫县档案馆：35-2）

11.《宁夏省人事厅关于军队转业干部安置情况报告》（节选）

1952 年 7 月 26 日西人部（中共中央西北局人事部）派本省军队转业干部共 150 名，到宁夏后，经过了 20 天的时间，采取了大会动员、介绍情况、互相座谈、交换意见、研究材料、个别交谈等方式，已妥善地安置到各种工作岗位上，其中分配工业、商业、农林各系统与合作社等财经部门 83 名，分配公安、检察、法院等政法部门 26 名，分配文卫部门 10 名，另分配各县、市 31 名。

宁夏省人事厅

1952 年 8 月 26 日

（宁夏档案馆：J017-002-0025-0059）

12.《一九五三年底宁夏省行政（包括事业、企业）干部职级情况》（节选）

主席：5名。其中：七级2名，八级3名。

专级：53名。其中：九级4名，十级18名，十一级4名，十二级11名，十三级16名。

县级：213名。其中：十三级4名，十四级24名，十五级42名，十六级以下143名。

区级：（包括区长级、省级三级科长级、县科长级）878名。

一般干部：11388名（包括技术人员，县干部1882名），不包括教职员2416名在内。

共计：12537名。其中：七级2名、八级3名、九级4名、十级18名、十一级4名、十二级11名、十三级20名、十四级24名、十五级42名、十六级以下12409名。

（宁夏档案馆：J009-001-0099-0125）

13.《宁夏省各市县现有干部数量统计》（节选）

统计现有干部10407名。其中：党委系统737名，群工系统1676名，政府系统6598名（行政首长163名，办公室218名，政法部门1137名，经济建设部门1208名，财政经济部门2937名，文教部门935名），乡干部1268名，其他干部128名。现有干部中，行政干部9842名，技术干部565名。

1954年4月30日

（宁夏档案馆：J002-001-0143-0001）

14.《宁夏省1954年省级机构设置及各单位机构名称》（节选）

甲、省府系统

办公厅：秘书室、文书科、机要室、总务科、交防厅、机要交通局、会议招待所、文史馆。

政法系统

政治法律委员会：办公室。

人事厅：秘书室、第一科、第二科、干部休养所、干部招待所。

民政厅：秘书室、民政科、优抚科、社会科、地政科、育幼院、生产教养院。

人民检察厅：办公室、第一处、第二处。

监察委员会：办公室、财政经济科、政法文教科。

公安厅：办公室、政法部、政保处、经保处、治安厅、劳改厅。

省人民法院：第一庭、第二庭、司法行政处。

民族事务委员会：办公室、民族事务部、宗教事务部。

省委选举委员会

财经系统

省财政经济委员会：办公室、财商计划处、生产计划处、邮政局、盐务局、气象站。

财政厅：办公室、行政财务科、经济建设财务科、船业税科、会计科、主计科、财政监察科、税务局、交通银行、保险公司。

商业厅：秘书室、人事科、商政科、计算科、业务科、省贸易公司、省畜产公司、省专贸事业公司、食品支公司、百货支公司、医药支公司、石油支公司、油脂公司。

粮食厅：秘书室、监察室、财务会计科、计划科、仓储科、运供科、收听科、运输大队。

省人民银行：办公室、监察室、计划科、鉴金科、会计科、人事科、秘书科、货币管理科、第一事业部、第二事业部。

工业厅：秘书室、人事科、计划科、会计科、供销处、银川橡胶、磁厂、省建筑公司、第一煤场、第二煤场、建筑材料厂、企业公司。

农林厅：秘书室、人事科、计划科、会计科、农政科、国营农场管理科、林业科、推广处、省农场、农业学校、机耕学校、国营灵武农场、国营农场勘测队、国营场、平罗马拉机耕站、林业试验场、护岸林场、防沙林场、贺兰山林管所、林业调查队、林训班、水利局、河西工程处、大坝水文站。

国营机耕前进农场：一分场、二分场、三分场。

国营机耕潮湖农场

劳动局：劳保科、调查科、秘书室、介绍所。

畜牧厅：秘书室、畜牧科、兽医科、财务计划科、人事科、诊断试验科、畜牧兽医工作队、牛奶场、灵武农场。

交通厅：秘书室、人事科、财务科、计划科、养路段、运输公司、河运局、运输委员会。

统计处：秘书室、综合统计科、农业统计科、金贸统计科、工业基建科。

省合作业社

文教系统

文教委员会：办公室、宗教事务处、干部教育处。

教育厅：秘书室、中教科、初等教育科、人事科、工农教育科、民族教育科。

卫生厅：秘书室、人事科、药政科、防保科、妇幼科、医政科、妇幼队、保健所、防疫队、省立医院、门诊部。

文化局：摄影科、歌舞剧院。

体育运动委员会

乙、党派：省委、民委、民革。

丙、人民团体：总工会、中苏友协、省学联、妇联、省协商会、省工商联合会、青年团省工委。

丁、新闻团体：日报社、广播电台、新华书店、

新华社记者组。

戊、军队系统：宁夏军区、公安总队。

（宁夏档案馆：J009-001-0099-0123，共 21 页）

15. 关于宁夏、甘肃合并问题的初步意见

为了正确地贯彻中央关于宁夏与甘肃合并的决定，经两省负责同志数日交谈，关于合并的时间步骤与方法等问题提出如下初步意见。

（一）关于宁夏省建制改变后的地方机构问题：宁夏省建制撤销后，首先应分别建立与健全专区机构。

第一，除原河东回族自治区和内蒙古自治区所属各县、市、旗外，银川、贺兰、平罗、惠农、永宁、宁朔、中卫、中宁、陶乐、盐池等 10 个县市（约 70 万人口）划为一个专区，成立银川专区。原内蒙古自治区和河东回族自治区除对少数干部作必要调整外，整个机构不变。

盐池县因靠近吴忠，交通与物资交流方面都比较方便，可暂由河东回族自治区代管。

第二，宁夏省建制宣布撤销后，以上原建之回族和内蒙古自治区及新建银川专区即归甘肃省直接领导，因此，在宁夏省建制撤销的同时，应首先建立银川专区党政领导机构与适当充实河东及各县市机构，以便加强领导，保证整个工作不致因省的合并而受影响。

（二）关于时间、步骤问题：目前主要是召开党代大会与人代大会，更进一步做好思想准备与组织准备。宁夏省党代大会（7 月 16 日召开）后，紧接着就召开省人代大会，两个大会争取本月 28 日前结束，以便党与人民的全体代表按时出席 8 月 1 日甘肃省党代大会及即将召开的人代大会。在党代大会与人代大会期间，宁夏省委、省政府均应正式宣布

与甘肃省合并和建立地方机构等问题，并进行动员。正式宣布前，除主要干部需待中央正式批准目前暂行代理工作外，一般干部均应基本配全，银川专员拟暂由曹又参代理，副专员拟由张兴、雷启霖、杨正喜、纳长祺代理，正式宣布后，地委、专署即正式开始工作。在新旧交替期间，地委、专署应注意抓紧对当前工作的领导，一边工作，一边接交，务必领导与督促各县抓紧做好当前的工业、农业生产、计划收购供应与市场管理等工作，防止与纠正任何在工作上可能发生的松懈现象，保证各项工作任务顺利完成。宁夏省委、省政府争取 9 月上旬结束工作，但为使工作不致发生脱节现象，省委、省政府撤销后仍应留少数负责同志，组成临时工作委员会，处理有关接交中的遗留问题，除个别问题外，9 月底应将遗留问题处理完毕，全部工作结束后，工作委员会即行撤销。

（三）关于接交方法问题：宁夏行政机构根据建制改变后的情况，大体有如下几种。

（1）机构不变，继续归省领导或由省领导但交专区代管者计有：劳改大队、第一煤矿、毛厂、新城电厂、修理厂、瓷厂、国营吉兰泰、雅布来、察汗盐池、企业公司（公私合营）、河运局、银川运输公司、地方工业勘察队、建筑工程队及农业学校、民族公学、宁中、宁师（均有高中部）、育幼院、拖拉机学校等单位。

（2）机构基本不变，作为省级分设者计有：水利局、盐务局、供销社（改为银川供销站）、卫生学校、保小、保育院、省人民医院、党干校（团委要负责训练河东及内蒙古自治区干部）、干部休养所等单位。

（3）撤销省建制后，机构人员作适当调整，交专区或自治区领导者计有：银行、贸易、邮电、灵武牧场、酒厂、砖瓦木料厂、第二煤矿、巴音浩特电厂、吴忠电厂（公私合营）、面粉厂、税局、保险

公司、粮食运输大队、合作社、报社、新华书店、银川广播电台、中苏友协、抗美援朝分会、文联、实验小学、生产教养院等单位。

（4）合并后继续作为省级机构在银川设立办公室者计有参事室、文史馆等单位。

（5）根据实际情况需要，拟新建立者计有：国营农场管理局（归省直接领导）、农业技术推广站、河东畜牧兽医工作站等单位。

（6）需要合并者计有：银行学校、工业学校、供销合作训练班等单位。

（7）暂时维持原状待作进一步考虑者计有：妇婴保健站、防疫站、民族医疗队、养路段、气象台等单位。

（8）原宁夏地区所有中央各部直属之事企业单位一律委托当地党政代管。

省建制撤销后，上述各单位应根据先易后难、先简后繁的原则，分批分期逐步交接、合并与撤销。能先交的先办，应缓交的缓办。财经系统摊子大，业务繁杂，目前又正忙于计划供应等工作，可采用一项一项接线的办法，接上一项，即结束一项，最后财委结束。根据各单位的不同情况，邮电、劳动、银行、交通、水利、畜牧、税务、合作、气象等单位可争取八月底九月半接交完毕；粮食、财政、商业、贸易等单位应争取十月中旬接交完毕（一般中等学校由业务部门具体研究）。

宁夏军区撤销后建立军分区其人员安置等问题拟报请西北军区决定。

接交中所有资料、档案，必须移交清楚。除全省的重要资料档案（如各部门的计划、统计、财政预算及厂矿现有设备情况、重要党史资料）为便于查考与保存，应分头移交省级各单位保管外，一般资料仍以分别暂存银川专区、河东回族自治区、内蒙古自治区为宜，各有关单位应组织专人负责清理移交、接交。一切资财亦应确实清理登记并按财经

制度，呈报财委分别处理。

为使上述接交工作有序地进行，在临时工作委员会统一领导下，可由宁夏、甘肃之文教、财委、政法党组分别研究有关接交中的细节，并提出具体计划，由负责同志亲自督促执行。保证每一个大小单位的留存与变动，每一个工作人员的去留与调配都有专人负责，绝对防止与纠正接交工作中无人负责的现象。

（四）关于编制问题：根据宁夏省建制撤销后的实际情况，我们认为专区、自治区一级机构编制稍大一些较妥，银川专区编制266人，河东回族自治区编制183人（吴忠市在内）。

（五）关于干部调配问题：宁夏省各级机关现有干部（包括军队转业干部及学校学生）2548名，其中科、处长以上262人。根据首先抽派工业干部，后建立与健全专区机构，适当加强与充实省级领导的原则，已调出工业干部100名，其中十三级以上10名，县级30名，一般干部60名。银川、河东等地及其各县共配备129名，其余均来甘肃省级各部门工作。

（六）工作中应注意的几个问题

第一，宁夏建制撤销时，各单位负责同志除继续留当地工作者外，凡调离宁夏省，均应将本部门的工作情况和工作中存在的问题分别向地委、专署作详细负责的交代，不应不作任何交代或交代不清就急于离开。

第二，宁夏省建制撤销时，对所有人员务须全部分别妥善安置，对抽调的工业干部应鼓励其愉快地走上新的工作岗位；宜学习的送去学习，以资深造；对休养所的病员和招待所尚未分配工作的干部均应作适当的处理，领导上应进行必要的安慰解释与思想教育工作；对民主人士应分别协商，适当分配工作，当留在本地的应留在本地，当省上分配的交省上分配，当在省上任职又宜在本地工作的亦应

适当地安排。

第三，两省合并，这是适应国家经济建设的需要，是我们当前一件重要的政治任务，但工作是非常复杂与细致的，任务是艰巨的，因此，合并工作还有不少困难。为保证这一任务的顺利完成，关键问题是在各级党政的领导下向党内外做好广泛深入的思想动员工作与细致的组织工作，多方说明合并的理由与中央这一措施的重要意义，任何简单急躁的思想与做法都是极端有害的。在工作过程中对于干部与群众的思想问题应通过党代大会与人代大会进行耐心的反腐说服教育，各县亦应采取适当的方式进行解释教育，消除群众的疑虑与误解并严防反革命分子和坏分子趁机造谣破坏。

甘肃省委 宁夏省委
1954 年 7 月 13 日
（档号：J002-001-0076-0053）

16. 中共宁夏回族自治区工作委员会第一次会议关于自治区党委、人民委员会、群众团体的组织机构问题纪要

时间：1957 年 11 月 5 日

地点：中央统战部

出席：刘格平、孙殿才、甘春雷、马信、梁大均、刘震寰、王金璋、王志强、马玉槐、郝玉山、马思义。

列席：杨辛、赵卓云、马杰、张英达、金民、马子明、马骏逸。

主持：刘格平

会议在格平同志宣布中央关于中共宁夏回族自治区工作委员会组成人员决定后，研究了工委委员分工和自治区党委、人民委员会、群众团体的组织机构问题。

一、工委委员分工问题

马玉槐、王金璋同志负责政法工作；

马信同志负责财政、粮食、贸易工作；

张勃川同志负责宣传、文教工作，暂由杨辛同志代理；

王志强同志负责统战工作；

郝玉山同志负责经济计划和建设工作；

孙殿才同志负责工业交通工作；

甘春雷同志负责组织工作；

梁大均、马思义同志负责农村工作；

刘震寰同志任秘书长。

二、自治区党委、人民委员会、群众团体的组织机构问题

自治区党委设以下机构：组织部、宣传部、财贸部、农村工作部、工业交通部、统战部、监察委员会、办公厅（包括机要、档案管理、秘书、行政等处）。

自治区人民委员会设以下机构：民政厅、公安厅、法院（包括两个中级法院）、检察院、监察厅；教育厅、卫生厅、文化局；工业厅（包括手工业管理局）、交通厅（包括河运局）、财政局（包括税务局）、商务厅（包括服务局）、粮食厅；计委（包括统计局、城市建设局、物价委员会、物资供应局）、建委；农林厅（包括牧业局）、水利厅（包括水土保持局）、气象局；劳动局、人事局、宗教事务局；地质局；体委；办公厅、参事室、文史馆；邮电局；供销社；人民银行、农业银行、建设银行。

群众团体和其他机构：工会、青联、妇联、党校、干校、团校（归组织工作口）；新华社、报社、广播电台、文联、作协、科普、中苏友协、保卫和平分会、文工团、文化干校、艺术学校（归宣教工作口）；政协、各民主党派、工商联、伊协、佛协、基督教三自革新委员会、天主教爱国会（归统战工作口）。

（档号：J057-001-0001-0001）

17. 中共宁夏回族自治区工作委员会第三次会议关于自治区党、政、群编制机构的意见纪要

时间：1957 年 11 月 8 日

地点：中央统战部

出席：刘格平、孙殿才、甘春雷、马信、梁大均、刘震寰、王金璋、王志强、郝玉山、马思义。

列席：杨辛、马杰、张英达、金民、马骏逸、马维详。

主持：刘格平

会议同意孙殿才等同志提出的关于自治区党、政、群编制机构的意见，即：

党委系统 9 个单位，207 人。经建部 25 人，农林工作部 25 人，宣教部 20 人，组织部 20 人，统战部 20 人，监委 12 人，办公厅 60 人（包括书记等），机关党委 10 人，讲师团 15 人。

人民委员会系统 16 个单位，675 人。民政厅 35 人，公安厅 70 人（包括政保队），法院 30 人，检察院 32 人，监察厅 23 人，文教厅 30 人，卫生厅 30 人，财政厅 55 人，商业厅 60 人，粮食局 35 人，农林厅 80 人（包括水利、牧业），工交厅 45 人，计委 70 人（统计、城建、物价、物资），办公厅 60 人（包括主席等），人事局 15 人（包括编委会），劳动局 15 人。

群众团体 13 个单位（内体委、宗教事务处为行政单位），109 人。共青团 25 人（包括青联），妇联 17 人，政协 12 人，各民主党派 30 人，宗教事务处、伊协、佛协 10 人，文联、友协、科普、体委、和平分会 15 人。

另外保留 150~200 个预备名额。

（档号：J057-001-0001-0012）

18. 中共宁夏回族自治区工作委员会第五次会议自治区干部调配问题纪要

时间：1957 年 11 月 11 日

地点：景山三号

出席：刘格平、孙殿才、甘春雷、马信、梁大均、刘震寰、王金璋、王志强、郝玉山、马思义。

列席：杨辛、马杰、张英达、金民、马骏逸、马子明、马维详。

主持：刘格平

会议讨论了自治区干部调配问题。

自治区共需书记、主席 12 人，部厅局级干部 87 人，处科级干部 400 人，一般干部（包括杂勤人员）572 人。部厅局级以上干部 99 人中，除银川、吴忠撤销专区、州级机关后可抽出 37 人外，需由中央和各省、市抽调 31 人，甘肃省抽调 19 人，尚缺 12 人；处科级干部 400 人中，除银川、吴忠撤销专区、州级机关后可抽出 120 人外，需由中央和各省、市抽调 100 人，甘肃省抽调 80~100 人，部厅局级以上干部的爱人中约有 40 名处科级干部，此外尚缺 60 人；一般干部主要由当地抽调。

自治区共需各种技术干部 728 人，其中农业方面 368 人，工业方面 135 人，民用建筑方面 50 人，医务人员 30 人，高、中师资 50 人，公路桥梁方面 30 人，计划方面 50 人。这些干部主要请中央各部门抽调，要求能有 10% 骨干。

关于干部调配问题应尽速整理出材料向中央报告。

（档号：J057-001-0001-0021）

19.《宁夏回族自治区工作委员会向中央宣传部请示批准抽调干部的报告》（节选）

中央宣传部：

中共宁夏回族自治区工作委员会，已经中央批准成立，现正着手进行筹备工作。有如下问题请予帮助解决：

（一）原银川地委有三日小报，人员很少，机器陈旧，不敷应用。现要扩充为自治区日报，因之，请求解决：正副总编辑 3 名，编辑 5 名，记者 15 名。

（二）现需建立广播电台一座，请调广播电台干部：正副总编辑 3 名，编辑 5 名，记者 11 名，广播员 3 名。

关于报社与广播电台的机器、电台、基本建设事业费等项，请告有关单位按省级的要求予以考虑解决。

（三）请考虑在银川建立新华社银川支社或站的组织。

（四）原地委讲师团讲师，质量很低，担任自治区的讲师团讲师不能胜任，请抽调讲师 10 名。

（五）请抽调自治区文联主任 1 至 2 名。

以上所调的干部，要求条件是：党、团员骨干干部，身体比较健康，有一定的业务能力（符合上述条件的回族干部请尽先抽调）。所调干部要求在 1958 年 1 月内调齐。

工委指定杨辛、金民二同志负责联系，并望指示工作。

中国共产党

宁夏回族自治区工作委员会

1957 年 11 月 28 日

（宁夏档案馆：J057-001-0023-0061，共 8 页）

20.《宁夏回族自治区成立时调入干部情况》（节选）

1958 年 10 月 25 日，宁夏回族自治区成立，在中央的关怀和各兄弟省、市、区的大力支援下，先后从外地调入宁夏的各级各类干部共 6557 名，占自治区干部总数的 31.6%，其中党、团员占 55%，回族干部占 13%，各级领导骨干占 10.4%，技术干部占 23.6%。

（《中国共产党宁夏回族自治区组织史资料（1926—1987）》第 142 页）

21.《关于四川军区部队转业干部的分配情况汇报》（节选）

中央农机部：

根据中央农机部 2 月 22 日来电指示，现将 1959 年 11 月份由四川军区来宁转业部队干部分配情况汇报如下。

1. 四川军区共调给宁夏部队转业干部 53 名（其中：副营级 2 名，连级 22 名，排级 28 名，其他 1 名），现已到宁分配工作者 39 名，其余 14 名，尚未来到宁夏。

2. 对上述干部分配的原则，我局原来本拟集中分配给西北拖拉机制造厂三个中央国营筹建单位，但经过数次研究，考虑到这些转业干部对工业部门情况不熟悉。所以我们根据"适当搭配"的原则，将 53 名分配给拖拉机制造厂 19 名，拖拉机配件厂 7 名，西北电机电器厂 7 名，其余 20 名转业干部分配到自治区直属的冶金矿山机械厂 3 名，综合电机厂 4 名，内燃机厂 3 名，农牧机械厂 3 名，中卫机修厂 1 名，留局 6 名。同时我们又将我区各县市调来支援的地方干部分配给拖拉机配件厂 12 名，西北电机电器厂 13 名。现在各筹建机构已开始工作。

四川军区表示愿意再支援一些团、营级转业干部，但需经总政同意。为此，我局与总政商洽解决，至今尚未见批复，特请农机部予以协助解决为盼。谨此汇报。

宁夏回族自治区机械局

1960 年 2 月 26 日

（宁夏档案馆：J088-002-0120-0041，共 3 页）

22.《宁夏回族自治区机械局下属七个单位干部情况》（节选）

宁夏回族自治区机械局关于 7 个单位干部登记名册，其中银川汽车修理厂 59 名，外省籍 50 名；宁夏通用机械厂 97 名，外省籍 91 名；综合机床厂 52 名，外省籍 47 名；轴承厂 29 名，外省籍 28 名；冶金矿山机械厂 44 名，外省籍 44 名；电机厂 64 名，外省籍 64 名；中技校 31 名，外省籍 30 名。7 个单位共统计干部 376 名，宁夏籍 22 名，外省籍 354 名，外省籍干部占 94%。

机械局

1960 年 3 月 1 日

（宁夏档案馆：J088-002-0120-0047，共 20 页）

23.《自治区民政厅关于建议普遍检查 1959 年军队转业干部和高等学校毕业生接收安置工作的报告》（节选）

1959 年我区接收军队转业干部 779 名，高等学校毕业生 508 名。在军队转业干部中，团级占 0.4%，营级占 3.4%，连级占 26.4%，排级占 67.7%。文化程度：相当初中以上的占 63%，小学占 37%。政治情况：党员占 75.5%，团员占 14%。在高等学校毕业生中，党员占 0.73%，团员占 54%。

宁夏回族自治区民政厅

1960 年 3 月 8 日

（宁夏档案馆：J076-001-0028-0052，共 7 页）

24.《中央十个工业部支援宁夏干部工人调配方案》（节选）

一、根据中央 1960 年 7 月 25 日批转中央工业部"关于 1960 年在工业系统中提拔、调整干部的意见"确定，冶金、化工、一机、煤炭、水电、石油、建工、轻工、纺织等九个工业部共支援我区各类干部 357 名。另有农业机械部原计划支援拖拉机厂等三个中央项目各类干部 227 名，支援我区地方新建农业机械企业各类干部 37 名，以上总共支援我区新建工业项目的各类干部为 621 名。

根据我们在中央十个工业部的摸底情况，除农机部外，其他九个工业部支援的 357 名干部调配方案基本由各部提出具体方案并已下达各地执行。而农机部原计划支援拖拉机厂等三个中央项目的 227 名干部（已去宁夏 87 名），因拖拉机厂缓建，方案有变。要求我们根据变化后的新情况提出，拖拉机附件厂根据今年的基建任务，和生产准备任务需要配备各类人员的数字。所需工人将由洛阳、辽宁按原计划支援解决。支援我区地方项目的 37 名干部及工人仍按原计划执行。

二、化工、一机、煤炭、水电、石油、建工、轻工、纺织等八个部的具体调配方案大都已下达各省、市（区）党委工业部及各省、市（区）的有关厅局执行，一般均要求于本年度 9—10 月底前完成全部调配任务。

三、一机部支援的干部总数为 171 名（机床厂 30 名、矿机厂 35 名、电机厂 7 名、556 厂 99 名）。

此外一机部原计划在我区建设的特种电机厂和特种电池厂，是否仍在我区建设尚未肯定，故原计划支援这两个厂的 60 名干部方案中未包括在内。

四、技术工人问题：冶金、一机、农机等三个部共支援我区技工 543 名。

五、煤炭部支援我区煤炭局局长 1 名、院校长 1 名、矿处长 6 名、科长 6 名、坑区长 13 名、技术人员 8 名、火药技术员 1 名，共 36 名。中央十个工业部支援宁夏干部工人调配方案，支援宁夏职工总数共计 1164 名，其中干部 621 名，技术工人 543 名。

宁夏回族自治区民政厅

1960 年 9 月 2 日

（宁夏档案馆：J088-002-0031-0087，共 13 页）

25.《关于国家煤炭部下放干部来我区的安排意见的报告》（节选）

区生产指挥部：

煤炭部统筹小组，遵从毛主席"广大干部下放劳动，这对干部是一种重新学习的极好机会，除老弱病残者外都应该这样做。在职干部也应分批下放劳动"的指示，计划下放一批干部来我区煤矿当工人，初步意见为 1200 人左右，均为双职工，包括家庭、小孩计 4000 人左右，我们同各单位和部统筹小组派来的同志一起进行了研究。从实际情况出发，做了初步安排，现将意见报告如下：

一、从煤矿 1969 年生产建设情况看，由于一些建设项目开工和投产，需要增加工人（包括培训）1 万人左右。因此，劳动力是缺的，劳动战场比较广阔，同时考虑到干部的体力、年龄、知识等各方面的因素。我们意见结合本人的特点，主要安置在洗煤厂，大武口机修厂，西北煤矿机械一、二、三厂和矿井的部分辅助工种。

二、首先是下放干部必须政治条件要好，政治可靠，历史清楚，其次身体要能坚持工业劳动，无重大疾病。

三、下放干部家属同所在职工家属一样参加农副业劳动。

四、关于管理问题和是否顶定员以及工资生活待遇等问题，请煤炭部革筹小组决定。

五、根据生产和统一动员的实际情况，职工可一次来，早至一、二月，晚至下半年均可。至于家属，因住房有困难，最好下半年来为宜，上半年只能安置少数。

以上意见是否妥当望指示。

煤炭部工业领导小组

1968 年 1 月 2 日

（宁夏档案馆：J089-002-0655-0080）

26.《宁夏回族自治区干部统计数据说明》（节选）

一、统计范围。

（1）自治区、专（市）、县（旗）、公社革委会成员和办事机构人员。

（2）中央和区属厂矿企事业单位革委会成员和办事机构人员以及技术干部、车间干部（指脱产的

国家干部）。

（3）自治区、专（市）、县（旗）、中央和区属厂矿企事业干校干部（在职干部轮训的人员由派出单位统计）。

（4）各级革委会成员中，凡身兼办事机构多职的，以其主要职务只统计一项。

（5）不包括小学教员、护理员、售货员等非干部职称的人员，临时机构和借调的干部由发工资单位统计。

二、截止时间为 1969 年 12 月 31 日。

三、厂矿企事业单位的干部汇总，均由所在的专（市）、县（旗）革委会政治部（处）负责汇总报区革委会政治部。

四、上报时间为 1970 年 1 月 30 日。

宁夏回族自治区革委会政治部

1969 年 12 月 31 日

附：宁夏回族自治区干部统计数据中，统计西北轴承厂干部总数 297 人，其中本自治区 14 人，外省区 283 人。汝箕沟煤矿干部总数 79 人，其中本自治区 30 人，外省区 49 人。

1970 年 1 月 27 日

（宁夏平罗县档案馆：共 10 页）

第二章　支援宁夏的科、教、文、卫干部及大中专毕业生档案摘录

一、支援宁夏的科技人员档案摘录

1.《关于本区农业科学研究机构情况的简报》

随着自治区的成立，农业科学技术研究机构也相应成立。目前自治区科学院正在积极着手筹办，科学技术协会和农业科学研究所均告成立，同时已于10月1日开始正式办公。农科所组织内设：作物、土壤肥料、森林、畜牧兽医、园艺、植保6个系；办公、化验、兽医诊断3个室；灌溉、盐碱土改良2个实验站；并附设细菌肥料厂和家畜病院各1处。

本所和各试验研究场现有技术干部113名，其中，4~9级的13名，10~13级的45名，其余大部分均系本年暑假毕业的高等院校和中等专业技术学校的毕业生。

宁夏回族自治区农业科学研究所

1958年12月4日

（宁夏档案馆：J199-001-0004）

2.《宁夏回族自治区关于"二五""三五"期间科学研究机构和研究人员发展规划的初步意见》

我区的科学研究工作是从1958年以后才开始

的，截至目前，各厅局已建立了农业、化学、医学等6个研究所和冶金、机械等6个研究室。总计研究人员为292名，其中包括工程师以上的研究人员20名，大专学生120名，中技生152名，已初步形成一支科研队伍，为今后发展创造了一些条件。

宁夏回族自治区科学技术委员会

1959年12月10日

（宁夏档案馆：J085-001-0011）

3.《关于1960—1962年农业科学研究机构人员发展规划意见》

1. 宁夏农科院：1960年宁夏农科所设有5个系，5个室。1960年编制干部187名，尚有154名，缺额33名。

1961年新增设农业机械研究所、原子能利用研究所、农业气象研究室、养蜂研究室，果树研究室应设在园林系内。编制干部324名，比1960年增加137名。

1963年在原宁夏农科所的基础上，扩大成立宁夏农科院，下设11个专业研究所，6个专业研究室，其中养蚕研究室、水产研究室系新增设。编制

550 名，比 1961 年增加 226 名。

2. 专、县（市）研究机构和研究队伍：1960 年固原专区农科所、固原农业试验站共有技术干部 25 名，1962 年增加到 90 名。

3. 人民公社研究机构和研究队伍：全区共 120 个人民公社，现有 60 多个人民公社有试验研究机构。到 1962 年止，全区农业科学研究队伍发展到 2380 名，其中大专学生 935 人，占 39.3%。

（宁夏档案馆：J085-001-0012）

4. 《关于我区新设民族历史研究机构的名称问题》

经请示书记处，已正式批准定名为"宁夏回族自治区民族历史研究室"。

宁夏回族自治区委员会宣传部

1962 年 12 月 29 日

（宁夏档案馆：J0059-001-0034）

二、支援宁夏的教育工作者档案摘录

1.《1950 年至 1951 年宁夏省教育情况统计数据》（节选）

5. 《关于成立宁夏回族自治区农林科学院的通知》

宁夏区党委决定：在现有宁夏回族自治区农业科学研究所的基础上，成立宁夏回族自治区农林科学院。农林科学院要本着"精兵简政"和地方科研机构以应用为主和设在生产基地的原则。机构设置和人员编制由区农办、农林局提出意见，送自治区编制委员会审查后，报党委批准。

中共宁夏回族自治区委员会

1978 年 6 月 3 日

（宁夏档案馆：J199-001-0064）

宁夏省教育情况调查表

项目	区分	1949 年	1950 年	1951 年	备注
中学	学校数/处	17	13	13	
	学生数/人	2 097	1 959	2 145	
完小	学校数/处	87	98	104	
	学生数/人	37 419	38 714	42 018	1949 年回小 14 处学生 1 388 名，1950 年回小 48 处学生 8 768 名，1951 年回小 78 处学生 10 088 名
小学	学校数/处	334	372	395	
	学生数/人	包括完小数字内			
文化馆	学校数/处	5	14	17	
冬学	学校数/处	37	621		
	学生数/人	1 627	22 314		

续表

项目	区分	1949 年	1950 年	1951 年	备注
夜校	学校数/处		6	40	1949 年回小 14 处学生 1 388 名，1950 年回小 48 处学生 8 768 名，1951 年回小 78 处学生 10 088 名
	学生数/人		286	1 317	
识字班	学校数/处		59	184	
	学生数/人		2 083	7 387	

1951 年 9 月 24 日

（宁夏档案馆：J009-001-0007-0030）

2. 《1954 年宁夏教育发展情况统计》（节选）

1953 学年度情况与 1954 学年度计划发展情况比较表

校别项目年度		1953 年情况					1953 年预计毕业生/人	1954 年计划发展情况		
		校数/所	班数/个	学生数/人	教员	职员		上级控制数/人	1954 年计划招生/人	1954 年预计学生数/人
小学	初小	452	2 584	59 849	1 781		2 804	63 900	2 804	68 900
	完小	116								
中学	初中	5	26	1 600	86	45	207	700	1 100	2 498
	高中		6	185			80	100	100	255
师范	初师	4	31	1 298	87	89	408	50		890
	中师		4	196			87	80	100	250
技校	中等	4	28	881	50	68	226		240	896
	初等	1	3	81	4	2				
工业速成学校		1	8	117	8	9	76			

备注：1. 小学栏内包括专设民族小学 144 所，共 412 个班，学生 18 191 名，连同其他小学内少数民族学生全省共计 14 652 名，占全省小学生总数的 24.8%；

　　　2. 中等学校内包括专设少数民族中学、师范各 1 所，共 7 个班，学生 283 名，连同其他中等学校少数民族学生全省共计 543 名，占全省中等学生总数的 12.45%。

（宁夏档案馆：J009-001-0099-0106）

3. 《国家教育部关于分配来宁教师的电报》（节选）

中共宁夏工委：

　　7 月 3 日来电　悉经与北京市委、市教育局联系，同意派 20 名中学师资，并同意回民学院师范毕业生中分配 75 名。关于宁夏医农师 3 个学院需要教师和行政人员问题拟分配宁夏文史方面的研究生 7 名或 8 名。具体方案后下达。

教育部

1958 年 7 月 3 日

（宁夏档案馆：J059-002-0002-0061）

4. 宁夏回族自治区教育事业"二五"计划存在主要问题及解决意见（节选）

（一）师资问题

我区原有师资基础很差，文教事业随着工业的跃进，必须相适应地发展，在第二个五年计划期间，按教育事业发展计划，计缺高等学校师资475名，中等学校师资2024名。解决办法如下。

1. 高等学校师资5年内共需475名。除由我区中等学校优秀教师及历年毕业优秀学生选拔90名到大学任教外，尚缺385名。请教育部在大学毕业生及研究生中每年平均选派57名，并在教育部所属师范大学及协作区重点师范院校现有教授及讲师中，每年平均选派我区20名。

2. 中等学校师资5年内共需2024名，除我区在小学教师和高等学校毕业生中选拔480名外，其余不足1544名，请在各级各类高等师范院校毕业生中每年平均调派309名（1958年调派393名，1959年调派371名，1960年342名，1961年150名，1962年288名），1962年后，争取全部自给。

（二）高等学校及中等专业学校的招生来源问题

我区5年内共有高中毕业生3678名，高等学校共招生4700名，尚缺1022名，除在我区小学教师和在职干部中选送400名外，尚差622名，请外地每年支援124名。中等专业学校共招生22050名，除由本区初中毕业生中招收9700名外，还缺12350名。在本区工厂、农村中招收80%的青年工人、农民外，尚差2470名。请指定地区由我区向外地每年平均招收494名。

（三）新建高等学校的基建、设备、分科等问题

因我区原无高等学校，缺乏这方面的人员及经验，请教育部派工作组协助解决设计规划。并请教育部调派一部分学校行政干部（包括党政领导）。

筹委会文教处

1958年8月20日

（宁夏档案馆：J059-002-0002-0042，共6页）

5. 《宁夏回族自治区文教厅关于上海迁来我区三类分子处理情况的报告》（节选）

1958年10月下旬，上海来我区文教系统干部505名到达银川。已分配教师工作者112名，下放劳动的393名，男313名，女80名，有慢性病患者30名，有严重疾病者4名，孕妇1名，带小孩者28名（有孩子2个以上者12名），夫妇同在工地劳动者7对，45岁以上28名。

文教厅党组

1959年1月27日

（宁夏档案馆：J108-002-0021-0174）

6. 《宁夏回族自治区党委批转文教厅党组关于分配在银川、中卫两地文教系统上海来宁人员下放改造情况的报告》（节选）

各地、市、县委，自治区一级各有关厅、局党组、党委：

现将文教厅党组《关于分配在银川、中卫两地文教系统上海来宁人员下放改造情况的报告》转发给你们。报告中提出的意见，请你们参考执行。从报告中可以看出，我们对这些人的改造工作是有成绩的，但是改造工作中也存在着放任自流和简单粗暴的缺点，这就增加了他们对思想改造的抵触情绪。现在，这些人的劳动时间一般都近三年了，需要改变改造方式。针对当前情况，今后可把在农村劳动

的人调回来，集中到县上，组织学习，进行考察，最后对他们大多数人分配以适当的工作。今后，这些人员要切实加强组织管理，做好迫切需要解决的困难问题，以利于对他们的改造。把他们改造好了，是党的政策的成功，是我们的胜利。

宁夏回族自治区党委

1961 年 9 月 20 日

附：

关于分配在银川、中卫两地
文教系统上海来宁人员下放改造情况的报告（节选）

党委：

1958 年 10 月间，我区接收了来自上海的一批文教工作者，分配在银川、中卫两县共 318 名。截至今年 5 月统计，已陆续分配工作的 174 名，占 55.2%；继续劳动的 108 名，占 33.9%；中途逃跑 8 名，死亡 12 名，劳教 7 名，法办 9 名，共计 36 名，共占 10.9%。

两个县、市目前对这批人员的管理上存在的主要问题是：（一）很少进行政治思想教育，只强调劳动改造，很少进行思想教育；（二）对这些人的处理一般偏重；（三）对他们生活关心也不够。同时，对一些死亡者家属的生活困难也照顾不够，从而增长了他们的不安情绪。

针对存在的问题，我们提出如下几点意见。

一、明确规定：这些人中的右派分子由各级党委统战部门负责管理；其他人员由各级文教行政部门负责管理。在处理中，要严肃慎重，实事求是。今后对这些人员的安排和处理情况，应及时报送区党委统战部和宣传部，并抄送文教党组。

二、改变改造教育方式。从目前情况看，仅靠单独劳动也不能达到改造教育的目的，加上农村干

部水平低，教育方式简单，就会增加他们对改造的抵触情绪。因此，建议各地将这批人员从农村中调回来，集中县上。第一，由负责干部向他们进行国内外形势、党的政策和思想改造等方面的教育；同时组织他们学习文件，进行座谈、讨论，提高认知，推动他们进行自我改造。第二，召开座谈会，征求他们的意见和要求，然后，分别（根据）情况，给他们分配工作。

三、应该注意他们的生活。对他们回家探亲和路费补助也要认真解决，按国家规定办理。同时，要注意安排他们有适当的学习时间，解决报纸书籍等问题，从各方面加强他们的思想改造。

四、对他们的家庭问题，也要妥善安置和解决他们的实际困难问题。这些人员的家属，应给予必要的关心和照顾。对有劳动能力或工作能力的，应安置适当的工作；对死亡者的家属，更加加以照顾，有劳动能力的应组织他们参加劳动，生活有困难的应按规定发给抚恤金。

各县、市对这批人员要确定专人负责管理，克服以往无人负责的现象，对他们要讲清政策，交代任务，使他们能够经常了解、检查和研究这方面的问题，认真把工作做好。

以上意见妥否，请批示。

文教厅党组

1961 年 9 月 7 日

（宁夏档案馆：J057-001-0252-0140）

7.《宁夏回族自治区党委关于转发灵武、吴忠、青铜峡三县（市）上海文教大队来宁人员的情况报告》（节选）

各地、市、县委，自治区一级各党组、党委：

区党委同意文教厅党组《关于灵武、吴忠、青

铜峡三县（市）上海文教大队来宁人员的情况的报告》，现转发给你们参考执行。

各县、市委应责成有关部门，对上海文教大队来宁人员的安排使用情况，认真地进行一次检查，并将情况报告区党委。

宁夏回族自治区党委
1962 年 12 月 27 日

附：

文教厅党组《关于灵武、吴忠、青铜峡三县（市）上海文教大队来宁人员的情况报告》（节选）

自治区党委：

最近，我们了解了灵武、吴忠、青铜峡的原"上海文教大队"人员的情况，存在着一些问题，现在报告如下。

上海文教大队 1958 年 10 月来自治区后，先后分配给灵武、吴忠、青铜峡三县（市）共 193 名。目前，这批人除有 42 名情况尚未查明外，已知精减回原籍的 28 名，自动离职返回原籍的 15 名，调回南方工作的 3 名，死亡 9 名（其中非正常死亡 1 名）。现在还留在当地安排工作的 86 名，仍在劳动的 10 名。这些人中不少人决心要离开宁夏，主要有以下几方面的原因。

一、参加劳动的时间过长，大部分人来自治区后，先后做过基建工、农工、修公路、挖西干渠等，劳动了二三年。

二、有些人工作安排不当，有些人虽安置了工作，但有的单位却认为他们不是好人，看作是包袱。有的人在上海是中学教师或负责学校领导工作的，但是，我们分配他们做了小学教师或业余教师。

三、略。

四、一部分人生活困难。有的人以每月四五十元的工资养活五六口人；有的人因为生病，回上海探亲负债过多。

针对上述问题，我们提出如下意见：

一、各市、县委应责成有关部门，对原"上海文教大队"人员的安排使用情况，认真进行一次检查，工作安排不当的，要尽可能地给以调整。

二、对这部分人员一般不应列为精减对象。对已经精减回乡的人要加以复查。凡不符合精减条件，本人又愿意回来的，可以回来重新安置工作。

三、应按中央和区党委的有关指示，凡是原来的处理完全错了的，坚决改正过来。在甄别时，要严格按照规定的组织审批手续办事，凡是没有按规定的手续办事的，一律改正过来。

四、对低工资的干部、职工或因病和回家探亲负债过重，家庭生活困难的，可从职工福利费中给予适当的补助。子女上学有困难的，教育行政部门和学校应设法帮助解决，在评定学生助学金时，在国家规定的范围内，可适当照顾。

文教厅党组
1962 年 12 月
（宁夏档案馆：J108-002-0082-0081）

8.《关于 1965 年招收应届高中毕业生培训小学教师的分配使用意见的报告》（节选）

区人事局：

今年我区教育事业有了较大的发展，教师严重不足，为了补充教师队伍，我们除就地取材，解决了一批耕读教师外，经区党委批准，在河南及本区共招收了应届高中毕业生 265 名（河南 224 名，本区 41 名），经过短期培训，已于 12 月上旬做了分配。

上述人员，绝大部分分配为小学教师，少数为农中教师，还从中挑选了41名，拟培训为中学政治辅导员（占中学政治教师编制）。

还有少数人，因身体原因，不宜作教师，已分配做其他工作。

工资待遇：根据规定，试用期为1年，工资31元。试用期满进行定级。

上述意见，如无不妥，请区人事局按附表分配数字通知各地。

宁夏回族自治区文教厅

1965年12月22日

（宁夏档案馆：J076-001-0170-0040）

9.《关于上海铁道医学院搬迁问题的请示报告》（节选）

自治区党委：

根据中央1971年全国教育工作会议关于"上海铁道医学院与宁夏大学医学系合建为宁夏医学院"的决定精神。1971年12月8日，自治区革委会组织4人工作组赴上海了解和联系上铁医搬迁问题。1月18日，我们又召开了由卫生局、文教局、民政厅、新医学校等有关单位参加的会议，听取了赴沪工作组的汇报，并对一些问题进行了研究。现报告如下。

上海铁道医学院原是铁道部1951年在上海成立的一个卫生学校，1958年改为医学院，并将上海铁路职工医院划为该院的附属医院。1966年北京铁道医学院撤销，又将一部分教职工及全部教学设备、仪器充实该院。

目前，上海铁道医学院实有人数356名，其中教师203名（内有教授4名，讲师46名，助教125名，技术员28名），行政干部106名（内有局级2名，处级12名，科级26名，股级15名，工程师1名，一般干部50名），勤杂工人47名。男227名，女129名。党员96名，团员26名。

该院设备比较齐全，且较近现代化，例如有图书9万余册，学员铁床700多张，显微镜400台，教学用尸体165具，还有同位素教学仪，全部搬迁需80~100个火车皮运输。

交通部、上海市委、上海铁路局对上铁医学院搬迁宁夏都很重视，要大力支持。根据全国教育工作会议决定。经会议商定，属于附属医院的不搬，并确定3条原则：（1）医学院所有人员原则上均应随院迁宁；（2）医学院一切设备、用具全部搬迁；（3）原在附属医院工作的临床教师要以迁宁为主、双方兼顾的精神办理。同时，上海文教组负责同志亲自给驻医学院工、军宣队交待，这次搬迁要做到教育好、动员好、搬迁好，要认真负责到底。

上铁医学院绝大多数同志听到迁宁消息后精神振奋。认为这是毛主席和党中央对他们的信任，是党中央的决定，是上海市一千万人民对他们的委托。表示坚决响应党的号召，支援边疆，建设边疆，建设好我们伟大的社会主义祖国。决不辜负毛主席、党中央和上海市委、上海一千万人民的期望，在宁夏工作组未去之前，很多教职员工都在询问宁夏来人接没有，平时注意收听宁夏广播，看报纸关心宁夏社会主义革命和社会主义建设的消息。有的说："我们虽没有走，我们的思想早已到宁夏了。"目前，全院从领导到群众都在积极进行搬迁准备工作，如修理学校仪器，筹办须增添的设备等，但也有极少数同志思想一时转不过来，怕宁夏风沙大，生活艰苦，不愿离开大城市，需要进一步做好思想工作。

根据工作组汇报，经会议研究，对上铁医学院搬迁宁夏存在的一些问题，提出如下处理意见。

一、迁宁人员的条件问题

1.有些教职员工本人及配偶在政治上不符合迁

宁条件（此类人员数量不多）。我们意见对于有严重政治历史问题的人员，尽量与上海市协商，建议最好不来，但也要顾全大局，两手准备，做好接收的准备。

2. 现有符合退职退休条件的23人，有严重器质性疾病的20人，长期请病假不能担任教学工作的17人，有特殊情况的3人，共63人。我们意见：符合退休条件的应就地处理，有严重器质性疾病的尽量协商在上海就地安排，不来或少来，有特殊情况的可以适当照顾。

3. 编制在医学院、实际长期在附属医院工作的临床教师共有65人，如果这类人员全部迁宁，附属医院有几个主要科（如内科、外科、同位素）就没有骨干，他们要求双方兼顾。我们意见，对这一部分临床教师，要本着以迁宁为主，双方兼顾的精神，争取多来。

二、关于家属搬迁问题

医学院有双职工25对。没有工作的家属40余户，要求同迁。其余家属在外单位、外省区工作的，也要求同迁，并请宁夏给予安排。还有一部分上山下乡知识青年，要求迁入一个省区。我们意见，家属问题按国务院1971年52号文件精神办理，双职工先来，其余分批分期地来。

三、关于建立附属医院问题

该院全体教职员工，一致要求建立附属医院。他们认为，没有医院就等于工厂没有车间。认为有教学人员，没有实习场地，临床医生就没有工作地方，时间长了，技术废了，教学质量就会下降。这个问题请自治区党委决定。

四、关于医学院住房问题

这是当前急需解决的问题，具体意见，将原自治区卫校校舍全部划给医学院，现新医学校搬到新市区重建校舍。在现有医学系基础上，将教学楼侧楼在今年内建起来，再建一座宿舍楼。原卫校房屋

倒塌的要翻修，破旧的要维修。水源不足，再打一眼井。医学院、新医学校建设经费给120万元，不足部分明年再考虑。

五、关于医学院搬迁时间问题

少数急需人员及物资可在春节后迁来，大批人员待取暖期结束后，房子基本可以安排时，分批分期搬迁。

六、关于医学院领导班子问题

现已有筹建小组。上铁医学院党的核心小组组长、军代表张可光政委建议，可吸收原教务处处长曹佑安、核心小组成员赵恩两同志共同参加筹建，我们同意军代表的建议。这次医学院搬迁宁夏工作，以自治区卫生局、医学院为主做好搬迁工作，干部部门对干部进行了解审查，并考虑以后整个医学院领导班子问题。

以上意见妥否，请批示。

自治区革委会政治部　生产指挥部
1972年1月31日
（宁夏档案馆：J114-001-0030-0026）

10.《关于上海铁道医学院迁宁问题的请示报告》（节选）

自治区党委：

最近，我们对上海铁道医学院迁银同宁大医学系合建宁夏医学院的筹建工作，进行了检查和研究。据上海铁道医学院同志的反映，影响搬迁工作顺利进行的，主要有两个问题，一是关于上海铁道医学院搬迁的性质，以及对一些人员的安排处理原则，缺乏统一的口径和明确的规定。二是关于宁夏医学院的规模，一直缺乏明确决定。为了解决这些问题，加速搬迁工作，我们于5月上旬召集自治区卫生局、文教局和宁夏医学院的负责同志，同上海市教育局

和上海铁道医学院来银川的负责同志，共同就上述问题作了进一步研究。现根据大家商谈的结果，作如下请示报告。

一、关于上海铁道医学院搬迁的性质问题

根据全国教育工作会议有关高等医药院校调整的指示精神："北京、上海、江苏、广东、湖北等省、市，可采取院校内迁、抽调部分教师和设备或增加专家等方式，加强对西北、边疆、三线建设基地的支援"，结合宁夏地处边疆的战略地位，上海铁道医学院迁宁，实质上是支援边疆性质的搬迁。我们觉得这样提法，同上级指示精神和实际情况是相符的，有利于搬迁的思想动员工作。上海铁道医学院在动员搬迁的实践中，对搬迁性质迫切需要有个统一的提法。上述意见是否妥当，请领导考虑。

二、关于老病残及其他人员的安排问题

对老病残及其他特殊情况不适宜随迁的人员，大家认为，应按照党的政策，结合上海和宁夏两方面的实际情况，本着有利于工作的原则，分别进行妥善安排和处理。

1. 凡符合退休条件的科以下干部（包括一般教学人员）和工勤人员，在沪办理退休手续为宜。原处级以上干部、高级知识分子和统战对象，确实丧失工作能力，本人又不愿来宁夏的，可否由上海酌情安排。

2. 对本人患有严重器质性病变，确实不适应宁夏高原地区工作，又不符合退休条件的；配偶或父母长期患病卧床不起，确需本人留沪照顾的，以及一等残废军人无他人照料的，能否留沪另行安排。

长期有病不能工作，又不符合退休条件的教职工，可否继续留沪治病，待搬迁工作基本结束后，再根据不同情况，具体协商解决。其工资关系待将来具体安排落实后，再分别办理。

3. 有政治问题尚未查清的人员，在搬迁前由上海铁道医学院把问题审查清楚，得出结论后随迁。定为敌我矛盾的人员和特嫌分子，是否随校迁宁，请上海市酌情决定。

三、关于迁宁教职工家属及子女的安排问题

1. 配偶在沪无工作的，原则上动员随迁。有工作的，经与有关单位协商同意，分别分批调往银川。

配偶不在上海的，可同有关省、市、区商调，逐步解决。

配偶系驻沪现役军人，根据中央军委有关规定，凡属照顾范围的，留沪另行安排工作。非驻沪的现役军人，可照顾到驻军所在地区。如部队驻地不能安排，随校外迁，以后逐步解决。

2. 对上山下乡（包括插队、军垦、农场）子女中，如本人要求和需要随迁，经有关地区和单位同意，可随迁来宁，根据不同情况，由宁夏安排。

属于全家搬迁人员的子女，包括待分配和应届毕业生，可将其关系转到宁夏安排。

已在上海和其他地区工矿企事业单位工作的子女，经与有关地区协商同意，也可随迁来宁安排工作。

随迁家属、子女中，原属集体所有制的，一般在集体所有制单位安置。

四、关于搬迁初步计划

1972 年中央和自治区已给宁夏医学院安排了90 万元基本建设任务，新建 1 座教学楼和 3 座宿舍楼，现已开工。原有的一部分房屋已重新维修。根据宁夏医学院工程进展的情况和上海方面的搬迁准备工作，首批人员可在 7 月份来宁。物资分期分批全部搬运银川。争取在今年年底将人员、物资基本上搬完。

五、关于宁夏医学院的办学方针、发展规模、专业设置、附属医院等问题，已有区卫生局、文教局党的核心小组写了请示报告，请区党委一并讨论审批。

以上报告意见是否妥当，请予批示。

宁夏回族自治区革命委员会政治部党的核心小组

1972 年 5 月 24 日

（宁夏档案馆：J057-001-0544-0013）

11.《关于上海铁道医学院调入我区职工人数划拨指标的通知》（节选）

区卫生局：

你局由上海铁道医学院调入宁夏医学院职工 28 名，月工资额 3013 元。根据规定，在你局 1973 年计划年末职工人数 1114 人和工资总额 90.68 万元的基础上，另划拨职工指标 28 名，工资总额 9039 元。年末计划职工人数为 1142 人，工资总额 91.58 万元。

宁夏回族自治区计划委员会劳动局

1973 年 12 月 5 日

（宁夏档案馆：J110-002-0294-0195）

12.《宁夏回族自治区革委会和上海革委会关于恢复上海铁道医学院的商谈记录》（节选）

出席：宁夏回族自治区革委会副主任夏似萍，宁夏医学院副院长张汉文，自治区文教办公室范坚，自治区卫生局徐德涛以及自治区党委组织部苓作坚等同志。

上海市革委会副主任、教育卫生办公室主任杨恺，教卫办副主任马林正以及陶民、王春颖同志。

议题：妥善处理上海铁道医学院的遗留问题。

时间：1979 年 2 月 12 日到 3 月 10 日在上海进行 5 次商谈。

有关部分摘录如下。

（一）2 月 12 日下午锦江饭店 915 室

上海意见：根据这几年动员工作的实践，以及在沪的 55 人的实际困难，同意铁道部意见，以恢复上铁医为妥。

宁夏意见：恢复上铁医问题，需要向自治区党委请示。

（二）2 月 21 日下午锦江饭店 915 室

宁夏意见：尊重上海的意见，同意恢复上铁医，但考虑到 55 人不去，已去的 84 人又要回来，宁医教学有困难，请上海采取其他办法继续支援宁夏。

上海意见：对宁医的支援，可在上铁医恢复后，与宁医协作挂钩。84 人可分期分批回上海。上海的 55 人中，可派少量教师，采取轮换办法支援，具体需与铁道部商定。

（三）3 月 6 日上午锦江饭店 915 室

宁夏回族自治区文教办范坚同志向上海转达自治区党委的意见：自治区党委对恢复上铁医问题的态度是上级怎么定就怎么执行，宁夏顾全大局（夏似萍、张汉文同志已回宁夏汇报工作）。

（四）3 月 20 日下午 3 时，范坚同志回宁夏后电话告诉上海市教卫办。

我回宁后，向区文办汇报，谈了上海的困难，文办很同情，今天上午又向李庶民同志（区革委会副主任、文办主任）汇报，李主任表示五点意见：

1. 宁夏体谅上海困难，同意恢复上铁医；

2. 恢复问题希望尽早定下来；

3. 恢复问题定下后，再研究其他问题，具体问题好商量；

4. 如铁道部和宁夏再派代表到上海协商，李主任准备参加；

5. 55 名安排临时工作不好办，还是把原则问题解决了再说，具体困难个别解决，宁夏也有很多困难，人心浮动，医务人员也要离开宁夏，请上海考虑我们的困难。（一般一人可去半年左右）具体人数、时间由宁夏定，已分配在上海的 57 名，尊重铁道部意见，原则上回上海，个别确实离不开的骨干，则不动。仪器设备的处理，请铁道部与宁夏协商解决，我们也可一起研究。

铁道部意见：几天谈的情况很接近。上海支持我们意见，明年招生这一点定了，84 名都回来，分期分批，时间以 2~3 年为限。人事关系一次交给我们，户口还是一次批准。55 名中，去宁夏少数人的问题，我们尽力做工作，但不作为原则提出，这样，工作好做，效果也好。提法上考虑宁夏的困难，教学力量有个必要的过渡。同时，也理解上海的难处，至于生活、工资、工作问题，先解决 84 名，才好解决 55 名。对已在上海工作的 57 名，上海尊重我们的意见，表示感谢。仪器设备问题，请上海连同人的问题一起和宁夏讲一讲，请他们给我们一个单子，尽量照顾他们。

1979 年 2 月 12 日至 3 月 10 日

（宁夏档案馆：J117-002-0006-0023）

13.《关于上海铁道医学院问题的报告》（节选）

李庶民副主任：

1971 年 7 月全国教育工作会议决定，上海铁道医学院迁宁，与宁夏大学医学系合并成立宁夏医学院。1972 年 5 月自治区党委批准了政治部党的核心小组"关于上海铁道医学院迁宁问题的请示报告"和"自治区卫生局、文教局党的核心小组"关于宁夏医学院的办学方针、规模等问题的请示报告，开始了迁宁、合并工作。上铁医应来宁的教职工 139 名，实际只来了 84 名，至今还有 55 名没有来，经过多次与上海协商，反复动员，却不见成效。

上铁医迁宁八个年头，来宁的 84 名当中，调离、退休、死亡的共计 18 名，长期病假在沪休养的 16 名，现在实际在医学院工作的 50 名。其中行政人员 22 名，基础课教师 9 名，临床课教师 15 名，工勤人员 4 名。其中大多数是夫妻长期两地分居。留在上海的 55 名中绝大多数是业务人员，其中副教授 1 名，讲师 6 名，助教 23 名，临床医师 14 名，技术员 4 名，行政干部 5 名，工勤人员 2 名。这些人从 1975 年起停发工资，只是由上海发生活费，家庭经济困难日益增多，有的接近退休年龄，有的患有疾病。也确实有些困难。

上铁医迁宁，带来一批仪器、标本、图书以及桌凳等，充实了宁夏医学院。

为了解决上铁医迁宁的遗留问题，这几年来宁夏与上海曾作过多次协商，上海提出恢复上铁医，已由教委办公室上报教育部。同时，铁道部也向国务院发了报告。要求恢复上铁医。现教育部派计划司的同志来了解情况，征求宁夏的意见，经我们与教育局、宁夏医学院共同研究，提出以下意见。

1. 上铁医迁来宁夏，对提高宁夏的医疗卫生事业起了很大的作用。来宁夏的同志对改变宁夏医学院的面貌，提高教学水平作了积极的贡献。我区是少数民族地区，文化教育事业比较落后，我们热烈欢迎继续给予支援。

2. 对恢复上铁医的问题，我们照顾大局，服从国务院的决定。如果批准恢复上铁医，必然会给宁夏医学院带来不少的困难，应给予恰当的解决。如：① 为了使宁夏医学院的教学和工作少受影响，来宁人员（包括其家属、了女等）应分期分批地迁回上海；② 上铁医的仪器、标本、图书、桌凳等全部归宁夏医学院，不再搬回上海；③ 上海应继续支援宁夏医学院，所缺的教师，应由上海指定学校承担，同时，为宁夏代培一批教师、研究生，直到宁夏医学院能独立完成教学工作为止。

关于恢复上铁医的具体问题的处理，应在国务院批准前，由教育部主持召开上海、铁道部、卫生部、国家民委和宁夏就有关问题进行具体协商的会议。

以上意见可否，请批示。

自治区文教办

1979 年 10 月 19 日

（宁夏档案馆：J117-002-0006-0023）

14.《关于恢复上海铁道医学院座谈会纪要》（节选）

1980 年 1 月 15 日下午（教育工作会议期间），教育部张健同志、陈有道同志邀请上海市教卫办舒文同志、宁夏回族自治区文教办李华舫同志、铁道部张毅同志和卫生部许文博同志就恢复上海铁道医学院及与宁夏有关的问题进行座谈，协商达成以下一致意见。

一、根据高等医学教育发展的需要，各方面都支持恢复上海铁道医学院，并由教育部报请国务院批准。

二、原上海铁道医学院调到宁夏医学院的教职工，根据自愿原则，凡要求回上海的一律调回上海，凡愿意留在宁夏的一律留在宁夏。

三、为保证宁夏医学院教学工作不致由于调整工作而中断，原上海铁道医学院的部分教师暂时仍需留在宁夏医学院继续教课，时间一般为 1 年，最长不超过两年，名单由宁夏医学院提出。这些暂时留下的教师工作、工资、户口粮食等关系和其他教职工一同转到上海铁道医学院，由上海市一次解决。暂留宁夏医学院教课的教师享受宁夏地区的工资标准，其工资由宁夏医学院负责拨发上海铁道医学院。

四、原来计划调往宁夏医学院而迄今为止未报到的教职工的工资问题，由宁夏将工资关系转给上海铁道医学院，由上海铁道医学院根据党的政策在请示上海市委及铁道部同意后，负责妥善处理。

五、原上海铁道医学院迁往宁夏医学院的图书、仪器设备尽先满足宁夏医学院的需要，其余部分调回上海铁道医学院，上海铁道医学院所缺必要的仪器设备，在购置上由上海优先安排。

六、对于宁夏医学院的挂钩支援问题，（包括培训师资、短期讲学等），由卫生部通盘安排。

上述各条协议经国务院批准恢复上海铁道医学院后贯彻实施。

自治区文教办

1980 年 1 月 15 日

（宁夏档案馆：J117-002-0006-0037）

15.《关于欢送上海铁道医学院支宁人员的报告》（节选）

李庶民副主席和区人民政府：

1972 年上海铁道医学院与宁夏医学院合并，66 人来宁夏支援文教卫生事业，宁夏医学院的教学设备和用品大部分是上铁医支援的。八年来，他们兢兢业业，努力工作，为我区的卫生教育事业作出了一定的贡献。

根据国务院决定：恢复上海铁道医学院。现支宁人员将于 9 月初回沪。这批教职员工（副院长 1 人，副教授 2 人，讲师和主治医师 20 人，处级干部 8 人，助教和医师 10 人），我们建议以自治区人民政府名义在招待所召开座谈会，肯定成绩，征求意见，表示欢送。并请自治区政府副主席出席会议，邀请医学院、卫生局、教育局和有关局、院校领导参加。会议 120 人，茶水、水果招待，会后便餐（共 10 桌）。晚上放一场电影。妥否，请批示。

自治区文教办

1980 年 5 月 20 日

请 束

××同志

兹定于 8 月 27 日下午 3 时在第一招待所大礼堂举行座谈会，欢送上海铁道医学院来宁同志，请届时出席。

宁夏回族自治区人民政府

1980 年 8 月 25 日

（宁夏档案馆：J117-002-0006-0041）

16.《关于我院原上海铁道医学院教职工调回上海的劳动指标的问题的报告》（节选）

区人民政府文教卫生办公室：

1980 年 5 月 6 日教育部（80）教计字 191 号文件《关于同意恢复上海铁道医学院的通知》指出："经国务院批准，同意恢复上海铁道医学院"。据此，原上海铁道医学院调到宁夏医学院的教职工 66 名（已退休和死亡的除外），除 1 名留宁夏，1 名调外省外，其余 64 名已经调回上海工作，目前正在办理调动手续。根据国家有关规定，集体调动须经区劳动局划拨劳动指标。鉴于这批人的调动，属于教育部和铁道部主办，自治区劳动局不了解情况，因此，需请您办为这一情况向自治区劳动局说明并请他们办理劳动指标的划拨手续。

当否，请批示。

宁夏医学院

1980 年 12 月 2 日

（宁夏档案馆：J117-002-0008）

17.《关于上海大力支援宁夏文教事业情况报告》（节选）

根据中共中央〔1979〕52 号文件精神，于 1979 年 10 月下旬，由李华舫、柴英昌同志带领宁夏大学、医学院、农学院、教育局和区文办的有关同志 8 人赴沪，对上海支援我区文教事业问题，进行了具体协商。我们坚持从宁夏实际出发，以支援人才和科学技术为主，物质支援为辅，讲究实效的原则。尽管上海有的单位也有许多困难，仍然尽力给予支援。最后，以两个座谈会纪要的形式，签订了支宁的初步协议书，12 月 7 日《解放日报》和 12 月 11 日《文汇报》分别以"上海动员五十名高中教师支援宁夏"和"上海高校从四个方面支援宁夏"为题发表了消息报道。

同时，与上海卫生局、体委就支援问题，也初步达成了协议。

（一）高等教育方面

上海高等院校协助宁夏高等院校培养师资，接收我区选派 50~53 名教师去沪进修，上海派出 18 名教师来我区讲学或讲课，上海第二医学院儿科系 1981 年在我区招生 10 名，口腔系招生 10 名，第一医学院卫生系在我区招生 5 名，华东师大地理系、生物系各在我区招生 5~10 名，体育学院招生 15~20 名。招生方案要纳入国家统一招生计划，沪、宁双方向教育部、卫生部、国家体委呈报审批。还接收宁夏大学选派 77 级文科学生 6 名赴沪实习，毕业生留宁大补充师资队伍。上海有关院校出版的教材、资料、教育影片、幻灯机、录像带、录音带、标本，校办工厂生产的教学仪器、科研器材等，由校与校之间联系供应。上海教学仪器供应公司，对宁夏优惠供应。

上述支援项目的费用，均按国家统一标准执行。

（二）普通教育方面

1. 上海在职高中教师来宁任教问题，根据自治区教育局和石嘴山市提出的要求，上海首批支宁高中教师 50 名，均到石嘴山市任教，为期 2 年，从 1981 年 2 月开学前到宁，1983 年寒假返沪，不迁户粮关系，只带临时粮油和党、团组织关系。宁夏只发冬衣、行装补助费 120 元和一次探亲费，工资、公费医疗仍由上海照发，我区发生活补贴每月 30 元。

2. 上海中、小学各学年各学科的有教学经验的特级教师，或有管理经验的优秀校长、教导主任利用暑假时间来我区传授经验，办教师讲习班，同我区教师共同研究教材、备课，以协助提高我区中、小学师资质量和教学水平。

（三）体育方面

1. 教练员的进修培训问题。单项短期进修，上海体育学院接收 15 名；专科二年进修，纳入高考招生计划。上海体委答应 1981 年派出田径（中长跑、短跑、标枪、跳高、女子五项全能）和足球、排球、篮球、乒乓球优秀教练各一名来我区一年交流经验、指导专业运动员训练。第一批明年春节后来宁。

2. 参加上海体委组织的体工经验交流会、体育科研活动、报告会等。提供体育科技资料，在上海举办的国际体育比赛、国家体委安排在上海举办的国内邀请赛，我区选派有关项目的教练员前去参观学习。

3. 我区选派少而精的专业运动队赴沪训练或冬训，事先与上海体委联系，上海体委协助安排食宿，并提供训练场地。

4. 上海体委尽力协助宁夏体委购置计划之外需要的体育器材和设备。

（四）上海卫生局与宁夏卫生局建立对口协作关系，除卫生部在上海办班进修，纳入国家统一进修招生计划外，短期专业进修，由两地卫生局直接联系办理。

在上海支宁达成协议后，上海教卫办的负责同志还表示，为了便于更有成效地确定支宁方案，准备组织一个支宁考察小组来宁考察了解我区教育、卫生、体育事业的实际需要进行支援。同时也商定，上海高等院校师生如因教学、科研需要来宁调查、研究、实习，我区也相应给予协助并接待。

为同上海建立长期的协作关系，每年协商一次，确定下一年的支援我区的计划方案。

11 月 23 日李华舫同志带领文办、医学院，教育学院的同志由上海到浙江，并安排参观浙江医科大学和教育学院，经过协商达成下列协议。

（一）省教育厅和教育学院确定 1981 年暑假开始派有教学经验的中、小学骨干教师来宁交流教学经验，协助研究教材、备课、传授教学法等活动。

（二）因我区各师范学校无力举办幼儿师范班，我们向浙江提出协助开设幼师专业问题。曾向省教办副主任金钟儒同志、教育厅厅长肖文等同志提出三个方案。

（1）浙江幼儿师范 1981 年在宁夏招生 10~20 名，为我区培养学前教育人才；（2）派教师来我区开设幼儿专业班；（3）选派人员到该校进修。

（三）浙江体委根据宁夏体委的要求也可派教练来宁培训指导或专项运动队赴杭州冬训，均表示尽力支援。

对上海支宁的协商情况，我们还向教育部作了汇报。在全国教育工作座谈会期间，教育部召开了有关省、市、区的会议。会上，北京介绍了支援内蒙古的经验。上海的同志也汇报了宁夏代表到上海协商的情况，教育部表示给予支持。

1980 年 12 月 30 日

（宁夏档案馆：J117-002-0008-0167）

18.《李庶民在欢送上海铁道医学院来宁人员座谈会上的讲话》（节选）

同志们：

经国务院批准，恢复上海铁道医学院，在我区医学院工作的原上海铁道医学院的同志们，也即将离宁返沪。在今天这样热烈而有惜别之情的欢送会上，我代表宁夏回族自治区人民政府，向上海铁道医学院来宁的同志们表示热烈的欢送，对你们为我区医学教育、医疗卫生事业及医学科学的发展所付出的辛勤劳动和做出的贡献表示深切的感谢！

1972 年年底，上海铁道医学院的同志们克服了重重困难，来到了地处边疆的宁夏，参加了我区的医学教育和医疗卫生工作。在近八年的时间里，你们同我区广大的教育卫生工作者一起，共同迎来了我区医学教育事业和医疗卫生事业发展的春天，共同为落实党的十一届三中全会、四中全会、五中全会的路线方针、政策而努力工作。

八年来，宁夏医学院的面貌发生的重大变化，与你们这些同志辛勤工作是分不开的。在你们 67 位同志中，有 27 位同志分别担任医学院及各处室的行政领导工作，有 33 位同志担负基础和临床教学工作，有 10 位同志还是教研室的主任或副主任。这些同志中，大部分是高年教师和长期从事医学教育、党政或教学行政工作，有较丰富的工

作经验、学术造诣较深的同志。这些同志在自己的工作岗位上能够充分发挥自己的聪明才智。八年来，同志们思想解放、精神振奋，充满了为祖国的四化建设努力工作、多作贡献的信心和力量，以自己的实际行动，为实现宁夏医学院工作重点的转移而任劳任怨、认真负责地工作，发出了自己的光和热。在宁夏医学院的师资力量暂时处于青黄不接的情况下，起到了承上启下的骨干作用。保证了教学、医疗、科研工作的顺利发展。例如，医学院生理教师、教研室主任、讲师詹闲学同志，在八年的时间里，克服了爱人在上海长期患病无人照顾，孩子带在身边，家务无人照料等种种困难，不计得失，一心一意扑在教学和科研工作上，不仅很好地完成了本身所承担的教学任务，而且与教研室其他同志共同努力，使生理教研室成为我区的先进单位。同时，詹闲学同志还协助李楚芬同志很好地完成了"电生理综合记录仪"重要的科研项目，取得了可喜的成绩。附属医院内科副主任李素同志，也是一个有丰富临床及临床教学经验的教师，她对工作兢兢业业，任劳任怨，工作态度扎实，平易近人，受到同志们的好评。

宁夏医学院的科研工作八年来取得了可喜的成绩，有力地促进了我区医学科学的发展，做出了一定的贡献。在各项科研工作中，上海铁道医学院的这些同志们也起到了骨干作用。从已经上报中央和自治区的 40 项科研成果来看，有 4 项是上海铁道医学院来宁工作的一些同志主持或单独完成的，其中姜殿甫同志的《大网膜动脉分布及临床意义》的科研成果具有国际水平，已受到国际解剖学界的充分重视，受到好评。上海铁道医学院和宁夏医学院的同志共同研究的成果，还有 9 项，其中 8 项具有国内先进水平。在宁夏医学院培养研究生的工作中，上海铁道医学院的同志们直接主持或参加了 9 个研究生指导小组和 15 名

研究生的培养指导工作。这些成果的取得，与上海铁道医学院来宁同志们的努力是分不开的，在学术研究、学术交流方面起到了积极的促进作用。不仅为宁夏医学院，而且为我区医学教育的进一步发展打下了良好的基础。在上海铁道医学院来宁工作的同志中，有7位工人同志，他们在医学院的各项工作中是无名英雄，他们在基建、维修、炊事等各项工作中，用自己辛勤的劳动，保证了教学、医疗科研工作的顺利进行。

八年来，上海铁道医学院来宁工作的各位同志，本身也发生了可喜的变化。随着你们自己的刻苦努力，无论在教学经验、医疗和科研水平上，都有不同程度的提高。在你们67位同志中，有2人晋升为副教授，6人晋升为讲师，9人恢复了讲师职称，2人晋升为主治医师，7位同志提升为处一级领导干部。有2位同志光荣地加入了中国共产党。这些不仅是你们个人的荣誉，也不仅是医学院的荣誉，更是我们自治区的荣誉，我们为你们的进步感到欣慰，同时对你们的离宁返沪有依依不舍之情。

自治区的医学教育和医疗卫生事业是党的事业、人民的事业，党和人民也不允许我们去计较一省一区的局部利益。自治区党委和政府、自治区的人民在欢送你们返沪的时候，衷心地希望你们回到家乡后，以更高的热情和干劲，积极投入到上海铁道医学院的恢复建设中去，以更高的热情和干劲为上海铁道医学院的教学、医疗、科研等各项工作作出更大的贡献，为祖国四化事业培养更多更好的医学科学人才。

李庶民

1981年8月26日

（宁夏档案馆：J117-002-0006-0049，共19页）

19.《关于浙江支宁教师在我区工作情况的汇报》（节选）

学智同志：

最近，我们派人到灵武、青铜峡、石炭井等地的5所中学，看望了浙江支宁教师，检查了浙江省教育厅与宁夏教育厅协议的执行情况，现汇报如下。

一、1984年6月，应我区邀请，浙江省从杭州、温州、宁波、绍兴、嘉兴、湖州、金华等七市选派中学教师30名支援宁夏。这批教师，于去年8月抵达我区。此后，又经自治区经济协作办公室联系，金华市教育局又支援我区石炭井矿务局中学教师10名。目前在我区工作的浙江教师共39名，另一人因病提前返回杭州。

二、浙江教师来宁后，受到区、地、县各级领导及有关部门的热情欢迎和接待，地、县及有关部门的领导同志曾多次专程看望过他们。在生活上，各县（校）都尽最大努力给予了照顾。支宁教师每人都有单独住房，室内设施都是新的。为了照顾他们的生活习惯，灵武回民中学专门办了汉民灶。

聘请这批教师时，浙江、宁夏两省区教育部门签订了协议书。协议中规定的教师所有待遇都已落实。在协议之外，最近又给浙江支宁教师补发了浙江和宁夏的地区工资差额；灵武给所有支宁教师浮动了一至二级工资，按每人每月5元的标准发了书报费；青铜峡、石炭井矿务局、农学院附中也按我区有关规定给支宁教师发放了浮动工资和书报费，奖金、粮副补贴等也按我区教师标准全部发给了本人。据计算浙江支宁教师除原校基本工资照发外，在宁夏的生活补助，每月最低64元，最高的90余元。加上每年两次探亲费用，各县给每一位支宁教师平均花费2000元左右。

各级领导十分关心支宁教师政治上的进步，灵武县委任命娄金标同志为灵武回民中学副校长，支宁教师中有 10 人写了入党申请书，石炭井矿务局一中已将两名支宁教师列为发展对象，并向他们原在学校发了函，征询意见。

三、浙江领导的委托，宁夏各级领导的关怀，当地师生的支持，使浙江支宁教师受到了很大的鼓舞，使他们克服气候、生活上不适宜等困难，做了大量工作，取得了一定的成绩。很多同志主动提出不要把他们当客人对待，要求多安排课挑重担。上学期期末，浙江支宁教师领队娄金标同志被评为灵武县教育先代会代表，兰苍梧等 3 名同志被评为学校的先进教师。目前，大多数同志都努力工作，认真支教。

四、由于我们工作做得不够，基层同志缺乏经验，在做支宁教师工作中，也出现一些问题，如对少数支宁教师提出协议以外过高的要求做解释工作不及时，使他们产生了急躁情绪，不安心现学校的工作，想到待遇更优厚的学校工作。极个别同志和所在学校领导、教师的关系处得不太融洽等。对此我们将通过各级教育部门的同志对他们多做工作，尽可能满足其合理要求，以便更好地搞好教学工作。

宁夏回族自治区教育厅

1985 年 6 月 17 日

（宁夏档案馆：J121-002-0301-0098）

20.《关于自治区政协六届一次会议第 214 号提案的答复：做好 1958 年上海来宁的文教大队人员的善后工作》（节选）

杨师邃、曹寒轩、胡云飞委员：

你们提出的关于建议做好 1958 年上海市来宁文教大队人员的善后工作案收悉，现答复如下。

1958 年自治区成立时，上海市组成了 506 人的文教大队前来支援宁夏的文教事业。作为上海市首批支宁的教师，原文教大队的同志在艰苦的条件下，默默奉献，辛勤耕耘，他们是宁夏教师队伍的组成部分，为宁夏教育事业的发展做出了重要的贡献，有的至今仍在教育岗位上教书育人。对此，宁夏人民是不会忘记的。

根据我区有关规定，来宁工作 30 年以上的外地支宁干部，包括上海支宁教师的子女在外地上大学者，毕业后申请留在父母原籍或内地工作，可以不回宁夏。原上海文教大队的同志如有此类问题，可与自治区大学生分配办公室联系。

我厅拟于明年适当时候，组织部分上海支宁教师（包括文教大队的成员）赴上海考察访问，所需费用可由原所在单位承担，对原支教大队的同志在生活方面存在的具体问题，如反映到我厅，凡我厅能够解决的，我们将尽力解决。需由其他部门解决的，我们将积极向有关部门反映。

宁夏回族自治区教育厅

1993 年 10 月 28 日

（宁夏档案馆：J121-002-0697-0166）

三、支援宁夏的新闻、文化工作者档案摘录

1.《中共宁夏工委宣传部向中央宣传部请督促广播事业管理局给宁夏配备领导干部和编采人员的报告》（节选）

中共中央宣传部：

宁夏人民广播电台已于 1958 年 10 月恢复，10 月 1 日试播，10 月 15 日正式播音。请督促广播事业管理局给宁夏回族自治区配备的领导干部和编采人员火速来银川。另人民日报调给宁夏日报沈石等同志必须督促速来。

中共宁夏工委宣传部

1958 年 8 月 27 日

（宁夏档案馆：J059-002-0003-0090）

2.《关于中国京剧院四团下放宁夏后命名问题的报告》（节选）

工委书记处各书记：

中国京剧四团调来我区，将于本月 23 日到达银川市，该团来我区后，我们意见拟命名为"宁夏回族自治区京剧院"，简称"宁夏京剧院"。妥否，请批示。

文教处党组

1958 年 9 月 16 日

（宁夏档案馆：J108-001-0001-0056）

3.《关于成立宁夏杂技魔术团的报告》（节选）

工委宣传部并转书记处：

我们研究拟将由中央杂技团调来的杂技演员和由天津调来的杂技魔术演员合编为"宁夏回族自治区杂技魔术团"，简称"宁夏杂技魔术团"，并拟将原天津民族文化艺术宫俱乐部主任傅建民派任代理团长，原天津魔术杂技团团长徐剑秋派为副团长。可否，请批示。

文教处党组

1958 年 9 月 19 日

（宁夏档案馆：J108-001-0001-0051）

4.《宁夏回族自治区文教厅 1961 年 6 月末全部职工人数》（节选）

1961 年 6 月末，文教厅各单位职工总数 1306 名，其中外省区的共计 901 名，占比达 68.99%。（详见表 10《宁夏回族自治区文教厅 1961 年 6 月末全部职工人数统计》）

宁夏回族自治区文教厅

1961 年 6 月

（宁夏档案馆：J108-001-0041-0017）

5.《宁夏日报印刷厂 1958—1961 年六月增加人数》（节选）

宁夏日报印刷厂统计 1958 年至 1961 年 6 月增加人数，现有人数 424 名，支宁职工共计 48 名，其中，国家分配的 17 名，上海 13 名，天津 18 名。外省自流来的 130 名，外省共计 178 名，占增加人数的 74.48%。

1961 年 7 月 26 日

（宁夏档案馆：J126-001-0036-0019）

6.《宁夏回族自治区文教厅关于我区现有剧团数和人数的报告》（节选）

中央文化部：

你部 2 月 22 日电悉：现将我区剧团数、人数和全区剧团名单报上，关于精减的团数和人数正在研究，待确定后即报。

附：统计表一份

剧团所在地	剧团名称	剧团数/个	剧团人数/人	备注
自治区	京剧团	1	238	包括学员队专职教员、学员115人
	文工团	1	185	
	越剧团	1	62	
	秦腔剧团	1	182	包括学员队专职教员、学员70人
银川市	杂技团	1	61	
	曲艺队	1	18	
平罗县	秦腔剧团	1	62	
青铜峡市	秦腔剧团	1	58	
吴忠市	秦腔剧团	1	71	
固原专属	秦腔剧团	1	62	
中卫县	秦腔剧团	1	74	
合计		11	1 073	

宁夏回族自治区文教厅

1962 年 3 月 6 日

（宁夏档案馆：J108-001-0056-0040）

7.《关于建立宁夏京剧团和青年京剧团的请示报告》（节选）

自治区革委会：

根据区革委会宁发〔1979〕192 号文件，原石嘴山市京剧团已于 10 月 1 日正式与区京剧团合并，现有人数 280 名（原石嘴山市京剧团 102 名，原区京剧团 178 名）。

为了有利于京剧的表演艺术的发展，拟将现区京剧团分别建成"宁夏回族自治区京剧团""宁夏回族自治区青年京剧团"，隶属我局领导。

宁夏京剧团应努力发掘、继承京剧艺术价值，发展不同的艺术流派，以老、中年演员为主，编制 145 名。

宁夏青年京剧团应在努力继承发展京剧表演艺术的基础上，积极排演创作或移植的新剧目，认真探索表现近代和现代生活的艺术表演经验，

大胆地进行艺术革新，通过不断的艺术实践，尽快地造就和培养艺术人才，以中、青年为主，编制 135 名。

分别建团后，都要在思想上、作风上和艺术创作上加强领导，在四化建设中发挥其应有的作用。

以上妥否，请批示。

宁夏回族自治区文化局

1979 年 11 月 2 日

（宁夏档案馆：J108-002-0247-0087，共 2 页）

8.《关于宁夏戏剧训练班毕业生和宁夏京剧团宁夏秦剧院随团学员学历问题的报告》（节选）

自治区教育厅：

关于宁夏戏剧训练班毕业生和宁夏京剧团、银川秦腔剧院于 1958 年自治区成立前夕，在北京和宁夏招收一批随团学员的历史问题，经我厅调查，现汇报如下。

一、1960 年为培养我区戏剧专业人才，经自治区人民政府同意，成立宁夏回族自治区艺术学校，并纳入 1960 年全区暑期统一招生。同年 7 月 10 日《宁夏日报》以"宁夏回族自治区艺术学校筹委会"署名，刊登了"宁夏回族自治区艺术学校暑期招生简章"，就该校学员的招考条件、培养目标、所设专业、修业年限、待遇等问题做了明确的规定。其中京剧班、秦腔班学制为 6 年。招生结果：京剧班录取 55 名，秦腔班录取 29 名。后因宁夏艺术学校没有正式建立，改由区京剧团、区秦腔剧团随团学习培养。由原文教厅拨专款，两团供给膳宿并发给少量日用津贴。1965 年实行戏剧改革，为适应演现代戏的需要，又将京、秦两班学员合并成立"宁夏戏剧训练班"学演现代戏。本应 1966 年 9 月毕业分配，由于"文革"开始，机构瘫痪，延期到 1968 年

7月由自治区大、中专毕业生分配办公室正式分配到区京剧团、区秦腔剧团、石嘴山京剧团、银川市秦腔剧团工作。

二、1958年宁夏回族自治区成立前夕，有关部门决定，将中国京剧院第四团调至宁夏，成立宁夏京剧团。为给该团培养一批青年演员，同年8月经中共宁夏工委批准，委托宁夏京剧团在北京招收一批高、初中毕业生为随团学员。《北京日报》8月30日刊登了招考广告，经考核，录取了46名学员随该团一并赴宁。经过近4年的学习，于1962年4月毕业，该团举行了隆重的毕业典礼后，随即分配到本团工作，但学历问题没有明确。

三、1958年宁夏回族自治区成立前夕，为培养本区秦腔演员，经中共宁夏工委批准，由宁夏回族自治区筹委会文教处负责招收一批秦腔、郿鄠、碗碗腔演员送西安学习。并在1958年8月22日《宁夏日报》刊登了"宁夏回族自治区在西北五省（自治区）戏曲学校训练秦腔、郿鄠、碗碗腔演员招生简章"。就招生对象、培养目标、修业年限、生活待遇等问题做了详细说明。经过考核，录取了30名秦腔班学员。经过4年学习，于1962年4月毕业（毕业时只有17人），分配到秦腔剧院一、二团工作。但学历问题没有明确。

宁夏回族自治区文化厅

1984年11月27日

（宁夏档案馆：J108-002-0398-0010，共4页）

9.《关于召开支宁四十年和从事文化工作三十年以上人员表彰会的通知》

区直各单位：

定于1998年9月9日（星期三），上午9时整，在银川剧院召开文化厅系统支宁40年和从事文化工作30年以上工作人员表彰会。请厅系统全体职工届时参加。

附：表彰名单

表彰名单

图书馆

支宁40年在职人员：高树榆

离休人员：闫凤生、谢梦熊、刘晓光、邓叶春、马腾国

退休人员：刘陟、常莲花、金幼筠、何淑华、丁学玲、王羑一、王文珍、杨桂兰、李福球、刘常有、黄立、徐引弟

从事文化工作30年以上在职人员：白放良、杜彦良、王芝儒、李素芳、赵笙

离休人员：沙石、景业、祝文斗、崔振铎

退休人员：刘入士、李允晖、杨文光、李保新、张三祥、蔡兰芳、张佩鸣

考古所

支宁40年在职人员：肖国伟

离休人员：张远增、王伟、王菊芳

从事文化工作30年以上在职人员：李牧可

退休人员：牛达生、董居安

歌舞团

支宁40年在职人员：肖林

离休人员：徐中年、张桂春、刘维云、冀桥、王怀琴、孙琳、赵铁松、刘世祯、陆植林、田益国、陈玉璘、张松林、薛立民、付铁军、罗英、关叔衡、安妮、程光华、代羽、白兆平、石旭青、温有道、王述成

退休人员：汤鸿声、刘国江、张骞、肖运琪、伍心杰、葛秀英、沈叔都、郭渤、罗培尧、杨连理、夏文勋、徐斌豪、王华杰、马宜序、庞建勋、邸四兴、石家余、高同壁、李姗、崔贞姬、高枫、

黄文淼、郑永祥、曹心浦、李玟、吴丹、范西西、李盛华

从事文化工作30年以上在职人员：金燕、赵慧中、杨长安、王晓峰、姜建中、贾宁菊、任勇、赵莉、金瑛瑛、沈林、李静、程丽丽、李爱华、遇景正、关东维、计学孟、于全森、曹学文、高大路

京剧团

支宁40年离休人员：王宪周、张元奎、俞鉴、李荣芳、王和霖、李维坤、高月波、舒茂林、张正武、高韵笙、沈志广、王禾柱、刘元朋、茹少奎、李韵章、苏玉飞、沈宝琴、梁仁华、曹长宝、田文辉、王亚年、年柳英、勒志明、高玉秋、田文玉、李祥玉、陈玉英、邹雪珍、韩云浦、张新生、李业德、张元志、赵文亮、曹明贵、叶盛富、谭喜寿、肖玉华、陈玉贤、钱振义、宋国珍、郁文成、闫宝俊

退休人员：李鸣盛、李荣安、肖维章、王惠生、周绪尧、王志怡、郑明哲、汪野航、于博泉、韩忠杰、陈文良、张学良、李富英、赵桂英、孟秀缓、班世超、刘顺奎、郭金光、马玉河、朱玉安、余庆涛、刘惠然、王永和、赵华、罗玉苓、李步辉、马登云、杨树仁、吴宝林、马金涛

从事文化工作30年以上在职人员：段玉田、马淑娴、李新云、张晓琪、姚善宝、任国庆、王海根、樊春生、李文来、石小元、王小微、李鸣、郭铸、孙连柱、李新安、刘海利、王加铭、姜国权、李守君、华来、李彭珍、姚贵荣、朱明、蔡振乾、谭荣增、段茵、张军、卢长波、于振民、刘海春、马金锁、张立萍、白立明、孙四敏、李健、张立庚、秦刚、吴加义、张正明、王海龙

退休人员：丁杰、李月娥、郭凤英、张异平、田仁强、郭振洪、靳希廉、孙国栋、班增奎、杜秀莲、李红、李培基、刘连伦、曹加会、马连娣、孙伟、石光远、谢滨、孙九伦、梁海生

话剧团

支宁40年在职人员：杨保丰、尤小辛、张秀琴

离休人员：石成玺、杨楠、程敬敏、弋峰

退休人员：唐立玲、魏玉英、王超群、傅杰、杨树兰、武桂全

从事文化工作30年以上在职人员：王志洪、杨树林、王裕文、雷鸣远、陈思聪、冯俊祥

离休人员：郝云飞、王德龙、林明远

退休人员：韦岐琴、陈历友、李再玲、范道茂、刘蓉、聂广才、孙瑞霞、孙宝勇、傅亚楠

展览馆

支宁40年在职人员：夏秀石、闫金山、李书田、王希贵、张瑞民

离休人员：郑国华、马士成、李炜

退休人员：范书田、陈维俭

从事文化工作30年以上在职人员：杨勇健、郭长富、段继昌、白炜、彭大能、郑敬东

离休人员：孟慕颐、刘淑贞、丁冰、吴远度

退休人员：朱其善、杨玉环、马建民、张栋宇、闫祥业、姚启荣、张俊峰、张长永、蔡玉兰

博物馆

支宁40年在职人员：王兴福

离休人员：马文忠、庞三保、朱好仁、王剑波

退休人员：沙娟媛、吴秀兰、王谦、李俊德、余秀英

从事文化工作30年以上在职人员：钟侃、包云、顾胜、王萍、焦含润、王学英、刘建安、魏富珍

退休人员：袁秀琴、方万镒

固原博物馆

支宁40年退休人员：程辅尧、武殿清

从事文化工作30年以上在职人员：王志忠

退休人员：韩孔乐

群众艺术馆

支宁40年在职人员：刘日兴

离休人员：于捷、朱延伟

退休人员：王介孚、娄凤阁、邝允茂、何成秀、白闻钟

从事文化工作30年以上在职人员：尚玉厚、景国孝、王自立、叶作钧、马秀云、庞荣松、张贤玲、芮让、魏宜春、冯炳义、张乃护

离休人员：曹季敏

退休人员：毛锐琴、谈文玉、田伟、石巍岩、张宝贤

书画院

从事文化工作30年以上在职人员：任振江、柴建方、梁永贵

民族艺术研究所

支宁40年离休人员：殷元和、刘同生、冯鹏飞、张永康、田舍、龙雨

退休人员：张孟祥、郑于骥、董敏

从事文化工作30年以上在职人员：何建科、庞玉英

艺术学校

支宁40年离休人员：薛广仁

从事文化工作30年以上在职人员：荆乃立、陈国才、余静、刘复员、赵福荣、王振杰、艾桂兰、郝次武、马超华、吴焕宏、尤良、马聚珍、伊秀芳、杨元生、秦镜

离休人员：李永华、王克菲、王志恒

退休人员：李纯俊、江育姗、潘广才、史昌鲁、王树梅、马玉、刘宗福、黄桂英、沈西兰、裴京子、吴延芳、达国华、刘昆玉、常邦琴、杨齐贤、赵万忠、李君玲、马逸群

文化稽查大队

从事文化工作30年以上在职人员：杨津秋

文化艺术服务中心

支宁40年离休人员：张良焕、张桂枝

退休人员：王素琴、陈月芳、王玉萍、沈慧生、郑孝娥、龚梅琴、夏玉混、朱慧卉、徐振宇、方加伟、许黎瑞、梁益仁、陈慧芳、稽少敏、宋瑛、张金寿、钱益壮、钱鹤峰、丁彩娟、任鸿飞、周爱凤、周塞宝、张玉水、强尔昌、王德芳、邵新源、诸金德

从事文化工作30年以上在职人员：赵江、马云、仓小平

离休人员：牛复奎

红旗剧院

从事文化工作30年以上在职人员：刘惠芳、薛俊东、张衍林、李卫东、刘顺舟

退休人员：海明印、黄秀珍、石冬梅、汤成龙、耿淑华、文淑珍、马秀珍、黄文越、芮玉侠、高丽芳

区电影公司直属单位

支宁40年在职人员：关广义、翁怀迁

离休人员：贺进禄、杨彬、王述曾、杨子生、郝朝瑞、康振元

退休人员：尚同春、于淑英、郭德华、李培玉、刁家璞、王正升、朱国强、许敏玲、刘武杰、贾泽光、拜世勋、杨万琪、王德仁、高有厚

从事文化工作30年以上在职人员：王昆杰、马万珍、陈丁科、安文浦、王永明、张锦霞、高云峰、黄焯永、杨福华、贾浩义、黄铖、唐战胜、吴克金、杨文瑞、李夭祥、季效国、叶永吉、杜岩松、宋纪元、赵添艺、吴国辅、赵军献、栾世义、李俊海、王茂华、闫凤兰、田金章、芦翠兰、张登科、米向东、梁学易

离休人员：张万友、韦文宪、马万银、陈建业、董春华、王荫轩

退休人员：周光钧、牛宗林、谭保真、谭端生、李鸿烈、云林芳、王斌、田秀花、郭慧敏、陈梅三、马秀英、杨培栋、保秀珍、金学良、胡大俊、李元华、王玉英、高范模、戚忠才、张隽义、李巧莲、董自勤、牛爱荣、韦秉文、杨孝、杨洁、张庆森、张进民、樊桂珍

秦腔剧团

支宁 40 年在职人员：王志杰、马桂芬、沙丽生、许九如、王泽民、司存瑞、范中华、肖亚君、陈爱梅

离休人员：丁醒民、杨觉民、赵守中、钱森、李林平、钟新民、黄国璋、伊恩琪、边维华、唐九宁、王明中、余治中、赵玉珍、田兴旺、高顺和、白存成、解迪民、徐文、周治、年秉中、汤立成

退休人员：胡一民、高桂兰、赵友梅、张吉信、李艾华、李培洋、吴永祥、张桂兰、雷文霞、高爱玲、刘戈、于克生、于段贤、王正中、张景云、崔新芳、王金熔、马彩霞、刘惠珍、李亚娣、张文、潘金坤、张英、周素梅、王素梅、赵青山、王振绪、刘玉琴、赵永庆、马清保

从事文化工作 30 年以上在职人员：李成江、胡志国、辛振福、王锡、李生华、杨兰峰、谢付华、胡云霞、郭双胜、徐宁生、徐爱玲、赵吉凤、温淑琴、任德玉、柴岗、马玉山、马学真、杨利华、王桂兰、杨宁保

退休人员：牛淑芬、王新力、张淑贞、王凤英、赵士武、陈启泰、陈效敏、赵福成、唐秀英、王秀珍

银川剧院

支宁 40 年在职人员：刘金昌

从事文化工作 30 年以上在职人员：张德国、程卫东

离休人员：王庆华

退休人员：王成祥、徐佳玲、何村、杜兴明

招待所

从事文化工作 30 年退休人员：金宝珠、王亚珍

宁夏回族自治区文化厅

1998 年 8 月 10 日

（宁夏档案馆：J108-002-1038-0044，共 25 页）

四、支援宁夏的卫生工作者档案摘录

1.《关于志愿军 531 医院转业宁夏工作情况的报告》（节选）

宁夏回族自治区工委在接到中央卫生部确定志愿军 531 医院转业分配我区工作的通知后，召集各有关方面的干部，对于该院分配地区使用、接待欢迎等工作，进行了多次研究。依据我区目前的实际情况确定安置在固原回族自治州。上报工委决定后，由工委卫生组派一个工作小组前往固原县等地欢迎，后又确定在兰州下车，又立即派第二个工作组去兰州，安排住宿、运输、膳食等工作。为了迎接和安置好这个医院的工作，在该院未到以前的半个月，工委责成卫生组和固原回族自治州做了具体的布置与安排，指派由专人负责，并安排了欢迎的具体日程，事先委派出 1 人，负责该医院由兰州到固原途中的膳食及沿途欢迎等事宜。

一、欢迎情况

5 月 5 日该医院与 522 医院同时到达兰州，由兰州人委和兰州军区组织群众代表在车站举行了隆重的欢迎仪式，市委致了欢迎词，由 522 医院吴院长代表回国的全体同志致敬词。工委兰州工作组和卫生组派去的同志负责到兰后的膳宿以及去固原的运输问题，我们接待的医院方面和甘肃卫生厅、兰州军区联合举办了联欢接待，以当地卫生厅和自治区工委邀请军政参加，召集两医院全体同志召开了联欢晚会和干部座谈会，并将甘、宁两地情况及远景规划作了概括的介绍。

531 医院在兰住了 3 天，在此期间内我区工委李书记同该院领导同志座谈了宁夏回族自治区的远景规划，对全体同志鼓励很大，工委卫生组负责同志在银川用电话表示了欢迎与慰问，观看了电影一场向全体同志进行途中慰问。5 月 8 日动身，9 日抵达固原，固原的党政军民近 5000 人在大雨中等了 4

个小时左右，给予了热情的欢迎，在车站上由固原回族自治州州委罗书记代表全州人民致欢迎词，该院张佑才院长又致了答词。原计划应到人员 88 名，其中有军官 31 名，工薪人员 48 名，士兵 9 名（有医务人员 62 名，行政人员 10 名，工人等 16 名）。其中党员占 31.3%，团员占 45.4%。该院实到 73 名，有 15 名未到。根据上级指示"保持该院原有人员基本不动"的精神，调出 10 名非医务人员，补充 15 名医务人员，医院命名为固原回族自治州人民医院。

中共宁夏工委卫生组

1958 年 5 月 24 日

（宁夏档案馆：J110-001-0005-0062，共 9 页）

2.《宁夏回族自治区卫生厅关于接收吉林省支援我区鼠防人员的报告》（节选）

根据中央卫生部 9 月 29 日来电：关于吉林省支援我区 13 名鼠防技术人员的通知，经请示你局，同意由我厅派人审查接收，现将这项工作进行情况汇报如下。

原计划由我厅人事处副处长去吉林省负责审查接收这批干部，后因副处长同志参加其他工作，人事处又抽不出其他干部，因此，决定地方病防治部门的同志前往吉林，负责完成此项工作。经审查挑选，原决定支援我区鼠防技术人员 13 名中有 4 名条件较差未接收，现共接收 9 名，有检验室主任 1 名，防疫室主任 1 名，公卫医生 4 名，检验员 1 名，防疫员 2 名。政治条件：共产党员 2 名。

吉林省人民委员会人事局已将这批人员介绍来我区，其中已有 2 名来培训。

此外，有一个干部家属系统计人员，随团干部活动，调来我区，亦没安排工作。

以上情况，是否妥当，请审批。

自治区卫生厅

1960 年 12 月 3 日

（宁夏档案馆：J110-002-0138-0001，共 29 页）

3.《宁夏回族自治区卫生厅党组关于接收北京知识青年工作的请示》（节选）

江云书记：

根据安置领导小组办公室召集有关部门研究确定的安置任务，今年由北京市支援我区知识青年中，分配卫生系统 200 名，因我区基层卫生机构医务人员缺额较大，急需要补充新生力量，为此，我厅意见将这批青年集中短期业务训练后，充实到县以下农村集体所有制的公社卫生院工作，现将接收、训练、分配等有关问题提出如下意见。

1. 接收工作：我厅计划抽调 3 名干部，其中 1 名处级干部在自治区安置办公室统一组织下去北京审查和接收这批学生。

2. 训练工作：通过训练，使其达到农村能治小伤小病初级卫生人员水平。训练方法：学生来我区后集中在银川卫生学校学习政治和业务技术。期限为半年，使他们武装了思想，掌握了基本业务知识后，主要安置到固原、海原、隆德、西吉、泾源、同心、盐池等 7 个县的公社卫生院（每县分配具体数字见附表）。第一年以带徒方式，第二年的下半年根据德才表现确定具体职务。

3. 工资待遇：对这些青年学生的工资待遇，因来我区数千人，最好由安置领导小组办公室统一制定标准。安置到卫生院后，前一年半的工资从安置费内开支，以后由卫生院负担，按各县基层初级卫生人员工资编制执行。

4. 学生的条件：我区基层卫生人员的主要任务是

为农村广大劳动人民健康服务，保护劳动力，需要送医送药上门，因此，选择这些青年的条件，必须是出身好、政治思想好、身体好、学习好的知识青年。年龄需要在 16 周岁以上，男、女的比例为各一半，培养他们成为社会主义革命和社会主义建设的接班人。

妥否，请示。

附表：

知识青年分配名额表

地区	人数/人
总计	200
固原县	50
海原县	25
西吉县	30
泾源县	10
隆德县	20
同心县	35
盐池县	30

宁夏回族自治区卫生厅党组

1965 年 4 月 8 日

（宁夏档案馆：J110-002-0151-0031，共 7 页）

4. 《自治区革委会政治部关于做好天津市医务人员来我区农村安家落户工作有关问题的通知》（节选）

固原专区，各市、县（旗）革命委员会：

为了贯彻毛主席"六二六"指示，"把医疗卫生工作的重点放到农村去"，中央卫生部军管会决定，并报经国务院批准，由天津市下放医务人员 700 名，连同行政人员和家属共约 2500 名，到我区农村安家落户。这批人员已确定在本月 13 日前离开天津陆续到宁夏。

各有关分配人员的县和单位在接受天津市医务人员到我区农村安家落户的工作中，一定要把这项工作当作一件严肃的政治任务认真抓好。现就有关问题通知如下。

1. 这次天津来宁医务人员全部分配在公社卫生院或地区医院，一般每个公社按 5~7 人配备。

2. 原在职的随迁人员，原则上随同医务人员由各县安排，尽量按其原工作性质予以对口，其中个别特殊的，县上安排确有困难的，由自治区设法安排（如大学教授、工程师等）。

3. 天津来宁人员（包括随迁家属）的户口粮食供应等由分配所在市县统一办理；随迁人员中除原系农业户口的，这次仍插队参加农业生产外，其他按职工调动随带家属供应商品粮；属上山下乡的知识青年，按上山下乡安排。

4. 这次来宁医务人员的工资已由天津市负担至今年年底，对 1970 年的工资和包括今年的地区差额工资及取暖费由各接收人员的县编造预算，由我区统一安排和补发。

5. 天津来宁人员接待中的汽车费和住宿费统一由各县卫生事业费中开支；安置中临时房屋修建费用可在各县行政费内开支。

宁夏回族自治区革命委员会政治部　生产指挥部

1969 年 11 月 10 日

（宁夏档案馆：J115-002-0050-0070）

5. 《自治区革委会生产指挥部关于天津市第四医院安置问题的通知》（节选）

石嘴山市革委会、石炭井矿务局革委会：

经国务院批准将天津市第四医院原建制下放到我区石炭井矿区，直接为煤炭职工服务，这是党中央对我区煤炭职工的最大关怀。为使这个医院迅速展开工作，现将有关问题通知如下。

一、天津市第四医院现改名为"大武口煤矿职工医院",属企业性质事业单位,主要服务于石炭井矿区的大武口煤矿机修总厂、大武口洗煤厂、汝箕沟矿区(包括汝箕沟煤矿)和煤炭部西北机械一、二、三厂等单位的职工及家属,经费由被服务单位的医药费内开支。

二、医院住址利用原西北煤管局房产,进行小修不再新建。现占用该房屋的各有关单位,请另行安排,腾出房屋,以有利于医院开展工作。

三、为便于统一领导,该院由石炭井矿务局革委会领导管理。

四、随调迁的职工,根据我区和天津市革委会商定的原则给予安置。

宁夏回族自治区革命委员会生产指挥部

1970 年 1 月 2 日

(宁夏档案馆:J115-002-0068-0061)

6.《自治区革委会生产指挥部煤炭工业领导小组关于随天津第四医院来宁职工的工资福利等问题的通知》(节选)

石炭井局,西北一、二、三厂,大武口总机厂,大武口洗煤厂,80、81 工程处,建材厂,总仓库,大武口煤炭系统职工医院:

随天津第四医院迁来宁夏的在职人员,分配在我区煤炭系统工作的有关工资福利等问题,已经区革委会有关部门研究,现通知如下。

一、工资:随迁职工原执行国家统一规定工资等级的,按原级均套入宁夏地区标准,不在国家统一规定工资等级的,干部按 13.08%、工人按 15.15% 的幅度上涨。在原工作单位已发 11、12 两月工资的,两地区差及地贴由调入单位补发,1 月份工资由调入单位支付。

二、冬季烤火费:未发烤火费者,由调入单位按宁夏地区标准给予补发。

三、附加工资:原工作单位执行附加工资的,可介绍到调入单位,但不得执行,待宁夏地区统一执行附加工资时,再按宁夏规定标准执行。

四、临时工和集体所有制单位来我区工人,均分配煤炭系统工作,仍执行临时工和集体所有制的制度,其工资待遇:临时工按宁夏地区临时工标准,参考原工作单位介绍来的工资水平套入宁夏临时工工资待遇,一级 35.7 元,二级 42.08 元,三级 48.45 元。集体所有制工人按 15.15% 的比例上涨。

临时工和集体所有制工人的劳动保护用品待遇和固定工一样,劳动保险按临时工和集体所有制的工人规定执行。

临时工未发 11、12 两月工资者,持原单位证明可补发原工作单位工资。

宁夏回族自治区革命委员会生产指挥部

煤炭工业领导小组

1970 年 1 月 16 日

(宁夏档案馆:J089-002-0669-0077)

7.《宁夏回族自治区卫生局党组关于天津来宁医务人员调出情况的反映》(节选)

区党委:

1969 年天津下放我区医务人员 440 名。由于各种原因已调出我区的 114 名,其中调回天津 88 名,调往外省 26 名。调出的人员中有副教授 2 名,主任医师 1 名,主治医师 22 名,医师 29 名,医士 20 名,护士长 5 名,护士 35 名。

除没有来宁夏报到的 3 名、死亡 4 名和出国探亲未归的 3 名外,现有天津医务人员 316 名。其中,在区级医疗卫生单位的 106 名,在行署和市级医疗卫生单位的 27 名，在县级医疗卫生单位的 94 名，在公社卫生院的 97 名，在工矿医疗卫生单位的 10 名。

考虑到天津市原下放各地医务人员较多，对于天津市的医疗、教学和科研工作有一定影响。我们为了顾全大局，曾分期分批地同意调回天津 88 名，其中主治医师以上技术骨干科研人员 21 名。另外，调往外省医务人员中有主治医师 4 名。目前，我区尚有天津来的主治医师以上人员 19 名。

天津来宁的主治医师以上人员已大部分调回天津，这对我区医疗卫生工作有很大影响。近年来，天津有关方面陆续向我区发函商调的已达 40 多名，其中大多数是主治医师以上或相当于主治医师水平的人员。目前天津来宁医务人员大部分不安心留在宁夏，给我们工作造成不少困难。

为了妥善解决天津来宁医护人员的问题，我们的意见是：

一、各级卫生部门和组织部门要对天津来宁医务人员加强政治思想工作，促使他们安心留在宁夏，继续为我区的四化建设贡献力量；

二、鉴于我区卫生技术骨干力量薄弱，天津来宁医务人员中的主治医师或相当主治医师以上的人员原则上不应调出宁夏，有特殊困难者，可以通过正常手续调动，并报文办、区卫生局审批；

三、在山区公社卫生院的这部分医务人员调整到川区医疗卫生单位工作；

四、对确有真才实学而又工作需要者，调整到区级医疗卫生单位工作；

五、因病不适宜在我区工作或本人及家庭有特殊困难者，通过协商可调回天津，并请天津有关部门协助安排。

区卫生局党组
1979 年 7 月 31 日
（宁夏档案馆：J110-001-0154-0049）

8.《自治区卫生厅党组关于天津来宁卫生人员要求调回天津问题的处理意见》（节选）

区党委：

1969 年天津来宁卫生人员 440 人（不含原天津第四人民医院下放到大武口的 248 人），其中正副教授 7 名，主治医师或相当于主治医师 27 名，其他卫生人员 406 名。1972 年以来，陆续调回天津或其他地区的 211 名，现实有 229 人。其中，副教授 5 名（新晋升 1 名），正副主任（含其他专业的同类职称）9 名（均为新晋升的），主治医师或相当于主治医师 23 名（新晋升 16 名），其他卫生技术人员 130 名，行政工勤人员 62 名。主治医师以上的卫技人员大部分集中在宁夏医学院及附属医院与自治区人民医院。

十多年来，天津来宁卫生人员在医疗、教学、科研等方面做了大量工作，为我区卫生工作做出一定的成绩。

1977 年以来，天津来宁人员将近一半（包括大部分技术骨干）已相继调回天津或其他省区，目前留在我区的人员普遍不安心，纷纷要求调离，已程度不同地影响到工作和其他外地卫生人员的思想安定，为了利于搞好工作，安定思想，解决好一些同志存在的实际困难，我们意见是：

一、对于自觉继续留在我区工作的同志表示欢迎，对其工作、生活等方面存在的问题，应尽力给予适当解决，积极支持他们的工作；

二、对要求调回天津的问题，经做耐心细致的思想政治工作仍不愿意继续留宁的，可同意将全部人员（包括其子女）一次性调回天津，如果天津在安置上暂有困难，可在短期内分期分批给予解决；

三、为补救我区卫生技术力量薄弱问题，如果天津卫生人员全部回津后，请天津能否采取挂钩协作的方法，根据工作需要，定期或不定期地派出技术力量来宁指导工作，并承担我区卫技人员进修提高的任务。

如以上意见可行，我们拟请文办同我局派出人员前往天津进行商谈。当否，请批示。

自治区卫生局党组

1981 年 6 月 1 日

（宁夏档案馆：J110-002-0411-0024，共 2 页）

9.《自治区煤炭工业厅关于解决支援大峰露天煤矿和天津第四人民医院留宁职工家属落城镇户口的报告》（节选）

自治区人民政府：

1969 年为了支援我区大峰露天矿建设，煤炭工业部从抚顺两露天煤矿成建制调来一批职工。这批职工的调入保证了大峰露天煤矿按时投产，他们为宁夏的煤炭事业做出了积极的贡献。现在他们已年过半百，但仍有一部分职工家属没有城镇户口。长期以来，他们多次反映并给区党委刘国范副书记写信，要求解决他们家属的城镇户口。

1969 年天津第四人民医院根据毛泽东同志 6 月 26 日的讲话指示精神，集体搬迁到宁夏大武口（属煤炭系统管）为矿工服务。1982 年大部分职工已搬迁回天津，但还有少数职工没有回天津。近来也多次要求解决他们家属的城镇户口。根据调查统计：抚顺两露天煤矿成建制调宁的职工中有 23 户，64 人，天津第四人民医院留宁的职工中有 4 户 15 人没有城镇户口，我们请求政府解决这些职工家属的城镇户口。

妥否，请批示

宁夏回族自治区煤炭工业厅

1985 年 12 月 11 日

（宁夏档案馆：J089-002-1630-0094，共 2 页）

10. 天津支宁医生朱楣光事迹的介绍（节选）
——全国中草药新医疗法成就展览会材料之一

朱楣光同志原是天津医学院附属医院的妇科大夫，去年 11 月 16 日，她和天津 700 多名医务工作者一起报名要求到宁夏农村安家落户。她克服 80 多岁的母亲在上海，76 岁的婆婆在甘肃，一个半身不遂的兄弟在北京，爱人在新疆的家庭困难，带着 8 岁的小孩来到了惠安堡安家落户。

她除了门诊外，坚持巡回医疗，送医药上门。不管白天黑夜，无论刮风下雨，哪里有危急病人，她就出现在哪里。

当时的惠安堡公社卫生院，是一个设备差、人员少的小卫生院，只能处理一般常见病，从没有做过一次小手术。朱楣光和其他医生一道，因陋就简，自力更生，晚上做手术没电灯，就点油灯，光线不足，再用手电照明。很多妇女由于家中孩子多，到公社卫生院做结扎手术不方便，朱楣光就事先登记，带着手术器械到社员炕头上做，常常步行到 20 里以外的地方为社员拆线。仅仅几个月来，她为贫下中农做了 20 多例手术，其中在百姓家炕头上做了 10 余例。像剖腹产这样大的手术，也不用送到外地去做。

朱楣光除负责门诊外，还要帮助县医院、邻近公社卫生院和韦州山区医院疑难病的会诊和手术工作，并在全公社范围内，推广了西宁堡大队实行合作医疗的经验，卫生院坚持医生巡回医疗，上山下乡送医药上门。她利用门诊和出诊的机会，大讲讲究卫生、除害灭病、计划生育、新法接生的好处，她在出诊时，注意搜集民间偏方、土方、验方，尽量让百姓少花钱治好病。她还虚心向老中医、赤脚医生学习，取长补短。她积极采用新针疗法和用中药治疗，大大提高了疗效。

（宁夏档案馆：J110-002-0275-0127，共 6 页）

五、分配宁夏的大中专毕业生档案摘录

1.《西北军政委员会人事部关于西北区中等技术学校毕业生分配应注意事项的通知》（节选）

西北区中等技术学校 1952 年暑期毕业学生共有 1323 名。为了贯彻"统筹兼顾、学用一致"的分配原则，按照他们的特长分配到国家经济建设事业最需要的岗位上。并适当地合理地照顾到原培养单位，经与各主管部门协商决定分配计划，希迅速研究执行，各省（市）如有特别困难望及早提出意见，以便考虑修正。兹将分配中应注意的事项通知如下。

一、分配之前，要了解各单位需要技术人员的情况，召开一定的会议研究分配办法。必须按照他们所学到的技术分配给一定的工作，不得使其改行或做与其所学无关的一般行政工作。

二、经过几年来的政治教育、思想教育工作，学生都有了一定的觉悟程度，大都可以服从调配。但为保证 95% 以上的人都能在统一调配下愉快地走上工作岗位，还需要我们进行耐心的有力的教育。每一个被分配的学生，都要找他们谈话，了解他们的思想情况，端正偏向，分配之前并应请有关负责同志给他们作报告，教育他们发扬爱国主义与集体主义的精神，把个人利益放在国家、人民利益之下，克服狭隘的地域观念与个人主义。

三、分配时，一般的应将学业成绩好坏、政治质量强弱做合理的搭配，业务性质特殊的部门，可以给予适当的选择，对于指定选送高等技术学校学习，应找品学兼优，有培养前途的，凡有政治问题或嫌疑分子，不宜调配他区工作，均应留原地分配，以便继续考察了解。

四、关于调配所需之车路费。在本省范围内的，由各省自己负责；凡调配到其他省（市）者，从大区及陕西省调出的，由本部负责；从甘肃省调出的，由甘肃省人事厅负责；从西北银行学校调出的，由

西北区行负责。报销手续均按 7 月 6 日本部与西北财政部联合转发中央人事部及中央财政部指示"高等学校毕业生调遣费用报销办法"办理。

至于调配手续，也由以上机关负责办理，进行介绍。

此外，各省选送高等学校学习之学生，由各省文教厅直接介绍西北教育部；其费用按一般高中毕业生升学办法办理。

五、各省（市）人事厅（局）将毕业生分配完毕后，应写出书面总结（其中须将分配学生的种类及接收机关详细列表注明）报告本部。

1952 年暑期西北区中等技术学校毕业生调配表统计，分配宁夏共计 55 名，其中农科类 15 名，工科类 20 名，财经类 20 名。

西北军政委员会人事部

1952 年 8 月 7 日

（宁夏档案馆：J017-002-0065-0077，共 3 页）

2.《西北军政委员会人事部关于西北区 1952 年暑期专科毕业生分配工作的通知》（节选）

关于各业务部门委托西北各院校所办专修科 1952 年暑期毕业生 665 名分配工作问题，经呈请中央人民政府人事部批准，除西北农学院畜牧兽医专修科学业生 64 名及西北大学石油地质专修科学业生 56 名，已全部列入全国分配方案中，仍应按分配方案调配外，其余 565 名均留西北区分配工作。

这些留下的学业生，由西北教育部委托办理之各专修科学业生 379 名，原系各省（市）选送之在职小学教员。西北农林部委托办理之专修科学业生 186 名中，大多数原系初中程度学生，学习时间仅 1 年。

根据学生来源条件及教育、农林两部研究，其

分配原则：教育部之专科毕业生，仍分配回原选送省（市）做师资。农业专修科毕业生分配在农林部所属单位及各省、市所属农业部门工作，并由西北教育、农林部选派工作组至西大、师范学院、西农，按照计划，即日进行分配。在分配名单确定时，须送交我部一份。各省（市）人事厅（局）分配工作结束后，应做出总结，送交我部以便备报中央。

西北军政委员会人事部

1952 年 8 月 26 日

（宁夏档案馆：J017-002-0065-0080，共 2 页）

3.《中央人民政府人事部 1953 年暑期全国高等学校毕业生统一分配方案分配宁夏配备计划（修正计划）》（节选）

暑期全国高等学校毕业生统一分配方案中，包括武汉大学、北京政法学院、四川财经学院、中原大学、西南大学、中央财经学院、兰州大学、西北农学院、南京农学院、北京农业大学、北京医学院、西北师范学院、山东师范学院、甘肃工业专科学院等高校共计分配宁夏 54 人。

中央人民政府人事部

1953 年 8 月

（宁夏档案馆：J017-002-0116-0030，共 19 页）

4.《煤炭工业部关于有关中技毕业生的补充通知》（节选）

宁夏回族自治区人民委员会、石嘴山煤矿基本建设局：

（58）煤炭干贺字第 255 号关于分配中技毕业生的通知，由于机构较多的关系，分配宁夏回族自治

区的毕业生共 164 名，指定到石嘴山基建局报到，而这部分人员应由宁夏回族自治区统筹安排，特此补充说明。

煤炭工业部

1958 年 7 月 14 日

（宁夏档案馆：J076-002-0001-0010，共 1 页）

5.《水利电力部 1958 年暑假中等专业学校毕业生调配计划的通知》（节选）

1958 年 7 月 28 日，中华人民共和国水利电力部关于 1958 年中等专业学校毕业生调配计划的通知，分配宁夏 104 人。

水利电力部

1958 年 7 月 28 日

（宁夏档案馆：J076-002-0001-0010，共 1 页）

6.《地质部关于 1958 年暑期中技地形测量毕业生分配的通知》（节选）

现将西安地质学校 1958 年暑期中技地形测量毕业生分配宁夏方案随文附发。此数字包括你局所有各单位需要数在内。该毕业生将于 8 月中旬离校，直接向各单位报到。请各单位做好接待分配工作。

1958 年暑期中技地形测量毕业生分配，宁夏 25 人。

中华人民共和国地质局

1958 年 8 月 2 日

（宁夏档案馆：J076-002-0001-0002，共 1 页）

《教育部关于分配来宁教师的电报》

中共宁夏工委：

　　7 月 2 日来电悉，经与北京市教育局联系，同意给你区 20 名中学师资，并同意从回民学院师范班毕业生中分配 75 名给你区。关于医农师 3 个学院需要教师和行政人员问题，我部拟分配给你区文史方面的研究生 7 或 8 人，具体方案即将下达。

　　　　　　　　　　　　　　　　　　教育部

　　　　　　　　　　　　　　1958 年 8 月 14 日

　　（宁夏档案馆：J059-002-0002-0061）

7.《1958 年暑期全国高等学校毕业生分配工作情况统计表》（节选）

　　1958 年，全国暑期高等学校毕业生调配计划，分配宁夏共计 651 名，实际调配人数 638 名。其中，工科实际分配 161 名，农科 41 名，林科 10 名，财经 50 名，政法 30 名，医药 57 名，体育 5 名，理科 45 名，文史 36 名，外文 18 名，师范 185 名。

　　（宁夏档案馆：J076-001-0014-0058，共 15 页）

8.《中央气象局关于 1959 年暑假北京、成都气象学校中等气象、高空气象专业和预报班毕业生分配的通知》（节选）

　　中央气象局 1959 年北京、成都气象学校中等气象、高空气象专业和预报班毕业生分配宁夏共计 17 名，其中气象专业 15 名（北京气校 7 名、成都气校

8 名），高空气象 1 名，预报特别班 1 名。

　　　　　　　　　　　　　　　　中央气象局

　　　　　　　　　　　　　　1959 年 7 月 24 日

　　（宁夏档案馆：J076-002-0011-0052，共 4 页）

9.《自治区计委关于 1959 年暑期高等学校毕业生分配计划的报告》

区党委：

　　1959 年暑期高等学校毕业生，国家共分配我区 508 人（不包括中央煤炭部直接分配煤管局 16 名、石油部分配石油勘探局 3 名、水电部分配青铜峡工程局 9 名）。遵照区党委指示精神和考虑各单位的实际需要，根据"分科对口，集中使用，保证重点，照顾一般"的原则，经过与有关方面几次研究讨论，现将调整平衡后的"1959 年暑期高等学校毕业生分配计划"报请党委审核批示，以便由人事部门调配执行。

　　计划分配方案中包括了各专业厅（局）所需要的各专业技术力量和各部门的直属院校及科学研究机构等所需要的技术人员。政法部门分配法律专业学生 43 名，包括监察厅、检察院、公安厅和法院等单位，由人事局会同以上单位研究分配；宣传部系统分配 35 名中包括宣传部、宁夏日报社、广播电台、新华社、出版社，以及学校和星火杂志等单位，具体由宣传部分配；对于各部门、各县市需要各种学校的普通课师资及医务人员，由文教厅和卫生厅负责平衡解决，在分配方案中不再统一考虑分配。

　　这次计划分配方案虽然也初步考虑了各单位的工作基础和去年分配的情况，但与各单位实际需要距离还很大，无法满足各单位所提数字的要求。

　　今年分配的结果是：地质局 17 名、冶金局 13

名、煤炭局 3 名、机械局 15 名、水电局 7 名、工业局 15 名、建工局 17 名、交通局 5 名、邮电局 2 名、人事局 1 名、农业厅 95 名、商业厅 5 名、财政厅 4 名、粮食厅 1 名、文教厅 105 名、卫生厅 86 名、人委办公厅 1 名、计委 8 名、经委 5 名、建委 5 名、科委 14 名、体委 5 名、人民银行 2 名、政法部门 43 名、宣传部系统 35 名、监委会 1 名，共计 508 名。

目前各地大专学校陆续来电催要 1959 年大专毕业生分配和使用意图，人事局已按此计划分配方案分别通知各院校，不久毕业生即将前来我区报到分配工作，以上意见是否妥当，请批示。

宁夏回族自治区计划委员会

1959 年 8 月 12 日

（宁夏档案馆：J076-002-0011-0078，共 25 页）

10.《宁夏民政厅政府机关人事局关于 1959 年高等学校暑期毕业生接收分配情况的报告》（节选）

1959 年国家统一分配给我区学校暑期毕业生 516 名，截至 12 月底已报到并分配工作 495 名，还有 21 名未报到。已报到分配工作的毕业生中，工科 91 名，农林科 96 名，财经 33 名，政法 55 名，文理科 63 名，医药科 82 名，师范 75 名。党员 37 名，团员 266 名，党、团员占 61.2%。根据分配计划和"分科对口，集中使用，照顾一般"的原则，分配给政法系统 46 名，工交系统 95 名，财贸系统 25 名，文教卫生系统 234 名，农业系统 95 名。

宁夏回族自治区民政厅政府机关人事局

（宁夏档案馆：J076-002-0012-0083，共 6 页）

11.《自治区民政厅政府机关人事局简报第二期：1960 年高等学校毕业生接待分配工作情况》（节选）

一、截至 9 月 19 日统计，来我区报到的高等学校毕业生共 245 名，占计划人数的 41.4%。其中：工科 55 名、理科 2 名、农科 9 名、财经 16 名、政法 27 名、文史 18 名、医药 17 名、师范 91 名、体育 6 名、艺术 4 名。党员 22 名，团员 133 名，党、团员占 63.2%。

二、9 月 12 日已分配了 94 名，根据计划和专业，着重研究了质量搭配，结果分配给文教厅 62 名、科委 4 名、财校 3 名、经委 1 名、农业厅 2 名、农学院 1 名、冶金局 2 名、工学院 1 名、地质局 2 名、电台 2 名、报社 2 名、卫生厅 7 名、宣传部 2 名、体委 3 名。

9 月 10 日举行了欢迎会，马书记接见了全体毕业生，并讲了话，对毕业生鼓舞很大。座谈会上毕业生除了感激党和领导的关怀以外，一致表示听了马书记的报告增强了建设宁夏的信心，干劲很足，普遍表示听党的话，服从分配，要求到最需要、最艰苦的地方去。

将分配数字通知了各用人单位，请各单位提出使用意图，以便按专业分配（有些用人单位对今年毕业生的分配计划提出意见，我们除做了一般的解释外，请他们去计委联系）。

今年的毕业生从 8 月 26 日即开始报到，近日陆续有成批到来，如再等候下达计划将会影响更多人不能及时分配，为此，除了建议计委迅速下达计划外，暂按计委口头通知的党委批准的计划进行分配。

宁夏回族自治区民政厅政府机关人事局

1960 年 9 月 8 日

（宁夏档案馆：J076-001-0030-0003，共 2 页）

12.《宁夏回族自治区卫生厅 1961 年大专毕业生分配方案》（节选）

自治区计委、政府机关人事局：

今年由国家统一分配给我区医药卫生专业高等学校毕业生共 82 名（医疗 50 名，儿科 8 名，公卫 15 名，口腔 3 名，医学 5 名，放射医学 1 名）。结合我区实际情况，和全国其他省、区一样，必须以农业为重点，首先分配农村、农场，相应照顾其他事业所需。故经研究，提出将今年大专毕业生的 65% 以上直接分配到农业战线，原则有三：

第一，重点支援农业，我们计划将全部毕业生的 65.85%（即 54 名）分配到农业战线，主要是县级医疗机构和较大农场；

第二，适当照顾职工人数较多的工矿、企业单位，拟分配予 24.39%（即 20 名）；

第三，补充医学院校师资及本厅所属医疗部门的技术力量，拟分配予 9.76%（即 8 名）。

为利于县级医疗机构开展业务，计划将部门新毕业学生分配在区级医疗部门，如数替出工作时间较长的高级卫生技术人员分配到农村。

宁夏回族自治区卫生厅

1961 年 3 月 6 日

（宁夏档案馆：J110-002-0050-0071，共 7 页）

13.《自治区计委关于 1961 年度高等学校毕业生分配计划的说明》

1961 年度国家统一分配我区寒暑假高等学校毕业生 478 名，为 1960 年分配 598 名的 80%。其中：工科 185 名（去年 167 名），理科 22 名（去年 10 名），农科 28 名（去年 46 名），医药 85 名（去年 84 名），师范 73 名（去年 146 名），文史、财经、政法、艺术、体育等各科 85 名（去年 145 名）。

7 月 31 日中央内务部人事局召开高等学校毕业生分配座谈会，会上与其他省调换了我区需要的专业毕业生 15 名（由历史换政治教育 7 名、中文 5 名，棉纺换医疗 1 名，煤田地质换地质 1 名，考古学换俄文 1 名。）

宁夏回族自治区计委

1961 年 8 月 25 日

（宁夏档案馆：J081-002-0151-0082，共 13 页）

14.《自治区民政厅政府机关人事局简报第一期：1961 年高等学校毕业生分配工作情况》（节选）

今年国家分配我区的 478 名暑期高等学校毕业生从 9 月 1 日开始，陆续来我区报到，截至 9 月 18 日共报到 116 名。第一批分配工作的 84 名，其中，师范 54 名、农业 4 名、医药 8 名、工科 11 名、文史 2 名、理科 1 名、音乐体育 4 名。党员 7 名、团员 57 名，党、团员占 76.1%。这批学生除部分充实到自治区高等学校和几所重点中学的师资外，绝大多数分配到县市基层工作。

民政厅政府机关人事局

1961 年 9 月 26 日

（宁夏档案馆：J076-001-0041-0006，共 2 页）

15.《自治区民政厅政府机关人事局关于总结 1958 年以来高等学校毕业生的分配、使用和培养工作的通知》

1958 年以来国家已先后分配给我区高等学校毕业生 2000 多名，这些学生对我区的社会主义建设事业作出了巨大的贡献。

宁夏回族自治区民政厅政府机关人事局

1961 年 11 月 15 日

（宁夏档案馆：J076-001-0041-0021，共 5 页）

16.《关于大专毕业生使用、培养等方面的调查汇报》（节选）

区党委：

1958 年至 1961 年四年来，国家计划分配我区高等学校大专毕业生 2268 名，实际来我区报到的学生 2148 名，自治区根据学用一致的原则进行分配，实际分配占计划分配数的 94.7%。这些学生由于在绝大多数单位得到了党的关怀鼓励，从而发挥了力量，对我区社会主义建设起了一定作用。但个别单位在人才合理使用上存在一些问题。主要是对一部分学生使用不当，没有按照所学的专业安排工作，使他们不能充分发挥作用，影响了积极性。最近通过调查和召开个别单位学生代表座谈会，仅据科委、医学院、银川工业学校、水电局设计院等单位了解的情况，反映了如下问题。

一、专业不对口，使用不合理

几年来分配各单位的大中专毕业生约 800 人，占现有管理人员的 50%，其中分配工作不适当，使用不一致的约占 10%。人浮于事的现象更为突出。仅医学院就有 20 余名教师，平时无事或事情不多，占教师总数的 20%，如该校共有俄文教师 8 人，本学期只有 32 小时的课程，每个教师一学期内平均负担 4 小时的授课，有时 1 个班出现 3 名俄文教师，学生很有意见。有的学生认为自己是"万金油干部"，一直未按自己所学的专业去工作。医学院政治教员杨老师，1959 年毕业，学政治专业，现当管理员。科委农科所干部傅同志，1958 年西安俄语专科

学校毕业，来宁后一直做打字员工作。柴同志 1957 年西北农学院毕业，学农业经济与组织专业，现在科委做收发工作。银川工业学校教师王老师，学有色金属冶炼专业，1958 年毕业后分配一直打杂，并在校放猪一年多。

上述实例说明，如何发挥知识青年的热情和技术人员的积极性，是个很值得关注的问题。由于使用上的不合理，不仅对国家是个浪费，也促使了部分学生不安心在宁夏工作（不安心在宁夏工作的原因是多方面的）。据了解，已向人事部门提出要求调离宁夏的，约占毕业生分配总数的 25%。

造成学用不一致的原因是多方面的，有主客观原因。在客观方面造成不合理的，如：（1）国家对某些专业人才的培养过细，我区工业化水平较低，精密分工程度不高，短期内不能开展该项工作，因之，有的专业不好对口，如水电局设计院留苏学生王同志，学水工试验，1960 年分配到我区水电局科研室，就不能发挥作用，学生意见很大；（2）新建厂矿企业基建下马，生产和科研任务的变动；（3）有的人事部门对专业性质不够了解，在一定程度上，也影响了需要计划和分配计划的正确性；（4）个别专业，国家目前培养的多了一些，如历史、地理等，需要各省、市分担使用。上述客观原因，确实为我们合理使用学生造成一定困难，但使用不合理现象，主要还是主观原因造成的，如分配他们做收发工作、打字工作、长期下放劳动，甚至长期无事可做，等等，都亟待有关单位领导纠正。

二、培养不够

培养干部，提高干部的政治、业务水平是我党一贯极为重视的一项工作。各级组织、人事部门，均应做好干部培养，特别是青年知识分子的培养教育工作。有的单位不够重视，使某些学生感到组织对他们的关心、培养不够，从而感到没有前途。如水电局设计院刘同志反映：有的学生来宁两三年时

间，长期在农场劳动，他们感到在农科所做一个大学生很不光荣，还不如当个中学老师好。因为人事部门对大学生是采取以改造为主的方针，而不是按照党对知识分子教育、改造、团结相结合的方针，挫伤了他们的积极性。

三、生活照顾上不够

这些学生来自全国各地，风俗习惯不同，各自要求不同。南方来的一些学生反映，他们的棉衣、被褥很单薄，数量也少，今年虽已解决了一些，但还有的人至今没有褥子。水电局设计院袁同志反映：居住条件差，房子潮湿、紧张，宿舍很挤，影响工作和同志们的身体健康。如有的青年结婚没有房子，影响工作情绪。由于房子潮湿，加上天气冷，很多人患上了关节炎，该单位得关节炎的人占现有职工的25%，有3~4人较严重，不能工作。许多学生要求一年给一定的假期回家探亲，并发放路费，还有夫妻双方不在一起的，要求帮助解决。

四、科学研究机关和高等学校贯彻执行科研和教学为主的方针不够

科委严同志反映，能坐下来安静地钻研业务的时间不多，劳动时间过长。医学院教师苗同志说医学院不是总务为教学服务，而是教学为总务服务，教师没课时本来要备课，而行政部门却派去劳动或干杂务，甚至有一次学校买来的烂梨推销不出去，也派教师到街上去卖，备课时间少，影响教学质量的提高。

五、工资不够合理

农科所学生谈，按照国务院规定，四、五年制大学本科毕业生，实习一年后，一般应评为22级，分配到科委工业处的李同志等都定为22级，而分配到农科所的同年毕业大学生史同志、吴同志等14人却定为23级。水电局设计院刘同志反映：1959年以后分配来的大学生如黄同志等人，由技术级改为行政级22级，每月工资63元，而1959年以前分配

来的大学生柳同志等，仍是技术级13级，每月工资62.5元，不够合理。

我们的建议：

1. 对使用不合理的人才，进行调整。人是最宝贵的财富，浪费人才是最大的浪费，特别在我区技术人才缺乏的情况下，更应该合理使用人才。国家培养一个大学生，从高中到大学毕业，8年的时间，需要花费资金4000多元，按照我区1960年每个农民参加集体劳动按纯收入分配部分52元计算，需要77个农民的收入，才能负担一个大学生，平均由9.6个农民负担一个大学生一年的费用。再推下去，如果这些人使用得恰当，能够发挥他们所学专业的作用，按照1960年我区工业企业每个职工平均生产总值3000元计算，可为国家创造价值19万余元。显然，浪费人才就不仅仅是一个经济问题，为了使人尽其才，充分发挥他们的积极性，建议由人事局负责进行统一调整，这也是在人才使用上贯彻执行中央以调整为中心的"八字方针"的重要一环。

2. 科学研究人员和高等学校教学人员，必须在时间上给予保证。我区科学研究人员和高等学校教师绝大部分是近几年分配来宁的大学毕业生，缺乏实际经验，业务水平还不高，需要给一定时间从事本身业务工作，科研机关高等学校应贯彻执行以科研和教学为主的方针。劳动时间可采取轮换办法，不宜过长，也不宜零敲碎打，以连续劳动1~2个月为宜。

3. 我区高等和中等专业学校的专业设置问题。根据今后国民经济发展的情况和当前大、中专学生的分配过程中存在的问题，需要对我区高等和中等专业的专业设置进行一次全面的统一规划；建议文教厅、经委、计委和主管学校厅（局）迅速共同组织力量着手规划。

4. 南方来的学生棉衣、被褥单薄，我们意见请商业厅根据规定和我区物资资源情况，在可能条件

下适当解决一下，同时希各单位再分配到各种衣、裤、毛线等购物票时，优先对近一二年来的南方学生给予照顾。

5. 探亲假期和路费问题，按照国务院规定的职工回家探亲的假期办法解决。

6. 为了使今后大学生需要和分配计划更切合实际，防止浪费人才的现象，人事局和计委每年至少应下去一次，检查大专学生分配情况，并召开学生代表会，听取意见并改进工作。

以上汇报和建议是否适当，请批示。

宁夏回族自治区计划委员会

1962 年 1 月 31 日

（宁夏档案馆：J076-002-0022-0068，共 7 页）

17.《自治区计委关于 1962 年高等学校毕业生分配计划方案的编制说明》（节选）

今年国家统一分配和我区自行培养的高等学校毕业生，共计 201 人。需在我区作为国家见习干部安排工作的 176 人（包括送区外委托培养的毕业生 5 人），抽调参加军队工作的 25 人。中央统一分配我区的毕业生 40 人。其中，工科 8 人、农科 10 人、财经 4 人、医药 12 人、文史 6 人。宁夏大学的毕业生 161 人，其中，师范 102 人，农科 59 人。

对上述毕业生的分配工作，我们根据全国分配计划会议的精神，会同各有关部门已经进行了研究，初步提出这个分配计划方案，具体分配意见是：

一、根据中央指示，今年高等学校分配的方针是：结合当前精简和专门人才的调整，尽最大可能分配到最需要的工作岗位上，力求做到学用一致，本着加强基层，支援农业，充实县、市种子、技术推广、畜牧兽医三站的原则，将今年高等学校毕业生负责到底，妥善安排。

二、为了更好地支援农业，在今年专门人才的分配工作上，要注意的是：对农科专业毕业学生，一般不要进行改行，必须用之于农业方面。首先要分到三站：1. 种子、畜牧兽医、技术推广；2. 凡农业需要的其他专业毕业生，也应优先照顾分配；3. 各个行业直接支援农业的专门人才，也要优先分配。

三、应注意的几个问题

1. 加强对毕业生的政治教育工作。因今年大部分毕业生要分配到基层单位，做好政治教育工作，是学生服从组织分配工作的关键。对在国家分配合理的前提下，不愿接受国家分配工作的学生，可采取两种办法处理：（1）国家急需专业毕业生，应充分地耐心地说服他们接受国家分配，个别经过说服仍不接受，要求他们先为国家工作 3 年，等待他们的觉悟（思想转变）；（2）对暂时相对多余专业的毕业生，要求自谋生活，或到集体单位工作的，可以允许，但必须经主管县、市委和厅局党组报请区党委审批。

2. 今年有些专业毕业生，一时不好分配，也要作为分配任务，由县（市）、厅（局）分担。有的学生要改行使用，必须做好说服教育，但要求县（市）、厅（局）把品学兼优的学生，尽可能分配到学用一致的岗位上，以便进一步发挥学生的学习专长。

3. 对部分毕业生，作为国家见习干部下放工厂、农场劳动是可以的，但待遇与分配到工作岗位上的学生一样，口粮、劳保福利待遇要与同种工人一样。见习期一年，到期转正定级，少数不合格的可延长实习期，最多不超过 2 年。下放尽可能性质相近，结合所学习的专业，这有利于进一步提高专业技术。

4. 在安排今年毕业生的工作中，要尽可能学用一致，特别是在目前精简机构和紧缩编制的情况下，要防止所学非所用，更要避免大学生分去后，不分配工作，长期住招待所的现象发生。

5. 要求今年有大学生分配任务的厅（局）和县（市）在今年10月底前，总结出今年对毕业生分配使用工作的经验教训，以书面材料报文教厅、人事局和计委各一份。

宁夏回族自治区计划委员会
1962年9月1日

（宁夏档案馆：J076-002-0022-0056，共12页）

18.《自治区文教厅关于1962年暑期高等学校毕业生分配使用情况的报告》（节选）

一、1962年暑期，中央计划分配给我区大学毕业生176名。

1. 中央分配我区的39名：工科6名，文科8名，医疗12名，兽医10名，财经3名。

2. 我区毕业生137名：师范78名（中文30名、数学26名、政史22名），农科33名，畜牧26名（我区实毕业162名，中央统一调外区25名，其中政史17名、中文8名）。

二、到1963年2月26日止，实际报到的214名。

1. 中央分配的37名。工科6名、文科10名（中央民族学院多来2名），医疗10名（湖北医学院少报到2名，因推迟毕业），兽医9名（四川兽医学院少来1名），财经2名（中国人民大学少来1名）。

2. 我区毕业生151名（不包括中央分配到外区的11名）。师范92名（中文32名、数学26名、政史34名），农科33名，畜牧26名。

3. 1961年中央分配给我区湖南医学院毕业生13名，因推迟1年毕业，所以至1962年才报到。

4. 其他原因分配来我区大学毕业生13名。

（1）医疗7名（卫生厅直接和外省区联系要来的）；（2）中文2名、化学1名、物理1名（都是和宁大毕业生对换的）；（3）生物1名（是照顾爱人关系要来的）；（4）蔬菜1名（事先未联系，陕西农学院介绍来的）。

三、已报到的214名已全部分配了工作。

1. 按所学专业分配工作的178名。工科6名，文科8名，医疗30名，兽医9名，财经2名，农科33名，畜牧25名，师范65名。

2. 接近所学专业的29名。（1）分配中学职员的14名；（2）分配小学教师的13名；（3）中央民族学院2名，1名分配当中学政治教师，1名分配当中学职员。

3. 改行使用的7名。（1）畜牧业1名搞了出纳工作；（2）师范5名分配到行政单位工作；（3）蔬菜1名搞了行政工作。

改行和接近专业使用的，有以下几种反映。一、分配搞行政工作的愿意改行，工作安心。二、分配当中学职员和小学教师的有意见，不安心。有的说："不上四年大学也可以当小学教师、中学职员"；有的说："我们不是学小学教育的，当不了"等；有的不安心，如宁大中文系毕业生肖某某，分配实验小学后，不安心在小学，工作不踏实，牢骚满腹。三、有的工作还可以，暂时比较安心，但总希望领导过上一两年后仍让他搞本行工作。如中央民族学院来的2人，分配后再三向领导提出这一要求。

个别毕业生怕艰苦，不愿意在艰苦的山区工作，千方百计找借口要求调动。

自治区文教厅
1963年2月28日

（宁夏档案馆：J076-001-0080-0104，共3页）

19.《宁夏回族自治区卫生厅关于 1963 年高等院校毕业生分配意见的报告》（节选）

区计委：

1963 年中央统一分配我区的高等院校毕业生 148 名（其中我区医疗系本科 89 名，专科 22 名）。根据中央要求今年分配以支援农业为主的精神，我们计划重点配备多发病地区、边远山区、少数民族聚居地区、国防要求充实的医院和我区中心医院（平罗、盐池、同心、西吉、固原、中卫、海原、泾源等县医院），同时适当充实直接支援农业的卫生防疫机构（区防疫站、区地方病防治所和地方病防治工作队）。其次是充实其他区、市、县工矿医院，这样可将 67% 的毕业生分配到农村，为了使外区的学生能适应本地生活，安心在宁夏工作，我们意见将外区毕业生一般分配到直属单位和条件较好的市、县。关于我区医学系 22 名专科毕业生，因系各地选送的在职干部，故原则上一律回原市、县或单位工作。以上意见妥否，请研究审批。

宁夏回族自治区卫生厅

1963 年 5 月 8 日

（宁夏档案馆：J110-002-0119-0001，共 3 页）

20.《自治区文教厅关于 1963 年中央分配我区宁大师范专业毕业生安置问题的请示》（节选）

自治区计委：

1963 年中央分配给我区宁大师范专业毕业生 106 名。其中，中文 11 名、政史 31 名、数学 29 名、物理 24 名、俄语 11 名。自治区文教厅需要 57 名，已按计划做了分配。另外，还有 49 名是作为任务给我们的。其中，政史 29 名、数学 9 名、物理 11 名。

如果中央没有劳动锻炼 1~2 年的任务，对这批毕业生，我们的意见做以下安置。

一、政治历史改变使用，具体安置是：抽出 10 名分配到各县、市缺人的宣传部和文化科做行政工作，其余 19 名给公安厅、财政厅、人民银行做一般行政工作。

二、数学 9 名，在大学生计划会议上，中央决定由我们分配，之后中央又调回去统一分配，但统计局想要，我们考虑，只要中央同意，可给统计局。

三、物理 11 名，经过多方面联系，都不需要，从长计议，实行新教学计划后，文教部门还是要的，我们的意见：暂时储备在一部分完中里（如果中央确定劳动 1~2 年时，也可考虑集中劳动锻炼），列入编外，待以后需要时再分配工作或做其他处理。

计委一再催报，这个数字妥否，请阅示。

自治区文教厅

1963 年 5 月 14 日

（宁夏档案馆：J076-001-0080-0048，共 2 页）

21.《自治区民政厅政府机关人事局关于分配高等学校毕业生的通知》（节选）

根据区党委指示，现将参加劳动实习的 1963 年、1964 年大学毕业生分配到各单位，名单总计 497 名。

自治区民政厅政府机关人事局

1965 年 8 月 17 日

（宁夏档案馆：J076-001-0091-0079，共 42 页）

22. 《1965 年高校毕业生分配名单统计》（节选）

1965 年高校毕业生分配名单统计，共分配宁夏毕业生 588 名。其中，区外高校分配宁夏 356 名，宁夏大学毕业生分配 232 名。

（宁夏档案馆：J076-002-0072-0067，共 33 页）

23. 《医学系 1966 年毕业生及外区大学生分配意见表》（节选）

1966 年，卫生厅对医学系毕业生及外区大学生分配意见表统计，共计 139 名。其中，本区 63 名，外区 50 名。

（宁夏档案馆：J076-001-0162-0001，共 1 页）

24. 《关于 1977 年大专、中专毕业生分配计划的通知》（节选）

1977 年，大中专毕业生外省分配我区共计 927 名。其中，高等学院 765 名，中等专业学校 162 名。

（宁夏固原市档案馆：共 12 页）

25. 《自治区劳动局关于长庆油田所属技校分配在驻我区单位 139 名毕业生的通知》（节选）

银南行署、灵武县计委：

据石油工业部长庆油田指挥部"关于呈报 1981 年技工学校毕业生分配的函"，所属技工学校今年应届毕业生在油田内部统一分配，其中分配到长庆油田指挥部在我区所属单位 139 名。请予以协助办理户、粮等关系。

宁夏回族自治区劳动局
1981 年 8 月 29 日

（宁夏档案馆：J124-002-0044-0233，共 3 页）

26. 《自治区劳人厅关于 1982 年大专毕业生分配计划调整的通知》（节选）

1982 年大专毕业生原计划调整分配 81 名，计划外又接收 71 名，共计 152 名。

（宁夏档案馆：J089-002-1471-0007，共 15 页）

27. 《自治区劳人厅关于我区 1983 年留学毕业研究生、大学生需要计划的报告》（节选）

提出 1983 年我区留学毕业生、大学生需要计划，共计 284 名。

（宁夏档案馆：J124-002-0083-0006，共 7 页）

28. 《关于下达 1985 年高等学校毕业生分配计划的通知》（节选）

1985 年，区外高等学校毕业生计划分配共计分配 355 名。

（宁夏档案馆：J081-001-0327-0034，共 39 页）

29.《自治区教育厅关于报送宁夏高校毕业生分配使用情况调查报告的函》（节选）

国家教委办公厅：

根据教学厅〔1990〕007号通知精神，1990年10月，我们会同自治区属6所高等院校对我区高校毕业生的分配使用情况进行了跟踪调查，现将调查报告送上，请审视。

附件：宁夏高校毕业生分配使用情况调查报告

附件：

宁夏高校毕业生分配使用情况调查报告

根据国家教委办公厅《关于调查高校毕业生分配使用情况的通知》（教学厅〔1990〕007号）精神，自治区教育厅、自治区计委会同区属6所高等院校有关人员组成联合调查组，于1990年10月下旬就我区1986—1990年接收普通高校毕业生比较集中并且有代表性的9个市、县和7个业务厅、局的情况进行了抽样调查。

为做到抽样面广，调查对象代表性强，调查组选择了计划、人事、农业、畜牧、水利、教育、卫生、科研、商业、煤炭、石化、重工、地矿、大中小型企业和乡镇集体企业等84个各种类型的用人单位。

一、基本情况

（一）"七五"期间接收使用毕业生情况

1986年以来，我区接收的毕业生数量逐年增多，截至1990年，全区共接收安排毕业生14271人，其中抽样调查单位接收7865人。这些毕业生为我区的物质文明和精神文明建设发挥了积极作用，许多人已成为本部门的业务骨干。

五年来，各级分配部门和用人单位接收和使用毕业生的主要做法是：

1. 积极采取措施接收安排毕业生。一是严格控制调进人员，留下空编接收安排大、中专毕业生；二是为确保毕业生按时到职上岗所需费用，对接收毕业生人数较多的事业单位追加人头经费；三是对县以下的事业单位允许超编接收毕业生；四是部分市、县对拔高使用的中师毕业生，由中学调整到小学任教或转做其他工作，以便合理安排高校毕业生；五是根据工作需要，对部分大专毕业生在使用上实行"可工可干"，即先分配到工人岗位，根据干部岗位的编制需要，工作1年后选调到干部岗位。

2. 基本做到学用结合。1986年以来，分配高校毕业生，学用结合较好的占80%，基本结合的占16%，没有结合的占4%。自治区重点企业宁夏炼油厂学用结合好的占74.6%，基本结合的占22.2%，未能结合的占3.2%。固原县接收的毕业生学用结合较好的占87%，基本结合的占9%，没有结合的占4%。学用结合较好的科类是师范、政法、医疗卫生，其他如理科、农科等部分专业改行使用的较多。学用未能结合的原因：一是五年来供需矛盾有所缓解，部分专业如工民建、工业企业管理、财经等供过于求，农林科类尤其突出；二是少数毕业生专业思想不巩固，"这山看着那山高"，不愿从事本专业的工作，89届有一名大学生，按其所学专业分到工厂是有所作为的，但本人却提出愿去机关搞收发；三是一些高校的专业设置与社会、经济发展需要不适应，增加了毕业生分配工作的难度；四是部分专业对口单位受编制、经费和学科配套的限制，不得不使一些毕业生改行使用。

3. 充实基层第一线。近几年来，我区除少数专业的毕业生留在机关工作外，大多数毕业生都充实到科研、教学、生产第一线去工作。据不完全统计，毕业生分配到县以下单位工作的占毕业生总数的65%以上。

4. 坚持优生优用的原则。一是1990年开始对在校表现好，获得"三好学生"和"优秀学生干部"荣誉的毕业生，依个人志愿推荐选拔进入国家机关；二是对在基层工作表现突出者，视专业和工作需要，由用人单位和组织、人事部门考核提拔使用，据用人单位反映，98%以上的优秀毕业生都能胜任工作而且表现出色。

5. 重视接收、合理使用女毕业生。近几年分配到我区的女毕业生为数不少，据银川市统计，近两年来，接收的毕业生中，女性占50%以上，有的部门高达61.4%，多数用人单位能对男、女毕业生一视同仁，人尽其才，合理安排和使用。

（二）毕业生的表现及工作情况

1. 用人单位反映，大部分毕业生的表现是好的和比较好的，表现极差的是极少数。据测评，毕业生"政治表现""思想品质"好的占32.3%，比较好的占62.7%，差的占5%。

2. 思想活跃、接受能力比较强。近几年来分配来大学生中的大部分人接受新思想、新技术、新信息、新事物的能力较强。

3. 有比较扎实的专业知识。据测评，毕业生能较好适应工作需求的占61%，一般适应的占31.8%，不大适应的占7.2%。用人单位认为，多数毕业生理论基础较好，只要他们安心生产第一线，虚心学习，积极肯干，就能较好地发挥作用。分配到固原县山区高合乡的89届北京农业大学毕业生马守科和四名技术干部一起，搞"微量施肥"模式化栽培技术实验，结果表明，比同等条件下生长的作物每亩增产20%左右，为提高农村劳动生产率做出了积极的贡献。

4. 但是，这几届毕业生也有明显的不足。一是部分毕业生缺乏事业心、责任感和实干精神，劳动观念淡薄。银川起重机厂反映，个别毕业生不关注工厂企业的前途和效益，只关心个人的前途和收入。让多干点工作，就直言不讳地问"给多少钱"，领导

和群众对此十分反感。据初步统计，强调个人困难多，要求组织照顾多；讲事业、讲工作、考虑个人责任少，这类毕业生占总数的20%~25%。二是部分毕业生自我约束能力差，组织纪律性不强，好高骛远，不求进取，用人单位对此反映强烈。有一毕业生，分配报到时光脚丫穿着拖鞋，大摇大摆地进办公室，公开声称，一定要到科研单位，造成不好的影响。有些分配在卫生系统的毕业生，劳动态度差，对患者不负责，不遵守纪律，随意开"人情假条"。三是部分毕业生是"飞鸽牌"式的，不安心本职工作，特别是师范毕业生，他们宁可不要职称，不享受教师待遇，千方百计想挤进机关。四是部分毕业生不能独立承担生产、管理、设计、科研等任务，动手能力和独立工作能力较弱，适应期一般要1~3年。调查统计表明，动手能力好的仅占26.7%，一般和差的要占30.12%。五是部分毕业生组织管理能力较差，理、工科毕业生的文字和口头表达能力有待于提高，用人单位强烈呼吁高校加强德育工作，注重能力和各种基本功的训练。

总之，"七五"期间分配到我区工作的高校毕业生，用人单位使用"满意"和"比较满意"的占69.2%，"不大满意"和"不满意"的占30.8%。说明我们的毕业生大部分是好的或比较好的，也反映出高等院校的教育质量从总体上看是好的或比较好的。

二、目前的困难和问题

调查中更加明显感到，我区毕业生分配工作难度越来越大，毕业生数量供过于求的矛盾日趋突出，据统计，1989年自治区贫困地区西吉县毕业生供需比例为1.5∶1（指自治区下达的接收计划和按专业可对口安排的人数过剩98名，1990年供需比例为1.7∶1，过剩136名），其他用人单位的情况亦类同，究其原因主要是：

1. 教育发展与经济发展脱节，专业设置与社会需要脱节。人才培养与现行的人事管理的改革不相

配套，政策不配套，制度不完善，不少单位从各自的利益出发，以种种借口拒收毕业生，致使我区 1990 年按计划分配的毕业生中，约有 40%的带有搭配和摊派的性质。

2. 企业实行承包后，短期行为严重，加之近年市场疲软，效益下降，企业不愿多接收人；事业单位也普遍实行了增人不增经费，经费包干；乡镇企业情愿出高薪聘请离退休人员，也不愿接收刚出校门的毕业生，这些都增加了毕业生分配工作的难度。

3. 近几年由于学校思想政治教育工作比较薄弱，毕业生普遍希望留在城市、机关、事业单位和经济效益好的企业，不愿到基层和生产第一线。

三、建议与对策

为更好地做好高校毕业生分配工作，充分发挥高校毕业生在经济建设和社会发展中的积极作用，我们建议：

（一）进一步加强学校思想政治工作，提高教育质量

前几年，学校在教育指导思想上存在着重智育轻德育，重知识轻能力，重理论轻实践，重课内轻课外的倾向，这种状况不能再继续下去了。高等院校在办学过程中要坚持不懈地抓好学生的思想政治工作和德育工作，帮助他们树立正确的人生观、世界观，养成良好的学习和生活习惯，提高大学生到基层、到生产第一线、到山区、到矿区工作的认识，用人单位同样要抓好对毕业生的教育和使用，以利其成长和进步。

（二）高等院校应加强青年教师和学生的实习和社会实践活动

1. 高校教师尤其是青年教师，应定期或不定期地深入基层第一线，以提高其政治思想水平和业务能力，适应教育教学工作的实际需要。

2. 高等院校应建立比较固定的实习基地，适当加长实习时间，同时在假期应有目的、有计划地组织学生参加社会实践活动。

3. 高等院校各专业的课程设置、毕业论文（毕业设计）应当处理好理论和实践的关系，注重培养学生的实际工作能力。

（三）招生与分配工作要相统一

近几年来，高校基本上是依据自身的培养能力招生的，加之教育经费不足，现有高校增设或改变专业困难大，许多长线专业的毕业生供过于求，短线专业的毕业生相对缺少。

1. 今后，培养人才尽量按需而招，财政部门需要改变按招生人数核拨经费的拨款制度，要下决心促进和推动高校的内部结构调整。

2. 采用适当降低高考分数段，签订回乡合同等办法扩大定向招生的范围和数量，使非本地区生源由"飞鸽牌"变成"永久牌"。农林院校招生，应改变只从应届高中毕业生中招生的做法，可适当招收有实践经验的回乡青年，毕业后不包分配，仍回本地服务。

3. 新生入校学完 2~3 年的基础课以后，再根据社会经济的需要选择专业。

4. 完善"双向选择"的分配办法，现行的"双向选择"，人才竞争的意向是好的，但由于各种政策尚不配套，客观上助长了不正之风，对学校正常工作秩序和学习秩序造成一定冲击，从实际效果看有一定的消极影响，应该抓紧完善和改进。

宁夏回族自治区教育厅

宁夏回族自治区计划委员会

1991 年 2 月 28 日

（宁夏档案馆：J081-002-1168-0043，共 10 页）

第三章　军垦、农垦移民档案摘录

1. 《西北军政委员会农林部关于加强国营农场领导的决定》（节选）

一、目前西北国营农场的情况

随着农业生产发展的需要，近两年来各地领导上均重视了国营农场的工作，在土地改革中为国营农场留出了土地，并配备了一定的干部，到目前为止西北各地共有国营农场 108 处：计陕西省 46 县有 51 处、甘肃省 28 县有 29 处，宁夏省 9 县有 12 处，青海省 5 县有 6 处、新疆省 6 县有 8 处、西安市有 2 处。耕地面积为 55736 亩：计万亩以上的有灵武机耕农场和新疆塔城区农场，1000~2400 亩的农场有 7 个，500 亩以上的农场有 11 个，其余均在 500 亩以下。

根据农场的经营、业务及耕种等情况，可分为下述几种。

（一）机耕示范农场：以先进作务方法，用机械耕作大块土地的近代化农场，这是中国农业发展的远景。由于今天工业生产、干部及经济情况等条件限制，数量不多，西北目前只有 3 处。

（二）试验示范农场：试验研究是农民当前在农业生产中迫切要求解决的技术问题，研究提高农民现有的农业技术并做一部分优良品种繁殖工作，大

区农场、部队农场及各省农场属此类有 20 处。

（三）繁殖示范推广农场：在目前大量繁殖推广适于该地区生长的优良作物品种，并以耕作技术做示范，帮助附近农民成立技术研究组，专区与县、市农场属于此类，共有 83 处。

二、开始表现出了国营农场的优越性

两年来，国营农场对于农业增产所起的作用主要是：

（一）育成良种改进栽培技术。各地农场曾根据群众需要和科学理论，连续地进行了一系列的试验研究工作，在小麦、棉花的种子选育上，就育成并已推广了小麦良种 10 种、棉花良种 3 种。

（二）面向群众，技术下乡。通过举办展览会，评比观摩会，并结合各种生产运动等，向群众传授科学技术，使农场工作面向广大群众，获得了群众的好评。

（三）参加爱国增产竞赛运动。今年各地国营农场，在爱国增产竞赛运动中，起了一定的核心和推动作用，农场内初步地建立了民主管理和企业经营的制度，改变了过去的试验地、繁殖地不计较成本的管理和不注意发挥工人劳动积极性的办法。

三、目前存在的问题和今后改进意见

第一，不少地区的党、政领导机关对于国营农

场工作未加重视，认为农场与当前的各项生产运动关系不大，不知道通过农场的示范作用，推动当地农民组织起来改进农业生产。

今后，各级人民政府必须重视国营农场的工作，应该认识到农场是社会主义经济，必须大力进行整顿，加强领导，使农场在技术上、产量上表现出优越性。带动广大农民向农场学习，纠正农场干部脱离群众的纯技术观点和供给制思想，政府召开的有关农业生产的会议，应吸收农场人员参加，并定期布置检查其工作和作出报告。

第二，干部少，经费困难，缺乏必要的设备。

第三，有的农场盲目地搞脱离群众需要的试验工作，五花八门，应有尽有。

第四，有的农场土地面积小，而又分散，现有的专区和县的农场，每场平均有土地 233 亩，最少的只有 35 亩，而土地又极为零碎分散。

第五，应创造条件，适当地发展国营农场。1953 年要求全西北农业县各设立农场一处；1952 年建立的农场，要求从 1954 年开始一律自给自足，有基础的、设备完善的，并要求上缴利润（个别农场已经做好了），及在农场内成立管理委员会，发扬民主作风，提高职工劳动积极性。

（原载 1952 年 7 月 19 日《群众日报》）

2.《西北行政区委员会农林局关于西北区国营机械农场工作的总结》（节选）

一、基本情况

西北区现有宁夏的灵武、前进（系农建一师经营的），陕西的草滩，青海的莫家泉湾与新疆的塔城五个国营机械农场，其中灵武农场系 1951 年开办，塔城农场正在改建（原为马拉机农场），其余三场都是 1953 年新建或改建的，灵武、草滩两场已

正式进行生产。各场共有土地 484306 亩，其中可耕地 347795 亩，占土地总数的 61.8%，已开 46395 亩（不包括平整熟地），占可开耕地的 13.3%，已耕种 33813 亩，占开荒面积的 72.9%。三年来各场播种作物，累计 44852 亩，生产粮食 629.6 万斤，棉花 13.9 万斤。灵武农场的水稻每亩产量高出群众自种 20~30 斤，在机耕示范上，起了一定的作用。

二、存在的问题与改进意见

农场工作存在问题很多，其集中表现是赔钱现象严重。西北五个机耕农场三年来共投资金 559.67 亿元（其中基建 447.9 亿元，生产 111.88 亿元），亏损 19.6 亿元，主要是由于：

（一）建场未经详细勘测设计，造成返工浪费。

（二）投资大，房屋建筑贪多贪好。

（三）成本高，产量低。

1. 生产成本中以肥料费（占 15.6%~43.6%）、间接管理费（占 15%~21%）及工资（占 13%~27%）等三项最高，尤以肥料问题最严重。

2. 产量低的主要原因是碱害、缺苗与杂草太多。

（四）政治领导薄弱，无人负责现象十分严重。

发生这些现象的主要原因是农场政治思想领导薄弱，对职工教育不够和缺乏民主管理，以致职工事业心与责任感不强，缺乏以场为家和当家作主的思想；把职工利益和农场利益没有密切地结合起来，使职工感到农场工作的好坏与他们本身的利益关系不大，因而对工作漠不关心，不能充分发挥工作积极性。为了真正依靠职工办好农场，必须加强职工政治思想教育，健全管理委员会，吸收农工代表参加，关于生产财务计划以及工作总结、重要生产措施等均须在全体职工中充分讨论并经管委会通过，以提高职工积极性。实行分区专责，定额管理与超额奖励的办法（若定额无基础可采用评奖办法），使个人利益和国家利益密切结合起来，树立职工以场为家的思想，有领导地开展生产竞赛运动

与（采纳）合理化建议。在不断地提高生产的前提下逐步改善职工福利。党、政、工、团应统一步调抓住每个生产环节，发动职工，保证生产计划的彻底实现。

三、今后的方针任务

（一）西北荒地很多，根据中央建场方针，应积极创造条件争取在五年内发展至八场以上（增加甘肃黄羊河、张掖和宁夏金积三场）。计划至 1957 年开荒达 29.7 万亩，种植 28.65 万亩，年产 2750 万斤（以 15 万亩粮食每亩 250 斤计），做好工作争取完成种植粮食作物 20 万亩，产量 4000 千万~5000 千万斤的任务。

（二）经营方针：灵武、前进、塔城三场以生产谷物为主，草滩场以供应城市所需蔬菜、果品、乳类为主。

（三）1954 年各场除必须做好提高产量、紧缩基建投资、降低成本、杜绝浪费、大力解决肥料自给、加强政治思想领导及其他有关经营管理等工作外，灵武、草滩两场还须做好保苗、灭草与碱地改良研究工作（草滩农场还应着重完成挖好排水工程），做到收支平衡争取上缴部分利润。

为了很好地完成上述任务，要求各场除继续做好整顿工作外，并根据下列定额指标处理生产基建投资和修订 1954 年生产与财务计划。

1. 投资：按照全国平均每亩不超过 42 万元（基建 30 万元，生产 12 万元）的原则，结合西北情况尽量紧缩；

2. 房屋：每亩平均不超过 0.2 平方公尺（不包括畜牧部分）；

3. 机修：每台中型拖拉机耕种 3000~5000 亩；

4. 人工：每农工负担作物面积，小麦 150~200 亩，水稻 65~80 亩，棉花 26~30 亩；

5. 每亩产量：小麦 250~300 斤，水稻 330~400 斤，棉花 40~45 斤，黑豆（黄豆）100~200 斤，豌

豆 250~300 斤。

（宁夏固原市原州区档案馆：

《西北农林》1954 年 1 期，共 5 页）

3.《银川专区关于 1955 年上半年复员建设军人安置工作总结报告》（节选）

一、接收安置情况

银川区 1955 年 1 月至 6 月上旬止，共接收复员建设军人 1044 名。其中具有各种技术的 43 名：汽车司机 24 名、电话员 4 名、电务员 3 名、文艺工作 3 名、卫生员 2 名、手工业 6 名。其余在家从事农业生产。由于党政领导重视，各部门以及广大人民群众的密切配合和大力支持，基本上做到了使所有复员建设军人，人尽其才，各得其所，在生产和工作中保持了荣誉，展示了积极性，得到了干部和群众的好评。据统计：家在农村的 895 名因有家有业，占有一定的生产资料，绝大部分积极地投入农业劳动生产。对部分生产、生活确有困难的，仅据 2 个县的统计：调剂了公房 52 间，调剂了土地 32 亩 5 分，买给牲畜 5 头，并使用病因辅助费 4249 元（3 个县），着重地解决了修建房子和疾病治疗等问题。家居城市无固定职业或不宜农业生产，且具有一定的工作能力和专门技术的，根据需要与可能的原则，分别介绍了工作和劳动就业。据不完全统计：参加政府、企业、学校等部门工作的 62 名，参加工厂学徒的 8 名，参加地质勘测大队的 36 名，参加手工业 6 名，参加基建临时工的 4 名，特别是对无家可归的 15 名，介绍其参加了工作的 4 名，安置从事农业生产的 11 名，计解决房子 8 间，调剂土地 18 亩 2 分，牲畜 1 头，并补助了 545 元，解决了生产生活上的困难。截至月前尚有 16 名回乡没有安置。

由于普遍得到了妥善安置，他们在工作岗位和生产中，充分发挥了积极性，因而党、政干部和群众反映说："复员建设军人大公无私，吃苦肯干。"

复员建设军人在部队经过党的社会主义前途教育，因而回乡后成为农业社会主义改造的一支新生力量。据调查和了解，回乡的复员建设军人70%以上参加了互助合作组织。如平罗县一区合作乡回乡复员建设军人15名，其中从事农业生产的13名，已有11名参加了农业生产合作社，他们在社中都能积极劳动生产，带动群众完成各项任务。同时带回的生产资助金，绝大部分用于发展生产、入社投资、存入银行或信用社，少部分用于生活和疾病、婚姻等。

二、存在的问题

（一）在安置工作中，还存在着错误的思想认识，对复员建设军人存在歧视的态度。复员建设军人的实际困难不仅得不到及时解决，而且他们也感觉不到一点温暖。

（二）半年来复员建设军人数量很大，安置任务繁重。同时由于中心工作忙，抽不出干部深入检查，致使对安置情况心中无数，找上门来，推到下面，以致有些复员建设军人安置得不够妥当。

（三）各地土改保留的公房、公地不多，仅有房屋、土地基本上调整完了，同时复员建设军人因病补助费拨款不多，问题较大，以现有力量不足以解决。

（四）个别外籍复员军人（有的带有家属）当地军分区已进行处理，发给回乡费用，但留恋银川坚决不归，本人既无工作条件，又患慢性病，无法从事农业生产，致使无法处理。

三、今后意见

（一）复员安置工作，不仅关系着义务兵役制的实行，而且关系着国防建设和社会主义建设，因此，建议妥善安置复员军人和待业军人。

（二）适时报备安置情况，提出意见，结合中心工作，深入重点检查，发现问题，应认真帮助解决，使复员建设军人积极生产，建立家庭。

（三）对缺房、无房的问题，除加强教育复员建设军人尽量自己设法补料，发动群众帮工修建外，请民政厅给予定期定量的帮助。

甘肃省银川专员公署

1955 年 6 月 17 日

（宁夏档案馆：J046-001-0042-0106，共 14 页）

4.《自治区农业厅党组关于国营农场的情况报告》（节选）

全区现有国营农场 6 处（原 8 处，去年合并 2 处），牧场 6 处，试验场 3 处，实习场 1 处，专县农场 9 处，除专县农场、试验场、实习场由专县和各单位领导外，国营农牧场的情况报告如下。

（一）国营农场：全区国营农场 6 处，于 1952 年先后建立，其中有 1 处（原来是 3 处）是由原农建一师建立后转业的农场。现在 6 个国营农场共有耕地面积 20.5 万亩，其中 1958 年粮食播种面积 8.69 万亩，由于土地没很好改良过来，秋后粮食收获面积为 7.51 万亩，共收粮食 2330 万斤（包括大豆在内），平均每亩产量 310.2 斤。

6 个农场共有职工 3074 名，其中干部 249 名，占职工总数的 6.9%。每人平均月工资 36.84 元。共有大家畜 1076 头，胶轮车 140 余辆，汽车 10 辆，拖拉机 63 台（其中有 10 余台不能利用，实有 50 余台），共有猪 6227 头，羊 2222 只。

几年来在党的领导下，开辟了荒地，改良了土壤，生产了粮食和肉类，并培养了干部等，是有一定成绩的。但是由于牧场所开发的土地都系荒地，且盐碱成分大，加之排水不畅，以及没有开展多种经营和经营管理不善等，赔钱现象至1958年都没有扭转。现分列于下。

1. 1957年6个农场都赔钱，共赔了169.08万元，经国家赔补37.8万元，尚有131.28万元未解决。

2. 1958年6个农场有1个盈利，5个农场（灵武、前进、巴浪湖、暖泉、芦花台）共亏损51.56万元，其中赔钱较多的是前进农场（原来的3个农场合为1个），亏损25.22万元。灵武农场亏损4.1万元，巴浪湖农场亏损14.84万元，暖泉农场亏损5.96万元，芦花台农场亏损1.35万元。

3. 5个农场赔钱的原因，有如下几个方面。

（1）场领导上责任心和计划性不强。致经营管理上未能切实抓起来，在劳动效率上、机具的利用上，以及多种经营的配合上未能充分发挥作用，甚至有的产品因责任心不强，遭到霉烂造成损失。这说明，只要领导上对国家的财产加强责任心，兢兢业业抓经营管理，有计划地安排生产，并结合发展多种经营，赔钱的局面是可以扭转的。目前的情况，我们农业部门和农场的领导都有一定的责任。

（2）土壤不良也是赔钱的一个关键性的问题。几个农场都是在大荒滩上建立的，土壤含碱程度很重，有的是白僵土，加之排水不利，降不下地下水位，又不能大量洗碱，而挖排水沟又是一个量大面宽、投资多的工作，要在一两年内仅由农场开挖，是有一定的艰巨性。正因为土壤不良，所以缺苗现象很严重，就是出了苗，保苗也很困难。1958年5个农场共种粮食作物7.32万亩，实际仅收获6.43万亩，而麦收面积中缺块苗的也不在少数，因而影响了单位产量的提高。虽然用工和投资都加进去了，可是总产量少，而成本却高。计一亩地的投资27.8元（包括用工、机具、种子、肥料等），而每亩平均产量为310斤，以收购价计仅为21.7元。

（3）经营管理不善，没有结合多种生产。农场是要多种经营，才能进一步地发展。几年来对这方面认识不清，抓得不够，特别是发展畜牧业支援农业，这一重要关系没有被重视起来，因而肥料不足，作物所需肥料还得购买，这就加大了成本。近年来虽然认识到这一增产的重要因素。另外在机具的利用率上也发挥得不够，如一台联合收割机，一年最多只用半个月左右，拖拉机也未充分利用到其他方面去。

（4）产品加工方面：农场有两种产品——粮食和副产品（草等）。粮食全数为国有（种子、国粮都是计价核算），但是粮食由场加工给国家交成品（细粮或面），场内只留下糠、麸皮、豆饼等。以灵武农场为例，若将1958年产的农副产品加工交国家（甜菜制糖，小麦磨面，水稻加工稻米，向日葵、大豆榨油，稻草造纸），经计算除去加工成本和税收外，可增加收入61万多元。可以往是原粮全部卖给国家，国家委托加工，加工只收加工费，农场需用副产品如糠、麸皮、豆饼等，再出价购买，同时加工自产粮给国家还得纳税。

（5）季节性劳动力缺乏也是一个重要因素。农场作物生长是有一定的时间性的，除一部分固定的工人外，农忙时需要雇用一大批临时季节工，日工资1.3~1.5元，比长期工高6.5%~25%，但是农场忙时，农民也忙，待农民腾出时间，作物适应的时间已晚了。

（6）大炼钢铁时，各场都积极响应号召投入钢铁生产，据统计共亏损了7.45万元（预计收入除外）。

以上6个农场1957年和1958年共赔钱220.64万元，除弥补37.8万元外，还有182.84万元至今未解决。

（二）国营牧场：全区现有国营牧场6处，也都是1952年开始先后建立起来的，其中有1处是中央去年下放的。根据农牧厅所属3个国营牧场统计，共有大家畜1152头（牛680头，马408匹），羊17975只，猪1570头，3个牧场共有耕地1.48万亩，

1958 年种植 1.26 万亩，共产各种粮食（包括饲料）356.6 万斤。

3 个牧场共有职工 475 人，其中干部 97 人，占职工总数的 16.6%。每人平均月工资 46.43 元，共有拖拉机 6 台、汽车 1 辆、轮车 20 余辆及其他附属农具。

几年来牧场工作在党的领导下，也取得了一定成绩，如繁育良种、增加牲畜、生产畜产品等。但是也有亏损现象。据统计，1957 年两个牧场共亏损 7.89 万元。1958 年 3 个牧场中除银川牧场盈利外，其他两个农场共亏损了 7.42 万元。其中，贺兰牧场亏损 1.88 万元，吴忠羊场亏损 5.54 万元。两年共计亏损 15.31 万元，尚未解决。国营牧场经营亏损的原因是多方面的，除了和农场一样由于责任心不强、经营管理不善、土壤条件较差、缺苗现象严重等以外，还有以下几个方面。

1. 多种经营没有开展，特别是畜产品加工业没有建立。以吴忠羊场为例，该厂以往年产二毛羔皮约 2000 张。将原皮出售，每张平均单价仅 2.7 元。如加工成皮裘出售，除去加工费和税收，每张原皮平均价格就达到了 5 元左右。以往是商业部门不让加工，光收原皮，相对地就减少了牧场的收入。

2. 饲料基地没有建立，饲料不足，这也是影响畜牧业发展的原因。有些牧场由于受土地条件限制，不能种植饲料，生产的粮食由国家按收购价全部收购，所需的饲料由粮食部门按销售价供应，一出一入，牧场就加大了生产成本。同时饲料还不能及时供应，这样就影响了畜牧业的发展。

3. 自然灾害的侵袭，引起羊只的大量死亡。由于没有巩固的饲料基地，主要依靠天然牧场。1957 年大旱，牧草生长不良，秋膘没有抓好。1958 年入春以来，羊只普遍乏弱，突然天冷，引起羊只大量死亡，如吴忠羊场就死亡大小羊只 7000 多只。

全区 6 个国营农场、3 个国营牧场，1957、1958 两年共计亏损 197.05 万元（国家弥补的 37.8 万元）。我们意见请自治区财政部门考虑拨发专款弥补亏损，或批准核减农、牧场的法定基金解决。

（三）今后关于国营农牧场发展的意见

我区农、牧场今后经营的方针，应该遵照中央对农、牧场的具体要求，坚决贯彻自治区第一次党代大会决议中指出的"在粮食、饲料自给的基础上，发展商品性的生产"的精神，大力种植经济作物和发展畜牧业，成为生产出口商品的基地。与此同时，必须发展各种农牧产品的加工工业增加收入，国营农场必须充分利用一切副产品，发展畜牧业特别是养猪业，建立肥料基地，辅助农业的发展。国营牧场必须加速建立饲料基地，保证畜牧业的正常迅速发展。

根据上述总的方针，我们对国营农牧场的 1959 年生产计划做了初步安排。6 个国营农场和粮食作物面积 41750 亩，每亩产量 1000 斤，总产量 4175 万斤。养猪 5.6 万头，其中当年育肥出售 5000 头，这样粮食每亩收入可达 70 元，总收入 292.2 万元。畜牧业收入可达 112 万元，加上经济作物和农副产品加工收入，可以基本扭转赔钱局面。

改变国营农、牧场亏损局面，除了坚决贯彻执行农场方针外，还需要解决以下几个具体问题。

1. 加强农、牧场的经营管理，特别是合理安排劳动力，提高工作效率。对机具利用率应通过改装等方法充分发挥作用，拖拉机的利用应该扩大到其他方面去，节约大批人工。同时要加强经济核算，节省开支，降低成本，扭转赔钱局面。

2. 国营农牧场的产品，在一般情况下，应允许向国家交售成品，暂时还不能粮食饲料自给的单位，请做全部的考虑，保证及时供应及扶助发展。

3. 根据国家规定，所有国营企业 1958 年以前的流动资金均要上交银行，今后需要的流动资金，统一由银行贷款解决。鉴于农、牧场生产资金的周转期很慢，每年需要大量流动资金，贷款太多势必加大成本，影响农场迅速扭转赔钱局面。为此我们意见请考虑，1958年以前的流动资金不交银行，仍由农、牧场继续使用，但1959年实际需要不足数可由银行贷款解决。

4. 加强对国营农、牧场的领导，随着国家对农、牧场新的要求，必须进一步加强领导与计划管理。

（1）国营农、牧场的具体任务，除了增加生产，积累资金以外，更重要的是培养干部、积累经验、支援新场。为此，我们考虑除了加强对原自治区的农、牧场的试验场的领导外，将由县、市领导的巴浪湖、连湖农场、南华山马场的财务、计划、业务、干部调配等，统归自治区农业部门领导，行政、党的关系、干部思想教育等仍归县、市领导。

（2）加强计划管理。自治区所属各国营农、牧场的计划指标采用条条下达、块块汇总的办法，在确定任务时和县、市计划分列，由自治区计委分别下达，但农、牧场做出正式计划时，除上报农业部门外，应抄报各县、市，由县汇入地方计划。

（3）农、牧场的产品分配，应采用合同制，由商业部门和农、牧场具体签订产销合同，通过合同形式，进一步保证生产。

以上报告可否，请示。

农业厅党组

1959年3月25日

（宁夏档案馆：J094-001-0017-0024，共9页）

5. 《关于在1960年浙江支宁青年中抽12000人投入农业生产建立国营农场的请示》（节选）

区党委：

区党委指示在1960年浙江支宁青年中拨12000

人（包括20%家属）投入农业生产，建立国营农场。根据勘查结果，在银川平吉堡、中宁渠口堡、同心王团庄、海原高崖子等4处有较好的荒地12万余亩，适于建立各种综合性的国营农场。

一、新建场土地情况

1. 平吉堡农场：位于银川西南30余华里的平吉堡北滩，属银川新市区西部近郊，地势平坦，土质较好。面积约为7万亩，除1900余名陕西移民已垦种一部分外，尚有6万余亩。在1960年开挖西干渠后，水源得到了解决，建立一个以蔬菜为主、粮食自给，并生产甜菜、肉、乳、果类等产品，为城市服务的综合性国营农场是具有良好条件的。

2. 渠口堡农场：在中宁渠口堡西南跃进渠之中游。面积2万亩左右，土壤尚好，1958年由各公社组织的远征队开垦种植了部分土地，今年的糜谷、豆类、蔬菜等作物生长良好，拟建立以粮食、经济作物（甜菜）为主的国营农场。

3. 王团庄农场：位于同心县城西南十余华里。除当地农民已种植一部分外，尚有土地25000余亩，土质较好，利用张家湾水库积水进行灌溉，可建立一个以粮食、油料作物为主的农场。

4. 高崖子农场：属海原县管辖，在同心县旧城南约5里处。面积约有15000亩，系黄土，很肥沃，当地农民开垦后，在无灌溉条件下，多雨年份亦能得到较高的产量。今年建成了石峡口水库，水源可以解决，建立一个以粮食、油料作物为主的国营农场较适宜。

二、人员安置意见

按上述新建场土地面积，拟在平吉堡农场安置浙江青年5000人（原陕西移民可归入农场为农工），渠口堡农场安置2000人，王团庄农场安置2000人，高崖子农村安置1000人，共安置10000人。

为便于青年一到就能安心建设生产，我们意见：

1960 年青年可分两批来宁。在明春消冻后，先用包工形式（因尚无劳力）盖好部分房屋，于 4—5 月安置 30% 的第一批人员，这批劳动力可以继续盖房，到 6—7 月房屋全部盖好再迁 70%。第二批人员到后即可全部投入农田基建工程。

三、经费、物资概算

在 4 个农场中，除平吉堡因面积大且待西干渠开成后方能灌水，可于 1960—1961 年两年完成基建，同时在 1961 年争取部分投入生产，其余 3 个争取在 1960 年就投入部分生产。

鉴于新建农场是荒地起家，需安排万余人的住房，完成 10 万多亩地的支斗渠沟、道路、桥涵、平整土地等基建工程，解决交通运输工具，购置基本畜业，同时这些主要工作要求于两年内基本完成，因此在投资上会比旧场逐年扩大。尤其房屋建筑，过去每间造价 500 元左右，目前是以窑洞为主，造价每孔需 1000 元左右。过去每间可住 4 人，但今后来的男女青年不少，不少为已婚夫妇或者很快成家，房屋数量必然增多，因之造成每亩投资高于过去，预计 4 个场的全部投资为 10716500元。1960 年计划除将全部住房的部分生产用房建成外，并整地 5 万亩，下余 5 万亩于 1961 年全部完成。

在物资申请调度方面，除一般生产用具外，主要为建筑材料，尤其是木材、水泥、钢材、玻璃及所需汽车、拖车、人力车、拖拉机等要求列入计划及早调发。为解决今冬筹建人员的住房及进行工作问题，要求现在先解决木材 200 立方米、钢材 3 吨、水泥 10 吨、玻璃 600 平方米、汽车 8 辆、拖车 8 辆、人力车 100 辆以及部分工具，其余希于明春 1—2 月解决。

四、成立筹建机构

安置万名青年，平地起家，在加强青年的思想和组织工作上，以及所需食、居、生产工具、经费、运输、建筑材料等供应上的牵涉面很广。根据今年的安置经验，建场前需做好筹划工作，避免措手不及，以便来场后立即能投入生产。建议在自治区统一领导下，建立两级筹备机构。自治区成立"筹建委员会"，由计委、粮食厅、财政厅、民政厅、商业厅、交通局、区建委、共青团工委、妇联、农业厅等单位负责人组成，请郝副主席担任主任，农业厅张兴厅长担任副主任，下设办公室，地点设在农垦局，调灵武农场场长袁力刚同志任主任，灵武农场场长遗缺，调灵武县副书记白凤奎或韩敬炳担任。新建农场的所在县、市均成立"国营农场筹建处"，每处需配 20~40 人，所需人员除农业厅选调老场中的职工外，为了加强筹建期间的领导，便于今后场里关系的处理，建议调银川市农业局局长张振民、中宁县副县长周友达、同心县县长李汗臣、海原县副县长张国潘等 4 位同志分任专职主任，待投入生产后即为场长，同时各县、市还需抽调 3~5 名熟悉当地情况的一般人员，以利工作开展。在领导关系上，我们意见党的领导归所在县、市，业务领导归农业厅，行政双重领导。

五、几个问题

1. 新建场中吃水较为困难，除平吉堡打井较易外，其他各场地下水皆在 15~20 米以下，尤其王团庄、高崖子地区水质较差，希当地县、市能给解决人力和运输力。

2. 为了解决平吉堡灌水问题，要求水电局于明年把西干渠开挖下来。

3. 筹备期间人员工资等开支及物资购置调配价款，在中央未批准计划前，均请自治区先行拨款 200 万元，以资进行工作，至于其中 1960 年投入生产的 3 个场的生产费用，另同其他老场流动资金一同编造 1960 年生产计划。

4. 窑洞因造价高，且冬季不能施工，为了争取时间，今冬明春所建的一些房子可采取砖木或土木结构的平房。

5. 第一批青年未到前，在没有劳力，运输困难的情况下，所建部分房屋应承包给建筑部门，待青年来后就以农场自己建筑为主，建筑部门支援少数技术工人即可。

所提意见区党委认为可行时，请即批示，以便迅速筹办。

农业厅党组

1959 年 9 月 21 日

（宁夏档案馆：J057-001-0045-0078，共 8 页）

6.《1960 年农垦部党组关于 1959 年动员青年参加边疆建设工作情况和 1960 年计划数字的报告》（节选）

中央农村工作部并报中央、总理：

兹将 1959 年动员青年参加边疆建设工作情况和 1960 年计划数字以及工作上的几个主要问题报告如下。

1959 年全国共动员和安置了 52.3 万名青壮年参加边疆和少数民族地区社会主义建设：其中浙江迁往宁夏 5 万人，安置在宁夏各地人民公社的青壮年建立了 328 个生产队，他们播种 8.45 万余亩，收获粮食 2500 万斤，有些自给有余，向国家出售了余粮。并且在工农业生产战线上涌现出许多先进生产单位和先进生产者，参加宁夏青铜峡水利建设的 2400 名青年，有 1700 余人获得了跃进奖，评选出 7 个先进集体，有 139 名荣获"红色青年"的称号。经过一年的劳动生产，绝大多数青壮年决心在边疆扎根、开花、结果。他们在与各族人民共同劳动中建立了深厚的友谊，交流生产经验，在边疆地区社会主义建设事业中发挥了积极作用。

1959 动员青年参加边疆地区社会主义建设工作，贯彻执行了党的总路线和八届八中全会精神，依靠各级党委的坚强领导，坚持政治挂帅，开展了群众运动。同时，本着全国"一盘棋"的精神，组织了地区和部门之间的大协作，因而，获得的成绩是巨大的。但因缺乏经验，工作中也产生了一些缺点。

主要缺点：年度计划确定的较迟，各项准备工作动手较晚，未赶上春播季节；在动员工作上有的地区做得不深不透，思想不够成熟；在安置巩固工作上，有些单位虽然重视了抓生产，但却忽略了对青年的政治思想教育，某些实际生活问题也解决得不够及时，约有 1.4 万人逃跑和返回原籍。这些缺点，在各级党委的积极领导下，大部分问题已得到解决，目前正掀起了冬季生产高潮，情况良好。

为了安排 1960 年的支边工作，我们曾多次与各省、区联系，各地对由中央统一安排的经费预算、运输设站和棉花、棉布、粮食等供应问题提出了一些意见，经与财政、铁道、商业和粮食等部门反复研究协商，做了修正。拟于 2 月底或 3 月初召开全国支边工作会议，进一步做系统安排，从去年各迁、安省、区的准备工作来看，对今年的支边工作将是顺利的，当不断协助各省多加研究，力求动员好，安置好。

根据各省反映尚有下列 3 个问题，特请示。

（一）家属迁移问题。1959 年外迁青年的家属绝大部分都留在原籍，当地政府和人民公社对他们的生产生活，都给予了照顾和安排，对鼓舞青年在边疆安心建设起了很大的作用。现在，许多青年要求把家属接去，移出地区也希望能够早迁，但有些条件较差的安置单位，则要求推迟接家属的时间。根据以往经验，晚接对巩固工作不利，早接有些安置单位确实有困难。我们的意见是，安置地区应加强生产建设，积极创造条件，解决住房和口粮问题。一般争取在安置后的第二年开始迁移家属（即1959年外迁青年的家属从1961年开始迁移），先少后多，逐年去接。凡合乎动员对象条件的家属，都应顶外迁青壮年的任务。接家属的经费，安置在工矿、交通、林业、财贸和基本建设等企业部门的，应按照1959年3月3日农垦部、财经部、劳动部《关于动员青年参加边疆地区社会主义建设的经费开支问题的通知》的规定精神由企业开支。安置在国营农、牧场和人民公社的，由中央移民经费中开支。开支项目：车船费和途中伙食、医药补助费3项。每年接家属计划，由动员和接收地区协商确定，并纳入国家计划。

（二）动员返籍青年重返安置地区的问题。根据各地反映，目前返籍青壮年已有减少，但是零星逃跑返籍的仍然还有。对返籍青年，河南、浙江等省积极进行了动员重返工作，收到了显著效果，各接收地区也有这种要求。我们认为，为了支援边疆建设，促进青年在边疆安家立业的决心和有利于今后的动员工作，所有返回原籍的青年，除个别身患重病和家务拖累太大的人员外，原则上应一律动员他们重返安置地区。动员时应坚持耐心说服教育，不能强迫命令，重返后应热情接待，妥善安置，不能打击歧视，其路费由移民经费中开支。

（三）支边青年的伤亡抚恤问题。1959年参加边疆社会主义建设的青年，有的因交通事故造成伤亡，有的因公死亡或致残，也有因疾病发生死亡的，为了鼓舞青年参加边疆建设的积极性，对上述伤亡人员及家属应当给予抚恤。我们意见：原则上应按照前中央人民政府政务院1954年5月22日批准的内务部、劳动部《关于经济建设工程

民工伤亡抚恤问题的暂行规定》精神办理。对因交通事故而伤亡的人员，当地的铁道、交通部门，应负责予以治疗和埋葬。途中伤亡人员所需的医疗费、棺葬费、家属抚恤金和残废抚恤金，由移民经费中开支。

1960年1月18日

（农垦工作文件资料选编：共3页）

7.《中国人民解放军西北林业建设兵团林业建设第三师历史沿革》（节选）

1950年六盘山林业局成立，共调配干部59名，工人156名。1965年3月，遵照中央西北局和自治区党委的决定，开始林建师的组建工作。1966年2月，国家在西北地区建立中国人民解放军西北林业建设兵团，固原地区为林业建设第三师，下辖西、海、固、隆、泾林业建设团，沿六盘山林区和农村国营林场为连队建制，有干部174名，工人1510名，宜林地86万亩，育苗地1481亩，农用地4300亩。1966年3月22日至26日，林建三师委员会召开第一次扩大会议。1969年10月14日，西北林业建设兵团撤销，林建三师下放地方，改为宁夏回族自治区林业建设师，六盘山林区所属团连建制不变。

1960年2月17日

（《六盘山林业局大事记》固原市六盘山林业局编，第4页）

8.《宁夏回族自治区农垦系统国营农牧场人数表》（节选）（1961年11月14日）

宁夏回族自治区农垦系统国营农牧场全部人数表（1950—1960年）

单位：人

总计	恢复时期			第一个五年计划时期					1958年后时期		
	1950年	1951年	1952年	1953年	1954年	1955年	1956年	1957年	1958年	1959年	1960年
	138	307	540	4 627	4 801	3 565	4 027	5 073	7 753	15 273	53 573
灵武农场		112	326	589	634	894	1 035	1 500	2 776	3 757	4 738
前进农场				3 749	3 787	1790	1 540	1 708	1 792	3 400	8 328
暖泉农场						193	266	305	519	996	3 927
连湖农场					18	196	314	579	910	1 015	2 546
平吉堡农场											9 447
渠口堡农场											6 710
兴隆堡农场											848
王团庄农场											3 577
李家大湾农场											403
巴浪湖牧场				63	124	152	329	391	759	2 154	2 000
银川牧场	49	46	47	31	36	34	50	55	55	216	400
贺兰山畜牧试验场							156	265	444	1 783	4 274
芦花台园林试验场				32	41	162	182	98	269	760	5 526
王太堡农业试验场	89	137	146	142	140	131	147	154	201	459	544
灵武园艺试验场		12	21	21	13	13	16	18	28	133	303

农业厅

1961年11月14日

（宁夏档案馆：0094-002-0158-001）

9.《1962年至1965年全区国营农牧场安置人数》（节选）

1965年底统计，1962年至1965年全区国营农牧场安置人数11268名，其中1962年安置1582名（农牧场1502名，林场80名），1963年安置1854名（农牧场1732名，林场122名），1964年安置909名（农牧场704名，林场205名），1965年安置5923名（农牧场5435名，林场488名）。

（宁夏档案馆：J075-001-0044-0037，共1页）

10.《中共中央、国务院关于宁夏回族自治区、陕西省建立农业建设师问题的批复》（节选）

宁夏回族自治区党委、区人委，陕西省委、省人委并西北局：

宁夏回族自治区党委、区人委3月25日，陕西省委、省人委3月27日、7月10日关于建立农业建设师的请示报告和西北局7月15日同意陕西省建立农业师的意见收悉。

同意宁夏回族自治区、陕西省建立农建师，采取军垦形式，开垦耕地，建设农场，发展生产，宁夏自治区的番号为农业建设第十三师,陕西省的番号为农业建设第十四师。

开垦建场要在充分做好勘察规划的基础上进行,由小到大,逐步发展。要集中力量搞好农田基本建设,建立稳产高产基础。在建设中坚持自力更生的大寨精神,做到投资少,见效快。

农建十三师、十四师的生产、投资、物资设备以及安置人员的计划,均列入宁夏回族自治区、陕西省的计划,并报农垦部审核。

中共中央、国务院

1965 年 9 月 12 日

(摘录自《前进农场志》附录)

11.《农垦部关于陕西等省区成立农建师的全称的答复》(节选)

中共中央西北局农林工作部:

关于陕西、宁夏等省区成立农建师的全称问题,经请求国务院农林办公室同意,各该农建师的全称为"中国人民解放军生产建设兵团农业建设第十二师(青海)、第十三师(宁夏)、第十四师(陕西)"。

特此函告。

中华人民共和国农垦部

1965 年 10 月 14 日

(摘录自《前进农场志》附录)

12.《宁夏回族自治区农垦局关于平吉堡、暖泉等九个农场归农建师领导问题的通知》(节选)

各农牧场:

根据中央、西北局及区党委决定:"宁夏回族

自治区农业建设第十三师"经过筹备,现已建立,并开始办公。师部设在新城西南之方家圈。为了加速农建师的发展,加强对农建师所属牧场的领导,现对有关问题作如下决定。

一、平吉堡奶牛场,平吉堡农场,暖泉一、二场,前进一、二、三场,南梁牧场,陈家圈牧场9个农牧场,从 11 月 1 日起划归农建师领导。今后上述各场除财务、物资供应工作在今年底以前,暂时由农垦局负责统一平衡外,政治思想、生产规划等全盘工作,均由农建师直接领导。这些牧场工作中遇到的问题,亦直接向师部请示汇报。

二、平吉堡奶牛场与平吉堡农场合并,名称改为"宁夏回族自治区农业建设第十三师一团",暖泉二场改为"宁夏回族自治区农业建设第十三师二团"。其他场名称暂不变。

宁夏回族自治区农垦局

1965 年 11 月 3 日

(引自《前进农场志》附录)

13.《中共西北林建兵团第三师委员会第一次(扩大)会议纪要》(节选)

西北林建三师自 1965 年 3 月开始组建,经过一年努力,已建成一个师部,两个团部,共有干部174 名,工人 1510 名,宜林地 86 万亩,青苗地1481 亩,农业地 4300 亩,马、牛、羊 3150 头。1969 年 9 月 20 日,按照 1968 年(后 4 个月)、1969 年、1970 年生产计划及"四五"规划初步设想,林建师下属两个团,23 个连队(内 3 个牧场),两个独立连,全师共 2395 名,其中干部 232 名,战士 1689 名,家属 474 名。主要建设及治理对象为"二山一水"(即六盘山、罗山和泾河流域)。总管辖面积 289 万余亩,实有面积 239 万余亩,其中林地面

积 59 万余亩，乔木蓄积量 31 万立方米，山林蓄积量 8.7 万余吨，宜林荒山 68 万余亩及其他等。

1966 年 3 月 22 日至 26 日

（六盘山林业局：1966 年档案卷 33 号）

14.《农建十三师关于复员转业军人安置情况的报告》（节选）

中央农垦部：

根据中央军委和国务院的指示，1966 年安置给我师复员转业军人 1420 名，截至 4 月底已到 1677 名，比原计划超额 257 名。其中，兰州军区 431 名，南京军区 659 名，公安部队 587 名。这批复员转业军人，多数是 1959、1960、1961 年应征入伍的，也有一部分是 1957、1958 年入伍的老兵。他们中绝大多数出身成分好，在服役期间受到各种奖励或表扬。党、团员占总人数的 95% 以上。

安排担任了生产连队的班、排、连长职务，有的还安排了机关工作或各种技术工作，在生产和各个工作岗位上做出了一定成绩，给部队带来了三八作风，使部队发生了质的变化，对我师当前和今后的建设事业起到独特并继续起到应有的骨干作用。

1966 年 6 月 1 日

（宁夏档案馆：J095-001-0522-0107，共 5 页）

15.《农建十三师政治部关于接待安置转业军官情况总结报告》

一、基本情况

为了加速我师的生产建设事业，自治区党委去冬分配给我师军队转业干部 71 名。其中，共产党员 67 名。北京军区 18 名、沈阳军区 42 名、宁夏军区 9 名、兰州军区 2 名。截至 6 月 10 日已报到 58 名。其中，共产党员 53 名。行政干部 38 名，团职 4 名、营职 7 名、连职 7 名，业务干部 17 名（其中无军籍 1 名），政治干部 21 名，团职 2 名、营职 5 名、连职 9 名，业务干部 4 名。应到干部 67 名，已报到 58 名，占应到干部数的 86.5%。

二、接待安置情况

自去年 12 月以来，军官就陆续开始报到，师成立了接待办公室，各团也成立了办公室或小组。我师驻地分散，师部房子少，离车站又远，干部来师部报到有困难，在火车站设立一招待站，并派一干部专门负责接待工作，并不断地派医务人员到站为同志们看病治疗。

上报党委组织部、人事局、金浪白同志。

生产建设兵团农业建设十三师政治部干部科

1966 年 6 月 12 日

（宁夏档案馆：J095-001-0517-0029，共 6 页）

16.《宁夏回族自治区林业建设师机构人员概况》（节选）

林三师下属两个团，23 个连队（内 3 个牧场），2 个独立队。全师共有 2395 名，其中干部 232 名，战士 1669 名，家属 474 名。总管辖面积 239 万亩，三年来共造林 26000 亩，育苗 1600 余亩，次生林改造 3000 亩，生产粮食 32 万余斤。房屋建造 3000 余平方米，培养汽车司机 15 名、卫生员 13 名、拖拉机手 10 名、打字员及会计各 2 名。现有拖拉机 5 台（混合台）、汽车 14 辆、大胶车 18 辆。

1968 年 9 月 20 日

（《六盘山林业局档案》

固原市六盘山林业局编，第 24 页）

17. 《宁夏回族自治区委员会关于宁夏林建三师改为宁夏林业建设师的通知》（节选）

固原专区，各市、县、旗革命委员会：

根据国务院、中央军委关于"撤销西北林业建设兵团，其下属在陕西、甘肃、宁夏的 3 个师和内蒙古的筹备处、青海的独立团，分别划归所在省（区）革命委员会领导"的指示精神，现将宁夏林建三师改为宁夏林业建设师的有关问题通知如下。

一、宁夏林建三师改名为宁夏回族自治区林业建设师，所属团、连的建制不变，由固原专区革命委员会领导，继续实行军管。

二、师、团领导机构的设置和人员配备，要贯彻"精兵简政"的原则，多余的干部可充实基层，加强连队。师设正副师长、正副政委各一名，下设政治处、生产处、办公室；团设正副团长、正副政委各一名，下设政治组、生产组、办事组。

三、林业建设师的任务是：认真贯彻"备战、备荒、为人民"的伟大战略思想和以林为主、多种经营的方针，自力更生，艰苦奋斗，积极发展林业生产，建设山区，搞好水土保持，并逐步做到粮、油自给。

宁夏回族自治区革命委员会

1969 年 11 月 10 日

（宁夏档案馆：J113-001-0023-0103，共 3 页）

18. 《中共固原地委关于撤销林建师成立地、县林业机构有关事项的通知》（节选）

各县党委：

为了适应我区林业建设发展的需要，加强六盘山区林业建设，根据自治区党委〔1973〕126 号文件关于撤销林建师，成立固原地区林业管理局，成立六盘山林业管理所的批复精神，地区党委常委会议对撤销林建师、有关人员财产移交、地县林业机构设置、人员编制等问题，反复进行讨论。决定林建师撤销后，成立固原地区林业管理局和六盘山林业管理所，各县成立林业局。地、县林业局是地、县革委会领导下的林业行政单位，负责全地区国营和集体的林业建设；六盘山林业管理所，基本恢复原六盘山林管局管辖范围，属地区革委会领导下的和地区林管局的业务指导下的林业事业单位。林管所及其下属林场的政治思想、路线教育，受所在县、社领导，应在当地社、队和广大群众的支持帮助下，管护好六盘山的国有山林。国有林的林木采伐，由地区革委会审批，所、场的职工调配，分别由地区组织、民政部门管理。财经核算、拨付由地区林管局管理。现将有关事项通知如下。

一、机构设置与人员编制

林建师撤销后，各级林业机构设置与人员编制，应本着有利于林业事业的发展和精简的原则，进行设置和编制。

（1）地区林业管理局，下设办公室、生产组和财务组，总编制 29 名，其中干部 24 名，工人 5 名。

林管局下属林业勘察队、田洼苗木试验林场两个单位。勘察队编制 20 名，其中干部 15 名，工人 5 名。试验林场编制 80 名，其中干部 9 名，工人 71 名。

（2）六盘山林业管理所，下设办事组、生产组、财务组，共编制 30 名，其中干部 20 名，工人 10 名。

林管所下属二龙河、王化南、新民、秋千架、二台、西峡、红峡、苏台、丰台、东山坡、卧羊川、青石嘴、黄家庄、沙沟等 14 个林场和林管所机关苗圃共 15 个单位，共编制 655 名，其中干部 78 名，工人 577 名。

（3）各县成立林业局，区成立林业工作站，公社配备林业专干。全区共编制 1066 名，其中干部

267 名，工人 799 名。分配固原县 626 名，其中干部 110 名，工人 516 名（内含县林业局干部 15 名，工人 10 名）。区设林业站，干部 50 名，下属各林场、苗圃干部 45 名，工人 506 名。西吉县 100 名，其中干部 46 名，工人 54 名（内含县林业局干部 35 名，包括公社林业专干 23 名）。海原县 200 名，其中干部 53 名，工人 147 名（内含县林业局干部 29 名，工人 1 名，包括公社林业专干 19 名）。隆德县 70 名，其中干部 37 名，工人 33 名（内含县林业局干部 29 名，工人 1 名，包括公社林业专干 20 名）。泾源县 70 名，其中干部 21 名，工人 49 名（内含县林业局干部 15 名，包括公社林业专干 6 名）。各县林业局编制的干部除少部分做行政工作外，大部分干部都搞林业站工作。上述人员除配齐县林业局、公社林业专干外，余下人员要大建国营苗圃，苗圃地址、规模和人员编制，由各县自己决定。

人员调配，应全部从林建师原有职工中调配解决，调配的原则是：除指名要交给地区林管局和六盘山林管所的连队人员全部分别移交林管局、林管所外，余下的连队和人员均归到各县接收安排，然后由地区余缺平衡调配。

二、林建师文书档案及其财务交接问题

凡分配在地区林管局、六盘山林管所的职工，人事档案分别由地区组织、人事部门接管。归各县接收分配的职工档案，由县组织、人事部门接管。师部和一团的文书档案、有关业务性文件，分别交给地区林管局和六盘山林管所，有关机要文件移交给地、县档案馆。其他各团文书档案，按此原则，亦应分别移交给县林业局和档案馆。

师直马东山、扇子湾两个畜牧连，人员、马、羊只及其他财产移交给固原县，由固原县接管处理。这两个连的牛移交给泾源县，由泾源县接管处理。

鸦儿沟林场的土地权，属于地区，暂归固原县

使用，林场的人员移交给固原县。

撤销师汽车连，车辆、人员主要分配给地区林管局和六盘山林管所。车辆分配：地区林管局 4 辆；六盘山林管所 3 辆；固原县林业局 2 辆；西吉、海原县林业局各 1 辆。汽车修配零件随车计价分配，修配工具全部移交给六盘山林管所，修理工 4 名调给大修厂，汽车连房产及其生产、生活全部用具、工具移交给田洼试验林场。

师机关 3 辆小汽车，地区林管局、六盘山林管所各分配 1 辆，余下 1 辆上交地区革委会办公室。

师机关和一团团部的房产、桌凳、箱、柜、椅、床、炊具、办公用品、生产工具、文体用品、宣传用品、公用被物、仪器设备、劳保用品及其他固定财产，师机关移交给地区林管局，一团交给六盘山林管所，其他各团的所有财务全部移交给县林业局。

撤销师机关医务室，所有医药和医疗器械全部移交给六盘山林管所。

师机关的电影队人员与机器暂交给地区林管局。

三、在机构变动和财产移交中应注意的几个问题

（1）在新机构没有正式建立或手续没有移交结束以前，原单位的人员财产一律不得调动。

（2）林建师各级单位，原有一切公共财产，均须彻底清理，一一造册登记，移交清楚。在清理中发现丢失、损坏的公物，要追清责任，认真处理，私人占用的要收回，损坏的要赔偿。要教育职工，在财产清查移交中，要做到一尘不染。

（3）凡要调动的职工，必须交清手续后再走。特别是借用公款问题，有力量还的，一定要还清借款。一时无力偿还的，也要清算账目，订出还款计划，交调入单位，限期扣还，或一次垫付解决。

（4）移交、接交单位应共同努力，抓紧进行，于 1 月底交接完毕，地、县林业新建机构，于 2 月份开始办公。

特此通知，希认真贯彻执行。

中共固原地委

1974 年 1 月 10 日

（固原市档案馆：共 5 页）

19.《农建十三师司令部关于京津知识青年参加宁夏农建十三师生产建设情况的介绍》（节选）

一、农建十三师的现状和第三个五年计划的设想

中国人民解放军生产建设兵团农业建设第十三师是根据党中央、西北局和自治区党委指示成立的，它是根据毛主席关于军队既是战斗队，又是生产队、工作队的思想建设的。它是保持着中国人民解放军的组织形式，既是一支劳动大军，又是一支有战斗力的军队，在国家需要时，又是一支野战部队。

它的重要任务是：大力发展农业生产，贯彻以粮为纲、农牧结合、多种经营，农、林、牧、副、渔全面发展的方针，农、工、兵、学、商的组织形式。出产品、出人才、出经验。既能生产物质财富，又要造就人才，是一支能文能武的劳动大军。

农建十三师是在原有 9 个国营农场的基础上建立起来的，已编制 5 个团、1 个良繁场、工程队、勘察队、建材厂、灰砂砖厂、修补缝纫厂、学校和医院等单位。全师现有人口 2 万余人。耕地 9.6 万亩，拖拉机 108 台，汽车 50 辆和 13 台康拜因，以及副业加工设施等。畜牧业方面：现有大家畜约 3000 头，猪 7000 头，羊 23000 只。

我师各团场位于贺兰山东麓，南起青铜峡，北至石嘴山，长达一百余公里，在黄河之滨，贺兰山下的大片土地都是可以开垦的荒原，一般情况下可以年种年收。这里有包兰、京包铁路横贯各团场，公路成网，电源也很充足。师属各团靠近城市和工业区，农林牧副渔产品可以就近供应，有利于工农业的发展。但各团所处地区风沙大、地下水位高，有盐碱、白僵土，它们是我师生产中的三害，要立志将三害变为三利。

第三个五年计划的设想和 1966 年的计划任务，是根据"备战、备荒为人民"的战略方针，充分利用此地的自然条件，自力更生的精神战胜一切困难。到 1970 年达到的规模是：开荒造田 80 万亩，播种面积达到 90 万亩，粮食总产量 1.8 亿~2 亿斤，年产皮棉 500 万斤，甜菜 1.75 亿斤，油料 34 万斤，造林 15.5 万亩，果园 1.2 万亩，畜牧总头数达到 16 万头，其中大家畜 1.3 万头，羊 8 万余只，猪 6 万余头。

工副业：首先在改进、扩建粮油加工和五坊的基础上，新建年修 200 台拖拉机的修配厂 1 座、日处理 500 吨甜菜的糖厂 1 座、年产 4.5 万吨的水泥厂 1 座、砖瓦厂 2 座等工业生产。在发展生产、保证供应的方针下，发展商业，既保证生产物资，又满足职工生活必需品的供应，建设一个巩固的商业网点。

文教卫生事业也要相应地发展，各团场既要有小学、中学、半农半读的农林学校，又要开展职工中的业余教育、函授大学教育，还要设立医药卫生机构。

到那时，粮、棉、油、肉、菜、奶、果、糖等自给有余，并出现农、林、牧、副、渔、工、农、商、学、兵全面发展综合经营的社会主义的国营农场。到 1970 年，全师总人口将由现有的 2 万余人增长到 7.5 万余人。

二、京津知识青年到农建十三师近一年来的成长

1965 年京津两地共有 4000 余名知识青年积极响应党的号召，到宁夏参加军垦建设，他们是农建十三师成立后第一批到来的有知识、有文化、有政治觉悟的新战士。广大知识青年到宁夏后，就积极投入到紧张的生产建设中来，一年来，共平田开荒 1.5 万亩，修渠挖沟 100 多万方土，收割庄稼 1 万余

亩，积肥近 5000 万斤，造林 60 万株，为十三师的发展作出了一定的贡献。

一年来的劳动实践，出现七连、四连两个先进集体，有 15 名青年被选为自治区贫选代表，出席了自治区贫代会。有 200 多名青年参加了社教队伍，190 多人提为排长以上干部，还有的光荣入党、入团，260 多名学习了拖拉机和医务方面的专业技术知识。

以农为荣，以农为乐，为革命种田，在宁夏干一辈子的思想大大树立起来了，学习雷锋、王杰助人为乐的共产主义风格正在青年中形成着。北京青年肖世均同志，去年 6 月份不顾家庭阻拦，不惜戴上"肖家叛逆之徒"的帽子，兄姐三人一起报名来到宁夏，来宁后虽然他身体不好，但仍然坚持参加劳动，麦收时，连指导员为了照顾他身体，不让他下地劳动，他再三要求，坚持要到一线去，终于学会了割麦子。冬季为了完成架高压线的工程，他不顾自己的腿病，忍着钻心的刺痛，仍和其他同志一样站在水里干活。

再如：天津知识青年，在去年冬灌时，渠道决了 9 尺宽的口子，青年们不顾刺骨的寒冷，立即跳到水中，手拉手筑起一堵人墙，用每个人的身体挡住了决口，经过一个小时的紧张劳动，终于修好了渠。以上仅是青年中千万个事例中的点滴，总之，好人好事是说不完的。

三、可能遇到的困难和同志们的福利待遇问题

首先是生活条件和生活习惯上的困难。因为我师初建，各方面条件很差，可以说是"白手起家"，一切事情都要从头做起。大家到我师后首先遇到的是住房问题，虽然我们已组织了一大批力量正积极地为同志们修建房屋，但因建房任务大、时间紧，一下子建筑不了那么多房子，因此同志们到场后就难免住不上房子，临时住帐篷和草棚。也可能还要

自己动手盖房子。也可能有时喝不上开水，饭菜味道也可能不合口，等等。另外宁夏的气候要比北京、天津稍冷一些，每天早晚的温差大，春季有时风沙较多，比较干燥，交通不那么方便，文化生活方面虽然各团都有电影队和业余演出队等，但比起京津还是差得很多。

其次是生产劳动中所遇到的困难，参加农业生产建设工作，是比较艰苦的体力劳动，开始时会感到腰酸、腿痛不太习惯，掌握多种生产技术和生产知识，也需要一个过程，同志们需要从头学起。

我们应该看到以上这些困难是暂时的，是前进过程中的困难。有问题，需要我们去解决，我们是为解决困难去工作、去斗争的，越是困难的地方，越是要去，这才是好同志。不习惯，我们逐步去适应，劳动艰苦，我们逐步地来锻炼。要树立雄心壮志，坚定信心，不畏艰苦，在革命大熔炉里不断改造自己，提高自己，把自己锻炼成为真正的无产阶级革命事业的可靠接班人。

关于福利待遇问题，现在按农垦部规定，我师实行定额记分，按分付酬的工资制度。粮食定量每人每月 36 斤，劳动时补助 6 斤（每月）。服装发放问题：这次来宁夏，每人发单衣 1 身，棉衣 1 身。以后按国家规定发布票，每个青年在来宁后可以享受公费医疗待遇，来宁 3 年左右可以探家一次。

以上是对宁夏和农建十三师情况的介绍，对大家的希望，请同志们会后进行讨论。如有不清楚的地方还可以提出来。

中国人民解放军生产建设兵团司令部

农业建设第十三师政治部

1966 年 5 月 18 日

（宁夏固原市原州区档案馆：共 10 页）

第四章　安置到宁夏的各地移民档案摘录

一、北京、上海移民档案摘录

1.《宁夏省民政厅给北京市人民政府关于1951年移民安置情况简报》（节选）

谢部长、王部长、彭市长：

一、准备工作

1950年12月经北京市人民政府与宁夏省委商定，由北京市遣送宁夏移民1500名。宁夏随即成立由5人组成的省移民委员会，成立两处移民招待站，分配专职干部负责招待、受理、教育、分配等事宜，县、区、乡亦组织了移民委员会，对于移民的安置工作做了数次的具体研究和布置。各县、市本着"天下农民一家人"的口号，开展了农村互助运动，具体解决了土地、房屋、食粮、农具等问题，做好了安置工作。民政厅又分派干部到贺兰、永宁、灵武等县进行检查，并协助区、乡干部进行了广泛深入的宣传教育，使广大农民认识到移民是我们生产战线上的有力助手，是发展生产、建设国家的生力军。当地群众应尽力协助，及时纠正了地方观念和冷淡态度。

二、安置情况

1951年先后由北京移来移民3批共计795名，均受到各族各界人民在沿途的热烈欢迎、招待，省招待站除生活上照顾外，并给理发、看病，安排看戏、看电影。安置农村生产的移民每人发给新鞋一双，为了安定移民的生产情绪，到移民招待站介绍了宁夏农村实际情况，各族人民生活习惯，群众接待、安置的办法和季节性农副生产对象。并号召移民和当地农民搞好团结，互助友爱，努力学习生产技术，提高生产情绪，为过好光景而奋斗。移民亦分组作了讨论，并根据个人的体质、年龄、劳动经验与才能，提出就业及安置意见，经过移民委员会研究后，分别做了适当的安置。计：永宁125名，宁朔100名，灵武226名，贺兰132名。介绍职业者计：勤务、保姆、教员、厨师、干部等共145名。其余的孤老残弱无劳动力而不能进行生产的67名，经我们提出意见与北京民政局商定，在盐池县设立生产教养一处，经费与伙食费均由北京市民政局按月拨给，以资作长期的教养。如安置在永宁县二、三、六区的移民由县人民政府发动人民募捐黄米、白米24000斤，烧柴3万斤，另有锅、碗、盆、筷及席子等用品和籽种40多石，并调剂土地314亩，省上又拨给该县人民币1000万元，作为移民房屋修理及生活补助费，又将1950年募集寒衣给每人发了单衣一套，解决了移民生活生产上的困难。在群众的帮助下，再加上畜力、人力及移民的努力，秋田已种上，收获还好。我们对移民均做了个人的或集体的妥善的安置，年末生活问题，大致得到解决。

三、生产与生活实况

安置在各地的移民中，绝大部分都能勤劳吃苦，愿意在农副业生产中逐渐改造自己，建立家务，过好光景。如贺兰县的移民 132 名将到县时，就给找好住房 38 间，动员出粮食小米 22527 斤及一部烧柴与足够用的家具。后在土改时，重新分给房子 46 间、田地 396 亩、耕牛 19 头、毛驴 6 头、车 3 辆及许多粮食和用具等。由于我们做了以上的工作，给了移民很大的鼓舞，提高了他们的生产情绪，使他们更相信政府，靠近政府，加强他们劳动中改造自己的决心和信心。因此，一般的移民，在农副业生产中，参加打柴、拾粪、背炭、理发、做工以及其他工作，都表现积极，生活情绪安定。又如灵武县二区韩家墩的移民 164 名，由县政府派专职干部领导进行种稻 250 亩后，其余韩家墩 50 人管理稻田外，其余参加春工者 32 名，吸收参加政府团体工作者 11 名，上炭井背炭者 8 名，政府扶助打麻袋者 4 名，不愿劳动生产送改造所者 15 名，分拨下乡个体生产者 42 名。因为该区领导上重视了移民工作，对于参加春工挖渠的 32 名，首先进行了半月的思想教育，然后由移民队长领导挖渠，采用计工计分的方式，按劳动的强弱，分甲、乙两组。甲组每人每天可得工资小米六七斤，乙组可得三四斤。他们不但生活调剂得很好，而且都换上了新棉衣及皮衣。同时在工作中，与当地的群众联系得很好，互相帮助、热爱，连三区一、二乡的群众都送猪、羊肉到工地慰问，并获得工程处的好评。其中移民左林祥还获得劳动模范称号，所有这些表现，就可证明移民在生活与生产上的基本困难问题均得到了适当的解决，也充分说明我们的移民工作还是成功的。但有一部分移民因学习改造不够，认

识模糊，仍然未改，区、乡政府在某些问题的照顾和教育管理上不够，时有发生逃跑及不守纪律等任意妄为的现象。

四、存在问题

由于不合理的旧社会制度，让好些人对劳动生产表现消极，不务正业时间久了，就变得游手好闲，好吃懒做等，这是相当痛心的。北京移民，成分相当复杂，由于北京市改造的时间短，对新社会尚无足够的认识，完全是一种混世观念，既不能克服困难，又不能从劳动生产上来解决自己生活与生产上的困难。针对这种情况，我们就要加强移民的思想改造，使他们建立真正的劳动观，从事劳动，自力更生。

五、经验教训

（1）必须有计划地做好安置移民的准备工作。在移民未到前，应找好住房、田地、食粮，借好生活用品，准备生产农具、籽种及生产对象，以便及时安置进行生产。

（2）移民到后，必须深入了解情况，详细审查，分别对象，严格掌握适当的处理，使他们安定情绪，打消顾虑，走到生产战线上后从事劳动生产，在劳动中改造其观念，树立新观念。

（3）移民来自各方，对旧社会的恶习沾染很甚，成分相当复杂，必须分别掌握，做长期的教育改造，不得操之过急或抛弃不管，要认为这是一项社会改革工作，做出长期打算，加强对移民的思想领导与思想教育，使移民从阶级本质上觉悟，成为社会有益之人。

（4）对于移民的生活与生产上的合理要求应尽一切力量，予以扶助，并经常检查，发现问题，及时解决。指定专人领导组织生产，随时随地采用表扬与批评、督促与规劝相结合的办法去说服教育，巩固生产情绪，注意少打击他们，使他们感觉到建家立业之重要，而主动自觉地从长计议，这是一件

艰苦而又繁重的政治任务，稍有疏忽大意，则会做不好出岔子。

此致

敬礼

宁夏省民政厅厅长　王金璋

1951 年 6 月 12 日

（宁夏档案馆：J015-001-0023-0001，第 26 页）

2.《西北局民政部关于移民安置情况简报的批复》（节选）

王厅长：

宁夏省 6 月 12 日寄来的移民安置情况简报悉。兹复批后：

（一）在审查安置移民中，对于过去在旧社会，因谋生不易，被迫采取不正当手段生活的一般移民，应适当地安置农村，发动群众相助相济，逐步建立家务。对不搞生产，恶习较深的二流子、流氓等，除给适当地解决一些生产资料外，应交由群众监督，强制其劳动生产，限制其流动，以免影响社会治安。

（二）对于介绍给机关已参加工作的移民必须严格审查，以防坏人混入。

（三）关于移民中的孤、老、残、弱、无劳动力需生活教养的经费等问题，同意你们同北京市民政局协商解决。但不能成立生产教养院，因本部没有此项专款。

此复。

西北局民政部部长　王子宜

1951 年 6 月 27 日

（宁夏档案馆：J015-001-0023-0033，第 10 页）

3.《关于北京移民安置工作报告》（节选）

1951 年 2 月至 1953 年 2 月，北京市民政局先后送来 5 批移民 1141 名。当时按照各县土地情况分别做了适当安置。计：永宁 125 名，宁朔 100 名，灵武 226 名，贺兰 132 名，平罗 92 名，惠农 108 名，陶乐 148 名。并根据移民的体质、年龄、性别及劳动经验与技能，提出就业与安置意见。几年来逃跑的有灵武 88 名，永宁 62 名，宁朔 40 名，平罗 29 名，惠农 63 名，陶乐 65 名，共计 347 名。

（宁夏档案馆：J015-001-0063-053，共 4 页）

4.《银川专员公署关于 1955 年银川专区安置移民方案》（节选）

根据中央内务部决定，北京市 1955 年移民 5000~10000 人安置本区。经与北京市派来工作组具体研究，双方到实地调查了解，就目前各县的实际情况及土地面积灌溉条件等，确定 1955 年安置 3500 名，兹安置具体办法如下：

一、安置办法和安置地区

根据可能安置的地区和土地情况，采取分块集体与分散安置相结合的办法。贺兰县四区三乡张良堡有地 2000 余亩，二区七乡通义堡有地 2000 余亩，二区九乡通吉堡有地 2000 余亩，共计 6000 余亩。其中有 1/3 系半熟地、2/3 系荒地，地质较好，只建修小型木水槽 4 个，即可灌溉黄河水，能集体安置 1500 名。另外，该县共有 43 个乡，除小城镇等以外，有 30 个乡可分散安置 500 名。永宁县因土地条件不便，不能集体安置，只能在 30 个乡内分散安置 500 名。宁朔县 5 区沙湖，已将湖水撤退，除一部分尚有水渍和一部分被群众开发外，有可耕地 4000 余亩，地质肥沃，水利方便，可集体安置

1000 名。

二、安置时间与步骤

根据本区实际情况和此次移民任务的繁重，为了安置工作进行方便起见，应首先在 1954 年 11 月底前，成立银川专区安置移民委员会，处理安置移民的重大问题。参加单位：地委、专署民政科、财政科、建设科、粮食科、商业科、公安处、水利局、建筑公司等召集成立。

由于移民人数较多，加上我们对安置移民尚缺乏经验，特别是由于数年来人民在生产和生活上要求的提高，人口大量增加，农村住房非常困难，同时限于冬季寒冷，不能及时修建，因此，决定将 3500 名移民分两批进行安置。第一批 1500 名，于 1955 年 4 月间移来，第二批 2000 名，于 1955 年 7 月间移来。第一批应优先选送有劳力的男子和有劳力无小孩的已婚女，以便参加修建房屋、平土地，建立生产基础。没有劳力的老人、妇女、小孩暂留在第二批。在今冬前做好各项准备工作。北京市应在 11 月底以前将所有预算款项拨来，以便本署结合成立安置移民委员会，召集贺兰、永宁、宁朔三县民政科长参加，讨论研究安置移民的具体工作，如款项分配、修建房子、定供应和籽种、耕畜、农具等问题。决定以后，随即将款拨给三县，接着督促县上做出安置计划和预算，并着手准备，一到明春解冻时即能动工修房子。同时，根据本区大批牲畜、农具缺乏的情况，和能使第一批移民当年投入一部分生产，应在各批移民未到以前，由县根据移民移送的情况，及时购买所需要的物资和农具，以便使用。

安置后应随即检查和督促各县结合各项工作，经常对移民进行教育，提高其思想认识，树立劳动光荣的意识，使其安心生产和在劳动的基础上建立家务，改善生活，并及时地解决其中存在的各种问题。

三、其他应注意的几个问题

1. 根据过去的经验，在移民未来前，北京市应做充分的动员，说明移民的目的和银川区的实际情况，使他们到达后，在人民政府的领导下积极参加劳动，防止其依赖政府的思想。

2. 这次安置移民，主要是开垦荒地，因此要求无劳动力之户，最好不要送来。

3. 关于移民的政治历史情况，登记造册，于移民来时一并送来。

4. 在选送时期，双方必须密切联系，以便及时做好各项准备工作，保证选送和安置工作的顺利进行，防止发生意外问题。

5. 为了妥善地安置移民和便于教育移民起见，希望北京市酌情派选干部，帮助本区做好准备工作和安置工作。

甘肃省人民政府银川专员公署

1954 年 3 月 6 日

（宁夏档案馆：J046-001-0046-0044，共 9 页）

5.《银川专员公署关于北京市第一、二两批移民安置情况的报告》（节选）

北京市第一批移民 55 户 234 名，于 5 月 23 日到达我区，已安置在贺兰县二区七乡。这批移民中，有男 131 名，女 103 名。内有男全劳 41 名，男半劳 24 名，女全劳 40 名，女半劳 5 名，12 岁以下的小孩 109 名。家庭人口情况：八口者 2 户，七口者 7 户，其余均在六口以下（内有单身汉 3 名）。职业种类有：铁匠、木匠、皮匠、厨工、三轮车工人、学校工友、店员、小工、教员、职员、农民、小商贩等。

移民中有 6 户其重要成员均在 50 岁以上，其余多系年幼小孩。如朱春台 64 岁，老婆 45 岁，6 个小孩均在 12 岁以下，像这些户，仅靠自己劳动是不够维持全家生活的。我署已电告北京市民政局以后对缺乏劳动力户最好不要送来。

移民经过平罗、立岗堡等地，均由当地政府发动群众及学生热烈欢迎接待；到达安置地时，当地群众除欢迎慰问外，并帮助移民抱小孩，接行李。5 月 27 日，地委和专署领导同志同贺兰县领导同志前往安置地区对移民进行了亲切的慰问，并组织附近群众举行了欢迎会，在安定移民情绪上，都起了较大的作用。中央影片制造厂的同志在移民到达后，对欢迎接待，生活安置，参观土地、耕畜、农具以及指导移民学习犁地等一系列的活动，都拍摄了影片。

北京市第二批移民 58 户 226 名，于 28 日到达银川，29 日送往宁朔县安置。经过银川时，专署和市的领导同志也进行了慰问。

关于移民医疗的问题，在移民到达前，即由县卫生院抽调医务人员，携带药械，住在移民区负责治疗。这两批移民中，除小孩因在路上水土不服或气候影响疾病较多外，大人疾病较少。

贺兰、永宁、宁朔三县对安置移民准备工作，一般都按照计划及时完成。截至 5 月底，修建住房工程，贺兰、宁朔两县已完成 50%~60%，永宁县已完成 70%。生活用具和生产工具大部分已准备齐全。在生产方面，贺兰县的修建工作和生产工作结合较好，在移民未到之前，已雇人种好豌豆 300 亩、扁豆 300 亩、黑豆 1009 亩、胡麻 60 亩、山芋 36 亩。此外，贺兰县计划种稻田 2500 亩，宁朔县计划种稻田 1000 多亩，永宁县计划种稻田 300 亩，现在进行翻犁和准备籽种。

由于各级领导的重视，准备工作做得较好，移民来到时受到沿途群众的热情欢迎和干部的热情接待，对移民的情绪给了很大的鼓舞。他们在表情上、谈话上一般都表示满意，感激党和政府对他们的关

心，对从事劳动生产表示有决心，并纷纷给他们的亲邻写信，告诉这里的情况。

但我们也估计到移民初来时的这些表现，是极不稳固的。由于他们长期生活在城市里，绝大多数人都没有从事过农业生产，而且他们在城市里的职业，几乎是一家一户，各干一行，这就不可避免地要发生下列一些问题：

（一）生活不习惯，留念故土；（二）不懂农业技术，不习惯于农业劳动；（三）有些有一定技术的人（如西医、土木等）想仍搞旧业；（四）想一家分一头牛，自行经营（已有人这样探问）。

针对这些问题，我们初步确定：（1）生活上可予以照顾，特别注意疾病治疗工作，使他们逐渐改变过去城市生活习惯，适应农村生活习惯；（2）抓紧进行一个短时期的互助合作教育，结合讲授目前农活知识，给他们灌输集体经营的思想；（3）关于生产方式，由于居住集中，生产资料都是统一购置的，故确定统一经营，分队或分组进行生产，但队（组）不宜过大（贺兰县已把第一批移民分为 4 组，每组 10 多户，参加薅草），生产资料交队（组）使用，并抽调当地农民中农业技术较好的参加指导（和移民同样评工记分）；（4）开始劳动时间不宜过长，每天适当的劳动后，可抽出一定时间，进行互助合作教育或农业生产技术讲授；（5）此外，为了适当解决移民零星花用（已有很多人提出没有零花钱），确定在先到的移民中，抽出部分男劳力参加移民房屋修建普工，按当地工资 50% 发给工资（因其生活费由国家供给）。关于领导移民生产工作的全面具体计划，已责成有关县按照上述原则研究决定，报请专署批转实行。

另外，还有下列问题，请省上考虑解决：

根据贺兰县安置的第一批 232 名移民的统计，7 岁至 12 岁的学龄儿童入学问题，当地附近无学校，这项经费，当初未曾计算在内，贺兰县已先在移民

房屋中腾出几间房子，由移民中选了一个教员，进行补习（这个只是临时补救办法）。此项经费，需上级另发专款。

以上问题妥否，请示。

银川专员公署专员：曹又参

副专员：雷启霖　纳长麟

1955年6月8日

（宁夏档案馆：J046-001-0044-020，共4页）

6.《中共银川地委关于安置北京移民工作的情况和今后意见的报告》（节选）

1955年5月至8月，本区先后接收北京移民628户2696人。分别安置在贺兰县六批380户1639人，宁朔县三批189户797人，永宁县一批59户260人。由于北京市人民政府付出大批安置经费，为移民修建了住房，发了部分生活资料和生活用具，当地政府又为移民拨发了耕地代为种植了夏、秋作物且又有一年的生活供给，故目前移民在生活方面没有多大困难。但是，由于移民成分复杂、思想混乱，加以安置和管理的方式不妥，当地干部又缺乏管理经验，因而也发生了不少问题。为了解决目前存在的问题和加强移民生活和生产的管理，地委曾责成上述三县检查了移民工作。8月9日专署民政科又召开了上述三县民政科长会议专门研究了移民工作问题。兹将移民情况和存在的问题及我们的意见报告如下。

第一，移民政治思想情况。

据统计：移民的历史出身较为复杂，有贫农、工人、说书人、打花鼓人、伪官员等20多种，因而政治思想混乱。其中：（1）据初步了解，多数人已初步树立安家立业和搞好生产的思想；（2）有些人不安心农业生产，不愿参加劳动；（3）部分人有依赖政府供给的思想。

第二，在移民安置管理、教育工作方面也存在不少问题。

首先，领导管理方面，三县均抽派了干部数名专门领导，但由于我们多采取家长式的领导办法，企图把移民的一切生产、生活全部包下来，没有贯彻好群众路线，发动和培养积极分子，由移民自己来领导，因而移民中大小事情，都要求干部解决，如不解决就表示不满，甚至谩骂。

其次，县委对移民安置工作重视不够，研究不多，有认为派去干部一切问题都会解决的思想，因而有的问题发生后，县的负责同志才去解决，这是十分被动的。

再次，移民中确实存在一些具体困难：冬衣问题、小孩上学问题、医疗问题等，特别是冬衣问题，因为绝大多数来时均无棉衣，近来气候渐凉，移民们都很注意这一问题，大多数思想都是依赖政府解决。

最后，劳动力问题。据统计，移民中全劳占39%，半劳占11%，小孩接近占50%，各县情况大都如此，要在一年后停止供给，转入自给自足，不少户仍是有问题的。

第三，我们在安置移民工作上有以下意见：

1. 加强对移民工作的重视和领导，经常性地检查、访问，全面掌握情况，研究解决问题。

2. 必须善于掌握思想情况，进行社会主义再教育，逐步提高移民的思想觉悟。

3. 改善管理方法。采取家长式的领导是十分错误的，想把一切都包下来是不可能的，因此必须注意培养移民中的积极分子，树立核心，采取走群众路线的工作方式，由移民自己来领导。

4. 领导好移民的生产。今年大力开荒、修渠、整地、积肥，做好明年生产准备，争取1956年每人拨地3~5亩。

5. 解决移民中的具体困难和问题。今年冬衣，必须首先向移民说明由自己设法解决，无法解决者，可在移民经费内给予补助。

6. 安置这批移民时，我们采取了集体安置的办法，事实证明这种办法是失败的，不仅管理困难，不宜领导，而且内部吵闹打架。因此采取分散分片安置的办法，既能解决问题，又能达到改造之目的。

安置移民对我们工作来说，是一项复杂繁重的任务。因此，思想教育工作十分重要，不仅要注意经常性的，特别是要做好迁移前后的动员。这批移民在动身前，北京市虽然也做了不少工作，但从移民思想情况来看，教育是不足的，应该吸取这一经验教训，加强思想教育。

以上希贺兰、永宁、宁朔三县认真执行，不妥之处请省委指示。

中国共产党银川地方委员会

1955 年 8 月 21 日

（宁夏档案馆：J043-001-0023-0043，共 6 页）

7.《银川专区关于 1955 年移民安置工作总结报告》（节选）

一、安置的基本情况

根据中央内务部决定，北京市 1955 年移民 3500 名安置于本区的任务。在本区的党政领导下，决定以利用大片荒地，集体安置的办法，安置于贺兰 2000 名，宁朔 1000 名，永宁 500 名。三县自 1954 年 11 月开始准备，1955 年 5 月下旬开始接收，至 9 月 16 日全部完成了安置准备及接收任务。实际接收 818 户，3544 名。其中，有劳动力的男 944 名，女 802 名，共 1746 名。汉族 3331 名，回族 8 名，满族 192 名，蒙古族 4 名，藏族 1 名，朝鲜族 8 名。职业方面：手工业工人 328 户，农民 35 户，小商贩 119 户，自由职业者 139 户，资本家 7 户，伪军政人员 60 户，小工 91 户，三轮工人 35 户，反动会道门 1 户，地主 3 户。

移民的生产与生活资料，除土地外，全部由国家出钱解决，三个县共修建房屋 1717 间，圈棚 194 间，学校 62 间，仓库 5 间，合作社 4 间，共计 1982 间，超过原计划 57 间。住房、圈棚平均每间造价：贺兰 205 元 8 角，宁朔 193 元，永宁 178 元 4 角 3 分。学校、仓库造价尚未算出，各县建房所需的材料，大部是我们结合贺兰山森林培育解决的，价格低于市场 200% 以上，所以降低造价近 1/3。生活方面：每人每月供应粮食 35 斤，菜金 1 元 2 角，油 2 两 5 钱，炭每户 5 人以下者 150 斤，5 人以上者多一人增炭 5 斤。每人每月按 35 斤粮食供应，根据各县反映，小孩多的户有结余，大人多的户不够吃，已责成各县按照实际消费量，在不超过平均 35 斤原则下，定量供应。

移民锅、碗等生活用具，亦适当购买解决。生产方面：三个县共提供荒地 20000 亩，今年已种地 4159 亩，耕畜原计划购耕牛 700 头，现实购耕牛 140 头，奶牛 15 头，马 69 匹，牧马 6 匹，骡子 52 头，驴 17 头，共计 299 头。所差的耕畜，计划今冬明春继续购买，农具及工具已买到大部，总的说来，移民生产资料基本得到了解决。

二、生产情况

（一）关于移民生产的组织领导，各县都抽调专职干部，成立了移民办公室，领导移民工作。在移民到达后，根据北京市送移民干部介绍的情况，将移民临时编成组，指定组长管理，经过一段了解与初步的思想教育后，即以选举方式，选出队长、组长，正式编成生产队、组。并聘请当地农民担任技术指导，开始劳动生产。最近各县根据党委指导，将移民正式成立高级农业生产合作社。永宁县将全县四个地区的移民，分别定名为新兴一、二、三、四社；贺兰县定名为京星社；宁朔县定为幸福社。

（二）移来的 3500 多移民中，大部分是好的，他们感激党和政府对他们无微不至的照顾，愿意参加劳动，安心生产，准备在这里安家立业。但有少数人在初来时另有打算，如准备来当干部，捞一把（打算把分到的房子、牲畜、土地等卖掉再回北京），或依赖政府，不劳动，等等；甚至有个别不但不劳动，而且专门找空子，煽动群众和政府闹对立，骂政府、打干部，经把坏人坏事在群众中解决，逮捕法办了个别坏分子，并在移民中进行了一系列的思想整顿后，移民劳动情绪普遍提高。个别不劳动的人也自动地参加了劳动，现在已有 90% 以上安心农业生产。并且在干部亲自领导和当地农民下田敦促下，不少人已初步学会了薅草、割庄稼、打场、饲养和使用牲畜等。

（三）各县除建立了生产组织加强生产领导外，还建立了各种制度。如贺兰县把车、马、农具按队分配，实行了常年使用制度，各队对牲畜建立了专人使用和饲养的专责制度，还建立了巡查、季评、年奖励的牲畜检查制度。耕地面积，以每人 6 亩为标准，按队留分了常年耕作区，采取临时包工和季节包工的办法，还建立了定期的地质量检查制度。这样执行的结果，已在今秋生产取得了一定的成绩。如秋收中由于实行了包工制，从每人每天割稻子 2 分地提高到 9 分地，而且割得还细致。

（四）安置好移民的中心环节是搞好生产。根据今年三个县的移民生产来看，在很短的时间内，已生产粮食（原粮）966703 斤，草 920000 斤，贺兰每人平均生产粮食 349 斤，宁朔 215 斤，永宁 106 斤，并给今后生产不论在思想上、组织上、技术上和物质上，打下了初步的基础。在这个基础上，贺兰、永宁两县计划在 1956 年 10 月，宁朔在 1957 年 1 月可全部达到自给。贺兰县在 3 年规划中，1956 年计划粮食产量，除移民全年的余粮、籽种、牲畜饲料外，尚可给国家卖余粮 1551000 斤。

三、经费使用情况

共核准移民经费 1260915.95 元，1954 年北京市民政局拨来 32 万元，1955 年 3 月省民政厅拨来 940915.95 元。粮食各县移民经预算，贺兰县 706713.47 元，宁朔县 353356.47 元，永宁县 177550.46 元。发银川水利分局开渠材料费 23000 元，总计 1260620.4，我署结存 295.55 元，实际总支出 1260915.95 元。

各县开支情况：贺兰县截至 1955 年 10 月底，实际开支 434498.67 元，结存 272214.8 元；宁朔县截至 9 月底开支 230809.55 元，结存 122546.92 元；永宁县截至 9 月底开支 89700.81 元，结存 87842.65 元，三个县共结存 482604.37 元。此项存款，根据各县经费调整预算计划，尚需添购牲畜、农具、医药等开支，余款预计可以维持到 1956 年 7 月份，至于详细的分项开支情况，现正在结算。各县在经费开支中，除因个别基建返工和购买用具不当，造成少量浪费和损失外，一般的没有大的浪费和损失。

四、经验教训

（一）关于集体安置与分散安置问题。我们今年安置北京市移民，是集体安置的。采取这样的安置办法，主要考虑到：当时全区只有 73 个农业社，又有大片荒地，同时在 1951 年至 1953 年分散安置的北京市移民，大部分逃跑（全区共 656 名，逃跑 339 名，现有 317 名，单身移民和我们管理不够，也是造成逃跑的原因之一）。而集体安置，便于管理，不会再发生大批逃跑的现象。这从当时的条件和今年已经等到的效果来看，我们感觉还是适当的。但这种安置办法，给国家造成了很大的负担，并容易养成移民的依赖心理。1956 年根据合作化大发展的情况，采取分散安置在农业社中，利用群众力量为国家减少开支，是完全正确的，但鉴于大部分农业社都是今年新建的，基础还很差，如何能够不影响社的巩固和发展，又能适当地安置好移民，需要我们做更多的艰苦细致的思想教育和组织工作。

（二）安置移民工作，也和其他各项工作一样，党政领导重视，是做好这一工作的关键。今年三县的安置移民工作，哪里领导重视，哪里工作就做得好，如贺兰县的移民安置工作做得较好，主要是党政负责同志亲自主持了这一工作，经常到移民地检查指导。此外，在安置中，拍照电影、记者访问、沿路欢迎、各级党政负责同志亲自慰问等，对移民和干部也起了很大的鼓舞作用，有力地推动了工作。

（三）移民的用具衣物等（是指可以想办法携带的东西），在选送时能带的应尽可能让他们带上，并应考虑掌握和利用移民本身的一部分材料，以减轻国家和农业社的负担。

甘肃省银川专员公署

1955 年 12 月 13 日

（宁夏档案馆：J046-001-0044-0058，共 7 页）

8. 《银川专员公署关于接收安置北京四批移民工作情况的报告》（节选）

银川专员公署自去年 12 月间接收安置北京移民 22500 人的任务后，通过各种会议，将任务分配至社，在各级领导重视，亲自动手和深入发动群众的基础上，全面展开了各项安置准备工作，由于对此进行了反复的检查督促，及时纠正和帮助解决了工作中存在的问题，截至 3 月中旬，全区 8 县 1 市借民房 7600 多间，安置北京市移民已全部够用。这些房内均打好炕和炉灶，收拾好门窗，并对房内外进行了清扫。其中有些房子由社内给重上了泥或做了粉刷。生活用具已由各社按分配安置的人数，配备齐全。生产用具多数县已订购了一部分铁锹及小型农具。有个别县着重注意了生活方面的准备，对生产方面注意不够，生活用具、门窗、炕等也缺短，

及时作了纠正。在全部准备工作完成的情况下，群众现在都好像盼望久别的亲人一样，希望移民赶快到来，他们每当遇到干部时就问："我们什么都准备好了，移民为啥还不来？"

3 月 14 日至 4 月 16 日，共安置北京移民 5176 名，分散安置于贺兰、永宁、中卫、银川 4 县、市 35 个乡的 58 个农业社，其中有回民 384 名，分别安置在立岗、清水、通贵等回族聚居的民族乡。单身妇女 107 名，分别以两人或三人安置在一个房内，由县妇联召开了座谈会，并率领她们参观东方农业社区。由于在思想上、组织上和物资设备上都做了较充分的准备工作，所以安置很顺利。各社一般都在第三天召开了移民座谈会，介绍社队情况，并在征求移民意见后，按劳力及驻地情况，分别编入各生产队。多数人在座谈会上要求发给生产工具，及时参加生产。移民中有 90% 以上的劳动力均于安置后的第三天或者第四天投入了生产，同时生产情绪很高。

移民安置到乡后，我署派员协同县、市干部和各乡的负责同志及当地学校校长、教员等深入各户移民中进行了访问，对个别用具不足或人口多房子狭小等问题，及时做了调剂处理，绝大多数移民对政府的照顾、群众的热情爱护均表示感激和满意。

我们在准备、接待、安置和组织生产工作中，取得以上成绩的主要原因是采取了以下措施：

（1）专、县以党政领导为主，并以民政、公安、文教、卫生、粮食、水利、交通、工商、银行、青年、妇女及单位负责同志成立移民委员会，并以民政部为主，抽调必要人员成立办公室，专办移民安置工作，乡合作社亦分别成立了办理移民工作的机构。

（2）深入地进行了对干部群众的思想教育工作。通过专、县、乡各种会议，利用多种形式，向干部和群众宣传安置移民的重大政治意义，说明安置移民对当地群众的好处，逐步消除了干部和群众对移民的各种不正确的认识和顾虑，给移民安置工作打

好了基础。

（3）通过重点调查摸底，确定了移民安置准备工作的具体办法。2月，经专署派干部在全区8县1市的21个乡中，进行了全面深入的调查，根据调查情况，确定房屋及生活用具，一律采取"先储后备"（生产用具及粮食等用预先订购）的办法，随即按今年分散安置的经费，参考去年移民供应的情况，规定了"移民经费使用意见"，这样使复杂的各项准备工作基本上取得了成功。

（4）反复检查，及时纠正和帮助解决存在的问题，专署和各县、市1月份起至3月中旬止，除随时进行重点检查外，全面检查至少有3次。通过检查使工作中发现的缺点得到了彻底纠正，对于群众中发现的一些好办法，经专、县多次通报，已得到了全面的推进，尤其是当移民快要到达前，对准备安置移民的乡，再进行一次普遍深入的检查，这样可以使准备工作做得更完美。移民安置后，在专、县的负责同志组织必要人员，如医生、教员等进行了一次访问，适当解决安置中存在的问题和移民学生的上学问题，这对移民的生产情绪有很大的鼓舞。

（5）县、乡、社对移民接待安置工作，做了细密的组织，明确的分工，使移民在沿途均有群众的热情招待。各乡组织了欢迎队，按分配人数准备了大车。并在移民住房内指派了招待的专人，使移民一进房，就看到炉里有火、缸里有水、炕上有席，米、面、油、盐、柴、炭和用具齐全，感到方便温暖。

（6）适时召开了移民座谈会，介绍了社的情况、规划远景、全年生产计划、分配原则、移民供应标准和时间，并征求了移民意见后，按居住情况和劳力，将移民编入了原有的各生产队、组。队、组按其体力情况分配了适当工作，并指派专人以师傅带徒弟的办法，教他们生产技术。各社为了加强移民的政治思想教育和农业生产技术，社内还召开移民座谈会，征求他们的意见，解决生产中存在的问题，适当表扬劳动积极、思想表现好的移民，以鼓励他们进一步起带头作用。

在安置移民过程中，尚有如下问题亟待解决：

（1）据我署派往北京市的同志来信，按目前北京市动员情况，4月底将全部移民送完已不可能，5月底能否送完也成问题，请通知北京市加强动员工作，争取于4月底全部送完，如4月底不能全部送完，就需考虑以后的供应问题。

（2）在已送来的移民中，已有送院治疗的肺结核病患者4名，这些人的病情均很严重，如不予以及时治疗，就有死人的危险。据了解，北京市检查时，认为不是家庭主要劳动者，虽患有严重的慢性病也可遣送。此外，在单身妇女中有14、16、17岁的学生3名，他们来银川的目的，是为了继续上学。其次，据京西矿区中的一些移民反映，该区干部宣传动员时，说给每户移民安家费170元，房子是一排一排盖好的，玻璃窗，等等，这与本区分散安置及该区宣传的经费完全不对，给安置工作带来了很多困难，在群众中也造成了极其不良的影响，请北京市注意纠正。

（3）据初步了解，在贺兰县安置的1309个移民中，有中等学校学生12名；中卫县1139个移民中，有中学生21名。如以上数作比例，与北京市今年安置本区的移民总人数22500名估算，中等学校的学生最少也在300名以上。现在来的这些学生的就学要求，已由本署通知各学校尽量收容，但这些学生绝大多数均生活需要补助，一部分作助学金，现在各校助学金全部突破定额，无法解决，请教育厅通盘考虑，指示办法。

徐志英

1956年4月19日

（宁夏档案馆：J046-001-0162-0078，第15页）

9.《永宁县关于1956年安置第一批北京市移民工作总结报告》（节选）

我县于3月23日和25日，先后安置了北京市移民280户1316名（其中男的697名，女的619名，回族22户116名），及单身妇女12户20名（全系汉族）。分别安置在10个乡的14个高级农业社，其中最多的为胜利、增进和北全等3个乡，各安置40户左右。胜利乡为183名，增进乡为189名，北全乡为185名，最少的是养和乡6户35名，一般均在22户至34户。回族完全安置在通贵。

对于移民的土地问题，没有另行划分，而在菜地上做了适当的调剂，有的乡按照当地社员留菜地标准，有的稍微低于一般社员，全县10个乡共留菜地92.12亩，平均每人0.07亩，经营方法采取移民自己种和以生产队为单位，集体给种，两种方法。采取前一种方法，由社里抽人帮助种，采取后一种方法，是为了解决移民自己不会种菜的困难，统一由队上种好后，再交给他们经营管理。

帮移民解决住房共369间，除了75间公房外，全是借用群众的房子，共294.5间。耕畜由社统一调配使用。生活用具一般采取借用，如借不到，移民自己也没有带来的必不可少的用具，由移民经费中的生活用具费内添置补充。

粮食按生活费标准，每人每月规定白面5斤，白米25斤，共30斤，按月由社做出计划统一购买。籽种、饲草、肥料均为筹措，由社员负担，烧炭每户每月以150斤干炭的标准，由社统一接运或购买，人多的户由社统一调剂解决。

经费的开支问题：3次共拨给我县移民经费160000元，现已拨出的入社投资30000元（每人10元）、必要生活用具费4500元（每人1.5元）、小型农具费6900元（每人2.5元）、生活费、其他费用共拨出42942元，生活费每人每月6元，以上共计

拨出84342元，这些费中包括了尚未安置的9个乡在内。房屋修建费、医药费、特殊用费、其他费用等均未拨给各乡，由县统一掌握。

永宁县人民政府县长：夏雨初

副县长：刘迁杰 赵贵书

1956年4月27日

（宁夏银川市永宁县档案馆：11-003）

10.《甘肃省民政厅关于上海市移来妇女移民生活供给问题的通知》（节选）

贺兰、宁朔、永宁、中卫、中宁、金积县人民委员会：

从上海移来的400多名单身妇女（包括小孩在内）已于5月20日和24日先后送达安置地区。由于她们是妇女，而且来自南方，生活习惯有所不同，为了安定她们的思想情绪，扩大影响，不能按一般地方移民同样看待，对她们的生活应予以适当照顾，可以略高一些。我省意见，每月每人生活费可按10元供给（包括日常零用开支在内，如牙膏、牙刷、肥皂、卫生纸等）。目前可以普遍供给，以后一部分结了婚，生活有了保障，即可停止供给。另外一部分虽未结婚，但生产能有收获，生活可以自给时，亦应根据具体情况逐渐减少或停止供给。以上根据当地情况研究执行。至于所需经费可暂由拨给你县安置北京市移民费内开支，待以后统一研究核拨。

甘肃省民政厅

1956年5月30日

（宁夏中卫市档案馆：37-52，共3页）

11.《甘肃省民政厅关于上海妇女移民经费开支项目标准和拨款数的通知》（节选）

宁朔、贺兰、永宁、中卫、中宁、金积县人民委员会：

从上海移来的451名单身妇女（包括小孩92名在内）已于5月下旬送达安置地区，现将经费开支项目、标准和总数、规定的附表发给你们，希结合各地实际情况研究执行。

由于她们是妇女、小孩，而且来自南方，生活习惯有所不同，为了安定他们的思想情绪，扩大影响，可以在经费标准上略高于其他地区的移民。

未列款数于6月19日由人民银行如数寄出，希望收到后除将原垫支北京移民费归还外，其余款依照标准很好掌握使用。

甘肃省民政厅移民经费拨款明细表（1956年6月18日制）

项目	人数/人	生活补助费/元			安家补助费/元		医药补助费/元			衣服补助费/元				总金额/元
		每月标准	补助月数	金额	每人标准	金额	每月标准	补助月数	金额	补助面%	补助人数	每人标准	金额	
总计	451	12	7.5	40 590	5	2 255	0.5	8	1 804	70	316	15	4 740	49 389
宁朔	98	12	7.5	8 820	5	490	0.5	8	392	70	69	15	1 035	10 737
贺兰	92	12	7.5	8 280	5	460	0.5	8	368	70	64	15	960	10 068
永宁	74	12	7.5	6 660	5	370	0.5	8	296	70	52	15	780	8 106
中卫	55	12	7.5	4 950	5	275	0.5	8	220	70	39	15	585	6 030
中宁	52	12	7.5	4 680	5	260	0.5	8	208	70	36	15	540	5 688
金积	80	12	7.5	7 200	5	400	0.5	8	320	70	56	15	840	8 760

说明：1. 未列生活补助费包括日常零用开支，如：肥皂、牙膏、卫生纸等在内。

2. 未列安家补助费主要用于购买生活用品。

3. 未列医药补助费由县统一掌握开支，不必发给本人。

4. 衣服补助费可以在规定范围内，根据移民具体情况，补助面和补助标准可以加大或缩小，不要平均发放。

甘肃省民政厅

1956年6月18日

（宁夏银川市档案馆：21-19，共2页）

12.《北京市移民办公室关于移民工作暂行停止的通知》（节选）

甘肃省民政厅：

我市向你省移民工作，由于社会主义建设事业的发展，移民对象的情况起了根本变化，加以季节性的关系，目前已难以推动。因此，决定这批共48户258人送到你省后，即暂行停止。同时将沿途各站先行撤回，其家具物品，请当地政府代为保存，另外已经报名并经批准的户和待送家属中因怀孕、生育或临时患病的，还有一部分目前不能遣送，拟等他们身体复原和生育后，能够遣送时，再集中送一次，迁送前我们再行联系。至于今冬移民工作，等我市研究确定后再告知你省。

北京市移民办公室

1956年7月21日

（宁夏档案馆：J046-001-0162-0115，共1页）

13. 《贺兰县人民委员会关于安置北京移民的生产、生活情况及今后有关问题的报告》（节选）

甘肃省民政厅：

贺兰县 1955 年在京星乡集体安置北京移民 2025 人，一年中出生 39 人，共 2064 人。1956 年 3 月起截至 6 月底，在各农业社分散安置北京移民 376 户 1665 人，上海妇女 92 人，前后共接收安置 844 户 3821 人。兹将其生产、生活情况及今后有关问题报告于后，请审查研究批示。

（一）生产、生活情况

集体安置在京星乡的移民今年共开荒地 12000 亩（包括去年垦种的荒地 3040 亩），计播种小麦 978 亩，胡麻、糜子、豆类共 1662 亩，水稻 9400 亩。由于这些新开荒地是黄河泥土堆起来的河滩地，所以在土质上好坏不一，有的是沙地，有的地势高低不平，有的土质碱性大，因而播种的麦秋作物有少部分遭受损失及生长情况不好，其中水稻约有 500 亩全部没有收成，减产一半的约有 500 亩，减产 30% 的约有 500 亩。小麦因受春季积雪侵害而受损失的 40 亩，减产一半的约 150 亩。根据各种作物的生长情况来看，一般生长得良好，但由于上述原因，产量不高。目前的实际情况，小麦产量每亩最高 180 斤，最低 50 斤，每亩平均产粮 100 斤，共收获 97800 斤。胡麻、糜子、豆类最高产量每亩 250 斤，最低 80 斤，平均每亩产量 150 斤，共收获 243300 斤。水稻除 500 亩全部无收成外，下余的 8900 亩，每亩最高产量 400 斤，最低产量 150 斤，每亩平均产量 300 斤，共收获 2670000 斤，以上各种作物共收获 3011100 斤。1957 年计划播种小麦 2000 亩，每亩需要籽种 40 斤，共 80000 斤；水稻 8000 亩，每亩 30 斤，共需籽种 240000 斤；其他作物 2000 亩，每亩平均 25 斤计算，需籽种 50000 斤。以上共需籽种 290000 斤，再扣除 5% 的公积金和 2%

的公益金和 1% 的生产开支和牲畜饲料 826.888 斤，移民实收益为 2184.212 斤。以该乡原有移民 2064 人，和今年安置到京星乡矿区移民 37 户 146 人，共 2210 人计算，每人平均分原粮 988 斤，但以社会主义按劳取酬的原则来分配，则仅有一半户 1105 人可以自给自足。剩余不能自给，需要长期供给，其原因是：

（1）能够自给自足者，这些户劳动力多而且强，并且人口少，思想安定分红多，因而生活不成问题。

（2）能够半自给者，这些户的劳动力虽然较强，但人口多，在秋收分红后，可维持半年生活。

（3）不能自给，需要长期供给者，这些户主要是劳动力弱，并且有的小孩多，以及老残没有劳动力。

关于安置在各农业社的移民 1613 人，除上海、北京妇女 90 人，已结婚的 47 名外，其他基本上都参加了劳动生产，约有 40% 的劳动积极、劲头很高。由于这些户劳动力强，人口少，因而秋收分红后，足够维持全家生活。约有 30% 的虽然劳动热情高，劳动力较强，但因人口多，家属来得迟，影响收入，因而秋收分红后，只能维持半年生活。其余的 30%，不仅劳力弱，人口多，而且劳动观念不强，不愿从事劳动，所以从来未下地生产，不是闲游，便是睡觉。

从以上总的情况来看，在秋收分红后，约有 422 户 1860 人可以自给自足，另有 210 户 930 人能维持 6 个月生活，有 80 户 360 人能维持 3 个月生活，其余 130 户 560 人不能自给，需要长期救济。总共不够维持生活的有 422 户 1850 人，平均以 9 个月每人伙食标准，共需生活费 168225 元，这是一笔很大而惊人的开支，并请由上级研究，早做准备。

（二）今后有关问题

（1）衣服问题：半自给和不能自给的移民，不仅在生活上要予以供给，而且在穿衣服上今后也要予以补助，特别是今年的冬衣问题，目前就要计划，以免影响冬季生产，给明年的生产造成不必要的损失。根据掌握的情况，在冬季缺衣者有1200人，大人小孩，每人平均以2丈布计算，共需布24000尺，每尺平均以0.33元计算，其合人民币7920元；棉花每人平均以2斤计，共需2400斤，每斤以1.4元计算，共3360元，共需11280元。

（2）看病问题：根据本县安置在京星乡的移民一年来患病者很多，有些人是老病，有些人所患的病症，因本县卫生院技术问题，大多不能治疗，必须送银川医院治疗，这样送去1人，其药费至少要在百元以上，甚至数百元，因而每人每月5角钱的医药费，常有超支。至今尚欠银川医院药费900多元，无法开支。同时患者的入院伙食费尚欠6000多元。除劳动强，人口少，挣的工分多的秋收分红后，可扣交少一部分外，余下的一大部分就无法扣回，并且使今后的患病者也无法解决。这是一个存在的严重问题，如果不设法予以解决，就会影响生产，影响情绪（因我县移民经费有限，无法解决）。

（3）埋葬费的问题：移民截至现在已死去27人，但死后备棺费用移民无法解决，全靠在移民经费内开支。而每一口棺木，最次的60元以上，兼之衣服等费用在百元以上，根据去年和1956年上半年的死亡率来看，需要很多。这笔开支，拟请上级研究，以安慰生者的生产情绪。

（4）学生上学问题：本县集体安置和分散安置的1955年和1956年移民中有中学学生28名，这些学生的生活费全部都在移民经费内开支。根据移民生产情况，秋收分红后，仍有负担不起学生上学费用的。以原有28名学生，再加上今年毕业学生73名（京星乡40名，分散上学33名），共101人。这些学生中估计有50%的能入学自备，20%的能自备学费一半，30%的要由国家供给。如移民孤女蒋英兰，父亲死亡，母亲改嫁，无依无靠，来县后，送

到小学念书，生活费由移民经费内开支，现已毕业，考入中学，学费生活费仍需要由国家开支。若以助学金解决，因助学金数量不多，无法供给这样数量多的移民学生费用。为此我们估计需要国家供给的学生平均40人。以8月份计算，每人每月生活费15元，需120元，总需入学补助金4800元。为了安定家长情绪及学龄儿童的失学问题，请研究处理，以上报告希请审查批示。

贺兰县人民委员会

1956年7月26日

（宁夏银川市贺兰县档案馆：37-4，共9页）

14.《银川专区安置移民工作的宣传提纲》（节选）

由于外省移民垦荒是解决我区劳动力不足，为国家增产粮食及工业原料的重大措施，我们必须响应这一号召，欢迎外省移民，并把他们加以妥善安置。为了加强宣传，深入发动群众，共同完成这一光荣而艰苦的安置任务。特提安置移民工作宣传提纲随文附发，请作参考。

附：

银川专区安置移民工作的宣传提纲

移民垦荒是适应我国社会主义工业建设和农业社会主义改造的一项重大措施。从经济意义上讲，能够增产粮食和工业原材，发展国民经济，逐步提高人民生活水平，支援国家工业化。从长远意义方面来讲，可以加速社会主义发展，扩大和增强全民团结，巩固人民民主专政。对此我们应该有明确的认识。

我区汉、唐、清等干渠横贯其中，水利便利，土质肥沃，又有丰富的矿藏。包兰铁路、青铜峡水坝及石嘴山煤矿区正在修建，全区已实现完全社会主义的农业合作社，农业技术的改革也在全面推广，新式农具已经普遍使用。随着农业合作化运动的开展，单位面积产量已有显著提高，人民生活随着伟大祖国的社会主义建设不断提高，这一切都可以说明我们有发展前途。但这里我们必须提出一个重大而且必须立即着手解决的问题，就是配合社会主义工业建设，相应地发展我区农业，大量生产粮食和工业原料，以支援工业建设，加速社会主义工业化胜利的前提，完成国家经济建设计划。我们咋样配合呢？除巩固提高农业合作社，进行各种农业技术改革外，就要有计划地开垦荒地，扩大耕地面积，让我们沉睡多年的大片荒地和可利用的水源充分发挥它的作用，长出千顷万顷的小麦水稻和雪白的棉花，为祖国增产多的粮食和工业原料。但在地广人稀的情况下，大规模垦荒就需要大批劳动力，就必须用外地移民来解决。我国有些省份，人稠地狭，耕地不足，同时按照国家社会主义工业化的计划，要新建许多规模宏大的工程，占用大量土地，必须外迁一部分居民，这就是客观形势发展时形成的必然趋势。

1955 年和今年上半年我区共接收安置北京市移民 11000 多人。去年集体安置在贺兰京星乡的 2025 名移民，开垦荒地 12000 亩，预计可收获小麦等原粮 30000 斤。今年上半年分散安置于各农业社的 7000 多个北京移民，他们绝大多数久居城市，不懂农业生产，农业生产技术不熟练，但由于党和群众的共同帮助以及他们自己的努力，很快掌握了农业生产的技术，积极投入了生产。同时移民中有许多人都具有一定的文化程度，在学习文化高潮中，教当地群众认字、读报、唱歌等。随着他们的到来，促进了农村文化、卫生事业的发展，当地的群众深

深地感到移民的好处，感情更加融洽。

从今年下半年开始至 1959 年，四年内，我区还要接收安置陕西省三门峡水库区移民 15 万人。这些都是纯粹的农民，在植棉种花生等经济作物方面有很丰富的经验，他们是服从整体利益把自己久居的家园让给国家使用，走上了迁外垦荒的光荣道路，抱着搬一家安千家的崇高思想到我们这里来的，这种壮举，更令人敬爱。现在有先迁劳力 5200 人就要到来，据本区派去陕西移民区工作同志的报告，在动员组织青壮年时，父送子，妻送夫，兄弟相争的动人事例很多，情绪非常高涨，大荔等县的青壮年有 90% 都报了名。这些生力军和生产战线上的能手的到来，会促使我们银川更加美丽，对国家社会主义建设和我们每一个人都有非常密切的关系。

怎样做好移民安置工作呢？根据我们初步摸索的一些经验，除党的领导、各级政府重视，有关部门的密切配合，充分做好各项准备工作外，在移民来到前，我们要尽一切可能帮助政府做好多项准备工作。为他们准备好住房，借出临时所需要的灶具，把房屋打扫干净，用具安排妥当，真心做到缸里有水、炕上有席、炉内有火，米、面、油、盐及各种用具齐全，让移民感到温暖方便。上半年有些群众为移民腾出了新房，有些地方给移民贴了欢迎标语。移民到时，满怀热情地欢迎他们，男女老少夹道欢迎，搬行李、抱小孩、扶老人、嘘寒问暖、亲如一家，安置后又尽一切可能帮助他们安居下来投入生产，和我们一起为建设幸福的社会主义而劳动生产。这种阶级友爱和天下农民一家人的精神，我们应继续巩固和发扬光大。

安置移民不但要帮助他们解决初到时生产生活上所遇到的困难，还要体贴他们的心理，解决他们的思想问题。他们远离故乡，人地两生，困难较大，城市移民更有非生产方式的根本改变，顾虑较多，

我们必须针对各类思想顾虑，帮助解决他们所担心的一切具体问题，使他们身安心安，积极投入生产，这是十分重要的工作。我们当地干部和群众必须注意做好这一工作，还要对当地少数群众对移民某些不正确的看法，用生动的事实，加以帮助教育，使他们充分认识移民工作的重大意义。使我们今后在各级党政的领导下，充分发挥大家智慧和力量，巩固以往成绩，克服工作中的缺点，顺利光荣完成未来的安置移民任务。

甘肃省银川专员公署

1956 年 8 月 21 日

（宁夏档案馆：J046-001-0162-0108，共 7 页）

15.《甘肃省民政厅关于安置上海单身妇女经费和清理北京移民经费的通知》（节选）

银川专员公署、吴忠回族自治州人民委员会：

上海迁来第二批单身妇女 116（包括 12 名儿童在内），已于 9 月中旬分别送达你区（州）分配安置，为了解决他们目前实际生活困难，以安定她们的生产情绪起见，酌予发给生活补助费，兹参照上半年来的第一批妇女补助标准给你区（州）发来经费 7598 元，请参照附表规定项目，结合各安置县实际情况和安置人数将拨去的款转拨各县使用。

北京移民今年再不向我省迁送，关于上半年我厅拨给你区（州）的北京移民安置经费（包括北京市民政局直接拨给银川专属的 35 万元在内）应即督促各县进行清理，凡未安置北京移民的县和乡，须分别将拨给的移民经费缴回专署和县人民委员会，有些仅安置很少移民的县和乡亦须收回一部分多余的款，以便集中使用，避免浪费。专署和县对收回的款可根据必要给安置北京移民较多的县和乡，转拨一部分解决 1956 年北京移民今冬棉衣和生活困难问题。并希将各县 1956 年安置北京移民人数已拨给的款数和实际开支以及今冬需要款数报省备查。

附：上海第二批单身妇女经费开支标准数目表一份。

甘肃省民政厅

1956 年 10 月 8 日

（宁夏档案馆：J046-002-0409-0063，共 4 页）

上海第二批单身妇女经费开支标准数目表

项目	人数/人	生活补助费/元			安家费/元		医药补助费/元			衣服补助费/元				总金额/元
		每月标准	补助月数	金额	每人标准	金额	每月标准	补助月数	金额	补助面/%	补助人数	每人标准	金额	
银川专区	59	12	4	2 832	5	295	0.5	4	117	70	41.3	15	619.5	3 864.5
吴忠自治州	57	12	4	2 736	5	285	0.5	4	114	70	39.9	15	598.5	3 733.5
总计	116	12	4	5 568	5	580	0.5	4	232	70	81.2	15	1218	7 598

说明：1. 未列生活补助费包括日常零用开支，如：肥皂、牙膏、卫生纸等在内。
　　　2. 未列安家补助费主要用于购置生活用品。
　　　3. 未列医药补助费由县统一掌握开支不必拨给本人。
　　　4. 衣服补助费，规定范围内根据移民具体情况将补助面和补助标准予以适当加大或缩小，不要平均发放。
　　　5. 银川专区安置 59 人拨 3 864.5 元，吴忠回族自治州安置 57 人共拨 3 733.5 元。

16.《永宁县安置北京市及上海市移民工作报告》（节选）

永宁县 1955 年及 1956 年，两年内接收安置了北京移民共 390 户 1858 人，分别安置在 14 个乡 18 个农业社里，1956 年来的是插花安置。1956 年 5 月又接收安置上海妇女 60 户 74 人（其中有小孩 14 人），分别安置在县城附近的 3 个乡里，现在只有 5 人未结婚，其余的均已结婚了。

一年来安置就业者 44 户 74 人（其中拖拉机手 2 名，汽车司机 1 名，民教小学教员 25 人，油工 8 人，铣工 6 人，木工 3 人，算工 1 人，鞋匠 4 人，理发匠 3 人，保姆 3 人，医生 3 人）。除此以外，在社内会计 2 人，队会计 25 人。陕西水库区自 1956 年 8 月迁来一批青壮男先遣队，共 1522 人。1957 年七八月间闹事一次，除迁陶乐县的 20 个社外，余下 7 个社仅剩下主任、会计、社员 66 人。经过农村大辩论，10—11 月份又动员来 935 人，前后共 280 户 1001 人，有劳力 586。其中，男全劳 288 人，男半劳 58 人；女全劳 174 人，女半劳 66 人。

总共 624 户 2487 人，有劳力 1184 个。其中，男全劳 521，男半劳 172 人；女全劳 346 人，女半劳 145 人。

北京移民应建房 425 间，已建 266 间，尚未完成的 159 间，每间造价 139.30 元。陕西移民建房，根据 1957 年实有人数，只需房屋 667 间，1957 年新建 431 间，每间造价 309 元，加上 1956 年的 604 间，共有 1035 间，尚富裕 368 间。

（宁夏银川市永宁县档案馆：1—12，共 10 页）

17.《银川专区移民委员会关于 1957 年巩固北京、上海市移民工作意见》（节选）

两年来，本区安置北京、上海两市移民共 2494 户 11344 人。这批移民，由于久住城市，不熟悉农业技术，劳动效率低，加上 1956 年秋收作物因灾歉收，不少移民生活上有困难。集体安置的移民尤为显著，同时也有一部分移民不安心于农业生产，因而，去冬今春以来，不少移民思想上发生动摇，一部分移民不断到专、县、乡各级政府要求分配工作或要求回北京。虽经多方面耐心说服教育，并根据具体情况解决了不少问题，但思想上还不是很稳定。据最近了解，有部分人家中寄钱，并将粮食和政府发给的生活、生产用具出卖做路费回北京。因此，我们必须尽速采取一切措施，巩固移民情绪，使他们安心从事生产。现在提出以下巩固意见，如同意时，请批准各县、市研究执行。

一、抓紧领导移民生产。在不影响农业生产的前提下，还应有领导、有计划地开展各种副业生产，以解决移民生活困难。

二、关心移民生活，切实解决移民生活困难问题。贯彻"困难大的多补助，困难小的少补助，无困难的不补助"的方针，按照移民不同程度的具体困难迅速进行解决，在方法上必须坚决贯彻"领导掌握与民主评价相结合"的救济办法，严防平均发放和机械规定标准的偏向。对有还贷能力的，可以用贷款解决；人口较多有部分负贷能力的，只救济其无力偿还部分；确实没有还款能力的，用救济款解决。救济款前已发给各县一部分，应切实掌握使用。按半月或一月把救济实物发到移民手中，防止和克服扣卡过紧或偏高偏低的做法。要教育移民明确认识这是救济款，消除移民单纯依赖政府供给的思想，并做好发放前调查、发放中审查和发放后检查的细致工作，避免"不关心群众痛痒"和"依赖思想"两种偏向，使移民和一般农民生活水平比较起来不能相差太远。医疗问题一般由个人负责，为了照顾个别贫困户，由县分配一定指标，交乡控制使用。补助缺少一部分或全部医疗费的移民，重病号必须住院时，一般由县卫生院治疗。如县院限于技术设备不能医疗时，可由县院直接与省第二人民医院联系，经同意后送第二人民医院医治。在未经同意前，不要轻易送来（急病例外），以免造成工作上的困难。移民住房问题，根据省移民工作会议精神，用购买群众闲房或修建新房的两种办法，于春夏两季完成一部或大部，秋季一律完成。个别移民缺少生活用具时，由乡、社掌握按其实际需用情况，及时研究补发。部分地区以往在解决移民生活生产困难问题时，仍有许多不够深入，不符合实际的现象，今后应该注意改进。还应纠正乡、社干部在处理移民问题上的简单生硬、推出门不管的不良作风。据移民反映：有些乡社干部对他们说，"政府不该你的，困难自己克服，跑不跑在你们，挡不挡在我们"。这种不负责任的态度，必须立即予以纠正。我们应该本着既不浪费财力，又能解决问题的精神，虚心倾听群众意见，实事求是地研究各种反映，认真处理移民中存在的问题，以解决移民的合理要求。

三、加强对移民的思想教育工作。……今后应注意加强双方的思想教育工作，特别要教育当地群众热情地帮助移民，使他们感到大家庭的温暖。

对移民应普遍进行经常的爱社教育，以及勤俭办社、勤俭持家的教育，使移民确实认识到只有依靠农业社才能搞好生产，增加收入，改善或提高自己的生活，纠正移民中存在的吃一天算一天的混光阴思想。克服强调个人利益，不重视劳动，企图依赖政府的不正确思想。加强移民的劳动纪律教育，重视生产领导。移民和社员应同样地遵守社章，遵守社内的一切规定，服从社（队）领导，进行生产，应该教育移民，未经领导同意随便缺勤和外出打短

工，以及盲目流入城市，任意挥霍，大吃大喝，耽误生产，是违反劳动纪律的。同时要教育干部严格纠正对待移民"同工不同酬"，故意扣工分，压低工分或不分轻活重活同一记分的不合理现象，在加强思想教育的基础上，及时总结经验，纠正缺点，推动工作，把移民热情确实巩固起来。

银川专区移民委员会

1957 年 2 月 21 日

（宁夏档案馆：J046-001-0167-0112，共 6 页）

18.《北京市移民安置工作情况的检查报告》（节选）

专员：

10 月下旬，我室派员协同北京民政局赵辉科长，对于 1955 年集体安置北京移民的贺兰京星乡、宁朔幸福社和 1956 年分散安置于银川市、中卫县的北京移民进行了重点的调查。总的情况是：绝大部分的移民已热情地投入农业生产，由不习惯慢慢地习惯起来，生产情绪一般较好。如京星乡 1、2、4、6 队今年的稻子平均产量接近当地群众的亩产量；银川市新民乡八里桥的 3 户移民均能自给自足，有的移民所得的工分，还超过了当地的社员；中卫县城关乡安置的 27 户 84 个移民今年分到的粮食基本够吃。但也有部分移民，由于领导经常重视不够，特别是乡、社干部对他们的政治思想教育和生产技术指导不够经常和认真，解决生产与生活上的问题不及时，甚至个别干部对他们的态度不够热情和耐心，有些社干的民主作风不够，对城市移民不习惯和不熟悉农业生产技术这一特点照顾不够，评定工分不合理，因而有些移民情绪动摇不定，对生产抱着消极观望态度，有的喊着要回北京，有的要求调乡调社。在部分移民情绪动摇不定的情况下，加上

个别坏分子趁机煽动，更引起了移民情绪的不安，特别是集体安置的京星、幸福两社的情况比较严重，兹将检查中发现的问题报告于后。

一、领导问题：集体安置的京星、幸福两社，对社员的集体思想教育和生产技术教育抓得不够紧。未充分认识到小市民与农民的不同特点，分清好坏区别教育，使基本群众团结起来形成核心力量打好工作基础。对社员的培养扶助不够，社委会领导生产方面未起到应有的作用。事无大小一概推到乡上，乡在处理问题时，一般是听从组长的反映，接近群众、深入调查研究、掌握全面情况不够，再加上个别干部态度生硬，处理问题不够慎重、及时，致引起群众的不满。这样，就造成了群众对乡、社干部的对立，一切工作往下贯彻有很大困难，一些坏分子趁机搞小圈子，拉拢落后群众，各有一派，互相攻击，造成正气不能抬头、邪气上升的混乱现象。有些人就公开大骂乡、社干部，党、团员和积极分子，派的队长搞上几天就被攻下台。

对分散安置的移民，由于县、市对移民工作的经常重视和深入检查不够，未能帮助乡、社及时解决发现的问题，致使许多必须解决而有条件解决的问题，长时间拖延未能得到处理。

二、生产问题：京星、幸福两社生产计划偏高偏大，干部群众都存在着盲目乐观的情绪。计划不切合实际，有些计划都落空了，田间管理做得很差，致使麦收减产，特别是秋收，收成不好。分散安置的移民，由于各社安置的人数不多，在当地社员的带动和帮助下，生产情绪一般较集体安置的稳定。但生产工具不够的情况，还较普遍，这一问题的形成，一方面是由于数量不足，另一方面是发放的方式不当。

三、生活问题：根据初步了解，京星乡能自给自足者只有 86 户 296 人，占总人数的 14.6% 左右；幸福社尚达不到这个比例。分散安置的移民，也有

大部分人粮食不够吃。现在多数人暂时尚能维持，少数人口多、劳力少的和劳动不好的人，目前生活就成了问题。移民的棉衣救济问题，专署于 10 月中旬根据各县实报和缺棉衣的情况，从全区北京移民经费内抽出 75440 元分拨各县及时进行了评议发放，有的是怕召集移民评议无法掌握，所以平均发放了。

四、移民和当地群众的团结问题：由于对当地群众和移民的团结教育做得不够、不经常，在一些小的问题上移民和当地群众之间存在着一些隔阂和不团结的现象。

这次检查中发现的问题，县上并未认真予以解决。这种情况如不及时予以纠正，就会给党和政府在群众中造成不良的影响，为此，各县、市必须立即采取如下措施。

（1）进一步加强移民的组织领导。各县、市党政领导，应该把移民巩固工作列为当前的中心任务，与全面整社工作紧密结合起来，进行一次检查，解决存在的问题。对 1955 年集中安置的移民和 1956 年分散安置人数较多、问题较大的乡，必须抽派负责干部深入下层，帮助工作。同时必须教育干部经常重视这一工作，克服某些干部，特别是乡、社干部存在厌倦和畏难的思想，以及不认真负责甚至推脱敷衍的官僚主义作风。

（2）加强生产领导。事实证明，要使移民切实安下心来，关键问题在于加强生产领导，我们必须尽一切可能增加他们的收入，保证他们的生活。对当前缺短生产工具、评分不合理、分派农活照顾不够和对移民生产技术帮助不够的现象，应大力予以纠正。并应结合分配工作，以按劳取酬的原则，教育移民重视劳动，珍惜自己的劳动收入，把它用到正当的需要上。在今年冬季还应组织教育移民，大力进行副业生产，用以解决他们生活上的困难，克服移民的依赖思想。

（3）切实解决移民生活困难，保证安全过冬。

移民的棉衣基本已得到解决，对短缺门窗以及人多屋小甚或几家住一处、几辈住一间房的情况，应及时予以修补调整。对生活用具不足的情况，须及时予以解决，并将原借群众的东西逐步归还。在政府未解决前，要教育说服当地群众不要直接向移民收回自己的东西。对食粮不足的应按（56）署政字第212号通知，认真解决。但在处理时，必须主要防止单纯救济和平均发放的偏向，要紧密地和生产结合起来。

（4）加强团结教育。搞好移民和当地群众的团结，使他们相互尊重，互相学习，达到和睦相处。尤其要经常注意教育当地群众，发挥社会互助精神，体贴移民的困难和远离家乡人地两生的处境，给他们以热情的帮助，使他们感到温暖，树立安心在这里长期建家的思想。

贺兰县人委安置办

1957 年 10 月

（宁夏青铜峡市档案馆：1956-22，共 8 页）

19.《1955 年至 1957 年安置北京、上海移民情况统计表》

1955 年开始至 1957 年年底，共接收北京移民11315 人，其中 1955 年 858 户 3685 人，1956 年1655 户 7630 人。

1957 年 12 月 28 日

（宁夏档案馆：J075-001-0011-0084，第 1 页）

20.《银川市 1957 年移民工作总结》（节选）

一、移民工作基本情况

本市于 1956 年原接收北京移民 297 户 1418 人，分散插社安置在五乡一镇的 24 个农业社。在这两年内人口变动情况：由于婚嫁、死亡、迁送、返籍等，实际有 224 户 1098 人。

1957 年移民工作是根据中央的指示及甘肃省第一次移民工作会议的精神，结合本市移民情况，对已安置下来的移民继续做好巩固工作，统一了干部对移民工作的思想认识，必须大力动员所有移民投入生产，增加收入使移民改善自己的生活，更进一步地巩固依靠农业社建家立业建设西北的信心和决心。市、乡、社为了加强对移民生产组织领导，均成立了移民委员会，各农业社根据移民分布情况成立移民小组分层负责处理有关移民生产与生活中的问题。各乡、社一般都按照每一时期农业中心工作召开大小不同的移民座谈会，互相交流生产经验，并贯彻每一时期生产任务，进行教育，并在移民中进行劳模评比报市奖励。市定期召开移民代表会议，总结移民工作，贯彻有关移民政策的教育，在生产中根据移民的体力强弱，生产技术特点，分类排队，依据轻活、重活、一般活、技术活、包工与零散工，适当地安插移民。从各方面激发移民生产积极性，大部分移民通过一年来的劳动进一步学会了当地一般耕作方法，也熟悉了当地农活。在技术农活方面，由老社员带动移民，很多的移民从外行变为内行，克服了生产上的困难，同时也发展了部分来自农村的移民具有种植经济作物的技术，如种植棉花与其他作物的培育等。这对互相交流经验与改进生产技术等方面有一定推动作用，其中还有不少知识分子，在农村中发挥了自己的智慧，担负了各种不同的工作，如文化、卫生、扫盲、农业社的财务管理、生产计划等工作，这对文化交流有一定的作用。由于上级党政的领导与重视，以及有关部门的协助和广大群众的支持，从而稳定了移民安家立业的思想情绪，移民群众在国家的支持下经过了一年来的劳动，奠定了初步生产基础，除了因灾减产的社，劳动力差及残老疾病丧失劳动力、人口过多的户生活尚有困难外，绝大部分移民在生产与生活上的困难基本上得到了解决，收入方面都有了一定提高。1957 年与 1956 年生产收入对比，1956 年移民生产总收入 12648.52 元，平均每人 11.33 元。而 1957 年移民生产总收入 25347.83 元，平均每人 25.19 元。最多收入如民乐乡移民张乙检全家 3 口人，一个半劳动力，收入 478.89 元，平均每人 159.73 元，超过当地群众收入。

生活方面：由于 1956 年移民到银川时将近夏季，虽经政府照顾给半年生活补助，但参加生产季节较短，又由于头一年对当地农活劳动、耕作方法尚不习惯，出勤率不高，至年度决算时，所得收益不多，缺粮的情况长短不齐。为了解决实际问题报请国家，根据省的指示，结合当地农村生活水平及粮食定量政策，于 11 月份陆续开始救济，发放办法每人粮食大、小人口平均 30 斤，烧炭以户计算每人不超过 40 斤，粮炭合计 4 元 8 角，由乡召开会议经民主评议发放。至 1957 年 8 月 10 日接上麦收，即全面停止救济，但部分移民有的是老弱病残，有的是劳力不强，或者人口过多，所以收入不够维持。有的是孤寡无依，丧失劳力等各样情况，因而这些人在生活上一般都有不同程度的困难，必须根据不同情况有区别地继续救济。在 1957 年全年度生活救济费项下开支 54373 元（其中包括 1956 年 11 月至 1957 年 1 月一部分，1957 年 8 月以后至 1958 年 1 月一部分）。关于单衣与棉衣救济方面，根据移民缺衣实际情况先进行摸底，结合节约棉布的精神，适当控制，尽量缩小救济面积，故 1958 年冬衣只做缝补、整修，个别添新，进行补助。关于移民医疗方面，对困难的移民介绍医疗的 230 多人次，住院治疗的 27 人，全年度开支 6681.8 元，在这个问题上我们也做了适当控制，一般由移民自行就医，自行负担，但还有个别的移民有特殊事故（急性病），给予住院治疗。以上国家用巨大财力支持解决了移民

的生产和生活，安定了移民的思想情绪，对安置与巩固工作给了有力的物质保障，关于移民就业方面，根据国家需要，结合本人思想表现、工作能力与技术特长，安置在国家机关、厂矿、学校、团体、企业等参加固定工作的职工学徒 26 人。

二、移民住房修建方面情况

根据省与专署对于修建指示平均两个半人一间的原则，我们按照每户人口、大小、辈数具体情况，决定需要的住房间数，因而有的人口虽多间数少，有的户人口虽少，需要的间数多，总的平均达到 3 人一间房，共计全市移民需要住房 394 间半。在 1956 年修建 44 间半。1957 年修建 306 间半。买旧房 36 间，其中包括整理与翻修的 21 间半，现还缺 9 间半。但材料已备齐全，问题不大，基本上能解决。关于修建造价方面，本着节约精神，就地取材，买旧房翻盖与买料新建，两种办法，平均每间造价不超 110 元。经检查验收均合乎标准。

三、一年来虽然做了一系列的工作，也获得了一些成绩，但还是摸索前进，虽有些问题及时得到了纠正，在农村整改中也暴露了工作中不少的缺点，有以下几个方面。

（1）对移民的政治思想教育工作和基层干部有关移民的政策教育做得不够。以致遇到问题不是从正确的方向着想，不是从互相谅解出发，而是互相结怨，借故闹事，双方耽误生产，发生问题较多的地方，主要放松了经常对移民和当地群众政治思想教育工作。

（2）在生活救济方面也有些不公平不合理的现象，而有些乡、社没有很好贯彻领导掌握与民主评议相结合的办法，应迟补助的早补助，应少补助的多补助了，不应该补助的也补助了。

（3）对移民的政治思想教育工作和生产教育工作配合得不密切。因而有些人未及时地得到教育，而在生产方面我们又缺乏经常性的检查与监督，以

致个别的人与生产单位脱节，形成生产的自流，存在长期依赖思想。

以上是我们在 1957 年移民工作中存在的缺点，在移民方面有个别人没有树立克服困难，用自己双手创造幸福生活的信心和决心，遇有困难畏难而走，或者动荡不安，总之由于政治思想教育抓得不紧，问题产生得较多，今后应吸取教训大力改正。

1958 年 4 月 25 日

（宁夏银川市档案馆：永久 21，共 22 页）

21.《灵武县城关人民公社关于京建大队北京社员返回北京的情况报告》（节选）

城关人民公社京建大队由 4 个移民点组成，现划编为 4 个生产队，一、二、三队基本为北京社员，由本县三桥移去的为数极少。四队绝大多数为本县三桥社员，北京社员仅有 3 户。现实有农户 273 户 1228 人，其中北京社员 193 户 937 人，三桥 60 户 251 人。

从北京社员的思想看，绝大多数社员没有从思想上安心下来，把灵武变成自己的永远家乡，因此思想上经常向往北京。尤其最近几天，三五成群地返回北京更为频繁，又以二、三队为最多。从 6 月 1 日晚至 11 日，全大队先后回往北京的社员达 22 户 76 人（即 1 日 1 户，2 日 3 户，4 日 5 户，5 日 3 户，7 日 8 户，11 日 2 户），其中二队 4 户 24 人，三队 20 户 52 人。这些社员回往北京的办法是多种多样的，有的是男人领小孩先回，妇女暂留，有的是妇女单身走，小孩留给男人，有的是男人先回妇女小孩后走，有的是妇女小孩先走男人后走，路费来源，有的变卖衣服家具等物，有的是回去的人往来寄钱，有的是向亲眷家属要钱，有的是先头回去的社员来信，介绍自己如何花钱少回到北京。究其回往北京的主要原因，经过下设京建工作组干部了解和会议讨论分析有如下几方面。

1. 大部分社员认为此地生活不如北京，劳动苦受不住，吃不饱吃不好，从北京迁来已经三四年了，生活还是这个样子，年年政府都在救济，还有个啥干头。加之最近粮食供应量减少后情绪越加不安，因此迁往灵武后相当一部分人根本没有安下心扎下根来以农业生产永久落户成家，认为农业生产没有奔头，连二、三队的干部也经常或明或暗地和社员这样讨论。

2. 已经回到北京的社员要上了临时户口，找上了职业，这一事实影响极为严重，特别是通过信件介绍了回家后的情况，更引起了北京社员急迫回往北京的心念，再加上外流社员每月几十元收入的影响，这就使北京社员更感到还是回北京或外出找职业要比此地好。这正是一些社员说的，原来在社是"二流子"不劳动，现在倒吃得好，穿得光汤，还抽的是大前门的纸烟等。

3. 据反映，北京民政局和有关厂矿对回往北京或流外社员的处理欠妥。当他们回到北京，硬性不走要求安置找职业的情况下，多半是采取了先发给临时户口证明让其就业的做法，这不仅达到了已回到北京的目的，而且影响了还要打算回往北京的社员。在思想上也认为只要能到北京，所有问题都能够解决。有关厂矿对流入的人员，不问其详细情况和有无介绍证明，只要本人有一点能够说明的材料（例如选民证等），就随便吸收使用。这也造成一些社员认为，只要能跑出去，什么地方都能找上工作。

4. 公社化后对北京社员的生活照顾比以往更为周到，按时发放了工资，最近又发了衣服用布等，结算了 1958 年社与社员的经济往来，及时找给社员专款 800 余元。但北京社员却看成是给回家准备了条件，不仅换上了衣服，而且还有了路费。

根据目前的情况来看，仍有不少北京社员正在积极准备路费。据有些社员的反映和队干部的议论，仅在二、三队可能还有 20 多户社员准备在最近就要动身。根据梧桐树管理区副主任王占海同志电话通报，在本月 11 日晚，京建大队三队又返回北京 2 户 6 口人。

鉴于上述情况，目前应立即抓紧教育和采取有效措施加以制止，并请上级领导把已回往北京的社员应和当地政府联系动员他们返回原地。对外流社员设法与有关厂矿及生产单位联系，让其回社参加生产。并对今后回往北京的社员，北京有关单位不应再给予临时户口证明和安置生活职业。对于外流社员，凡不持有当地政府介绍和证明，应一律不吸收工作，这样才能稳定其思想，从根本上打消不安心生产的思想，使移民工作在政治和生产上发挥其更大更深刻的积极意义和作用。

灵武县城关人民公社管理委员会

1959 年 6 月 12 日

（宁夏档案馆：J21-2-30-11，共 3 页）

22.《关于北京移民安置情况和返京移民处理意见》（节选）

北京移民是在 1955 年至 1956 年进行安置的，两年期间总共安置约有 14000 人。他们之中大部分是采用分散插社，少部分是以集体方式安置在宁夏川区的银川、贺兰、永宁、青铜峡、灵武、中宁、中卫等县和市。几年来，由于各种原因，未能巩固下来，自动返回迁出地区或流动到外地的（这部分占很少数）有 12000 人左右，占安置总数的 85%。现在留在我区的约有 500 户 2000 人。

这些移民大多是城市中没有固定职业的贫困人口，迁移出来安置在农村从事农业生产，对他们来说，在劳动上和生活上都是较大的变化。因此，带来了长期的一系列的难以克服的困难。劳动力弱，

家庭人口多，生活负担重，是城市移民的显著特点。从移民垦荒的要求来衡量移民对象，必须具备"有劳动力、有劳动习惯和全家自愿"三个条件，移民工作才能建立在牢固可靠的基础上。国务院 1956 年 8 月 9 日（56）国办第 147 号国务院转发内务部《关于移民工作情况和意见的报告》明确指示，"坚决反对那些不适应垦荒生产的、没有劳动力的人员移民"。以此检查城市移民不符合这一精神。"人往高处走"这句老话，说明历年来我国人口流动的自然规律，在移民本身更是一个很现实的问题，要使移民能在安置地区巩固下来，安置地区相比迁出地区的条件一般差别不大。北京地区与宁夏地区劳动条件和生活条件的差别是很大的，移民来到安置地区以后，劳动力弱，又缺乏农业生产技术和劳动习惯，移民生产收入少，致使他们生活水平急剧下降。这些北京移民绝大多数不能自给，靠国家的救济糊口。

在安置方式方法上，北京移民不论一家一户的人数插社安置，或去年集体插社安置，都是把移民插入在当地社队里。这样做不可能在全部的社队内开垦大片荒地。移民插入当地社队既不可能增加耕地面积，也不可能带来耕畜、农具（大型），即是说，耕地、牲畜、农具等都是依靠当地社队原存的。因此当地社员认为移民侵占了他们的利益，用社员的话说："从我们这里夺粮食。"这个问题，内务部任远副部长在 1956 年 6 月 10 日移民工作座谈会上也讲过："在原有居民区安置又有几种形式，但不论何种形式，都必须遵守不损害原有居民的利益的原则。"我们在安置这些移民时，正是未经慎重考虑，这一政策性的问题。移民侵占了当地社员的切实利益，这是移民与当地居民关系不好的根本原因之一。

移民不能巩固，不断外流的原因，虽然如以上所述，但是造成此严重情况，是与我们工作上的缺点和错误分不开的。首先，这是一项新的工作，我们没有安置经验，更主要的是，我们对移民对策方

针认识不足，对移民的利益体会不深，移民思想教育做得既不经常亦不深入。总之，对移民这项工作的长期性、复杂性、艰巨性认识不足。加以某些基层干部作风问题，对待移民有畏难情绪，存在基本长时间无人过问的状况。

由于多方面的原因，移民在安置地区不能巩固下来，还籍、外流不断发生，他们当中很多人不止一起跑回北京又动员遣送回来，这样往返的结果，更增加了移民的困难和经济的损失，诚然是劳民伤财。处理移民问题，应当看作是党和群众的关系问题，我们应该本着对党和国家负责，对移民负责的态度，慎重考虑，想出妥善办法，不让移民再流离失所。今后我们对自治区境内的所有移民，都应该想尽一切办法，做好安置工作，特别是北京移民，免得他们跑回迁出地区，给首都增加麻烦，招致不良影响。

关于北京市区目前尚有返回移民 100 来户 400 多人的处理问题，我们意见由北京设法就地安置，免除往返损失。同时，他们回来后，当地生产队也无法再安置下去。但是考虑到其中有些半迁户，家分两地，可动员回京，属于老弱病残，孤寡没有劳动力，无依无靠的人以后就地安置为好。对坚决要求回来的，和他们讲清楚目前安置地区的情况，回来后仍安置在原生产队，别无门路，取得完全自愿再遣送，以免以后又跑回北京。以上可以回来的这些人，由于安置地区已将他们的口粮注销，生产队没安排他们的口粮，因此北京市需解决半年口粮。另外，遣送路费和少量安家费（添补小农具、灶具、修补住房等），因未安排这些经费，也请北京市解决。

以上，仅是我们业务部门对解决这一问题的初步意见，尚需报请自治区人委批示。

自治区安置办公室

1962 年 6 月 4 日

（宁夏档案馆：J075-002-0133-0027，共 5 页）

23.《关于撤销灵武县京建大队的请示报告》（节选）

银南地区革命委员会：

我县梧桐树公社京建大队共 5 个生产大队，1321 人，土地 2950 亩。其中一、二、三、五 4 个生产队位于西排水沟两岸，南北长 13 华里，宽窄不等，穿插在梧桐树、史壕两个大队农田档子中间，四队又插在史壕一、二队北部和二队中间。

在大搞农田基本建设的高潮中，梧桐树公社农田重新进行了全面规划，规划过程中京建大队的农田十分零散，造成梧桐树、史壕、京建 3 个大队都无法规划，不利于生产。

为适应农田基本建设，便于生产领导，经过广大社员群众讨论，公社党委认为：京建大队有碍农田基本建设的规划，要求撤销京建大队。其中一、二、五队（包括西沟以东的土地）划归史壕大队。对此，县革委会意见：为了使全社规划，农田基本建设得以顺利进行，同意将京建大队撤销，其中一、二、五队规划梧桐树大队领导；三、四队划归史壕大队领导，划归的生产队核算单位仍然不变。

以上报告妥否，请批示。

灵武县革命委员会

1975 年 1 月 24 日

（宁夏灵武市档案馆：1-1-192-42，共 2 页）

二、河南移民档案摘录

1.《甘肃省银川专员公署移民委员会名单及新拨河南 26000 人的分配数字》（节选）

为了加强对移民工作的领导，本署于 2 月 11 日正式成立了专区移民委员会，并以政法组为主设立办公室，即日起开始办公，根据省民政会议决定，除原分配北京移民 21900 人，上海市单身妇女 1500 人，另增加安置增收河南移民 26000 人，北京市单身妇女 500 人，北京移民 100 人（原分配本区的陕西、河南垦荒突击队不再向本区遣移），经研究确定了新增移民的分配数字。这批新增加的移民仍应分散安置到各农业社内（陶乐除尽量安置到农业社外，可考虑提出集体安置计划很快上报），希即研究分配到各乡各社，并认真做到各项安置准备工作。兹将移民委员会名单及分配增加移民数字列后。

一、移民委员会名单

移民委员会名单：主任曹又参；副主任雷启霖、冯国保、齐德庵、武佑邦、阎学礼、韩效琦；委员：张生德、庞殿元、薛凤池、马生骥、张瑞昌、梅生逵。

二、安置移民任务分配表

单位：人

县别	原分配北京移民	新增河南移民	原分配单身妇女	新增单身妇女	合计
银川	1 500	500	60	20	2 080
贺兰	3 100	4 000	215	100	7 415
永宁	3 000	3 500	215	80	6 795
宁朔	3 000	3 500	215	80	6 795
中宁	1 500	2 500	210	25	3 235
中卫	2 000	3 000	210	25	5 235
平罗	3 000	3 000	200	60	6 260
惠农	3 800	3 000	150	80	7 030
陶乐	1 000	2 100	25	30	3 155
总计	21 900	26 000	1 500	500	50 000

附注：陶乐县新增河南移民数字内有北京移民100人。

甘肃省银川专员公署

1956 年 2 月 21 日

（宁夏档案馆：J046-001-0161-0001，共 2 页）

2.《甘肃省固原县关于安置移民和组织生产的报告》（节选）

一、1957 年 9 月，从敦煌转迁固原的河南移民

44 户 187 人与 1956 年北京移民 52 户 220 人，分别插社安置在大营区中河、西梁两乡的 4 个农业社。经过在安置后进行了思想教育，目前除中河乡河南移民中个别不安心生产经常闹事者外，大部分都安心于生产，根据初步统计移民有全劳 46 人、半劳 47 个，共挣劳动 2062.6 分，共可分粮食 21288.8 斤，每人平均 96 斤多，现中河乡移民按劳动日分钱由国家供应，西梁乡可以达到自给的 2 户。

二、思想教育和组织生产工作：通过社员会、青年会、农村辩论会及个别座谈会，进行了系统的思想教育，积极参加了生产，学会了当地的部分农业技术，如割粮食、打场技术。带动所有社员全部投入兴修水利，顺利完成修渠掏泉任务，已冬灌地 1834 亩。

三、经费使用情况：全年共发移民款 6857.82 元，除给河南移民购置门窗、灶具 285 件，其余均用于两乡移民生活方面，经检查并无浪费现象。

四、建房问题：1956 年迁来北京移民房舍已于 1956 年全部建起，现只有河南移民 44 户 187 人尚无房屋，根据我们按移民人数计划共需房屋 110 间，按当地木料等物品价格计算每间房屋 300 多元，共需人民币 33000 元。

五、但由于个别好闹事者的经常影响，一些思想尚不稳定的移民思想有所动摇。

六、根据目前情况，1958 年着重做好移民巩固工作。

首先加强对移民的生产、团结和勤俭持家的思想教育。

第一，要加强团结教育，坚决纠正当地社员歧视、排斥移民的做法，如营丰社当地社员不给移民推磨，应立即纠正，今后应使当地群众和移民互相帮助、互相学习、互相尊重、互相团结。坚决反对互相歧视、互相排斥。尤其当地社员和干部要深刻体贴移民离开故土人地两生的困难，对移民应该加

以照顾，一定要防止某些干部认为移民麻烦而产生推脱歧视、排斥情绪，同时也对移民要加强增产节约教育，提倡艰苦朴素，勤俭节约，反对铺张浪费和单纯依靠政府解决一切问题的思想。同时加强纪律教育，利用各种会议形式教育当地群众和移民共同严格遵守国家政策法规，服从社章和劳动纪律，反对闹无原则意见，游手好闲不参加劳动生产的行为，对干部继续加强正确地、认真地贯彻执行移民政策的教育，端正对移民的正确认识，消除一切怕移民麻烦捣蛋等不健康的思想认识，以利团结和生产，并应防止干部遇到这些困难情绪消极，甚至推脱不管的现象继续存在。

第二，着重抓紧搞好移民生产，搞好移民生产是巩固移民的关键问题，根据目前对移民组织生产情况，主要抓住对移民组织生产领导工作，动员所有移民的全劳、半劳和辅助劳力，都积极来参加生产劳动，根据农业社生产门路，分类安排，适当分配力能胜任的生产活动，使其多出工增加收入，安定情绪，建家立业。特别注意技术搭配及合理评工，以防止记工不合理或将移民单独分配在一起少评工分造成分歧现象，妨碍生产，减少收入。

第三，加强移民的领导工作，着重加强对移民的政治思想教育和组织生产的领导，对这项工作1958年开始一定经常化起来。这两个乡在做好生产的同时将思想教育一并搞起来，经常进行检查汇报，及时解决问题，以利移民生产，为赶上或超过移出地区生活水平而努力。

甘肃省固原县移民办

1958年1月28日

（宁夏固原市原州区档案馆：共4页）

3.《陶乐县人民委员会关于报送一九五八年移民工作的总结》（节选）

宁夏回族自治区移民局、中共陶乐县委会、陶乐县人民委员会：

一

1958年接收安置移民7422人（其中陕西5264人，河南2093人，自流65人），陶乐县以往安置的移民2465户11289人，其中：陕西2033户9131人，河南411户2093人，自流移民21户65人，占1956年底当地群众6765人1.67倍，并安置上海支援陶乐建设的干部8人。

一年来对移民的接待、安置、巩固、教育和领导生产、建房等工作，从总的情况来看：思想稳定、情绪高昂，树立了以陶乐为家和长期安家落户的思想，因而现在绝大多数移民不是三心二意想返籍，而是一心一意、千方百计地设法想叫他的亲友来陶乐共同安居乐业。

移民思想的巩固，表现了生产积极肯干，并能发明创造，在全区，发挥了积极性和创造性。这对我县1958年工农业生产的完成和超额完成起到了决定性的作用。同时移民为了克服耕畜、农具等不足之困难，除了实干苦干外，还试建成功了"杠杆水车"。移民不仅思想稳定，生产积极，而且与当地群众的团结上也很好，工作中都是互助互学、互相尊重等。

二

移民工作，获得了显著的成绩，其主要原因如下。

第一，本县党委和人委把移民工作列入了重要的议事日程，重大问题经常在党委和行政会议上研究，经过三干会、人代会、全体干部会，报告、讨论、布置、检查移民工作。有些干部对移民工作的厌倦畏难情绪，党政领导还亲自检查移民安置的准备工作。移民到来时举行欢迎，到后进行访问，解决具体问题。

第二，加强了对移民的政治思想教育工作，教育的方法主要是：根据特点，对症下药。召开代表会议，这是教育移民的最好形式，其目的是表扬好人好事、总结工作、推广经验、克服困难，从而获得本县工农业生产的大丰收。

第三，抓紧领导好移民生产，是巩固好移民的最重要的关键，由党政领导对移民的生产采取全面领导，统筹安排。

三

1958 年的移民工作我们虽然取得了显著成绩，但对移民工作的经验还很缺乏，办法不多，因而也在摸索中发现了不少问题和缺点，需要我们加以改进。

第一，移民的思想以往虽然基本上是巩固的，但入冬以来部分移民的思想有所动摇，不安心农业生产。据统计，截至 1958 年 12 月底返籍和出外打工的已达 223 人，其中陕西移民 105 人（返籍 34人），河南移民 118 人，其原因是对移民的政治思想教育工作入冬以来有不深入不细致的问题。

第二，移民建房任务没有完成，全县移民需房8109 间，仅建成 4445 间，占需房数的 54.8%，引起移民不满。河南移民的建房没有完成，有些移民长期借住在当地群众的房子总认为自己还没有家，有些当地群众也认为移民长期借住自己的房，感觉不方便，因而影响团结。

上述情况和问题如不及时加以解决，将对我县移民的巩固和今后大量安置移民及 1959 年工农业生产造成很大影响，为此我们的意见是：

（1）做好移民的政治思想教育和巩固工作；

（2）要求自治区民政厅应和各地厂矿联系，不要任意招收工人，并将已招收的移民工人全部动员回来，以制止移民外出打工；

（3）对返籍的移民要求原籍设法一定全部动员回来，这是巩固移民的重要问题。

此总结，特别是今后的意见和要求，如有不妥之处请指示。

陶乐县人民委员会

1959 年 1 月 20 日

（宁夏石嘴山市档案馆：65-1-3-3，共 12 页）

4.《关于检查陕西、河南移民返籍外流情况及当前巩固工作意见的报告》（节选）

针对陕西、河南来宁人员返籍外流情况，最近农垦局和民政厅组织工作组分别到陶乐、中宁两县进行了检查，并在本月中旬召开的全区 1960 年安置工作会议上座谈讨论了这个问题，现场检查情况及对当前巩固工作的意见报告于后。

全区原安置陕西、河南来宁人员共 48390 人。从以往总的情况来看，分散安置的河南来宁人员有零星返籍、外流现象。但集体安置的陕西来宁人员基本上是稳定的。从去年 11 月开始，陕西、河南来宁人员外流人数日渐增多，特别是春节前后的 1 月份时间段内较为严重。截至 2 月 10 日统计，陕西、河南来宁人员返籍外流达 9974 人，占安置总数的20.65%，其中，陕西 6416 人，占 20.5%，河南 3558人，占 21.81%，返籍情况较严重的陶乐县达 4828人，占原安置数的 47.52%，中宁县 1497 人，占47.9%。这些人的动向，陕西来宁人员绝大部分返回原籍，也有少部分人将家属送回陕西，劳动力流亡内蒙古及我区石嘴山、石炭井等地，河南来宁人员多数流入内蒙古。

据我们检查了解，陶乐、中宁两县陕西、河南来宁人员的情况，其返籍外流的原因较为复杂。自去年7月陕西库区内迁工作开始，有个别回去的人已随原留陕西家属内迁入上户口，部分跑到陕西的人，过分夸大了这里口粮方面的困难，引起那边亲属写信、来电、汇钱、寄粮票叫其回去，甚至有些直系亲属还派人来接，其次内蒙古等地大量吸收自流人员情况。

一、没领导好，生产收入少，这是最根本的原因。据陶乐县马太沟公社（全部是陕西来宁人员）的初步分配方案，农副业总收入61784元，除去生产投资和巩固积累，社员分配数为32283元，以实际劳动日计算，每个劳动日值0.209元，以总人数平均每人仅16元多，与1958年在陕西分红数每人平均35.4元相比，相差两倍多，这里还未将水费、籽种、饲料等25000多元计算在内，如果减去这一部分那就更低了。8个生产队，只有尚村一个队能分到200多元，其余7个队都超支，各队超支数多者11000多元，少者也达4000~5000元。目前新村、新华两个大队的16个生产队，已有7个队没粮、没水。1958年生产安排中，在土地和水利方面也存在着许多问题，仅新村大队2359人，实种地2800多亩，每人平均1.1亩多，其余土地都灌不上水没下种，抽水机灌溉费过高，也影响了社员收入。陶乐马太沟每亩水费5.94元，占农业收入的43.05%，中宁古城子大队每亩高达8.83元。因此，群众意见多，顾虑大，普遍反映说："劳动一年不但分不到钱，还要在外找，这有什么奔头。"有的说："今年生产的粮食不多，吃稀的，每人平均1亩多地，水利又没有保证，明年还不是一样。"

二、生活安排上，粮食打下来后，没有精打细磨、节约利用，吃了"过头粮"。口粮发生了问题，有的食堂停火。在调整粮食标准时，县上虽一再强调要大抓代食品，但对来宁人员在这方面缺乏采集、制作经验的具体情况未足够重视，他们蔬菜少，部分重返人员根本就没有菜，代食品又跟不上去，只吃主粮，对孕妇、产妇和年老体弱的病人等特殊个别问题，未做适当照顾，已经发生个别年老病人和产妇等带病或未满月返籍现象。以上这些情形在群众中造成了不良的影响，并使他们的情绪非常波动。

三、放松了原安置巩固工作的情况较为普遍。在各项工作的安排部署中，对原安置来宁人员和当地群众平等对待，忽视了他们乡土观念深及农业生产基础差等具体特点，公社大队没有专人管理此项工作，形成自流，县、市安置办公室，又不经常检查，对下面的情况掌握不够，反映不及时，以致他们的具体困难和某些干部的错误做法得不到及时纠正。特别是对来宁人员中的基层干部和积极分子的培养工作做得较差，一旦发生问题，就缺乏足够的依靠力量，甚至形成工作无法入手的被动状态。陶乐县陕西来宁人员中的大队、生产队级干部共292人，已有138人带头逃跑，未走的154人，多数将家属送回陕西，群众反映说："干部经常开会，人家知道底子，陶乐住不成了。"来宁人员中部分人搞投机买卖的不正当活动未被及时制止，在中宁县新民大队的白光西贩粮，高价卖给群众，陶乐县也发现有类似情况。另外据了解，陶乐县将陕西来宁人员1958年在原籍的分红款10万多元和垦荒费7万多元，均由公社和大队掌握，直到现在也尚未发到来宁人员手中。

四、在部分基层干部中有简单生硬的急躁情况。对返籍人员硬将东西挡下或把路费收起来，对返回去的有先批判、后给饭的情况，不顾因病、生小孩和年老体弱不能参加劳动的人，减少口粮数量或不给饭吃。对劳动力外流人员的家属，认为是"包袱"，采取歧视打击的态度，这些都是个别现象，但影响了干部和当地群众与来宁人员之间的关系。

由于劳动力的返籍外流，对生产和全面巩固工作已产生了极不利的影响。陶乐县集体安置的陕西来宁人员 28 个生产队，现在有 18 个队返籍外流人数达半数以上，造成劳动力的紧张，使生产无法进行，有 8 个队积肥不到 30%，送肥仅占春播面积的 27% 左右，用衣服换菜蔬、粮食和出卖生产工具的现象较为普遍。

各地党政领导对此问题极为重视，一方面派工作组进行巩固，一方面组织干部大力进行劝阻，已取得了一定的效果，当前返籍外流情况虽已趋缓和，但仍未彻底扭转。在做好现有人员的巩固基础上争取将返籍人员动员回来，我们考虑还需要采取进一步的措施。

一、结合本社工作，妥善安排生活。在生活安排上需要考虑来宁人员生产基础差，蔬菜少，对代食品的收集、制作等技术尚掌握不够的具体情况，以及陕西来宁人员亲友牵连大和该省内迁工作等影响，在现有条件的可能范围内，争取予以适当照顾，并大派代食品，在原材料采集、制作方面指派专人予以指导。对劳动力外流人员的家属，特别是病人、产妇、孕妇和年老体弱的人在治疗、饮食方面给予足够的关怀。集体安置的陕西来宁人员除贷款扶助外，根据其收入情况和负贷能力，研究对确实不能解决的部分，可由县提出意见报区安置委员会。

二、对集体安置生产队的现有劳动力需要迅速进行摸底排队，根据当前生产任务，由县和公社对生产做好全面安排。除教育和组织来宁人员积极投入生产外，对确实不能完成部分，应通过大搞协作和县市公社、大队调动人力、物力支援，按时完成运肥春播任务。

三、教育全体干部彻底纠正急躁情绪和简单生硬作风，对当地群众亦应加强巩固教育，端正其对来宁人员的认识。必要的可以分别召开随迁干部、当地干部、来宁人员生产队以上基层干部座谈会，听取意见，揭露问题，找出解决问题办法，发动群众共同做好巩固工作，对重返人员要耐心教育，热情关怀，不能采取任何歧视打击态度。

四、在解决上述问题的同时，还要加强劝阻、劝返工作。除已由自治区统一抽调干部去各家进行劝返工作外，返籍人员较多的陶乐、中宁等县应派工作组到陕西省大荔、朝邑等对口县动员返籍人员重返安置点参加劳动。

以上意见，如属可行，请批转各安置县市。

宁夏回族自治区农垦局

1960 年 2 月 23 日

（宁夏档案馆：J075-002-0050-0022，第 2 页）

5.《关于河南移民重返我区的安置问题的批复》（节选）

平罗、永宁县民政科：

关于河南移民前几年返回原籍，最近又返我区要求重新安置落户的问题，经与河南省人民委员会联系，现批复如下。

重返我区要求安置落户的河南移民，原则上均不予安置，应动员他们返回河南原籍。在动员他们返回原籍时，有的户口、粮食关系过去没有迁转，已经注销的，可同有关单位联系开给已经注销了户、粮关系的证明；回原籍的路费有困难的，可以从自流人口遣送费内（没有自流人口遣送费的，从社会救济费内调剂解决）予以解决。

此复。

宁夏回族自治区民政厅

1967 年 7 月 6 日

（宁夏档案馆：J072-002-0077-007，共 1 页）

三、陕西移民档案摘录

1.《甘肃省银川专员公署关于安置陕西移民先迁劳动力各项准备工作的通知》

永宁、宁朔、中卫、中宁、贺兰、平罗、惠农、陶乐县人民委员会：

陕西省今年移送本区安置的先遣劳动力5200人，从7月27日开始，分批移送各安置地点。对这批移民的安置准备工作经专署于6月中旬召开各县民政科长会议研究布置后，各地均已积极进行各项准备工作并已取得一定的成绩。据最近检查，有些县至今尚未统筹调配必要干部，移民办公室仍仅有一两个民政干部，无法推动这个繁重复杂的工作，并由于有关部门配合不够，致使有许多问题至今尚未得到妥善解决。为迅速扭转这种情况，积极做好安置移民的各项准备工作，要求各县党、政领导必须迅速认真做好以下各项工作。

1. 各安置移民县的党、政领导，对这项任务必须予以足够的重视，加强具体领导，迅速统筹调配必要干部，充实移民办公室的力量；同时对移民委员会各委员亦应按水利、粮食、木材、文卫、供销等具体分工。全面动手，责成其根据总的安置计划，安排好本业务部门的配合工作，迅速扭转以往单以民政部门办理移民工作的忙乱现象。并应建立检查汇报制度，指定各委员负责检查地区，定期向主任汇报，使发现的问题能够及时得到解决。

2. 移民的住房，现在应按分配建房数量，积极准备材料，暂不修建。等移民到达，按其原有社、队具体人数和实际需要再行开工。房屋的构造形式及造价，根据节约使用的原则，经与陕西派往本区办理移民工作的负责同志研究确定：一律为土木结构平房。3间房1隔间用1根梁（每间仍是桁条3根，椽子24根），里外各1个门，外门带窗，窗子2副，门窗不装玻璃，房内外不上石灰，墙根铺5

行砖。修建房屋的用料标准，应按上述规定掌握。修建时还必须充分考虑8月以后正值雨量较多的季节。应首先争取短期内修好一部分以解决移民的现住房屋问题。

3. 移民到达时，用汽车直送至接收安置地点，为严防发生意外事故，对汽车必经的道路桥梁应加以检查整修。对安置地点的食宿招待、医疗及粮食和生活日用品的供应等，亦应事先做好充分准备，移民到达时，各地应组织当地群众进行热烈的欢迎招待。

4. 对日用必需的缸、盆、水桶等移民不可能携带的东西，各县供销部门应事先准备一部分货源，供移民到达后即可按价购买。永宁平吉堡及陶乐月牙湖两地应事先由县购置，送至安置地点，由移民按价付款使用。对大锅、碗等灶具亦应借备一部分，以解决移民初到时的需要，让移民安置就绪自行置备妥当后即行购还。

5. 移民的吃菜问题须及早筹划解决。平罗县予以安置地点附近的农业社订立按时供应的合同，有些县准备先由当地农业社代种，按实际支付工料折价由移民付款接收经营。这两种方法，希各县研究参考使用。

6. 今年移民的耕畜共143头，决定于本月20日由西安起身，乘火车至兰州后，经靖远起早来银川，于8月10日左右可以到达中宁境内。决定在陈麻子井、中宁县城、鸣沙洲、彰恩堡、养和堡、银川市郊区、立刚堡、通昌堡（只是去陶乐月牙湖的耕畜）、平罗县城、黄渠桥等地设立草料站。各县应责成所在地乡人民委员会指定专人负责办理，于本月下旬派员进行一次检查，草可与附近农业社订立供应合同，向当地粮食部门按需用量购买，用款由所在县在陕西移民经费内垫支，月后移民按价付款。并应组织必要兽医人员及饲养员协助饲养及对病畜进行治疗。

以上希即研究办理。

甘肃省银川专员公署

1956 年 5 月 19 日

（宁夏中卫市档案馆：37—52，共 3 页）

2.《甘肃省银川专员公署关于陕西省移民工作意见的报告》（节选）

本区于 1956—1959 年内接收安置陕西省三门峡水库区移民 15 万人，兹根据本区具体情况，提出安置工作意见于后。

一、安置办法、地区与步骤

这次移民原则上全部采取集体安置，但在荒地比较分散和荒地面积不大的地区，需根据实际情况，在不打乱移民原有农业社组织的基础上，亦可将一个社按队分开安置在距离较近的几个点。安置地区，为中宁、宁朔、永宁、贺兰、平罗、惠农、陶乐七县。兹根据各县荒地数量、土质、水利条件和陕西移民人数，对安置任务分配如下：

中宁县荒地 50900 亩，安置大荔县移民 9747 人；

永宁县荒地 228800 亩，安置华阴县移民 56000 人；

平罗县荒地 40000 亩，安置华阴县移民 7563 人；

贺兰县荒地 132500 亩，安置朝邑县移民 26000 人；

惠农县荒地 52562 亩，安置朝邑县移民 14000 人；

陶乐县荒地 75600 亩，安置朝邑县移民 20000 人；

宁朔县荒地 95000 亩，安置朝邑县移民 12228 人和潼关县的 4462 人。

上述移民分期分批于 4 年内移送完毕。1956 年移送 5200 人（劳动力），1957 年 38200 人，1958 年 95893 人，1959 年 10707 人。移送时间在照顾移民两地生产的条件下，陕西省每年于麦收后动员，7 月 15 日以前送达安置地点进行开荒整地，并争取种晚秋作物和蔬菜。为了充分做好移民安置准备工作，

陕西省每年按第二年移送人数抽派 20% 的劳力，于 7 月中旬前到达安置地点，在当地党政的统一领导下，为来年移民（家属）修建房屋，进行垦荒和做好其他准备工作。

根据陕西省调查统计：小学生占移民总人数的 18.37%，共为 27555 人。因集体安置地点不但离群众较远，同时，当地农村的单级和复级初小也不可能容纳这样多的学生，为了解决移民学生的上学问题，移出县应按每年移送学生人数，配备适当数量的小学教师，并须在安置地点事先筹建好所需校舍。

中学生占移民总人数的 1.71%，15 万人中约有中学生 2565 人。对这些将要逐年迁送的中学生的就学问题，各接收安置移民县应根据需要，对增加中学班次及教育设备等，及早提出计划由教育部门解决。

陕西省计划移民每人需建房 1 间，按各年移入人口计算，1956 年需建房 3382 间，1957 年 52268 间，1958 年 85045 间，1959 年 9305 间。所需木材，必须于先一年计划调配，才能按期修建，适应安置移民需要。为此，须由银川木材分公司造报预算，负责按时供应，如有困难，应及早报请木材公司调配，或由陕西省拆运旧料解决。

二、组织领导

各县须统筹调配必要干部，加强移民办公室力量，陕西省派驻本区办理移民工作的干部，为了便于工作，应分别组织在本区各级移民机构内，在当地党政统一领导下进行工作。

陕西省迁送移民时，在依照原有行政区划、不打乱原有生产组织的情况下，按安置县分别编队。县编大队，社编中队，生产队编小队，各队均以各级干部配备正副队长及会计，由陕西省负责送达安置地点。到达安置地点后，在当地党政统一领导下，仍由原编组的各级队长负责，具体进行各项安置工作。

1956 年移民内有县科长级干部 4 人、区长级 4 人、医生 16 人，由安置县统一安置工作。

三、安置准备工作

经与陕西省研究确定：生产工具（耙、新式步犁、双轮双铧犁、大车、新式水车及小型农具）、耕畜及生活用品（灶具及日用家具），应由移民尽量自带；对容易损坏的日用家具（如缸、盆等），不能带来的东西，由移民在当地出售，并先与安置地区的供销社预定合同，由移民按价购置，安置区不另做预算。对于部分缺短小型农具及籽种的移民，由生产补助费内适当给予解决。粮食供应：移民在当地将全部粮食卖给国家，安置地区为了掌握实际情况，由陕西省造册（出售粮食及所得款数）两份，分送专、县各一份。移民到达安置地点后，凭迁出政府的粮食供应介绍，向当地粮食部门购买。房屋的修建，每人平均 1 间（包括乡社办公室、仓库、圈棚），木料由专署报省与陕西省协商调配，其他一切所需工料，由安置县就地准备，全部由移民按价付款使用。对本区所缺的各种果木优良品种，应鼓励移民尽量带来，但须经农林部门检查，发给检疫证。据此，各安置移民县应即进行下列准备。

1. 各安置移民县，须召开移民委员会会议，研究制订安置移民的全面计划，按土地情况，确定好居民点及各点安置人数，具体细致地安排好今年接收安置移民的各项准备工作，并须于 6 月底报专署。

2. 于 7 月中旬以前为先遣的劳动力准备好住房，在靠近群众居住的地点，应尽量借住民房，距群众较远的地区事先应准备好搭棚的席子等，同时还要做好接待欢迎等准备工作及粮食和生活用品的供应准备。

3. 按分配修建的房屋数，做好使用木料计划，不能解决的部分，即速报专署研究调配。同时及早与修建地点附近的农业社，订立供应麦草、麦芒、代垦的供应合同，并须找好各类技工，如本县不能

解决，可与外县联系，对烧砖、石灰等工作亦应及早筹备动手，修建时间须于 9 月中旬前完成。

4. 房屋形式，一般采取本地群众所住的土木结构平房。房屋造价在有利生产和适用节约的原则下，须由当地政府控制（移民自己修的式样不在此限）。居民点可由安置移民县根据全面规划，从长远着眼，并按荒地面积及今年遣送劳力的原有社、队人数研究确定。

四、水利问题

水利是关系着移民生产的根本问题，各安置移民县应即对准备安置移民地点的水利条件进行勘察，提出解决的意见和办法，由水利局勘察计划，造报预算。

根据初步研究，永宁平吉堡及宁朔三十里滩，在青铜峡水坝及大干渠水利工程未解决前，暂时均须用水车灌溉。经初步研究，永宁共需水车 7680 部，宁朔 1500 部（系按每部年灌 30 亩计算）。所需水车数量较大，就地制造和调配均有困难，由陕西省按逐年迁送该地区人数和计划开荒亩数，统筹将原有的新式水车带来，不足之处由水利部门按逐年需要统筹调配。

贺兰县常信及王祥乡附近的荒地 30000 亩，陶乐县月牙湖，头二、三道墩及苦水沟的荒地 65600 亩，惠农县梨花乡的荒地 12000 亩，共 107600 亩，因地势较高，均需用抽水机灌溉。以 75 匹马力抽水机年灌 3000 亩计算，共需抽水机 36 部。上述县应以水利部门为主进行实际勘查，提出全面规划及逐年所需抽水机、水车数量，以便省解决。

关于中宁县白马滩及古城子的荒地灌溉问题，银川水利分局已计划于 1957 年整修七星渠，提高水位，加大进水量，再兼用一部分抽水机即可解决。灌溉所需的抽水机数量及动力设备，应由水利分局勘查确定，如 1957 年不能整修，就必须配备 75 匹马力抽水机 17 部。

此外，各县对可以引渠灌溉的荒地的水利设施，亦应按 1957 年安置移民的垦荒需要，由水利部门进行规划。应由受水群众负担，可于今年移民先遣劳力到达后进行整修；应由国家投资者，水利部门统筹修建。

五、经费问题

1. 移民住房修建费：根据当地木料价值及修建 1 间土木结构平房所需工料，每间造价 363.1 元，另加短途运费 5% 计 18.12 元，共 381.22 元。根据每 1 移民平均建房 1 间的标准，共需建房 15 万间，经费 57183 万元。

2. 生产差额补助费：为了保证水库区移民生活不低于原有水平，须对新开垦荒地与当地一般常产量差额做适当补助。根据银川地区新垦荒地小麦亩产量与熟地亩产量 190 斤（5~9 等地常产平均数）比较，荒地第一年要低 1/3（63 斤），第二年要低 1/4（46 斤），第三年要低 1/5（38 斤），共计每亩荒地 3 年内的产量差额为 147 斤，以移民每人平均垦种荒地 4.42 亩计算，每 1 人每年需补助的生产差额共为 650 斤，按每斤 0.11 元计算，共折价 71.5 元。

3. 生产补助费：根据移民由旱区移入大面积灌溉区农作方式上的改变，必须添置一部分小型农具。并由于银川区的籽种用料和施肥量均较关中区要多 1 倍以上，生产投资亦相应加大。为了保证移民的生产及原有的生活水平，就必须对移民短缺的农具、籽种、肥料等做适当补助。陕西省预算每户（4 人）3 年内共补助 51.1 元，每人平均 12.77 元；每户每年平均为 12.8 元，每人每年平均为 3.2 元。

4. 生活补助：移民在迁移过程中各方面都要受到一些损失，新到安置地点后，生产收入方面也要受到一些影响。陕西省按 15% 的补助面计算生活补助 577500 元，用以解决移民的生活困难，每人平均为 5.25 元。

5. 医疗费：根据安置北京市移民的经验，移民初到时，由于长途运送以及水土不服，患病者较多，医疗费每人每月至少需 5 角，时间也得一年，以 15 万人计算，一年共需经费 90 万元，每人平均 6 元。

6. 垦荒费：根据银川地区群众开荒和农场开荒的实际情况，每亩荒地的打埂、平整土地需费 7 元左右。此外，每亩荒地的水利设施应由受水群众负担，如支渠斗门、涵洞、便桥、引水渠、养护费等每亩共需 4 元左右，两项合计共 11 元，以每人平均垦荒 4.42 亩计算，每人共需垦荒费 45.2 元。

7. 增购耕畜费：根据陕西统计，移民每 10 人平均耕畜 1 头。以移民每人平均垦荒 4.42 亩计算，10 人就需耕地 44.2 亩，以 1 头耕畜负担这样大的耕地面积是不够用的。关中区耕畜虽比本地较强，但银川土质黏结，在耕作上费畜力较大，当地农民耕畜每套（2 头）耕种熟地一般在 40 亩左右。根据移民到达后全部要开种生荒地、修建房屋及当地耕畜耕种面积的实际情况，必须增购耕畜 1/2（15000 头），才能解决生产需要。购牛以 70% 计算，为 10500 头，每头平均价 200 元，共 210 万元，购马以 30% 计算为 4500 匹，每匹平均价 400 元，共 180 万元，两项合计 390 万元，平均每人 26 元。

8. 教育开支经费：根据陕西统计，小学生占总人口的 18.37%，15 万移民中计 27555 人，因安置地点均离群众较远，必须建立小学，才能解决学生上学问题。按 50 人一班（552 班），6 班一校（92 校）计算，共需教室、办公室 1932 间，每间造价 622.11 元，共需 1201917 元；教员宿舍等 828 间，每间造价 381.22 元，需 315650 元；课桌 14904 套，每套造价 45 元，共 670680 元。三项合计 2188247 元，以 15 万人平均每人 14.58 元。

9. 行政开支费：陕西省预算 442000 元，由双方使用于有关移民的设站、招待及办公等开支，最后按实际开支向陕西省报销。

上列各项经费，每人平均共计 563.02 元（不包括行政开支费）。

除上列经费外，根据本区各县安置地点的实际情况，如：有些地区在青铜峡拦水坝和大干渠水利工程未修好前，因地势较高，必须打井或用抽水机灌溉。如永宁平吉堡和宁朔三十里滩的荒地 263800 亩，因离水较远，地势高，需打井用水车灌溉，以每部水车年灌 30 亩计算，共需打井 9180 眼，根据平吉堡等地群众打井情况，每眼专井造价 344 元，共需打井费 3157920 元，购置水车费 1285200 元（每部 140 元），两项共计 4443120 元。

贺兰、惠农、陶乐三县荒地中，有地势较高需用抽水机灌溉的 107600 亩，以 75 匹马力抽水机年灌 3000 亩计算，共需抽水机 36 部，每部 30000元，共 1080000 元。中宁七星渠整修后白马滩一部分高地尚需用抽水机灌溉，以 6 部计算，尚需180000 元。

上述各地的打井、购买水车及抽水机（包括动力设备），需款数字很大，同时又集中在几个点，如由群众负担，在很短的时间内无法解决，如由银行贷款，则安置在这些地区的移民，势必因负债过重，影响生产及生活。因此，要求陕西省对此项费用，亦应考虑列入预算。

五、设站问题

除各安置移民县应事先按今年移送人数于移民未到前做好食宿、招待及医疗等准备工作外，根据需要，应在中宁、银川筹设总招待站两处，各站由陕西省派干部一人，归当地政府领导，具体问题由所在地政府解决。

耕畜：今年共分批移送耕畜 150 多头，路线由火车运至兰州后，经靖远起赶来银川。中宁应在陈麻子井、中宁县城、张恩堡，永宁在养和堡，银川市在市区或者郊区，贺兰在立岗堡，惠农在黄渠桥，陶乐在马太沟，分别设草料站。

甘肃省银川专员公署

1956 年 7 月 3 日

（宁夏石嘴山档案馆：M65-1-1-1，共 10 页）

2.《甘肃省银川专员公署关于调整安置陕西移民任务的通知》（节选）

中卫、宁朔、永宁、平罗、陶乐、中宁、贺兰、惠农各县人民委员会：

关于安置陕西省三门峡水库区移民工作的意见，我署已于 7 月 3 日以（56）署政字第 147 号报告报送省和陕西省民政厅，同时抄送各安置移民县执行。当时任务的分配是按陕西省原勘查各县的荒地面积、土质及水利条件确定的。现根据陕西省华阴县移民要求安置于永宁、宁朔两县，以及中卫县最近在黄草湖、马场湖、高墩湖、毛刺滩、龙宫湖等处勘查荒地 23000 亩，要求分配移民的安置情况，由本署派员实际调查，这些荒地已由农业社开种了 1 万亩左右，农业社亦同意交出作安置移民使用。经陕西省派驻本区办理移民工作的负责同志与该省民政厅联系研究同意，对安置移民任务，做如下调整：

1. 中卫县安置潼关县移民 4462 人，本年先迁劳力 200 人，修建房屋 130 间；

2. 永宁县安置华阴县移民 46873 人，本年先迁劳力 1450 人，建房 912 间；

3. 宁朔县安置华阴县移民 16690 人，本年先迁劳力 550 人，建房 423 间；

4. 平罗县安置朝邑县移民 9228 人，本年先迁劳力 346 人，建房 230 间；

5. 陶乐县安置朝邑县移民 23000 人，本年先迁劳力 776 人，建房 580 间。

贺兰、惠农、中宁三县仍按原分配任务不变：

1. 贺兰安置朝邑县移民 26000 人，1956 年先迁劳力 890 人，建房 422 间；

2. 惠农安置朝邑县移民 14000 人，1956 年先迁劳力 488 人，建房 286 间；

3. 中宁安置大荔县移民 9747 人，1956 年先迁劳力 500 人，建房 399 间；

希调整任务各县，根据本通知迅速修正原定安置计划，积极开展各项准备工作。

甘肃省银川专员公署

1956 年 7 月 9 日

（石嘴山市档案馆：M65-2-9-9，共 2 页）

4.《甘肃省银川专区移民委员会关于陕西三门峡水库区移民标语》（节选）

欢迎口号：

1. 热烈欢迎陕西移民来银川；

2. 继续发扬互助友爱、勤劳勇敢的优良传统，为建设银川新家园而努力；

3. 全体人民是一家人，祖国到处是温暖的家乡；

4. 陕西移民是银川的经济建设中必不可少的巨大力量；

5. 陕西移民是建设银川的一支生力军；

6. 陕西移民和银川农民携起手来，把银川建设成美满幸福的家园；

7. 欢迎移民来银川安家立业、开花结果，过美好富裕的生活；

8. 扎根立业、安心生产，为建设社会主义的幸福生活努力；

9. 互相帮助、团结友爱、齐心协力、搞好生产；

10. 只有克服困难，才有幸福的光景；

11. 各民族大团结万岁。

甘肃省银川专署移民委员会

1956 年 8 月 13 日

（宁夏档案馆：J046-001-0161-0020，共 1 页）

5.《中宁县欢迎接待与安置陕西移民先遣队工作报告》（节选）

陕西移民先遣队于 8 月 13 日开始由我县经过，至 8 月 23 日陆续过完。共计 10 批，5120 人，其中有我县 441 人。牲畜于 8 月 19 日开始经过，截至 8 月 23 日共过 5 批，骡 87 头、马 13 匹、牛 12 头、驴 14 头。其中有我县的骡 11 头，马 2 匹。在这次欢迎接待过程中，由于省上和专区的正确指示，县、乡领导的一致重视，陕西、专署和我县移民干部的共同努力，广大群众的热烈支持，这一工作基本上是顺利的。兹将工作进行的详细情况，报告如下。

一、准备情况

1. 组织力量明确分工。在县移民委员会领导下于 8 月 1 日具体成立了办公室，并指定专职主任，从各部门抽调干部 18 人，分别组成建筑、招待、建议 3 个组，每组干部 6 个人，在办公室直接领导下，分别进行工作。

2. 在明确分工的基础上，负责欢迎接待的干部，便着手准备炊具、食粮、菜蔬、洗脸盆等，截至 8 月 12 日，共备妥 990 人的住房、白米 5000 斤、煤炭 12500 斤、洗脸盆 250 个、炕席 150 张，其他零碎也都准备齐全。为了使接待工作做得更好，于 8 月 10 日召开了移民委员会会议，专题讨论了移民到县后的欢迎接待工作，确定又向各部门抽调干部 12 人，和陕西、专署配合组成招待站，并通知各机关、城关镇准备红色横档、纸花、鞭炮、锣鼓。

全县根据路程远近，分设 4 个草料站，各站都事先准备了足够的圈棚和草料。

各安置乡准备了先遣队到乡后的足够住房，5天的食粮以及全部灶具。

3. 新房的建筑方面，本年计划在白马乡建筑293 间，白桥乡建筑 106 间，共计 399 间。于 7 月初县上派干部 4 人，分别到白马、白桥两乡帮助建筑，8 月 16 日每乡又增派干部 1 人，于移民未到达前，除椽子尚未运到外，其他大梁、横条、门、窗等部件，木工已全部开工。

二、欢迎接待工作

1. 移至我县的先遣队是 8 月 14 日到达的，当13 日晚上接到固原站的电话后，便以文字通知各机关及城关镇，进行准备。在 14 日下午 2 时，广播站拉开喇叭、奏乐、唱歌。贺县长、祁书记、杜副县长及各机关干部共 300 余人，列队到西门外道旁等候，定边剧团的全体演员穿着新衣服，敲着锣鼓，扭着秧歌，也列队于道旁。城关镇干部率领着新民剧团全体演员，城镇居民及其他乡赶集的群众共2000 余人，都穿着新衣，站在街道两旁，手拿纸花、鞭炮等候亲人到来。

当汽车到后，县长亲自握手慰问，摄影员乘机照了相，汽车便慢慢前进，这时锣鼓、鞭炮、掌声、喇叭等各式各样的欢迎声，震动了全城，每个人都笑容满面，好像过年节一样。

15 日早饭后，在大礼堂召开了座谈会，由贺县长、祁书记介绍了本县的发展远景和群众的生活生产情况，接着护送干部、移民代表都分别讲了话，晚上由新民剧团演剧招待，16 日早饭后由定边剧团演剧招待。

16 日下午分赴各乡，乡上也组织了干部群众，拿着鞭炮、锣鼓在路旁等候迎接，并举行了座谈会，请吃饭。

通过县、乡的热烈欢迎与接待，先遣队全体社员一般都很满意，如先遣队社主任介绍说："我们

未到中宁以前，总认为陕西好，但到了这里，干部和群众对我们这样亲热，从思想上又做了改变，感觉到这里同样是可爱的家乡，我们一定要安下心，保证和当地群众密切团结起来，并在他们的帮助下建立我们新的家园。"

2. 由我县经过的陕西移民先遣队，于 8 月 13 日开始过往，于 12 日时，街道上就贴满了标语，红色的横档彩布，除此以外，还采取了这样几种形式：(1) 头一天晚上和固原站联系，能到多少汽车，我们就准备多少招待员，提前到西门外等候，1 人领 1辆汽车到住宿地；(2) 由城关镇组织群众进行夹道欢迎；(3) 在移民住妥后，由各机关单位组织的慰问小组，进行亲切的慰问。

3. 食宿情况，准备 990 人的住房，除 8 月 21 日到达 1010 人比较拥挤外，其他均能轻松住妥。在伙食方面，由于事先摸清了陕西农民的一般口味，便给 3 个管伙食的干部布置，针对他们爱吃馒头、面条、辣椒等特点，专门准备这些食物。这样做的结果，移民反映很好，如邢振武说："我们走了四五天，没吃过这样好的馒头和面条。"

4. 检疫情况，截至 8 月 24 日，由我县经过的移民物资约 100 吨。由 8 月 12 日开始至 24 日的工作过程中，没有发现病虫，只发现竹筐内有籽棉（尤其大荔县最多），竹筐缝内有小麦、豌豆。潼关县移民还带有菜籽、瓜籽、桃核、花椒等。为了不让一个病虫带到银川专区，我们将发现的这些东西都从家具内取出来，留在本县，等详细检查后，如无病虫害时再归还原主，对所有筐子及其他农具，全部消毒。

5. 草料站情况，全县共设草料站 4 处，各站均指定所在乡镇派人负责，在牲畜未过往前，将草料圈棚全部准备妥善，唯本县谷草很缺，大部分都是新下的大麦和豌豆秸，总之，本月 24 日以前所过往的牲畜 5 批 126 头，均按实际需要，供应了足够的

草料。

三、安置情况

1. 生活方面，住房以庙房、公房和暂借群众住房居住。食粮在供应标准未确定前，暂由粮食部门按实际需要供应。现正在通过移民，评定供应标准，经和粮食局研究，标准确定后，如果本着节约粮食的原则，尚不够食用时，其不足部分，再予供应。另外，各乡社为了照顾移民冬天的食菜困难，都取得当地农业社的同意，给移民种菜地 26 亩，其中白马乡 20 亩，白桥乡 6 亩。

2. 生产方面，由于气候逐渐转凉，房屋建筑成了一项极重要的工作。为了于 9 月底前将 399 间新房建筑好，使先遣队安然过冬，目前移民的全部力量，集中到打井、脱泥坯、筑地基和运砖石方面。

四、工作中的几点体会

1. 领导重视，是做好工作的关键。这次迎接先遣队，贺县长曾亲自主持和召开了 3 次有关欢迎接待工作的会议，接待出现的问题及时进行了纠正，使工作得到顺利进行。如在 13 日至 15 日的 3 天内，各单位派来的招待员有一部分年龄过大，使移民青壮年感觉这样大的年纪，给他们端洗脸水，很感不便。贺县长便提出一律换成了男女青年，使以后的欢迎接待工作出现了活泼的景象。又如移民办公室向各部抽调的干部搞建筑工作，均固定在工地，使建筑工作顺利进行。

2. 事先和上站联系，根据人数车数的多少，按房子大小的编号，并规定出各房的容纳人数，交给各招待员，将他们自己负责的汽车，领向自己负责的房内，才不致紊乱。据我们这样做的情况来看，基本上很有顺序。

3. 重视欢迎，也要重视欢送，方能在移民中留下更好的印象。但在这方面我们做得较差，如每次欢迎，都是轰轰烈烈，但到最后一次，移民临走时，

连招待员都没有到齐，这样会使移民感到不痛快，今后必须注意纠正。

五、存在问题

1. 给我们先调运的椽子，至今未能运来，目前地基将要筑好，准备泥工开始，请速设法督促调运。

2. 拨给我县的陕西移民经费只剩 9000 余元，但欠木材公司的木料款 13000 元，一天几次催要，实在无法答复。请速拨款解决。

1956 年 8 月 29 日

（中宁县档案馆：21-237，共 6 页）

6.《甘肃民政厅关于转发内务部"关于巩固1956 年移民工作指示"的通知》（节选）

黑龙江、甘肃、青海、内蒙古、新疆、江西、广东、福建、辽宁、吉林、河北、河南、山东、陕西等省（区）人民委员会及其移民部门：

自本年 6 月全国移民工作座谈会后，除河南省继续移往甘肃、青海、新疆 3 省（区）82000 余人外，其他地区均停止了移民，全力地进行巩固工作。几个月来，各地在组织移民生产、修建房屋、解决物资供应以及加强思想教育等方面，都取得了显著成绩。但是，目前仍有少数人坚决要求返籍，并且各地都曾相继发生过逃跑甚至个别地区发生集体请愿现象。有相当一部分目前虽然积极参加了生产，但在思想上还不很稳定，真正有长期安家立业打算的，只占少部分。这些情况，说明了移民巩固问题不是短时间可以解决的。要使他们真正体会到新家比老家好，视安置地区为乐土，还需要我们做更多的艰苦工作，特别是秋收后是一个最紧要的关头，如果我们不抓紧时机，集中力量进行巩固工作，那么，秋收后将会发生大批逃跑现象。这不但使国家和移民本人遭受到严重的损失，给今后的移民事业

带来困难，而且给党和政府在群众中造成不良影响。因此，各地必须迅速地采取有效措施，把 1956 年的移民巩固下来。为此，特作如下指示。

一、必须进一步加强组织领导。安置移民较多的地区，应该把移民巩固工作列为当前的中心任务。民政、移民、合作、卫生、交通等部门，应步骤一致，分工合作，主动解决移民的困难问题。在秋收前后，估计可能会发生问题的地区，必须抽派得力干部，深入下去，帮助工作；一般地区，也应对移民工作进行一次普遍的检查，解决存在的问题。同时，必须教育干部重视这一工作，要克服某些领导干部存在的盲目乐观情绪以及厌倦和畏难思想。领导干部只看到移民工作的成绩，而看不见部分移民的思想还不够稳定，这对于做好巩固移民工作，是有很大影响的。对于基层干部则应多教办法，多予鼓励，提高其工作能力，使他们都能胜任工作。对于少数实在不安心工作或者不称职的干部，应进行必要的调整，以加强对巩固移民工作的领导。

二、必须加强生产的领导，保证移民生产计划的完成。移民到后第一年的生产收入多少，对稳定移民情绪，鼓励移民生产建家的信心，起着决定性的作用。当前的农业生产已成定局，主要是抓紧时间，调配与组织好劳动力，备齐生产工具，做好秋收的一切准备，保证秋收。在搞好农业生产的同时，还必须抓紧各项副业生产。目前有些地区开展副业生产已取得了成绩，还有些地区正在制订副业生产计划。各地都必须进一步组织和说服移民努力完成，并争取在有可能条件下超额完成副业生产计划。对移民进行大宗副业生产和集体参加工程建设的，应该派出干部，深入现场，加强领导，进行政治思想教育工作，并且要特别注意做好生产收益的分配工作。生产收益的分配，应根据按劳取酬的原则，定期及时分红，不可积压，同时应教育移民珍

惜自己的劳动收入，把它用在正当的需要上，不要浪费。

三、必须做好接送家属工作。接送家属是移民的切身要求，也是巩固移民的一项重要措施。因此，在秋收后应该先把一部分家属接到安置地区。移民家属多是老弱妇孺，无论在动员、迁送和安置等方面，都比外移青壮年的工作更为艰苦、复杂。今年接送家属的多寡，应根据房屋、生活资料等准备情况，由安置与移出省共同商定。但是，必须量力而为，准备工作未做好，尤其是在安置地区的居住问题未解决不要盲目迁移，一定要防止草率从事和卸包袱的思想。为了做好这项工作，移出和安置省份，对移民和他们的家属应深入地进行思想发动，解除顾虑，做到双方完全自愿。对暂时不愿意迁移的，可缓后接送，不能强迫他们移出。移民家属能够携带的生产、生活资料，应尽量携带，以减少他们到达安置地区后生产、生活上的困难。不能携带的财产，应由乡、农业社和供销社协助妥善处理。移民家属的迁送，事先应做好对他们的组织工作，有计划地分批进行，派干部接送，保证旅途安全和到达后得到妥善安置。移民家属在生活、生产上有困难，应尽可能地帮助解决。

暂时还不能移出的家属，移出地区必须继续妥善安排他们的生产，保证他们的生活。对于生活困难的，政府应及时进行救济，并教育他们鼓励自己的亲人积极劳动生产。对于现在要接来的家属确实难于安置，但本人却要求返籍接家属的，应耐心向他们进行说服教育，暂时不要去接，免得把辛勤劳动的收入花在路费上。并劝导他们应该积极发展生产增加收入，创造安家条件，再把家属接来。同时，可采取派代表回去探望或写信、寄照片等办法，与家属联系。

四、切实解决移民生活困难，保证过冬安全。移民安置后的生活问题，一般已得到解决。但是，

目前还是少数移民生活仍有困难，有些还住在窝棚里，有的年轻夫妇与单身汉聚居在集体宿舍，有的还寄人篱下，他们感到很不方便。今年下半年去的移民，有些人原籍受灾，到安置地区又不能马上获得生产收入，也有少数安置地区农田遭灾，移民收入不足以维持生活。对移民当前的这些困难，应该迅速帮助解决。现在就应当在搞好生产的同时，抽出一部分劳动力，抓紧时机修建房屋，争取在封冻前使移民搬进新居；移民口粮不足的，政府应进行必要的救济；一部分移民缺乏寒衣、被子、鞋子及日常生活的必需用品等，应从生产收益中解决，确实无法解决的，可酌予补助，保证他们安全度过寒冬。至于移民的疾病医疗和移民新村的物资供应等问题，也必须协同有关部门及早解决。

五、加强政治思想教育工作，通过制定长远规划，使他们看到当地的生产发展前途和美好生活的远景，特别是要具体帮助少数思想还不够稳定的移民，解除他们的各种疑虑，提高他们的觉悟和信心，用自己的积极劳动，来更好更快地生产安家。同时，要批判供给制思想，提倡勤俭办社，爱护公共财产，使每个社员都关心社的集体利益。还必须加强团结教育，搞好移民间、移民与当地群众间，特别是搞好民族间关系，使他们互相尊重、和睦相处，尤其是应教当地群众发挥社会互助和民族亲爱精神，体贴移民的困难，并给予他们适当的帮助。在思想教育工作中，应当充分发挥党、团组织的核心作用。移民家属去后，还应抓紧做好家属工作。

各地接到本指示后，应及早进行部署，并希将工作进行的情况，随时报告我们。

1956 年 9 月 15 日

（宁夏吴忠市档案馆：L072-002-0022-027，共 5 页）

7.《中共平罗县委关于移民安置工作情况报告》（节选）

地委：

现将我县移民安置工作报告于后。

一、安置概况

截至目前，到达我县移民共 275 人（内有三门峡水库区移民先遣队 221 人，上海妇女 18 名，由贺兰迁来之北京移民 36 人），均已安置妥善。

已安置之移民，一般情绪都好，能安下心从事生产，陕西移民在到达生产地区后，看到肥沃的土地和河水灌溉的便利，看到群众的热情招待和政府的关怀，都被深深感动。移民张子义说："在陕西我还不愿来，现在叫我走我都不走。"移民把这里的情况编成快板，大家不约而同地经常在唱："土地肥沃水浇田，又产麦子又产棉，我们定把荒郊变良田，无人之地变农庄，个个努力加油干，建设祖国理应当。"他们都纷纷给家里写信，介绍这里的情况，有些把欢迎他们的标语都抄回家去；有些家中已来回信表示很满意，并告诉那里生产和分配情况，对这里的移民鼓舞很大。北京移民 36 人原系由贺兰向北京逃跑的，经我们说服后，集中安置在前进社内，由于生活上照顾较好，都很高兴。在 10 月 2 日贺兰又有 10 余名北京移民逃跑，经我们挡住后，原安置的移民自动来说服这些人。

移民情绪高涨，更显著地表现在生产劲头上，陕西移民我们以原有社为基础共分 3 个点安置，其先遣队的主要任务是修建房舍，做好生产准备，为完成其任务，他们点与点之间都掀起了劳动竞赛，互相挑战，保证质量第一。他们的工程做得非常细致，一椽一坯都要弄得平平的、光光的，在工程建筑中克服了困难，17 安置点在新换的工地上用水困难，由于全体人员努力，一天就挖了两眼井，解决了用水问题，他们目前已建起新房 95 间。

移民和当地群众团结上也表现很好。移民到达后，沿途群众都积极迎接和慰问，到达目的地后，群众帮助他们背行李、做饭、抬水、生火、送菜、送醋，收拾房子争着让着到自己家里住。在住宿就绪后，互相访问、聊天、交谈生产情况和生活习惯。在旧历七月十七日和八月十五日，群众都给移民送东西请他们吃饭，开小型座谈会。移民也请当地社主任、生产队长召开晚会，移民给当地群众演唱。在群众胡增贵家请吃饭时，有些移民说："我们未来前，虽经过宣传但总觉得宁夏是个民族地区，群众一定不好接近，现在事实告诉我们，这里的老乡都是忠诚朴实、爱宾如亲的，比我们那里的人都好。"在秋收紧张季节里，16、17点的移民主动抽出16名全劳力帮助当地农民割糜子两天，他们就在这种互相帮助、互相团结的友好气氛中相处着。

二、三点体会

从这次移民安置工作中，我们有这样的体会：领导重视，准备充分和及时解决他们生活生产中的困难是安置好移民的3条基本保证。

（一）在领导方面。我们一开始就重视移民安置工作，首先成立了移民安置委员会，由李俊明同志（县委常委、县长）担任主任，民政科长任副主任，吸收有关部门共13人，下设办公室，配专职干部4人负责具体工作。工作开始后，行政会议研究了9次，县委在9月份召开了全体委员会对移民安置工作专门做了全面检查和讨论，对存在的问题研究了解决办法，会议指出：生活困难必须在节约原则下解决，反对单纯借钱观点和无原则的浪费，既要开心生活，更要开心生产，提出对冬季生产要很好安排。这样，使移民工作更提高一步。同时县委、镇领导也很重视。在移民到达后都亲自带领全体干部和群众去迎接，亲自主持欢迎会和座谈会，介绍情况，了解需求。

（二）做好准备工作。首先做好思想准备，在7月份我们即发出了安置移民的宣传提纲，在乡、社和机关中进行了宣传，特别是在农村中组织宣传员广泛地开展了宣传，扭转了"移民就是灾民"和"移民没有好人"的看法。因此，广大群众对移民都表示热情的欢迎。陕西移民到达后，群众纷纷赠送礼品，送的菜、醋等20余天尚未吃完，机关干部仅在欢迎时就赠送糖果8000余斤，还有纸烟、书籍等，对移民鼓舞很大。其次做了很详细准备，除组织移民安置委员会外，设立了县接待站两处，组织了7人的招待组和13人的搬运行李组。在各安置点由党政和农业社配合移民组织施工委员会负责修建移民住房，下设施工、物料保管和检查的小组，负责具体工作，这就保证了移民安置的顺利进行。再次做好了物质准备，根据有利于生产，以社为单位集中安置的原则。我们派县勘测队在沿河地带对土质和桩基做了测量和规划，确定将土地肥沃，利于耕种的老河滩地62858亩作为安置区，共分3点选择地势较高的任家子、李家沟和桂家梁作为驻地。同时在各地区发动群众借出住房230间，灶房7间（4处），并对房屋做了洗刷整修，又借了许多灶具：缸、锅、碗筷共计948件；并运到粮食3400斤（白面2700斤，白米700斤），使移民到达后有吃、有住、有用具。在建筑用料上，我们准备了盖300间房的木料、砖、石灰和草席等，超过原计划230间。

（三）经常关怀和及时解决他们的具体困难。首先我们尊重和照顾了移民不同的生活习惯，上海妇女她们提出有"十不吃"，而喜欢吃白米、大肉等。陕西移民喜欢吃面，不多吃米，我们在供应中尽量调剂。陕西移民爱抽卷烟、纸烟，而不喜欢抽棉烟，我们即让供销社给调运，对食用油、大肉等，也尽量供应。这样他们很高兴。其次，生活上的困难我们尽量均给解决。北京移民反映每人每月35斤粮食不够吃，我们则按40斤供给，有些没有被子，我们经摸底后也补发给,对病号专门抽出医生给治病,困难者以公费解决。其次,在生产上安排活计,教给技术,帮助他们熟悉本地生产技术和习惯。这些都使移民满意,这就大大稳定其思想情绪,使之稳稳地扎下根。

三、今后意见

在移民安置工作中,还存在一些缺点,主要是:

(一)对他们的思想情况还掌握不够,在政治思想教育方面还感薄弱,据摸底:已完全安心的占30%,基本安心的占60%,尚有10%的人思想不稳定,个别要回陕西。

(二)对其生产方面安排不够,以致陕西移民盖房进度缓慢,做得过细,原计划今年盖300间房,现仅盖起90余间,任务恐完不成。

(三)准备工作有些地方不够完善,致安置点更换了1个,往返运木材器材,浪费人力、财力。

(四)在生活细节上有些问题注意不足,引起部分移民的反感,如上海妇女不喜欢移民这个称谓,但有些群众在街上说,有些小孩喊,致使她们找民政科和县长要告状,后经再三解释才结束。有些人学上海话,也引起不满,这些应在今后注意。

据上述情况,我们今后的意见是:

(一)加强移民的政治思想教育。移民们离乡背亲,到这里人生地不熟,风俗习惯上又多不相同,再加上一些具体问题不如愿,他们就可能产生一些消极和归乡的情绪,这是可以理解的。我们除在生活方面多加关怀和帮助外,还应加强其思想教育,说明他们的行动是伟大的,是与千百万人民的利益息息相关的。在新的环境是有苦难的,要我们来克服,同时党政和人民都会帮助我们克服的,要树立长远的安家立业思想,要善于向当地群众学习,要学习当地的生活习惯和生产技术,使他们有长远的打算。

(二)要关心他们的生产,特别要有计划地安排

好冬季生产,在陕西移民中,已暴露出这样的情绪,怕冬季没活干,而要求冬季回去明春再来。我们现在正积极帮助找农活,定出冬季生产计划,使其冬闲变冬忙,给明年生产做好准备,坚决扭转要回家的思想。同时,要扭转干部中"移民安下来万事大吉"的思想。必须认识到,安置移民关键性的问题是在于安排好生产,"只安吃住,不安生产"的做法是错误的,是单纯的小恩小惠观点。

(三)进一步做好群众工作,搞好团结。由于生活习惯、生产习惯的不同,外来移民和当地群众不免有些习惯差别,如外来人看本地人不卫生,本地人看外来人行动有些古怪,这将影响双方团结。故必须加强双方的团结教育,特别是对本地群众,应说明移民对国家对自己的重大意义,说明移民的困难和心情,说明移民现在是我们朋友邻居,将来就成亲婚眷属,应该当兄弟姐妹一样对待和帮助他们,应尊重他们,坚决防止先热后凉的做法。

(四)在生活上继续予以巨大关怀,特别是准备好过冬物资。

不妥之处请指正。

中共平罗县委

1956年10月6日

(宁夏银川市档案馆:A1-3-0095-0013,共7页)

8.《银川专区移民委员会第八次会议(扩大)关于陕西省三门峡水库区移民安置工作的几项决议》(节选)

(参加这次会议的除专区移民委员会全体委员外,还有各县、市民政科长,陕西移民先遣队和护送队的全体干部;陕西省民政厅任厅长和甘肃省移民局科长也参加了这次会议)

（一）由于上级党、政的正确领导，全区各级干部的努力，特别是陕西省先遣队和护送队全体干部的积极协助，从今年春天到现在，我们在安置陕西省三门峡水库区移民的准备和具体安置工作上，是有很大成绩的。现在，移民的安置地点和土地，已大体确定，水利设施已做了初步勘测，移民先遣队的青壮年5140人，也已安置下来，并且基本上完成了房屋的修建任务。所有这些，都为今后的移民安置工作，打下了初步的基础。

但是，也由于我们的经验不足，主观努力不够，特别是对安置移民工作的艰巨性和复杂性缺乏足够的认识，工作中曾发生了许多问题。特别是像安置在陶乐县月牙湖的移民青壮年成批逃跑的问题，已经给国家在政治上和经济上造成了损失，并且给陕西省在今后动员移民工作上，也增加了一些困难。

巩固移民的办法，主要应从加强思想教育和加强移民生产领导与生活照顾三方面来进行。各地把对移民的思想教育工作应当当作经常性的工作，针对移民的思想实际，深入具体地去进行。应当根据各地的条件，从各方面开辟生产门路，开展冬季生产队移民的生活、医疗以及文娱活动。应当尽可能地多加照顾，积极解决具体困难。对于逃跑后又回来的移民，应当更加热情招待，不得有冷淡、歧视的现象。

另外，我们明年安置移民的任务，要比今年重，以后直到1960年，安置移民任务还要逐年增加。因此，各级政府和移民办公室，应该把今年安置移民的工作，加以全面、系统地总结，从中吸取经验教训，以便提高干部的思想水平，改进今后安置工作。

（二）本区原定安置水库区移民15万人，现在又增加5万人，共20万人，预定从1956年到1960年，逐年分批安置完毕。新增加的5万人，全部采取分散插社的方法安置，分配：贺兰12000人，永宁8000人，平罗8000人，宁朔5000人，惠农6000人，中宁6000人，陶乐5000人。

这20万人的逐年安置数字，经初步确定：1957年25040人；1958年35000人，其中集体安置30000人，插社安置5000人；1959年60000人，其中集体安置45000人，插社安置15000人；1960年75000人，其中集体安置45000人，插社安置30000人。分散插社安置的移民，应由各安置县根据现在的农业社数、社的大小、土地多少，并照顾发展情况，哪一年安置多少，哪个社安置多少，做出分年分社的安置计划，报经专区核转陕西省研究确定后，再分别下达执行。

（三）1957年安置的25040人，分配中卫540人，中宁2000人，宁朔2000人，永宁7500人，贺兰5300人，平罗1100人，惠农2600人，陶乐4000人。根据今冬木料储存量不够，外调木料因河运季节的限制，最早也得到明年5月底才能运到的实际情况，同时为了巩固今年移来的青壮年的情绪，确定1957年25040人的分批移送时间如下。

今年争取移送一部分拖累小的家属，明年3月初再迁送一批家属。各安置县应抓紧时间，与移民社研究，并征得先遣青壮年的同意，提出移送名单，以便通知陕西动员。目前，应先迅速提出今年迁送的名单。这两批家属在移送前，应由移出区将家属名单分县分社通知安置区，以便做好安置准备。

在移送第二批家属时，应同时移送烧灰工50人到永宁，窑工238人（中卫4人，贺兰56人，惠农20人，中宁100人，永宁10人，陶乐28人，宁朔20人）及耕畜车辆等。其余家属，先迁劳力（包括木工、泥工等）于7月中旬移送。

（四）1957年移民仍以修建为主，在不影响修建的前提下，可依据各安置点的土地、水利及劳力等具体情况，兼种一部分蔬菜和粮食作物，并进行垦荒、整地、兴修渠道、打井、安装抽水机等工程。因此，各县应根据统一使用劳力的原则，对建房、备料、垦荒、水利设施等，详细研究，制订全面安排计划。

关于房屋修建，确定明年采取"定型设计，统一规格"的办法，所用木料，采取分别由专、县统一加工，分点使用的办法，并以计件包工制交由移民修建。房屋造价，根据各地物料价格以及运输条件等不同情况，每间一般应控制在 300 元以下，在运输条件较差的地区，最多不得超过 320 元。

（五）1957 年有关移民水利建设投资，属于国家投资的工程，计有修建第四排水沟尾工，第四排水沟 41、42、43 支沟，第五排水沟，中卫第一排水沟和中宁红柳沟渡槽，农场渠等工程，共需投资 184.5 万元，以上两项，都由银川水利分局编入明年计划内。在 66 个移民点新修的水利工程（包括渠道、沟道、桥梁、涵洞、渡槽、水库、水井、抽水机等），须投资 781.9 万元。中宁七星渠的整修，永宁平吉堡的山洪引导，贺兰芦花台良田渠的整修及陶乐大干渠等水利工程，须投资 235 万元，共计 1016.9 万元，由各县根据各安置点实际情况及逐年垦种荒地数量，订出全面计划和分年计划，速报银川水利分局编制总计划，转报陕西省请示中央专款解决（包括中宁在白马滩、古城子，中卫在常乐堡等地今年安装抽水机的经费，目前先由该县贷款开工）。

（六）1957 年修房 22046 间，需用木料 25000 立方，估计价款 300 万元，由水库区统一分期拨款，交银川木材分公司掌握使用。木材公司应抓紧季节，向东北地区及青岛、陕西、甘肃等地订货，目前组织木材货源最为困难，故请甘肃、陕西民政厅大力协助才能解决，否则势必影响按计划移民。至于木材管理、运输、规格、价值等项，亦由该公司统一掌握。各移民点今冬加工门窗所需木材，在公司现有材料中分配供应。

（七）根据工作需要，确定由陕西省支援三门峡水库修建工程工作委员会专职干部名额内给本区拨干部名额 60 名，办理移民工作。专署已按各县移民任务大小，把名额分配各县，各县应于 11 月份全部配备齐全。这些名额，就配备在原来以民政科为基础的移民办公室内，不另增设机构，并从 11 月份起，造报经费预算，由水库区按年拨款。

（八）关于各县移民经费管理、开支范围、项目分类、审批制度及 1956 年经费清理等，经甘肃移民局王宪之科长及水库区萧科长和专区移民办公室负责同志召集会计人员讨论。并经会议同意，确定如下办法。

（1）为了便于经费的统一掌握，原则上不应将安置费和赔偿费分开，属于安置方面者，统由安置区掌握使用，属于赔偿方面者，统由移出区掌握使用。关于经费具体分配比例，请甘肃省与陕西省研究确定下达。

（2）在会计管理制度上，改变陕西省原规定的行政会计对社会计双重负责的办法，将行政会计与社会计业务分开；但行政会计对社会计的开支账目，应负监督、指导和检查的责任。陕西护送队驻县会计，从 10 月份起由各县直接领导，并从 11 月份起配备为移民办公室干部。

（3）为了加强双方联系，各县会计月报表，除报专署外，同时抄报陕西省，社会计向原社负责各种会计报表，并应抄送安置县。

（4）关于今年停止修建前这一阶段的各项开支，统由陕西省负责，安置县应负责清理审核，向陕西省实报实销。

清理时各县应将修建物料交接清楚，对停止修建后所余物料，均清点移入明年账内。原由移出县直拨各护送队的经费，应由原主管会计分项清理，交各安置县。其中伙食补助和浪费（多用料、多费工、材料损失等）部分，可列入房屋造价内；属于社内的（如购置工具，社员的各项借支等），应由社负责归还；如社内无款，可写借条，作为暂借，明年在社内劳动收益中扣还。

（5）将来社内的较大购置，须与原社联系，并经安置县人民委员会同意。

（九）今年移民先遣队误工问题：应由队摸清误工原因、性质，误工日数和补助分数，报县审核专署批准后，转报陕西省另行处理，不列入房屋造价内。

在具体处理时，应注意下列几点：

（1）途中误工补助，不能列入，应按原规定途中误工补助办法处理；

（2）逃回者全部不计算；

（3）逃跑后经动员回来的，逃跑后和回到安置点前这一阶段全部不算。

（十）今年先遣劳力伙食补助问题：按各县实际情况，一般的每日以一角为标准，个别地区最高不得超过一角五分，统一交社集中使用，列入房屋造价内。

1956 年 10 月 11 日

（宁夏石嘴山市档案馆：M65-2-9-9，共 6 页）

9.《甘肃省银川专员公署关于配备移民专职干部的通知》（节选）

各县人民委员会：

根据各县接受移民任务逐渐增大的情况，并考虑到移民安置工作的日益繁重，经专区移民委员会和陕西省民政厅任厅长研究确定，专属以政法组为主设移民办公室，各县以民政科为主设移民办公室，为解决各级民政部门的干部不足，由陕西水库区给全区拨专职名额 60 人，兹分配：专属 16 人，贺兰、永宁、陶乐三县各 7 人，宁朔县 6 人，惠农、中宁两县各 5 人，平罗县 4 人，中卫县 3 人。这些人员除在陕西省移交干部中分配你县名额外，其余缺额

由你县自行配备，以利工作的开展，移民专职干部所需经费，在陕西省水库区移民费内开支。

特此通知。

附：

陕西省分配各县移交干部名单

贺兰县：薛新庄、刘俊杰、郭沛剑（原县文教科长）

永宁县：党性初、刘仰成、胡安定（原任区长）

宁朔县：田春华、张仰义

平罗县：王生金、南安任、郝文海

惠农县：常绪堂、史德明

中卫县：董自强、王恩敬、郤俊亚（原任县水库区办公室副主任）

中宁县：拜学友、王文盛

陶乐县：杨全发、王育英、宁银镍、谢志云（原任区长）

以上除郭沛剑、胡安定、郝俊亚、谢志云等同志的具体职务另行通知外，其余由各县配备为移民专职干部和专职会计工作。其工资可依照各人所带工资转移证发给，档案材料以后寄去。

甘肃省银川专员公署

1956 年 10 月 22 日

（宁夏中卫县档案馆：37-52）

10.《甘肃省银川专员公署曹专员在各县长电话会议上的指示》（节选）

各县、市人民委员会：

兹将本月 19 日曹专员在县长电话会议的指示转发，系遵照执行。

最近，陕西移民仍有成批逃跑情况。据统计，从 11 月下旬到现在，共逃走 168 人，其中，中宁 75 人，惠农 25 人，陶乐 47 人，宁朔 21 人。有的是公开走，强调家里有困难，现在回去，明春再来；有的是把东西变卖掉，作盘费逃跑；有的是家里汇来钱叫回去结婚、探病等。据了解，还有些移民要求回去，个别社干和党、团员也有思想动摇不定现象。逃跑的原因是多方面的，如想家或家里有事来信叫。但我们平日对移民的政治思想教育工作做得不深入和经常，也是一个主要原因。这种成批逃跑的现象，如不立即采取有效措施，予以制止，就会影响全面的移民工作。因此，要求各县立即采取以下的紧急措施。

（一）由县配合整社工作，或者单另抽调干部，组织工作组，深入各点，通过各种会议，对移民进行思想教育工作，让他们服从国家建设利益。在问题较大的点，由县领导亲自负责主持。在方法上，应着重从正面讲清道理，提高其认识，同时，严格地批判大批移民要求回家的不正确思想。在步骤上，先社干、党员、团员，再到一般移民，逐级打通思想。对社干和党、团员，应向他们进行纪律教育，要求他们遵守党纪、法律，树立榜样，对个别思想动摇不定的党、团员，经教育后，仍不改正，应受到党纪、团纪的处分；对个别煽动移民逃跑的分子，要警告他们，如果不彻底改正，要受到国家法律处分，但主要还要贯彻耐心说服的教育方针，使他们自觉地树立建家思想，安心生产。

（二）抓紧移民冬季生产，做好明春的备料工作，切实解决移民生活方面存在的问题，大力开展文娱活动，加强文化时事的学习。同时，要加强乡的党、政的领导，发挥乡的青年团和妇联等组织的作用，并做好当地农民和移民的团结工作，把各方面的力量配合起来，巩固移民情绪。

（三）对婚、丧、疾病及其他有特殊困难，非本人回家不可的，可直接由县批准，路费自备，个别有困难的可以暂借。

（四）据最近检查，北京移民安置工作中也存在许多问题，特别是贺兰京星乡、宁朔幸福社和中卫东园乡，问题较严重，应立即抽派干部，整顿解决。其他各县安置的北京移民，亦应注意解决生产和生活中存在的问题，保证移民安心生产，做好明年生产准备工作。

甘肃省银川专员公署

1956 年 11 月 19 日

（石嘴山市档案馆：M65-2-9-9，共 9 页）

11. 《甘肃省银川专员公署关于水库区移民误工及物资霉坏、遗失报告的批复》（节选）

中宁、宁朔、永宁、贺兰县人民委员会：

关于报送水库区移民误工补助及物资霉坏、遗失的报告及附件均收悉，经审核：有的将途中误工全部列入表内；有的只有数量，没有评议补助金额，以致不能审批转报。除将原件分别退回外，兹附发表式三份，希速按下列注意事项清理填报。

一、误工补助范围是：移民到达工地后，因点未划定、工具未到和停工待料等原因造成的误工。至于途中误工，如乘车、留县招待时间、押运物资和护送牲口等，统应按原规定途中误工补助办法直接报陕西处理。

二、实际误工数内，应将记常分的饲养员、炊事员和其他如烧砖、打井以及一部分人当时参加劳动的工分扣除；对逃跑人员应按专署移民委员会决议第九条规定处理。

三、补助分数应按误工原因，慎重研究加以确定，但不能超过原在陕西所评底分。如底分不易计算，可以在 6 至 7 分最高不能超过 8 分的标准内计算，每一劳动日的补助金额，统按 1.5 元计算。

甘肃省银川专员公署
1956 年 12 月 11 日
（宁夏青铜峡市档案馆：1956-21，共 1 页）

12.《甘肃省移民委员会关于转发"三门峡水库区陕、甘移民委员会工作纲要"及"三门峡水库区陕、甘移民委员会第一次会议（扩大）纪要"的通知》（节选）

银川专署，中卫、中宁、宁朔、永宁、贺兰、平罗、惠农、陶乐人民委员会：

三门峡水库区陕、甘移民委员会于 1957 年 2 月 8 日正式成立，并召开了第一次委员会会议，制定了工作纲要，兹将："三门峡水库区陕、甘移民委员会工作纲要"及"三门峡水库区陕、甘移民委员会第一次会议（扩大）纪要"转发你们，希贯彻执行。

甘肃省移民委员会
1957 年 5 月 29 日

附1：

三门峡水库区陕、甘移民委员会工作纲要

为了实现"中华人民共和国第一届全国人民代表大会第二次会议关于根治黄河水害和开发黄河水利的综合规划的决议"，按期完成三门峡水库修建工程，根据水位高程，需要在 1961 年以前，由三门峡水库区向陕西境内迁出居民 45 万余人，经陕、甘两省协商，中央内务部同意，初步决定：从 1956 年起至 1961 年止，暂由陕西省的朝邑、华阴、大荔、潼关等县迁出 170000 万人安置在甘肃省银川专区的贺

兰、惠农、平罗、陶乐、永宁、宁朔、中卫、中宁等县。

一年来，由于中央和陕、甘两省党、政领导重视，各方面共同努力，在移民和移民安置工作中先后进行了调查、参观、迁移、安置等一系列的工作，特别是动员 5000 多名先遣青壮年到安置区盖房垦荒，现已基本上巩固下来，这就为今后移民和移民安置工作的顺利进行打下了基础。

但是，现在工作只是整个移民和移民安置工作的开端，今后任务还非常艰巨。为使整个移民和移民安置工作中的重大问题更能及时地、妥善地得到解决，切实做好移民和移民安置工作，经陕、甘两省协商，决定于 1957 年 2 月成立三门峡水库区、陕甘移民委员会，并提出委员会的工作纲要如下。

一、委员会的性质与任务

（1）委员会的性质。

委员会的成立，是为了加强对移民和移民安置工作的统一领导，便于研究、协商、解决有关移民和移民安置工作中的重大问题，由于这一组织系两省联合协商性质，因此，只对陕、甘两省人民委员会负责。

（2）委员会的任务。

① 共同研究确定有关三门峡水库区、陕甘两省移民和移民安置工作中的方针、政策、任务、时间、经费划拨、业务划分以及有关重大问题。对委员会已决定的问题，分别提请陕、甘两省人民委员会审定，指示所属有关部门贯彻执行。

② 在进行移民和移民安置工作中，如遇陕、甘两省移民专业部门在某些问题上意见不够一致时，委员会有责任进行必要的联系协商，以沟通意见，统一认识，使移民和移民安置工作顺利进展。

③ 根据工作要对陕、甘两省移民专业部门关于移民和移民安置工作的方针、政策贯彻情况和存在问题进行督查和检查，提出意见，并视其必要报告

陕、甘两省人民委员会。

二、委员会的组织与领导

（1）委员会由6人组成，陕西3人、甘肃3人，设主任和副主任各1人，委员4人，主任委员由陕西省韩兆鹏副省长担任，副主任委员由甘肃省陈成义副省长担任。

（2）委员会受陕、甘两省人民委员会领导。

（3）委员会下设联合工作组配备干部5人，陕西3人，甘肃2人。

三、委员会如何进行工作

（1）委员会进行工作的主要方法是：通过会议形式研究、协商、解决有关陕、甘两省移民和移民安置工作中的重大问题。因而，开好会议就显得特别重要。为此：

① 会前要做好各项准备工作，特别要求陕、甘两省移民专业部门，在会前应将需要在委员会会议上研究解决的问题和意见提交委员会的联合工作组以便及早收集研究；

② 在会后，由联合工作组将已确定的问题，以会议纪要等形式提请陕、甘两省人民委员会指示所属有关部门贯彻执行。

（2）为了及时掌握陕、甘两省移民和移民安置工作进行情况，应重视检查工作。检查的办法：

① 要求陕、甘两省移民专业部门，根据移民和移民安置工作进行情况，定期以电话、电报、书面报告、来人交谈等方式向委员会汇报，并将各个时期有关移民和移民安置工作中的计划、安排、总结、重要指示、通知和所办刊物（如移民工作简况等），及时寄送委员会；

② 委员会在工作需要和力量许可的情况下，对陕、甘两省移民和移民安置工作进行重点检查，并将检查结果及时向陕、甘两省人民委员会汇报。

（3）为了全面做好移民和移民安置工作，委员会应根据业务划分范围，各委员具体分工，分别负责水库区和安置区的工作。原则上陕西的委员负责本库区的移民工作，甘肃的委员负责移民安置工作，各委员应根据各地工作进行情况及时向委员会汇报。

（4）联合工作组的主要任务有以下几项：

① 负责做好每次委员会会议的筹备和安排工作，会前要收集，汇总陕、甘两省所提出的问题和综合有关情况，做好筹备工作；会议中应协助领导从各方面保证把会议开好；会后应及时总结或整理会议纪要等，将委员会所决定的问题和意见，报送陕、甘两省人民委员会；

② 负责处理委员会会议后的日常工作，了解检查移民专业部门对委员会决议的贯彻执行情况，巡回检查迁出和安置区的移民工作。

③ 及时向委员会报告移民和移民安置工作进行情况。

（5）委员会会议的会址和召开的时间应根据各个时期工作进行情况，由主任和副主任委员按其需要决定，但每年至少召开例会两次。

1957年2月23日

附2：

三门峡水库区陕、甘移民委员会
第一次会议（扩大）纪要

一、关于"三门峡水库区、陕甘移民委员会"的性质、任务与组织领导问题

决议：

（一）关于委员会的性质与任务问题。委员会系陕、甘两省联合协商性质，只对陕、甘两省人民委员会负责，其任务主要是：（1）共同研究确定有关三门峡水库区、陕甘两省移民和移民安置工作中的方针、政策、任务、时间、经费划拨、业务划分以

及有关重大问题；（2）沟通和统一陕、甘两省移民专业部门在进行移民和移民安置工作中的意见；（3）检查陕、甘两省对移民专业部门关于三门峡水库区陕西境内移民安置工作方针、政策和执行情况。

（二）关于委员会的组织与领导问题。委员会由6人组成，主任委员由韩兆鹏副省长担任，副主任委员由甘肃省陈成义副省长担任。陕西民政厅任谦厅长、朝邑县冯思弟县长、甘肃民政厅王金璋厅长、银川专区曹又参专员为委员。该委员会受陕、甘两省人民委员会领导，下设联合工作组。

（三）委员会进行工作的主要办法是：通过会议形式研究、协商、解决有关陕、甘两省移民和移民安置工作中的重大问题；各委员的分工，原则上陕西的委员负责本库区的移民工作，甘肃的委员负责移民安置工作。委员会的会期每年召开例会两次，必要时可召开临时会议，会议地址按工作需要，临时决定。

二、关于甘肃提出银川专区安置陕西移民的总任务和迁移时间问题

因青铜峡水利工程计划变更，水坝高程有所提高，中宁县的一半和中卫县的一部分地区将成淹没区，居民需要外迁，因此，会议决定将原定25万人的任务暂修订为17万人（包括插社安置和马太沟农场在内），从1956年开始至1961年移完。计：1957年和1958年共移3万人，1959年移3万人，1960年移4万人，1961年移5万人，其余2万人系安置在马太沟农场，其迁移时间在1961年以前的任何一年均可。

三、关于1957年移民和移民安置工作方面的有关问题

（一）关于1957年移民生产方针问题，决定以修建房舍为主，相应地垦荒生产。

（二）关于移民任务问题，暂定为迁移家属2万人，春季移6900人，夏季移13100人。

（三）关于兰州移民接待站的领导和工作范围问题。为了便于加强对移民接待站的组织领导，及时解决工作中的具体问题，会议决定：由甘肃省移民局负责领导，陕西省抽配8至10名干部协助，并派科长干部1人担任站长，甘肃省移民局和交通部门各配副站长1人。其工作范围，除包括移民住宿、物资装卸保管、交通运输、牲畜饲料及经费开支预算等外，在业务上还要领导甘肃境内沿途的两个站。甘肃境内其他各站由甘肃省负责。对移民护送、物资押运及牲畜迁送所需人员由水库区负责，直送安置区各点。关于甘肃境内各站所需的经费，统由陕西拨给甘肃移民局，各站与甘肃移民局发生领报关系。

（四）关于移民和移民物资由兰州运至银川各安置点的交通运输工具问题。1957年春季移民6900人，物资1449吨，于3月7日至5月6日迁送完毕，从兰州至银川各安置点共需汽车156辆。因任务较大，甘肃承担确有困难，为此，会议决定：6900人和三分之二的物资由甘肃交通厅负责，物资的三分之一由陕西交通厅派车前往担任。

（五）关于随迁脱产干部和小学教师问题。决定：今年不随迁脱产干部和小学教师。护送移民干部，根据工作需要情况，住一时期后，即可返回。

（六）移民队途中不带粮食和伙食现金，移民招待站所需粮食由陕、甘两省移民部门做出用粮计划，分别提出，陕、甘两省粮食部门统一解决，移民结束后由移民接待站负责清理。移民在接待站吃饭后，不付现款，由带队干部出具证明，接待站凭证向所属领导机关报销，牲畜沿途所用草、料均以现款付给。带队的脱产干部和赶牲畜的人员在站吃饭后，应按规定标准自付粮票和伙食费。关于移民到达安置区的粮食供应问题。为了便于粮食计划的供应，会议决定：陕西省对移民在水库区出售粮食的数量应分户造册，按户办好粮食供应介绍连同各种粮食

的票价一并寄送安置区，安置区根据介绍，进行粮食供应和差额补助。

（七）关于甘肃省今年用移民经费雇用或从机关、企事业、经商人员中调用移民专职干部名额问题。决定：1957 年暂定 87 名（不包括站上临时雇用的招待人员），其中省上配 15 名，专署配 16 名，8 个县共配 56 名，以后根据移民任务而增加或减少。

（八）关于木材问题。会议决定：朝邑等地的国有林场，应由陕西省林业厅及早将成材数字肯定下来，有领导地按规格采伐，其收购价格，原则上不应超过国家的调拨木材牌价。

（九）关于中学生助学金问题。会议决定：由陕西省教育厅将 1957 年移民中的中学生数与享受助学金的情况摸清后与甘肃省教育厅具体联系解决。

四、关于陶乐县马太沟农场问题

地方国营马太沟农场现已决定交由陶乐县接收，安置陕西移民。该农场现有地 2 万余亩（另 4 万余亩可垦荒地未计在内），房屋 530 余间，根据接收清册，房屋、土地、渠道、水利工程、器具材料、库存物资等项共需投资 50 万元至 80 万元，会议决定：对移民所需的房子、土地、渠道、农具、灶具、木材等在公平合理的原则下，由移民经费开支，对于在移民经费内不能报销的建筑和物资的投资由甘肃省研究处理。该农场 1957 年的安置任务不做考虑。至于耕地的利用问题由银川专署根据具体情况进行安排。

五、关于迁移、安置费的管理问题

会议决定，凡属于迁移费部分由陕西省预算、掌握、管理，凡属于安置费部分由陕西省根据中央批准的预算和拨送等工作由水库区负责，凡属建立新村、安置移民和组织移民生产等工作由安置区负责。此外，关于设站招待、物资检疫等问题应由陕、甘两省共同负责解决。关于设站招待问题，除兰州

站由陕、甘两省派员在甘肃省移民局领导下共同负责外，凡在陕西境内各站由陕西省负责，凡关于物资检疫问题，以陕西为主，甘肃省派员协助，在水库区一次检疫。

六、关于安置区水利问题

根据银川移民垦荒区的特点，没有水就不能安置，为了彻底解决这一问题，会议决定：这一任务由甘肃省承担，列入甘肃省的计划内，有问题向中央请示解决，至于 1957 年的施工规模问题，决定按 20000 人的水利指标进行设计施工。

1957 年 3 月 2 日

（宁夏青铜峡市档案馆：1957-34，共 10 页）

13.《甘肃省银川专员公署关于调整 1957 年水库移民任务及解决当前几个主要问题的通知》（节选）

各县、市人民委员会：

五月中旬专署召开全区移民工作会议，会上根据陕甘移民委员会第一次会议的决定，将今年原布置移民任务做了调整，并研究了当前移民工作中的几个主要问题。

一、任务

中卫：500 人，已接收安置 585 人，秋季再接收 150 人，共建房 500 间。

中宁：1632 人，已接收安置 832 人，秋季接收 800 人，共建房 1623 间。

宁朔：1693 人，已接收安置 1059 人，秋季接收 634 人，共建房 2365 间。

永宁：5587 人，已接收安置 587 人，秋季接收 5000 人，共建房 4731 间。

贺兰：4226 人，已接收安置 2226 人，秋季接收 2000 人，共建房 3390 间。

平罗：957 人，已接收安置 457 人，秋季接收 500 人，共建房 525 间。

惠农：2060 人，已接收安置 760 人，秋季接收 1300 人，共建房 1971 间。

陶乐：3164 人，已接收安置 464 人，秋季接收 2700 人，共建房 2365 间。

总计：1957 年接收安置 20000 人，除春季已接收安置 6970 人，秋季再接收 13084 人，共建房 17497 间（其中包括住房、公用房、社内生产用房）。

移送时间要求于 8 月中旬开始，至 10 月上旬移完。

二、移民生活费问题

移民要求支借生产费的原因是：有一部分人原来就困难或者将钱在路上花光了；另一部分人有依赖思想有钱也不愿拿出；其次，移送时仅距关中麦收两月，所以带钱较多者也只有两个月的生活费，并由于移出区未按原规定造送各户经济清册，各安置县也不易掌握。因此，应大力动员移民将所带的钱拿出来用于自己的生活，多余的钱可以存放在信用社节约使用。对确实困难的户须调查清楚，由社统一向移民办公室暂借，秋后在其劳动收益中扣还。但对借支应严格掌握，并教育移民用自己磨面等办法降低伙食标准。同时要求水库区将各户经济清册寄来，麦收预分时将各移民的预分收入由原社附清册寄交给各安置点。

救济户和五保户，根据指示精神，由安置县和移出县联系，由移出县接回去，将全社迁移时再来。假如接不回去，安置县应主动函请移出县按时将救济费发来交安置县代发或派人来发。对非水库区灾民，要求原送回移出区，在未处理前应教育各移民社先分给适当劳动工价，热情予以照顾。

三、关于移民所需籽种、耕畜、肥料、农具及饲草、饲料等生产投资，按"两地生产、一地分红"的规定，原则上应由原社负责。为了便于生产，要求陕西根据移民建点情况，将两地生产组织统一起来，由原社在生产投资方面予以必要的支援，按需要的可能调拨一部分牲畜、农具和部分公积金和公益金。安置移民的县、乡、社应直接与移出区联系解决。

为了解决当前生产迫切需要，对籽种、肥料，可由各安置县统一研究贷款和从移民经费内暂借一部分解决，以后由移民社收益中逐步扣还。对移民社购买牲畜、车辆等费用，由于经费关系，一般不再借支。

四、小学学生就学问题，应尽量采取插入附近小学的办法。如附近无小学或小学容量已满额，可根据学生人数和各庄点情况，在较适中的移民点，多盖些住房成立学校，不另建校舍，将来再正式建立学校。如限于条件不能采取上两种办法，可以在节约原则下，用扩建附近小学增设班级和新建小学的办法解决。关于校舍和必要的设备及教师工资，可暂在移民经费项下垫支。

五、对随迁脱产干部和小学教师，根据陕、甘移民委员会第一次会议决定：今年一般不随迁。已经迁来的如系全家迁来，留在移民点帮助工作，其薪金和办公费、医疗费等，安置县应主动联系，函请移出县按时寄来，未寄来前，其生活费可暂借支解决。如系单身迁来，安置县与迁出县联系妥后，介绍回去。

对随迁医生，可按各县具体情况，与卫生部门研究，当地医疗所有条件安置的可以吸收。私人开业者，如本身技术和经济条件许可，可以让私人开业。

六、对今春移民物资损失补偿问题。对已运到的物资应由县调查登记清楚，对继续运送的物资应逐批由护送人员负责交清，如有遗失、损坏，应当检查登记，等全部运送到后，可由县将损失数量及赔偿款数统一报署转陕西省审核发款解决。

七、关于移民修建庄点占用当地农业社熟地的补偿问题和划拨移民的当地群众已垦的国有荒地的垦荒费问题。应按（57）署政字第 049 号规定处理。在处理时，尽量采取拨给等量荒地，再发给垦荒补助费和 3 年常产差额补助的办法解决，并需坚持分期补偿的办法，移民占用熟地的补偿款数。

八、北京移民生活救济，经过调整，一般每月均在 5 元左右，只要我们注意纠正工作中存在的平均发放偏向，经常深入调查解决个别户的特殊困难，移民生活的困难问题是完全可以解决的。

对移民住房应按原规定以购买群众房间和新建两种办法于麦收前完成大部分，秋收后全部完成。

以上各项，希研究办理。

甘肃省银川专员公署

1957 年 6 月 10 日

（宁夏银川市贺兰县档案馆：37-9，共 4 页）

14.《陕西省支援三门峡水库修建工程工作委员会关于 1958 年春季移民工作宣传提纲的通知》（节选）

朝邑、华阴、大荔、潼关县支援三门峡水库修建工程工作委员会：

为了进一步加强对移民群众的思想教育工作，胜利完成今春移民任务，兹随文附发 1958 年春季移民宣传提纲一份，请研究使用，这个提纲的内容，仅就几项重要移民政策原则和一般问题做了阐述，不可能满足各地区实际工作的要求。因此，在进行宣传时，还应根据各地工作情况和群众的具体思想动态，就地取材，就地加工，具体充实，适当运用。

附：

1958 年春季移民工作宣传提纲（草）

一、水库为啥要修在三门峡

大家知道：修建三门峡水库是全世界闻名的伟大工程，咱们陕西已有 15000 多人带头以自己的爱国行动支援这项伟大的社会主义建设工程，迁到了甘肃银川。党和人民政府以及全国人民都欢迎与感激咱们的这种光荣而豪迈的行动。但是也有些人还不明白：水库为啥要修在三门峡，而不修在别的地方呢？大家知道：威胁黄河下游人民生命财产安全的，主要是洪水灾害，而三门峡正处黄河中游，有很大的蓄水库容，能够控制黄河流域水土流失面积 90% 以上，还能够控制泾、洛、渭等较大河水；同时地质条件（岩石底子）最好，适宜修建高坝大坝。其他地区，有的过分偏向上游，控制不住中游各大河水，起不到防洪作用；有的库容太小，不能多蓄水；有的地质条件很坏，根本不能修建这样的工程。所以，经过多次研究，才确定把水库修在三门峡。这项工程建成后，不仅黄河水患可以得到根治，而且在一年内即可发电 60 亿度，灌溉耕地 4000 万亩，对陕西、山西、河南等省工、农业生产的发展将起很重要的作用。

三门峡水库大坝工程，已于 1957 年 4 月 13 日正式开工，为了保证工程的顺利进行，不仅设有专门负责这一工程的三门峡工程局，而且还成立了三门峡市。目前已有成万名工人，正夜以继日地赶修大坝。大坝要在 1960 年拦洪，1961 年上半年开始发电，水库水位高程就要上升到 335 公尺。因此，咱省库区 335 公尺以内（即现在移民地区）的 153000 多名居民，必须在 1960 年底以前全部迁出。说到这里，一定有人会问：在两三年内要迁移这么多的人，究竟往哪里安置呢？这就需要从两个方面进行工作，一方面要在今年内先将尚未迁出的青壮年家属 15000 多人，全部迁到银川，另一方面要调查其余群众的安置地点。现在正在积极准备进行调查，等调查确实以后就向大家公布。所以过去有些人听到或者看到潼关修了临时铁桥，去冬库区兴修水利等，就误认为"水库淹不到这里了"，政府是"迁一半人，留一半人"，甚至还有少数人说："库不修了，民不移了"，这些看法和说法，都是不对的。

二、银川确实是个好地方，我们应该早日迁去和亲人团聚

迁到银川的移民，由于当地党、政的正确领导，和他们的积极劳动，已经盖起了 1 万多间房屋，按已迁人口平均每户可住两间多。只有个别庄点住房较少，住房有些拥挤现象。这只是暂时的，随着继续修建，住房将会得到彻底解决。土地和水利问题，均已基本做了妥善安排。截至目前，已给移民划拨了土地 103979 亩（其中熟地 10233 亩，垦出荒地 45319 亩，其余还未开垦），预计今年夏、秋播种面积将达 60000 亩，从移民自己种的庄稼来看，银川地区的产量是不低的。去年播种的 7000 余亩作物，一般都长得很好，有的还超过了当地历年产量。如贺兰县仓西点在新垦荒地上试播种的棉花亩产籽棉 60 斤；河西点种的苞谷被当地选为籽种；永宁平吉堡种的西瓜每个平均 20 斤以上；陶乐富民点种的 9 分葱，就收了 2000 余斤。当然也有些农业社因对当地土质、气候、耕作技术不太了解，硬套关中耕作方法，致使部分作物产量过低，甚或有丢掉籽种的现象。但经过实际耕作，移民已经体会到安置区农田土质好、产量高，适宜于各种作物的种植。正如不少移民所反映的："银川全是水浇地，不愁吃穿，不怕天旱。"

有人说：银川既然是个好地方，移民已经打下了安家的底子，那么能不能让库区的群众都一块迁到那里？初想似乎有些道理，仔细一想，就成问题了。因为银川地区目前大量集中安置移民还有一定困难，土地、水利问题还解决不了；只有少量集体安置，才可以保证移民的生产生活。譬如说：一人一斤粮够吃，两人一斤粮就吃不饱，三人一斤粮就要受饿。这就是说，大量安民还不够，少量安民却有余。所以经过陕、甘移民委员会第二次会议确定：只向银川先迁青壮年及其家属。为了照顾已迁青壮年早日和亲人团聚的愿望，避免长期两地分居的困难，决定将库区未迁家属要在今年内全部迁往银川。由于安置区建房任务尚未全部完成，因而今春先迁 6600 人，夏收后再迁 8400 余人。据我们了解，大部分家属已积极准备迁往银川，这是很好的。但是，也有一些人想迟迁，有些人还三心二意，极少数借口分家、闹离婚，甚至不想迁往银川去。大家知道：三门峡水库一定要修，这里已经肯定是库区，所有群众必须分期分批迁移，只是迟迁与早迁的问题。早迁比迟迁要好，一则服从了国家的迁移计划，二则早日安排生产、生活，铺实安家的底子。这对国家和自己都有好处，不愿前往银川的想法是不对的，前面已经讲过，银川全部是水浇地，产量又高。包兰铁路通了车和青铜峡水库建成后，银川一带的工、农业生产将有很大的发展。再者，如果家属不迁去，已迁亲人回不来，一则长期心悬两地，二则财产不好清结；即便逃跑回来，不仅国家、农业社和个人将受到很大损失，而且还得自备伙食、车费，迅速地回到安置区，这还不很明白吗？如果在迁往银川的移民工作结束以后，你再要求去，那就有很大的困难了。因此，未迁家属还是早日迁去银川为好。

三、国家对移民迁移、安置是负责到底的

国家对移民的各项财产，都是按照"既不浪费国家资财，又能照顾群众利益"的原则进行处理的。它是既要保证移民经过迁移安置不受到不应有的损

失，又要保证移民的生产、生活。

但是，有些人经常说：房屋补助得少了，收购物资的价格太低了，到安置区生产、生活没保证，甚至要负债。这些说法对不对呢？首先从安置区来讲：每人平均分配给3~4亩地（不包括庄基），而且全部是水浇地。对开垦的荒地，政府都按开垦的难易，需工多少，发给足够的垦荒费；新垦荒地在3年内不能达到当地常年产量时，还发给必要的产量差额补助费，并在3年内免交公粮。再就库区的各项财产处理来讲：房屋是按请工用料、新旧程度，经过民主评议折价补偿；对房屋的附属物，如门楼、阁楼、备料、院墙、顶棚、锅台、水道等，也都做了补偿。由于迁、安地区的工、料有差价，政府恐怕移民吃亏，所以又在安置区发给"工料差价补助费"，并且还发给小型生产、生活用具补助费。特别是对部分贫苦农民因房屋太少和太破，用补差价和残料价在安置区修不起必要的住房时，还决定经群众评议，乡人民委员会批准发给适当的修建补助费，以保证人人有房住。对移民不便携带的物资也由人民政府本着不赔不赚的原则按照物品的市价和新旧程度分等论价，进行收购；实际上好多物品的收购价，都超过了原有的价值。如宁阴县1957年收购移民物资共投资62563.57元，降价报高的竟达11.09%。也就是说，政府拿十个钱把移民的物资买回来，卖出去只能得到七八个钱。从这些情况看来，完全可以说明移民到安置区后，生产、住房等大问题都可得到妥善解决。加上评发粮食差价，送药和冬衣补助等费用，只要精打细算，辛勤劳动，是完全可以保证很快重建好家园的，这也充分说明了党和国家对移民是深切关怀和负责到底的。

四、勤俭持家，积极响应党和国家的移民号召

目前，全国各地正在掀起一个声势浩大、规模壮阔的反浪费、反保守的群众运动，勤俭建国、勤俭持家已成为全国人民的行动口号。咱省库区移民群众亦应积极行动起来，响应党和国家的移民号召。勤俭迁移、勤俭持家，给国家多方面节约资金，给自己建立新家园。

从以往的迁移情况来看，移民想依靠政府、依靠农业社的思想和浪费现象是相当严重的，有些人一确定迁出就向社要钱，并说不给钱就不迁；有些人刚到安置区后，就又伸手要钱，并要求政府全部解决生活费用，不少人又挥霍浪费，因而造成生活困难；有些人错误地认为迁运费、途中住宿费是由国家负担，与己无关，过分要求多运一些没有携带价值的物资，坐汽车还未满员就嫌挤，住店多占房间，等等。所有这些，如不及时改变，不仅给国家造成很大浪费，而且给自己在安置区安家立业也造成一定困难。因此，咱们必须充分认识在荒地上建家立业并不是一件容易的事情，也并不是没有一点困难，从而做好思想准备，鼓足勇气，保持勤俭朴素，在迁移、安置中确实做到勤劳生产，计划开支，把每一文钱都用到迫切需要的事业上去，给社会主义建设节约资金，给自己建立美好的新家园铺实底子。

两年来库区群众在党和政府"搬一家，保千家"的号召下，认识了根治和开发黄河对国家、对自己、对子孙后代的好处，大都能以实际行动支援三门峡水库工程的修建。在青壮年带头迁移中，不少地区就出现了写决心书、挑战、应战、父子相争、兄弟相争、父母劝儿子、媳妇劝丈夫、未婚妻劝未婚夫，争先报名的模范事迹。去年秋移民工作中，通过党在农村的社会主义宣传教育运动，男女老幼都明确了库要修、民必移，返籍移民和青壮年家属坚决地服从了国家的迁移计划，愉快地迁往安置区。在历次迁移工作中，社干和党、团员们多能以身作则，积极肯干。所有这一切，都是热爱国家、热爱集体和热爱社会主义建设的具体表现，特别是已迁青壮年及其家属们的这种光荣而豪迈的行动，

不仅是库区群众学习的榜样，起了"火车头"的作用，更重要的是对治理黄河将有莫大的功劳，已博得受黄河灾害威胁的几千万人民的感激和全国人民的称赞。所以未迁家属应继续保持荣誉，克服一切不必要的顾虑，端正认识，把个人利益与集体利益、目前利益和长远利益结合起来，积极准备迁移。一般群众除迁出前安心积极生产，迁移后坚决服从国家计划外，并尽可能地从各方面给外迁移民以支持和帮助。

大家知道，移民工作是陕西库区人民一项极其光荣、艰巨的政治任务。过去，咱们已经取得了一定成绩，今后更应积极行动起来，勤俭迁移，响应党和国家的号召，使咱们的移民工作和各项建设事业一样，也来一个大跃进，为支援三门峡水库工程的修建而奋斗。

陕西省支援三门峡水库修建工程工作委员会

1958 年 3 月 19 日

（宁夏青铜峡市档案馆：1958-44，共 3 页）

15. 关于编辑《移民工作手册（草案）》的决定（节选）

中共宁夏工委第 42 次会议讨论决议了相关事项。其中，会议决定编辑《移民工作手册（草案）》，由王金璋同志负责进行审核，其中应着重阐明移民工作之重要性，强调做好政治思想工作和群众路线的工作方法，条文不要规定得过死，应留有余地。

16.《移民工作手册》

前言

移民工作是自治区重要工作之一，是全党全民艰巨、复杂而光荣的政治任务。为帮助同志们提高政治水平、熟悉业务、做好工作，我们编写了这本小册。它的内容包括：移民垦荒意义；如何执行中央"勤俭办移民"精神；移民中的几个具体问题；如何做好移民巩固工作；上级有关移民方针政策带有指导性的文件。由于编写仓促，难免有不全面和错误之处，望各地同志，在实践中提出修正和补充意见。

一、移民工作的重要性

"移民垦荒"是发展国民经济建设社会主义的一项重大措施。这对扩大耕地面积、增加粮食产量和工业原料、支援国家建设以及促进各地政治、经济、文化、交通事业发展起着很大作用。

自治区地大物博，土地肥沃，水利条件优越，尤其是青铜峡水利工程将在 1959 年年底完成。同时，地下资源丰富，如石嘴山的煤矿、贺兰山的铁矿、灵武的石油等。因此，自治区在工农业生产上都有远大的前途。根据这些有利条件，工委已提出："苦战三年，工业发展争取五年赶上或超过农业总产值。农业发展三年过黄河，五年过淮河的雄伟规划"。但是我区地广人稀，劳力缺乏，大量移民来我区支援已成为发展自治区必不可少的措施。这是我们自治区全党全民的一项极其复杂繁重的任务，又是长期、复杂、仔细、艰巨的工作。因此，必须在各级党委的统一领导下"统筹安排，全面规划，明确分工，各负专责，协同动作"。书记动手，全党动员，全民支援，为胜利完成这一光荣任务而奋斗。

二、关于勤俭办移民的原则与方法

1. 移民工作几年来，虽然取得了很大成绩，但由于在干部、群众中存在着"官办移民"的包养思想，因而浪费了国家资财，助长了移民依赖国家风气，迁安两地群众潜力不能挖掘出来。根据中央"鼓起干劲，力争上游，多、快、好、省建设社会主义总路线"，中央内务部提出"反对官办移民的包养思想"，贯彻执行"勤俭办移民"的原则，这样既能大量节减国家资财，又能挖掘群众潜力，消除依赖国家思想。

2. 怎样做到勤俭办移民

（1）首先向迁安两地干部、群众广泛深入地宣传国家规定这一政策的正确性，采取"勤俭办移民"的政策对国家与个人的利害关系，在提高觉悟的基础上，正确处理移民在原地财产。

（2）房屋问题，移出区应该根据移民原地房子好坏，以合理价格分别采取转让老乡、折价归社、国家收购 3 种办法进行处理，价款汇来安置区，再根据各户需要发动当地群众助工兴建，房屋修建费由移民负担二分之一，不足部分由国家补助或贷款解决。

（3）移民原地入社股金和生产投资，应按照农业社示范章程（草案）规定退给移民。由原地区汇交安置区，作为移来新区的股金与投资，国家不再列入预算。

（4）移民之家具（生产、生活用具）尽量带来，凡属不易携带的重型家具，应按质量好坏经过仔细工作，以公值价格进行处理后，价款交移民自理，来新家购置其需要家具，除个别困难较大者，国家不予补助。

（5）移民口粮定量就高不就低。原有口粮卖原地粮食部门，价款由原社队干部集起，到安置区负责分期发给移民购买粮食，地区粮食差价由国家予以补助。

（6）移民在原社挣的工分，秋收决分时，由原地农业社按户累计公值，汇来安置区，分给移民社员。对仍有困难者，国家再根据其困难大小予以补助。

（7）移民来安置区后，有病治疗，原则上一律自理，对于确有困难者，从社会医疗费中给予照顾。

（8）移民子女从事工矿企业工作者，来安置区其原工种与工资待遇一般不动，如需调整原工种者，但原来工资不准降低，应予以保留。

（9）移民中的乡、社干部原职不动，仍担任原来领导职务。

（10）迁出区应根据移民数量，配千分之一有一定政策文化水平、工作能力的脱产党员、干部，随移民迁来自治区，参加当地工作，随迁干部的职务工资待遇予以保留，以加强对移民的巩固领导工作。

（11）迁出区应进行一次移民经济状况登记，移交安置区。

（12）在干部群众中，应积极开展移民政策的宣传教育工作，并号召所有省外干部职工，保证将自己家属搬来自治区建家立业，投入工农业生产，并动员自己亲友来自治区。同时，还需掀起一个自发的群众性的写信串联运动。

（13）凡是自流来我区人口，只要来历、出身清楚，都予以安置。对在我区进行劳动改造的犯人"刑期已满者"，可动员其家属来自治区，并同样按自流移民办法给予安置，但要分配到骨干力量最强的社队，从事生产。

（14）移民中的小商贩应尽量动员安置到农业战线上去垦荒生产。如本人从事农业生产，确系有困难者，可保留原来行业不变予以安置。

三、移民工作中的几个具体问题

1. 移民前需要做好哪些工作

（1）应将安置移民地区耕地及荒地面积、土壤、水力、劳动情况、农副业、交通运输和民族分布等进行全面调查。经过分析研究以拟定安置移民规划，其内容包括：安置方式、迁移方法、安置人数等。

（2）确定移民任务后，迁安两地必须互相介绍情况。迁出区应将移民的经济情况、劳力情况、移民组织动员工作等，向安置区介绍。而安置区应将自然环境、土地面积、农副业生产、民族关系及工业交通、文教卫生等情况，向迁出区介绍。同时，既要说明有利条件、远景，又要说明暂时困难。

（3）安置区首先将移民安置地址确定下来，并组织移民代表到安置地址参观，使其对居住、开荒了解更具体。但必须按照参观的地址进行安置，绝不要轻易变更。

（4）安置区应派员到迁出区做协助动员工作，对移民要进行审查，移民对象的确定：一般是全家自愿迁移，每户有一个以上的全劳动力，并有农业劳动习惯的。

（5）迁安两地共同协商确定分批分期迁送的时间、人数、路线，并做好移民户口、粮食及财产处理、党团关系等转移手续。

2. 移民的安置方式方法

（1）移民全家应一次迁出。这种形式不论采取插社安置或建立新村（社）都可采用，也是一种比较好的方式，同时也易于巩固。再者，先迁劳动力后迁家属（青壮年先遣队），它的好处是：拖累小、劳动能力强、生产快、在迁移安家工作上比较方便。但由于未带家属，生活上有困难，没有长期安家的思想。

（2）分散插社这种方法便于增加农业社劳动力，改变耕作粗放方式，扩大耕地面积，保证提高单位面积产量，达到精耕细作。移民还能随时取得老社员的帮助，国家投资少，容易巩固。

（3）小型集体插社，这种方法便于开垦分散的小片荒地，只要发挥现有水利的潜力，将原有渠道扩大进水量，完全可以增加水利灌溉面积，这是我们近二三年来安置移民的一种主要方法。

（4）集体安置建立新村，这种方法适于开垦大片荒地。根据以往经验，可以采取跨年度的做法。

头一年为做好开荒建村工作，第二年全家移出。迁出时间最好是在春耕季节，移到安置区，以便能及时投入生产。

3. 移民建房问题

（1）修建房屋遵循因地制宜、就地取材原则，采取打窑、盖土木结构平房等方法。如条件许可，还需采取第一年建房、第二年移民的办法。对分散安置的移民，可以暂借当地群众的房屋解决，然后再修建新房。

（2）房屋数量应按照移民人数同时分配，作出建房规划，进行备料施工，并结合绿化工作。

（3）移民建房所需材料，各级供销社和物资供应部门应列入年度供应规划以内，以保证移民建房的需要，各级移民部门要做出房屋造价的规划工作。

（4）村落形式，一般采取街道式和一家一院两种方法，根据以往安置经验，一家一院的形式比较便于生产，也适合移民原有居住习惯。

（5）以包工、包料、包质量的办法，按照多、快、好、省的方针，包给当地农业社修建。

（6）房屋建成后，应按质量评出等级、分等定价，按照移民所需房间，分别确定房子数量。

4. 移民的接待安置工作

（1）在移民途经村庄，设立食宿招待站，并保证移民的食宿供应。移民到达安置地县、乡、社，必须组织当地群众欢迎接待，给移民送茶水、搬行李、扶老人、抱小孩，使移民处处感到热情亲切。

（2）县和乡再分配移民时，不论分散安置或集体安置，应注意不要打乱移民原有的生产组织，照顾到民族及亲邻关系，尽可能安置在一乡一社内，安置地址应充分注意到移民原籍的自然环境，凡平原地区的移民不要安置在山区，对于回族移民一般应移到回族聚居区。

（3）移民到达安置地乡、社后，应组织不同形式的移民座谈会，详细介绍安置区的土地、产量、耕畜、劳动报酬、副业门路、适种作物、规划远景及风俗习惯、民族关系等，使移民熟悉情况，尽快投入生产。

（4）慰问检查对移民的巩固作用很大，因此可组织妇女、青年、教师、医生等参加的检查慰问小组，逐户进行访问，检查安置情况，听取移民的反映和意见，发现问题予以解决。

5. 加强对当地群众和移民的政治思想教育工作

（1）加强劳动生产的团结教育，并做到互相学习、互相尊重、互相帮助。安置初期，干部、移民和当地群众均有不同顾虑，必须针对思想进行教育，并贯彻提倡交朋结友、两好合一好的风气，使他们体会到团结生产对国家、合作社及个人的关系。

（2）结合中心工作经常宣传贯彻移民的重大意义和政策，确定专人负责，不断地进行移民思想摸排，掌握思想动态，定期汇报，从制度上、组织上保证政治思想教育工作的经常化。

（3）各县人民委员会应定期召开移民座谈会和代表会，听取移民的意见，研究改进工作。

（4）培养典型，树立旗帜。在移民中广泛开展劳动评比竞赛，鼓舞移民的生产积极性。县、乡在选举中应注意移民的代表名额，要按人口比例分别选出移民中的人民代表，参加同级人民代表大会。若是移民在原籍系人民代表者，可邀请他们列席参加同级代表大会。

（5）健全社队组织，实行计划管理，贯彻勤俭办社方针，做到"事事有专责，包工有定额，财务有计划"的要求。对分散插社的移民应按劳力、技术高低分配农活，同时认真执行"同工同酬"原则。

（6）解决生产技术问题。移民初到垦区，由于对当地季节性的特点、土壤情况、技术操作一时不太熟悉，生产困难较多。对集体安置的移民，除农业部门指导外，还应组织老农座谈会，交流经验，

以工换工，互教互学；对分散安置的移民，特别是城市移民，更应推广师傅带徒弟、包教包会的方法来提高生产技术，搞好生产。

（7）干部（特别是乡、社干部）要经常地深入田间，亲自参加劳动，通过生产来领导生产。这样，对于促使移民及当地群众搞好生产和密切干部与社员的关系，具有重大关系。

（8）关心移民生活。移民到安置区后，人地两生，在生活方面存在困难，如粮食、燃料、疾病治疗、子女入学以及生育、婚丧等方面的情况，都要做适当的照顾和解决。

中共宁夏回族自治区工委民政部编印

1958 年 5 月 4 日

（宁夏档案馆：J057-001-0004-0016）

17.《宁夏回族自治区筹备委员会人事处关于安插陕西省移民干部通知》

贺兰、陶乐、中宁、中卫、永宁、宁朔县人民政府委员会：

陕西省为了支援我区建设，今年陆续来移民 3 万人参加农业建设生产，并随移民来 38 名干部。这些现职干部经双方商定留在我区工作，现根据他们的具体情况做如下分配：

陶乐 13 人、中宁县 8 人、中卫县 7 人、贺兰县 8 人、宁朔县 1 人、永宁县 1 人。

这些干部到各县报到后，希跟他（她）们的原来职务，予以适当的安排。

宁夏回族自治区筹备委员会人事处

1958 年 7 月 4 日

（宁夏中卫市档案馆：37-73）

18.《中宁县安置移民情况》（节选）

我县截至 1958 年 10 月 25 日共安置陕西移民 507 户 3040 人（内有大荔县 506 户 3035 人，华阴县 1 户 5 人），去秋返陕 1170，重返 1160 人，有 5 户 10 人未重返，其原因是 2 户 2 人返陕后病故，1 户 1 人返陕后回了原籍河南，1 户 1 人返陕后在陕招了女婿，1 户 6 人经库区批准再不重返。北京移民 238 户 980 人。上海移民 39 户 51 人（内有小孩 12 人）。两年多来经过出生、病故、婚出婚入、参加其他职业、返籍等变动，现实有陕西移民 502 户 3108 人，北京移民 188 户 827 人，上海移民 2 户 5 人（内有和北京移民结婚的 1 户 4 人）。

全县 188 户 827 人北京移民中的 366 个全半劳力，通过今年的辛勤劳动，以夏季实际收入和秋季预计收入推算，今年有余粮的 41 户 109 人，占总人数的 13.18%。自足户 67 户 307 人，占总人数的 37.24%。半自足户（食粮够用，其他如衣服等缺）57 户 308 人，占总人数 37.24%。无劳力或因其他意外事故没有收入或收入很少的缺粮户只有 23 户 103 人，占总人数 12.45%。转入人民公社后，粮食、菜金、医疗问题已解决。今冬发了 1736 元棉衣费，冬衣也已解决。1959 年还需救济单衣 1179 元，系来自独户和劳力少的 393 人，每人平均 3 元。

陕西移民共规划建房 2493 间，实建成 2039 间，尚缺 454 间，计划今年完成一部分，其余明春完成。共规划开荒 9945.6 亩，已开好 6294.76 亩，尚缺 3650.84 亩，在今冬明春完成。今年实种夏作物 787.33 亩，产粮 97257 斤，秋季作物 2907.01 亩，产粮 229466.5 斤，共计 3694.34 亩，产粮 326723.5 斤，平均每亩 88.5 斤。棉花、花生、蔬菜 815.6 亩。产量低的原因主要是掌握抽水机的技术工人水平太低，在机器经常发生故障的情况下，不会修理，一停顿就是十天半个月，严重影响了庄稼的灌溉和生长。

因而 5 个移民社都是缺粮社，转入人民公社以后，粮食由公社供给。

陕西移民还存在以下问题：

（1）今年用抽水机灌溉的地，除移民每亩负担了水利费外，其余部分由国家扶助，明年如何处理；

（2）贾家棵大荔四社七星渠裁湾后，只能灌溉 533.2 亩，其余地仍淌不上水，水利局原计划接水龙棒，但现在未接，请拨款于明春安装。

1958 年 10 月 24 日

（宁夏中宁县档案馆：27-17，共 4 页）

19.《三门峡水库区陕西境内向宁夏地区移民工作的总结报告》（节选）

一

在实现党和国家"根治黄河水害和开发黄河水利"的伟大建设计划中，三门峡水利枢纽工程最先兴建了。按照工程的要求，我省境内水库区居民迁移安置工作，在中央与各级党、政的关怀和领导下，从 1956 年开始进行，至 1958 年年底，顺利而且超额地完成了原定向宁夏地区移民 3 万人的任务，1959 年上半年外迁工作全面结束。

1956 年，我们从库区水位高程 335 公尺以下大荔县和渭南县的 253 个村庄内，先动员了 5250 名青壮年去宁夏建房、垦荒做安家准备；1957、1958 两年迁送家属 26279 人，包括随迁的脱产干部共 135 名。3 年共移民 6236 户，31529 人，其中从大荔迁出 18523 人，渭南迁出 13006 人；安置在宁夏的贺兰 8679 人，宁朔 2941 人，永宁 1870 人，陶乐 9619 人，惠农 1902 人，平罗 1485 人，中宁 3112 人，中卫 1921 人（系安置区 1959 年 4 月底统计数字）。为了大力支持移民在安置区建立家务和发展生产，同时还随移民迁出耕畜2458头（包括在安置区购买的1019头），迁运农具、家具、衣服等物资7205.53吨（每人平均458.5斤）。补偿了29364.5间房屋（已拆除或做了成房处理），补偿了336463株果树和幼杂树；帮助移民迁葬了祖先坟墓7553座，处理了不便携带的物资500213件；对移民迁出后两地社的公有经济也本着"有利生产，有利团结，有利社会主义建设"的精神，由双方代表协商进行了划分，基本上做到了公平合理，双方满意。

移民到安置区后，积极投入到修建住房和垦荒生产的紧张劳动中。至1958年年底，已修建好住房和公用房15960.5间，开垦荒地88592.16亩。1958年共种夏秋作物66260亩，共产粮食700余万斤。大部分移民安置点已达到自给自足，有的已经有余。安置在中卫县的移民，他们1958年样样庄稼都获得了丰收，玉米平均亩产900余斤，棉花平均亩产皮棉48斤，丰产田平均亩产皮棉100余斤；试种的花生平均亩产600余斤。共收获各种粮食123万斤，不仅自足，还出售给国家35万斤余粮。古槐社的移民高兴地说："我们在库区一贯是缺粮社，年年要国家供应，现在自己打的粮食不光够吃，还卖余粮，政府真把我们安置到了好地方。"由于移民的热情劳动，有力地支援了安置区的各项建设事业。他们在农忙季节以劳、畜力支援当地社完成了生产任务，成功地试种了棉花、花生等经济作物，改良的一些农具已由当地政府推广，积极地参加了钢铁、煤炭、石膏等工矿业生产等。当地群众普遍反映说："移民来后增加了劳力，交流了生产经验，进一步繁荣了宁夏。"正由于移民的生产、生活有了保证，又与当地群众建立了亲密的关系，他们一般都已确立了长期在安置区安家落户的思想，心情愉快，劳动积极，植树务花，油门粉窗，并且到处宣传宁夏有"七好、六多、一不靠"，即土地好、水利条件好、劳动生产好、庄稼长得好、群众生活好、民情风俗好、发展远景好；羊多、牛多、骆驼多、粮多、柴多、矿产多；不靠天吃饭。有些移民为了与亲邻团聚和生怕将来内迁地区不如宁夏，还私下串联了自己的至亲厚友迁往安置区。

在迁安工作中，还根据"既不浪费国家资财，又能照顾群众利益"的原则，比较合理地使用了移民经费。据决算共开支经费16525446.22元，移民每人平均524.13元，除行政管理费外每人平均502.10元。其中生产补助费56.70元，房屋补偿费200.10元，人口迁移费41.63元，牲畜迁移费2.89元，物资迁移费62.02元，坟墓迁葬费1.70元，移民安置费115.48元，其他费用21.58元。

二

在过去的3年移民工作中，我们积累的经验主要的可以归纳为以下几点。

一、政治挂帅，做好思想教育工作是移民工作的根本保证。库区对移民群众进行宣传教育工作是声势浩大、规模壮阔、形式多样的。在整个移民工作过程中，各地一般都根据当时群众思想情况，组织移民代表参观安置区、治黄展览和三门峡工地，举办实物（从安置区带回来的）展览会以及报告会、誓师会、个别交谈和青壮年、妇女、老年等小型座谈会等。如在1956年动员第一批移民（青壮年）去安置区建房垦荒中，就很快形成了父母劝儿子、媳妇劝丈夫、未婚妻劝未婚夫和父子兄弟相争报名要求带头迁移的热潮，335公尺以内地区，自动申请先迁的青壮年就有16032人，超过了原定第一批移民任务5200人的两倍以上。又如在1957年秋，大批移民闹事返陕后，要粮、要房，一度出现了混乱局面，很多干部也对移民的方针、政策发生了怀疑，失去了做好工作的信心。当时，由于在各级党政领导支持下，自上而下召开了一系列会议，对移民返陕闹事问题，通过算细账进行了广泛的辩论，结果不仅送走了大批的返陕移民，而且还超额完成了秋季移民任务。

二、贯彻群众路线，大搞群众运动，坚持"社办移民"，是实现多快好省的基本关键。如大荔县的原朝邑地区，在初期，不是发动移民群众自己装物资车，而是出钱个人去搞，结果不仅因人少装得慢，而且由于单纯的任务观点，装的东西少，又不实在，既多用了汽车，又损坏了不少物资，浪费了国家不少资财。相反，渭南县原华阴地区，因发动移民群众自己装车，就装得快、装得实、装得多，大大减少了物资的损坏，也节约了国家的开支。

三、从生产出发，妥善地安排移民工作。实践证明，库区移民工作的过程实质上也是安排生产的过程。例如，渭南县的原公联社由于干部认识了生产与移民的关系，对1958年上半年工作安排得较为妥当，又及时提出了"一日不走一日干，啥时决定啥时迁"和"苦干实干加巧干，最后要将产量飞上天"等响亮的战斗口号，进一步激发了移民的共产主义精神和冲天干劲。他们为了帮助待迁移民获得更大丰收，还在迁出前精选了6028号小麦良种41940斤，作为对故乡各兄弟社的留念。这样既增加了移民社的收入，减少了国家的投资，同时也密切了已迁和待迁移民的关系。对安置区来说，搞好生产更属重要，是巩固移民的决定性条件。在1957年移民闹事返陕中，安置区哪个庄点的生产搞得好，那里移民的情绪就比较稳定，反之就易波动，目前移民之所以能巩固下来，除其他方面的原因外，确与移民庄点水利问题彻底解决，农副业收入增长，生产、生活已有保证分不开。

四、迁安地区和有关部门明确分工，相互协作，是全面完成移民迁安任务的重要条件。库区的移民工作，牵扯到国民经济各个部门，同时又是迁安地

区的共同任务，一个部门是难以办好的，只有部门之间和地区之间发扬共产主义大协作的精神，分工协作，共同完成。为此，省和库区各县都在党政领导下吸收有关部门负责同志，组成具体领导机构，迁安地区也共同成立了协作机构，这样就使有关地区和有关部门在大协作的前提下，明确分工，主动担负起自己应承担的任务。

陕西省移民办公室

1959 年 11 月 6 日

（宁夏中宁县档案馆：21-337，共 13 页）

20.《陶乐县人民委员会关于 1959 年移民工作意见》（节选）

我县 1959 年的移民工作，除要求自治区分配一批新的移民任务的接待安置工作外，最重要的任务是：大力做好现有移民的巩固工作。1956 年 8 月开始，至 1958 年底，共安置移民 2465 户 11289 人。其中：陕西 2033 户 9131 人，河南 411 户 2093 人，自流移民 1 户 65 人，占 1956 年底当地群众 6756 人的 1.67 倍。

在移民的巩固工作中还发生和存在着一些问题和缺点，特别是还有少部分移民思想波动、不安心农业生产，其中有些已经返籍和到各地厂（矿）做工，原因经过我们调查了解，有以下几种。

（1）有些地区和干部对移民的生产、生活关心不够，在生产、生活上有些具体困难没有很好地帮助妥善解决。

（2）有些当地群众对于移民充分发扬阶级友爱、互助团结的精神还不够，移民不免感到有些被冷淡，因而想念故土。

（3）对移民的经常性的政治思想教育工作抓得不够紧，使有些移民对开荒的重大政治意义还认识

不足，没有树立克服困难，用自己的辛勤劳动创造幸福生活的信心，因而动摇不定，意志不坚，稍有困难，就畏难而走。

（4）有些人来宁夏的动机还不够纯，不是来参加农业生产，而是另找出路，再加上在动员迁出时，有的人在介绍安置区情况时不够切合实际，所以一些移民，一不如意，就待不下去。

（5）移民中还有些人，半户迁来，半户仍留原籍。如其兄在陕西、弟在陶乐等，心挂两头，心情不安定。

（6）各地厂（矿）大量招收工人，有无户口和粮食关系一律吸收。据出去的移民给亲戚来信说：各场（矿）的工资待遇最低四五十元，粮食定量高，因而不少移民连家都搬去。

（7）河南移民在原籍的劳动工分没有处理，移民有意见，原籍也有些亲戚来信拖后腿，向回叫。如上蔡县人民公社何志德给本县河南移民徐明川来信说：上蔡县已进入共产主义，从生活上得到了幸福，达到了丰衣足食，每天吃半斤肉、两个鸡蛋、一两油、半斤水果，每顿饭四样菜，粮食大解放了，一口人一年吃粮 500 斤，干活实行了四八制等。

（8）陕西移民两地划分经济关系的票据，至今没有汇来，对移民的决分和 1959 年生产、生活的安排有影响。

（9）造谣煽动，如说：陕西移民不移了，引起部分移民思想不安，想回去看看水库怎样修，移民怎样移，往哪里迁，新迁地址是否比这里好。因而借口探亲、探病、订婚、结婚、清理手续等原因，设法跑回陕西。

（10）现有移民的建房任务，共需建房 8109 间，仅完成 4445 间，还差 3664 间，使部分移民居住拥挤有意见，有些河南移民长期借住着当地群众的房子，总认为自己还没有家，当地群众也感觉不方便，

互相有意见，也影响团结。

从以上情况和问题来看，说明 1959 年巩固好现有移民还是一个非常艰巨、复杂的工作。只有巩固好现有移民，今后大量的安置移民才有保证。否则将受到严重的影响。为此：（1）要求自治区和各地厂（矿）联系，不要任意招收工人，并将已接收的移民工人全部动员回来；（2）和陕联系请将两地划分经济关系的票据迅速汇来，关于两地扯的移民直系关系要求陕西全部迁来，以免拉后腿；（3）和河南联系，请将移民原籍的工分收入早日清理，特别是请河南省上蔡县在教育群众来信时鼓励移民安心建家、生产，防止有些人来信有意或无意地往回叫；（4）和迁出区联系，请将返籍移民一定全部动员回来。除此而外，必须针对以上几种原因，采取以下积极有效的措施，巩固好现有移民工作。

第一，抓紧对移民的生产领导，充分发挥移民的生产积极性。移民垦荒的目的就是要扩大耕地面积，增加农业生产，支援工业建设，使移民和当地群众都能增加收入。并不是把移民搬来，将两个人的饭分给三个人吃，如果增加了移民不能增加生产收入，形成两个人的饭三个人吃，不仅当地群众不满，而且移民亦无法巩固。本县安置的移民绝大多数是热爱劳动、热爱生产，并且是准备来陶乐安家立业的，问题的关键是如何领导和组织他们搞好生产。安置在马太沟的陕西移民，1958 年 51 名移民种地 476 亩，收入粮食 64119 斤，不但达到了自给自足，而且每人平均有余粮 977 斤，共有余粮49827 斤，移民普遍安心，生产情绪很高，这充分说明了领导和组织移民搞好生产的重要性。为此，1959 年必须坚决贯彻少种、高产、多收的基本农田制度，执行农业"八字宪法"，各公社必须切实领导和组织移民与当地人民搞好生产，充分发挥移民的生产积极性，依靠公社，教育所有干部和社干，对

移民的生产做统一的妥善安排。采取一切有效措施，本着"边生产、边教育、边建家""生产、教育、建家"三不慢的精神，实现1959年每人平均收入粮食2400斤的任务，使移民和当地群众都增加生产、增加收入，并在不妨碍工、农业生产任务完成的原则下，由公社统一安排，调配劳力，进行可能的副业生产，只有生产收入增加了，才能从经济利益上把移民从根本上巩固下来。

第二，认真关心解决移民的生活困难问题。移民安心不安心，在很大程度上取决于他们的生活有没有保障。他们远道搬来，最初一两年内，有些人在生活上的困难比较多，特别是河南移民，家底原来就很薄，迁来后的困难也多。因此，我们对移民生活上的困难问题，应该十分关心，对于他们的住房问题、生活用具问题、疾病医疗问题、婚姻丧葬问题、文化娱乐问题，以及他们日常的点灯油等都应注意帮助解决。对暂时不能解决或者是过高的要求，我们也要耐心说服教育，指出克服困难的办法，防止生硬的对待。

第三，要切实做好团结工作。一方面对当地群众应加强教育使他们热爱移民，主动地团结移民，发扬友爱的精神，自觉自愿地帮助移民生产建家，解决困难，深刻体贴移民从遥远千里来到陶乐，人地两生各方面的不习惯的心情，要更多地和移民认亲交友、建立感情、疾病相扶、患难相顾，反对相互排斥、打击，处理任何问题要一视同仁，平等对待。另一方面也要教育移民正确地认识、真正地团结，必须建立在互助互利的基础上，建立在共同建设社会主义的基础上。应该相互帮助，相互学习，相互尊重风俗习惯，相互交流生产经验。

第四，要贯彻群众路线的工作方法，依靠群众解决问题。对移民中的党、团员、随迁干部、积极分子，我们要善于教育培养和使用。培养教育移民

中的随迁干部、积极分子争取入党、入团，在工作中作出更大的贡献。通过移民代表会、小型座谈会等形式，反映我们工作中存在的问题，对移民中的合理化建议必须吸取，以便丰富我们的工作内容。经常利用各种形式表扬移民中的好人好事，并有意识地吸收移民中的党（团）员、干部、积极分子参加我们的一些会议和公社的各级领导机构，有事和他们商量，以便通过他们贯彻党的各项政策，领导好移民生产，巩固好移民。

第五，要进一步地对移民加强政治思想教育工作。要教育移民正确认识移民垦荒和支援社会主义建设的重大政治意义，解除移民的各种顾虑，提高觉悟和信心，积极地参加生产。对移民中有些不安心农业生产的人，应该给他们指出农业生产的远大前途，参加农业生产同样是为建设社会主义贡献力量，同样是光荣的，轻视农业生产完全是错误的。因为我们接收的移民，就是搞农业生产，开垦荒地，移民迁来的任务，就是参加农业建设，教育移民安心农业生产，不要东奔西跑，以免个人和国家受到损失。

第六，现有移民的建房任务还差3664间，各公社要妥善地组织好劳动力，做好建房各种备料，如青砖、石灰、木材等，必须在上半年全部建成，并争取安置新的移民任务，新建一部分房子。

第七，在党的坚强领导下。移民工作原则性强，事务性大，具体问题多，牵扯面积广，我们要做好这项工作，必须在党的坚强领导下，坚决贯彻自治区工委"全党全民做好移民工作"的指示。

陶乐县人民委员会

1959年3月12日

（宁夏石嘴山市档案馆：M65-1-34-1，共7页）

21.《陶乐县人民委员会关于陕西来宁人员目前思想情况的报告》（节选）

宁夏回族自治区民政厅：

本县历年来，共安置陕西来宁人员 2033 户 9131 人。在各级党政的正确领导下，在安置、巩固、生产等工作方面，获得了显著成绩，今年夏粮取得了丰收，有 6 个生产队除留足籽种、口粮、饲料外，交售公购粮 60000 余斤。并且秋粮丰收大有所望，秋收后全部陕西来宁人员除个别受灾队外大部分队生产自足不但没有问题，而且估计将有一部分生产队，共可交售公购粮数十万斤，支援国家建设。但据统计从 1959 年 1 月份起，截至 6 月底，陕西来宁人员外流者共 1210 人，占总人数的 13.25%（其中少部分返回原籍，大部分流入各地厂、矿）。为了制止人口外流，虽然经过了不断的教育巩固和外出动员回乡，采取渡口劝阻，各地厂（矿）停止招收工人等措施，而有所好转。可是 7 月份以后，陆续返籍现象又重新出现。这是一个比较严重的问题，如不采取有效措施，给以制止，会使外流问题更加严重。为此我们指派干部，对陕西来宁人员的思想情况进行了全面了解。现报告如下。

陕西来宁人员共 35 个生产队，现有 1924 户 7846 人。经过 32 个队的调查了解，在 1812 户 7414 人中：有 262 人坚决要求返籍，占现有人口的 3.5%；思想动摇不定，抱着观望态度的有 2071 人，占现有人口的 27.9%；思想稳定，安心建家落户的有 5081 人，占现有人口的 68.6%。坚决返籍和思想动摇不定，抱着观望态度的部分人，为什么要如此？经调查了解和根据以往掌握的情况，有以下几种原因和表现。

第一，坚决要返籍的 262 人中，绝大部分属于半迁户（其中有队干，也有群众），调查的 32 个生产队中有半迁户 555 人。这部分人不是父母在原籍，

就是子女未迁来，本来就有心挂两头的思想。现在陕西又宣布，决定留下的半迁户不再迁来。因而千方百计设法返陕，有的借病省亲，一去再不返回，有的现在虽然未走，但劳动不积极，时刻准备返陕。有些人开始出卖木器家具、农具、棉花、被套等物，有些将旧箱柜、桌凳破拆烧火，有些将衣服送往银川寄到陕西，有些将妻、子女或者父母送回原籍，思想动摇不定，抱着观望态度的 2071 人中，绝大部分属于富裕户。据月牙湖 1 个大队的了解，223 户 1086 个人中有 44 户 216 人是这种情况，占总人数的 20%，他们抱着看大势，随大流的观望思想。其中有些人通过教育可以巩固下来，但是也有些人，看到别人返陕，或请假探病省亲长期未归，或遇到困难和自然灾害的侵袭，就劳动消极，准备返陕。如月牙湖大队，7 月份遭受水灾后，就有 11 户将父母或妻、子 26 人送回陕西。上述两类人的另一种共同思想，等待陕西寄来的划分经济款，分红以后或到黄河结冰通行，不易劝阻时再回陕西。

第二，自然灾害的侵袭影响了来宁人员的思想情绪。除月牙湖遭受冰雹灾害，引起思想一度混乱外，马太沟公社安置在农场的 20 个生产队 1248 户 5065 人中，有 1 个队 124 人夏粮基本够吃。有 19 个队 4939 人，粮食仅能吃 2 个月。还有几个队秋收后，粮食也不足用，更谈不上分红。其原因主要是：春季黄河水量下降，灌不上水，夏粮受旱减产，秋田因缺水也未出好苗，加上抽水机灌溉水费很高（去年每亩 6 元，今后至少 4 元）。陕西来宁人员，碰到这种情况，再加上部分地区（如月牙湖）盐碱化很严重，并且铁、石膏等矿划给内蒙古，他们认为陶乐的发展前途不大，丧失信心，有些人生产消极，准备返籍，错误地认为到哪里都比这里强，青年人的这种思想，表现得比较突出。如：西阳三生产队 77 户 309 人，今年只种 180 亩小麦，收入 19518 斤，除籽种 8640 斤，下剩 10878 斤每人平均

分粮食只有 35 斤。秋田种糜子 120 亩（能折 90 亩全苗）、谷子 28 亩、玉米 24 亩，估计秋粮共可收入 16200 斤，除籽种 2000 斤，下剩 14200 斤，每人平均 46 斤。该生产队今年 1 月至 6 月底就外流 72 人，最近有返籍 4 人，还有 24 人思想波动很大，45 人抱着观望态度。

高仁镇、马太沟两个公社，有朝邑来宁人员 8 个生产队 1378 人，华阴一个队 126 人，今年夏粮丰收，除扣留籽种，留足口粮以外，并交售公购粮 6 万多斤。特别是秋粮生长苗壮，丰收定局，秋收后将有更多的余粮。这些队的来宁人员不但思想稳定，干劲很足，兴平、里仁等生产队今年没有一人返籍和外流的，这也具体说明搞好生产是巩固来宁人员的最关键问题。

第三，副食品少，来宁人员今年种植蔬菜抓得不紧，夏粮分配每人平均 30 斤他们感觉欠缺。月牙湖大队有 3 个生产队夏粮全部遭灾，现在仍按每人每月平均 27 斤供应，要求增加。有些人跑回陕西往来带粮，到银川排队吃饭。北五堡生产队一队员，返陕后一次就寄来面粉 3 包（每包 1 公斤），在群众中都造成了不好影响。

第四，陕西来宁人员的住房截至现在还有 2935 间没有建成。还有部分人员两三户住一座房子（3 间），有些人还继续住在临时搭建的工棚内，因而有意见，影响情绪和生产。建房任务没有完成的主要原因是缺乏木料，据统计共缺建房木料 2575 间，计大梁 858 根，椽子 51500 根，行条 7725 根，门窗木 309 立方（每间 0.12 立方）。为了完成建房任务，我们已经将社员由陕西带来的旧门窗代替新的使用，但这还不能解决根本问题。

第五，政治思想教育工作抓得不紧，这是陕西来宁人员思想不能巩固的主要原因。今年 1 月以来，来宁人员外流和返籍未能彻底阻止，流出去的人大部分又没有动员回来，返陕者也长期不归，加上陕

西的内迁工作开始，有些生产队遭受自然灾害等原因。在这些新的问题面前，有些干部思想产生厌倦情绪，工作束手束脚，有些队干也随着群众思想波动，少数人竟也将家属送回陕西。由于他们产生了这种思想，不但领导生产不积极，跑了人也不报告，更谈不到教育群众。

从以上问题的严重性来看，必须迅速采取有效措施，予以纠正。我们曾派干部首先到月牙湖，在公社党委和月牙湖支部的领导下，进行了全面整顿。通过先党内、后党外，先干部、后群众，全面发动，层层推进，打通思想，辨明了思想波动、返籍、不搞生产，对国家、集体、个人的危害性和安心生产对国家、集体、个人的好处，教育干部、群众从长远利益着想，并重新打消了返籍不来行不行。结合陕西动员返迁人员重回安置区以利内迁工作的通知精神和已经回来的人等事实进行了教育，从而一定程度上制止了返籍现象。如有 27 人（其中干部 11 人）给陕西打电报叫返籍家属速回安置区，凡是有返陕家属的本人，都做了保证，又写了动员亲属回来的信。各生产队还将返籍人员造了花名册，详注人口住址，要求陕西动员回来，这样做了以后，收效很大，通过教育推动生产，力争秋田大丰收，并为 1960 年生产打好基础，从而巩固好移民。除此之外，请自治区研究解决以下几个问题。

（1）半迁户（陕西留半户、这里迁半户）：这些户陕西剩下的半户最好也迁来，彻底解决两头扯和两头心不安的问题。

（2）返陕未归的人员，对现有来宁人员的巩固影响很大，请联系将所有返陕者尽快地动员回来，以利巩固。

（3）我县来宁人员建房所缺的各种木料能设法尽量调拨，以便早日完成建房任务，妥善地解决他们的住房问题。

（4）来宁人员的吃粮问题，除我们继续教育他

们和领导他们搞好生产，扩大和种植好蔬菜，增加副食品，弥补粮食欠缺的问题外，月牙湖因夏粮全部受灾，国家现在仍按每人每月平均27斤（主粮）供应，他们要求按照夏收后其他生产队每人每月平均30斤供应。请研究指示。

以上报告如有不妥之处，请指示为盼。

陶乐县人民委员会

1959年5月5日

（宁夏石嘴山市档案馆：M65-1-34-1，共5页）

22.《宁夏回族自治区党委批转民政厅党组关于陕西移民安置工作中存在的问题及处理意见的报告》（节选）

川区各市、县委：

区党委同意民政厅党组的报告，现发给你们，请参照执行。各有关地区的党委，都应认真加强对陕西移民的工作，向他们进行深入细致的思想教育，切实解决他们生产和生活上的困难问题，力争把现有的陕西移民全部或大部在我们地区巩固下来。对于经过改进安置工作和说服解释后，仍然坚决要求返籍的，不能强阻，并且要妥善解决他们的经济问题。

宁夏回族自治区党委

1962年3月5日

附：

关于陕西移民安置工作中存在的问题及

处理意见的报告

自治区党委：

我区从1956年至1958年，共迁入陕西三门峡水库区移民29931人，分别安置在川区9个市、县。据1961年12月统计，这批移民中已有13060人先后自行返籍。最近贺兰县安置的4个移民点共3500人，又在干部带领下集体返陕。据了解，他们到陕后已建房500余间，积极准备今年生产，并要求我区把他们在宁的生产、生活资料转回陕西。安置在其他各县、市的移民也相继停止生产，出卖东西，并派部分劳动力回陕西建房、种地，积极做回陕准备。

陕西移民返籍的主要原因：

一、三门峡水库几年来蓄水量最高为333公尺，防洪线为335公尺。我区安置的陕西移民中属于跨335高程线的半淹没区移民有9900余人，他们原有的土地很大一部分未被淹没，这是促使移民返陕的一个重要原因。

二、我区原来安置陕西移民的计划是22万人。由于人数众多，需要土地量大，所以当初计划把他们均安置在大片荒地上，同时准备兴修大型水利工程，解决灌溉问题。但是以后任务缩减成3万人，大规模水利工程未能按计划实现，而我们对安置地点又未做相应改变，因此这些移民在生产方面存在着相当大的困难，加之几年来自然灾害，移民的收入远远低于在原籍时的水平。如陶乐安置的华阴县移民，在陕西每个劳动日值平均在3元以上，移我区后每个劳动日值一般只3~4角。

三、我区安置的2900余名陕西移民，是原计划22万移民中的先遣人员，大部分人、家分两地，不能安心。

四、我们对陕西移民的安置工作，缺乏调查研究，对他们生产、生活上存在的问题，没有及时帮助解决，思想教育工作做得也差。

由于上述问题，目前陕西移民动荡很大，自行返籍情况日趋严重。特别是半淹没区的，返陕态度更为坚决。针对上述情况，提出如下处理意见。

一、对于陕西的移民，不论属于淹没区或半淹没区的移民，首先要积极做好工作，切实帮助解决他们在生产和生活方面的困难，同时，向他们进行深入细致的思想教育工作，争取他们在我们地区巩固下来。为了解决他们生产和生活上的困难，提出以下办法。

1. 返籍的浙江青年和陕西移民留下的可以使用的土地、房屋、牲畜、农具，由县、市统一掌握，根据缺少情况，拨给留下的移民使用，条件很差的可以在适当的时间迁到空置下来的、条件较好的安置点。

2. 今年夏收前拟从安置经费中拿出 10 万元，对其中的生活困难户和超支户进行补助。

3. 免掉他们 1962 年的粮、油征购任务（根据以往的情况，他们每年大都是吃回销粮，没有交售出多少公购粮），以进一步增强他们在宁夏安居下来的信心，鼓励他们的生产积极性。

4. 陶乐县 2000 移民生产中灌溉问题，我们建议由自治区水电局，对陶乐县的提水设备、技术力量、燃料运输等问题，切实帮助加以解决。移民耕种的提水灌溉的地，可按自流灌溉标准收水费。同时在他们确实做好田间劳动的条件下，仍按原迁移时规定的产量差额补助办法，再补助 1 年（即每亩地达不到小麦 190 斤的折价补够 190 斤）。

二、经过改进安置工作和细致的说服教育工作以后，仍然坚决要求返籍的，不要强阻。但要向他们讲清，当前正值春耕大忙时期，应当搞好生产，现在回去，不仅丢荒了这里的土地，又赶不上那里的生产，两头耽误，对国家、对个人都不利，一定要走也要等到秋后再走才好。要教育他们遵守政府法令，维护生产秩序，有意见和困难，可以提出来商量解决，不能因此而丢掉生产。同时要教育当地群众，要像留亲人一样地欢迎他们留下，不能歧视，并且应当主动地和他们搞好团结，帮助他们解决生产和生活中的困难。

对于坚决要求返籍的，必须妥善解决他们的经济问题。

1. 国家或社队调拨给他们的牲畜、农具应当留下。不论集体和私人所盖的房屋都不要拆掉，由公社和房主协商，按照公平合理的价格付给价款。其余属于他们的生产资料和生活资料，愿带走的带走，不愿带走的合理付给价款。粮食可以到粮食部门兑换给粮票。

对所有返籍的人在原籍安置下来以后，应该转给粮食和户口的关系。是党、团员的，还应当把他们的党、团员关系转回去。

2. 一律不发路费和运费。同时建议自治区拿出一部分钱来，交由陕西民政部门对这些返籍移民的困难，统一进行救济。

3. 去年的收益分配要全面兑现。今年所做的劳动，由所在社队付给合理的劳动报酬。

对于已经返籍而未清理经济手续、转移户粮关系的，也可参照以上办法处理。

4. 移民所在社队，要组织必要的人力、畜力，把自由返籍移民丢下来的生产接管起来，不要使土地荒芜。移民留下来的房屋和其他财产要立即确定专人妥善保管，防止损坏。

以上意见妥否，请批示。

自治区民政厅党组

1962 年 3 月 2 日

（宁夏档案馆：0057-001-0322-0144，共 5 页）

23.《宁夏回族自治区党委批转民政厅金民同志关于同陕西协商有关返陕移民问题处理意见的报告》（节选）

川区各县、市委：

区党委同意金民同志关于同陕西协商有关返陕

移民问题处理意见的报告，现发给你们，请参照执行。

对于坚决要求返陕的移民，必须按这个报告中提出的意见妥善处理他们的经济问题，并负责把他们送回陕西。

宁夏回族自治区党委

1962 年 3 月 26 日

区党委：

关于陕西移民返陕问题，根据区党委指示我于 3 月 5 日赴陕进行协商。经与陕西省有关单位协商后，于 3 月 13 日请西北局白治民同志参加，又进行了座谈，并取得了如下一致看法和意见。

参加座谈的同志一致同意"首先应积极做好巩固工作，尽可能地把宁夏现有移民巩固下来，但对经过认真工作，仍坚决要求返陕的移民，不能强阻，回来后由陕西妥善安置"的原则。会议强调指出：必须本着对移民负责到底的精神，从全局出发，由双方把这些人安置好，切实解决他们生产、生活中的实际困难。对返陕移民，宁夏要送好，陕西要安好，尽量使移民在经济上不要再受损失。要教育返陕移民遵守政府法令，维护生产秩序，注意防止大吃大喝以及其他浪费等现象。

本着上述精神，经会议研究，一致同意对返陕移民的有关问题做如下处理。

1. 凡属移民集体和个人所有的口粮、籽种、饲料，由返陕移民带回。由国家供应口粮的生产队，由宁夏按口粮供应标准将指标拨给陕西（具体调拨手续由两省、区粮食部门协商解决）。移民在返陕途中如无口粮者，由宁夏从本人供应指标内给予解决。移民返陕后，与调拨口粮供应标准相差部分，由陕西负责供应。

2. 返陕移民的牲畜、农具等生产资料，凡属移民自有部分和国家投资购买部分，返陕时准其一律带回；凡属从当地社、队平调而调剂给陕西移民的牲畜、农具，因为牵扯到移民和当地群众的问题，如果调出社、队牲畜、农具多，经过做工作群众同意的可以带走，如果调出社、队牲畜、农具不足，经过工作群众仍不同意带走时，可以不带。

3. 返陕移民在宁夏不论集体和个人所有的房屋，均不得拆除，由宁夏合理作价付给价款。返陕后建房所需木料等物资，由陕西省另行研究解决。

4. 返陕移民所需路费、运费，由宁夏负责解决。

为了利于生产，有利于稳定移民的情绪，使移民在经济上和生活上尽量减少损失和困难，参加座谈的同志认为应当把座谈内容传达给有关干部和陕西移民，以便使坚决要求返陕移民做到有计划有秩序地返陕。

上述意见，如党委同意，请批转有关县、市参照执行。

金 民

1962 年 3 月 21 日

（宁夏档案馆：J057-001-0322-0136，共 8 页）

24.《宁夏回族自治区安置来宁建设人员委员会关于处理返陕移民有关问题意见的通知》（节选）

各县市安置委员会：

最近区安置办公室和有关县市配合陕西省工作组，分赴各安置县市，深入移民庄点进行了争取巩固和教育工作，了解了情况，并较广泛地听取了准备返陕移民的反映和要求，移民反映和要求的问题，有些是合理的，应当考虑予以适当解决。现根据区党委批转金民同志《关于同陕西协商有关返陕移民问题处理意见的报告》的精神，对返陕移民有关具体问题的处理，特做如下通知。

一、房屋的处理：可参照原造价和房屋现在的新旧程度，按质评价。由县市、公社、移民队和房主共同商议，提出都能同意的价格，评定后，价款不能交给移民，由县市填写三联单，一联交房主，一联存县市，一联报区安委会转陕西（三联单内容包括移民队、房主姓名、房屋间数、评议价格）。

对应建未建的建房费，县市应分点造册，注明应建未建的间数和价款以及应建未建房主的姓名，将款和登记表一并报区安委会转陕西。

对协商意见中："关于返陕移民在宁夏不论集体和个人所有房屋均不得拆除，由宁夏合理作价，作价款交陕西给移民建房"的规定精神，深入广泛地向移民宣传，防止发生拆毁房屋现象。并应向移民讲清，如果将房屋自行拆除，这里不发三联单，陕西就不负责建房。

二、运输问题

（1）移民携带的物资，凡属集体和个人的生产、生活资料，凡是能带的均可带回，但对笨重不便携带的碾磨等应教育移民就地处理；建房木材应连同房屋一并处理，一律不能携带。

（2）短途运输问题：移民集体和个人财产到火车站的短途运力，首先应由移民队自己组织运力解决，运费可酌情补助；如移民队运力不足，由县市予以帮助。

（3）各县市应将移民分期分批返陕人数及其物资加以统计，同附近车站联系安排好分批运送计划，并由移民队自己组织好物资搬运、堆放、起运的看管人员，防止发生损失、丢失。

（4）为了照顾移民在返陕途中的困难，每人平均补助1.5元。

（5）对个别年龄特大、体质很弱以及长期患病等确属不能乘坐普通客车的人员，可照顾购买硬席卧铺。对接近产期的孕妇，应说服产后再走，以免途中发生意外；如坚决要走，也可照顾给购买硬席卧铺。以上规定应由县市掌握审查批准。

（6）返陕移民车票和物资运费，均应按购票人数和携带物资吨数由火车起点站计算至火车终点站。对已经返陕移民的车费和物资运费一律不再补发。（物资未运走部分，还应发给运费）

三、坟墓：移民不能带走的，刚去世和埋葬时间较短的遗体，其坟墓应由公社责成接管移民土地的单位妥善保护。

四、返陕移民集体和个人已种的青苗，应通过双方协商，由接管单位将籽种按数付给现粮（粮食厅另有通知)，并参照所费工料付给合理价款。

五、移民所栽培的果园、林木以及水磨等，应通过协商由接管单位付给合理价款。

六、户口问题：经与公安厅研究，应根据零星返陕和集体返陕两种不同情况分别处理。零星返陕移民的户口，由安置县市清查注销，并造册通知陕西迁出县；对以前零星返陕或外流最近又回我区清理自己物资的移民，可以根据上述办法处理。集体返陕移民的户口，在移民离宁时，按户口管理规定转办迁移手续（可由移民队按分批返陕人数造册送县市公安部门审查盖章，转迁出县）。

有关返陕移民中的不脱产干部、民兵组织，应分点造册通知陕西迁出县。党团关系、学生转学等档案材料，均须由各有关部门办理好转交手续。

七、原有国家移民经费投资修建的提水灌溉设备（抽水机站、机房和抽水机等）一律不能拆除、损坏，也不折价处理。仍由水利部门负责统一管理，保证灌溉，以免影响生产。对提水灌溉地区现留移民所种的夏秋作物的灌溉问题，县市水利部门必须负责妥善予以安排，水费应按自治区党委1960年8月20日（60）马字第355号批复中宁县的规定办理（已抄送各县市委）。

八、返陕移民的耕畜、农具应按党委批转金民同志《关于同陕西协商有关返陕移民问题处理意见》的报告办理（羊只参照耕畜的办法处理）。有关粮食问题，粮食厅已有通知，如发现新的问题，可由县市与粮食厅直接联系。

债务问题，请与银行和有关部门联系处理。

在处理返陕移民的上列问题中，必须加强思想教育，加强组织领导和清理登记工作，要教育移民遵守政府法令，维护生产秩序，注意防止大吃大喝以及其他浪费现象。集体所有财产应集体带走，不准私分和隐瞒。凡带走的口粮、饲料、籽种以及耕畜、农具等都要按队分类造册登记清楚（一式三份，一份移民自带，一份存县市，一份寄交迁出县）。

此外，有关移民队走一部分、留一部分的财产处理问题，应由县市和公社负责，召集去留双方代表通过协商进行合理划分。

宁夏回族自治区安置来宁建设人员委员会

1962 年 4 月 28 日

（宁夏中卫市档案馆：37–115，共 4 页）

25. 《宁夏回族自治区安置来宁建设人员委员会关于陕西移民情况简报》（节选）

各县、市安委会：

最近，我们对陕西移民返陕情况又进行了一次调查了解。现将调查了解的情况简报如下。

各县、市在两省区的协议下达后，均做了贯彻，并组织了干部分驻庄点，帮助移民返陕安排和处理各项经济财产，移民返陕安排一般的是分 3 批走：当前走了一批，再就是麦收后和秋收后再走 2 批，要走的就基本上可以走完。目前贺兰、银川、中卫的陕西移民基本上全部走完，其他 6 个县、市走了

一部分，共 12566 人。对移民走后留下的房屋，同当地有牵连的耕畜、农具以及放弃的青苗等，根据"协议"精神都做了处理，对暂时未走的移民生产、生活亦做了安排。

目前还存在着几个问题。

一、少数目前未走的移民，不守秩序，不服从领导，不搞生产。青铜峡市宁华庄点 7 个小队，5 个小队不搞生产，只是"坐等收麦"，甚至有的聚赌、偷盗、乱搞男女关系，影响很坏。

二、私分集体财产。陶乐县新华公社，将集体的羊只，从大队分到小队，又分给个人，有的以 100 元一只的高价出卖，倒换自行车，有的小队乘机宰杀，大吃大喝，请客聚餐。永宁县仁存庄点，曾筹划着私分扶助穷队款 1000 余元和水稻种子 9000 斤，后被发觉制止了。

三、房屋处理，贺兰县移民不愿折价，要求按原造价付款。虽然说服教育，仍不参加评价，而当地队对参照原价评议感到价格太高，加之这些房屋大部分利用不上，不愿接受，双方相持不下。另外房屋评价后，还未做善后处理，当地群众和移民乘机浑水摸鱼，门窗、木料丢失很多，有的生产队还组织社员去偷。

四、陶乐县移民放弃青苗 4000 余亩，分布面广，该县无劳力接管，因此，麦田的灌水、除草都未进行，对生产影响很大。有两个庄点由于籽种、工本费未及时处理，已走的移民准备麦收时派人再回来割麦。

五、短途运费处理很不一致。中宁县按移民自运部分的 30% 补助。不少县、市无具体规定，社队帮助运输后，向移民要运费，曾发生争执。

六、少数移民庄点开始急于返陕，曾一度发生大吃大喝，吃了过头粮，之后安排麦后、秋后才走，因此目前生活发生困难。

希各县、市，根据两省区协议和自治区 4 月 23

日电话会议精神，对上述问题研究处理。

宁夏回族自治区安置来宁建设人员委员会

1962 年 6 月 2 日

（宁夏档案馆：J046-001-0167-0042，共 3 页）

26.《中宁县人民委员会民政科关于当前安置工作情况的汇报》（节选）

自治区安委会：

　　根据中宁县人民委员会民政科总结陕西移民问题。中宁县在 1956 年安置了由陕西大荔县迁来的移民 3112 人，在 3 月 23 日宁陕两省区协议下达前自动返陕未回的 183 人，3 月 24 日统计实有陕西移民 3137 人（包括来宁后出生的），在 5 月中旬已资助集体返陕 2499 人，现尚有 638 人，其中准备返陕的 621 人，决定长期不走的 17 人。

1962 年 7 月 19 日

（宁夏中宁县档案馆：27-56，共 5 页）

四、浙江支宁青年档案摘录

1.《中央关于动员青年前往边疆和少数民族地区参加社会主义建设的决定（草稿）》（节选）

　　1958 年 8 月 17 日，中共中央办公厅印发《中央关于动员青年前往边疆和少数民族地区参加社会主义建设的决定（草稿）》的文件指出：劳动力不足是加速边疆和少数民族地区的社会主义建设的重大困难，有些党委已多次要求中央从其他地区调劳动力支援。

　　为了支援边疆和少数民族地区的社会主义建设事业能够逐步地同内地一样获得迅速发展，齐头并进，中央决定自 1958 年到 1962 年 5 年内，从内地动员 570 万青年到这些地区去参加社会主义的开发和建设工作。这 570 万人的分配如下：从河北动员去内蒙古 50 万人；从河南动员去青海 65 万人，去甘南 15 万人；从湖南、湖北、安徽、江苏动员去新疆 200 万人（其中湖南 60 万人，湖北 40 万人，安徽 40 万人，江苏 60 万人）；从浙江动员去宁夏 30 万人；从四川东部动员去川西 100 万人（第一步先动员去阿坝、甘孜地区 60 万人，第二步待条件成熟时再动员去昌都、波密地区 40 万人）；从山东动员去东北三省 80 万人；广东动员 30 万人去海南。

　　动员的对象，主要的应该是本人自愿、政治可靠、身体强健、家务拖累不大的青年，也应该动员一部分有较多生产经验的壮年；男女人数应该大体相等。应该配备一套包括各行各业人员的班子，除了大部分是农民外，还须有一定数量的工人（包括手工业工人）及商业、教育、卫生和各种服务业的人员。边疆和少数民族地区在生产建设中所要外省支援的劳动力，都从这些人中解决。同时，还必须配备一定数量的干部和党、团员，其中一部分从地方组织中挑选，一部分由军委调配部队军官及班级人员。

　　动员、接收、安置的步骤和各种具体工作，概由有关的省、自治区党委双方直接协商安排。有关的省、自治区都应该制订出详细规划，确定具体措施，组织各方力量（特别是青年团应该多做工作），积极部署进行，务求如期完成任务。

　　动员和安置的经费，由中央和地方共同负责解决，各省、自治区应该本着力求节约的精神，编造专门的预算，经财政部审核后执行。

1958 年 7 月 30 日

（《农垦工作文件资料选编》：共 2 页）

2.《宁夏回族自治区民政厅副厅长马杰关于与浙江联系支援我区 30 万人的安排和向上海要人要厂的汇报》（节选）

工委：

根据工委关于与浙江联系支援我区 30 万人的安排和向上海要人要工厂的指示，于 11 月 20 日出发，先后在上海、浙江两地进行了历时半个月的工作，现将进行情况汇报于下。

一、上海情况

上海市现连郊区人口约 1000 万人，城市有 700 万人，市委已决定在三五年内将人口压缩至 200 万~300 万，但由于现有 18 个省区在上海要人，而有些单位不择手段拉人，这样做上海市民思想波动很大，影响生产，因而市委决定一律停下来，待后统一调配，原则上主要是支援华东地区，其次西南，最后给西北。根据这一决定，召集了我区各县驻上海人员开了座谈会，传达了上海市委决定，并提出今后由办事处统一联系。嗣后与上海市委秘书长熊文杰，宣传部部长陈林胡，劳动工资委员会主任钟明、副主任王克及民委会等进行联系，具体介绍了我区劳动力缺乏、技术条件差等情况，并将要厂、要人计划，提交各有关部门挂了号，市委已表示明年可支援一部分，具体未定。现已决定给的有：浦光中学寒假期间迁来，综合药厂一处以及经报名决定给的 207 名社会青年。目前急需加强办事处领导，以便更好地联系。

二、浙江情况

1. 11 月 30 日持工委介绍信及刘书记亲笔信到浙江后，即与省委取得联系，由于当时正召开农业会议，省委于 12 月 2 日派秘书长吕志先、民政厅厅长程鹏等初步交换了意见，介绍了我区工农业发展，自然条件及缺乏劳动力等情况后，提出了明年移民 10 万人的意见。12 月 5 日省委李丰平书记召开会

议，在会上表示，坚决完成中央分配的移民任务。从战略意义上和经济意义上讲，在第二个五年计划移民 30 万，今后还可更多地移。但根据浙江民情、风俗、群众生产生活以及方言等情况，提出先少后多，以便取得经验。所以省委意见，1959 年移民 5 万，1960 年移民 15 万，1961 年移民 10 万，并在移来前，先由积极分子和党、团员及准备随迁干部组织一支 200 人左右的参观团（今后将不断组织参观团和慰问团前来宁夏），通过参观回去进行动员宣传。关于移民的条件及若干具体问题上，浙江省委提出以下意见。

（1）移民以青年为主，男女各半，政治上没有什么问题，且身体强壮。

（2）移民以平原地区为主。

（3）按中央指示移民是全套班子，配备一定数量的随迁干部、工人、学生、教员、医务人员等。

（4）棉衣由浙江制发，以免群众有意见。

（5）家具床铺及小型农具等尽量带上。

此外，省委已决定组成浙江青年支援宁夏社会主义建设委员会，由李丰平书记任主任，民政厅厅长及青年团书记任办公室主任。会后责成民政厅、青年团、妇联、劳动局等单位和宁夏就迁安两地具体问题及组织工作等问题进行研究。

2. 关于几个具体问题的协议

（1）1959 年移民 5 万人，分两批，第一批 15000 人（大部分是积极分子和党、团员）于 3 月开始，第二批 35000 人于 6 月开始，其条件：男女青年各半，身体强壮，无残疾，政治历史清楚，并配备一定数量的党、团员和积极分子、随迁干部以及工人、学生、教员、医务人员等。随迁家属不作移民数。

（2）移民途中食宿由中央负责，医疗由浙江出医务人员护送，死亡埋葬由安置区负责（但亡者家属如愿迁回原籍安葬，则由迁出区负责）。

（3）移民个人物资，尽量动员携带（主要是家具、床铺），由迁出区负责运送，并做登记，到达安置区后，如发现损遗，由迁出区负责赔偿。

（4）移民迁出时，必须办妥户口、粮食、组织关系等手续，学生须办转学证书，随迁干部、工人带个人档案及工资关系，同时造具名册两份，交由安置区接收；凡全家迁出者，本人公益金、公积金、投资、工分等应结算清楚，由随迁干部负责带至安置区公社，办理移交。

（5）安置原则基本上是平原安置平原，山区安置山区，随迁干部保留原职原薪。

（6）迁安两地各组成支援和安置委员会，并刊制印信，以便联系行文。

（7）迁移时，安置县应派人去迁出县办理交接手续。

（8）以上各项费用由安置区编造预算报中央，迁出区费用由安置区拨给。

3. 关于安置上的几点意见

按宁夏工农业发展情况及浙江移民情况，根据统一调配，就地解决的劳动力调配方针，在安置上总的精神是以安置在农村为主，原则上城市安城市，农村安农村，平原安平原，山区安山区。明年5万人中大体上有15000人安置在工业上，35000人安置在农村，其具体组织安置工作如下。

（1）分配数：银川市5000人；贺兰县2000人；永宁县2000人；石嘴山8000人；吴忠市8000人；金积县1500人；灵武县1500人；中卫县7000人；中宁县7000人；青铜峡1000人；铁路4000人；农垦局3000人。

（2）根据双方协议，我们预算项目与原中央规定项目不同，需增加棉衣、帽、鞋及家具运输、行政管理费等预算；在移民建房造价上按原河南移民每间198元造价偏低，建房简陋，确不适用，因而需增加造价为285元。

（3）为了便于与浙江支援委员会对口，我区须组成接待安置委员会，名曰：宁夏回族自治区接待安置支援宁夏人员委员会。不设委员，由书记或主席挂帅，下设办公室，由民政厅厅长、青年团书记担任正副主任，办公室下设接待安置、交通运输2个小组，由民政、青年团、妇联、计委、经委、交通、财政、农业、宣传、人事、公安等单位抽人，办理具体事宜，从中抽调民政、青年团、妇联、人事等部门组成1个小组赴浙江办理交接手续。各县、市亦应按此形式组成委员会，由书记或县长挂帅，具体可由原移民办公室（可改成接待安置办公室），办理日常事务。

（4）为了进行深入的宣传，除报社应与浙江日报进行密切合作广泛宣传之外，文教部门应抽调放映队进行慰问，并赴浙江交换放映，以便巩固移民。

以上报告妥否，请指示。

宁夏回族自治区民政厅副厅长　马　杰

1958 年 12 月 15 日

（宁夏档案馆：J057-001-0009-0185，共5页）

3.《浙江省民政厅厅长程鹏关于动员 30 万青年参加宁夏社会主义建设的意见》（节选）

省委：

中共中央政治局北戴河扩大会决定，从浙江省动员 30 万青年去宁夏回族自治区参加社会主义的开发和建设工作，为了认真贯彻以上决定，浙江省民政厅遵照省委指示，与有关部门就若干具体问题进行研究，提出初步意见：

一、关于移民人数和地区分配和时间安排以及动员的对象

地区分配以人口为基础，根据浙江省"二五"工业布局和沿海国防的需要做必要的照顾。时间安

排，本着多快好省的精神，采取分散分批，先少后多、中间大、两头小的办法，争取在3年内完成。具体意见列表于后，各县的任务数和分期迁来计划，请各地委在省的总计划内研究确定，并希于1959年1月份将研究结果提交。动员的对象，应该优先选择本人自愿，政治可靠，家务拖累不大的青年，也应动员一部分有较多生产经验的壮年；男女人数应该大体相等。应该搭配一套包括各行各业人员的班子，除了一大部分是农民外，还需有一定数量的工人（包括手工业工人）及商业、教育、卫生和各种服务业的人员，同时还必须配备一定数量的干部和党、团员。

二、关于组织领导

本省动员30万青年去宁夏的目的在于使边疆和少数民族地区的社会主义建设事业能够逐步地同内地一样获得迅速发展，齐头并进，这不仅具有重大的经济意义，而且具有深远的政治意义和战略意义，承担这一任务是光荣而繁重的。经过全民整风和社会主义教育运动，广大群众，特别是青年群众的建设社会主义积极性大大增长，许多人来信要奔赴边疆参加社会主义的开发和建设工作。但是，由于外迁人数多、牵涉面广、路程远、劳力紧张、经验少，又兼浙江与宁夏在生活条件方面有很大的差别等情况，因此，从省到社，都应该设立一定的领导机构，并必须由书记挂帅，省设"浙江省动员青年参加宁夏社会主义建设委员会"，由李丰平书记任主任委员，吸收民政、财政、卫生、教育、交通、计委、劳动、团省委、妇联等单位的同志为委员；委员会下设办公室，由程鹏、李式绣两同志任主任；办公室下设组织迁移、宣传鼓动、财务等3个组，共需干部10人，民政厅抽调3人，财政厅、劳动局、团省委各抽调2人，妇联抽调1人，办公室设在民政厅。上述机构在12月份下旬即应建立。

各地、县、市委和公社党委应该照省的形式和任务需要，设立相应的机构，由一位书记专管或兼管。

三、关于1959年的任务安排

1. 1959年共迁送5万青年，分两批进行。第一批试点15000人：金华、嘉兴、温州、宁波等地区各3000人，建德、台州两地区和杭州市各1000人，在4月份迁送完毕。第二批35000人：金华、宁波两地区各7000人，台州地区6000人，嘉兴、温州两地各5000人，杭州市3000人，建德地区2000人，在7月份以前迁送完毕。

在1月份拟组织1个200人左右的参观团前去宁夏参观访问，在1月底2月初返省，参观团的成员不仅在返省后要承担宣传教育任务，而且其中的大部分应作为第一批外迁青年的骨干，因此必须注意质量和照顾多方面。参观的名额原则上按第一批迁送总人数的1%左右计算（包括省、地、县的领队人），具体人员由地、县指定。

2. 必须结合明春的共产主义教育运动，广泛深入大张旗鼓地开展宣传，形成以参加边疆社会主义建设为荣的热烈气氛，使每一名青年树立起"响应党的号召，服从国家统一调配的共产主义风格"，树立起"开发边疆、建设边疆、青年有责""建设边疆，是青年的幸福""向保尔·柯察金看齐"等责任感和荣誉感，务求做到思想发动充分，自觉愉快地参加这一光荣豪迈的事业。

对报名对象的政治条件和健康状况，要进行必要的审查，严防滥竽充数。为了加强对外迁青年的政治思想领导，更有效地在边疆进行社会主义开发工作和建设工作，在第一批外迁青年中要配备3%左右的党员，20%~25%的团员。

3. 迁送时，一律采取军事化的组织形式，并建立党、团支部以进行政治思想领导，沿途饮食，统一设供应站解决，在途中，除要密切注意政治思想工作和生活问题外，还应极端注意保健医疗工作和文娱活动。医务人员在随迁青年中挑选。

四、几个具体意见

1. 家眷暂不带走，待后统一组织迁送，其具体时间，得视安置地区的条件和运输情况而定；但夫妇双方都去宁夏，而无独立生活能力的子女可同行。

2. 轻便行李及铺盖随身携带，日常生活上必需的家具和小型生产工具宜多带，但不宜与人同行，可以地区为单位，统一编号注明，日后运送，其本人不能带走的家具自行处理。

3. 冬装，宜每人发给棉衣 1 套、棉大衣 1 件、棉帽 1 顶、棉鞋 1 双，以在浙江制发为好，以上每人约需棉布 4 丈左右、棉花 4 斤左右，全年共需 20 万丈棉布、20 万斤棉花（不包括可能随带的家属，具体发放办法待后另定）。

4. 关于经费问题，已与宁夏来省接洽的同志商妥，由他们统一编造预算，征求本省意见后，再报中央核准执行。

5. 为了便于取得联系，统一步调，拟请中共宁夏回族自治区工委派人常驻浙江，必要时并参加委员会，同时拟请各有关安置县派遣干部前来交接党（团）组织关系、政治情况、干部档案以及粮、油、棉布等供应为荷。

以上请批示。

浙江省民政厅厅长　程　鹏

1958 年 12 月 15 日

注：

我们对这个报告的意见是：

（1）动员一部分有生产经验的壮年。应该是：如有志愿报名的壮年亦可，但主要对象是以青年为主。

（2）男女大体相等。后面应加括弧"男的稍多"。

（3）除了一大部分是农民外，还需有一定的工

人（包括手工业工人）及商业、教育、卫生和各种服务业的人员，同时还需配备一定数量的干部和党、团员。应该是：除了大部分是农村青年外，杭州、宁波、温州三市还可以动员部分工人、学生及少数商业和服务性行业。同时，还需配备一定数量的干部和党、团员。

附表：

单位：人

地区	总人数	青年数	移民总数	1959年	1960年	1961年
总数	24 940 464	4 730 000	300 000	50 000	150 000	100 000
金华地区	4 289 020	810 000	55 000	10 000	23 000	22 000
嘉兴地区	3 595 582	680 000	45 000	8 000	20 000	17 000
温州地区	3 820 784	720 000	46 000	8 000	20 000	18 000
宁波地区	4 539 330	860 000	58 000	1 000	25 000	23 000
建德地区	1 658 383	320 000	20 000	3 000	17 000	
台州地区	3 201 366	610 000	38 000	7 000	21 000	10 000
杭州市	2 077 545	400 000	24 000	4 000	10 000	10 000
宁波市	592 923	110 000	7 000		7 000	
温州市	579 004	110 000	7 000		7 000	
舟山地区	586 527	110 000	无分配			

注：总人数是1958年上半年进行选举时所调查的材料，青年人数是按照总人数的19%推算的，各地区的总人数是按照省委有关调整各专区范围的最后决定统计的（包括已执行和未执行）。

1958 年 12 月 15 日

（宁夏档案馆：J057-001-0009-0185，共 5 页）

4.《宁夏回族自治区人民委员会关于 1959 年安置浙江支援建设人员经费预算报告及经费支出预算说明》（节选）

中央决定，第二个五年计划内，由浙江支援我区 30 万人，经与浙江省协商，确定今年安置 5 万人。现将这 5 万人的经费编制情况分述于下。

一、旅运费共 160878 元，每人平均 3.22 元。

1. 人员运费：从浙江乘火车到达自治区中卫、银川、石嘴山接待站后，再包乘汽车分送各安置点，按平均距离 40 公里计算（每公里 0.026 元），每 35 人包乘汽车 1 辆，需 1429 车次（每人每次汽车费 1.04 元），车次 36.40 元，则 5 万人共需车费 52016 元。

2. 物资运费：物资按每人携带 100 公斤计，5 万人则为 5000 吨，由于物资的体积大，分量轻，根据以往经验，3.5 吨的载重汽车能装运 2.5 吨物资，则 5000 吨物资共需 3.5 吨的载重汽车 2000 车次（每车 40 公里 35 元，包括火车站的装卸费）共需 70000 元。

3. 汽车空驶费：运送人员及物资的特点是汽车集中，回转时间短促，找回程物资比较困难。因此，空驶车辆一般均在 1/3 以上，这批人员和物资共需短途汽车 3429 车次，就有空驶车辆 1143 车，每车次平均以 34 元计算，共需空驶费 38862 元。

二、建房费：按每 3 人 1 间，每间造价 260 元计算，安置在农村人民公社的 47000 人（安置在工矿单位的 3000 人未列入，第三项同），共需建房 15667 间，共需建房费 4073420 元，每人平均 86.67 元。

三、生活补助费：共 3736500 元，每人平均 74.73 元。

1. 伙食补助费：这批人员于今年 3 月开始迁移，以最快速度 6 月份才能接收安置结束。因参加生产时间较短，需要补助 6 个月伙食费，每人每月按 10 元补助，则 47000 人共需 2820000 元。

2. 被服补助费：按安置农村总人数的 50% 补助，每人以 25 元计，共需 587500 元。

3. 生产生活用具补助费：包括锹、锄等生产工具，芦席、炉条及碗筷等生活用具和食堂，每人平均 7 元计，共需 329000 元。

四、设站费：安置地区各接待站的设备和食宿招待费，每人平均 1.5 元，则 5 万人共需 75000 元。

五、其他费包括医药补助、邮电费、死亡埋葬、来访接待和会议等费，每人平均 6 元，则 5 万人共需 300000 元。

以上五项共需 8345798 元，每人平均 166.92 元。

附表：

1959 年安置浙江来宁建设人员经费预算表

编制单位：宁夏回族自治区人民委员会　　　　　　单位：元

科目编号					科目名称	单位	标准	全面预算数		备注
款	项	目	节	子节				数量	金额	
17					农垦支出		166.92		8 345 798.00	
	4				移民垦荒费				8 345 798.00	
		12			业务费				8 345 798.00	
			1		旅运费	人	3.22	50 000	160 878.00	
				1	人员运费		1.04	50 000	52 016.00	
				2	物资运费	吨	0.026	50 000	10 000.00	
				3	汽车空驶费				30 862.00	
			2		建房费	间	260.00	15 667	4 073 420.00	
			3		生活补助费	人	79.50	47 000	3 736 500.00	
				1	伙食补助费	人	10.00	47 000	2 820 000.00	
				2	被服补助费	人	25.00	47 000	587 500.00	
				3	生活生产用	人	7.00	47 000	329 000.00	
			4		设站费	人	1.50	50 000	75 000.00	
			5		其他费	人	6.00	50 000	300 000.00	

机关首长：　　　财务主管：　　　会计：

制表：　　　　　填报日期：1959 年 1 月 17 日

宁夏回族自治区人民委员会

1959 年 1 月 17 日

（宁夏档案馆：J073-002-0062-0107，共 6 页）

5.《宁夏回族自治区安置来宁建设人员委员会关于 1959 年安置浙江省来宁建设人员计划》(节选)

根据中央决定,经与浙江协商确定:在第二个五年计划内,由浙江支援我区 30 万青壮年,1959 年迁送 5 万人。遵照工委指示及自治区人委第七次行政会议决定,按我区工农业发展的需要和劳动力统一调配就地使用的原则,以及浙江民情,原则是安置在自然条件较好的川区,以农业生产为主;地多人少的多分配,地少人多的少分配;在安置方法上是大分散小集中,即自成 1 个生产单位(即在 1 个生产队中,单独组织生产小队)和生活单位。必须安排其随迁干部参加公社生产、管理和领导工作,今年 5 万人的分配如下。

安置地区	安置任务/人			建房任务/间
	总计	第一批	第二批	
银川市	4 000	1 600	2 400	1 334
贺兰县	4 000	1 600	2 400	1 334
永宁县	2 000	800	1 200	667
宁朔县	5 000	2 000	3 000	1 666
中卫县	6 500	2 300	4 200	2 170
中宁县	5 000	2 000	3 000	1 666
石嘴山	7 000	2 800	4 200	2 333
平罗县	4 000	1 600	2 400	1 334
吴忠市	4 000	1 600	2 400	1 334
金积县	2 000	800	1 200	667
灵武县	3 000	1 200	1 800	1 000
陶乐县	500		500	163
青铜峡	1 000	400	600	
农垦局	2 000	800	1 200	

鉴于上述情况,安置、接待任务大,时间短,为此,自治区各县、市应速进行下列工作。

一、为了做好浙江来宁人员的安置工作,自治区已于本月初成立"宁夏回族自治区安置来宁建设人员委员会",由自治区工委书记、人委副主席马玉槐任主任,自治区人委副主席王金璋、民政厅厅长刘振寰任副主任,由民政厅、农业、交通、财政、公安、卫生、粮食、文教厅、人事局、共青团、妇联、木材公司等单位负责人为委员。

委员会下设办公室,由民政厅副厅长马杰同志任办公室主任,自治区共青团副书记哈炯磊、民政厅副厅长雷启霖分任办公室副主任。办公室下设接待安置、交通运输、检查 3 个小组,负责办理具体工作(委员会办公机构设于民政厅)。各县、市亦应按此形式组成××县(市)安置来宁建设人员委员会和办公室,由书记或县、市长挂帅。所需经费由移民事业费项目开支,要求 1 月 25 日前将组织情况和名单报自治区安置来宁建设人员委员会。为做好组织动员工作,我们意见抽各县、市及民政、共青团、妇联、人事、组织等部门人员组成干部工作组,于 1 月底或 2 月初随浙江参观团前赴浙江帮助动员,并办理交接手续。

二、宣传动员工作。由于浙江群众的生产、生活条件及当地气候与我区差异很大,群众对西北情况不熟悉,因而宣传工作非常重要,也是做好安置和巩固工作的关键。为此,首先应将自治区各县、市的工、农业发展远景及现时的情况主动向浙江介绍;同时在我区也应通过报告会、广播、报纸、电影、黑板报等形式将浙江的自然条件、群众生活习惯、语言等材料广泛地向干部、群众宣传,要求做到家喻户晓,人人尽知。目前各县、市应结合全区整社、整党、整团工作将以往在安置、巩固来宁人员工作中所发生的问题,报请党委,作为整社、整党、整团的内容之一。通过教育提高认识,总结经验,克服缺点,达到互相尊重、互相团结,完成生产任务。

三、抓紧生产上的准备工作。各县、市应迅速将安置任务分配到人民公社,全部采取小型集中的方法安置，即以连（100 人左右）或排（40 人左右）集中居住，单独建立食堂，在 1 个生产队中附设一个连或排，包给一定数量的好地，准备好肥料、籽种及小型农具（大型农具由公社或大队统一调剂使用），让他们单独生产。诚恳、热情地向他们介绍当地气候、土壤、耕作方法，以及其他有关农业上的问题，交流生产经验。提高生产是今后巩固工作的关键，因而必须教育干部和群众对这项工作有足够的认识，用极大的努力帮助他们搞好生产，尽快使他们在生产上取得成绩。

四、建房工作。按每三人一间计算，需建房 16670 间，所需木材每间房 0.954 立方，共需 15900 立方，在我区来说是个比较突出的问题，也是必须在 6 月份以前按时完成的一件主要工作。因此建房用料除建议有关部门列入国家计划统一调拨外，各县、市应抓紧建房备料工作，并要按期完成，保证建房质量。建房造价每间暂定 260 元（房子规格另有通知）；部分直接安置在工矿的人员，建房费用由单位负责。对今年 3 月份开始迁送的 2 万人，可暂由公房或群众用房解决，进行必要的整修，要求做到"有门、有窗、有炕、有炉、墙不透风、顶不漏雨、内外整齐"，整修费用和物料准予在房屋修建费内报销，劳动力可由社内解决。

灶具和其他生活用具必须购置齐全，住房内应备有席子、水缸和取暖用煤等，根据浙江来宁人员吃大米的习惯，做好粮食供应准备。

五、做好短途运输准备工作。各安置地区应对道路情况进行一次检查，事先做好运输计划，在可能通汽车的地区，一律直送安置点，对汽车不能到达的地点，需由社内组织好接运车辆。

六、浙江省将于 1 月 20 日前后派 100 名左右的参观团来我区参观，因此，有安置任务的县、市应迅速做好对参观团的欢迎接待准备工作。

1. 召开不同形式的会议，教育干部、群众对浙江参观团欢迎接待要诚恳热情；

2. 各县、市及人民公社准备系统的书面材料，向参观团介绍；

3. 做好食宿招待工作（参观团人员的伙食每人每天一元，其他费用按实际开支报销）；

4. 事先确定参观地点，并要条条对口，拟安置到哪里即参观哪里；

5. 教育招待人员必须做到诚恳、热情、亲切、周到。

宁夏回族自治区民政厅

1959 年 1 月 13 日

（宁夏平罗县档案馆：共 4 页）

6.《浙江省动员青年支援宁夏社会主义建设参观团》（节选）

1959 年 1 月 22 日下午，浙江青年参观团抵达银川，自治区党政领导同志亲赴车站欢迎。中共宁夏回族自治区工委书记处书记李景林，自治区人委主席刘格平，副主席吴生秀、王金璋、王志强等党政领导同志和银川市各族人民都到车站欢迎。

当载着参观团的列车在苍茫的暮色中进入车站时，受到群众的热情欢迎，几分钟后，参观团全体人员由自治区党政领导陪同乘车进城，到达交际处。参观团一行共 119 人，由浙江省的 4 个专区、1 个市和 51 个县的县、乡、社干部和各行各业人员组成，由浙江省民政厅副厅长牛玉印任团长。参观团在银川市停留两天，详细地了解自治区工农业生产情况和发展远景。之后，全团将分四路到自治区安置浙江青年的平罗、贺兰、宁朔、永宁、吴忠、金积、灵武、中宁、中卫等县（市）进行参观访问，了解当地的生产生活状况、地理环境和风俗习惯等，以便在迁来之后迅速投入自治区的建设事业。

为了使这批生力军到达新的家乡后，能较快地习惯这里的生活，更好地发挥他们的生产积极性，自治区各个安置区目前已着手为浙江青年规划土地、准备生产工具、种子、肥料等。

（宁夏日报 1959 年 1 月 22 日　淑瑛　鹏岐报道）

7.《贺兰县人民委员会关于浙江参观团在我县参观情况的简要报告》（节选）

宁夏回族自治区安置来宁建设人员委员会：

为了解决自治区和我县在社会主义建设事业中劳力不足的困难和加速社会主义建设事业，县党政领导对 1959 年的安置准备工作和浙江派代表赴我县的参观问题做了全面规划、统筹安排，现将组织领导、安置准备、参观接待、参观访问等活动情况报告于后。

一、组织领导和安置准备工作：我县党政领导，为了保证做好浙江青年来宁支援我区建设人员工作，曾在县委委员会上对这一工作做了专题研究和布置，并决定由整社工作组负责检查现有来宁人员的安置情况、存在问题和安置浙江青年准备工作，马文达副县长在党代会上就此问题作了发言，又于 1 月 13 日，在县行政会议上做了如下布置。

1. 批判和纠正以往在移民工作中的缺点和问题。

2. 积极做好浙江青年的接待安置工作，并速调拨给他们好地，准备好籽种、肥料和住房、食粮等。

同时根据上级电话指示精神，结合我县各公社人口分布、土地条件、经济收入、水利设备以及群众的政治思想觉悟等情况，和贯彻一切要从生产出发、为生产服务，要求各公社及安置点迅速抓紧备好一切生产上所必需的东西，发挥他们善于种水稻

的专长。

另外，照顾好生活也是搞好生产的关键，因而必须采取大分散、小集中的安置方针，按他们原来的连排组织，成立单独的生产和生活单位。关于随迁干部原则上不动，必须吸收其参加公社生产管理和领导工作。根据上述指示精神，全体与会同志对我县 1959 年安置浙江青年 4105 人的任务分配工作进行了研究和确定，并成立了贺兰县安置来宁建设人员委员会。同时，除文字通知外，在电话会议上又指示各公社成立了 5~7 人委员会，要求必须做好这一接待安置准备工作。

而且，为了强调做好这一工作，曾于 1 月 18 日到 23 日，由安置委员会抽调了 5 名干部，以 5 天的时间深入下去进行检查，并帮助各安置点为第一期 1645 人的任务借好了住房 333 间，规划了土地 5730 亩，准备好了肥料 109000 车。已送到田里的是 60400 车，和为第二期 2460 人借好了住房 356 间。又于 22 日，由县委和人委共同主持，召开了单位负责同志的会议，研究了有关欢迎接待问题，并成立了欢迎接待筹备委员会，专门负责欢迎接待工作。

二、欢迎接待参观团及参观团参观、访问活动情况

1 月 25 日，浙江青年参观团带着火热的心情来到了贺兰县，当亲人们到达之后，受到党政领导和广大职工群众的热烈欢迎，县党政领导为了使亲人们顺利地完成参观的使命和把贺兰县广大群众的热情带到江南，让浙江青年们早日来宁，共同建设新的宁夏川，由县委书记处李海东书记、唐旭武县长、马文达副县长及劳武部负责同志亲自陪同参观，在县境内 4 个人民公社和 4 个农场以 5 天的时间进行了参观、访问、座谈。每逢参观团到达的地方，都由党政领导和广大群众持鲜花、敲锣打鼓、放鞭炮、撒纸屑、扭秧歌夹道热烈欢迎参观团。各公社把参

观团迎接在党委会以后，由书记亲切、诚恳地给代表们介绍本地的工农业生产和将来的发展远景及群众的生活、语言、风俗等全面情况。而广大社员和职工在不同形式下亲切、热情地欢迎参观团，期待着浙江青年们早日来到贺兰。如公社的社员们在墙头上表达的心愿：

1. 浙江花开银川

十冬腊月天寒，浙花开在银川，青松浙花争艳，战胜严寒冬天。

2. 爱银川

腊月银川冬浓，山湖赛过青松，浙江青年光临，银川水秀山明。

3. 远方来的客人——浙江参观团

带来了浙江青年的心和愿，我们伴随歌舞欢迎贵客来。

三、几点体会

1. 在参观访问的过程中，交流双方的语言、风俗、生活的习惯和彼此的生产经验，使参观人员明确了安置区的详细情况，便于做好宣传动员工作。

2. 参观时采取边参观、边访问、边座谈的方法很好，这样可以使参观时所表现的问题得到及时地解决和妥善地安排下一段工作。

3. 通过参观座谈后，对原来布置的任务，根据两地的实际情况进行适当的调整是必要的。这样一则可以使其条条对口，二则可以照顾原地区的亲邻关系和将来便于领导、便于安置、便于巩固，有利生产。

4. 在参观访问结束以后，必须对安置准备工作再做一次研究和安排，同时必须批判个别同志认为代表走了，可以松一口气的错误思想和情绪。目前正在指示和派员去各安置点，协助关于进一步做好借房、土地规划和耕耘、送肥、生活用具设备和房屋筹划等工作，以确保我县安置来宁建设人员的工作顺利开展。

以上情况，仅是我县参观情况的简要报告，请备查。

贺兰县人民委员会

1959年2月6日

（宁夏银川市贺兰县档案馆：37-23，共5页）

8.《宁夏回族自治区运输指挥部关于安排浙江来宁建设青年短途运输的通知》（节选）

银北、吴忠协作区运输指挥部，中卫、中宁、金积、吴忠、灵武、宁朔、永宁、银川、贺兰、平罗、惠农县（市）人委，交通局运输公司，石嘴山、银川市运输分公司：

浙江省来我区参加社会主义建设青年6万人。第一批在4月份运送我区的为20537人，随带物资每人100公斤，计2054吨。第二批计划在6、7两月送来，这批来宁建设青年对改变宁夏面貌起着重要的作用，中央交通部一再强调交通运输部门必须做好迁送和短途接运工作。

根据中央"关于动员内地青年前往边疆地区的运输和建设工作的规定"，结合我区汽车运输力量不足的情况，应充分利用民间运输工具和组织短程步行。经和铁路银川办事处协商，按照人员安置地区初步确定，在中卫车站下车2655人，随带物资267吨安置在中卫县。在青铜峡车站下车6722人，随带物资672吨。其中，送往吴忠市的1700人，随带物资170吨；灵武农场800人，随带物资536吨；银川市的1650人，随带物资165吨；宁朔县的2056人，随带物资206吨；永宁县的834人，随带物资83吨；贺兰县430人，随带物资43吨；贺兰山军马场的390人，随带物资39吨。在西大滩和平罗两车站下车3150人，随带物资315吨。其中送往平罗县的2050人，随带物资205吨；前进农场的1100人，随带物资

110 吨。在燕子墩及石嘴山火车站下车 2650 人，随带物资 265 吨。以上共计为 20537 人，随带物资 2054 吨，关于西大滩、平罗、燕子墩、石嘴山 4 个车站每站具体下车人数由平、惠两县安置委员会确定。

以上人员绝大部分都安置在火车站沿线附近县（市），这就要求各级运输部门做好短途衔接运输准备工作，为此特作如下规定。

一、这次来宁青年短途接运应以民间运输工具为主。各县·（市）交通科应和县安置来宁建设人员委员会密切联系，结合本县运力情况进行平衡，如果平衡后本县运力不足或者火车站距安置点里程较远，应报请协作区运输指挥部（运委会）列入汽车计划，调派汽车运输。

二、随带物资除行李等生活用具外，其余物资如汽车不能附运，应由安置县（市）组织民间运输工具运输。

三、安置在各农场及青铜峡工程局的人员和随带物资运输均由各场（局）自行解决，运输部门不再列入计划。

四、在运输工具的组织使用上，除专业运输车辆外，还应根据人员到达情况大力组织机关企业车辆突击运输，必须保证每次列车到站后，尽速将人员送到安置地点。

五、汽车运输的人员原则上送到安置地点，因 4 月份正当翻浆季节，尤其安置地点多系人民公社，可能某些道路汽车不能直达，各县（市）安置委员会应事先选好集中点组织民间运输工具接运或短途步行，不要勉强行车。

六、在运输过程中，必须 100% 保证运输安全，各运输部门要挑选政治条件和技术较好的驾驶人员担任驾驶任务。

七、要做好各方面的协作工作，各县（市）的安置委员会必须在人员到达的 5 日前，将具体人数、时间、送往地点告诉运输部门，事先做好准备，确保完成任务。

八、请各单位根据以上规定，积极做好准备工作，具体时间待后通知。

今年的任务完成后，中央农垦部准备在第四季度召开一次会议，总结今年的迁安经验，并布置明年计划，希望各县（市）将上述任务的安排和运输情况随时报来，以便具体掌握和调剂运力。并请在第二批人员运输结束后作出专题总结报告报送交通局，以便汇总上报中央。

宁夏回族自治区运输指挥部

1959 年 4 月 3 日

（宁夏银川市贺兰县档案馆：37-3，共 4 页）

9. 《宁夏回族自治区安置来宁建设人员委员会关于 1959 年安置浙江来宁建设人员经费管理使用意见的通知》（节选）

各安置县、市安置委员会：

根据全国动员青年支援边疆和少数民族地区社会主义建设会议的精神和中央农垦部、财政部有关此项经费的规定，结合本区具体情况，特将 1959 年安置浙江来宁建设人员经费管理使用的意见通知你们，希研究执行。

宁夏回族自治区安置来宁建设人员委员会

1959 年 4 月 14 日

宁夏回族自治区安置来宁建设人员委员会
关于 1959 年安置浙江来宁建设人员经费
管理使用的意见

甲、经费开支的几项原则

一、各县、市安置来宁建设人员委员会，应在各级党政的统一领导下，实行政治挂帅，充分依靠群众，贯彻勤俭办事业的方针，认真做好经费的管理使用工作，建立必要的财务管理制度。杜绝一切浪费、积压、挪用现象，以发挥国家投资的最大经济效益。

二、自治区拨给各县、市的经费，采取"分项预算，定额包干"的管理办法，实行分期拨款，交县、市包干使用，可以结余不上交，结转为下年度安置经费。增减任务，同时增减经费。为了做到经费有计划地使用，应坚决执行没预算不拨款的规定，项与项之间的调剂，必须报自治区安置委员会批准。

三、安置在工矿企业、国营农牧场及林业人员所需经费，按中央农垦部、财政部、劳动部联合通知规定办理。

乙、安置项目经费、开支饭费和开支标准

一、短途运输（由火车终点到达安置点的人员、物资运费）

由自治区统一管理，拨交各设站县、市掌握使用，最后专案向自治区统一报销。开支范围，由接待站起运直达安置点的人员、物资，统一按里程、运量及工具种类，依照规定价格发给运费；汽车不能到的安置点，需由公社做短距离接运，路程在10华里以内的由公社负责解决。

二、临时设站及伙食供应费

1. 设站费，按每人1元的标准，交县、市包干使用；

2. 伙食，按一天两餐，每人每日6角标准开支，由站免费供应，食用后，由护送干部开给证明（包括迁出县、安置点、人数、吃饭时间、顿数等），凭证向自治区安置委员会报销；

3. 临时疾病医疗费，按每人平均1角开支。

三、建房费

住房按三人一间计算，公共用房按住房总数的7%修建。但应根据青壮年及其夫妇关系和家庭人口、辈数等情况，由县、市统筹安排，使适于他们居住。建房造价每间260元（包括临时借住房屋的修理费），拨县、市掌握使用。

四、生活补助费

1. 伙食费：青壮年每人每月按15元垫支（伙食9元，零用钱6元），家属按其年龄、体力、劳动等情况在每人每月不超过10元的范围内垫支。

垫支时间：暂定第一期人员至麦收（约3个月），第二期人员至秋收（约4个月）。关于生活垫支费的清理和停止或调整，均按其生产收入情况另行研究处理办法。

2. 生活用具和小型农具补助费：两项每人平均共7元，全部拨县掌握使用。

对用具和小型农具的购置，应通过调查研究，精打细算，既要保证需要，又不能突破预算指标。贺兰县提出，集中管理使用，按人数及实际需要提出各类用具和工具比例，下达各公社购置的办法推广，如铁锹50%，锄头20%，铲子80%，席子30%，等等。

五、其他经费

1. 宣传费：每人平均0.10元。由自治区掌握0.05元，拨给县、市0.05元。

2. 会议及来访人员接待费：按每人平均0.50元拨县、市掌握使用。

3. 医药费：每人平均共2元，一次拨款，作为初到时2个月内水土不服等临时疾病的医疗补助（以后医疗问题自理）。使用办法由县统一掌握或拨交公社和各安置点，可由县、市根据实际情况研究决定。

宁夏回族自治区安置来宁建设人员委员会

1959年4月17日

（宁夏平罗县档案馆：共3页）

10.《做好浙江青年安置工作》（节选）

浙江青年即将来到我区，接待安置是一项极其复杂的工作，为完成这一政治任务，安置县市有关单位，必须对广大基层干部及群众进行宣传教育，正确认识浙江青年对开发自治区的重大政治意义和经济意义。另外，对来宁青年也要将我区现安置单位的一些主要情况和他们所关心的问题做宣传介绍，为此我们草拟了这个宣传提纲（分为对我区群众和对浙江青年两部分）。把一些主要方面的提纲知识，用问答形式提出来，内容简单，也不光准备安置单位在提纲第二部分，还介绍 1959 年本地的生产、建设计划和前景规划，可作参考。还望各单位把你们的实际情况补充进来，以便宣传工作做得更实际更在完善。

宁夏回族自治区安置来宁建设人员委员会办公室

1959 年 4 月 23 日

（宁夏固原市原州区档案馆：共 7 页）

11.《接待浙江青年宣传提纲》（节选）

问：国家为什么从内地动员大量青年来宁夏地区，对宁夏地区建设有什么意义？

答：我区有广阔的大地，雄厚的资源，这对开展建设具有优越的条件。但是，严重的问题是，这里人口稀少（全区土地面积有 77800 平方公里，而人口约有 190 万，平均每平方公里有 33 人），正如中央所指出："劳动力不足是加速边疆各少数民族地区的社会主义建设的根本困难"，这就大大影响我区资源的充分开发利用与社会主义建设的迅速发展。因此，我区各族人民群众迫切要求内地支援劳动力；同时，内地青年也积极要求参加边疆各少数民族地区的社会主义开发与建设，中央决定从内地动员大批青年到边疆各少数民族地区参加社会主义建设事业。无疑极其深刻地反映了国民经济发展与社会主义建设的迫切需要。深刻地表达了边疆各少数民族与内地青年的迫切愿望，这样就有了在较短时间内，加强开发边疆地区的富饶资源，为社会主义建设事业服务，而且可以与各族人民一起，逐步建立起现代工业、农业和畜牧业，提高经济和文化水平，与内地齐头并进。在政治上，将会促进这些地区的社会主义改造，进一步增强民族团结，以达到共同前进。从浙江动员大批青年到我区来，浙江进一步加速我区社会主义建设步伐，这是党中央毛主席对宁夏地区各族人民的极大关怀，是兄弟市的又一次巨大支援，更多的外来人员到宁夏是一件大好事，是对我区在建设上人力、物力、技术的重大支援，使我们能够大踏步地向前跃进。同其他先进省区共同发展，是有着极为深远的政治意义和经济意义。

问：浙江地区地理环境如何？

答：浙江省在我国东南海岸，面积约 102500 平方公里，人口 2100 多万，47 个县 3 个市，省会杭州。地势：北部平原和江苏相连，平坦富饶，号称"鱼米之乡"，浙东山脉起伏，有天目山、仙霞岭等国内有名的风景区。交通线路以杭州为中心，铁路北通上海，西通南昌及株洲，南通扬州，公路四通八达，水利也很发达。

问：浙江地区与宁夏地区有什么不同？

答：浙江是我国沿海的一个富饶省份，气候温和、山川壮丽、大地肥美、林木海产都很富庶，那里群众聪慧，文化水平较高，工业开发早，群众的工资水平也是相当高的，同时那里的方言独特，因而这些方面和我区有着显著差异。

问：动员来的青年是些什么人，来干什么的？

答：来的人是本人自愿、身体壮健、政治可靠的男性青年。他们到达后，安置在农村人民公社，如其他方面需要劳力，再统一调剂。

问：对这些人采取什么安置方法，为什么要采取这种安置方法？

答：对浙江青年的安置采取大分散小集中，以连（大约100人或者更多一些）为宜，以便使其自成一个生产、生活单位，这样安置的好处是：1. 能提高浙江青年的生产劳动积极性和创造性；2. 便于本地社员和浙江青年互相交流生产经验，互相学习，也可互相竞争；3. 使其生产收入接近迁出地区；4. 便于适应浙江青年的生活习惯，因此这样安置既符合本地社员利益，也符合外来人员利益，必然也是符合集体长远利益的。

问：自治区人民对浙江青年应做些什么工作，怎么帮助他们？

答：我们对浙江来宁青年应热情地欢迎他们参加我区社会主义建设，同心协力把宁夏建设得更美丽。由于浙江地区和宁夏地区在地理环境、生产技术、生活方式以及风俗习惯等方面都有显著不同，也必然会给他们带来许多困难。因此，要求我区社员和职工，应帮助他们解决实际困难。生产上，我们有责任把宁夏地区的气候季节、耕作特长、农具使用等，详细地向他们介绍，并帮助他们搞好生产。在生活上，也要帮助他们了解这个地区的民族习惯、生活习惯、风俗习惯等，以便让他们很快地适应这里的环境。

问：怎么做好与浙江青年团结友好工作？

答：回族、汉族的生活习惯不同，各地之间的生活习惯也是有所不同，生活习惯应当相互尊重，谁也不应当叫别人服从自己。当然，当地社员群众的习惯，也要做到相互尊重，像家人一样团结，彼此的友谊才能加深，才能为共同的理想做出贡献。

问：公社交给浙江青年土地是否影响社员收入？

答：不会影响，相反会促进生产发展，划出部分土地后，可以集中劳动力深耕细作，少种多收，还可腾出一部分力量加强副业，积极办工业。

问：浙江青年到来以前，公社借给他们的大型农具、牲畜、种子、肥料等和社里面的劳动力（如整地、施肥、播种）等怎么解决？

答：可以等价交换（或给了相当报酬）的办法解决，这样解决是从有利于生产团结出发的。

问：浙江青年借用群众房子的怎么处理？

答：浙江青年的住房，正在积极筹建，但由于我区木材很缺，建齐还需要一个时间，他们现在住的房子是本地社员为帮助这些青年安家落户自愿借给的，这种精神很好。等到新房建起来，就把借的房子还给房主。

（宁夏固原市原州区档案馆：共7页）

12.《浙江省支援宁夏人员运输计划表》（节选）

列车	起运时间	迁出县市	始发站	迁送人数/人	终点站	下车人数/人	安置县市	备考
1	4月28日	兰溪	金华	2 382	青铜峡	2 382	吴忠金积	开化、缙云、义乌等4个县
2	4月29日	余姚	绍兴	2 172	中卫	2 172	中卫	余姚、慈溪、嵊县、奉化等4个县
3	4月30日	吴兴	嘉兴	2 292	银川	2 292	永宁宁朔贺兰	吴兴、临安、平湖、嘉兴、安吉5个县
4	5月1日	瑞安	金华	2 400	西大滩	2 400	平罗	

列车	起运时间	迁出县市	始发站	迁送人数/人	终点站	下车人数/人	安置县市	备考
5	5月2日	东阳建德	义乌	2 576	青铜峡	2 576	灵武	
6	5月3日	海宁桐乡	硖石	2 155	银川	2 155	宁朔	海宁、桐乡、德清等8个县
7	5月4日	绍兴诸暨上虞	绍兴	1 944	中宁石空	1 944	中宁石空	上虞
8	5月5日	杭州	杭州	1 980	银川	1 980	银川市	
9	5月6日	温州丽水	金华	2 460	石嘴山平罗	2 460	石嘴山平罗	
10	5月7日	象山天台	宁波	2 178	银川中卫	2 178	银川市中卫	
11	5月8日	乐清青田	金华	2 100	石嘴山	2 100	石嘴山平罗	

1958 年 4 月 27 日

（宁夏石嘴山市档案馆：H11-1-270，共 2 页）

13. 宁夏回族自治区民政厅马杰副厅长在 4 月 29 日宁夏区党委召开"关于做好浙江来宁青年安置工作"电话会议上的发言（节选）

为迎接浙江青年来我区参加社会主义建设，宁夏回族自治区安置委员会办公室和有安置任务的县、市组织了 61 名干部，于 3 月 26 日到达浙江，4 月 20 日返宁。在浙江期间，我们向各级党委和支宁委员会汇报了宁夏关于安置浙江青年的原则、方针、生活待遇和准备工作，并听取了浙江支宁委员会关于支宁工作的情况介绍。我们还到了金华、宁波、温州、嘉兴 4 个专区，24 个县、市，并深入到 4 个市辖区，65 个公社，8 个工厂，22 个管理区，通过座谈会、家庭访问、召开青年大会等形式，接触干部、青年、家属 57250 人。现将我们了解的情况和安置浙江青年工作的意见，汇报如下。

一、浙江支宁工作情况

1. 浙江各级党委和政府对支宁工作极为重视，浙江省委根据去年 8 月中央政治局（北戴河）扩大会议的决定，下达指示，建立了浙江省支宁委员会，

由书记挂帅，抽调干部建立了办公室，分配了支宁任务。各县、市对中央的决定和省委的指示执行得都非常坚决，为了完成支宁任务，各专区县、市专门训练了一批支宁工作的干部（仅宁波专区就训练了 3218 名）。各县都进行了试点，总结交流经验，在此基础上召开了浙江省支宁工作会议。各地即迅速全面铺开贯彻执行，在执行过程中，各地、县、市党委也能及时了解情况发出指示抓得很紧。如温州地委书记刘文辉同志在召开的县、市负责支宁工作的书记和支宁办公室主任电话会议上指示说：动员青年支援宁夏建设是党中央的决定，是省委下达的指示，因此是一个硬任务，不能打折扣。同时他还强调要做好这项工作必须抓住 3 条：即党委领导，全党动员；训练干部统一思想，使广大干部懂得支援宁夏的意义和支援边疆的有关政策；要搞好群众运动。接到中央铁道部和农垦部关于暂停运输的通知以后，地委又指示，"支宁工作只能抓紧不能放松"，因此，使支宁工作自始至终正常地进行和发展。嘉兴地委张书记指示"支宁工作只准做好，不准做坏。要负责到底，要使嘉兴地区的支宁青年达

到100%的巩固，没有一个临阵脱逃"。金华县委书记辛其昌同志指示，"不管什么天大的困难，无论如何要克服，只准搞好，不准搞坏"。各公社党委一般亦都很重视。

由于各级党委对支宁工作的重视，在贯彻全省支宁工作会议以后，干部的思想迅速地提高，一般都能认识到中央决定从浙江动员30万青年支援宁夏地区的建设，是全国"一盘棋"的组成部分，是共产主义大协作风格的进一步发扬，认真地贯彻这一决定在政治、经济方面都有重大的意义。一般干部都积极地参加这一工作，如金华专区有些干部反映，认为做好支宁工作不仅是金华地区的荣誉，也是全省的荣誉，许多地区对支宁工作开展了友谊竞赛。

2. 广泛进行宣传教育，充分地发动群众。各地对支宁工作的宣传都紧密结合了社会主义与共产主义教育运动，组织宣传队伍，利用各种宣传工具，召开了各种形式的会议，大张旗鼓地进行了宣传。各支宁地区发动群众制作说唱材料，张贴各种标语口号，向广大青年和人民群众宣传了支援宁夏建设的重要意义，介绍了宁夏的情况，使广大青年和群众支援宁夏建设的热情高涨。到处都可听到或看到"响应党的号召，到宁夏去""把青春献给祖国边疆的社会主义事业""党指向哪里，就奔向哪里""搞好当前生产，支援宁夏建设"等口号。

3. 结合生产开展支宁工作，通过支宁工作促进生产。各个地区都结合生产开展了支宁工作，提出口号：轰轰烈烈搞生产，高高兴兴支宁夏。很多未被批准的青年都提出"搞好当前生产，争取早日批准"，被批准的支宁青年的口号是"生产狠狠搞一场，留个纪念别家乡"。在"搞好当前生产，支援宁夏建设"的口号鼓舞下，开展了热火朝天的劳动竞赛。余姚县提出"以出色的成绩向党委和宁夏报喜"。

4. 由于有关部门工作配合得好，迁送准备工作较细致，从而保证了支宁工作的顺利完成。支宁青年从迁送到安置，从生产到生活，这一系列的工作都有赖于有关部门的密切配合。如交通部门及时调动车辆，粮食部门保证粮食供应，卫生部门及时检查迁送青年的病情，商业部门及时保证了青年的棉衣、棉被、棉大衣的用布和棉花供应。特别是青年团、妇联、教育和其他部门都密切地配合了动员青年支宁工作，支宁青年所必要的物质准备都得到了解决。根据中央农垦部的指示，大部分县、市按每人1套棉衣、1条棉被、1双棉鞋、1件棉大衣进行了准备。兰溪县给妇女买了1条围巾，有的县、市还给妇女做了花棉袄。按军事化的形式编好了营、连、排、班，有的县已确认随迁干部，听命待发。

5. 由于各级党委认真贯彻了党中央北戴河会议的决定和省委的指示，保证了支宁青年的质量，基本上达到了中央和浙江省委的要求，根据我们在155个公社的统计，已经批准的支宁青年8945人，其中，青年占75%，壮年占25%；党员占4.9%，团员占18.4%；随迁干部占0.5%。从文化程度上看，根据余姚、义乌、兰溪、慈溪4县的统计，已经批准的支宁青年2109人，其中，高中37人，占1.8%；初中237，占11.4%；高小476人，占24%；初小846人，占40.1%；文盲433人，占22.3%。总之第一批来宁青年的质量是相当好的，做好这一批青年的安置和巩固工作，将对今后安置浙江青年工作打下基础。

6. 由于浙江青年对宁夏情况不了解，同时生长在南方，过去有到南洋、上海等地的习惯，而没有来西北的习惯，因而，有以下几种顾虑，有些问题是我们想象不到的，如：

（一）认为宁夏是少数民族地方，不说汉语，穿的也与汉民不同，文字、语言均不通，到了宁夏如同到了外国一样；

（二）常年吃不上青菜，吃不上大米，吃窝窝头、高粱米，尽吃粗粮；

（三）认为宁夏天气冷，青年们说宁夏是常年结冰，妇女的头发都梳不开，鼻子、耳朵也要被冻掉，小便时还要根棍子敲；

（四）说宁夏是沙漠地区，常刮大风，飞沙走石，风能吹跑人，沙子多，有被沙子压死的危险；

（五）怕来宁夏路远，交通不方便，来了回不去，和亲人分离后，再也不能见面，怕不让带家属，远离亲人，孤单一人；

（六）怕宁夏没有房子住，住窑洞，整天不见太阳；

（七）怕到宁夏来开荒、吃苦；

（八）妇女怕宁夏野兽多，常有狼来，伤害人命。

总之，由于他们对宁夏不了解，有这些思想顾虑也是必然的。为了及时地帮助他们解决思想顾虑，当浙江青年来宁后必须深入到他们中间去进一步了解他们的思想并进行宣传解释工作。

关于浙江青年的安置工作，自治区党委曾专门召开几次会议，并下达过指示，在自治区党委和各级党委的领导下，各县、市都成立了安置委员会，并进行了许多准备工作。但根据上述浙江的支宁工作来看，我们在安置工作上做得还很不够，尚未达到党委对我们的要求，由于时间紧迫，必须在各有关部门的配合下，加紧这一方面的准备工作，并要求各县、市委加强对安置工作的领导及督促检查，以便根据党委的指示做好浙江青年的安置工作。

二、关于安置浙江青年工作的意见

关于当前安置浙江第一批青年的工作，刘厅长还要专门布置，我们仅就上述情况，提出如下意见。

1. 浙江同意宁夏回族自治区党委关于安置浙江青年的方针、原则以及生活待遇等问题的决定

（安置方针是大分散小集中，以连、排集中居住，自成一个生产单位和生活单位，单独经济核算，以及经过生产及国家的生活补贴，尽量做到不低于原来的生活水平）。希望做好第一年的支宁青年的巩固工作，支宁青年不能称谓移民（中央农垦部会议也是这样决定）。"不低于原来的生活水平"不要在群众中宣传，主要做好这批青年的政治思想工作，加强对开发边疆建设新宁夏的教育，克服困难、勤俭生活的教育，不要过于强调生活待遇问题，系统地介绍宁夏自然条件，历史上反动统治时期所造成的经济、文化上的落后状态。解放后在党的领导下的建设成就，以及今后的建设远景。同时做好来宁青年的生产安排，在发展生产的基础上安排他们的生活，应做到不低于原来的生活水平。

中央关于动员青年支援边疆及少数民族地区的决定是下了很大的决心的，国家花了很多钱，中央有关部门的负责同志极为关心这批青年的巩固工作，自治区党委关于做好浙江省支援我区社会主义建设青年安置工作专门作了指示，因此，我们只能做好不能做坏。

2. 这批来宁青年中党、团员占20%以上，各级党委必须重视和发挥党、团员的作用，来宁青年到达后应及时把党、团工作抓起来，以发挥党、团员在安置生产中间的模范作用。

3. 这批来宁青年都是党、团员和青年积极分子，在做好安置和生产工作的同时，应结合当前的中心工作开展轰轰烈烈的竞赛运动。

宁夏回族自治区民政厅副厅长　马　杰

1959 年 5 月 1 日

（宁夏银川市档案馆：共 8 页）

14.《宁夏回族自治区安置来宁建设人员委员会关于接收、安置工作中几项重要事情的紧急通知》（节选）

各县（市）安置委员会、农牧场、青铜峡工程局：

浙江青年已于 4 月 28 日起，每天起运一列车 2000 人左右（原定 4 月 30 日起运的改在 5 月 1 日，原定 5 月 1 日的仍在 5 月 1 日起运，因此，5 月 1 日开出两列），故自 5 月 4 日以来，每天分别到达火车终点站。关于接收、安置工作中有几项重要事情要做，兹分别如下。

一、青年到达安置县（市）时，应立即清点他们所携带的物资，即青年每人（不算家属）棉衣 1 套、棉大衣 1 件、棉被 1 床、棉帽 1 顶、棉鞋 1 双，这些物资是否每人完全带来，缺哪些，缺多少，要登记下来，并让领队人签字，以备我区向浙江交涉补发。

二、青年一到，县（市）安委会、人事部门、组织部 3 个单位即联合召开随迁干部座谈会，听取他们反映和意见，把安置工作（青年生产、生活、思想动态等）布置给他们，协助县（市）做好此工作。

三、各县（市）护送干部，在安置青年就绪以后，即来自治区安委会，参加区召开的护送干部会议（时间另行通知），并请他们事先准备出安置工作的各方面情况和问题。

四、各县（市）从青年到达之日起，每隔一天向区安委会打电话汇报青年思想情况和反映，县（市）安委会应指定专人掌握此项工作。

以上，希照执行。

宁夏回族自治区安置来宁建设人员委员会
1959 年 5 月 5 日
（贺兰县档案馆：37-3，共 2 页）

15.《国营前进农场代表在欢迎浙江来宁青年大会上的致辞》（节选）

亲爱的浙江来宁参加建设的青年同志们：

在社会主义建设更大、更好、更全面的形势下，你们在党中央的亲切关怀下，本着党指向哪里就奔向哪里的革命精神，积极响应了党中央和浙江省委的号召，不怕一切困难，为开发边疆，以英勇的姿态，发扬了共产主义精神，远离家乡和亲人来到了祖国富饶的宁夏，支援社会主义建设。这是你们热爱祖国，热爱社会主义，听党的话，服从祖国需要的共产主义精神的集中表现，特别是当我们听到你们在浙江省委的亲切关怀和组织下，踊跃报名，纷纷申请表达的决心是：

狠狠再来干几天　做个光荣英雄将
轰轰烈烈搞生产　真正留个好印象
去到宁夏新创家　克服困难搞生产
建设祖国我心畅　决把红旗插边疆

你们这种高尚的共产主义品德，我们感到无限兴奋和钦佩，也是值得我们每个同志学习的。为此我代表党委和全体职工家属向浙江省委致以衷心的谢意和崇高的敬意，向你们表示热烈欢迎和亲切的慰问。

亲爱的青年同志们：你们是毛泽东时代的青年，你们有着"把青春献给祖国边疆和少数民族地区社会主义建设的事业"、把宁夏建成祖国美丽幸福的花园的崇高共产主义理想，这种共产主义的风格是十分宝贵的。你们的到来，将会进一步传播先进地区的文化、技术和建设理念，促进自治区各项建设事业的发展，促进社会主义性质的国营农场的发展，使我区与内地能同舟共济，共同繁荣。热情的浙江青年现在一批一批地来到宁夏，和宁夏人民共同辛勤劳动，彼此之间加强团结，互相帮助，互相学习，取长补短，共同提高，我们相信你们一定能做到一起从生产出发，安个心，扎下根，在宁夏，在国营农场生枝长叶，开花结果。你们是宁夏的主人，以无穷的智慧和力量，发扬敢想、敢说、敢做、敢去的共产主义精神，为祖国创造财富。相信你们一定能克服一切困难，把生产搞起来，发挥出青春的光与热，将会为祖国做出更大的贡献，你们将会写下更多、更新、更美丽的诗篇，画出更多、更新、更美丽的图画。

亲爱的青年同志们：你们是来宁建设的一支生力军，当你们踏上宁夏广阔的土地以后，你们就和本地各族人民一样，是宁夏的主人了。浙江人民和宁夏人民在地理上处于祖国的两端，但是生产、生活和自然条件，以及语言、风俗、习惯等方面都存在差异。你们到来后一时会感到不习惯，并会感到一些困难。然而这些，对于一个青年建设者是不在话下的，只要下决心实现建设好农村的青年的凌云壮志，认真地学习，什么困难都能克服的，有困难才有胜利。一人有困难，大家来帮忙，一省有困难，各省来支援，困难在我们这些青年面前，就会迎刃而解。

亲爱的青年同志们：宁夏在西北的边疆来说，咱们宁夏还是个比较靠近内地的地区。这里宜农宜牧，资源丰富，黄河纵贯自治区境内北部 12 个县市，两岸地势平坦，土地肥沃，渠道纵横，盛产小麦、水稻、大蒜、水果等，号称"塞上江南，鱼米之乡"，这些都给农业的发展提供了优越的条件。但现在的条件还比不上浙江，这点相信浙江青年早已预料到了。愿共同携起手来把革命干劲紧紧拧在一起并肩前进。

亲爱的青年同志们：我们这个农场，前身系军队，奉毛主席的命令在 1952 年由军队集体转入农业生产战线的，经过 6 年的建设，开发了荒地，建筑了渠道，四面八方盖成了幢幢新的房屋，给国家

生产出了成千上万的粮食和猪肉，职工的生活得到了提高。我相信你们，开发边疆的青年英雄们，一定能够和全场的职工家属亲密地团结在一起，在这块肥沃的土地上，共同携起手来，英勇奋战，以主人翁的态度，以苦干、实干、巧干的精神，去战胜一切困难，出色地完成任务。我们欢迎浙江的青年，欢迎你们来支援宁夏，欢迎你们来建设美丽的农场。

你们是祖国的好儿女，你们是开发边疆的英雄。我们宛如亲兄弟姐妹，我们欢迎浙江的青年，欢迎你们来支援宁夏，欢迎你们来建设"塞上江南"，最后祝青年们身体健康。

国营前进农场全体同志

1959 年 5 月 11 日

（农垦局前进农场档案室：共 4 页）

16.《银川农业机械化学校关于浙江青年安置情况的报告》（节选）

分配给我校的第一批参加宁夏建设的浙江青年 122 名（其中，杭州 58 名，宁波 64 名），已于 5 月 14 日和 5 月 17 日先后到校。随后在新城接待站由宁波郊区营伍安利营长介绍交接了 11 名，共计 133 名。到校后经过 3 天的休息和初步整顿摸底工作，于 5 月 22 日正式分配工作，参加生产。现将安置情况汇报如下。

一、欢迎接待工作方面

根据市上一再指示精神，我们对这次来宁青年的接待工作做了细致的研究，在他们未到校前给全体师生进行了动员，全校为欢迎新人写贺信、贺词，赠送画片和出板报、写标语、打扫布置房子、买粮买菜，到处充满欢迎新人的气氛。同时根据教务委员会常委会会议决定，成立了接待办公室并分设人

事、接待、宣教、伙食、总务等 5 个组，具体负责浙江青年的住宿、吃饭和分配工作及其他日常事务。当他们到校后，受到了接待员的热情招待，并做到了集中住宿、集中吃饭，同时注意到饭菜的花样和味道，因此也受到了浙江青年的一致欢迎。为了表达全校师生的心意，于 5 月 17 日晚举行了欢迎和联欢晚会。

我们在做好招待工作的同时，也紧紧地抓住了思想教育工作，在休息期间，抽出了 3 名干部专门到各宿舍进行了个别交谈，了解和掌握了他们的思想状况和浙江的情况。根据当时普遍存在的一个不愿意去农场而要求到修配厂去的思想倾向，首先对来宁青年中间的党、团员进行了说服和教育工作。并向全体同志作了动员报告，组织讨论，学习文件，同时也与护送干部取得了联系，共同进行教育，基本扭转了这种思想。在讨论中大家一致表示坚决保持革命干劲，服从组织分配，这也为分配工作打下了基础。

二、分配工作方面

我们根据上级的分配原则上指示的"基本对口"的精神，于 5 月 22 日按以下几种情况进行了分配工作。

1. 对来自各厂矿有一定技术基础的 74 名技工和徒工按照原来的工种，分配在拖拉机修配厂各车间进行生产。

2. 将原来一贯从事农业劳动的 7 名青年分配到我校实习农场当农工。

3. 对原来尚无专业技术的高中、初中毕业的学生和其他人员共计 51 名，根据他们的特点：既没有工业生产的技术，也没有农业生产的知识，但他们都有一定的文化水平，所以把这些青年分配到修配厂当学徒。为了照顾这 51 名青年学好技术，尽早地熟练掌握技术，学校党委会决定在工厂设备逐步扩大的情况下，目前尽量抽出一定的时间让这些青年每天除参加生产外，抽出 4 个小时的时间进行技术基础知识的学习。

4. 对个别既没有工业生产技术，也没有农业生产经验，但有专门性的技术（裁缝、养鱼）的，征得本人同意分别安置在我校缝纫组和园艺场工作。

在分配给农场的 7 人中有 4 人不愿去，领导上再三解释无效，后来有两名女同志偷偷去农场观看后，主动将行李搬去，另一个经学校说服后也去了。最后一名坚持不去，但在 5 月 25 日也私自去农场察看后当晚将行李搬去了。到场后除两个闹情绪一天外，其余还安心，情绪有了好转，他们能够主动去的原因是：自己先不了解，经自己亲自观看后，才有了转变。

三、请示解决的几个问题

这次来校的 133 名（其中 1 名系上级指名调到别单位，故实数为 132 名）青年，除 122 名由民政局统一分配外，还有 11 名是由接待站和带队同志介绍及自流来的。在分配工作时，我们也劝其回原单位，没有分配工作。为此也派人去民政局请示，根据上级指示可暂时安置，待检查团检查时再行处理，按此精神现已初步分配了工作，是否还调动请指示，以免时间长了有所影响。

其次，在这次分配中还有将夫妻关系打开的，如：魏生根他爱人在砖瓦厂，还有一个在康乐木器厂，现在看来因不在一起工作也有影响。

再次，这些同志目前都在询问关于工资方面的问题，故请上级给予指示，以便我们进行工作。

目前从总的情况来看，绝大部分是安心生产，情绪还好，只有少数人存在着不愿搞这个愿意搞那个、考虑工资较多，经常要出去看爱人等情况。另外有些同志还反映原来在浙江动员时说这里很好，但结果不是这样，认为是把他们骗来的等。针对这些情况我们决定集中一周的时间，集中进行思想教育，安定工作情绪，使其很好地参加生产。

上述报告妥否，请指示。

银川农业机械化学校

1959 年 5 月 25 日

（宁夏档案馆：J099-001-0016-0258，共 12 页）

17.《宁夏回族自治区民政厅党组关于第一批浙江青年安置情况和加强思想领导意见的报告》（节选）

一

第一批浙江青壮年 20707 人及随迁家属 2232 人，自 5 月 4 日至 14 日先后到达我区，分别安置在石嘴山、平罗、贺兰、银川、永宁、宁朔、吴忠、金积、灵武、中宁、中卫等 11 个县市，现已安置就绪并投入生产，这些青年的情况是：

从年龄上看，在温州、嘉兴、金华 3 专区 8 县市 8269 人中，25 岁以下青年 6059 人，占 73.3%；26 岁以上壮年 2210 人，占 26.7%。青年中有少数不足 18 岁，壮年都不超过 40 岁。

从文化程度上看，在温州、金华 2 专区 7 县市 7846 人中，初小程度的最多计 3300 人，占 42.1%；高小 1735 人，占 22.1%；初中 725 人，占 9.2%；高中和个别高中以上 184 人，占 2.3%。高小以上文化程度共占 33.6%，占 1/3；也有文盲 1902 人，占 24.3%。

从工业、手工业、商业、文教、卫生等各行业人员的配备上看，在石嘴山、平罗、中卫、贺兰、宁朔 5 县市安置的 14146 人中，各行业人员共 1276 人，占 9.02%，大大超过了原计划 3% 的比例。

第一批随迁干部，脱产的共来 122 人，占青壮年数的 0.58%；不脱产的共来 956 人，占青壮年数的 4.6%。此外还有一部分人民代表、劳动模范、复员军人等骨干分子。

总之，这一批的青壮年的质量是符合"中央关于动员青年前往边疆和少数民族地区参加社会主义建设的决定"中所规定的条件的，这充分表现出浙江省党政领导贯彻中央决定精神的认真严肃和兄弟省区的共产主义协作精神。

但美中不足的是，在 20707 名青壮年中，男的有 14232 人，而女的只有 6475 人，不足男数的 1/2，以使不少男青年在婚姻问题上感到恐慌，这对青年的巩固和生产情绪方面产生很大影响，已建议浙江今后注意男女大体相等的要求。

二

这次浙江青年安置工作在自治区党委的领导下，各县市党委都很重视，亲自部署统一动员组织了各方面的力量，形成了全党全民总动员的浩大声势，保证了工作的顺利进行。在安置方法上一般都贯彻了自治区党委的指示，以大分散、小集中的形式，分别自成 1 个生产生活和基本核算单位。每个安置点一般在 100 人左右，个别最多的达 800 人，少的也有 50 人左右的。

在准备和接待安置工作中，一般都贯彻了群众路线的工作方法，取得了广大群众的热情支持，经过动员，群众主动调剂出质量较好的住房 9000 间左右，并进行了粉刷。对食堂灶具、粮食、燃料、蔬菜等也做了充分准备，做到了青年一到有住有吃。青年到达安置点以后都举行了联欢会，县市领导同志都分别进行了慰问，使他们感到亲切温暖。

在生产资料方面，根据中卫、灵武、平罗 3 县数字，安置青年 7522 人，并拨给土地 13892 亩，每人平均 1.85 亩，其中已播种小麦等作物的 4730 亩，占 34%。拨牲畜 363 头，按现有土地计算，平均每一牲畜负担 38.27 亩，拨给小型农具 4548 件，占人数的 60%，基本上解决了目前的生产问题。通过以上工作，使多数浙江青年消除了原来怕风沙、怕天冷、怕吃不上大米、怕住窑洞等顾虑，普遍对宁夏地区土地平坦肥沃、水源充足、灌溉便利、地下宝藏多、发展前途远大感到满意，因而生产情绪高涨，到达后，休整三五天即投入生产，出勤率在 90% 左右，目前正积极进行育秧苗、挖稻田和进行小麦的田间管理工作。有的还自己增挖了水渠，有的并开展了捕鱼扫硝等副业生产，这都表现了他们为宁夏地区的社会主义建设贡献出自己力量的决心。除绝大多数青年对我区领导、群众和生产条件感到满意，很快投入生产之外，也有少数人感到不满意甚至有闹事的，这多数是从城市和集镇动员来的非农业人员。截至目前，曾发生闹事的有石嘴山黄渠桥、中宁石空、银川高台寺、宁朔李俊堡等 4 处，他们的要求主要是愿到工业不愿到农业，要求发固定工资、发安家费等。

各县市领导对此都采取了慎重处理，耐心说服教育和解决可能解决的问题，对不能答复的要求讲清道理，经过工作，现已平息下来。

三

第二批浙江青年，将于 6 月 13 日开始迁送，于 6 月下旬和 7 月初陆续到达我区，为了进一步做好安置和巩固工作，尚需进一步解决以下的几个思想认识问题。

（一）对大批浙江青年支援我区社会主义建设的重大意义，必须进一步进行深入广泛的宣传教育。正如中央决定中指出的"劳动力不足是加速边疆和少数民族地区的社会主义建设的重大困难"，我们到处感到劳力紧张，人才缺少，具有一定文化水平的青年更少，这是人所共知的。但是由于房屋、生产资料等物质条件的困难，在部分地区的部分干部，甚至个别县市领导中已表现了畏难消极情绪，有的县、市曾提出削减第二批安置任务的要求。中央决定的 30 万人的安置任务，现在刚完成了 1/15，更艰巨的任务还在后面，畏难情绪即已发生，这对做好今后的安置巩固工作是极为不利的。此点马书记在 5 月 25—27 日召开的县市安委会主任会议上已做了详细的阐述，必须反复宣传统一认识，才能保证做好今后工作。

（二）必须了解青年的心理，正确认识青年的特点，才能做好政治思想工作。我们的很多干部对远离家乡到达新环境中的青年的心理变化缺乏设身处地的理解，对他们存在着主观主义的要求，他们不了解没有经过多少锻炼的十几岁的青年，为了响应政府的号召，远离家乡，从经济文化比较先进的地区，到数千里外的经济文化比较落后的地区参加社会主义建设，对他们来说是一个多大的变化。来到之后，在旧的生活习惯与新的生活环境不相适应的情况下，产生思想斗争，想家乡、想亲友，对新环境中的某些事物看不惯，产生某些不满情绪，这是难免的、必然的。如果没有这些思想变化倒是奇怪的。由于缺乏这种体会，在处理青年们的思想问题时，就往往采取简单、生硬、急躁的态度，将一些正常的思想问题当成落后思想来对待，这很容易引起他们的反感。对青年们，一方面由于幼稚，情绪容易波动，容易冲动，初生牛犊不怕虎，容易闹事，但另一方面他们思想较纯洁，容易接受新鲜事物和真理，因此也容易团结教育的特点缺乏认识。因此，在发生一些问题的时候，往往估计得过于严重，把一般的是非问题误认为是什么坏分子煽动，或者是缺乏说服教育的信心，不能沉着大胆地进行工作。在思想教育的方法上不是简单生硬，就是过分迁就。因此对各级干部如何做政治思想工作的教育是非常必要的。

（三）搞好浙江青年的生产是一个重要任务。只有搞好了生产才符合中央动员青年参加边疆和少数民族地区社会主义建设的决定的精神；只有搞好了生产才能对得起浙江动员大批青年支援我们的伟大协作精神；只有搞好了生产才能安慰那些送他们子女来宁夏的浙江父老；只有搞好了生产才能对得起当地群众抽调大批生产生活资料给浙江青年的热情。目前，他们生产上的困难是存在的。首先是生产资料不足，其次是他们生产经验不足，对宁夏的气候、土壤特点和与之相适应的生产方法上的特点不了解。因此，加强生产领导和技术指导，解决必须解决的农具、牲畜、资金问题是非常必要的。在紧张的一系列的准备接待、安置工作过去之后，更艰巨的领导生产的任务就摆在各级领导的面前，千万不能因安置就绪就松下劲来。

四

在解决以上几个思想认识问题的基础上，还必须解决以下几个问题和进行下列一些工作：

（一）工作机构和编制问题。我们一方面要做好今年安置的5万人的生产领导和政治思想工作，一方面要进行明年10万人的安置准备工作，同时还要把过去历年安置的几万陕西、北京、河南移民的生产生活搞好，这是相当繁重的任务。除了县市领导的重视，由书记一人分工管理这一工作外，各县、市安置委员会必须设立单独机构和配备一定数量的专职干部，把这样繁重的工作完全附属在县、市民政科或生活福利部中是很难搞好的。我们意见，各县、市除由浙江青年安置费中

开支5人左右的编制名额外，尚需由行政名额中调剂2~3人，并应注意吸收浙江随迁干部参加这一工作。

（二）生产资料问题。目前浙江青年的生产资料都是由当地生产队调拨的，原安置预算中只有7元的小农具购置费（现在增至10元），这样暂拨的生产资料，有的需要根据等价交换的原则计价付款，有的则尚需归还原物。适当地解决生产资料问题是搞好生产的前提，为此，必须由自治区财政中追加预算。我们初步估计牲畜需45万元，羊只需22.5万元，耕犁需3万元，车辆约需30万元，土地价款约需100万元，共需200万元左右。目前牲畜购置极为困难，经与农业厅等有关部门研究认为，须从三方面予以解决。第一，由本区盐池、同心、固原等地区调剂一部分；第二，通过各县市与内蒙古各旗的关系，用烟、酒、糖等商品换一部分；第三，请求中央调拨。这都需要商业部门设法办理。

（三）关于加强生产领导的办法问题。我们认为：首先必须责成各公社和管理区把领导好浙江青年放到重要位置上，不得因为单独核算而放松对他们的领导。派至安置点的技术指导人员，必须认真负责，对浙江青年机械搬运不适于宁夏土壤气候的浙江经验必须说服制止，当然对他们的可以效法的先进经验先应予以支持或先做小块的试验。在保证搞好粮食生产的同时，必须强调注意组织副业生产，以充分发挥他们的劳动效率，保证不降低或少降低他们在浙江的生活水平，并生产投资。他们中间很多人都是经营副业的能手，这是个有利的条件，商业部门应尽可能地解决副业生产的销路和原料问题。

（四）关于全面指导生活问题。除了注意政治思想工作，做好党、团工作，通过党、团力量对全体青年进行政治思想领导，注意当地干部和随迁干

部、当地群众与浙江青年的团结教育之外，根据青年时期的青年身心发展特点和多数单身青年的生活环境，必须注意从生产、生活、学习、文娱体育等各方面全面地领导他们、关心他们，组织军事化，生活集体化，对他们来说有极重要的意义。必须使他们除了生产劳动和睡眠以外的时间有正当的精神寄托，有正当的文娱体育与学习活动。不然他们的精神就会向不正当的方向发展，这一点必须引起足够的注意。可以从现在的生活补贴和将来的生产收入中抽出一部分钱买一些文娱体育用品和书报杂志。

（五）为了表示自治区党政领导对青年们的关怀，深入了解他们的生产生活情况，发现并解决各种问题，建议在第二批浙江青年安置就绪后，由自治区党政领导同志和自治区各有关部门组织1个或2个慰问团，到各县、市安置点慰问，越剧团应到各县市为浙江青年做一次巡回演出。另外在生产领导方面，希望自治区农业厅和各县、市农业部门负责管起来，思想工作希望青年团管起来，党、团工作希望党委组织部门也抓一下。以上报告如认为可行即批转各县、市和有关部门参照执行。

宁夏回族自治区民政厅党组

1959年6月4日

（宁夏档案馆：J057-001-0044-0024，共9页）

18.《宁夏回族自治区民政厅、农业厅关于1960年浙江计划来宁十万青年的安排意见》（节选）

一、安排原则及理由

安置原则采取"大集中小分散"的办法，即将7万人安排在国营农场内，3万人安置在农村，其理由有以下3点。

1. 因目前农村中集体所有制正逐步向全民所有制过渡，中央意图：安排这批青年以在全民所有制的国营农场为宜，同时浙江省方面也提出了同样的意见。

2. 我们也考虑到分散安置，在动员工作上和发挥这批青年集体力量上会存在一些问题，尤其是不利于今后的巩固。

3. 明年安排地区基本上在灌区，但黄灌区目前可垦荒地还不多，不能全部安置，所以有部分必须安置在农村。

二、安排地点及费用

安排在国营农场7万人的地点初步意见为：

1. 前进农场扩大面积6万亩；

2. 暖泉农场西面扩大面积10万亩；

3. 银川平吉堡20万亩；

4. 陶乐月牙湖、五墩子一带7万亩；

5. 金积拱碑滩7万亩；

6. 中卫南山台10万亩；

7. 贺兰山牧场和芦花台农场扩大10万亩。

以上面积共70万亩，其基建投资费用约为41174000元。

按每万亩计算，费用为588200元，具体见下。

1. 平整土地每亩成本18元，共18万元。

2. 机具运输：共15.6万元。其中，汽车1辆，需2.1万元；中型拖拉机2台、小型1台（包括农具），计5万元；大车10辆，6万元；拖车5辆，2.5万元。

3. 各种房屋（土木结构平房）：每亩配工人1名计，共1000千人。甲、住宿、伙食共8000平方米，每平米造价15元计，共12万元（内包30%夫妇宿舍）；乙、库房240平方米，每平米造价30元，共12万元；丙、厩舍10000平方米，每平米造价10元，共10万元。

4. 基本畜群：母猪 500 头，每头 50 元，共计 250 万元。

三、组织领导

安置浙江青年今后 3 年内都有任务，而且数字很大，非成立专门机构就很难完成这一任务，我们考虑：

1. 加强农垦局工作，由该局具体负责规划建场、水利基建和生产领导；

2. 在自治区安置委员会领导下，由民政厅、农业厅、水电局 3 个单位为主，抽出一定人员组成专门机构，具体负责安置、建设和生产工作。

四、值得研究的几个问题

1. 新建农场，第一年主要是进行基建，当年不能有收益，粮食全部由国家供应，人员口粮和耕畜饲料按每人平均 800 斤计算，8 万多人，就需粮食 7000 万斤，第二年也只有部分收益，第三年才能争取达到自给。

2. 6 个安置地区主要存在灌排问题。除前进农场可直接引第二农场渠和陶乐少部分土地可自流灌溉外，其余皆需提水灌溉。一般需提 10 公尺左右，同时在前进农场和陶乐还必须解决排水问题。不过若采取提水办法，除增大生产费用外，在东西干渠修成后，水流方向相反，有些渠道还需返工。

3. 今后 3 年共安置 25 万人，若按上述原则共应安置在农场 175000 人，需开垦荒地 175 万亩，每亩投资按前述 59 元计，共需 10325 万元。若采用中央"包干建场，限期完成"的办法，如限期为 3 年，每亩需投资 45 元，计 7875 万元，可节省投资 2475 万元；如限期 5 年，则每亩需投资 32 元，计 5550 万元，可节省投资 4775 万元，这也是值得研究的问题。

此外，山区还有高崖、黑城子、王团庄等有部分土地，如水库完成，亦可考虑建立农场，请研究。

以上仅是初步意见，如原则同意时，再研究较具体的方案。

宁夏回族自治区民政厅

宁夏回族自治区农业厅

1959 年 6 月 5 日

（宁夏档案馆：J057-001-0044-0021，共 3 页）

19.《宁夏回族自治区文教厅、民政厅关于从浙江青年中招考中等技术学校学生的通知》（节选）

惠农、平罗、贺兰、银川、永宁、宁朔、中宁、中卫、吴忠、金积、灵武人民委员会，青铜峡办理处：

列入今年暑假招生计划中的中等技术学校有：农业机械化学校、永宁农业学校、银川卫生学校、工业学校、煤炭学校、财经学校、铁路学校、邮电学校、石油学校等 9 校。学生来源除本区各初级中学应届毕业生之外，拟由浙江青年中招收 700 人。根据各县市安置人数的多少和中学生比重的大小，在各县市招考浙江青年的人数大体分配如下：惠农 110 人、中卫 90 人、中宁 90 人、银川 80 人、平罗 50 人、吴忠 62 人、灵武 35 人、金积 30 人、贺兰 63 人、永宁 30 人、宁朔 60 人。

招收条件：凡具有初中毕业生文化程度，年龄在 16 岁以上 25 岁以下的支宁青年均可报名应试。录取条件，在保证政治质量前提下，结合文化程度和身体健康情况，择优录取。

考试办法：9 个学校所需学员采取统一试题、统一考试时间、统一录取标准，分县考试，全区统一平衡、统一分配的办法。

金积、灵武、吴忠、银川、永宁等县市招考人数较少，或各安置点距市中心较近，可集中到县市考试；惠农、中卫、中宁等县招考人数较多，或各安置点距县城较远,可以分片考试;平罗、贺兰、宁朔 3 县集中或分片,由县市自行研究确定。

从浙江青年中招考学员,较之从本区初级中学应届毕业生中招考,问题复杂得多,必须做好考试前的广泛深入、细微恰当的宣传动员和初审登记,考试中的口试复审,考试后的全区集中平衡和分配动员工作。

在宣传动员时,要讲明各个学校的性质、情况、毕业后的工作、学习期间的待遇(入学后享受助学金待遇)和招考的条件,在宣传动员过程中要摸清青年学生的各种思想情况,各种报考志愿的人数比例,对少数青年不愿去的需要着重说明其重要性,以便使学生根据国家需要,选择报考志愿。

考试前的初审登记,应依靠随迁干部,党、团员和积极分子,掌握报名青年的政治历史、思想情况、真实的学历和文化程度,对根本不合条件而要求报考的可通过适当手续,劝其安心生产,不参加考试。

在笔试之后,应立即评定笔试结果,并在掌握了每个人的笔试成绩之后,进行口试,基于对每个人进行当面了解,口试中得到的印象,如年龄填报是否相合、身体是否健康、作风是否正派、入学志愿是否可以变更、适于分配哪个学校,等等,要详细记录下来,作为最后评定时参考。

招生工作统一由各县市招生委员会组织办理,安置委员会和民政部门参加,自治区招生委员会并抽调各中技校和有关厅局人员在 7 月 25 日前分赴各县帮助工作。

考试日期:在 8 月 15 日左右举行(具体时间另行通知)。

各县市组织阅卷,考试结果暂不公布,有关材料报送自治区招生委员会中等学校招生办公室,统一审查平衡后再将录取名单及分配学校分送各县市。

各学校情况介绍由各校编写印发各县市参考。

应试青年在考试地点的饭费由本人自付,所在县市公社应予准备食宿条件。

宁夏回族自治区文教厅
宁夏回族自治区民政厅
1959 年 7 月 21 日
(宁夏青铜峡市档案馆:1959-1959-60,共 3 页)

20.《宁夏回族自治区安置来宁建设人员委员会刘振寰副主任在浙江来宁建设青年代表会议上的报告》(节选)

亲爱的代表同志们和浙江慰问团的全体同志:

现在,宁夏回族自治区浙江来宁建设青年代表会议开幕了。我们的会议是在十分有利的形势下召开的。目前,根据八中全会的精神,自治区党委决定要在今冬明春掀起一个以农业为中心的大生产运动,不久前召开的全区工业、交通、基建、财贸方面先进集体和先进生产者代表大会,也号召全区职工在工业、交通、基建、财贸战线上把正在蓬勃开展着的增产节约运动,再推向一个新的高潮。我们相信,通过这次会议,全体浙江来宁青年必将进一步动员和团结起来,鼓足干劲、力争上游,成为运动中一股积极的力量,和全区人民一起,并肩携手,英勇奋战。

同志们:宁夏地区的社会主义建设迫切地需要各先进兄弟省区的援助,几年来各地来我区参加建设的人员达十万余,对我区的建设事业起了很大的推进作用。但是,地广人稀,劳力不足仍是加速我区建设中的极大困难。因此对于浙江青年来宁参加社会主义建设,我们是抱有很高的期望的。几个月来,来宁浙江青年用他们所创造的巨大成绩,满意地回答了我们的期望。今年以来,浙江省委和省人委根据中央的指示,动员了 56700 多名浙江青年及部分家属,先后两批来到宁夏。来宁青年中绝大部分出身于贫农家庭,有共产党员 2959 人,共青团员 9887 人,党、团员共占来宁青年总人数的 26.13%;随迁脱产干部 268 人,复转军人 1776 人,还有许多各个生产建设战线上的英雄模范人物。来宁青年的平均年龄在 21 岁以下,男女比例也大体相当,上述情况,完全符合中央的规定。浙江青年来宁后,有 43000 多人分别安置在中卫、中宁、永宁、宁朔、吴忠、金积、贺兰、银川、灵武、平罗、惠农 11 个县、市的 33 个公社,153 个管理区的 379 个安置点,有 6800 多人安置在 10 个国营农场,6000 多人安置在青铜峡工程局和其他工矿、财贸、文教、卫生部门。

青年们被安置在自己新的家乡和新的工作岗位以后,就迅速地投身于各项生产建设工作中,以昂扬的干劲,为实现党的号召和本人的理想"建设社会主义的新宁夏",做出了很大成绩。

在农业生产战线上,379 个安置点的浙江来宁青年生产队今年共种植小麦 19519 亩,水稻 42687 亩,其他杂粮和经济作物 35114 亩,蔬菜 3438 亩,有的队还开垦了部分荒地,总计生产粮食初步统计为 2438 万多斤,许多来宁青年的生产队,第一年就获得了很好的收成。目前,不少队的粮食、蔬菜已基本上达到了自给,有些队还可以向国家出售部分余粮。

安置在各个点上的青年生产队,在贯彻以农为主的方针,大力搞好农业生产的同时,也广泛地开展了多种经营,大搞副业,取得了很大成绩。目前,青年们已经开展了烧砖、编织、割野草、挖草药、养鱼、捕鱼、养殖家禽家畜、运输、基建等多种副业生产,不仅促进了自治区各项经济建设事业的发展,还增加了个人的收入。据不完全统计,到 10 月中旬为止,各个安置点副业收入共达 64 万元,副业生产开展较好的队,平均每人每月可增加收入 10~

20 元。

在工矿企业和建设工地上,青年们也做出了巨大的贡献。例如,参加青铜峡水利建设的 1952 名来宁青年,经常突破劳动定额,提前完成生产任务,在国庆节评比时,有 1700 余人得到跃进奖金,并评选出 7 个先进集体,140 名先进生产者,139 人被授予"红色青年"的荣誉称号。

其他各个生产建设战线上的浙江青年,亦同样都取得了很大成就。

来宁青年在积极搞好各项生产建设的同时,广泛开展了多种形式的文化、娱乐活动,不仅丰富了青年本身的文化生活,对青年起到了一定的教育作用,并加强了与当地群众的文化交流,促进了彼此间的友谊团结。

同志们!来宁青年在短短几个月当中能做出这样辉煌的成就,充分证明党动员内地青年参加边疆和少数民族地区社会主义建设的方针无比正确。宁夏的全体人民衷心地感谢党中央对我们的关怀和照顾,感谢浙江省党政领导和全体人民对我们的无私援助,并热情地期待着今后将陆续给予我们的更大援助。

远在浙江青年来到宁夏很久以前,宁夏党委就对来宁青年的安置工作进行了多次研究,在各个方面都做了具体的部署和安排。各级党委、各级安置机构和全区人民根据"以农为主""分别归口"和大分散、小集中,自成一个生产、生活单位和经济核算单位的方针,积极地进行了准备和安置工作,使同志们一到,就能顺利地到达自己新的家乡和新的岗位。

浙江来宁建设青年和当地群众之间的亲密团结、互相帮助,是保证大家安心生产、不断进步的一个十分重要的因素。来宁青年到来之后,各安置地区的农民群众腾出了 21000 多间房屋,并已把划给来宁青年的土地翻好,种上了小麦,准备了播种和肥料，调剂了一部分耕畜和农具。同时还抽出了一部分富有生产经验的农民帮助来宁青年进行生产。在当地农民的热情帮助下，来宁青年已经逐步熟悉了本地的土质、气候特点，学会了不少副业生产方面的技术。同样，来宁青年对于当地群众在生产上也不断给予大力帮助。据不完全统计，来宁青年帮助当地生产队割稻、割麦 15000 多亩，插秧 6800 多亩，并帮助薅草和做其他零星杂工。在生活方面，来宁青年和当地群众也都能互相关心、互相照顾，彼此之间，特别是和当地回民之间都能尊重对方的风俗习惯，并经常进行相互访问、慰问、馈赠和举行各种形式的友谊联欢活动。

来宁青年的高度政治觉悟是推动他们不断前进的基本动力。经过党的多年培养教育的广大浙江青年，具有高度的政治觉悟。因此，当党发出了动员内地青年参加边疆和少数民族地区社会主义建设的号召以后，他们踊跃地响应了党的这一号召。这种用于帮助一个经济、文化比较落后地区迅速开展社会主义建设的伟大志气，是他们来宁之后能够胜利实现党所交付的光荣任务，实现自己崇高理想的最根本的内在的精神力量。

在各项生产劳动中，来宁青年虚心学习，大胆创造，取得了显著的成绩。初来时，来宁青年对于本地的农副业生产技术很不熟悉，但他们经过顽强的、虚心的学习，很快地掌握了许多适合本地条件的生产技术，有些并超过了当地群众。

在各项生产劳动当中，青年们还表现了高度的克服困难和自我牺牲的共产主义精神。青年们初来此地，尽管事先做了周密的准备和安排，但在生产上和生活上也必不可免地仍然会遇到许多困难。在这些困难面前，青年们表现了顽强的意志，战胜了困难，取得了成绩。在某些必要的时候，青年们还表现了高度的自我牺牲精神。

来宁青年在短短几个月当中所表现出来的种种

事实充分证明你们热爱祖国、热爱社会主义建设事业，并且深深懂得，建设宁夏和建设浙江一样，都是建设我们伟大社会主义祖国不可或缺的一部分，因此你们就可以离开自己可爱的故乡，为宁夏的社会主义建设事业贡献出自己宝贵的青春。

我区有着肥沃的土地，温和的气候，充足的水源和广阔的牧场，这都是发展农牧业的良好条件。只要我们积极开展以农为主的群众性的大生产运动，大力发展为农业服务的机械制造工业和化工工业，不要几年，就可以实现农业的机械化、现代化，从根本上解决粮食问题。与此同时，林、牧、副、渔也会得到全面的、巨大的发展，不断满足人民群众对于肉食、油类、糖类、蛋类、奶类食品及水产、瓜果等各方面日益增长的生活需要，并为发展我区轻工业提供丰富的原料。

我们宁夏地区的矿藏资源相当丰富，积极进行铁矿资源的地质勘探工作，加速钢铁联合企业和矿山的建设，钢铁工业必将得到迅速发展。我区煤炭资源极为丰富，而且品种齐全，是我区工业建设的重点，加速大中型现代化矿井的建设，同时大力进行小煤窑的技术改造，我区将逐渐建成为一个重要的煤炭工业基地。随着煤炭的综合利用日益广泛，我区化学工业将得到大大发展。根据水电、火电并重的方针，大力发展电力工业，若干年内，我区将基本实现电气化，不久以后，我区其他工业、农业、交通运输业也将以新的技术装备代替落后的生产工具，使劳动生产率大大提高，生产得到巨大的发展，并大大减轻繁重的体力劳动。

同志们，我们的前途是无限美好、十分光明的。但是，为了把我们美好的未来变成胜利的现实，在我们面前还摆着十分艰巨而又光荣的任务，有待于我们全体浙江来宁建设青年和全区 200 万人民紧密地团结在一起，艰苦奋斗，共同完成。

根据宁夏党委所规定的当前各个生产战线上的

伟大任务，并结合目前浙江来宁青年的思想、生产、生活方面和我们在安置工作方面所存在的某些问题，对全体来宁青年和全体安置工作人员提出以下几点希望和要求。

第一，要继续大力加强政治思想工作。目前，还有一部分来宁青年思想情绪仍然不够十分安定，这就特别需要加强他们的帮助和教育，帮助他们树立对待困难的正确态度。

第二，积极投身于当前的大生产运动。全体来宁青年应该做好充分的思想准备，保证按照各级党委的统一安排和部署，以冲天的干劲投身于紧张、热烈的大生产运动中去，并在生产中做出卓越的贡献。

第三，进一步安排好生活。在衣、食、卫生等方面，要充分注意来宁青年的习惯，适当照顾，帮助他们进一步改善伙食，解决吃水问题，储存冬菜，改建厕所，等等。

第四，积极开展政治、文化和科学技术学习。

第五，加强团结。由于过去所处的环境、条件不同，生产和生活习惯不同，语言不同，难免在某些问题上彼此认识还不够一致，还存在某些不同的隔阂。我们必须通过今后的共同生活、共同劳动，以人之长补己之短，互相尊重、互相帮助，搞好团结。

最后，我们希望各级安置工作人员要对前段安置工作进行一次深入的检查，广泛地征求来宁青年的意见，对于生产和生活中所存在的各项遗留问题，加以认真地处理。

同志们！再接再厉，乘胜前进。让我们全体浙江来宁建设青年和全区 200 万人民更加紧密地团结起来，在党的正确领导下，在今年农村的大生产运动和工业、交通、基建、财贸战线上更加广泛深入开展的增产节约运动中，再打一个更大的漂亮仗，为建设我们伟大的社会主义、共产主义的祖国和社会主义、共产主义的新宁夏，贡献出我们的一生。

祝各位代表和浙江慰问团的全体同志身体健康。

宁夏回族自治区安置来宁建设人员委员会

副主任　刘振寰

1959 年 10 月 27 日

（宁夏档案馆：J057-001-0058-0091，共 11 页）

21.《1959 年安置浙江青年人数表》（节选）

1959 年 10 月，农垦局办公室统计的，全区安置浙江青年共计 57829 人，其中公社安置 39663 人，国营农牧场 7057 人，工矿企业 11109 人。

单位：人

地区	安置人数	公社	国营农牧场	工矿企业
银川	5 006	2 521	548	1 937
中卫	7 451	5 713		1 738
中宁	5 784	5 484		300
吴忠	5 145	3 359		1 786
金积	2 599	1 725	575	299
灵武	3 693	2 406	1 133	1 554
宁朔	5 740	4 749	741	250
永宁	2 373	2 014	180	179
贺兰	5 075	4 038	843	194
平罗	4 625	3 005	1 293	327
惠农	8 135	4 649	554	2 132
贺兰山农牧场	1 190			
青铜峡工程局	1 013			
总计	57 829	39 663	7 057	11 109

（宁夏档案馆：J075-002-0042-0070，共 1 页）

22.《宁夏回族自治区党委关于转发 1959 年安置浙江来宁建设青年工作总结报告》（节选）

石嘴山工委，银川、吴忠市委，黄灌区各县委：

兹将自治区安置来宁建设人员委员会"关于1959 年安置浙江来宁建设青年工作的总结报告"转给你们。报告中总结的安置经验是好的，请有关县市委责成主管这项工作的部门，也具体总结一下这方面经验，结合检查解决目前存在的问题，并在现有经验的基础上，进一步做好已来人员的巩固工作，和为今年新的安置工作创造更有利的条件。

宁夏回族自治区党委

1960 年 1 月 10 日

附：

1959 年安置浙江来宁建设青年工作的总结报告

（节选）

自治区党委、人委、农垦部：

全区在 5 月至 7 月间，先后分两批共安置浙江来宁建设青年及其家属 57829 人。其中，青年50077 人（包括作为安置任务的 220 名自流人员），占总人数的 86.59%，家属 7752 人（老人 306 人，小孩 7446 人），占总人数的 13.41%。

青年中男女比例，男 32389 人，占 65.58%，女17238 人，占 34.42%，已婚夫妇 10314 对 20628 人，单身青年 29449 人。

政治成分：党员 3086 人，占 6.16%，团员 10340人，占 20.64%。

随迁干部 351 人，占 0.7%，复员军人 3834 人，占 7.65%。

文化程度：小学 19488 人，占 38.91%，初中3879 人，占 7.74%，高中 521 人，占 1.04%，高中以上 102 人，占 0.2%。

各行业人员：工业和手工业等各行业人员 8655人，占 17.28%。总的来看质量是符合中央规定条件的。

安置方法上，从始至终贯彻执行了自治区党委指示的"大分散，小集中，自成一个生产、生活和基本核算单位"的方式，安置在引黄河灌溉、条件较好的银川、吴忠、中卫、中宁、金积、灵武、宁朔、永宁、贺兰、平罗、惠农 11 个县市 39663 人，建立管理区和生产队一级的安置点 328 个，安置点的人数一般在 100 人左右，最多的 800 人。安置在灵武、前进、贺兰山等 8 个国营农牧场和贺兰、惠农两个县农场 7057 人，安置在青铜峡工地及其他工矿、财贸、文教、卫生部门 10409 人。其中，大部分县市安置了各行业人员。另外，经统一考试，录取 700 名具有初中文化程度的青年到各种技术学校学习。

青年分配安置到新的工作岗位上以后，就迅速组织投入了各项生产建设，发挥了很大的作用，做出了显著的成绩。

在农业生产战线上，328 个安置点的来宁建设生产队，今年共种小麦、水稻、蔬菜和其他杂粮经济作物 84500 多亩，其中水稻 38640 亩，占播种总面积的 45.72%，初步估计共生产粮食 2500 多万斤，第一年就获得了很好的收成。有不少生产队的粮食、蔬菜已基本达到自给，有的连队还可以向国家出售余粮。例如，永宁掌政公社的 3 个青年生产队共种水稻 885.33 亩，总产达 362130 斤，除公粮、籽种外，还有 291372 斤，平均每人合 691 斤，该队所种79 亩夏秋菜，也获得了丰收。每人每日按 1 斤计算，可以保证自给。宁朔县小坝公社红星生产队的粮食收入，除交的公粮和留够明年的籽种、饲料外，按每人全年留粮 437 斤计算，还能卖给国家余粮

48719 斤，在夏秋两季作物获得丰收的同时，不少生产队还创造了大面积丰产和高额丰产的成绩。如平罗县瑞宁管理区高楼生产队的 49 亩插秧水稻，平均每亩产 805 斤；宁朔县小坝公社叶盛青年队种植的 14 亩水稻试验田，平均亩产 864 斤，其中最高亩产达到了 1004 斤。他们积极劳动的精神和先进的耕作技术颇受当地群众的赞扬。

各地青年队，在贯彻以农业为主的方针，大力搞好农业生产的同时，广泛地开展了多种经营，并取得了很大成绩。目前，青年已经开展了烧砖、编织、割野草、挖野菜、养鱼、捕鱼、养殖家禽家畜、运输、基建等多种副业生产，不仅促进了自治区各项经济建设事业的发展，也增加了个人的收入。据不完全统计，到 10 月中旬为止，各安置点副业收入共达 88 万余元。副业生产开展较好的队，平均每人每月可达 10~30 元。家禽家畜的饲养也有很大的发展，各青年队共养猪、羊、兔、鸡、鸭等达 14000 多只，饲养的数量和范围正在日益增长和扩大，一般都是集体饲养，但也有各家各户饲养的。

安置各国营农牧场的青年，占原有职工人数的 65.1%，是当前农牧生产的主要力量，在生产中发挥了巨大的作用。如灵武农场在第二季度全场评比的 256 名先进生产者中，来宁青年有 158 名，占 61.76%，插秧突击手 165 名中，老工人只占 4 名，几乎全部是来宁青年。

在工矿企业和基层工作上，青年们也做出了巨大贡献。如参加青铜峡水利建设的 2400 名来宁青年，经常突破定额，提前完成任务，在国庆评比时，有 1700 余人得到跃进奖金，并评出 7 个先进集体，140 名先进生产者，有 139 名获得了"红色青年"的光荣称号。

我们从实践中体会到做好来宁青年安置工作的主要经验，有以下几个方面。

一、党的领导是做好安置工作的根本保证。今年安置浙江来宁青年 50000 人的任务，相当于我区过去 5 年安置农村来宁人数的总和。能够顺利地完成任务，主要是紧紧依靠党的领导，坚决贯彻执行党的方针、政策的结果。自治区党委把安置来宁建设青年工作列为主要工作之一，提到党委议事日程，对重大问题及时做出决定，并通知各有关单位，归口包干，分工负责，全面配合。各县市公社党委都很重视，均有 1~2 个领导同志亲自具体领导这一工作，从而保证了安置方针、政策的正确贯彻，做到了思想先行。根据我区民族聚居的情况，特别是注意了团结教育，在当地群众中，着重宣传了来宁人员对促进自治区经济繁荣，加速社会主义建设的重大意义，使全区群众在思想上将个人利益和国家利益、目前利益和长远利益结合起来，树立了自觉欢迎来宁青年的社会风气。在来宁青年中广泛深入地宣传了民族政策，使来宁青年和当地群众都能互相关心，互相照顾，彼此之间，特别是和当地回族群众之间都能互相尊重对方的风俗习惯，并经常进行访问、慰问、馈赠和举行各种形式的友谊联欢活动，来往亲密，亲如一家人。青年初到时，由于对安置区的气候环境和生产、生活方式一时不习惯，部分人情绪有所不安。党委一再指示，对青年要坚决贯彻诚恳、爱护、耐心、热情的教育。从思想上必须明确肯定他们的思想是进步的，能积极响应国家号召，毅然不顾一切来到宁夏参加社会主义建设的实际行动，是问题的主流，也是绝大多数青年的志愿，决不能因个别的暂时的问题而影响或动摇对来宁青年正确的认识。特别是个别地区发生了闹事情况后，自治区党委及时做出了正确指示，指出了青年闹事的性质和处理的原则，要求坚决贯彻说服教育方针，通过发动群众很快辨明大是大非问题，澄清思想，结合处理坏人坏事，教育了青年，树立了正气，同时又克服了干部右倾思想，使青年和干部都受到了一次深刻的教育。在教育上采取"由上而下，先党内后党外，先干部后群众，层层发动，步步深入"的方法。首先召开各级干部工作会议，检查总结工作，交流经验，整顿作风，统一认识，并交代完成任务的工作方法；自治区、各县市、公社大队大搞"试验田"，以点带面，发动群众，开展学先进、赶先进的评比竞赛运动；各级安置委员会、共青团、妇联、军区、县市劳动武装部根据不同对象，分别召开了青年代表、妇女、转业军人等一系列的会议，发动和组织了各方面的力量。根据青年的特点，开展了以社会主义思想为中心结合具体模范事例的正面教育，给他们指出了正确的方向和克服困难的方法，提高了觉悟，更好地发挥了青年的积极作用。

二、充分发动群众，依靠群众，是在安置工作中实现多快好省的基本关键。在安置工作中，各地都根据党委的指示，坚决贯彻了群众路线的工作方法，得到了广大群众的热烈支持。如生活和生产资料的准备，动员群众调剂出质量较好的住房 21000 间，并积极进行了内部整修；各农牧场的原有职工，把房子让给青年，自己住在帐篷和临时搭建的草棚里，使青年受到很大感动。在建房木料缺少的情况下，采取依靠群众就地取材的方法，盖起土木结构的平房 15000 多间，与此同时，对其他生活上的问题，如冬菜和棉鞋等，也是通过发动群众得到了解决。宁朔县小坝公社采取"以余补缺"由当地生产队调剂的方法解决了冬菜，动员当地妇女给青年做好了所缺的棉鞋。我们在贯彻群众路线和坚持勤俭办安置工作的同时，国家在经济上给予了必要的投资扶持。对处理有关群众经济问题上，坚决贯彻了"等价交换"原则，妥善处理了国家、集体、个人之间的关系。如对当地社、队调剂出的土地、耕畜、农具等，由国家拨款 310 多万元，公平合理地给予了补助，并广泛开展了互相之间生产、生活中的自觉支援，从而增进了当地群众和来宁青年之间正常持久的互相帮助和亲密团结。

三、从生产出发，以生产为中心安排全面工作，也是做好巩固工作的关键。安置工作的整个过程，是安排生产的过程，紧紧抓住生产这一环节，搞好生产，才能达到巩固。我们在这方面的体会如下。

1. 因地制宜，安排生产计划，开展多种经营。浙江青年到达时，正值春耕、夏收的农忙季节，由于我们事先在生产方面，如土地、牲畜、农具、籽种、肥料等做了充分准备，并制定了初步生产规划。因此，青年到达后，即组织讨论，在原基础上加以修订，按个人所长组织专业队投入生产。

2. 经常召开座谈会，组织参观，通过听、看、访问和实际操作等步骤，帮助青年尽快地掌握当地的土壤、气候、耕作方法。选派当地老农具体指导生产，以互相换工的方式，互教互学，抓住耕种、田间管理和收割打场的环节，组织观摩评比，交流经验。这样就地总结、现场观摩与学习的方法，收效好而且快，并能通过生产相互促进，加强团结。

3. 培养典型，树立旗帜，开展评比竞赛，不断提高劳动积极性。自治区、县市、公社、大队和青年点，以干部、青年和配备当地老农三结合的办法大搞"试验田"总结经验，召开现场会，以点带面发动青年开展生产竞赛运动，使农业生产获得了飞跃发展，青年的生产积极性不断提高。与此同时，各县市、公社、大队和先进青年点组织工作组，到各点进行具体帮助带动，也起到了良好效果。

4. 副业生产的安排要因地、因人制宜，固定性与临时性密切结合起来，这样才能达到收益快、逐步扩大和全面发展的要求。在开展副业生产的初期，青年不愿搞修路、基建、给农场做临时工，要求建立固定性的专业队组，经过教育，打通了思想，先搞临时的很快得到了一部分收入，然后由国家在财力、技术等方面予以积极帮助，逐步开展烧砖、编织、家禽家畜养殖等多种经营。在开展副业生产中，曾发现部分青年，认为副业赚钱多，不愿多要土地的思想，通过贯彻以农为主的思想教育工作后，很快得到了扭转。

四、关心青年生活，不断改善生产管理，是作好巩固工作，推动生产的必要措施。在生活方面，我们事先给青年准备了食堂灶具，调配了炊事人员，在粮食供应的数量和品种上都做了照顾，并规定发给来宁青年每人每月 15 元、家属 10 元的定期生活补助，在副食品和生活日用品的供应以及疾病医疗方面也都给了适当照顾，从而基本满足了来宁青年生活上的需要。在初到期间，由于生活制度管理不够健全，曾一度出现了粮食绝对平均使用的现象，随即通过民主选举各队建立了伙食管理委员会，全面采取饭票制，贯彻了"以人定量，结余归己"的办法，在很短的时间内就出现了不少的"三好"（吃饱、吃好、吃热）、"二送"（送饭、送茶到田）、"三有"（有热饭、热菜、热水）模范食堂。与此同时，建立了多种形式的文化、娱乐生活组织，不仅丰富了青年本身的文化生活，对青年起到了一定的教育作用，还增进了与当地群众的文化交流，促进了彼此之间的友谊团结。在生产管理制度上，根据生产发展具体情况，从各安置点的现实情况出发，认真贯彻了"三包制度"和建立了有关分配、奖励、考勤等各种必要制度，使各安置点逐步实现了"生产有计划、劳动有定额、农副业生产有专业队（组）和按照生产进度有明确分工和专人负责"，从而保证了生产的正常进行，并逐步将生产纳入正轨。

当前来宁青年的思想稳定，情绪高涨，特别是自 10 月份自治区召开浙江来宁青年代表会议后，通过会议精神的传达贯彻，青年的生产积极性进一步高涨，巩固工作出现了新的面貌。但个别地区的返籍外流现象仍在不断发生，这主要是由于青年在过冬问题上还有一定的顾虑，部分青年挂念留浙家属，个别青年愿去工业，不安心农业生产，同时我

们对某些具体问题，如冬季取暖的煤炭被服等尚未得到彻底解决，现在我们正在进行全面的政治思想教育工作，并结合解决存在的具体问题，发动青年积极参加今冬以水肥土为中心的大生产运动，使青年在思想上、经济上扎下巩固的根子，达到全面巩固。

宁夏回族自治区安置来宁建设人员委员会

1959 年 12 月 10 日

（宁夏档案馆：J057-001-0192-0113，共 11 页）

23.《关于 1960 年安置浙江来宁建设青年的计划报告》（节选）

12 月 14 日安置委员会遵照党委的指示，研究确定了 1960 年安置浙江来宁建设青年 3 万人，随迁家属 1 万人，共 4 万人。依照上述任务，特做如下安排。

一、安置方法与任务分配

1960 年浙江来宁建设青年，基本上采取"集中安置"的方法，分别安置在新建和原有国营农牧场及工业、水利等单位，随迁家属均随青年进行安置。根据 1960 年移送家属 1 万人的控制数，为了照顾青年的团聚，留浙家属的迁送对象，必须先迁青年迫切要求的留在浙江的夫妇一方和老人、小孩，具体任务分配见附录。

二、迁送时间和步骤

根据明年绝大部分青年集中安置在新建农场和这些单位均系开始改造，设备差和劳力不足的具体情况，为了保证生产、不误农时和加速建场，建议明年的迁送工作，采取"先迁青年，后迁家属"的办法，使青年能够及早投入生产和建房工作，为继续迎接安置家属做好准备。迁送步骤分三批。

第一批：2 月底到 3 月初，先给新建农场动员

迁送青年 15000 人。迁出地区按县动员，我们在不打乱原县和原公社的基础上，分配安置各农场。

第二批：3 月底到 4 月初，再送青年 15000 人。

第三批：6 月底到 7 月初，迁送家属 10000 人。

来宁人员的审批条件，浙江省委根据中央指示精神已作出了明确规定。总的精神，应按中央规定的条件执行。对家属中部分具有劳动力人员抵任务数的问题，为了保证质量，应控在不超过青年总数 15% 的比例。根据我区确定安置在新建单位、人数比较集中的具体情况，为了加强领导，建议浙江对随迁干部的配备，除具有生产经验的基层干部外，还能配备公社、县市的主要领导干部，争取做到迁送组织与安置区的生产组织统一起来。

随迁行业人员的配备，吸取今年的经验不宜规定比例。根据新建农场的情况，需要医生、铁木机械修理、驾驶等技工。上述所需人员尽量搭配，来者不拒，最少调配 2%，保证做到对口安置，以利及时进行生产。

列车编组，为了照顾 1959 年部分留浙家属全家迁移的情况和青年普遍要求携带生产、生活用具的迫切愿望，建议中央铁道部、交通部和浙江省在编车辆时考虑到这一情况，每列车乘坐人数可适当放宽，并拖挂部分物资车，争取将必要生产小型工具和生活用具尽量带上。

做好全面安置准备工作仍是一项繁重的任务，为了胜利完成此项工作，需要采取下列措施。

1. 建议各级党委加强对安置工作的领导。对各级干部职工和广大群众要加强教育，统一认识，使其从思想上认识到明确安置青年工作对加速自治区社会主义建设的重大意义。充分发扬共产主义大协作的精神，进一步树立自觉欢迎和帮助来宁青年的社会风气，从而保证这一工作的顺利完成。

有安置任务的各县、市和各单位，应根据分配任务及时做好全面安排计划，使任务落实，并于 12 月 25 日前报区安委。与此同时，应着手积极做好安置工作的准备。

2. 做好今年来宁人员的巩固工作。各地应结合当前整社、整党、整团工作，继续传达自治区代表会议的精神，解决尚存在的具体问题，做好全面巩固。各县、市应细致深入地做好政治思想工作和组织工作，既要掌握青年迫切要求迁送家属的对象，也要防止普遍调查登记的做法，以免突破任务造成工作被动。并应做好住房准备和安排部分学龄儿童的上学问题，使家属到达后感到温暖和方便。

3. 各有关单位应根据党委统一部署、全面安排、明确分工、协商进行工作的指示精神，分别将有关问题列入本部门的业务计划作为配合工作。建议区计划考虑解决所需的木材，制造农具的铁原料和其他修理的物资；商业部门做好有关炊具、农具、耕畜、运输工具、棉花及其他日用品的供应；粮食部门提早安排粮食、食油、籽种、饲料、副食品供应及粮食品种的搭配等问题；交通部门对当前新建农场基建运力的支援和青年到达后的短途运输等亦应提早做好安排；其他有关文教、卫生、财政、党团组织、随迁干部的安置和妇女工作等应分别对接，由各有关单位具体配合。各级安置办公室应主动与有关部门联系，提供有关资料和要求。

4. 为了协助迁出区进行动员和审批工作，各县、市及各安置单位应事先确定去浙江的工作人员，每个单位应统一由负责同志带领，采取会议形式，交谈政策、原则和做法，提出明确要求，拟好本单位情况介绍材料，使其有所遵循，达到口径一致。自治区安委会拟于赴浙前集中学习，然后再去浙江。

5. 关于明年的安置经费预算，由安置委员会负责编造全部来宁人员的设站招待费、临时伙食补助及医疗费、火车终点到安置点的人员物资运费等，报中央农垦部；另编 1959 年安置人员的生活补助费及 1960 年的农村安置人员的安置费，报自治区财政部审批拨款。

国营农牧场及水利单位的安置经费由农垦局、水利局自行编造。

安置工业部门人员途中的伙食费、医药费及短途运输费，中央规定由用人单位开支，为了便于迁送工作，可先由浙江及区安委会垫付，安置后由用人单位按实支数分别归还。

当前我区需派领导同志赴中央农垦部及浙江联系，确定有关迁送时间、步骤及配备随迁干部等主要问题，请党委研究，从速决定。

以上报告妥否，请审核批转各地研究执行。

宁夏回族自治区安置委员会

1959 年 12 月 19 日

（宁夏档案馆：J057-001-0046-0081，共 11 页）

24. 《宁夏回族自治区农垦局、商业厅关于做好浙江青年所需生产工具、生活用具的准备和供应的联合通知》（节选）

各县市人委、商业局、各农牧场、安置委员会：

1960 年全区将安置 4 万名浙江支宁青年，4 月前后即将到来，为了及早做好安置前的准备工作，使青年到来就可投入生产，为此，要求对安置浙江青年所需的一切生产、生活资料，根据分配任务提出了初步计划。各县市安委会和有安置工作的农牧场，应根据具体情况提出分期分批需用之小型生产工具和生活用具计划，送各县市商业局负责组织货源及早准备，适时供应。如少数生活用具、生产工具品种在本县范围内切实无力解决者，由县报请区商业厅根据情况进行调整。希接到通知后遵照执行。

生活用具：大锅（口径 1.9 公尺）、小锅（口径

1 公尺）、蒸笼（10 个）、铁桶（担水）、案板（0.6×1.5 公尺）、席子（0.7×0.5 公尺）、大水缸、菜刀、铁勺、大小盆、炉条（直径：3 公尺）、碗、筷、铁锹、锄头、镢头、镰刀、扁担、挑筐、背篼、麻绳、帆布帐篷。

宁夏回族自治区商业厅

1960 年 2 月 20 日

（贺兰县档案馆：37-1，共 3 页）

25. 《银川牧场关于安置浙江青年的工作总结报告》（节选）

今年我场共安置了浙江昌化、安吉、临安 3 个县里的来宁人员，包括老人，小孩等 1419 人，其中青年 1129 人（昌化县 394 人，其中青年 302 人；安吉县 430 人，其中青年 374 人；临安县 595 人，其中青年 453 人）。青年中，随迁干部 5 人，党员 54 人，共青团员 163 人。青年分两批到场：第一批是临安县，5 月 12 日到场；第二批是昌化县、安吉县，5 月 19 日到场。目前，我场的自然条件虽差，扩建工地平地起家，但全体来场青年却表现得生机勃勃，精神旺盛，同时要求尽快地投入生产，仅就几个主要工作分述如下。

1. 分批举办了两次盛大的欢迎会，场领导都做了场的情况和发展远景介绍，同时对目前的一切困难也做了实事求是的交待，讲解了支宁青年来宁对自治区的经济、文化发展等方面的意义。

2. 初步解决了住房问题：经过几个月的苦战突击，到现在已建宿舍 140 间、临时工棚 70 多间，以及临时伙房 29 间等，初步解决了住房问题。

3. 抓紧了伙食，改进了食堂管理。对食堂工作人员进行了调整，80% 是青年，20% 是老炊事员。粮食根据粮食部门的供应标准和搭配，蔬菜供应困难

较多，扩建工地正在积极准备播种，但目前还需依靠蔬菜供应部门给予供应。

4. 关于青年的工资借出问题：在工资尚未评定前，现仍采取去年的暂借办法，待工资评定后，多退少补。

5. 关于青年的生产问题：青年到场后我们利用了座谈和休息之际，对各队劳力进行了摸底排查，根据生产安排劳力，确定了各个生产队的任务。

6. 召开了各种会议，安排生产，安排生活。

7. 选择了一批干部，初步安置了一批行业企业人员。为了适应发展生产的需要和培养青年起见，先选择一批作为生产工作领导机构的干部，以便发挥青年们生产的积极性。

1960 年

（宁夏银川市档案馆：共 8 页）

26.《宁夏回族自治区为浙江支宁青年编辑的宣传资料》（节选）

一、地理位置

亲爱的读者，你想知道宁夏的情况吗？只要打开我国的地图，就可以在北纬 35 度 30 分至 39 度 30 分，东经 104 度 40 分至 107 度 20 分，找到东西狭、南北长的一块，那就是你所关心的地方——宁夏回族自治区。

宁夏回族自治区在我国中部偏北地区，在内蒙古和甘肃省的中间，东面与陕西省相连。这里虽然在我国的西北，但它与全国各地来往都很方便。从上海来宁夏只要坐上火车，过了 40 多个小时就可以到达自治区的首府——银川，如果在北京动身，就更方便了，只要乘 20 多个小时火车就到了。

在自治区西北部与内蒙古交界的地方，有一座蜿蜒数百里的贺兰山。山的西面是内蒙古，东面是

宁夏，高高的六盘山和关山耸立在自治区的南面。黄河斜贯自治区境内。从西部的中卫县入境，流过 12 个县、市，由北部的石嘴山市出境，全长 800 里。

有黄河水流过的长达 800 里的地区，是一片广大的平原。渠道纵横，密如蛛网，土壤肥沃，到处一片稻香。人们常说的天下黄河富宁夏，就是指的这块地方。

靠在黄河两岸的 12 个县、市，人们可以方便地利用黄河水来灌溉农田，所以把这一块儿地方叫作黄灌区，也叫作川区。南部的地势较高，山也多，那里被称为山区。黄灌区属于河套平原，海拔高度 1100 米左右；南部六盘山区，海拔高度在 2100 米以上。

二、面积、人口、民族

从地图上看来，宁夏是目前我国面积最小的一个省区，面积有 66400 平方公里。全区有 19 个县、市，他们是中卫、中宁、宁朔、永宁、贺兰、平罗、陶乐、金积、灵武、盐池、同心、固原、海原、西吉、泾源、隆德 16 个县和银川、石嘴山、吴忠 3 个市。

这里居住着 200 多万勤劳勇敢的人民。目前全区的人口与土地面积比较起来，也是地广人稀，这里可以开垦的荒地很多，因而除了依靠我区各族人民的努力外，还需各兄弟省区对我们从人力上大力的支援。

三、宁夏的气候

没有到过宁夏的人，一听到宁夏在西北，很可能马上会联想到"寒冷"两个字，因为有些南方的同志常常把西北想象的非常冷。其实并不是这样，如果你向这里居住多年的人民打听一下，他们会异口同声地告诉你："同志，这儿不怎么冷啊，冬天我们穿一件棉袄就可以过冬了。"曾经在这里度过严冬的外来干部也会这样告诉你的："这里并没有我们过去所想的那么冷。冬天有一套棉衣也可以了，

真是百闻不如一见!"

说宁夏不冷,当然不是说这儿的气候跟南方一模一样,只是想说明这儿不是像有些人听说的那样冷得可怕。至于北方的同志到宁夏来,就更没有什么问题了。

为了清楚地说明"宁夏究竟冷得怎样"这个问题,我们不妨把北京、上海、宁夏的气候和风力做一个比较。

地区	日期	最高温度	最低温度	风力
北京	1959 年 11 月 10 日	2℃~4℃	-3℃~5℃	1~3 级
	1959 年 11 月 11 日	5℃~7℃	-4℃~6℃	3~4 级
	1959 年 11 月 12 日	5℃~7℃	-4℃~6℃	1~3 级
宁夏	1959 年 11 月 10 日	5℃左右	-8℃左右	3 级
	1959 年 11 月 11 日	3℃左右	-10℃左右	2 级
	1959 年 11 月 12 日	4℃左右	-10℃左右	3 级
上海	1959 年 11 月 10 日	15℃	9℃	3~4 级
	1959 年 11 月 11 日	14℃	10°	4~6 级

这里冬天的最低温度一般都在零下,这是因为宁夏在大陆的东部,地势较高,就形成了一年或一天当中,最高与最低温度。但实际上,一天中处于最低温度的时间极短,一年中处于最低温度的日子也不长。只有在晨曦之际和太阳下山后的夜晚,才开始有寒气刺人的感觉。曾经在南方或北方受过酷暑威胁的同志,当他们在宁夏过第一个夏天的时候,真有说不出的舒服,因为这儿的夏天只有中午有一阵子热,早晚很清凉,在这里过夏天,人们用不着擦汗,夜里还要盖上薄棉被。

四、沿革

历代以来,宁夏一直是封建统治者和边疆游牧民族争夺的地方,也是宋、西夏、金等封建王朝和吐蕃部族交战的古战场。

早在春秋战国时期,这里就已经是羌、戎居住的地方。后来,秦始皇夺取了黄河以南千里的土地,设北地郡,并从关中一带向这里移民;汉武帝也曾把匈奴赶出贺兰山,在这里进行大规模经营与开发;晋代时这里为赫连勃勃所占据;南北朝、隋、唐等朝代都在这里设立过官府;宋仁宗时,元昊称帝,在这里建立了大夏国,都城就设在银川市附近;公元 1227 年,元朝灭掉西夏后,这里又改为宁夏;明清两代都在这里设过府、卫、道;公元 1912 年以后,国民党反动派把这里改为朔方道,当时属于甘肃省管辖;公元 1929 年正式建立宁夏省。

1949 年 9 月 23 日,宁夏各族人民在中国共产党的领导下得到了解放,当时仍保持了宁夏省的建制。到 1954 年 9 月,原宁夏省撤销与甘肃省合并。

多少年来,宁夏这块土地上,一直是回族人民比较聚集的地区。为了进一步贯彻党的民族政策,根据党中央和毛主席的倡议,第一届全国人民代表大会第四次会议通过了成立宁夏回族自治区的决议。1958 年 10 月 25 日,正式成立了现在的宁夏回族自治区。

宁夏回族自治区安置来宁建设人员委员会编印

1960 年 3 月

(宁夏中宁县档案馆:1960-27,共 33 页)

27.《欢迎 1960 年浙江来宁青年标语口号》(节选)

通　知

现将自治区刚发来的今年欢迎来宁建设人员的标语转发给你们,这次发的在内容上比上次丰富、广泛,你们以此为主,参考前次的标语。标语口号要按照所拟定的使用,并注意标语口号的字体,除国务院公布的简体外,不得随意简化。

附：

欢迎 1960 年浙江来宁青年标语口号

欢迎浙江青年来宁参加建设！

欢迎浙江来宁青年，祝你们在工农业生产战线上取得更大成就！

树雄心、立壮志，为建设新宁夏而奋斗！

坚决贯彻"边开荒、边生产、边积累、边扩大的方针"，为建设新农村而奋斗！

虚心向当地群众学习，不断推广先进经验！

破除迷信、解放思想，大搞技术革新和技术革命运动！

当浙江人民的好儿女，又当宁夏生产建设上的好尖兵！

浙江青年干劲高，条条战线逞英豪！

浙江宁夏心连心，建设祖国齐跃进！

安下心扎下根，为建设新宁夏而奋斗！

浙江花开宁夏川，生产捷报到处传！

浙江花开宁夏红，创造奇迹报亲人！

搞好当前生产，实现新建家乡开门红！

高举毛泽东思想的旗帜，奋勇前进！

贺兰县安置来宁建设人员委员会

1960 年 4 月 29 日

（宁夏银川市贺兰县档案馆：37-1，共 2 页）

28. 《宁夏回族自治区人委转发关于对 1960 年浙江来宁建设青年安置工作检查的报告》（节选）

固原专署，各市、县人委，各有关单位：

区人委基本同意安置来宁建设人员委员会"关于对 1960 年浙江来宁建设青年安置工作检查报告"，现转发给你们，其中提出的问题，请有关单位认真地研究解决。

几年来各地对安置来宁建设人员做了许多工作，因此，使来宁浙江青年及其他人员都很快和本地区的群众取得了紧密的联系，安下心投入到各项建设战线上。但是，也出现过一些缺点和问题，希望各地都应该认真地检查总结一次这方面的工作经验。鉴于进一步加强对来宁青年的领导，尤其抓紧对他们的政治思想教育工作，及时解决具体问题，更进一步巩固与提高生产情绪，充分发挥他们的力量。

宁夏回族自治区人民委员会

1960 年 9 月 8 日

附：

关于对 1960 年浙江来宁建设青年安置工作检查的报告（节选）

区党委、人委、各委员单位：

最近以自治区和县、市安置委员会为主，并吸收各有关部门，组织银川、银南、银北、河东 4 个工作组，经过 20 多天全面检查了 1960 年安置的 12 个国营农林牧场、7 个工矿企业单位及水电局，并重点检查了 1959 年农村安置的 32 个青年点，从总的情况来看，当前青年安置巩固工作是良好的。在整个工作中掌握和吸取了去年的经验和教训，狠狠抓住了思想教育和生产、生活 3 个关键，因此在设备和物资条件较差的情况下，保证了接待安置工作的顺利完成，为全面巩固工作奠定了基础。现就安置工作检查情况报告于下。

全区共接收安置来宁青壮年 29490 人，其中男 16724 人，占 56.52%，女 12766 人，占 43.48%。夫妻 7779 对 15558 人，占青壮年总数的 52.56%，单身男女青壮年 14032 人。随迁家属 10143 人，其中小孩 9431 人，占家属总数的 92.99%，老人 712 人，占 7.01%，安置青壮年及家属总人数为 39633 人。

青壮年中党员 1500 人，占 6.54%；团员 3718 人，占 12.56%；基层骨干 1937 人，占 4.89%；随迁干部 141 人，占 0.47%。

文化程度：小学 12477 人，占 31.48%；初中 1786 人，占 4.51%；高中 217 人，占 0.55%；高中以上 9 人。

年龄：15~30 岁的 17814 人，占 44.95%；31~40 岁的 9698 人，占 24.47%；41~50 岁的 2078 人，占 5.24%；50 岁以上者 945 人，占 2.38%。

从以上总的情况来看，质量是好的，与 1959 年对比有几个特点：

（1）妇女由去年占青壮年总人数的 34.4%，提高到 43.48%，夫妻人数平均占 52.56%，最高达 60%；

（2）家属人数去年占 13.41%，今年高达 25.34%，增加近 1 倍，家属中小孩占 92.99%，老人是个别的；

（3）壮年所占比例去年 13.33%，今年达到 29.71%，壮年中 31 岁以上 11776 人。

在安置方法上，贯彻了自治区党委指示的"集中安置"方式，分别安置在农业厅所属农牧场 7503 人，农垦局所属农场 20667 人，水电局 6540 人，县、市农牧场 1392 人，工矿企业单位 4676 人。另有 1959 年青年家属 455 人，重返青年 1828 人，均分送到原安置县市。青年到达新的工作岗位后，一般整休两三天，即迅速组织投入生产。

根据检查排队情况，思想稳定的占 85%，忧虑观望随大流的占 10%，动摇不定占 5% 左右。从安置单位对比来看，最好的有银川牧场、灵武农场、宁朔县农场、石嘴山钢铁厂、工业局磷肥厂；较好的有交通局、建工局；一般的有渠口堡、平吉堡、暖泉、前进、芦花台等农牧场；较差的是贺兰山牧场、连湖、巴浪湖、水电局（金积点较好）及石炭井。

第一、二类：是全民巩固，出勤率在 95% 以上，而且青年积极性很高，不断突破定额。第三类：情绪基本稳定，出勤率在 85% 左右，虽存在一些问题，但由于领导重视，已得到解决或正在设法解决，各项工作基本纳入正轨。第四类：领导重视不够，抓得不紧，工作跟不上，青年情绪不安，存在问题较多，并已发生返籍外流现象，通过检查统计，目前已外流 192 人。

1959 安置的青年，通过一年多时间的加强巩固教育和青年在生产、生活中具体实践，生产已打下了初步的基础，生活由不习惯逐渐转变为习惯。春耕前各安置县、市根据生产发展要求和青年具体情况，将原有的青年安置点进行调整。平罗、灵武、金积 3 县全面转为县办和社办农牧林场；其他各县也做了必要的整顿，将原有的 328 个点，合并为 156 个点，农村原安置的 39000 人除外调工矿企业单位的 6200 人、返籍未归的 7800 多人外，农村实有人数 24000 人。据当前调查，生产收入自给的有 86 个点，8400 多人；基本自给的 40 个点，7800 多人；半自给，生活上尚有一定困难的 36 个点，7300 多人。在第三类安置点中尚有少数思想不安，生产、生活未纳入正轨，返籍外流还未杜绝。

事实证明，凡是领导重视、决心大、抓得紧，能够始终一致，坚持大抓生产、搞好生活、相信青年、爱护青年，依靠群众是完全可以做好的。

当前安置工作中存在较普遍而又有共同性的几个问题。

一、从这次检查中所披露的问题来看，政治思想教育工作仍是整个工作中较薄弱的一环，这也是形成好坏极不平衡的主要原因。由于今年安置工作比较顺利，青年思想比较稳定，没有发生大的问题，因而产生麻痹松劲思想，给工作带来了一定的影响，个别单位的领导干部，存在着较严重的官僚主义，放松政治思想教育工作。

二、建房已成为安置工作中较普遍、最突出的问题。目前住房数量不够，质量较差，新建工作又未能及时赶上，物料和技术力量均感不足，特别是新建农场和水电局等单位，绝大部分是临时工棚，一到雨季就无法居住，过冬更成问题。当前督促各安置单位根据"就地取材"的原则和具体条件，组织基建队，务必在9月底前全部完成建房任务。

三、粮食超支问题。在安置初期，各农牧场都有不同程度的超支，原因是一开始对标准定量掌握不好，再如1959年青年到各场探亲吃饭不交粮票，据了解平吉堡就超支16000斤，暖泉农场超支25568斤，水电局宁朔点超支11600斤，其他单位也存在这一情况。

四、医疗机构不健全，医务人员缺乏，技术水平低，是当前各场普遍存在的问题。

五、有关生产工具、生活用品供应及重返人员的布、棉票，邮电、银行等机构的建立等问题。

对于这些问题，各有关厂局都非常重视，大力进行配合。但由于我们提供情况、主动联系不够，未能按需要纳入各部门计划内，做到有计划地配合，同时需要量大，临时解决就会突破指标和发生准备不及等现象。据这次检查，首先，主要生产工具如铁锹等只有70%左右，特别是急需的19000把镰刀，尚未落实；生活日用品的供应，糖、烟、草帽、酱油、纸张普遍感到货源不足。其次，1959年重返青年6600余人，所需布票26万尺，棉花5万斤，亦需研究加以解决。邮电、银行等也需对新建单位迅速建立相应机构。另外，据了解各场有30名精神病者，希望民政厅考虑能否收容这批人。

六、行业人员据统计共1382人，工种有铁木机工、服务行业人员、纺织工人、编竹器及渔业等20多种，目前大部分做了安置，还有一部分未得到安置的人普遍思想不安，这是要亟待解决的一个问题。我们考虑，首先请本单位尽量安置，对没有条件对口安置的，可说服其改业，对确实不能安置的报民政厅统一安排，有关工资待遇问题亦请统一作出规定。

七、工业部门当前最普遍的一个问题是青年家属的安置问题，如果家属得不到安置，势必影响他们的情绪，如吴忠机校接收的200多人，具有学习条件的仅70~80人，学校本身无法安置。我们意见：首先由机械局内部进行调整，确实不能解决，在不分散整家整户的原则下，报区安委另行安排。

八、1959年农村安置青年的生活补助费，到7月底停止补助，不能自给的安置点仍存在一定的困难，解决困难的唯一办法是加强对农副业生产的领导，发动青年积极投入生产，只有搞好生产，才能增加收入，改善生活。

九、1959年农村安置青年，有一部分患长期慢性病者和需住院者的医疗问题，原规定初到3个月由国家补助，过后由个人负担，但根据目前情况，有些患病者无力负担，县市又无专款解决，对这部分，我们必须有负担到底的精神，给予适当解决，考虑可以在县市整个安置经费预算标准内调剂给予解决。

十、安置经费过去没有普遍清理。据了解基层使用单位制度不够健全，问题较多，已经发现有贪污挪用现象，已通知各县市结合三反进行全面检查清理。

通过这次检查中发现的问题，总起来是属于工作和物资供应两个方面。

一、工作方面。

（1）进一步加强政治思想教育工作，通过对干部的全面教育，提高他们对安置来宁青年重大意义的认识，彻底清除畏难思想和简单生硬的作风，同时加强新老干部、职工间的团结教育和对青年的法治教育，进一步教育、培养和放手使用随迁干部，充分发挥他们的积极作用，有计划采取会议形式，分批分期训练青年中党、团骨干的积极分子，不断培养和扩大积极分子队伍。

（2）对这次检查发现问题较严重的单位，由区和县市安置办公室派人协助主管部门深入现场，彻底进行解决。

（3）分级大搞试验田，区安委办公室已组织工作组到平吉堡搞试点工作，各县市办公室同时开展这一工作，并对 1959 年农村安置的落后点要采取具体措施，于 7—8 月两个月内改变面貌。关于安置经费，除区安置办公室派人重点清理外，已责成县市办公室全面进行一次清理。

二、物资供应

物资供应问题涉及面很广，除我们主动与有关部门联系解决外，要求召开一次安置委员会会议。通过具体研究，由各有关部门分头进行解决。

宁夏回族自治区安置来宁建设人员委员会

1960 年 8 月 3 日

（宁夏银川市档案馆：C1-4-0089-0006，共 9 页）

29.《宁夏回族自治区安置来宁建设人员委员会关于安置浙江青年工作的情况报告》（节选）

一

根据中央关于动员青年参加边疆和少数民族地区社会主义建设的指示，原计划从 1959 年起，5 年内由浙江移送青年 30 万人到我区参加生产建设。原计划执行两年之后就停止了。两年当中，由浙江共移来 96793 人，其中青壮年 79667 人，家属 17126 人。这些青年，各方面的条件是高的，大部分是青壮年农民，有一部分是具有一定文化和技术水平的，共产党员和青年团员占 22%。移来的青年，绝大部分是安置从事农业生产，其中有 50175 人是单独组成基本核算单位分别插入灌区县市的人民公社，35118 人安置到国营农牧场，另外有 11500 人安置到工业、交通、文教、卫生和水利部门。

整体说来，我区安置浙江青年的工作是有成绩的。几年来，来宁青年在相当艰苦的条件下，绝大多数人都积极参加了生产建设，对祖国、对宁夏都是有贡献的，有的人为此还牺牲了生命。据不完全统计，安置在农业生产方面的青年，到 1961 年，共生产粮食六七千万斤，开荒 25 万亩，在开挖西干渠和青铜峡工程中，共做土方 40 多万方，并且传授了浙江的水稻种植技术。安置在其他方面的，也涌现出不少模范事迹和先进人物。同时，由于青年来宁，密切了浙江与宁夏两地人民的相互联系和了解，加强了相互之间的团结，有些人已经比较巩固地定居下来。但是从今后长远的移民方面考虑留下来的这些人的意义和作用，是绝不应该低估的。

尽管工作中的成绩是肯定的，但是我们还必须承认，这项工作我们做得并不好，缺点、错误是很多的，集中表现在绝大多数青年没有安置巩固住。据统计，截至目前为止，浙江青年先后返籍、外流（包括请假不归）共达 8 万多人，占移来人数的 84%，其中安置在农村人民公社的走了 48000 多人，占安置农村人数的 96%；农场的走了 28000 多人，占 80%；工矿企业单位的走了 5000 多人，占 49%；留下来的约 16000 人，也还不大稳定，可能还要走一部分或者一大部分。由于移而复返使国家和群众在政治上和经济上都受到了很大损失。国家直接支出的安置经费 1690 万元，有相当部分是浪费了，给浙江当地和宁夏地区的社员带来了一定的困难，更重要的是给移来的青年造成了很大的灾难，许多人把衣服变卖一空，吃了很多苦。

就移来青年巩固不住的问题，单就到目前为止这一阶段来说，特别是单就经济方面来说，我们取得的成绩是第二位的，缺点、错误所造成的损失是主要的。但是，因为这一阶段的工作给我们带来的经验教训是很丰富的，如果我们能够认真总结，深刻汲取，运用于今后的移民工作，那么，就今后更长期的移民工作来说，这一阶段的经验要长期起作用的，是党和人民的宝贵财富。缺点、错误是坏事，但教训了我们，应该说是坏事也变成了好事。

二

为什么移来的移民巩固不住呢？我们认为原因是多方面的。几年来，由于连年的自然灾害和我们在各方面工作中的严重缺点、错误，城乡人员的收入和生活水平下降了，政治生活也不够正常，农村的情况，比较更差一些，本地人不少尚且外流，移来的青年困难更多，返籍外流的可能性自然就更大。这是一方面，安置工作做得不好。

宁夏是个人少地多、经济落后的地区，向宁夏地区移民，加速社会主义建设的总方向和中央决定的"积极、稳当"的总方针是正确的，我们在移民和安置浙江青年工作中，由于不了解、不尊重人口流动的客观规律，在安置方针、政策、任务和组织措施等方面的错误，是执行总的移民政策方针的缺点、错误。这些缺点、错误主要是以下几个方面。

第一，忽视了历史上人口流动的传统习惯，并且对这次移民的新的特点又认识不足。宁夏历史上是人口移入地区，移民几乎全部来自黄河沿岸各省、区，因为这些地区同宁夏直接商业运输有历史上的关系，过去移民一般是整家整户生活困难自动迁移，心向一头，别无牵挂，所到地区加以组织安置即可定居，解放后的移民也是整家整户的，而且是由少到多，串联群众完全自愿地逐步移来的。这次从浙江移来的青壮年，是动员参与式的整批而来，但又没有如同军队一样的政治工作和后勤工作跟上去。

这样大的青壮年队伍，虽对安置巩固上的客观困难和复杂性做过研究，但是认识很不够，因而在安置工作上不能适应浙江青年的新的特点和要求。

第二，对于移民的经济利益注意不够。移民到宁夏来，是希望在宁夏生活得比在原来的地方好一些，浙江青年来自比较富庶的地方，要求就更强烈一些，这种想法不能说是不正常的。但是，由于我们缺少必要的条件，在具体的安置政策、方法上有毛病，没有能够比较妥善地解决这个问题，特别是安置在农村人民公社的，表现得更突出。不仅不能提供使浙江青年增加收入的条件，也没有在税收、征购等方面给予较多的、较长期的照顾，结果使他们的生活水平下降，安不下心来，更谈不到赡养他们在浙江的家属。虽然我们在生活上补助了，用去了不少经费，但是依靠不住，总是不能从根本上解决这个问题，安置在农村人民公社的，几乎全部走光，根本原因就在这里。

第三，对于浙江青年和当地群众的关系处理得不好。最主要的是在安置中平调了当地社、队和队员的财产，侵犯了当地群众的切身利益。据调查，1959年为安置浙江青年，先后向农村人民公社的集体社员抽调耕地122482亩，其中，青苗40266亩，耕畜4989头，各种农具4640件，总值达千万元以上。这不但使当地社员财产上受到了损失，而且生产收入也减少了，因而社员对浙江青年并不欢迎，双方纠纷很多，而且处理得也不尽妥当。这种状况，也在某种程度上反映在当地干部中，浙江青年感到不被重视，甚至受到歧视。

第四，对于浙江青年的政治思想工作做得少，而且没有说服力。我们这次移送和安置浙江青年同解放以前的人口移入，是有本质区别的。在旧社会，人口移入，主要是为了逃避原住地方的政治、经济重压，谋求新的生路，所以能够忍受痛苦，克服困难，他们的定居往往是带有不得已成分的。现在移民，除为移民谋求更好的生活而外，更主要的是为了加速发展社会主义建设，因此必须依靠政治思想工作，使他们的个人利益和国家利益、暂时利益和长远利益统一起来。我们在这方面的缺点：一是缺乏教育；二是对浙江青年的切身利益注意不够，空讲政治道理；三是某些单位对浙江青年采取了粗暴的方法，因而严重伤害了浙江青年的政治积极性。

这几个问题要处理好，不是轻而易举的，不但很复杂，工作量大，而且还需要一定的物质基础。如果我们当时对这些问题认识比较充分，步子迈得稳一些，问题可能处理好一些。但是我们实际上步子迈得大了、快了，两年移送的浙江青年，连同其他方面调来、移来、流来的人达到了30多万，占当时当地人口总数的15%左右。移民虽然能增加生产，但是很大程度上属于积累性质的，移得过多，就形成了一个过重的负担，超过了当时生产力发展水平所能容许的限度，加之几年来连年减产使得上述几个方面的矛盾更加突出，更加难以解决。

所以出现上述缺点、错误，一方面是由于对移民工作我们还缺乏经验，同时我们领导思想和领导作风上存在的主观主义和官僚主义。对宁夏地区的经济落后、劳力缺乏，是工业还是农业，是山区还是灌区，缺乏具体分析和正确的估计，对宁夏地区经济建设的发展速度要求过高过急，各方面的步子都迈得过大、过快，因而也就势必提出过高的移民计划。移民不仅对国家来说是一种积累，我们要求尽快收到效果是对的，但过快、过急，势必会过多地损害移民的利益，使之生活水平下降，难以巩固。这是我们在今后的移民工作中必须牢记的根本经验教训。

三

为了善始善终地处理好浙江青年的安置工作和善后问题，我们对于今后的工作提出了几点意见。

第一，对于现在留下来的1万多浙江青年，应力争其巩固下来，愿留的，在生产、生活上要尽可能给予照顾，愿走的，尽力帮助解决回去的各种问题，不使其流离失所，对走了又回来的，要本着负责到底的精神，在不违反当前精简的原则下，该安置到农场的或农村的都要适当安置。

第二，对于过去几年被批判、斗争、处分了的浙江青年，原在单位要认真进行一次甄别，该平反的迅速平反道歉，本人已返籍的，应该正式通知其原籍县和本人。

第三，（略）。

以上报告，如有不妥，请指示。

宁夏回族自治区安置来宁建设人员委员会
1962 年 7 月 13 日
（宁夏档案馆：J075-001-0035-0051）

30.《宁夏回族自治区来宁建设人员委员会关于浙江来宁青年工作中存在问题及处理意见的通知》（节选）

各县市安置委员会，国营农牧场及自治区有关厅、局：

我区 1959、1960 年两年，共安置浙江青年96000 余人。由于多方面的原因，先后返籍、外流和请假不归共 8 万余人，占原安置总数的 80%以上。由于对这些人返籍后的户口、粮食关系均未做妥善处理，不仅造成户籍方面的混乱，还有少数人员往返两地，个别人乘机搞投机活动，影响生产和社会秩序。

今春以来，已经返籍的青年又重返我区的人不断增加，由于他们的安置点已不存在，对上述人员无法安置，致使个别人流浪街头，影响很坏。其次，现留我区的浙江青年不少人提出，对他们应按照陕西移民回陕的办法，帮助他们解决路费、运输等问题，准予他们回浙江。

对此，特作如下通知。

一、对于以往私自返籍或请假逾期不归的浙江青年，他们的户口、粮食关系，由原安置县市和单位进行清查登记，注销其在我区的户口、粮食关系，并造册通知浙江迁出县市，请当地政府通知其本人说明情况，不再来我区。

二、对于已经返籍，又重回我区的青年，无论是请假逾期后重返我区的，或是私自返籍而又回我区的，除要求在我区农村长期安家落户的，要适当安置外，一律动员返回原籍。车旅费有困难的，原安置在农村的可从自流人员遣返费予以解决，原安置在工矿企业和国营农牧场的，由原安置单位行政经费中开支。

三、对于现留我区农村的浙江青年，应认真帮助他们解决好生产、生活上存在的实际问题，争取巩固下来，对不愿继续留我区坚决要求返籍的，应当允许，并帮助他们妥善处理一下问题。

安置在农村的青年点，国家或社队调拨给他们的生产资料和生活资料均应办理移交手续；完成征购任务以后，属于个人部分的粮食，可到粮食部门兑换粮票带去（带去多少，在户粮关系上注明）；办理好粮食、户口关系；是党、团员的办好党、团关系；并给他们解决返籍的车旅费的困难（由安置经费中开支）。安置在县市农牧场的浙江青年的返籍车旅费的困难补助，按照农村处理。

安置在工矿企业（包括国营农牧场）的浙江青年，按有关精简规定处理（车旅费由安置单位开支）。

以上通知，希即参考执行。

宁夏回族自治区安置来宁建设人员委员会
1962 年 8 月 9 日

（宁夏中宁县档案馆：27-103，共 2 页）

31.《宁夏回族自治区民政厅关于浙江来宁青年情况报告》（节选）

全区现有浙江支宁人员 10000 余人。其中，农村人民公社 1550 余人，县市 1370 余人，区属国营农牧场 4700 余人，工业部门 2980 余人。

据了解，农村安置青年，绝大多数都着重搞自留地和副业生产，打算多挣点钱，准备秋后回去；工矿企业单位的青年，家在农村的干部已被精简回乡，家在城市的普遍要求把他们调回去。

总之，目前青年普遍要求是：根据陕西移民的处理办法，把他们送回浙江。

关于青年要求回浙江问题的处理，区安委已发出（62）宁安字第 31 号《关于浙江来宁青年工作中存在问题及处理意见的通知》，我们又邀请参加民族工作会议的县市科（局）长进行了座谈，对贯彻方法及有关问题的处理提出了如下意见。

（一）为防止口径不一致和引起青年不应有的误解，对处理返浙青年问题的通知精神，应由县市统一掌握，采取先干部、后群众的方法进行贯彻。对青年要反复讲清争取巩固和对坚决要回去的由政府帮助解决车运费困难的全面精神，对干部要着重教育他们，要以负责到底的精神，切实将走者送好，留者安好。

（二）据了解，农村和农场青年，缺单衣的占 15%~20%，需要尽量设法予以解决。解决的办法：各县市和农业厅都控制有一部分去冬的布票，可全部用以解决青年缺衣问题；农村和县市农场的青年，由县市解决，区属国营农场的青年（不包括贺兰山军马场，该场已发），由农业厅统一安排解决。

（三）对已返籍和外流青年留下的衣物，应全面进行清查登记，凡能查出物主姓名的应负责寄还本人；找不到物主姓名的应由县市安委统一登记，集中保管，保管一年以后仍无人查找的再做处理。另外，上述衣物中，有些已保管了一年以上，找不到物主姓名的，可以作救济发给浙江青年中的困难户，不能移作别用。

（四）青年点公共财物的处理。

1. 原有国家投资购置的和社队调拨的，应做好登记，移交所在地社队管理。属于国家投资购置的，由县市根据区安委、清产核资委员会、财政厅根据《关于处理移民经费购置物资的联合通知》处理。属于社队调拨的，应归还原调出队，收回原付款。

2. 原属青年积累的，一般数量有限，可由现有青年自行处理；如果青年已全部返浙，可由县市掌握，合理做出处理，所得回款及原存现金，全部用于青年困难补助。

在具体处理中，必须将双方面的账目摸清，既要不留尾巴，也要防止浑水摸鱼和私分倒卖等现象。

（五）原有国家投资购置的羊只，不论增加或减少，属于青年点接管后繁殖的应归青年处理。

（六）返浙青年的粮食问题。

农村青年缴纳公粮任务后，自有的粮食，应向当地粮食部门兑换全国通用粮票带回浙江。交还当地队的土地及耕畜所需的籽种、饲料，由粮食部门从青年兑换的粮食中解决。

国营农牧场和县市农场青年，从离宁之日起计算，按标准发给1月的粮票（途中所需的粮票另发）。

（七）对返浙青年的青苗，由接管单位付给籽种及工本费的合理价款。

（八）农村和县市农场返浙青年车旅运费补助项目及掌握标准。

1. 车票费：按由火车起点站至终点站的实际票价，全数补助。

2. 短途运输：一般由青年自行解决，不作补助。对人口多、拖累大，由安置点至火车起点站及火车终点距家较远，以及患病、怀孕、年老体弱等确有困难者，可予以必要补助。各县市对此项补助的开支总额，应掌握在按总人数平均每人不超过5元的范围以内。

3. 途中食宿补助：按行车日程每日补助0.7元，需倒车3次者，每次补助1.2元。

4. 物资运费：能自带的，不予补助，需托运的，按行李重量的运价补助。

5. 对个别因年老体弱、患病等不能乘坐普通客车的人，可照顾购买硬席卧铺。

上述标准，由县市掌握，不向青年宣布。据我们按农村和县市农场现有青年人数估算，共需补助费35万余元，拟编列预算后报财政厅。

另外，最近北京、河南移民，有部分人要求按陕西移民的处理办法把他们送回原籍。我们考虑，他们系大城市和重点区的群众，不能采取资助和转户口、粮食关系送回原籍的办法，必须继续加强教育，做好巩固工作。对他们的当前困难，由社队尽可能予以解决，社队不能解决的，从社会救济费中予以救济。

以上报告妥否，请批示。

宁夏回族自治区民政厅

1962年9月1日

（宁夏档案馆：J075-002-0133-0017，共7页）

32.《宁夏军区生产办公室批转国务院关于1962年以前返回原籍的浙江支援宁夏建设青壮年不再称为支边青年的通知》（节选）

现将国务院1967年4月5日（67）国农办字第109号文件转发你们，关于1962年以前已返回原籍的浙江支宁青壮年，请即按照国务院的这一指示精神处理。

宁夏军区生产办公室

1967 年 4 月 8 日

浙江省军事管制委员会，抄宁夏军区：

你省 1962 年以前返回原籍的支援宁夏建设青壮年，既然已在原籍重新安家落户多年，不能再称为支边青年。中共中央、国务院 2 月 17 日的紧急通告和通知，对他们是不适用的。他们应当安心在浙江就地抓革命、促生产。凡有要求重返宁夏的人，应当大力劝阻，已经去了的，应当协助宁夏动员回来。

国务院

1967 年 4 月 5 日

（宁夏档案馆：J089-002-0585-0096，共 2 页）

33.《宁夏回族自治区农垦局关于解决浙江支宁人员有关问题的报告》（节选）

区人民政府办公厅：

浙江省委、省政府来宁走访团，在走访浙江省支宁人员期间，走访了农垦系统南梁、暖泉、前进、灵武、连湖、渠口、贺兰山、平吉堡等 8 个农（牧）场。对这次走访活动，局和场领导十分重视。

走访团通过听取领导汇报、介绍情况，召开支宁代表座谈会，走访支宁人员家庭，接待个别同志反映情况，比较全面地了解浙江支宁人员在宁夏 20 多年来，特别是近些年来的工作、生产、学习、思想和生活等各方面情况，对农垦系统在落实支宁人员政策、发挥支宁人员作用方面，对支宁人员为宁夏农垦事业所做的贡献，对大都已成为农垦各条战

线上的骨干、收入年年有提高、生活年年好起来、思想基本稳定等方面是比较满意的。走访团鼓励支宁人员继续努力，为宁夏先翻身和振兴宁夏再做贡献。

在走访支宁人员后实事求是地提出了一些问题。我局根据他们提出的问题，进行了认真研究，对于我们工作没有做好所造成的问题，以及政策允许未解决的问题，我们从做好思想教育着手，按党的政策进行落实。对下面两个问题，因涉及政策、财政和影响面大等，请区党委和政府统筹解决。

一、农牧户口转为城镇户口问题。农垦系统现有原浙江支宁人员近 4000 人，连同家属子女总人口约 1 万人。根据中央有关文件精神，我局曾多次写过报告，按区党委和政府的批复文件，近年来亦恢复了一批原来就是城镇户口改为农牧户口的户口，解决了京津知识青年及家属子女的城镇户口问题。但是引起了浙江支宁人员、复转军人、老军工以及按规定招工的人员要求转城镇户口。我们意见按国务院〔1980〕212 号文件和中共中央、国务院〔1986〕8 号文件，国营农场的职工转为城镇户口，享受城镇职工待遇，这样就避免了解决一部分人的户口引起的连锁反应。

二、改善住房条件。农垦系统各农场大都建场于 20 世纪 50 年代后期和 60 年代初期，国家经济困难，投资较少，加上"先治坡后治窝"的指导思想，形成住房"先天不足"，再是多年农场一直亏损，无能力改善住房条件，职工住房困难，有许多危房还存在。党的十一届三中全会以来，随着生产的发展，经济效益的提高，逐年增加一部分住房，但多是解决知识分子、教师住房和青年职工结婚用房，整个职工住房问题还是不能得到改善，住房中的老问题依然存在。要解决这一问题我局曾以（86）宁垦计字第 188 号文《关于申请解决住宅危房所需资金的报告》，请区党委和区人民政府能通盘考虑，改善

农垦职工的住房条件。

以上报告妥否，请批示。

宁夏回族自治区农垦局

1986 年 10 月 3 日

（宁夏档案馆：J095-001-0113-0115，共 3 页）

34.《中共浙江省委、浙江人民政府给浙江支宁青年的慰问信》

浙江支宁的同志们：

你们好！

30 年前，你们响应党和政府的号召，满怀革命激情，离别可爱的故乡，告别父母兄妹，毅然奔赴宁夏，支援边疆，保卫边疆，建设社会主义新边疆。30 年来，你们在宁夏各条战线、各个岗位上，艰苦奋斗，任劳任怨，兢兢业业地工作，将青春和智慧无私地献给了边疆的建设事业，用自己的心血和汗水谱写了一曲又一曲革命和建设的赞歌。宁夏人民不会忘记你们，浙江人民不会忘记你们，你们不愧为祖国的好儿女，社会主义大厦的辛勤建设者。我们谨代表浙江省 4170 万人民，向你们致以最崇高的敬意和最亲切的问候！

30 年来，在党和政府的领导下，经过全省人民团结奋斗、艰苦创业，家乡的经济建设和社会各项事业取得了很大的成绩。特别是党的十一届三中全会以来，我们坚持四项基本原则，坚持改革开放，大力发展社会主义商品经济，努力实施沿海经济发展战略，经济实力不断增强，城乡面貌焕然一新，人民生活日益改善。这些成绩的取得，是与你们对家乡的关心和支持分不开的。你们不辞劳苦，牵线搭桥，在发展浙江与宁夏之间的横向经济联系中发挥了重要的作用。我们谨向你们表示衷心的感谢。你们提出的有些意见和要求，我们已责成有关部门认真研究，同宁夏有关方面商量，在可能条件下予以解决。

同志们，宁夏是你们的第二故乡，那里的改革和建设事业需要你们进一步发挥聪明才智。希望你们在各自的岗位上继续奋发努力，为宁夏的社会主义建设事业做出新的贡献，为浙江人民争光。

致以

敬礼！

中共浙江省委

浙江省人民政府

1989 年 6 月 14 日

（浙江省档案馆）

五、青铜峡水库移民档案摘录

1.《水利电力部西北勘测设计院"关于青铜峡水库 1964 年进行第一期移民的意见"》（节选）

宁夏回族自治区人民委员会，水利电力部，水利水电建设总局：

根据宁夏提出的，青铜峡水库 1964 年先行部分移民的意见，经研究，为保证库区人民安全和提早进行移民安置区生产、生活恢复准备，我院决定在 1964 年预算中列入 230 万元作为此项费用。请你区速与水电部及水电总局联系，研究决定今年是否拨款问题。

为了争取时间早做准备，提出如下建议：1964 年可先按 20 年一遇洪水（流量 5810 立方米每秒，坝前水位 114.8 米）之淹没范围进行第一期（施工期）移民，并在汛前移民清库完毕，第二期移民初步安排在 1965 年，第一期移民结束后再行研究。

第一期移民清库费，我院已初步编到 230 万元预算，并呈报水电总局审批。如水电总局如数批下，1965 年前已拨移民费 100 余万元，估计可解决 8000

余人移民用款。现我院正在进行第一期移民淹没范围设计工作，如同意我院建议之第一期移民标准，请即进行8000余人（为初步估计，确切人数还需调查确定）的移民安置区准备，并将准备情况速函告我院。

为了切实做好移民迁送安置工作，建议当即恢复自治区各级的移民迁移安置清库机构，以便有领导地、经常地负责组织安置建房、生产恢复及库区迁移、清理、综合利用设计各项工作。

由于青铜峡工程设计阶段水库设计及移民清库费修正概算尚需进一步研究才能确定；为了控制今年移民费预算开支，移民单价每人平均以控制在400元以内（包括全部补偿恢复费用）为宜。

为确定今年移民范围及移民人数，我院计划于6月份派人携带图纸前往你区，配合进行移民人数调查工作；鉴于时间紧迫，请你区及早进行迁安工作准备，并提出第一期移民方案为盼。

水利电力部西北勘测设计院

1964年3月3日

（宁夏水利厅档案：共2页）

2. 《水利水电部关于对青铜峡水库淹没迁移安置规划报告的审批意见》（节选）

一、基本同意水库淹没区按水库蓄水后10年泥沙淤积水平计算。

二、水库淹没区迁移安置标准及总淹没面积65680亩，按迁移19315人考虑；土地征用以最近三年半的产量总值计算补偿费；果树按3年产值计算。

三、为充分利用土地，同意自治区意见，对地势较高的25124亩土地进行防护，防护费用应在迁移安置总经费内开支。

关于安置区电力提水灌溉所需的高压线路问题，

应本着勤俭建国精神，在安置总经费内开支。

四、安置区临黄河沿岸处，是否有塌岸可能，希进一步研究。

五、迁移安置总经费经核算为1190.96万元，已发付420万元，为便于安置区建设工作，同意今年再发付200万元。

水利电力部

（宁夏水利厅档案：共2页）

3. 《水利电力部西北勘测设计院关于青铜峡水库淹没迁移安置规划报告》（节选）

根据水电部（62）127号文、水电总局1965年6月来电指示及1965年5月宁夏回族自治区党委指示，我院会同自治区移民安置办公室及各有关县完成了"青铜峡水库淹没迁移安置规划报告"，今报请部局及自治区批示。

规划中按1966年年底发电，1966年汛期淹没耕地30556~38996亩，汛前移民13186~14824人，至1976年共淹地40556亩，移民15621人。

为了保证下游灌溉用水及减少库区淹没范围，青铜峡水库初期（1971年前）坝前水位暂按1151米运行。1971年以后视泥沙淤积情况再按全年1156米运行。

在设计中按5年一遇洪水4480立方米每秒时回水线作为土地征购线，按50年一遇洪水6680立方米每秒时回水线作为居民迁移线。

移民区跃进渠改建及库内5个防护地区约36公里防护堤的设计施工由自治区水电局负责。为了满足移民区及防护区灌排水用电，应建35千伏输电线两条，10千伏输电线若干条，由水电部宁夏电业局解决。

土地补偿方面：对调发熟地者按安置区与淹没

区每人占有粮食产量相等所需之耕地给予补偿。对新开荒地者，除按自开荒之年起 8 年以内产量水平恢复到淹没区水平所需之耕地给予开荒和水利费用补助外，并给予前 5 年新老耕地产量差额补助费以保证移民生产生活水平不降低。

房屋补偿方面：除公共房屋按不同类型给予折价补偿外，民房每人按 0.8 间必建房屋计算，每间 90 元，其余民房在保证能够恢复的前提下，每间按 50 元计算。对无房户则按保证够住的原则，每人按 0.5 间给予木料补助费 45 元，其余由公社协助移民个人负担。

规划中淹没、安置、防护、水利、电力、交通、电讯等总经费为 14736559.72 元，除历年已拨款外，今后尚需发款 11110331.6 元，计划 1965 年需 50 万元，1966 年需 500 万元。

为了切实做好水库移民安置工作，确保水库按期满足灌溉发电，除需健全移民安置组织机构外，尚需自治区各有关单位做好库区卫生清理、文化古迹的处理、交通电讯线路的迁建等工作。

水利电力部西北勘测设计院

1965 年 8 月 23 日

（宁夏中宁县档案馆：27-104，共 4 页）

4.《宁夏回族自治区民政厅关于青铜峡水库区移民安置计划意见的报告》（节选）

青铜峡县、中宁县人委、渠口农场：

青铜峡水库土建工程基本完成，第一台发电机今冬明春安装，明年 3 月底至 4 月上旬蓄水。满足青铜峡灌区灌溉需求，上半年发电，坝前水位控制在 1151 米，出现洪水，水库水位自然壅高，10 月后相继蓄水至 1156 米，按设计正常水位运行。1156 米高程以下的地区将全部成为水库。目前水库移民已成为极为重要的问题，为了使库区移民安全迁出，保证按时发电，满足工农业的需要，现就移民工作提出如下安排意见。

一、移民任务与要求

青铜峡水库区共淹没农田 67425 亩，淹没房屋 21545 间，应迁出移民 4443 户 19657 人。为了充分地利用库区土地，减少淹没损失，确定在总移民任务重的渠口的铁桶堡、中宁的连湖、新义滩、四道渠、长滩地区筑防护堤。

根据水库蓄水情况，分三期进行移民。1967 年前为第一期移民线，1971 年前为第二期移民线，1976 年前为第三期移民线。按三期移民的要求，每期每批移民迁安工作视黄河水情预报确定迁安任务，并要提前一两年做好每期内分批移民的准备和迁安工作：1967 年以前完成 1969 年的移民任务；1969 年前完成 1971 年的移民任务；各年移民任务视其水库运行情况而定。各年土地利用可按各年水坝情况具体确定播种地区，并请水利电力部西北勘测设计院提出每年移民任务和土地利用的轮廓意见。

第一期移民任务要求于明年 3 月底前居民全部迁出，随着清库工作也将结束。为了保证移民区电力灌排需要，明年五一前要求将河东青铜峡至中宁 35 千伏的输变电工程完成。

为了确保防护区移民的安全和正常进行生产，对新义滩、四道湖、长滩等地的防护区的筑堤工程，今年底全部设计规划好。对这项工程，做不做，如何做，由县、场研究确定，提早备料，争取于明年五一前完成筑堤工程。

为了使移民迁安后，很快投入生产，要提前在安置区做好开荒造田等工作，第一期移民迁移后，即着手准备第二期移民的迁安准备工作。

二、移民经费预算的分配和使用

中央核拨库区移民总投资 11909600 元，本着有利于发展农业生产，有利于农田基本建设，有利于移民生产生活很快恢复的精神，根据各地移民任务多少，具体做了分配。移民经费中央已拨6084913.68元，尚有5824696.32元。1966、1967年两年需安排350万元，其余经费可请青铜峡工程局一次拨于安置部门统一掌握，分期拨给各县、场使用。

移民经费拨于各地后，包干使用，保证妥善把移民安置好，使其很快地恢复生产和生活。对移民经费的使用应本着"勤俭节约，自力更生"的精神，重点必须首先放在扶持和恢复集体生产方面，对安置条件差的生产队应重点扶持。其次是移民的个人赏罚部分。经费开支除业务部门控制外，应由农行监督，年终县、场做出决算。

三、移民工作中需明确和注意的问题

（一）移民人数以1964年普查人数为依据，普查后增加人口不能享受移民待遇。死亡外嫁的人口也不减少移民总人数，外调干部家属不算移民对象，不享受移民待遇。

（二）保证移民有一定数量的住房，建房应以节约使用为原则，移民建房平均定额每人0.77间（包括集体用房在内），每户建房数量应照顾人口、辈次，妥善安排，并注意照顾解决贫下中农的少房和无房住的问题。对安置区原盖的住房和接收大坝农场的住房，应充分利用，不能除旧建新，尽量减少开支，如必须拆旧房补充新建时，一定经县人委批准。

（三）尽量把移民安置在自流灌溉地区（对全县自流灌溉的开荒地区，应优先照顾安置移民），使移民很快地恢复生产生活，安居下来。自流灌溉确实解决不了的，也要考虑选择既能保证灌溉，又能尽快恢复生产发挥效益的扬水灌溉地区安置移民。对移民居住点的布局，本着"自力更生"的精神，与新农村的规划布局结合起来。

（四）库区土地利用问题。对于库区土地能利用的要充分利用，但必须注意安全。1967年移民土地淹没线以坝前水位1152米，流量4480立方米每秒为标准。凡1152米高程以下划为土地淹没地区。但为了充分利用库内土地，对坝前水位1151~1152米高程之间的土地可种早熟作物，如大麦、豌豆、扁豆等。为防止受洪水影响，造成损失，今后库区土地利用可根据黄河水情预报进行安排。

四、完成移民任务的措施

（一）做好思想教育工作。耐心地、深入细致地向群众讲清移民建水库的重大意义，迁安工作要相信群众，依靠群众，虚心听取群众意见，总结群众经验，充分调动群众的积极性。

（二）加强领导。移民工作是一项细致负责的工作，政策性强，既关系到国家利益，又关系到集体和个人利益。这项工作很重要，各级领导应重视加强，将移民工作列入各级领导部门的议事日程，定期研究检查，并指定移民负责同志兼管这项工作。为了切实开展移民工作，加强组织联系，做好工作检查，办理移民日常工作，在党委统一领导下，各地应将移民委员会的机构恢复与健全起来，并将中央水电部批准配备10名移民专职干部配备起来，成立县移民迁安办公室加强移民日常工作。干部配备、区迁安办公室，不配备专职干部，中宁、青铜峡县各配3名移民工作干部，渠口农场配1名，工资由移民经费开支。

此外，移民工作是涉及多方面的艰巨工作，绝非移民专业部门所能单独进行的。因此，必须在各级党委统一领导下，组织有关部门分工协作，共同完成移民任务。

落实安置计划，选好安置点。要做到有领导、有组织、有计划地按要求分期分批迁移。各地应根据本地区的移民任务和具体情况制定分期移民计划，事先做好各项准备工作，提前开发安置区，使移民到达安置区后，迅速投入生产，稳定居住下来。特别是中宁县，对移民安置区按计划及早落实，做好准备，并要组织一定的力量，做好第一期移民的安全迁移工作。

五、移民工作中需研究解决的问题

（一）移民经费。经核算安排，除中央核定的11909600元外，还有400万元的缺口。其中，河东、河西两地移民区排灌的输变电工程投资只安排148万元，现仅河东青铜峡到中宁35千伏输变电工程需投资128万元，河西青铜峡到渠口35千伏输变电工程投资还缺100万元。青铜峡、中宁县的移民产量差额补助还缺300万元。对于产量差额补助问题，各地本着自力更生的精神，正确处理移民工作中自力更生和国家扶助的关系，加强群众的政治工作，发挥人的因素，调动一切积极性，促进生产的发展，提高安置区的产量，力争扭转亏损，使社员的生产生活很快得到恢复。如经过多方面的工作，确实有困难，各地应很好研究，提出意见和输变电工程投资一并报请中央水电部安排解决。

（二）关于移民区打防护堤，对堤内作物生长是否受浸没影响，能否保证正常的生产水平，需请农业厅农科所、水利局、西北设计院和有迁安任务的县、场进一步共同研究，提出具体意见。

（三）青铜峡安置在大坝农场三站的社员和广武山上的社员，吃水问题，可采取简易蓄水的办法解决，并由县上组织力量进一步勘测，组织群众讨论研究，可否采取土法打井的办法解决吃水问题。

（四）关于移民基建和今后口粮问题，应请粮食厅研究安排。

以上计划安排意见，如有不妥，请区人委指示。

宁夏回族自治区民政厅

1966年12月10日

（宁夏中宁县档案馆：27-134，共7页）

5.《水电部军管会生产管理组关于对当前青铜峡水库库区移民工作的几点意见》（节选）

宁夏军区：

宁夏回族自治区民政厅最近派了蔡万学、刘成才等同志来水利电力部汇报了当前青铜峡水库移民工作的情况和问题。根据汇报，我们感到当前青铜峡水库移民工作存在许多问题，其中有些是带方针性的原则问题，涉及面甚广，亟待研究解决，以利水库移民工作的进行和水库及时蓄水，充分发挥灌溉和发电效益。现将自治区民政厅同志的汇报和我们的意见告诉你们，请军区组织有关单位进行必要的调查研究，拟定出具体解决办法，报中央核定。

民政厅同志的汇报要点如下。

一、库区的迁安规划和迁安情况

青铜峡水库设计淹没耕地67425亩，共需迁移居民19657人。原迁安规划拟定，以就地后靠上山垦荒安置为主，外迁和拨熟地安置为辅。即外迁约4300人，拨半熟地安置约3500人，其余11900人，拟就地后靠上山垦荒安置，计划垦荒6.9万亩，其中扬水灌溉的约5万亩。

库区居民从1960年开始迁移，至1967年6月已先后迁移11718人，建房7500间，开荒2.3万亩。水库已于今年5月下闸蓄水，计划今年蓄水到1156米高程。为此，今年尚需迁出居民约600人。

二、当前存在的主要问题

1.移民区的生产恢复问题。由于移民安置主要靠上山垦荒来解决，而垦荒地区土质贫瘠，灌溉不便，预计需要7年才能把安置区的生产总水平恢复到迁移前的生产总水平，群众安排生产生活困难很大，意见很多。

2.移民经费问题。首先，由于移民安置主要靠上山垦荒来解决，而开荒地区地表坡度较大，垦荒工作量很大，每亩地平均用工达30个工日以上，移民劳力有限，无力负担，要求国家增拨大量投资，帮助垦荒。其次，由于计划垦荒的 6.9 万亩中，需要扬水灌溉才能种植的达 5 万亩，扬程达 20~60 米，要求增拨经费修建电力扬水工程。由于安置区生产需要 7 年才能恢复到迁前的水平，要求国家拨专款逐年补贴其产量损失。加上其他原因，要求把原核定的 1190 万元移民经费，增加到 2206 万元。

我们研究了以上报告后，感到经水电部于 1965 年核定的青铜峡水库移民规划对于上山垦荒的困难是估计不足的，安置的方针是有错误的。现在如果继续执行原来的迁安规划，不仅国家需要投入大量经费（平均每一移民开支 1100 多元，全国尚无先例），而且短期内不能恢复移民的生产，这是不符合国家和人民利益的。因此，我们认为，切实执行群众路线，在充分调查研究的基础上，重新修定水库移民安置规划，力争在最短时间内解决好今后的移民问题。我们意见：已经迁移安置的 1 万多人，现基本稳定，国家稍加扶持就能迅速恢复生产的，应继续进行政治思想工作，帮助移民安置下来；确实安置不当，生产条件困难短期内难以恢复的，应考虑重新安置；尚未迁出的移民，在新的移民安置规划未确定前可暂缓迁移，正在进行的垦荒措施可暂缓进行。需要重新安置和尚未迁出的移民，原则上应首先向本库区的受益区安置。

由于修改移民规划和处理好移民安置问题，涉及的面广，问题复杂，政策性强，而且时间紧迫，需要及早解决，因此，我们建议由自治区军区主持这项工作。

另据民政厅同志反映，今年洪水超过原定 1152 米高程的计划洪水位，致使库区一些农作物受淹，部分移民生活发生困难，对此，我们同意在青铜峡工程今年基建投资中拨 8 万元，用于因此造成困难的社队生产扶持和生活补助。

以上意见，请予考虑，并与联系。

中国人民解放军

水电部军管会临时生产管理组（代）

1967 年 11 月 28 日

（宁夏中宁县档案馆：27-144，共 4 页）

6.《宁夏回族自治区革命委员会生产指挥部关于青铜峡水库区淹没区移民工作座谈会议纪要》（节选）

在自治区革筹小组的领导下，于 1968 年 3 月 16 日到 23 日召开了青铜峡水库淹没区移民工作座谈会议，参加会议的有银川市和中宁、青铜峡、贺兰县革命委员会负责人，民政和安置部门的同志，部分迁出区公社的干部，西北设计院的同志，区农业、水利、交通运输、劳改、物资、银行、财政、粮食、民政等有关业务部门的同志。会议研究讨论了有关目前移民迁安工作中的一些具体政策，初步落实了安置地点。

根据中央水电部军管会（67）164 号文件和自治区革筹小组（38）46 号文件《关于做好库区移民迁安工作通知》的精神，按照勤俭建国、奋发图强、艰苦奋斗、自力更生和有利于巩固集体经济、发展生产，有利于生活安排的原则，结合全区当前移民安置工作的实际情况，采取分散插队安置为主，集中安置为辅的办法进行安置。具体安排如下。

中宁县应迁出 1811 户 8193 人，1967 年已迁安 635 户 2767 人。其中，除古城、陕西移民点、白马山上和零星外迁的共计 499 户 2126 人不宜重迁外，还有白马公社 2 个大队、红光大队 1 个生产队和枣园公社 2 个生产队共计 136 户 641 人重迁，加上未迁出库区的 1176 户 5426 人，全县共计需要安置 1312 户 6067 人，除本县安置 137 户 522 人外，需外迁安置 1175 户 5545 人。其中，第一批外迁 378 户 1848 人；第二批 797 户 3697 人，这批移民分别安置在永宁、贺兰县的公社和西湖农场。其中，永宁插队安置白马公社 336 户 1617 人，第一批 130 户 596 人，第二批 206 户 1021 人；贺兰县插队安置长滩公社的 546 户 2629 人，第一批 248 户 1252 人，第二批 298 户 1377 人。枣园公社需迁移 293 户 1299 人。今年需重迁的 2 个生产队暂不迁移，待安置点确定后，再做安排。

迁移时间，第一批争取于 1968 年 7 月底迁移安置结束，第二批秋收后开始，按照水库规划要求时间及移民范围，分期分批迁出。

青铜峡广武农场应迁 1594 户 6785 人，1967 年冬已全部迁移安置。除迁去大坝农场的 732 户 3234 人基本安置就绪，只要国家稍加扶持就可以在短时间内恢复生产外；后靠上山安置的 927 户 4040 人，每人平均仅有 2.08 亩耕地，数量少，质量差，短期内不能恢复生产。需要重迁的 500 多户 1500~2000 人，由青铜峡革委会在本县范围内插队或集中安置解决。留在原地的 2000 多人需要国家给必要的扶持，广武农场是全民所有制的人民公社，重新迁移涉及体制问题，会议意见下降为集体所有制，以便插队安置，是否妥当要报请自治区革委会研究决定。

插队安置要本着有利于移民的巩固和恢复生产、安排生活，因此，要求安置在土地广、人口少、发展生产有潜力的地方。安置方法一般要求整队迁出一个生产队，对口迁入在安置区的一个生产大队或几个大队，不要太分散。

会议决定各县市要进一步落实迁安任务，特别是迁出县、社应进一步调查研究，慎重审查，凡短期内能够恢复生产的，做好政治思想工作，尽量不要重迁。并很快作出落实规划，报自治区审查批准后执行。各安置县、社应根据会议确定的任务，逐队落实下来。双方都应主动取得联系，做好迁安前

的一切准备工作。

会议认为：今年的迁安工作任务大、时间紧、准备不足，要做好这一工作，必须抓紧抓好以下各项工作。

一、要抓好活思想，全面落实迁安工作。

二、加强领导。迁安工作政策性强，涉及面广，关系到国家、集体、个人三者利益，所以不仅是迁出和安置的问题，更重要的是要很快恢复生产的问题。因此，各级领导必须高度重视，将迁安工作列入各级革命委员会议事日程，并指定移民负责同志专门去抓。自治区由防凌抢险安置指挥部负责此项工作，各地亦应在革命委员会领导下，设立负责迁安工作的专门机构，抽调人员，做好工作。为了做好迁移后的巩固工作，中宁县应派干部分驻贺兰、永宁县协助工作。

三、加强各方面的协助，发挥各部门的积极性，共同做好迁安工作。要求交通、运输、计划、物资、农业、水利、民政、粮食、财政、银行等有关部门大力协作，从运输工具、物资、财力、人力等各方面予以积极支援。

宁夏回族自治区革委会生产指挥部

1968 年 5 月 30 日

（宁夏中宁县档案馆：27-104，共 4 页）

7.《青铜峡水库淹没区移民工作座谈会纪要》（节选）

在全区安置工作会议期间，利用 2 天时间召集中宁、青铜峡、永宁、贺兰、平罗县的同志对进一步做好水库移民安置工作进行了座谈。

1968 年青铜峡水库淹没区移民安置工作取得了很大成绩，在 1968 年顺利完成迁移安置 413 户 2168 人的任务。

在提高思想认识，总结 1968 年工作的基础上，讨论落实了 1969 年的迁移安置任务。今年和明春，中宁、青铜峡两县共需迁出 1382 户 6751 人。

中宁县需迁出 35 个生产队，1012 户 4951 人。本县安置 18 个生产队，406 户 2056 人；外迁 17 个生产队，606 户 2895 人。其中，白马公社 4 个生产队，124 户 659 人，分别插队安置在永宁县胜利、增岗、掌政、望远 4 个公社。红旗公社 7 个生产队，263 户 1271 人，安置在贺兰县部分公社。枣园公社 6 个生产队，219 户 965 人，分别安置在平罗县渠口、通伏、崇岗、头闸、五香等 6 个公社。迁移时间，白马公社于 4 月底迁安结束；红旗公社秋收后动迁，11 月底结束；枣园公社秋收后开始，到 11 月底迁移 3 个队，明年春播前迁移 3 个队。

青铜峡县广武地区需要迁出 10 个生产队，370 户 1800 人，全部由本县所属人民公社安置。其中，3 个生产队，140 户 635 人集中安置在中滩、邵岗、新光地区；其余 7 个生产队 230 户 1165 人，分别插队安置在蒋顶、邵岗、叶盛 3 个公社。迁移时间，4 月初动迁，月底结束。

几个具体问题的处理意见如下。

一、插队安置移民的集体财产、债权、债务问题，仍按宁革生发（68）107 号文件规定办理。青铜峡广武地区迁移的具体时间，按自治区革委会生产指挥部批示处理。

二、中宁县部分生产队外迁后有部分土地可能近几年内不能淹没，这部分土地应优先照顾分配给本县有安置任务、距离较近的生产队耕种，征购任务不核减。

三、今春由中宁迁至永宁的 4 个生产队，社员所种春作物，交附近社、队接收。所投劳动力、籽种、肥料等，由迁出和接收生产队充分协商，合理解决。对社员今年生产、生活要做好安排，力争迁移社员收入不减少。对生活确实困难者，本着社、队照顾的精神，由安置队解决。

四、搬迁的运输问题。中宁县内移民，由本县安排解决。外迁移民和青铜峡移民共需 1403 车次（汽车）（其中 4 月份需用 712 车次，秋后至 11 月底需用车 550 车次，1970 年春播前需 141 车次），请自治区公交组安排运输车辆。

宁夏回族自治区革委会生产指挥部

1969 年 3 月 19 日

（宁夏银川市贺兰县档案馆：37-42，共 3 页）

8.《宁夏回族自治区革委会关于做好倒流移民的劝返安置和巩固工作的通知》（节选）

各有关地、市、县革命委员会，区直有关部门：

在建设青铜峡水库中，先后从库区迁出移民 19000 余人。为安置好这批移民，各级组织做了大量的工作，广大移民群众在安置地区思想比较稳定。但是由于我们有些干部对做好移民巩固工作的重要性和艰巨性认识不足，加之移民中个别私心严重的人的煽动，今春以来，部分移民倒流回库区，影响了社会秩序的安定。为认真做好倒流移民的劝返、安置和巩固工作，现特作如下通知。

一、根据国家批准，建设青铜峡水库，从中宁库区迁出部分移民，大方向是正确的，对他们妥善安置，也是符合中央安置移民精神的。个别人蒙蔽少数移民倒流回库区强占、强种土地的行为是错误的，对倒流在库区的移民，必须迅速动员全部回原安置地区。

二、加强领导。认真做好倒流移民的劝返工作，各有关地、市、县革委会，应迅速抽调力量，选派得力干部，由负责同志带领，组成工作组，在中宁县革委会的积极配合下，尽快将他们动员回原安置社、队。在劝返中，要认真贯彻中央〔1974〕12、

21、26 号文件精神，大力宣传建设青铜峡水库的重大意义，深入做好思想政治工作，在工作中要发挥移民随迁干部和党、团员的模范带头作用。迁出地区要广泛地做好群众工作，特别是要做好移民的亲属工作，对劝返归来的移民要热情安排，亲密相处。

三、认真执行党的政策。严格区分和正确处理两类不同性质的矛盾，对移民中某些错误思想认识，要坚持正面教育，耐心说服，对蛊惑群众，搞串联活动，煽动移民倒流的个别人，要发动群众揭发，对个别带头造谣惑众，无理取闹，破坏农具，毁坏树林，殴打群众和干部等违法的人，必须严肃处理。

四、安置地区必须切实加强对移民工作的领导。县和公社都要有一负责同志，抓紧、抓好这一工作，特别要做好动荡情绪较大的重点社、队的移民工作，今冬要对移民工作进行一次检查，对安置工作中存在的问题，要按照党的政策妥善解决。

宁夏回族自治区革命委员会

1974 年 10 月 26 日

（宁夏档案馆：J113-001-0142-0183，共 3 页）

9.《国家能源部、水利部关于加强青铜峡水库管理意见的函》（节选）

宁夏回族自治区人民政府：

1988 年 3 月 9 日，国内动态清样刊载了《青铜峡水库存在潜在危险》一文，其中谈到水库管理不善问题。经原水电部派调查组赴现场进行实际调查，认为库区管理确实存在不少问题，目前库区人为设障较多，已使水库调节性能降低，于防洪、灌溉、发电等造成了不利影响，亟待解决。为保持青铜峡水利枢纽正常运行，发挥枢纽灌溉、发电和防洪等综合效益并改善环境，必须加强库区管理，建立必要的管理机构，明确库区有关各方职责范围。经与

宁夏回族自治区政府初步协商，拟成立青铜峡水库库区管理委员会，并请自治区一位副主席担任主任委员，自治区电力局局长和水利厅厅长任副主任委员，库区有关市县和青铜峡电厂负责同志为委员会委员，日常办事机构设在青铜峡水电厂。该委员会负责库区管理，制定库边土地利用规划、库区绿化和库内清障等工作。水库维护费（一度电一厘钱）的 40% 留电厂，用于沙道整治和泥沙测验与处理，60% 拨给委员会，用于库边绿化、库内清障、处理移民遗留问题以及必要的防洪设施和改善环境等工作。

以上方案，如同意，请组织有关单位成立青铜峡水库库区管理委员会，并请抓紧进行库内清障工作。请函复。

中华人民共和国能源部

中华人民共和国水利部

1988 年 6 月 22 日

（宁夏水利厅档案：共 2 页）

10.《自治区人民政府关于成立青铜峡水库库区管理委员会及其有关事项的通知》（节选）

各行署，各市、县（区）人民政府，自治区政府各部门、各直属机构：

为了加强对青铜峡水库的管理，保持青铜峡水利枢纽正常运行，发挥其灌溉、发电、防洪、防凌等综合效益，自治区人民政府决定成立青铜峡水库库区管理委员会。现提出切实可行的处理意见，报管理委员会审定；承办管理委员会交办的其他工作。

宁夏回族自治区人民政府办公厅

1988 年 12 月 20 日

（宁夏档案馆：J073-001-0561-0144，共 2 页）

11.《银南地区行政公署关于要求解决青铜峡水利枢纽工程库区移民遗留问题的报告》（节选）

自治区人民政府：

根据 1990 年 7 月 2 日中宁县、青铜峡市政府和国营渠口农场《关于青铜峡水利枢纽工程库区移民遗留问题处理的可行性研究报告》中反映的问题，行署及时组织人员，认真查阅了有关原始资料，听取了有关部门负责同志的意见。现将有关情况报告如下。

一、原库区建设中移民安置遗留的主要问题

青铜峡水库枢纽工程于 1978 年全部竣工。对移民迁安工作，当时主要依据原水电部西北勘测设计院提出的《关于青铜峡水库淹没迁移安置规划报告》和水电部（65）水电水设字第 156 号文件的批示精神，于 1966 年组织实施。由于原西北勘测设计院迁安规划与实际迁安相差悬殊，使库区移民安置问题一直没有得到及时解决，出现了许多遗留问题，造成了移民生产和生活的长期困扰。

1. 原设计迁安规划投资缺口较大。根据（67）宁迁安字第一号文件精神，实际需用迁安费 1961.16 万元，而当时水电部实拨迁安费 1190.96 万元，缺额 770.2 万元，一直没有得到落实，缺额的主要原因：一是土地淹没面积比实际少算 1907.6 亩，迁移人口比实际差 511 户 1918 人，树木、房屋差额也悬殊，有些塌岸面积没有列入设计规划；二是土地开发补助费用是以近三年半的产量总值计算补偿，而实际迁安区均系山区，地面比较陡，垦地平田费用多，需扬水灌溉，且土质较差，原定补助标准过低；三是原规定土地利用的保收地界高程不准确，原定的 1152 米高程以上为保护地，可是 1967 年就两次受淹，面积达 3000 亩，损失粮食 168.72 万斤。

2. 原规划预算迁安标准太低。至 1967 年实际迁出人口为 25000 人（不包括两次以上迁移），实际人均迁安经费仅 476.3 元，这包括农田水利建设、林业建设、发展经济作物、迁员、建房、公路电讯费、土地开发等十五大项的移民全部费用，显然不符合实际。

3. 根据水电部批示的规划，自治区民政厅从 1966 年开始实施，原计划建房 17715 间，调拨耕地 13482 亩，开发耕地 39100 亩，防护耕地 26231 亩，均未按计划实施，更无兑现资金投入。

4. 根据水电部规划，要在沿河修建防洪体系，至今没有落实，以致造成了库区汛期河水流量上涨到 1000 立方米每秒时，新田、三道湖、新义滩、四道梁、新渠稍及渠口农场等几万亩农田被淹，库区农民的生产生活得不到保障。

5. 根据 1966 年自治区水利局设计工程处提供的资料，在铁头堡、鸣沙洲（50 年一遇洪水设计）、四道渠、新义滩、三道湖（采用 10 年一遇洪水设计）5 处防护区，建设 5 道防洪堤，共长 32.2 公里，同时，架设 35 千伏和 10 千伏高压输电线路实施扬水工程，由于各种因素，投资未做具体安排，至今保护工程和扬水工程无法落实。

二、出现的新问题

青铜峡水利枢纽工程现已运行 20 年，河水顶托，河床抬高，水位上升，库区已淤积 90% 以上，造成了汛期倒灌，农田排水严重不畅，地下水位升高，受侵面积已增至 5.5 万亩，且逐年有增无减，盐渍化加剧。据 1986 年实际普查测定，部分耕地的土壤含盐量由 1979 年的 0.138% 上升到 1986 年的 0.223%，保护区每年受淹面积净增万余亩。安置区扬水工程大部未投资开发，人口又逐年增多，耕地面积不断减少，移民生产条件不断恶化。由于遗留问题未能及时解决，库区民众的生产生活长期得不到恢复，现生产能力低于地区内的一般水平，人均收入比当地平均低 24%。生活水平普遍低下。现有 100 余间危房无资金翻建，有 50 户 300 余人流离失所；有 800 多移民因土地瘠薄，灌水困难，无法垦荒种粮；有的曾 4 次搬家，有的自找门路，投亲靠友，生活十分困难。

三、要求解决遗留问题的意见

青铜峡库区移民问题的存在，根本原因是过去移民安置工程标准低，设计规划迁安漏洞多，工程实施不到位。加之水库新问题的出现，虽经 20 多年的努力，生产生活水平仍难以恢复和发展。为了从根本上解决移民遗留问题，关键是要改善移民的生产环境，加强农田水利工程设计，增设防护工程、灌溉工程和排水工程，扶持移民走自我发展的路子，恢复发展生产，逐步提高生活水平。为此，行署意见如下。

1. 防护工程方面：请求解决铁鸡堡、鸣沙洲、四道渠、新义滩、三道湖 5 道防护堤，共长 32.3 公里，防护码头 59 座，可使 3.55 万亩耕地、8277 人免遭洪水侵害；开发自流灌溉面积 37320 亩，为移民创造较好的生产条件，共需投资 381.35 万元。

2. 灌溉工程方面：请求解决古城、广武、渠口农场自流灌区的改造扩建以及中宁、青铜峡 11 个小扬水灌区的改造扩建，并新建小扬水灌区 3 个，可改善开发灌溉面积 61288 亩，人均占用耕地提高到 2.45 亩，共需资金 1108.62 万元。

3. 排水工程方面：为了使农田排水畅通，降低盐碱化程度，以利发展生产，请求解决新开 10 条沟，长 51.3 公里，建电排站 7 座，即长滩排水沟和电排站、三道湖沟和电排站、四道渠沟和电排站、新义滩沟和电排站、枣元沟和电排站、羊只谈沟和电排站、铁头堡沟和电排站、葫麻滩沟、农场挡侵沟、立新高桥沟等工程，可控制排水面积 123 平方公里，总计排水量为 11.98 立方米每秒，总投资 870.99 万元。

4. 农林配套方面：请求解决恢复地力和林网建设，补助籽种费 150 万元，配备拖拉机、挖沟机等 140 万元，建设防护林带，补助树苗费 30 万元，共计需资金 320 万元。

5. 生活福利设施方面：请求解决广武、立新、

跃进、彰恩、新建、五坰沟 6 处饮水工程的建设，需资金 60 万元；50 户游离移民迁安费 68 万元；迁移村址建卫生所 6 处，需投资 33 万元；整修原迁移民危房 1500 间，需补助 15 万元；修建被淹没的清真寺 100 余间，补助资金 40 万元。总计资金 216 万元。

上述申请解决遗留问题事项共需投资 2896.96 万元。

总之，我们认为，宁夏长城农业科技咨询部提出的《青铜峡水利枢纽库区移民工程遗留问题处理可行性研究报告》真实地反映了移民的现实情况，处理措施提得准确，是解决水库移民遗留问题可靠的决策依据。

以上报告妥否，请予批示解决。

银南地区行政公署

1990 年 12 月 7 日

（宁夏吴忠市档案馆：J002-002-0150-0002，共 8 页）

12.《宁夏回族自治区关于请求审批青铜峡水利枢纽库区移民工程遗留问题报告的函》（节选）

水利部移民办公室：

1991 年 1 月 1 日，宁夏回族自治区政府向水利部报送了《关于要求解决青铜峡水利枢纽库区移民工程遗留问题的报告》，请求安排解决青铜峡水库建库以来没有妥善解决的移民安置问题。贵办对我区的报告很重视，8 月份即派王振才处长来我区实地考察，对青铜峡水利枢纽库区移民工程遗留的原因和移民目前的状况已经基本清楚。为使贵办详细了解情况，12 月份我区又派尤民保、雷韦锁等同志到水利部作了专题汇报，对移民办领导表示明年（1992 年）安排投资解决的态度，我区政府领导很满意，并召集会议专题研究了移民办提出的几个问题，现将我们的意见函告如下。

一、关于从电厂提取的水库维护费不应缴纳能源交通基金的问题，决定由自治区税务局向国家税务总局专题报告，申请全部豁免。

二、关于从库区管理费中拿出一部分资金安排移民工程建设的意见。青铜峡水电站年发电量8亿~9亿度，按每度1厘钱提留维护费，60%用于库区管理，约50万元左右，除去清障、绿化、工作人员工资、办公费外，我们同意每年安排15万~20万元，用于移民工程建设。

三、关于我区投资份额的问题。鉴于宁夏是个靠中央财政补助的地区，地方财力很有限，但是为了争取尽快解决库区移民工程遗留问题，维护安定团结，我们将尽一切努力，从区、市、县财政筹集青铜峡水库移民工程总投资20%的资金投入移民工程建设，其余部分请水利部安排解决。

四、为了保证移民工程建设，我们决定设青铜峡水利枢纽库区移民工程建设办公室，机构挂靠在自治区防汛办公室，实行合署办公，由自治区水利厅调配工程技术人员，负责完成工程的建设任务。

以上意见如可取，请尽快审批《青铜峡水利枢纽库区移民工程遗留问题报告》，以便组织实施，早见成效。

宁夏回族自治区人民政府办公厅

1992年1月22日

（宁夏档案馆：J073-002-0677-0001，共3页）

六、其他自流移民档案摘录

1.《银川专区接收安置河北省移民的意见》（节选）

平罗、惠农、陶乐、贺兰、宁朔、中宁县人民委员会：

省民政厅分配我区河北省移民6000人。经研究决定，分配给平罗2000人，惠农1500人，陶乐700人，贺兰500人，宁朔700人，中宁600人。此外，省上又分配我区上海妇女60人，分配平罗、惠农各30人。河北省的这批移民，都是今年受灾严重不能恢复生产的灾民，顶作各县今年安置北京市移民的任务数。安置办法在各地准备安置北京市移民的基础上，分散安置在各农业社内，兹将准备安置工作有关事项通知如下。

1. 结合当前中心的工作，对接收安置这批移民的任务，进行广泛的宣传，使安置工作能够得到群众的大力支持。并应结合宣传，详细检查移民安置工作中存在的问题，使我们的安置准备工作能从原基础上提高一步。安置时间，专署已初步向河北省提出是按9月底前做好准备，10月初开始移送，10月底完毕。

2. 房屋仍用原借准备安置移民的公房、庙房，并需对这些房屋按分配安置人数，重新逐房进行一、二次深入检查，发动农业社整修清扫，必须做到内外清扫，有炕、有灶。

3. 灶具：原借群众灶具由社内保管尚未使用的，可作为安置这批移民使用。对短缺的灶具，可按每人平均2元标准购置一部分缸、盆、碗、锅等，其余等移民到达后，再按实际需要添置。

4. 小型农具：暂按冬季生产需要，在每人平均一元五角的范围内购置一部分。

5. 其他入社投资及医药等费，仍按本署署政字第58号关于安置北京移民经费使用意见的通知办理。

各项安置经费，已报省民政厅审批，各县可先按上述规定暂行准备，待民政厅批复后，再行通知，所需经费，暂在原安置北京市移民经费内开支。

甘肃省银川专员公署

1956年9月12日

（宁夏档案馆：J046-001-0162-0068，共4页）

2.《宁夏回族自治区筹委会民政处关于干部、群众自行串联移民的安置及补助试行办法》（节选）

一、安置方法

1. 根据干部、职工本人及其家属的具体情况，在有利于生产、由国家统一分配的原则下，可将原在城市的安置在城市，农村的安置在农村，群众的家属及亲友均安置在同一社队进行生产。

2. 移民原则上取得原乡、社的证明，到达后根据所持证明按第一条规定分别安置在农业社、工厂或城市，安置在城市的亦可按需要介绍其做普工，但无当地政府和社的介绍自流来的群众亦给予很好安置。

3. 迁移家属及亲友中的现职干部、教员、工人，根据迁出地区或服务单位的介绍，仍保留原薪，根据条件和可能安置适当工作。

二、补充办法和范围

1. 干部及职工的家属原则上由所在机关负责，如串联其亲友者可酌情补助其旅运费的一部分或全部（途中食宿费自备）。

2. 凡参加农业生产的均按一般移民做下列补助：

（1）旅运费的一部分或全部；

（2）房屋修建费：超出原地房屋的折价部分，安置在农村的由农业社负责修建，安置在工厂及城市的由本人负责，安置单位和所在地政府应协助解决；

（3）移民迁移前应将粮全部出售给国家，并取得粮食单位证明，凭证到安置区换发粮食供应证，如安置区的粮食销售价高于迁出区的收购价时，对其差价给予补助，对生活特别困难的给予必要的社会救济（以上（2）（3）两项须有原地政府证明）。

三、申请审批手续及注意事项

1. 由本人申请，单位领导或乡、社签注意见，报县（市）人事、组织部门批准后，转同级民政部门审核，研究确定安置地点及补助款数。补助的旅运费交申请人，如不能按申请的时间及人数迁来者，由申请人负责。

2. 申请人应负责通知其家属、亲友自行将入社股金、财产处理（包括房屋、树木、食粮，不能携带的生产、生活用具等）的情况及款数详细做好登记并取得乡人委的证明，同时办好户口、粮食关系（注明定量）及布票的转移手续。

宁夏回族自治区筹委民政处

1958 年 7 月 16 日

（宁夏吴忠市档案馆：L072-002-0028-022，共 2 页）

3.《宁夏回族自治区民政厅关于修改"干部、职工、群众自行串联移民安置及补助试行办法"的通知》（节选）

各县市及自治区工委各部委、办公室，人委各厅、局、院，各群众团体：

兹将原民政处 1958 年 7 月 16 日民移字第 18 号颁布的《关于干部、群众自行串联移民的安置及补助试行办法》和民移字第 21 号补充通知，加以修改，请研究执行。

1. 前通知各县、市及各自治区直属机关自行串联移民的分配任务，予以取消，所有干部、职工均应停止在外地活动串联，今后凡干部、职工的亲友和群众来信来访，有来自治区的愿望，主动要求迁来支援我区生产的，我们均表示欢迎，但在迁来时，必须取得原地政府的同意，并持有户口迁移和粮食转移手续。

2. 凡已串联批准，并已动员好的移民仍可继续迁来，到达后均应友善安置，未带户口迁移和粮食转移手续的，应由本人与原地政府联系补办，必要时安置单位可予协助。

3. 对自由流入我区的人口应与其原籍政府联系，在原籍政府同意下，作为移民安置，如原籍政府不同意其移来，则应劝其返籍。对甘、陕自流移民，必须尽量说服其返回原籍。

原通知办法与本件有抵触者作废，并希在原两件范围宣布的会议上宣布为要。

宁夏回族自治区民政厅

1958 年 11 月 6 日

（宁夏吴忠市档案馆：L072-002-0035-011，共 3 页）

4.《石嘴山工委书记杨正喜关于石嘴山人口增加情况和供应问题报告》（节选）

马书记并区党委：

最近石嘴山从外地流来人员很多，从入春到目前止，包括自治区民政厅介绍来的 2000 来人在内，共流入 11310 人，其中有来了后短时期又走了的约 1000 来人，估计实有 10000 人。在这 10000 人中，按登记表上看，河南、山东、河北、江苏四省最多，约占 70% 以上，吉林、黑龙江、浙江等七省不到 30%，这其中有内蒙古的 352 人，甘肃的 28 人，陕西的 280 人（这三省是以前收的，接上级指示后再未收）。10000 人中有妇女、小孩 1325 人，约占 13%，45 岁以上的老年和半老年有 1000 人，约占 11%，其余均系成年男子，约占 76%。从 2 月中旬我们设立了接待站，经过登记了解后，随时都介绍给各厂矿急需用人的单位。现在分给基建局的约 5500 人，分给搬运公司的约 800 人，给砖瓦厂约 800 人，其他各厂矿约 1900 多人。妇女绝大部分没给找活干，因为一方面有些厂矿不想要妇女，另一方面炼铁、挖煤的活有些妇女也不愿意干。近几天有些没男子的妇女（约 100 多名），生活很成问题，我们正设法解决。

这些外流人员，目前还在继续来，平均每天有 250 人左右。这些人的流来，在我们劳动力十分缺乏的情况下是解决了一个很大问题，各个厂矿不再因为没劳力而整天叫了，大小厂矿都有一定的发展。但是也出现了一些值得注意的问题，这些问题是：

（一）出现了某种程度的混乱现象。这些人大部分都已固定了劳动，有的人确实踏踏实实，除了议论工资外，再没别的。可是个别人也进行捣乱，有的诈骗，有的抢购东西、要饭吃等。也有一少部分人极不稳定，想来就来，想走就走，来了就走，走了又来，说什么："只要吃上饭，天下都走遍。"这样一来，用人单位就很难掌握劳动力的使用，有的单位上午来了 100，下午就走到了 50，使他们的活没保证，加上部分厂矿的工具不足，领导力量薄弱，造成一定程度的劳动效率不高和劳动力浪费等现象。

（二）工资问题。据煤炭矿务局的梁正副局长谈，煤矿仍执行原甘肃省规定的井上临时工 1.7~1.9 元、井下新工人就等于三级工的制度。按照这种情况，老工人反映不合理，要求调整工资级别，因为这里的二三年的老工人，大部分都是三级工，按煤矿工人的劳动制度下井新工人以老带新，但有些老工人却说："三级工不能带三级工"（实际是不满情绪）。第一铁厂原来的工人平均每月 32 元，而新流来的工人最低也 42 元，平均 48 元。

（三）生活供应较为紧张。最近某些工棚、大礼堂、机房都住满了人，街上屋檐底下有时也睡的人，粮食问题由于运力不足，调运不来，目前库存米只几万斤，食油只几百斤，大大成问题，买东西拥挤不堪，十分紧张。最近，我们又摸了各厂矿的底子，根据业务发展情况，石嘴山大小厂矿在第二季度顶多再容纳 5600 人，如果再多就有可能造成浪费劳力的现象，这些外流人一般又都不愿到农村去。

根据这种情况我们的意见是：

一、要求粮食厅和交通局设法首先调运给我们一部分粮食和食油，以解决吃粮问题。

二、各厂矿要加强治安保卫工作，积极采取措施，初步掌握基本情况。为此，迅速建立和健全各厂矿的治安保卫机构；石嘴山公安局要很快增加民警40人，在石嘴山政法公安部门的统一领导下，很快抓起这一工作。

三、要求上级各有关业务部门帮助石嘴山各厂矿按照业务发展需要，进行定员、定额，如果上级业务部门无暇时，可由各厂矿自行核定员额，防止浪费劳力的现象发生。

四、要求石嘴山各厂矿积极采取砌土窑洞等有效办法，很快解决他们的住宿问题。商业局、粮食局加强石嘴山供应工作的领导，处理整天排队买东西的浪费劳力现象。目前看，主要是增设供应点和杜绝套购等现象。

五、这里有内蒙古自治区的352人，我们正在进行教育工作，是否请他们来人领回；但是内蒙古自治区有我们流去人员2700名，我们已派人去领，盼望也能帮助教育，让我们尽早领回。另外，我们的意见是将石嘴山各厂矿的本自治区的到期合同工，通过厂矿领导和本人同意，让其回农村一部分，技工和某些熟练工人应转为固定工，至于我区各厂自流到石嘴山的人员，请各县带名单来，由石嘴山各厂矿帮助他们领回为好。

六、对于今后流来的人员请民政厅派人来按照全区工农业发展所需要劳动力的具体情况予以统一分配，妥善安排。

以上妥否，请示。

石嘴山工委书记 杨正喜

1959年4月8日

（宁夏石嘴山市档案馆：H41-卷51#，共24页）

七、移民工作总结报告档案摘录

1. 宁夏回族自治区民政厅副厅长马予真在中共宁夏工委地（州）、县（市）委书记扩大会议上的发言《做好当前移民的巩固工作，迎接我区大量移民的光荣任务》（节选）

同志们：

现在我就移民工作发表一点意见，作为向大会的汇报。

由于各级党委的领导和全体群众的努力，已经取得不少成绩。但是由于移民工作是一个新的工作，特别是由于民政厅做移民工作的同志在具体协助移民工作中宣传移民政策不够。因而，在目前移民工作中存在一些亟待解决的问题。这些问题是：

（一）全党动手，全民做得还不够。主要是没有能够全部按照工委指示和各级党委没有一个书记负责，在具体组织工作上还没有做到专人管理。

（二）移民工作对我区社会主义建设的重要意义有的干部还认识不足。没有认识到建设自治区的重要条件是劳动力，而解决劳动力的根本办法是移民。

（三）当地群众还不能够自觉地认识到大量移民既对我区社会主义建设有好处，也对自己有好处。

（四）对移民工作艰巨复杂性认识不足。移民由迁出区到安置区，生产、生活、风俗习惯、语言等各方面都发生了一个严重的变化，加上群众有家乡观念，在许多问题上都需要我们做好工作。

（五）移民工作是一个任务。移民迁出后，巩固与否决定条件在于安置区能否做好工作，这一点有任何忽视都会造成工作上的被动和损失。

（六）还有一些具体问题没有很好解决好。

为了做好巩固当前移民、迎接今后大量移民的艰巨宏伟的光荣任务，我们认为应该做好以下几个工作。

一、首先贯彻工委所指示的书记动手，全党动员，专人负责，经常了解、掌握这一工作。这是做好移民工作的决定条件。

二、必须政治挂帅。移民中的政治工作更有它的特殊意义，因为地区、民族、宗教派别等关系，说明了政治工作在移民中的重要意义。他们的相互关系应该是：团结友爱、互相合作的大家庭，相互学习，相互帮助。

三、必须教育当地群众认识到移民对建设社会主义、对发展生产、对改善当地群众生活的作用，使他们认识到移民不仅对自己没有坏处，相反对建设社会主义、改变我区的面貌，有深远意义。

四、做好生产工作是巩固移民的重要环节。搞好生产的关键在于改良革新生产技术，这是我区发展生产的一个优越条件，充分发挥这些条件重心在于双方相互学习、互相提高、取长补短，并充分发挥移民的生产经验。这是我区的一个重要有利条件。

五、接受对移民有片面看法的教训，正确看待移民。移民到我区是经过迁出区党委的教育和审查，绝大部分觉悟程度较高，生产积极。但是不能否认，任何时候、任何地区，不能忽视对移民的政治思想教育工作。

六、必须广泛深入地进行移民政策宣传教育工作。使群众认识到勤俭办移民事业，是贯彻鼓足干劲，力争上游，多快好省地建设总路线的一个组成部分。这一工作除对移民进行必要的教育外，主要是对当地群众进行移民政策教育。

七、还有几个具体问题

1. 粮食。有的地方还未能按照工委指示执行，有的地方县、区解决了，到乡、社还未解决，请党委能加以检查处理解决。

2. 单衣问题。有些移民的单衣至今还没有解决，他们穿着棉衣脱不下来，请按照工委指示执行解决。

3. 房子问题。今年河南移民据现在了解的情况，开始修房的不多。据贺兰县了解，只有几个乡开始

修建，希望能按照规定很快修建起来，在修建房子时组织建房委员会，吸收移民参加，尤其有些地方1956年移民的房子，至今还未修建，更应抓紧及时解决。

4. 干部，党、团员，人民代表的安置问题。建议各级党委对移民中的党、团员应该组织教育他们，过好组织生活，干部应该按原职安置，并做到有职有权。

5. 加强财政管理。移民工作中财政浪费是严重的，建议党委加强领导，抓紧清理。

宁夏回族自治区民政厅副厅长　马予真

1958年7月6日

（宁夏档案馆：J057-001-0019-0193，共6页）

2. 《宁夏工委转发关于加强对外来职工、移民的安置和团结教育工作的报告》（节选）

各地（市、工）委、县（市）委，直属党委、党组，学校党委：

工委基本同意民政处党组的意见，请你们根据这个文件的精神，积极进行工作。

中共宁夏工委

1958年10月18日

自从中央批准成立宁夏回族自治区以来，各省、市、自治区对宁夏回族自治区的成立给了大力支持。中央及各有关地区调配了大批干部、职工、科学技术人员来我区工作，北京、天津、上海、南京、陕西、河南、河北、山东、安徽等省、市，还动员了大批青年学生、城市和农村居民来支援我区建设。

宁夏回族自治区也和其他少数民族地区一样，地广人稀，劳动力缺乏，特别是工、农业生产全面

"跃进"以来，劳动力紧张的情况显得更加突出，这就决定了我区在加速社会主义建设和彻底改变面貌的斗争中争取兄弟地区和兄弟民族的大量人力支援的必要性。为了加速我区社会主义建设事业的飞越发展，进一步做好对外来职工、移民的安置工作，在干部、群众中广泛深入地进行团结教育工作是十分必要的。

一、加强党的领导，全党全民动手，做好外来干部与本地干部之间，外来职工、移民与本地群众之间，以及民族之间的团结教育工作。经验证明，加强党的领导是做好一切工作，完成一切任务的基本保障。

二、各级党委应经常关心外来干部、职工、科学技术人员、青年学生和移民的政治生活，帮助他们不断地提高政治觉悟。

三、在进行接待安置和团结教育工作的同时，必须切实解决外来职工、移民的生产生活问题和其他方面的具体困难。例如：住房、吃饭、生产生活用具、棉衣补助和劳动报酬、工资待遇等。

生活福利和工资待遇的调整和解决，必须在勤俭建国和艰苦奋斗的前提下进行。

四、除了在外来干部、职工和移民中进行了上述工作外，有计划地培养本地工人阶级的迅速成长有着重要的政治意义。因此，必须经常注意吸收城市和农村当地青年参加各项社会主义建设，在文化程度和技术条件上不宜要求过高，在城市具有高小程度，在农村粗通文字即可吸收，吸收后再有计划地培养提高，只有如此，才能使本地工人阶级迅速成长起来，才能从根本上解决当地与外来的团结问题。

以上各点，希各县（市）党委，各机关、团委、工矿、企业、学校等单位，认真研究执行。并对过去的工作进行一次认真的检查，发现问题解决问题，将上述精神传达贯彻到全体党员、干部中去，组织进行讨论，执行情况和意见于 11 月底前向工委写简要报告。

宁夏工委民政处党组

1958 年 10 月 5 日

（宁夏档案馆：J057-001-0036-0001，共 7 页）

3.《金积县人民委员会关于移民工作的报告》（节选）

我县从 1955 年以来共接收来宁建设人员 277 户 1540 人。其中，北京带家属建设人员 72 户 344 人，北京单身汉建设人员 126 人；上海妇女 61 人（小孩 21 人不在内）；河南建设人员 205 户 988 人。

对于建设人员的安置工作，由于各级党委的重视和妥善安置，广大群众的积极支持，在工作中取得了很大的成绩，生活得到了改善，安家落户的思想基本上树立起来。但还存在不少问题，其中最突出的问题是部分外来人员因生活不习惯，思想动摇，返回原籍者不断发生。据统计，河南建设人员返回原籍 42 户 175 人，占总户数约 20%，占总人数的 17%；北京建设人员返回原籍 12 户 61 人，占总户数约 16%，占总人数的 13%。返回原籍的特点是冬季走得多，夏季走得少，分散安置走得多，集中安置走得少。返原籍的主要原因已从返回河南 42 户建设人员分析了解，有以下 4 种类型：

1. 怕天气冷，蚊子多，生产生活不习惯，女人想河南亲戚而走的 12 户。

2. 和当地干部关系不协调，因不满某些基层干部指责而返籍者 11 户。

3. 接到河南原籍人员的来信说：河南包吃、包穿、包治病，串联引诱而走约 10 户。

4. 对他们生活生产必要的困难，我们照顾不及时、不知道，形成某些困难和对吃粮标准有意见而走的 9 户。根据以上 4 种返籍类型，结合我们的工作，其返原籍的具体原因是：

第一，公社化后对来宁建设人员的政治思想教育未跟上去，因而他们中间有些人存有抵触情绪，思想问题未能得到解决，就不能发挥他们的劳动积极性。如朱渠大队河南建设人员在家劳力 74 人，经常出勤的 39 人，不经常出勤的 17 人，根本不参加劳动的 18 人，怕向公社投资私自逃跑至石嘴山做工的 9 人，跑至兰州做工的 4 人，在酒泉、石空的 3 人。

第二，除以上思想问题外，我们工作上也存在一些问题。县里对他们生产生活上的必要困难，了解不全面不具体。因此对社队解决他们的困难的办法指示得不够具体，界限不够明确。在某些方面给社队造成一定的困难，而社队有时对县里有规定解决的问题也推脱不予很快解决。有的属于社队有力量帮助解决的困难，也不加研究或置之不理。对无力解决的问题或他们过高的要求不加说明解释，有的给他们要态度，或不适当地指责批判。

第三，部分基层干部和群众对外来建设人员支援建设重大意义认识模糊，因此不能主动地团结他们，和帮助他们解决必要的困难，这样互相之间在关系上也就不够融洽。特别是有基层干部认为建设人员要求太多，怕麻烦，认为走掉几户倒还省事。

返原籍问题除以上主要原因外，还有河南亲人来信引诱和个别户老年人有长期病怕死在此地等是次要原因。从以上情况看存在的问题很多。如让其发展下去，对今后的巩固工作更加不利，为迅速稳定外来人员情绪，扭转返回原籍的局面，将他们的思想巩固起来，安心搞好生产，对来宁建设人员的安置工作提出以下意见：

1. 为从根本上解决问题，把河南建设人员安置的地址加以适当调整。以大队和原来的乡集中起来，单独成立小队，调配河南的随队干部或党、团员来

领导，单独成立食堂。这个办法的好处是他们的性情特点、生活规律、风俗习惯河南随迁干部熟悉，他们容易服从领导，达到团结。让他们同吃同住，生活习惯一样，减少纠纷发生，可充分发挥河南随迁社队干部和党、团员的积极性。

2. 进行共产主义教育补课，开展思想辩理，培养建设人员中的积极分子，伸张正气，压倒邪气，使之均能参加劳动。

3. 县人委在最近召开一次建设人员代表会，进行一次社会主义与共产主义教育，表扬模范、树立红旗，并对调整安置地址征求他们的意见。

4. 已逃至石嘴山、兰州、石空、酒泉做工的 16 人，报告自治区和邻省及有关单位，联系制止乱收人的问题，现已将收人单位搞清，可以派员前往动员回来。

5. 本月 6 日河南民权县来电返籍的户，一部分要求回来，要我县派员领回，我们派了 2 人前往民权县将跑回的 40 多户全部动员回来。

6. 县上主管部门应抽出一个负责同志，立即深入社队解决当前存在的问题，并要求各公社指定负责人专门抓好这一工作。

此报告妥否，请批示。

金积县人民委员会

1959 年 3 月 27 日

（宁夏吴忠市档案馆：L024-002-0003-001，共 32 页）

4.《宁夏回族自治区安置来宁建设人员委员会关于安置工作情况和今后意见的报告》（节选）

自治区人委：

我区几年来安置各省来宁建设人员共 193170 人（包括家属），其中浙江 96000 人，陕西 31529 人，河南 16861 人，北京 14080 人，上海约 31000 人，

以及天津、南京、济南等地迁厂来宁职工 3700 人。分别安置在农村人民公社 101519 人，国营农场 34451 人，工矿企业 52719 人，其他文教、卫生、商业等部门 4481 人，他们来宁后对我区各项建设事业做出了一定的贡献。

当前存在的主要问题是：返籍外流现象很严重，除动员劝阻 14713 人外，几年来先后返籍外流达 74036 人，占安置人数的 38.32%。其中浙江青年返籍 33963 人，占安置人数的 35.34%，陕西返籍 7389 人，占安置人数的 23.43%，河南返籍 13488 人，占安置人数的 79.99%，北京返籍 9996 人，占安置人数的 70.99%，上海返籍 8460 人，占安置人数的 27.29%。现有来宁建设人员中，除少部分人思想稳定外，大部分不安心在宁夏，抱着观望迁出、安置两地政府对返籍人员处理的态度而决定去留，不少人劳动消极，出卖衣服准备返籍。从来宁人员反映的情况看，大体有下列几个方面的问题。

1. 住房不足。现在两三户同住一屋，两对夫妇同住一炕，使他们感到拥挤不堪。有些人要接家，因无住房不能和亲人团聚，不愿在宁夏。

2. 收入减少，生活水平降低了，生活安排得不好。他们反映：赚钱不多，东西贵，品种不全，质量又差，日用品的供应也不能及时解决。

3. 不习惯当地气候，医疗工作跟不上，疾病死亡多。他们感到，冬天冷，部分住房缺门窗，取暖条件不好，燃料供应不足。医疗条件差，治疗不及时，以致轻病变重，重病救治不及时，造成疾病死亡，因而产生了怕冻、怕病、怕死的"三怕"思想。

4. 他们某些单位领导缺少温暖，体贴不够，关心不足。平常缺乏政治思想教育，因而某些人迷失了政治方向，导致了私自返籍等错误行为。

从安置机关和安置的单位来检查，错误和缺点是严重的，必须认真检查，认真纠正。主要表现在以下几个方面。

1. 对自治区党委和人委关于安置来宁人员必须抓好政治思想，抓好生产，抓好生活的指示以及有关决定，未能贯彻执行或贯彻执行不力。

2. 某些安置单位，在作风上存在着严重的官僚主义，不关心群众疾苦，不调查，不研究。对大量的返籍外流现象，缺乏深入调查和采取积极措施，反而强调情况复杂，困难大，问题多，缺乏群众观点。甚至个别单位，把来宁人员当"包袱"，企图推出了事。

3. 组织领导工作薄弱。各级安置委员会办公室原有干部被大量调出，因此，安置工作处于被动和瘫痪状态。对发挥随迁干部的作用不够，他们反映的问题不能及时解决，工作得不到应有的支持，工作积极性受到挫折，思想不安，也要求返籍。这对巩固来宁人员的工作，影响很大。

4. 一些迫切需要解决的问题未能及时解决，也是来宁人员不能巩固的重要原因之一。如住房、物资供应、生活安排、疾病治疗、文化活动以及探亲、接家、婚姻等问题。

为了把现有来宁人员稳定、巩固下来，力争返籍人员回宁，我们认为需要做好下列工作。

（一）加强党对来宁人员安置工作的领导

首先，各级党委组织和安置工作部门，应该端正对来宁人员的认识，深刻理解来宁人员对加速我区各项建设事业的重要意义，对过去安置工作上的缺点，要进行一次深刻的检查，总结经验，吸取教训，改进工作。

其次，要把安置委员会办公室的组织健全起来，把已调出的干部根据工作需要立即调回，使安置工作能够正常进行。

（二）切实解决几个具体问题

1. 住房问题。现在住房不足，加上还要来一部分家属，这些房子，必须解决。各地应本着就地取材、因陋就简、节约木材的精神，力争在 9 月底完成这一任务。

2. 粮食和蔬菜问题，在主杂粮的比例上按本县、市情况，尽可能给予照顾调整。在新菜下来以前，对安置在国营农牧场、水电局和农村的来宁人员，在定量之外，5 月份每人供应黄豆 2.5 斤，生豆芽解决吃菜问题。

3. 在副食品、日用品、医疗卫生和文化娱乐方面，应根据各地不同情况加以照顾。农牧场、水利工地与大型工矿企业的供应商品由县、市商业局直接拨货。对病人、产妇、婴儿的一些需要，要尽最大可能帮助解决。煤油按标准及时供应，对因出卖而缺乏衣服被子的，各单位要解决，除可以购买和从现有积存棉布中解决外，不足之数，请商业厅解决布票。

4. 关于浙江青年在原籍的家属要求来宁时应该欢迎，路费由国家发给；要求回家探亲的应该准假，除特殊情况外，一般掌握农闲为准，农忙不准。对请假探亲人员，各单位应分期分批地安排，探亲路费可酌情补助。

5. 因工因病死亡对其家属抚恤问题，按抚恤条例规定办理，农村由安置经费解决，其他各单位自行负责，立即兑现。对来宁人员中的无依靠的老人、孤儿各单位要把生活包下来。

6. 今后对来宁人员的处理，对过去所处理的来宁人员，各部门要与司法部门联系，认真进行一次复查，其中确实错误的，要主动道歉，坚决平反，安排工作，并给予精神上的安慰。

7. 对随迁干部要大胆使用，相信他们，依靠他们，耐心帮助他们做好工作。表现好的应给予表扬奖励，并应吸收他们参加各级党、团、妇女、行政组织，充分发挥其作用。

（三）对各安置地区的全体来宁人员进行一次全面性的慰问。在慰问中应深入检查，召开小型座谈会、个别访问，倾听他们意见，彻底解决问题。不能视为一般慰问就了事。安置在农村和县属工矿企业、农牧场等的，由各县、市党政组织慰问团，由移民书记或县长率领慰问；安置在区属国营农牧场及水利工程方面的，由农业厅、水电局组织慰问；分配在重工业局、地质局、煤管局、轻工业局、交通局、经委等单位所属企业的由各厅局长率领，分别组织慰问团，进行慰问检查。接到通知后立即筹划行动，5 月 15 日至 6 月 15 日结束。

以上报告如无不妥，请批转各市、县，厅、局贯彻执行。

宁夏回族自治区安置来宁建设人员委员会

1961 年 5 月 3 日

（宁夏档案馆：J073-002-0113-0054，共 9 页）

5.《关于慰问来宁人员情况和几点初步意见的报告》（节选）

根据自治区人委第 23 次行政会议的决定，分别由马腾霭、黄执中副主席率领的 2 个对来宁人员的慰问团于 6 月 8 日出发，对银南的吴忠、青铜峡、永宁、中宁、固原、中卫、灵武等 7 个市、县，银北的石嘴山、银川、平罗、贺兰、陶乐等 5 个市、县和石炭井矿区的来宁人员进行了慰问。银北的慰问工作于 7 月 2 日结束，银南的于 7 月 5 日结束。

通过慰问我们看到，各地对于来宁人员的安置工作，一般是重视的，的确做了不少努力，也取得一定成绩。但是，当前存在的问题仍然很多，安置在农村的，由于土地、牲畜、水利、农具等方面困难很大，加上两年来的天灾和工作中的缺点，生产下降，收入减少，生活上有不少困难；安置在城市中的，由于城市发展太快，建设计划不断调整，各方面的工作跟不上去，而且工资待遇、生活福利、劳动保护、家属安置、商品供应等许多方面出现了不少问题，总的说来，供求关系相当紧张。

在上述情况下，形成了大批来宁人员纷纷返籍和外流现象，据我们所到的 12 个市、县和石炭井矿区初步统计（缺银川），共安置来宁人员 125427 人，现已返籍和外流者 56012 人，占安置数的 44.2%；陶乐、平罗、永宁等县均占 60% 左右。造成大批来宁人员外流的原因，一方面固然由于有些地方领导工作抓得不紧，干部作风上存在一些毛病，以及部分来宁人员对于参加宁夏建设缺乏正确的认识和充分的思想准备；另一方面也的确存在一些实际困难，不好解决。因此，我们认为，对于来宁人员中目前存在的各项问题，必须通过认真贯彻"精工简政"的精神，大力压缩城市人口，进一步贯彻大办农业、大办粮食的方针，才能从根本上求得解决。

现在，把我们所看到的一些主要问题和我们的初步意见，简单汇报如下。

一、浙江青年是来宁人员中的一个主要部分。他们来得较多，时间较短，家属多未带来，而且宁夏和浙江的条件差别也较大，因而，来后多不安心，除已返籍一批外（据安委会统计共安置 96000 余人，已返籍 33900 余人），现有的也很不安定，生产上既未扎实去搞，生活上也未做长期打算。根据目前情况看来，要在短期内比较圆满地解决这些问题，从而使他们稳定下来，的确不是轻而易举的事。

二、自动来宁人员在来宁人员中占相当比重，目前，大多数安置在城市和工矿区。其中，许多人工作尚未固定，生活方面没有家底，缺衣无被情况亦相当普遍，严重地加重了城市供应紧张，因此，应该按照我区精简计划，大力动员还乡，参加农业生产。

三、部分要求返籍和已经返籍，不愿回宁者可转给户口、粮食关系，准其返回原籍，对于愿意继续留宁安居生产的，应在可能范围内，尽量帮助解决生产、生活方面的困难。移民中有些要求转为国营农场者，应由各县、市加以研究，条件许可时，可以转为县、市营农场。

四、在大力压缩城市人口以后，再经适当调整，估计城市职工的住房问题大体可以解决。安置在农村的陕西、河南等地移民，一部分房屋倒塌、破损情况也比较严重。但是，有些还可以补充。有些过去已经拨付的建房经费和建筑材料尚未使用；有些旧房还可以拆料重建。因此，各地应当很好地安排一次，再从多方面挖掘一下潜力。采取这些办法仍不能解决问题时，可以考虑再由自治区从压缩工业基建项目中补助一部分经费、建材。对于来宁人员采取上述办法处理后，农场的建房任务将大大增加。解决这一问题的办法，我们考虑：

（1）利用返籍浙江青年腾出的房屋、土地，举办一些县、市营的小型农场；

（2）现有农场再加适当扩充，其现有房屋有条件挤的再挤一些；

（3）压缩工业基建项目，调剂出一部分基建力量，新建或扩建一些农场用房。

五、必须采取集中使用力量重点解决冬衣问题的办法，解决冬衣棉布的来源。一方面应由商业部门抓紧督促各地挖掘潜力，收集公用的窗帘、桌布等一些可以利用的棉布制品；另一方面，商业厅不久前分配给各地的一批临时调剂用布，凡尚未分配使用者，应严加控制，节约使用。如采取以上办法解决仍有困难时，应及早摸清核实，报请商业厅在分配冬季棉布时加以考虑。

六、对于已经来宁的职工家属，除一般应动员、安置在农村劳动或劝返原籍以外，少数离开职工单独安置在农村生活确有困难者，亦应根据实际情况，允许在城市居住。

七、经济关系方面的问题，属于应由各业务部门清理者，已分别转告；属于一般平调退赔者，建议由各市、县再进行一次检查，根据中共中央的十二条紧急指示精神办理；属于需向其原籍交涉办理者，建议由各市、县登记，直接和对口县、市联系。

以上意见是否妥当，请予审酌。

宁夏回族自治区慰问来宁人员代表团

1961年7月20日

（宁夏档案馆：J073-001-0067-0060，共6页）

6.《宁夏回族自治区人民委员会关于进一步妥善安排来宁建设人员工作和生活问题的若干规定（草案）的通知》（节选）

为了实事求是地解决来宁建设人员工作和生活上的各项问题，特作如下规定：

一、各级政府和厂矿、企业、农场、机关、学校以及公社生产队等干部，对于来宁建设人员，不论是经过组织来的或自动来的，均应加以高度的关怀和爱护，对自动来宁的建设人员不得加以任何歧视。

二、各级政府和厂矿、企业、农场、机关、学校以及公社生产队等干部，切实改进自己的作风，认真贯彻党政干部的"三大纪律、八项注意"，密切和来宁建设人员之间的关系。对于来宁建设人员，严禁打、骂、侮辱和非法拘留、扣押、搜查、没收财物等行为，凡是曾经对他们有过这种非法行为的单位和个人，都应向他们赔礼、道歉和退赔。

三、认真组织来宁建设人员的政治、理论、文化、技术学习。不断提高其政治觉悟和建设才能，帮助他们为宁夏的社会主义建设做出更大的贡献。教育当地群众和来宁建设人员之间团结互助，互相尊重，相互学习，共同进步。

四、有组织的来宁参加建设的职工，凡是工作等级尚未根据我区工资标准套级或评级者，应当按照自治区民政厅和轻工业局1961年3月31日《关

于处理外地职工工资问题的通知》，确定和评定工作等级。来宁建设职工中的大、中专学校毕业生，见习期满后应当根据规定评定工级等级，并自见习期满后的月份起执行。有组织的来宁职工，以往曾经返回原籍而又重回宁夏者，不论其返籍时间长短，只要没有其他特殊问题，原安置单位均应热诚相对，妥善安置，原职原薪。

五、对于安置在农村的来宁建设人员，当地政府和农村人民公社应当大力组织他们发展农业生产，充分利用现有条件，并在可能范围内加以适当照顾，以尽可能地帮助他们解决土地、耕畜、农具等方面的实际困难。与此同时，并应积极帮助他们开展副业生产，逐步增加收入。

六、为了切实解决来宁职工和家属的住房问题，应当由所在单位，在现有房屋中通过合理调整宿舍、压缩公用房屋、修补利用破旧房屋等办法加以解决，也可以适当地修建一些职工和家属用房。应当有计划、有步骤地在各单位农场附近就简修建家属宿舍。修建费本单位解决有困难时可由国家投资。建筑材料主要依靠各单位自力更生，就地取材，随着职工家属住宅区的逐步形成，必须保证及时建立学校和其他必要的生活服务部门。来宁建设人员中夫妇双方没有安置在同一地区者，应当逐步地、有计划地调在同一地区。

七、来宁职工回家探亲问题，应当按照国务院《关于工人、职工回家探亲的假期和工资待遇的暂行规定》，以及自治区民政厅1959年3月23日《关于工人、职工回家探亲几个问题的通知》办理。为了保证生产需要，对于需要回家探亲的职工，应由所在单位经过民主评议，轮流回家。但是，对于家中发生紧急事故者，应根据实际情况及时照准。有组织的来宁职工中，学徒工确实需要回家者，可以批准请假回家，路费有困难可酌情补助。安置在农村人民公社的来宁人员，时间满1年以上者，可以

利用农事间隙请假回家，回家路费原则上由自己负责，个别确有困难者，可向政府申请，酌情补助，在移民安置费中开支。为了来宁建设人员回家探亲的方便，取消凭证明信件购买车票的制度，所在单位并应帮助办理购票。

八、必须关心来宁建设人员的生活，逐步改善其生活条件。

第一，保证来宁建设人员都能按照国家规定的口粮标准吃够自己的口粮，病假、事假期间口粮照发。个别粮食定量不够合理的，应当按照他所担负的工种加以调整。国家规定的各种补助粮、加班粮，必须如数发给，严禁克扣。

第二，为了在可能范围内适当解决来宁建设人员的穿衣困难问题，一切机关、学校、厂矿、企业公用的窗帘、桌布、多余的招待用被褥以及其他非必需的棉布制品，一律交由各市、县商业部门统一调剂，合理分配给缺衣无被的来宁人员使用。确实无法调剂解决者，应当本着精打细算、尽量节约的原则，造报计划，由商业部门根据可能适当补助。

第三，大力加强来宁建设人员的疾病防治工作，积极开展卫生运动，适当增置卫生用具，改善环境卫生。卫生部门应当合理调整医疗单位的布局，建立医疗分工制度，以便充分发挥现有医疗力量的作用。对于浮肿、闭经、子宫脱垂和其他慢性病患者，以及孕妇、产妇、经期妇女和幼儿等，除积极加强卫生保健措施和药物治疗外，还要在饮食营养和劳动调配方面加以适当照顾。

第四，来宁建设人员生活确实困难者，应当由所在单位在福利金、公益金中加以照顾安置。在农村人民公社的来宁建设人员，公益金不能解决困难的时候，可以从社会救济费中加以救济。

九、各级商业部门，应当按照自治区安置来宁建设人员委员会和商业厅 1961 年 5 月 23 日的联合通知，做好来宁建设人员的商品供应工作。对于已经安置就业、尚未报立正式户口的自动来宁建设人员，各地商业部门应当采取临时措施，使其能够享受到必要的商品供应。

十、认真加强来宁建设人员的劳动保护工作。厂矿、企业中来宁职工所需用的各种劳保用具（包括工作服），首先应当由所在单位清理仓库，根据有关规定和生产需要，合理分配，节约使用，行政人员不得随意占用。本单位库存不足者，应当编造计划，报请商业部门设法组织供应。来宁职工生病期间和发生工伤事故时的医疗费用、工资待遇、优待抚恤等问题，应当按照国家有关的劳保法令办理。

十一、规模较大的厂矿、企业、农场，应当认真办好幼儿园、托儿所、小学校和哺乳室。对于来宁建设人员的子女入托、入学，应当加以照顾。不能举办托儿所、幼儿园、子弟学校的单位，其来宁建设人员子女的入托、入学问题，应由当地政府加以合理安排，适当解决。

十二、各级文化、体育部门和来宁建设人员所在单位，应当注意开展来宁建设人员的文娱、体育活动。

本规定（草案）经自治区人民委员会 1961 年 6 月 6 日第 23 次行政会议通过，作为草案印发执行。

宁夏回族自治区人民委员会
1961 年 6 月 29 日
（宁夏档案馆：J073-002-0113-0054，共 7 页）

7.《宁夏回族自治区党委关于加强现有支边青年和移民巩固工作的意见的报告》（节选）

川区各县、市委，各有关厅、局党组、党委：

区党委原则同意民政厅党组的报告，现转发给你们，请研究执行。各有关地区党委和有关部门党组，应加强对此项工作的领导，结合今冬明春整社工作，加强现有来宁人员的形势政策教育，切实解决他们当前的实际问题，力争把现有来宁人员巩固下来。

宁夏回族自治区党委

1962 年 12 月 30 日

自治区党委：

1955 年至 1960 年，我区先后安置了浙江支边青年和北京、陕西、河南、上海等地移民共 18 万余人。

几年来支边青年和移民（以下简称"来宁人员"）在各级党委和政府的领导下，通过国家扶助和群众的帮助，他们在我区的各项建设事业中付出了巨大的劳动，做出了很大成绩。但是由于近几年遭受到自然灾害和我们工作中的缺点等原因，使相当数量的来宁人员（约占原安置人数的 80%）返籍外流。目前尚留我区的约有 28000 余人，他们中间仍有一部分人情绪不够稳定，有的因家分两地要求返籍；有的因生活上有困难，也要求把他们送回原籍；还有一部分人，因大部分来宁人员已经返籍，怕插入当地队受人排挤，顾虑重重。在部分干部中（包括部门做安置工作的随迁干部），不同程度地存在着埋怨、畏难情绪和"下马收摊"思想，对巩固好现有的来宁人员的重要意义认识不足，缺乏积极做好巩固工作的信心。

我们认为，目前留在我区的来宁人员已经不多，把这部分人巩固下来，对于我区的社会主义建设和今后的移民工作，都有着深远的意义。目前我区的形势和全国形势一样，是大好的，只要积极努力地做好巩固工作，我们是有条件把这部分人巩固下来的。根据中央批转农垦部《关于支边青年安置工作的指示》精神和我区现有来宁人员的具体情况，特提出如下意见。

（一）加强对现有来宁人员的组织领导和思想教育工作。建议各县、市和有关部门，利用今冬明春的农闲季节，对现有来宁人员的安置情况，进行一次普遍深入检查，切实解决他们现存的问题；教育端正干部和群众对移民工作的认识，克服畏难情绪和各种错误思想；教育来宁人员认清当前大好形势，正确地对待暂时的困难，鼓励他们积极生产，树立在我区安家落户的信心。

（二）结合当前中心工作，对来宁人员的安置情况，应进行一次普遍检查。对安置地点和分配使用不当的应认真加以整顿和调整；对工矿企业和城镇已精减下来的来宁人员的生产、生活，要进一步做好安排；各工矿企业、事业单位对现有来宁人员，尽量不再精减。对农村现有来宁人员的生产组织、生产资料进行必要的调整和充实，对生产基础较好，又有一定的骨干力量的来宁人员生产队，即使人数较一般生产队少些，也应保留其原有的生产组织；若人数很少不能保留原来的生产组织时，可征得他们的同意，转入国营农牧场安置。

返籍的来宁人员留下的房屋、土地、耕畜、农具，应当首先用于调整充实现有支边青年和移民的需要。生产组织和生产资料的调整工作，必须注意做好当地群众和来宁人员的思想教育，切实掌握可以利用的生产资料，做出具体计划与群众协商。既要解决来宁人员的实际问题，又要有利于来宁人员和当地群众的团结。

（三）为了帮助来宁人员建立家底，克服困难，建议对集体安置的来宁人员生产队，在 3 年内（1963 年至 1965 年）免掉他们缴纳公粮的任务，同时，在确定购粮任务时也应给予适当照顾。对于部分来宁人员生产队，虽然经过努力生产，但生产收入仍达不到当地一般生产队收入水平时，亦可免掉他们购粮任务。

（四）安置在国营农牧场的来宁人员中，有少数人年龄小、体力差和人口多、劳力少的户，每月的劳动收入很低，达不到一般职工生活水平，建议由农业厅提出具体补助办法，报请自治区人委批准执行。

（五）对于返籍外流又重新返回我区的来宁人员，应以负责到底的精神，分情况妥善地予以办理。

第一，凡是返籍外流后未曾转办户口、粮食关系的，不论其户口注销与否，均应由原安置县、市或原安置单位做适当安置；若原安置单位已不存在，或因其他情况，在原单位安置确有困难的，可由所在县、市负责分别安置在其他来宁人员生产队，或介绍到国营农牧场。

第二，对于已将户口、粮食关系转去，并在原籍已经上户口，又返回我区的来宁人员，一般按照处理自流人员办法，动员送回原籍。但对于坚决不愿返回原籍，愿在我区长期安家落户，参加农业生产的，按照第一项办法予以安置，并由公安部门重新办理入户手续。

（六）认真地解决现留我区来宁人员的具体困难。

1. 彻底解决他们的住房问题：对于分散安置的来宁人员无房缺房问题，由各县、市从已经返籍的来宁人员空闲下来的房屋（或材料）拨给，并确定他们长期使用权，但不得买卖或私自调换，对有倒塌危险的房屋，应立即帮助他们进行维修，可将空闲房屋予以调换。

集中安置的来宁人员住房，在调整安置点时，应视其人口多少和有几辈人等具体问题，将房屋确定到户，并根据来宁人员的居住习惯，对现有不适于居住的房屋进行必要的改修。

2. 积极地帮助他们解决缺少冬衣的困难。据了解今冬来宁人员的缺冬衣情况较严重，目前各地都已进行了补助，但有个别地区和个别人的冬衣问题，还没有得到很好的解决，要求各有关县、市和单位，应认真检查切实解决。

此外，安置在农村来宁人员中的一些单身青年（约有 1000 人）穿鞋问题无法解决，建议由商业部门，按照城市人口标准，发给鞋票。

3. 认真地帮助他们解决其他生产、生活上的困难，尤其是分散插队社安置的北京、河南、上海等地移民。他们一般均已定居下来，但多是人口多、劳力少，生活上比较困难的户，应认真地帮助他们解决生产、生活中的实际困难。对于口粮达不到一般群众水平的，其差额部分，可在回销粮内供给；对于经济上有困难的，由县、市安置费和社会救济费中给予定期或不定期的补助和救济。

（七）我区来宁人员中有相当一部分人的家属仍留在原籍，许多人都有接家和探亲的要求，因而，各地都应有计划地安排来宁人员的接家和探亲问题。根据目前来宁人员的生产收入情况来看，一下全部解决这个问题是有困难的，当前应教育、帮助他们积极生产，增加收入，创造接家条件，争取在二三年内把他们的家属接来。对于自行来我区的来宁人员家属，所在地政府应设法安置在附近农村或农场。在家属未接来前，对于他们回家探亲，应该允许，探亲时间一般应安排在农闲季节，路费有困难的应给予补助。补助办法：是国家职工的，按照国务院关于职工探亲规定办理。对于安置在农村或其他集体所有制单位来宁人员的探亲问题，夫妇一方在我区和单身来宁人员父母留在原籍的，每年给予探亲 1 次，路费补助按其经济困难程度，补助其往返路费的 50%~70%；夫妇均在我区，其父母或子女留在原籍的，每 3 年给予 1 次，探亲路费补助按其困难程度，补助其往返路费的 50% 左右。另外因婚丧事宜或其他特殊事故，需要回原籍的，也应参照上述补助标准予以补助。路费补助经费从安置费中开支。对于死亡的来宁人员，应彻底进行调查处理，逐人逐件地调查清楚，并向他们家属做出交代。因公死亡的，对其家属进行抚恤；因公致残，也应给予抚恤。抚恤费的开支范围和标准，原则按照前政务院1954年5月22日批准内务部、劳动部《关于经济建设工程民工伤亡抚恤问题的暂行规定》办理。

（八）对于过去受过批判和处分的来宁人员和随迁干部，应遵照中央和自治区党委指示精神，实事求是地进行甄别。对已经回原籍的，原安置单位仍应负责做出甄别结论，向他们原籍党委和本人交代清楚。

（九）经过努力工作，从各方面设法帮助来宁人员解决问题。对于少数患有严重慢性病或家在原籍，家庭拖累太大，需要本人回去照顾，本人又坚决要求回原籍的，由县、市与迁出地区的县以上的机关联系，取得同意后发足路费，办清各种手续，送回原籍，使其安心生产。（陕西移民仍按两省、区协商精神执行）

对于上述问题的处理，应从有利于农村集体经济的巩固，有利于农业生产，有利于当地群众与来宁人员的团结，有利于对来宁人员的巩固出发，在方法上应慎重、灵活，因人、因地制宜，分别情况，妥善处理。只要我们努力做好工作，特别是把他们的生产、生活安排好，使现有来宁人员在我区巩固下来，是完全可能的。因而，要求各安置地区、各安置单位，都应鼓足干劲，努力做好对他们的巩固工作，争取把现有的来宁人员巩固下来。

鉴于目前的移民工作仍然相当繁重，除党委已决定各县、市编制的安置来宁人员专职干部应配备齐全外，建议有关县市、公社、生产大队和有来宁人员的农牧场，应指定一位领导干部负责管理这项工作。自治区的来宁人员安置办公室今后在一定时期内应予保留，干部可由原来的19人减为7人。同时，建议各有关县、市的党委结合当前的整社工作，对来宁人员生产队中的党、团组织进行整顿，加强对他们的领导，更好地发挥党、团组织在巩固工作中的作用。

以上报告如属可行，请批转各县市、各单位参照执行。

宁夏回族自治区民政厅党组

1962年11月9日

（宁夏档案馆：J057-001-0322-0158，共7页）

8. 《支援宁夏建设青年在银川开花结果》——马洪森在共青团第九次全国代表大会上的发言（节选）

同志们：

我仅就各地各族支援宁夏建设青年（以下简称"支宁青年"）在银川参加建设的情况作一简要汇报，请批评指正。

一

为了适应新的建设任务的需要，自1958年自治区成立以来，成千上万的青年响应党的号召从北京、上海、浙江、广州、河南、河北、黑龙江等26个省、市，远离家乡来到这里。他们的行动体现了党对少数民族地区建设事业的关怀，带来了各地各族人民支援少数民族人民的深情厚谊，带来了各地各族人民的优良传统，带来了各地各族人民革命斗争和建设的经验，给银川建设事业增添了一支生力军。他们受到了当地人民群众的热烈欢迎，并在党的教育关怀下迅速成长，在工作中做出了重要贡献。

几年来，分布在我市工业、农业、商业、文化、教育、卫生等各个战线上的支宁青年，在各级党委的领导和关怀下，发奋图强，艰苦奋斗，同当地人民一道，在银川建设事业中发挥了积极作用。山东、河南支宁青年占多数的银川毛纺厂是我市的标兵厂。

该厂年年超额完成生产计划，产品质量不断提高，生产成本不断下降，出产的毛呢和毛毯不仅畅销国内，而且远销国外。上海支宁青年职工较多的新华街第一百货商店是我区贯彻执行商业政策的标兵，他们做到了政治思想工作好，经营管理好，服务态度好，干部作风好，成为自治区内的红旗商店，今年有许多地方的商业工作者到这个商店参观取经。浙江、河北、湖南等地青年占 2/3 的银川园林场，几年来种植用材林和防护林 2600 多亩，培育苹果、桃子、葡萄、杏子、枣子等果木 2600 多亩，他们用自己的双手把一片荒滩变成了绿色的果木林。由于各地支宁青年与本地青年和人民共同努力，自治区成立后，不到 6 年的时间，我市的各项事业取得了迅速发展。全民所有制企业增加了 300%，职工队伍扩大了 300%，产品品种增加了 170%。农业上虽经过 3 年自然灾害，但由于党的正确领导和社员们的努力，粮食产量也增加了 28%，农用拖拉机增长 22.5 倍，耕地面积扩大了 40%，森林覆盖面积增长 30%。货运和客运汽车增加 23 倍，社会商品零售额增加 1 倍多。在校学生增加了 78%，病床增加 130%。特别是包兰铁路，京—包—银—兰民用航空线通航，使我市与首都北京和祖国各地更紧密地连接起来了，对促进我区政治、经济、文化的发展起了重要的作用，银川已经由一个消费城市变成了生产城市。这些成就是党的民族政策的胜利，也是各兄弟地区、兄弟民族和青年支援的结果。

广大支宁青年在银川建设事业中发挥积极作用的同时，也在各项实际斗争中使自己受到了锻炼，得到了迅速成长，他们刚来的时候大多数是中、小学毕业生，现在绝大多数都成了技术工人、熟练的营业员、人民教师和医生。有的已成为生产和工作中的骨干，有的还担任了领导工作，大批青年参加了党、团组织。特别令人喜悦的是，有些支宁青年在比学赶帮竞赛中冲锋陷阵，创造了显著成绩，成

为群众学习和追赶的标兵。吉林支宁青年周宝智，现在是银川拖拉机修理厂的技术工人，几年来连续被评为自治区和银川市先进生产者。他敢想敢干，有"钉子"一样的钻劲，紧密结合生产任务，大搞技术革新，每一个任务到他手里，他都精心琢磨，改进加工方法，革新工具，改造机械设备，几年来共实现重要的技术革新 25 项，在完成生产任务中起了重要作用，被人称为"革新迷"，被银川市委和市人委命名为全市标兵之一，被自治区团委命名为全区青年学习标兵。上海青年吴菊英，于 1958 年响应党的号召来到银川，被分配到新华街第一百货商店当营业员，她把自己的工作看成是社会主义事业重要的组成部分。她说："我每天站在柜台旁，就觉得自己跟北京、跟祖国相连在一起，自己是在为无产阶级革命事业而出力。"江苏支宁青年，银川市邮电局报务员王须炳一贯刻苦钻研业务，掌握了 8 种操作技术，3 年收发报 350 多万字，只出现了 3 个字的差错，多次被评为自治区和银川市先进工作者，被银川市委和市人委命名为全市人民学习的标兵之一。现在广大支宁青年已经爱上了宁夏，他们称自己是"新宁夏人"，把银川看作是自己的第二个故乡，为建设新宁夏，建设新银川立下了雄心壮志。

二

我们在团结教育支宁青年方面主要抓住了以下几个环节：

一、教育支宁青年树雄心、立大志，发扬革命传统，克服困难，为建设祖国边疆贡献力量。我们体会到，支宁青年在我地安心扎根开花结果的过程，就是进行思想教育的过程。支宁青年的一般特点是热情高、有抱负、肯学习，但是由于缺乏锻炼，思想上有许多不切实际的想法，碰到困难容易波动，

遇有不合乎自己理想的现象就不满意。他们刚来到银川时，确实遇到了许多实际困难，如气候不正常，生活不习惯，年纪较小的青年初离家乡，开始独立生活，不会安排，想念家人，各地青年语言不通，说话不懂，等等，这些困难都在一定程度上影响着他们的思想、劳动和生活。为了引导他们正确地对待困难，帮助他们树立正确的思想，明确了克服困难的方向，增加了勇气和力量。同时广泛开展了"五好青年"活动，树标兵，插红旗，在比学赶帮竞赛中发动支宁青年学习全国青年社会主义建设积极分子上海支宁青年陈迺逾烈士，号召支宁青年以陈乃逾为榜样，坚定建设祖国边疆的决心和革命的志气，掀起劳动学习高潮。对支宁青年中的好人好事做到了及时表扬，大力宣传。针对存在的各种错误思想，采取摆事实、讲道理的办法进行深入细致的说服教育。通过一系列教育克服了部分支宁青年的做客思想，树立了主人翁思想，克服了畏难情绪，树立了艰苦奋斗作风，为使支宁青年在银川安家落户打下了思想基础。

二、不断地进行各民族青年应当团结互助、互相学习的教育，在支宁青年中普遍宣传了党的民族政策和宗教政策及少数民族的风俗习惯。在本地青年中广泛宣传了支宁青年的风俗习惯和先进事迹，教育他们互相学习、互相帮助、互相尊重，从而保证了各地各族青年的团结，形成了互学互助的好风气。支宁青年虽远离家乡，远离父母和兄弟，但却得到了更多同志的关心，许多支宁青年帮助当地青年学习文化，介绍祖国内地和家乡建设美景，并向本地青年学习生产技术和业务知识。由于不断的教育，支宁青年与本地青年的团结友谊日益增强，互学互助的风气日益浓厚，这种团结合作的精神大大促进生产和工作。

三、关心支宁青年的学习和生活，协助有关部门尽力满足他们的合理要求。各级团干部贯彻"四

同"，深入车间、生产队、宿舍、食堂，通过个别谈心和召开各种座谈会、代表会，经常了解支宁青年的思想情绪和要求，及时向党委反映。党组织和有关部门对支宁青年的要求十分重视，凡是正确意见均采取有效措施认真解决。为使他们尽快掌握生产技术和劳动技能，在企业中普遍订立了师徒合同，开展尊师爱徒活动，举办了各级各类业务文化技术学校，有些青年还被送入专门学校和外地去深造。南方青年不会做面饭，就请当地妇女去帮助；南方青年吃不惯面饭就动员当地人民把大米让给他们吃；对气候不习惯就向他们介绍当地气候特点、生活习惯和生活常识。遇有家庭生活困难的就给予必要的补助。为了丰富业余文化生活，开辟了文化娱乐场所，并开展了经常的业余文化体育活动。为使他们家中免除挂念，加强了"后勤"工作，经常与家庭通信，介绍子女的表现，给支宁青年的亲人报喜。每到年假节日从市委书记、市长到基层党、政、工、团干部都深入到支宁青年中去与他们欢度节日，并开展慰问活动。党的关怀使他们受到了深刻的教育，鼓舞了他们的革命干劲和克服困难的勇气，为支宁青年在我市扎根开花结果创造了条件。

我们在做了上述工作并取得了一定成绩的同时，也出现了不少缺点，发生过一些问题：我们在宣传动员工作上有片面性，讲有利条件多，讲不利条件少，经常的思想教育工作不深、不细、不活，因而在工作上造成了一定的损失。我们要吸取工作中的经验教训，做好今后工作。

我们有决心通过贯彻这次团代大会的决议，在我市各族青年中鼓更大的干劲。

1964 年 5 月 25 日

（宁夏银川市档案馆：A31-1-0035-0001，共 8 页）

9.《宁夏回族自治区安置来宁人员委员会关于全区移民工作的总结报告》（节选）

一

我区从 1958 年自治区筹建开始，到 1960 年止，接受安置支边青年和移民（以下简称"来宁人员"）15 万余人，加上前银川专署、吴忠回族自治州安置的来宁人员 3 万余人，全区先后共安置来宁人员 18 万余人。其中北京 14000 余人，河南 15000 余人，陕西 29000 余人，上海 18000 余人，浙江 96000 余人，安徽、山东、南京等地 7800 余人。

对上述来宁人员，采取了按社和集体建村形式安置在农村人民公社的 110900 人；集体安置各国营农牧场及水利工程队的 4 万余人；安置在工业、文教、卫生、商业等部门的 3 万余人。

几年来来宁人员，在各级党委和政府的正确领导下，在相当困难条件下，发挥了他们的积极性和创造性，克服了种种困难，在各个战线上贡献出自己的力量，做了很多的工作，取得了很大成就。他们开垦了荒地，扩大了耕地面积，兴修了水利工程，扩大了灌溉土地，传授了耕作技术，发展了经济作物，增加了文化技术力量，参加了各项建设工作。开垦荒地达 36 万余亩，生产粮食年达六七千万斤（1961 年）；整修大型渠道 7 条，扩大灌溉土地 20 余万亩；陕西移民试种成功了棉花、花生、红薯，浙江青年传授推广了水稻种植技术；知识青年或任小学教师，或从事财会工作，都促进了事业的发展；技术工人或到厂矿，或到社队，都增加了建设力量。从农村到城市，从农业到工业，到处都有他们的模范人物、模范事迹，仅参加水利工程的人中，就有 139 人获得"红旗手"的称号。在今后我区各项建设事业中，还将继续发挥积极作用，产生更深远的影响。

移民工作虽取得了很大成绩，但工作中存在的缺点和错误很严重，主要表现在返籍外流和请假不归，绝大部分没有巩固下来。据统计到目前为止，先后返籍外流、请假不归和坚决要求返原籍并经过原籍领导机关同意资助送回的已达 15 万余人，占原安置总数的 80% 以上。其中 1961 年 8 月以前自动返籍外流的 73000 余人，占返籍总数的 49%；1961 年秋季，我们对确有困难，原籍需要本人返回和本人坚决要求返回的，经原籍领导机关同意，先后准假或资助送回 79000 余人，占返籍总数的 51%，目前剩下的约 3 万人。由于来宁人员大量返籍外流，使国家和本人在经济上都受到了很大损失。修建的房屋大部分空闲、开垦的土地部分荒芜、补助的衣物不少变卖，4000 万元的财政开支大部分形成浪费。更严重的是，返籍途中曾发生过非正常死亡现象，造成了不良的政治影响。

来宁人员未能巩固下来，主要是由于连年的自然灾害和我们工作中的缺点错误，使城乡人民的生活水平下降，本地人也曾发生外流现象，新来的人员困难更大，返籍外流的就更多。加之移民工作又是一项新的工作，我们缺乏经验，在领导思想上存在着一定的主观主义，对宁夏地区当前的经济条件、劳力需要的情况，缺乏具体的分析和正确的估计，要求过高过急，步子迈得过大、过快，超出了我区实际条件，这就很难在生产和生活方面满足安置人员的需要。此外，来宁人员本身也确实存在一些困难问题，如浙江青年都是把家属留在原籍，农村人民公社工作条例下达按劳分配进一步贯彻后，他们的家属在吃粮、经济收入上都发生困难，因而常来信催叫他们回去。北京移民都是久居城市的小商小贩，不习惯于农业生产和农村生活，留恋城市，所有这些对于巩固工作也带来一定的困难。

二

通过几年来的移民工作实践，主要的经验教

训是：

一、移民任务必须按照当时、当地经济的客观要求和物质条件的可能来确定。我区的移民工作大体可分为两个阶段：1955—1957年期间的移民是小规模的，准备工作比较充分，生活条件也比较好，因而发生的问题比较少，发生一些问题也比较容易解决；1958—1960年，由于自治区的筹建和各项事业的建设发展对劳动力的需要，进行了大规模的移民，加之我们对物质条件可能考虑不够，接收移民过多、过快，造成了工作上的被动。3年（1958—1960年）中安置的浙江、上海等地来宁人员15万余人，干部、职工串联亲友1万余人，另外还安置了自流人员13万余人，安置总数共达30万人，而且都集中安置在黄河灌区各县、市（占黄河灌区总人口的26.9%）。因而，问题就显得更为集中、突出。如中卫、中宁等地来宁人员，每人平均土地还不到2亩，陶乐县安置移民的数量超过该县原有人口的2倍，新建的平吉堡农场一次接收安置浙江青年7000余人，扩建的前进、暖泉、连湖等农场，安置浙江青年人数超过原有职工的1~3倍。这与我们的人力、物力、财力都是不相适应的。许多困难和问题难以解决，如住房方面，宁夏是个高寒地区，但有些支边青年冬天住在临时帐篷内，有些新建的房屋缺少门窗和取暖设备，甚至有几辈同住一房和几对夫妻同住一炕的情况。在吃的方面，粮食实行低标准以后，瓜菜代粮跟不上，吃不饱，新建和扩建的农牧场，一般缺乏粮食加工设备和交通运输工具。生活日用品的供应紧张。医疗卫生条件差。尤其在1960年下半年到1961年上半年期间，浮肿、干瘦病的不断增加，因治疗不及时等原因，先后造成来宁人员的死亡。上述这些情况的发生，对移民生活威胁很大，因而返籍外流在这个期间更为严重，这确是一条十分沉痛的教训。

二、搞好生产，增加收入，保证移民的生产收入和生活水平不低于原籍是巩固移民的物资基础。我国历史人口流动规律也已证明了这点。移民在较长时期内，必然有"故土难离"的心理习惯，如果移民在安置地区的生产收入能达到原来水平，并逐步有所增加，生活随之得到相应的改善和提高，使移民感到安置地区较原籍有发展前途，他们才能够逐渐改变乡土观念，提高生产情绪，逐步地稳定下来。如安置在银川市掌政公社的浙江青年和安置在灵武、王太堡国营农场的浙江青年，由于生产收入和生活条件较好，就比较稳定。1961年前，各县、市陕西移民共9310人，占安置点总数的31%；而生产条件最差的陶乐县移民，返籍人数即达4655人，占全区返籍移民总数的50%以上。相反的，生产收入较好的贺兰县的河西和石嘴山的新市等陕西移民队，在当时不但未发生成批返籍外流，而且还吸收了他们的部分亲友自动迁来我区。

但是，不少来宁人员，特别是浙江青年，由于生产资料准备不足，迁来我区不久又遇到连续几年的自然灾害，使他们的生产收入和生活水平显著下降。尤其自农村实现粮食按劳分配以后，他们留在原籍的家属，口粮发生了困难，催叫他们回去，加剧了青年不安的心情和返籍要求。

在安置初期，为了保证生活水平不低于原籍，国家必须采取扶助办法。如在一定时期内减免粮油征购任务，补助生产收入的差额等。这些方面的工作，我们虽然做了一些，但做得还不够，同时也没有足够地注意到，在搞好生产的前提下，大力开展多种经营，增加收入，打下经济基础。

（一）安置移民不论采取何种方式，必须注意遵守不损害安置社员的利益的原则。安置地点一定是有荒可开或者需要增加人力深耕细作的地方，才有发展生产，增加收入的可能，才具备安置移民的条件。而我区在安置移民工作中，就违背了这一原则。1959年为安置浙江青年，先后向当地人民公社借调耕地 122248 亩（其中青苗 40266 亩），耕畜 4989 头，农具 4640 件。分散按社安置的北京、河南来宁人员，长期借住当地社员的房屋。陕西来宁人员在公社化期间也调拨了当地社员一些生产资料，上述调拨农村人民公社的生产、生活资料，当时虽付给价款 1000 万元左右，又在处理平调中补偿退赔款 450 余万元，但是由于抽调当地农民的生产资料数量过大，影响了当地社员的生产和收入，损害了他们的利益，因而影响了相互之间关系和团结。

（二）切实做好政治思想工作与解决生产、生活实际困难问题相结合是巩固移民的有力保证。在迁出之前应该根据宁夏情况，实事求是地向移民既说明安置地区好的一面，又要讲明困难一面，同时对留在原籍的家属亦应做好动员工作。但到安置区后，由于人地生疏，顾虑大、困难大、思想不稳定，这是一个必经的过程。如果不经过艰苦细致深入的政治思想工作和切实解决他们的生产、生活中的实际困难，要求他们安心生产，事实上是不可能的。因此，必须坚持依靠党、团组织力量，充分发挥随迁干部的骨干、桥梁作用，以及通过生产、生活活动和民兵、妇女等群众组织，坚持进行全面经常的社会主义建设的政治思想教育工作，同时也要做好家属的教育工作。在进行政治思想教育工作的同时，应结合具体情况，以热情关怀的态度去帮助解决他们的实际困难和问题，使他们感到安置区亲切温暖，并得到问题的解决。只有这样，才能不断提高他们的社会主义觉悟和发展生产的积极性，以便增强他们克服困难建设边疆的信心。但是，我们在思想教育工作上，针对移民的思想变化，与实际情况结合教育做得也不够，在一定程度上，思想教育与解决实际困难脱节。甚至在个别单位对来宁人员采取了粗暴的方法，以行政命令手段代替思想教育工作。

几年来的移民工作的实践证明，移民工作是一项十分复杂细致的政治工作、组织工作和经济工作，

并牵扯到各方面。这个特点，决定了移民工作必须在各级党委的统一领导下，由各有关部门密切协作，取得迁出区和当地群众的支持，正确地确定安置任务、地点、方法，充分做好物资上的准备和组织上的准备工作，抓好移民的生产、生活安排和政治思想教育工作，移民工作才能搞好。

三

宁夏是人少地多、文化、经济比较落后的地区。为了加速宁夏的社会主义建设，以便逐步赶上祖国先进地区，不仅需要中央和兄弟省区的财力、物力的支持，更重要的是人力的支援。因此，以往向宁夏地区移民的方向是正确的。今后仍要做好此项工作，不能因过去工作中曾发生了一些错误和困难，就动摇对移民工作的信心，应当认识它的积极意义，从而更为慎重、稳当地加强改进这项工作。

今后的移民安置工作，必须正确吸取以往的经验教训。安置移民一般应具备以下几个条件：第一，勘测好可垦荒地，且在土壤、水源方面，确实适于农业生产；第二，要有足够的牲畜、农具，以及所需要的其他生产资料；第三，要建造足够的房屋，备置足够的生活资料；第四，要有相应的公共服务设备（如医疗、商店、邮电、交通等）。除了这些生产、生活上必备的条件外，在移民安置后，必须有经常的检查制度和深入细致的政治思想教育工作。移民任务的安排，必须根据需要与可能建立在积极可靠的基础上，必须由少到多、逐步扩大，稳扎稳打地进行安置。

对于现留我区的来宁人员，要下定决心积极做好工作，加强领导，重整生产组织和充实生产资料，千方百计地争取把他们巩固下来。对于返籍外流又重返回来的，也要本着负责到底的精神，妥善地予以安置。

有关返籍移民的遗留问题，由县、市和安置单位负责清理，并与迁出县、市取得联系，争取尽快

地分期分批地妥善加以处理。

宁夏回族自治区安置来宁建设人员委员会

1962 年 11 月 11 日

（宁夏档案馆：J075-001-0035-0042，共 9 页）

10.《宁夏回族自治区党委批转自治区安置工作领导小组关于安置工作总结和 1964 年安置工作计划的报告》（节选）

各地、市、县委，区党委各部委，自治区各厅局、人民团体党组、党委，并报中央安置城市下乡青年领导小组、西北局安置工作领导小组：

现将自治区安置大、中城市精减职工和青年学生领导小组关于安置工作总结和 1964 年安置工作计划的报告转发给你们，请研究执行。

动员和组织城市知识青年下乡参加农业生产，是贯彻执行"以农业为基础、以工业为主导"的发展国民经济的总方针，进一步加强农业战线，巩固人民公社集体经济，建设现代化的农业，建设社会主义的新农村的一项重大措施；同时，对移风易俗，改变历史上遗留下来的轻视农业和农业劳动的旧思想，也具有重大作用。因此，各级党组织都必须予以足够的重视，切实加强领导，并且根据中央的有关指示和自治区安置工作领导小组的报告中所提的意见，从动员、安置、巩固等方面，坚持不懈地进行艰苦、细致的工作，使城市下乡青年，在农村落脚生根，开花结果。

自治区原有的安置大、中城市精减职工和青年学生领导小组，主要是为了在国营农、林、牧、渔场安置城市精减职工和青年学生而建立起来的，与今后以插队为主的工作任务不相适应，有必要加以调整和充实，把今后人民公社生产队和国营农、林、牧、渔场的安置工作统管起来。对于过去精减回乡、下乡的职工和闲散劳动力的安置巩固工作，仍由原

主管单位负责做好，有安置任务的各市、县也应当建立相应的机构或设专职干部管好这项工作。

宁夏回族自治区党委

1964 年 4 月 22 日

附：

《关于安置工作总结和 1964 年安置工作计划的报告》（节选）

自治区党委：

一

根据中央、国务院指示，在自治区党委的正确领导下，我区安置工作取得了很大成绩。从 1961 年至 1963 年共安置下乡、精简职工（包括外地大、中城市及灾区人员）、青年学生和闲散人员 5525 人。其中劳动力 3915 人，占总人数的 70.8%。安置方向：插入国营农林牧场 4175 人（包括家属 1025 人），占总人数的 75.4%，插入人民公社生产队 1350 人（不包括回乡人员），占安置总人数的 24.6%。近几年来，实际支出安置经费 1358000 元（插入公社生产队安置经费由地方经费开支，未统计在内），共建住房 542 间，开荒 9000 余亩。据银川市、县和农牧场的统计，从下乡人员中选拔基干 250 余人，部分人员被评为"五好"社员和劳动模范。

但是，当前动员安置工作，还存在的问题如下：

1. 有些职工、干部和群众对中央、国务院关于动员和组织城市青年参加农村社会主义建设的伟大意义认识不足；

2. 有些安置单位，对下乡人员的政治思想工作抓得不紧，因此还不能把下乡人员巩固下来，据初

步统计，农场安置人员先后减少 737 人。其中除因工作需要调回 110 人和劳改劳教 6 人，参军、升学 8 人外，其余 613 人都是自动离场或农场自行处理的。

3. 公社生产队安置的部分人员口粮达不到社员水平，少数人住房未妥善解决，还没有按照党委 1963 年 4 月 20 日批转区民政厅党组"关于回乡、下乡人员安置情况和今后意见的报告"精神，妥善解决。

二

根据党中央、国务院《关于动员和组织城市知识青年参加农村社会主义建设的决定（草案）》，为了进一步贯彻执行"以农业为基础，以工业为主导"的发展国民经济的总方针，进一步加强农业战线，建设现代化的农业，建设社会主义新农村，必须继续动员组织城市青年和社会闲散人员参加农业生产。1964 年具体计划如下：

一、安置任务方向

本着以插入人民公社生产队为主的方针，拟插入银川、石嘴山、固原、吴忠、中卫、青铜峡等 6 个重点（市）县的 18 个人民公社、200 个生产队 2450 人，占安置总人数的 83%；插入国营农林牧场 500 人，占安置人数的 17%。其中，安置国营陈家圈牧场、前进农场、暖泉农场、六盘山林场等 350 人，扩建石嘴山牧场和银川市永固农场安置 150 人。

二、安置经费和物资

根据我区 1964 年的安置任务，西北局安置领导小组电话通知，拨安置经费指标为 90 万元，分别用于插队和国营农牧场各 45 万元。插队安置经费每人按 185 元计，主要解决住房、生活补助、小农具和生活灶具购置、旅运和专职干部工资等费用。

三、建立专业机构，配备专职干部

根据中央决定（草案），为加强各级对这项工作的领导，应当建立专业机构和配备专职干部，人员

的配备，按 1964 年至 1965 年两年计划插队总人数的 6‰ 的比例配备专职干部，列为行政编制，由安置经费中开支。根据我区情况，自治区和银川市设立安置领导小组办公室，其他动员安置任务较大的市、县应配备专职干部。我区 1964 年至 1965 年插队安置计划 4950 人，暂配备干部 20 名，干部名额的分配：区安置领导小组办公室 9 名，银川市安置办公室 7 名，石嘴山、吴忠各 2 名，上述编制和人员的配备，请编委下达编制，组织人事部门尽快调配干部，以利工作的开展。

为完成 1964 年安置计划，需做好以下几项工作：

1. 加强各级党委对这项工作的领导，是做好动员和组织城市知识青年参加农业生产的根本保证。

2. 广泛地开展宣传动员工作。把党中央、国务院《关于动员和组织城市知识青年参加农村社会主义建设的决定（草案）》的精神，从党内到党外，从干部到群众，层层传达贯彻下去，开展宣传教育。

3. 做好下乡青年安置工作。城乡应密切配合，共同负责到底，做好思想政治工作。教育干部、工人、社会对下乡人员热情接待，动员和安置单位挂好钩，做到准备好再安置。

4. 各有关部门应当紧密配合，从思想、工作、劳动、生活等各方面帮助下乡青年健康成长。大力帮助和指导下乡知识青年学习农业科学计划知识和开展科学实验活动。

5. 继续做好已下乡知识青年的安置巩固工作。请各地对以前安置工作普遍进行一次检查，总结经验，解决问题，进一步做好工作。

以上报告如无不妥，请批转各地参照办理。

宁夏回族自治区安置大、中城市

精减职工和青年学生领导小组

1964 年 3 月 27 日

（固原市原州区档案馆：共 12 页）

第五章　工业及三线建设移民档案摘录

一、早期工业支宁职工档案摘录

1.《为解决福康厂内迁后出现的一些问题请示报告》（节选）

上海福康制毡厂已于 9 月下旬前往宁夏回族自治区银川毛纺厂。共去职工 80 名（其中回族炊事员 3 名），经落实后动员随迁在职全民所有制家属市民、集体所有制 2 名，代课教师 1 名，失学青年去当艺徒的 4 名，半工半读的 1 名。另外，有家庭经济困难在沪里弄做些加工等工作，要求仍然照顾做些临时工的 7 名。连老人、小孩共内迁人员 161 名。

职工和家属们一到银川，出乎他们原来在上海想象大西北如何如何"苦"的现象，到达目的地一看，厂房、宿舍和市场蔬菜副食品情况是三满意。白天、晚上奔走相告，纷纷写信回沪，有的连写几封信反映较好，有 5 人未带家属，表示明年回沪探亲，把家属接去，因此要求暂留他们的家属宿舍，情况很好。护送人员分两批回沪，直到第二批临走时有 11 个人叫带信、带物、带钱，要求做他们留沪家属的思想工作。但等护送人员走完后，不少人来信反映，情况变了，思想波动，情绪不安，个别的要来上海交涉。

随迁人员落实经过：

关于人员落实家属安置工作，我们曾 4 次派人去。第一次 6 月 24 日，由公司搬迁小组副组长季国民同志（正组长是梁经理，季是正科长）和该厂副厂长陈富菊同志、技术员蒋宝兴同志前往自治区工业厅向段厅长作了汇报，并定了总的原则：随迁家属对口安排。第二次是 8 月 5 日，公司政治部派政工干部徐福利同志和该厂副支书王文兰同志带了人员情况和花名册，与中纺部技术司特品处汤永杰处长一同去宁夏，具体研究安排落实随迁人员工作。

上海纺织公司搬迁小组

（宁夏档案馆：J088-002-0309-0018）

2.《交通部公路总局第二工程局等单位移交宁夏方案》

交通部所属公路总局第二工程局机关的一部分及所辖四处、局汽车队、公路测绘设计五分院第七测量队单位下放由自治区领导管理，共移交工作人员 863 人，领导干部 44 人，技术干部 77 人，行政干部 191 人，技工 272 人，普工 232 人，学徒 47 人。自治区以此为基础组建交通管理机构及公路建设队伍。

1958 年 7 月

（宁夏档案馆：J091-002-0274-0006）

3.《宁夏回族自治区民政厅关于上海市支援我区人员的安置使用经费开支和工资待遇的通知》（节选）

各县、市人民委员会，自治区各厅、局：

今年上海支援我区人员约有 5 万人。其中，青年学生约 4000 人；服务性行业和摊贩 4300 户，约 20000 人；各种生产小组 70 个，5000 户，约 20000 人；文教、卫生人员 1000 户，约 4000 人。其他人员，如出版印刷、越剧团、电台等 380 户，约有 1500 人。上述人员已分配给各县、市，并有 7000 余人已到我区。其余 4 万余人，在 11 月底可全部到达我区。现将其安置使用、经费开支和工资待遇作如下通知：

一、安置使用的原则是：人尽其才，量才录用

对 16~25 岁的青年，具有高小文化程度，可送往工厂当学徒；对于 4300 户服务性行业和摊贩，除根据需要选择一部分仍做本行业外，其余可分配做基建工；各生产小组应保持原来的生产组织，分配到城市和工矿厂区进行生产；对于自发户，一律纳入国营、合作社轨道，可组织为生产车间、工厂和合作社。

以上几种人员，如本人愿意亦可去农村或者农场劳动。

二、关于工资待遇问题

1. 自发工业户开支的工资，一般的是 30~60 元，其从业家属是 15~30 元，每人具体工资按上海市的工资证件支付，暂不提高也不降低。来我区 3 个月后可以新评定工资，评定后的工资高于上海的差额补发，低于上海的差额亦不扣还，也不保留。对其工资较少，生活确有困难的，可根据情况予以救济。在途中和未分配工作前的医疗费原则上自理，如确

有困难，可予以补助。

2. 摊贩劳动力，自批准来我区之日算起，在 3 个月以内每人每月工资 40 元，3 个月后实行按劳取酬。随同来我区的家属的处理办法与自发工业户家属同，需要从移民费开支的款数请各县、市速造预算报来，以便拨给。

3. 青年学生分配做徒工的，按我区规定执行。

4. 凡持有工资证明的如教员、医务人员、演员、出版人员、印刷工人、电台人员等，按工资证件支付。

5. 对少数无工资证明的技术工人，可暂时确定临时工资，3~6 个月后重新评定。

6. 车费、行李费、工具搬运费，均由我区负责，途中每人每天发伙食补助费 1 元。

三、经费开支问题

经费开支的原则是，谁要人谁出钱，即到工业方面去的人，由工业部门负责，到文教、卫生、农业、民政等方面去的人，由文教、卫生、农业、民政等部门负责。经费开支的办法是，在人来我区前，先由民政部门汇款，来我区后未分配工作前，所需费用由各县、市垫支。分配工作后，由所在单位负责，最后由民政厅协助上海工作组结算账目，由财政厅从各用人单位的经费中扣还。

宁夏回族自治区民政厅

1958 年 11 月 18 日

（宁夏档案馆：J103-001-0036-0254，共 4 页）

4.《银川市 1958 年上海招收人员和支援企业情况的汇报》（节选）

市委、市人民委员会：

现将我们在上海招收人员工作情况作如下汇报：

8 月初我们奉市委指示，从各方面抽调干部 22 名组成工作组，8 月 9 日由银川动身，13 日到达上

海，到沪后本着市委的指示精神，在工委工作组领导下，经过 3 个多月的工作，共招收各种人员 6186 人。其中，青年学生 806 人，社会劳力 499 人（包括商贩），服务性行业 361 人（包括南京被服厂、公私合营康乐木器店），生产自救小组（厂）26 个 1280 人。随着上述人员的调动带来在职干部和职工 20 人，家庭共 1075 户 3220 人。

人员情况是：

（1）青年学生按 16~25 岁条件招收的，后因招收不够，有一部分 14~15 岁的也吸收了。

（2）社会劳动力是按全家有一个能实际参加劳动为条件。这部分人中，第一、二批来的条件较差，有些年龄太大，有的拖累太重，不能参加劳动，个别还是残疾等。

（3）服务性行业方面，如康乐、南京被服厂劳动力和技术条件都比较好，其他均系一般。

（4）生产自救小组劳动较差，妇女占 70%，但其中有 100 多名技术人员的技术较好，有些东西大厂不能生产，而他们能生产。

这批人员除青年学生和劳动力外，其他均系连企业迁来的，其中生产小组除现金外，全部财产无偿支援，总值约 24 万元。服务行业中康乐木器店财产 19 万元，南京被服厂 5 万多元，全部无偿支援我们。以上共计约 46 万元，有些不是主要财产未清点。

为了使所迁企业到银后能迅速投入生产，我们在动员迁移同时，抽调一部分人员组成采购小组，协调各组采购价值约 6 万元的机器和原材料。现在各组的生产设备一般都可以独立进行，原料大部分能维持 1~3 个月的生产。

经费开支：先后共开支经费 507279 元，其中按招收规定应该开支运输费、途中伙食补助、生活困难补助以及发工资共 400009 元，采购机器设备和原材料 59032 元，预借成员安家费 48238 元（大部分是借一个月工资，待投入生产后分期扣还）。以上经

费除南京被服厂由商业局借支 2 万元外，其他都是工委工作组统一开支的。

为了把所迁人员和企业安置好，巩固下来，对今后安置和巩固工作提出以下几点意见。

一、组织安排：根据各生产小组（厂）的设备、技术、人员等情况和结合我们市工业发展规划，对上海迁来的 26 个小组合并为 12 个工厂。以普陀区革命家属生产自救小组、虹口区胶木小组、江宁区胶木组合并为银川电料厂。以虹口区第一生产小组和闸北区电瓷组合并为银川电瓷厂。以虹口区第二生产组和螺丝钉小组合并为银川五金器材厂。以虹口区灯座组和插座组合并成立银川市电讯器材厂。以徐汇区喷漆组和闸北区镀喷烘漆组合并成为银川市喷烘漆电镀厂。以江宁区仪表组成立银川仪表厂。以蓬莱区纸盒组成立银川市纸盒厂，以闸北区文教组成立银川市文教制品厂。以虹口区拉链组成立银川市拉链制造厂。以虹口区弹簧组成立银川市弹簧工厂。以江宁区五金组成立银川市螺丝制作厂。以江宁区西西井小组成立银川市西西井厂。其次康乐木器店在上海属商业部门领导的公私合营商店，根据其生产经营比重改为公私合营康乐木器厂。南京被服厂亦改为银川被服厂。以上各厂除文教制品因原料和产品销售情况适合商业局外，其余均属工业局领导。此外对技术设备较差的烟火组、五金修理组、三合土、胶布组和橡胶组、拉丝模组，将一部分合并在电动机、轮胎、电瓷、五金器材等较大的工厂。一部分员工分配在城市建设局做普工，一部分分配在商业部门（全是女的）做营业员等工作。

二、生产安排：为了保证正常生产必须立即着手组织原材料工作，必须做好新旧厂之间的协作关系，以取长补短、共同促进的办法，使他们能产出更多的新产品，以满足社会需要和为国家创造更多的财富。

三、工资待遇和生活方面安排：目前除生产小组未安排妥善外，其他均系基本安置就绪，至于今

后如何办，需要统一研究，为此对当前各种人员工资待遇，根据招收人员有关规定提出以下意见：

（1）青年学生分配做学徒的可按照国务院规定办理，未分配做学徒或者年龄较大、家庭负担重不适合做学徒分配其他工作的，按所在部门工资标准待遇。

（2）社会劳力。前3个月按所在原单位标准给予待遇。3个月后按所在单位工资标准评定新工资，评定后按新工资执行。

（3）服务行业。有固定工资的保留原工资不动，在上海评了临时工资的暂按临时工资发给，没有工资的可按当地行业工资标准评定执行。

（4）生产自救小组和调职人员均按原薪不动。以上人员工资均不加地区差价。

四、加强政治思想领导：上海迁银人员有的是响应党的号召来参加宁夏建设的，有的是为了找饭碗而来的，有的是因为有政治背景不能来，亦有的是随大流而来的。因此目前思想很复杂，对这些人既要加强政治教育，又要善于团结他们。

五、现在看来，有些部门对上海迁移人员生活和企业生产重视不够，为了改变上述情况，需组织一个检查组，对外来人员的安置工作进行一次检查，发现问题及时督促有关部门解决。

以上意见有不妥之处，请市委指示。

银川市上海招收人员工作组

梁建邦

1958年12月5日

（宁夏银川市档案馆：C9-5-0065-0006，共13页）

5.《银川市民政局1958年安置外地来银建设人员的总结报告》（节选）

几年来，北京市和陕西省等有组织地来宁建设人员达1018户5090人。宁夏回族自治区成立后，为了发展少数民族地区各项事业，上海、南京、天津等兄弟地区，又迁来6批人员，从1958年9月至现在共迁来3062户6245人。由于以上人员的来银，大大壮大了我市的建设力量，这次来银人员，绝大部分随厂迁来，因而还带来了各项生产设备，并且都具有一定的生产技术和经验，这就为我市各项建设提供了有利的物质条件。现将安置来银建设人员的情况，作如下报告。

在党委领导下，成立了银川市接待外地来银建设人员委员会，研究、讨论并拟定了对来银人员的接待、食宿、住房、家属安置和工作分配计划。委员会下设接待办公室，办理各项工作。

对迁来的32个组（厂），2个系国营和公私合营厂，规模较大，如康乐木器厂、被服厂原封不动安置之外，对其他30个组，为了扩大生产，增加产品、扩大规模，进行了合并调整，一部分组合并到银川各厂，一部分由自治区有关部门进行了安置，部分合并到市建筑系统，一部分互相进行了合并，经过调整安置后，共建厂16个。

对来银的青年学生、社会劳力、大部分安置在我市的各厂、矿、商业、建设系统，另有300人由工业系统进行培训，对其中有一定技术特长的人，都根据他们的技术进行安排。

由于党政领导重视，各方面的协助，房屋问题也基本上得到了解决。

对于来银人员的生活补助和棉衣补助给予了适当的解决，除由工业各厂、商业和其他部门解决外，民政部门用于补助的款即达10250元，商业补助达1024元。

银川市民政局

1959年2月17日

（宁夏银川市档案馆：银民字〔1959〕270号，共24页）

6.《宁夏机械工业局请安置宁夏通用机械厂41名普通工人的公函》（节选）

民政厅：

宁夏通用机械厂筹建处，1958年12月中宁县分配给该厂上海迁来的普通工41名（均系上海各种服务性行业人员）。该厂在3月由中宁迁至银川筹建后，这批普通工就无劳动任务。同时该厂根据上级指示，已决定推迟建设，已无投资，但这批普通工每月开支总额计1600多元，因为5月份工资开支就有困难，为使这批普通工在生活上不受影响起见，特报送你厅，请迅速安置为盼。

宁夏回族自治区机械工业局

1959年4月27日

（宁夏档案馆：J088-002-0120-0003，共3页）

7.《宁夏回族自治区工业局关于天津迁宁玻璃厂经过及迁厂设计任务书》（节选）

根据刘书记指示，由计委夏主任组成的天津迁厂工作组在天津市商谈结果，以天津玻璃厂为主，抽调150名玻璃工人和部分设备迁来支援宁夏建设。

迁来玻璃厂主要生产日用品玻璃。其主要产品为酒瓶、药瓶、罐头瓶、茶杯等。主要设备有4套玻璃模型。

根据迁来人员及设备，正适合我区需要，填补了我区玻璃工业的空白点，满足人民生活水平的不断提高。

迁厂工作在今年年底建设完成，厂址建在石嘴山，年产日用玻璃2000吨，现提出设计任务书如下。

一、玻璃工业在国民经济中的重大意义

玻璃产品是以土、石原料为主，生产的各种社会产品有广阔的前途，是大发展的工业之一，玻璃产品除日用品外，还有耐热玻璃及窗玻璃，广泛使用在各种工业、农业和建筑部门，是改善人民生活，发展食品、医药等工业部门不可缺少的轻工业。

二、厂址选择

设计迁厂厂址选择在石嘴山安乐桥附近，石嘴山瓷厂工业陶瓷车间。这一片地区将形成硅酸盐工业发展的地带，可以方便地利用现有水、电设备进行生产。

三、建场规模及产品品种

建场规模为年产2000吨，其代表性产品品种及数量如：

产品名称	规格	单位	数量	备注
酒瓶	1斤装	千只	1 000	用玻璃液500吨
酒瓶	半斤装	千只	1 000	用玻璃液300吨
酒瓶	四两装	千只	1 000	用玻璃液150吨
罐头瓶	500CC	千只	500	用玻璃液250吨
汽水瓶	1斤装	千只	500	用玻璃液250吨
汽水瓶	半斤装	千只	400	用玻璃液120吨
小口瓶	500CC	千只	700	用玻璃液290吨
玻璃杯	200CC	千只	100	用玻璃液20吨
医药用瓶			100	用玻璃液20吨
其他	灯罩、仪器、试制暖水瓶等			用玻璃液100吨
总计				2 000

1959年8月

（宁夏石嘴山市档案馆：H11-1-卷11#，共4页）

8.《关于沈阳市迁宁橡胶制品厂的经过及迁建设计任务书请审批的报告》

1959年8月24日，宁夏回族自治区工业局向计委提交了《关于沈阳市迁宁橡胶制品厂的经过及迁建设计任务书请审批的报告》。报告指出，根据刘书记指示，宁夏回族自治区工业局派刘志一同志等 2 人前往辽宁省委和沈阳市委商谈沈阳市沈河区橡胶二厂迁来宁夏问题。经过各有关部门研究决定，将沈河区橡胶二厂支援宁夏。

沈河区橡胶二厂是在 1958 年 10 月由 3 个橡胶生产合作社并组的，全厂职工人数 236 名，主要设备有炼胶机 4 台，年生产能力为混炼胶 400 吨。主要产品为胶管、三角带、传动带、工业胶带和轮胎维修。有附属机修车间，一般设备和生产用模型都能自己设计和制造。1959 年在原料不足的情况下（主要是该厂在沈阳地区排不上队）全年产值为 200 万元。

该厂规模和生产品种极其适合于宁夏需要，迁宁后根据自治区工农业生产需要，稍加补充设备，在橡胶产品品种和产量上基本可以自给，产值可达 400 万~500 万元。

关于迁厂存在的问题，沈阳市委给予很大支持，并提出解决办法。一是保证按照现有设备全部迁出，只能补充，不能减少。其中由于设备陈旧不宜拆迁的，由其他橡胶厂抽调补齐。二是动员工作由市委与沈河区委协助，争取全体职工随厂迁移。根据现有职工估计，除老、弱、残及一部分故土观念较深的不易动员外，能迁的估计有 150~200 人，但各工序基本工人和生产骨干都能随厂迁移。三是根据宁夏回族自治区建厂力量，在不打乱沈阳市 1959 年计划的原则上，暂定年末前完成迁厂。由于生产原料不足，下半年计划以一个季度时间即可完成，有把握四季度完成迁厂任务。四是本年度批准该厂的投资计划照常执行。另外需要添加新设备，只要有条件，市委大力支持。

迁厂问题在北京已向化工部门作了简要汇报，化工部已同意再调给炼胶机 1 台。关于 1960 年生产原料得视迁厂情况及生产能力，由自治区工业局编制申请计划报部，于 1960 年物资平衡会议给予分配。如果迁厂时间提前也可以考虑提前分配一部分。

关于建厂工作，自治区工业局建议，一是局内

组成橡胶厂筹建处，并由沈河区橡胶二厂派技术力量参加建厂规划和设计工作，争取本年 10 月末，最迟不迟于 11 月份全部建成，年末前全部迁完并做好生产准备工作，1960 年 5 月 1 日投入生产。二是在厂区建设同时，开始修建职工宿舍，全部建成后再进行迁厂工作。宿舍建筑面积估计以 150 户家属及 150 名独身为宜。三是迁厂由自治区工业局派迁厂工作组 3~5 人，具体协助迁厂工作，并与沈阳市商谈有关事宜。四是目前沈河橡胶二厂要求自行装配汽车 1~2 辆，材料已具备，但因沈阳市没有批准投资，装配不成。自治区工业局建议，投资问题由迁厂费一起解决。汽车装成后先运来充实建厂运输力量，如有条件增添设备，也拟由自治区垫付投资。五是根据现有生产能力及化工部再予调剂增添一部分设备，生产量可达到 500 吨以上。因此，建设规模拟按化工部定型 500 吨设计，以便按照建厂速度进行，但应适当考虑发展余地。

宁夏回族自治区工业局

（宁夏档案馆：J088-001-0027-0049，共 3 页）

9.《关于上海迁银川市厂子的安排意见》（节选）

银川市委根据自治区经济委员会召开的有关单位研究安排银川市迁厂生产等问题的会议精神，结合各厂情况，本着便于生产，加强领导，适合当地需要的精神，提出安排意见。

① 五金器材厂、改锥厂、电磁厂、锯条车间合并为一个厂，命名为"五金工具厂"。现有职工 310 人，投资 15 万元，购置 6 至 8 尺车床 5 台，安装设备等共 8.5 万元，建筑 858 平方米厂房及修缮费 6.5 万元。主要生产产品以五金工具为主，如轮胎钢圈、尖嘴钳子、老虎钳子、切面机、改锥等。

② 电磁厂、电料厂合并为一个厂，命名"电料厂"。现有职工278人，投资14.7万元，购置8尺车床1台，6尺车床1台，24寸刨床1台，马达冲床2台，球磨机2部，汽车2部（已有1部），打头车1部，1~12匹马达10台，共5.1万元；建筑厂房2600平方米9.6万元。主要生产各种电磁、胶木电井、夹板、安全灯头、线盒、闸刀开关、马达开关、各种耐火砖等。

③ 五金螺丝厂、弹簧厂、安瓿瓶厂、宁朔迁银洋钉厂合并为一个厂，命名"螺丝铁钉厂"。现有职工112人，投资7万元，购置打头车1部，6尺车床1台，29寸齿轮刨床1台，落地背包车床1台，电动铣槽车1部，电动轧牙车1台，电动拉丝机1套，脚踏冲床7部，电钻1台，鼓风机1台，虎钳10部，小车床1台，电动机及安装设备等，共4.5万元，修缮费2.5万元。主要生产钉子、弹簧、螺丝、锁子、门扣、插销等。

④ 电讯器材厂将五金器材厂双连贮电器车间并入，命名"电讯器材厂"。现有职工120人，投资2.5万元，购置电动车床2部，车床4部，4号马达冲床4部，500磅压力机2台，7号马达2台，共1.8万元，修缮费0.7万元。生产收音机、三四五八电动插座、双连贮电器等。

⑤ 喷烘漆电镀厂抽出15~20人连同2台煤球机交给商业部门与市油漆厂合并，命名"电镀油漆厂"。共有职工196人，投资2.5万元购置设备，两厂合并除承担民用外，可喷大小汽车、脚踏车、仪器零件、电讯器材等，烘漆各种车料、镀锌镀黑、五金零件、照相器材、缝纫机等。

⑥ 拉链厂改为拉链提包厂。投资1万元，购置4号、5号马达冲床各1台，马达钻床、剪丝车各1台，大号制革缝纫机1台，电动机等共0.8万元，修缮费0.2万元。主要生产拉链及拉链提包。

⑦ 仪表厂不动，维持现有生产。职工41人，投资1万元，购置马达冲床、大号脚踏冲床各1部，钻床1台，小车床1台，电动机等。

⑧ 制盒厂。现有职工95人，主要生产各种纸盒纸袋，暂给投资0.9万元，购置印刷机3部，压棱机胶水车1套，芯子车及5匹马达各1部，继续维持生产，逐步装备搞印刷制盒生产。

以上所有项目共投资45万元。

宁夏回族自治区党委
1959年4月22日

（宁夏档案馆：J057-001-0101-0151，共10页）

10.《宁夏回族自治区经委同意银川市委"关于上海迁银川市厂子的安排意见"的处理意见》（节选）

自治区党委：

我们基本同意银川市委"关于上海迁银川市厂子的安排意见"，并提出有关方面的处理意见。

一、关于生产安排问题

这些厂子生产安排应该是：

（1）为大厂加工协作件；

（2）为建筑安装企业制造结构件及零星部件；

（3）供应市场需要的产品。

二、关于生产原料问题

必须结合本地区的资源条件，找代用品，尽量扩大原材料的来源。但目前的解决办法我们的意见是：

（1）凡为大厂、为建筑安装企业协作，其主要原材料均应由自治区有关厅局在安排本系统生产任务时一并考虑并负责供应；

（2）凡为供应市场和经市场销售的产品，其主要原材料申请与供应，属于商业者由商业部门负责，专材专用。

三、关于建场问题

我们认为这些厂子不适于建在新市区，应尽量在现在市区发展。如必须在新市区布点，则必须结合新市区的城市规划，遵照基本建设的设计程序，编制工厂建筑任务书，报请基本建设委员会、城市建设委员会审核批准后进行为宜。

四、关于投资问题

我们认为采取一次投资，不足数由各地区自行解决的办法进行。

五、关于技术与业务指导

银川市的五金工具厂、电讯器材厂由自治区机械局负责，其余（包括其他地区在内）均由自治区工业局负责进行生产技术与业务方面的指导。

六、关于领导关系问题

这些厂子均属银川市直接领导（其他地区亦属所在县、市直接领导）的工业企业，故领导关系仍然不变。

七、关于定员问题

据我们了解，仅银川、吴忠两市上海迁厂职工达 2000 余人，但其中纯属专业技术工人的仅占 3%，绝大部分都是来宁后参加的，已经直接影响到工厂的经济核算，甚至靠所在县、市每月给予补贴。虽然经过了整顿，我们认为仍有一部分人员尚待调整与转业，以求达到队伍精干、增产节约的目的。

八、吴忠市的报告不另作批复，应参照以上意见办理。

宁夏回族自治区经委

1959 年 6 月 1 日

（宁夏档案馆：J057-001-0101-0151，共 6 页）

11.《宁夏回族自治区概况及天津支援宁夏工业建设厂子安置情况》（节选）

宁夏回族自治区包括中卫、中宁、永宁、宁朔、平罗、惠农、同心、盐池、灵武、金积、西吉、固原、海原、隆德、泾源、陶乐、贺兰等 17 个县和银川、吴忠 2 个市。自治区首府在银川市，全区共有各族人民 200 余万人，其中回族占 33%，汉族占66%，其他还有蒙古、满等族人民。

自治区位于我国中心偏北的地区，南半部的东、南、西三面皆与甘肃省相接，北半部，除东边的盐池县有一段边界和陕西相接外，其余东、北、西三面与内蒙古自治区相接，贺兰山绵亘在南北，六盘山雄踞在南端，形成一幅纵长的地带。

雄壮的黄河自西南入境，黄河两岸渠道纵横，盛产稻米、小麦等农作物，有"塞上江南，鱼米之乡"的歌颂。不但农产品丰富，而且还有丰富的煤炭、石油等地下矿藏，无论发展工业和农、牧、副、渔业都具备良好的条件。

1958 年 10 月，宁夏回族自治区成立。区机关干部绝大部分是中央和全国各地党政机关、人民团体调去的干部和部分军队转业干部。兴建和筹建的厂矿企业绝大多数也是由各地兄弟省、自治区支援的。同时浙江、河南、陕西等地的移民截至目前去宁夏 10 余万人。在自治区、银川、吴忠、石嘴山、惠农、中卫等主要县市、机关、工矿企业、服务性行业中，上海、江苏、浙江、河北、北京、天津、山东、甘肃等省、市、地区的职工群众较为普遍。

天津支援宁夏工业建设厂子安置情况：对天津迁宁夏的这些工厂，原则上确定，按行业归各厅局直属领导。对配备成套的厂子基本上保持特点、特长单独建厂；对生产车间和部分生产工种，基本上安置厅局直属厂子，根据条件尽可能设专业车间，或保持原生产小组。初步确定玻璃、织袜、印染、化工和文教、制鞋等归区工业局管理，除玻璃厂在石嘴山兴建之外，其余基本上都合并到银川市直属厂子，个别的设专业车间或保持原生产小组；另外，食品加工、饮食业，拟交银川市商业局安置；印刷厂归宁夏报社附属印刷厂合并生产；机械修配厂归区工业局管理；造船木工小组归区交通局河运公司管理，合并兴建造船厂。厂子安置主要分布在银川、石嘴山、中卫等3个地区。至于迁厂职工及职工家属的住房问题，目前各单位正积极修建。

宁夏回族自治区接收天津迁厂工作组

1959年9月22日

（宁夏档案馆：J088-001-0099-0142，共11页）

12.《自治区党委工作组赴各地求援工作报告》（节选）

此次外出共计4个月时间，观礼团、群英会占去了80天，表达自治区党委向各地问安、致谢、求援的工作是30天，迁厂工作是同时进行的。共走了天津、沈阳、鞍山、抚顺、旅大、长春、哈尔滨7个城市。可以说，开了眼界，长了知识，联络了感情，建立了关系，求得了支援，时间虽说很长，但过得却很紧张。有时却有些疲于奔命，应之不暇之势。前一段工作两个团的带队同志已经汇报过了，津、沈迁厂工作将由春和同志和工业局作详细汇报，这里主要汇报一下到各地问安、致谢、求援工作情况和有关问题的建议。

关于向各地的求援，我们都是在拜访之后提出的。考虑到全国的统一安排，各省、市计划的统一打算和主人可能遇到的困难，我们在提出货单的同时，诚恳地向主人表示，货单虽然不大，因为各地都来求援，了解到主人的额外负担很重，但愿不影响或少影响，不打乱或少打乱省市计划安排的情况下，不增加或少增加主人的困难，根据主人的可能，给多不嫌多，给少不嫌少。只要求支援，哪怕是精神上的支援，我们都认为情谊是深长的。各地党政领导也都有个统一的认识，就是："支援少数民族地区，特别是工业基础比较落后的地区，是应当尽

到的责任，也是任务。"看到我们问长问短，时刻关注着少数民族地区的经济发展。这方面天津市民委更为突出，真如对待自己的事情一样，专配两个人帮助跑，甚至向我们要任务："你们还有什么事儿？都交我们办吧。为了支援宁夏，跑断腿也甘心。"各地听到我们介绍了宁夏的工业基础和资源条件，都表示一定支援。有的领导同志亲自布置，指定干部昼夜研究，有的当面答应下来，并当面取得有关部门负责同志的同意，做了分工，甚至在支援之余，还感到支援得很少，向我们表示"希望来日方长"，并说"目前给了你们的支援，是培养我们省、区之间今后协作的基础。但愿我们相互协作，能够细水长流"。在确实感到无法给予更多支援的时候，也都诚恳地答应在明年为我们安排一些生产。

总之，这次叫作政治、物资双收获，基本完成了自治区党委交给我们的任务，满载着各地政治热情和建设社会主义的友谊而归。

初步统计，我们已经采购到、求援到和答应带料加工，明年给予安排生产的物资设备，有各种机床285台，小高炉3套，电炉9台，电气设备116台，动力设备17台，轻工设备31台，一般通用设备272台，工器具17种，钢材67吨，木材940立方米，锰铁3吨，钢丝绳1.36吨，电焊条62.5吨，照明动力及电话线694.8公里，汽车配件12553件，拖拉机配件6726件，管子零件20吨，石棉水泥板200张，胶合板5000张和其他材料12种。农商方面，有奶牛100头，种猪510头，种马5匹，一般马200匹，糖果20吨，炼乳500磅，乳粉2000公斤。除此，旅大市还主动提出帮助我们建设一座年产10万箱的平板玻璃厂，除厂房建设和耐火砖外，所有设备及技术骨干大都是旅大支援。投资约20余万元，年产800吨的合成氨设备，黑龙江省答应给加工单机。青铜峡36000瓦水轮发电机的提早交货，因附属件涉及国外订货和国内协作问题，黑龙江省

只答应国内协作部分可以考虑，将派人具体研究，齐齐哈尔市委书记也答应尽量争取提前。天津市起重机设备厂生产的电动葫芦，每月各种给1台，约40余台。吉林和冶金部答应还可给几套小高炉，冶金部供销局还考虑给点儿工具钢、弹簧扁钢和次品重轨。

这一段工作时间，对我们教育很深，启发很大，对于省区关系和求援工作也有些体会。因此。针对有关问题，提出如下意见：

① 关于在津、沈两个重点城市设立长驻办事处问题。我区处于发展建设时期，力争外援将是一个经常的事，而各地也为处理求援工作，专设立了协作办公室处理有关各地求援事宜。据我们了解，津、沈两地每季度都为各地长驻办事处分配一次物资，每次都多少给一点。因此，我们感到向重点省市仍采取临时求援办法，无法解决我们长期需要物资的困难。天津市民委也曾建议我们在天津成立办事处的问题。同时，我们各单位常年在外工作的同志确实很多，甚至有的毫无目标地到处跑，问题解决得不多，也缺乏统一的领导、经常的联系，相互脱节，浪费很大。另外，长期在外工作的同志，也很需要经常的政治思想教育。因此，在这两个城市建立长驻办事处是非常必要的。

② 关于融洽省区关系问题，我们考虑办法有三。一是组织文娱团体到各地流动慰问演出。青海、内蒙古两地已经派出文娱团体到东北各地活动了，各地也的确对兄弟地区的文娱特色感兴趣，这不仅是慰问，也学习、锻炼，提高了我们的文娱艺术水平。二是对人要热情、诚恳、谦逊，注意关系。这次沈阳曾在我们谈心中向我们反映，这次北京物资分配会议上，辽宁超产分成钢材多了一些，各省市就对辽宁多分钢材有意见，因此中央一减再减，但各地仍不满意，特别指出一些边疆和少数民族地区，争得更厉害，使辽宁少分了钢材，而事后各地又来

辽宁求援，不仅在钢材上没有能力支援，却也看出影响了辽宁一些同志的情绪。为了引起注意，我们工作同志对人处事必须从团结出发，不应单纯看到物资，而看不到政治影响和省区关系。

金浪白　李春和

1959年12月27日

（宁夏档案馆：J057-001-0046-0102，共11页）

13.《天津迁厂工作总结》（节选）

1959年9月6日开始到12月20日为止，经过3个多月的时间，在自治区党委和天津市委的领导下，以及天津市多级党政机关的努力协助下，迁厂工作现已基本结束，故将工作情况总结如下。

一、迁厂工作的组织领导。这次迁厂工作是在天津市委的直接领导下进行的，为此市委责成工业部计委、民委、工会、妇联、劳动局的负责同志组成核心小组。在核心小组的领导下设立支援宁夏建设办公室，由劳动局、工会、民委和我们的工作人员组成，专门处理迁厂工作中的具体问题，并进行经常的检查。督促和按时向核心小组汇报工作情况，贯彻领导指示使迁厂工作顺利进行。同时，市属多个区委工业部亲自挂帅，并由专人负责进行对职工赴宁的思想动员工作。工作任务较重的区，还吸收了妇联、劳动部门的同志参加。

迁厂工作组是采取统一领导、对口负责的形式，各有关部门都派来了工作干部与天津各级党政机关的工作同志相配合，依靠各调出企业领导同志的支持，对自己的工作任务包干到底，但必须随时向工作组汇报情况以便统筹规划，使工作做到步调一致。

二、任务完成情况。经过互相磋商，9月25日市委核心小组确定了迁厂工作的方案。3个月来，我们一直按照这个方案进行工作。从迁宁职工人数

和迁宁设备到迁厂工作的方法步骤，以及职工的工资待遇、劳动福利等重大原则问题，都始终贯彻着方案的精神来解决所遇到的各式各样的问题，现将任务完成情况分述如下：

1. 职工人数动员情况。按照方案规定，这次天津迁宁职工为 334 人（注：原市委批示玻璃厂迁宁职工为 150 人，因该厂技术工人有限，仅 200 余人要抽出 150 人，便使原厂无法继续完成生产任务，因此经过多次协商，并呈请领导批准把方案数改为 100 人；另文教用品厂原方案为 10 人，因天津市缺少制笔工人，故经协商后亦减为 7 人）。但在执行过程中有所增减，其增减的原则是：一、抽调单位不因抽调人员数过多而影响生产任务的完成；二、保证调入单位人员的数量、质量和成套性，以便去宁后，能迅速投入生产。

所以印刷工人，方案虽规定为 65 人，因天津调出单位人员有限，抽调 59 人之后，所剩人员政治条件、技术条件、身体状况不符合要求而减去 6 人。而中卫机械厂电机工人却相反地增加了 13 人。

这样能够去宁的人数共计为 341 人。按迁宁地点分：中卫 106 人，银川 123 人，石嘴山 112 人；按迁宁所属系统分：机械局中卫机械修配厂 106 人；银川印刷厂 59 人；工业局服装制鞋工人 19 人；电机制造工人 4 人；文教用品工人 7 人；肥皂工人 2 人；棉纺织厂印染、针织工人 20 人；商业局食品加工工人 5 人，厨师 7 人；石嘴山玻璃厂工人 100 人；坩埚工 2 人；造船厂木工 10 人。

到目前为止，已赴宁的职工有 319 人。其中，中卫 103 人，银川 122 人，石嘴山 94 人，尚差 22 人。主要是玻璃厂的 18 名职工动员工作比较困难，但估计在月底亦可如数完成。

从已赴宁的职工政治情况来看：319 人中，党员 32 人，团员 50 人，党、团员在职工总数中占 26%。此外，有 10 名小业主，仅占职工总数的 3.2%。

已赴宁的 319 名职工中，干部 21 人，占职工总数的 6.6%。其中，厂长 3 人，党、团支部书记 3 名，技术干部 5 名，管理干部 10 名。工人 298 人，其中技术工人 268 名，占全部工人数的 89.93%；普通工、学徒工 30 名，仅为工人总数的 10.4%。这次赴宁的职工一般都具有较高的技术水平，我们可以从平均工资中看出：如中卫机械厂工人平均工资 61.13 元，相当于 5 级；印刷厂工人平均工资为 58 元，相当于 5 级；玻璃厂工人平均工资 48.77 元，相当于 3~4 级。另外，更可喜的是增派了一些干部，如中卫机械厂的书记、技术、管理共 7 名干部，这是方案中所没有的。

此外，从已赴宁的职工家属来看，男女老幼共赴宁 630 人，其中，中卫 219 人，石嘴山 149 人，银川 222 人。家属当中参加机关工厂工作的职工有 33 人，占家属总数的 5.2%；在农村参加人民公社的 142 人，占家属总数的 22.8%。这些家属当中年老体弱的极少，因此除了一部分原来参加工作的人需要注意安置他们适当的工作外，对于有劳动力的家属，可据条件以及家属本人的志愿，安置适当的工作，尤其天津有些公社收入较高，如玻璃厂家属集中地天穆村，据反映每人每月平均收入达 50~60 元之多，去宁后为不致使他们的生活有过多的影响，最好能安排一定的工作。

总体来看，赴宁的职工和家属共有 949 人。其中，汉民占绝大多数，为 824 人，占总数的 86.9%，回民 125 人，占总数的 13.1%。

迁厂设备问题：

这次迁厂设备共 44 种 224 台（套）（这里不包括工具、仪器、办公家具等小设备），具体情况是：

中卫机械修配厂：车床 12 台，牛头刨床 2 台，钻床 7 台，卧铣 1 台，钿旋铣 1 台，龙门刨 1 台，钳子 30 个，电动机 10 个及种火炉 1 座。

宁夏日报附属印刷厂：印刷机 13 台，大小切纸刀 3 架，电动机 8 台，划线机 2 台，铸字机 1 台，缝纫机 2 台，磨刀机 1 台，信封机 1 台，字模 2 套及其他附属工具若干种。

银川工业局肥皂厂：栽立式锅炉 1 台，皂化锅 1 个，打印机 2 台，皂桶 50 个。

银川商业局：冰棍机 1 台，打盖机 2 台，冰箱 1 台。

银川棉纺织厂：卷染机 10 台，双面机 2 台，单面机 2 台，螺纹机 1 台，细线织袜机 15 台，并带了加工烘燥机 1 台，三轴轧花机 1 台，线光机 1 台，拉宽机 1 台，挂布机 2 台，喷布机 1 台等。

石嘴山玻璃厂：转盘机 3 台，各种模具 7 套，调料焊 24 根，铃碗机。

这些设备除代加工的设备外，大部分已经运宁。此外，各迁宁厂均自行在津购买了一些工具、原材料、家具等，也已随车运宁。

经验及存在的问题：

经验教训：这次迁厂工作看来时间较长，涉及面较广，但可以肯定的是，已经基本上顺利完成了任务，经验教训有三：

① 应该承认，我们这次迁厂职工思想动员工作还是做得比较细致的，但同时也不可否认思想工作仍然不够深入，不能完全做到对症下药，这就是为什么到现在还有一部分老技术工人不愿去宁夏的主要原因。再如石嘴山造船厂，动员职工只是简单的几句号召和单纯地用提高工资鼓励，根本没做思想工作，因此，给我们提出了在宁夏进行思想教育工作的重要任务。

② 实事求是地介绍宁夏当地的情况，组织工人去宁参观，对于消除职工由于思想模糊而产生的对宁夏的一些不正确的看法，起了很大的作用。因为职工对于宁夏的地理环境、生活习惯很不熟悉，认为那是一片荒无人烟的沙漠，终年滴水成冰，狼多蚊子多的地方。经过组织参观，让他们亲眼看到宁

夏的真实情况。玻璃厂报名去宁的人由 50 人增加到 80 人。但对于介绍宁夏当地情况这个问题，我们感到过去准备工作仍存在不足的地方，虽然印发了"宁夏情况介绍"供各输送单位参考。但这个介绍不细致、不具体，如果有一个完整的、全面的、细致的材料订成小册子，对这次动员工作将会更有利一些。

③ 家里物资准备比较充足，领导同志亲自接待，使迁宁职工特别感动。例如，墨水工人张少铭去宁时不带家属，甚至不带户口，只带了 40 斤粮票，准备到银川看情况办事，好则留，不好则去。但到了银川一看，完全出乎他的意料，组织上无微不至的关怀使他感到自己过去的想法错了，于是连续 16 封信来津对接家眷、户口，准备在宁长期安家立业。如中卫机械修配厂第一批工人到达后立即写信动员天津职工；原天津百货公司 7 名服装制鞋工人联名写信回单位反映宁夏情况，一些在津家属知道后，满怀感慨地说："我早知道这样好，早就叫他过去了。"

存在问题：

① 这次迁厂涉及天津市 7 个区 49 个单位，给工作造成了被动。主要原因是选点过于分散，例如印染针织工人仅 20 人，却分布在 5 个区 5 个单位；商业局的厨师 7 人涉及 3 个区 5 个单位。其次是我们提出的要人计划不集中、行业多、工种多，这就使得这次迁厂工作所遇到的阻力较大，而且人员不配套、设备不成套，如棉纺织厂的织袜工人到银川后投入生产时发现缺少缝头机和缝头工人。因此我们建议以后再迁厂时最好采取全盘端的办法，因为一般说来调遣职工时，太坏的不要，太好的不给，全盘端就可以避免这个问题，而且工种齐全，调宁后即可投入生产。

② 关于职工家属迁宁问题，原则是职工只能带自己的直系亲属和非直系亲属但由职工供养的人口。但在执行过程中，某些职工把自己非供养人口也带

走了，如玻璃厂一工人把小姨子也带去了宁夏。据反映该厂长许过愿说这次迁厂是"连根拔连枝撬"，因此造成了不良后果，这件事过去审查不够，现在已经制止。

（宁夏档案馆：J088-001-0099-0154，共 15 页）

14.《宁夏回族自治区机械工业局关于天津迁宁机械厂建设规划意见》（节选）

（一）天津迁宁机械修配厂的情况

天津迁宁机械修配厂系天津第三水暖厂、第一器具厂、通用机械厂 3 个单位分别抽调 86 名职工组成的。共有机床 18 台，钻床 3 台，0.5 吨熔炉 1 座。

（二）建设规模及地点

根据党委批准经委（59）宁经方字第 57 号请示报告中的第一方案，并经自治区机械工业局李副局长请示刘书记同意，将天津迁宁机械修配厂"安置在中卫县，建立区机械工业局直接领导的机械修配厂，担负以中卫为中心，各铁厂、电厂、煤场、炼油厂等单位的机械修配和制造任务"。

迁宁工人全部为技术工人，所以自治区机械局还需要调配徒工 100~150 人，干部 20 多人。全厂人数为 200~250 人，1960 年建成后可达到 300~400 人。考虑全面建厂的要求，暂按 30 台主要设备的规模考虑，待工厂迁来安置后，根据具体情况，再提出生产品种和生产规模。

1959 年先建设金工装配车间 960 平方米，铸工木模车间 700 平方米，共计 1660 平方米；锻热车间和铆焊车间暂时分别安排在铸工木模车间和金工装配车间内，1960 年锻铆焊车间建成后再行调整。

（三）福利建筑

1. 宿舍

根据 250 名职工计算，需要 3210 平方米宿舍，

其中，眷属 2360 平方米，单身 850 平方米。中卫县同意临时借给 56 间宿舍，不足部分拟先建 2000 平方米解决。

2. 食堂及办公室

1959 年不考虑建设，暂时利用宿舍做食堂和办公室，1960 年再行建设。

宁夏回族自治区机械工业局

1959 年 9 月 9 日

（宁夏档案馆：J088-001-0098-0133，共 3 页）

15.《1958 年工业系统安置上海来宁人员报告》（节选）

1958 年来，上海迁我市职工 2583 人，家属 3300 人，其中绝大部分是由虹口、蓬莱、江宁等区直接迁来的各行各业生产自救小组。先后有螺丝、改锥、制盒、电磁、拉链、五金器材等 27 个生产自救小组及公私合营康乐木器厂。到银后，我们第一步把 27 个生产自救组织，调整为五金器材、螺丝、改锥、拉锁、电讯器材、电磁、弹簧、制盒、机电仪表、喷化电镀、搪瓷等 13 个合作社营工厂。这样做的好处是便于管理和统一领导。与此同时，对从社会、学校招收来的 490 名青年进行了短期培训，这一项工作是从 1958 年 11 月开始到 1959 年 2 月中旬。根据生产发展方向，又做了一次调整，13 个合作社营工厂合并为五金工具、拉链提包、螺丝弹簧、电讯器材、电料、制盒、机电仪表、康乐木器等 9 个工厂。除把搪瓷与喷化电镀两个厂和本地小五金厂、电化厂合并生产外，其他均在上海工厂中进行了调并。

一年多来，根据五金工具、康乐木器、电讯器材、拉链提包、螺丝弹簧、电料、制盒等 7 个上海迁厂的统计，为国家创造财富 2866100 元，为全年工业系统工业总产值的 13%。五金工具厂、拉链提

包厂克服困难，连续完成生产计划，被选为出席市的先进集体。这一年中上海厂、矿与职工实现新项目有 109 件，制造出的新产品有 161 种，大大丰富了我市工业生产的内容。螺丝弹簧厂改装成功马达冲床后，一天一个人可以生产螺丝料 28800 个，比原来 3 个工人一天生产 800 个工效提高了 107 倍。五金工具厂制的台锯，被选送到首都展览，该厂生产的钢丝钳，在全国小五金、小百货会议上被列为优秀产品，一致受到中央及各地的好评。

一年多中，上海迁厂克服种种困难，为国家节约了大量的资金，创造了不少财富。拉链提包厂去年一年利用废料共 15 吨，节省资金 8370 元，创造价值 45000 元。康乐木器厂在原料紧张、设备不足的情况下大胆创新技术，他们先后制成了 7 种木工专用土机器，实现了半机械化，工效平均提高了一倍。

一年来，上海迁厂前后完成投资 387350 元，完成建筑面积 4977 平方米，其中厂房 2777 平方米，购置了较大的机器设备，如轻钢机、破碎机、压力机、车床等 17 台和各种动力设备，促进了生产，绝大部分上海迁厂都由原来亏损，逐步变成盈余。

一年多来，也涌现了不少新人，有 22 人出席了区、市先代会，275 人被评为标兵，有 47 人光荣地加入了中国共产党和共青团的组织。

上海支宁工厂和全厂支宁职工，对我市的建设起了重要作用，我们紧密地团结在一起，并肩前进，再过两三年，银川面貌将会改观，银川将会很快赶上其他兄弟省市的先进水平。为了感谢上海市人民对我市的友谊帮助，我代表银川市工业战线上的全体职工向上海慰问团全体同志致以敬礼。

银川市工业局

1960 年 2 月 25 日

（宁夏银川市档案馆，共 8 页）

16. 《中卫县安置上海支宁人员汇报》（节选）

1960 年 4 月 6 日，中卫县接待上海市慰问团，向上海市慰问团作了中卫县安置上海支宁人员汇报。1958 年 8 月至 10 月，中卫县先后接待了上海来宁建设人员 1330 人，其中职工为 988 人（包括社会青年），家属（包括小孩）342 人。职工和家属中，营业员 15 人，理发人员 10 人，缝纫员 25 人，电工 11 人，机工 34 人，摊贩 410 人。根据技术特长，身体强弱，按照行业归口、技术归队，对来宁建设人员做了分配。分配到下河沿煤矿 423 人，农具厂 65 人，镇罗铁厂 54 人，砖瓦厂 23 人，造纸厂 18 人，福利工厂 23 人，电厂 22 人，木工厂 4 人，炼油厂 24 人，油页岩厂 30 人，机修厂 85 人，矿山筹建处 380 人，东方红公社福利工厂 38 人，商业服务行业 99 人。后因事业发展需要，对原来因条件限制工作分配不当的，又逐步做了调整。调整后的情况如下：

上下河沿煤矿 269 人，商业服务行业 99 人，炼油厂 19 人，油页岩厂 12 人，木工厂 4 人，造纸厂 5 人，农具厂 21 人，镇罗铁厂 49 人，砖瓦厂 13 人，电厂 37 人，机修厂 83 人，群运站 15 人，东方红公社福利工厂 18 人，矿山筹建处 33 人，各机关 62 人，超水铁厂 5 人，东方红公社 42 人。（不包括家属小孩）

1959 年以来，全县上海来宁职工中共涌现出各种先进生产者和先进工作者 125 人，一批先进青年职工光荣加入了党、团组织，提拔为领导干部的 15 人，由工人配备为干部的 8 人。通过采取以厂为校、以师带徒、举办训练班等方法，培养了学徒 263 人。将 102 名上海青年选送到北京、天津、大连、兰州等地的各种技工学校进行培养。例如：截至 1960 年 4 月，下沿河煤矿现有上海来宁职工 269 人（其中家属 87 人），其中年轻有发展前途的职工分别被培养成为各种技术人才，即电工 2 人，汽车司机 1 人，医药调剂员1人，水泵工、钳工、车床工48人，缝纫工25人，保送各类技术学校培养25人，占该厂现有上海来宁职工总数的21.1%。

中卫县委

（宁夏中卫市档案馆）

17.《宁夏回族自治区民政厅金民副厅长关于上海来宁职工情况的介绍（草稿）》（节选）

亲爱的上海市慰问团全体代表同志们：

你们带着上海市党、政和人民的深厚友谊，不辞劳苦地来到了我区，给予我们极大的鼓舞，我们以十分激动的心情，向你们表示热烈的欢迎和衷心的感谢。

回顾我区两年来的迅速变化，是令人鼓舞的。不论在工业或基建生产等方面都已取得了极大的进展。巨大的青铜峡水利枢纽工程很快就要建成；丰富的地下资源，如煤炭、石油和其他矿藏，正在开发和勘探；包兰铁路的通车，大大地密切了我区和全国各地的联系。

在我区的各项社会主义建设中，各兄弟省、市除在物资上、技术上给了我们许多支援外，还支援了我们大批的各方面的建设人员，上海来宁建设人员就是其中一个重要组成部分。上海来宁职工的到来，给我区增加了很大的力量，有力地促进了我区社会主义建设的发展。

几年来，上海市支援我区的建设人员共有3.5万多人。其中有厂矿企业职工、有各种生产小组的职工、有服务性行业人员和摊贩、有文教工作人员、有青年学生和职工家属。自治区党委对上海来宁建设人员的接待、安置、使用和教育是十分重视的。在上海来宁建设人员到达以前，自治区党委就接待、安置等方面的问题，专门做了布置。之后又发了

"关于加强外来职工的团结、教育和使用的指示"。各部门，各县、市根据指示精神，热情地接待了他们，并妥善地安置了他们。计划安置在县、市企业和事业单位的有2.2万人，安置在自治区所属企业、事业单位的有8000多人。如按行业划分：工业占80%，基建占4%，交通运输占4%，商业财贸占7%，文教卫生占3%，农业占2%。

各部门、各单位在安置上海来宁职工以后，本着"人尽其才、量才录用"的原则，都做了适当的安排。其中年满16~25岁、具有高小以上文化程度的，送往外地或在厂内当学徒；服务性行业人员和摊贩，除对口安置一部分外，其余的暂时分配到建筑部门当工人；各生产小组一般按原生产性质分配到各县、市或工矿区进行生产；自发工业户纳入国营、合作社轨道；对于少数老、弱人员安置在福利事业单位。目前，知识青年已有2000人被培养成为技术工人，尚有1000多人正在继续培训中；暂时分配在建筑部门的服务性行业人员，几乎全部调整到原行业，如理发、缝纫、洗染等业；大部分摊贩也转入工业和市政建设队伍；在各个生产小组，在各县、市的重视下，根据生产需要组成或合并为工厂；随迁家属不能摆脱家务的除外大部分都分配了工作。

上海来宁职工的工资，是按照不降低原有水平的原则处理的。在来宁3个月内，每人每月发40元，3个月后按所担任工作评级；青年学生分配当学徒后，按国家规定发生活费补贴。在生活福利方面，我们支出房屋修建费43万元，在各地修建了一批房屋，并腾出了大批民房供上海来宁职工住用。仅银川、中宁两地，就为上海来宁职工修建了300多间新屋，腾出了2000多间民房，解决了住宿问题。为了照顾上海来宁职工的生活习惯，不少企业、单位给上海同志开办了南方食堂，并将两顿饭改为三顿，尽量供应大米饭。各单位还考虑到西北气候较冷和上海同志所带衣、被单薄等情况，商业部门

补助了一部分布票和棉证，并给经济困难的同志补助了棉衣和棉被；逢年过节，各单位同志对职工家属进行访问，对生活困难的加以补助或救济。在安置工作以前，各县、市掀起生活支援、互相协作的热潮。

上海来宁职工，十分尊重回族兄弟的民族习惯，经常互相进行访问和举行联欢活动。通过一系列的联系往来，使得上海来宁人员纷纷地感到宁夏的温暖，大大鼓舞了建设宁夏的劳动热情。

一年多来，在党的亲切关怀和教育下，上海来宁建设人员和我区广大职工群众一样，鼓足干劲，力争上游，积极响应自治区党委各种号召，克服了种种困难，在各个生产战线上发挥了显著的作用。1958年上海迁来70个生产小组，在各级党委的领导下，经过改组、合并成为38个工厂，分布在银川、吴忠、石嘴山和固原等地区。经过半年的时间，这些工厂生产出大批新产品，供应了我区和各兄弟省、市生产建设和广大人民的需要。银川电动机厂，由于上海来宁职工带来了车床和工具，解决了技术力量和设备不足的困难，生产有了很大发展，产品由1958年的3种增加到1959年的17种，产量提高了将近3倍，产值增长了20倍。吴忠仪表厂自上海来宁职工到厂不久，就创制了各种精密仪表，现已远销十几个兄弟省、市，并已达到先进水平。

上海迁厂改组和合并的初期，一般遇到了设备工具缺乏、原材料不足等困难，但在党的正确领导和工商部门的大力支持下，经过上海同志和全体职工的努力，大搞技术革新，大抓废品利用，终于出色地、顺利地完成了任务。石嘴山五金胶木厂等单位，采取了"八改"的技术措施，提高了产量和质量；银川康乐木器厂在党支部的领导下，全体职工千方百计地找寻货源，利用废料，在原料缺乏、设备简陋的条件下超额完成了生产计划。因此，都很快地从亏损过渡到盈余，并促进了生产。据银川市

统计，1959年五金工具厂等7个单位为国家创造财富286万多元，上缴利润达19万元。同时，在党的正确领导下，上海来宁职工在生产劳动和工作中刻苦钻研，有了不少创造发明，为国家增产了大量财富，并在各个生产战线上涌现出大批先进人物和模范事迹。仅银川地区4个区属企业、3个市属企业的统计，在1025个上海来宁职工中，有11个先进集体，231人被评为先进生产者、红旗手，其中有出席全国群英会代表1人，自治区先进生产者代表5人，市先进生产者代表14人。在这些同志中，有的被选为自治区和县、市政协委员，有的被提拔为领导骨干，担任厂长和车间主任等职务。上述人员中已有24人光荣加入了中国共产党，66人加入了共青团组织。

在这些先进人物中有银川市小五金厂金工车间主任朱连洁和技工吕敖川、胡志发，徒工罗海洋、陈建友等同志，为了改变笨重的体力劳动和手工操作，提高劳动工效，他们发扬了敢想敢干的共产主义风格，积极地创造发明，先后制成龙门冲床、卷圆机、砂轮机等7种土机械，提高工作效率4~20倍，给国家创造财富176900元。五金工具厂工人俞龙昌同志，刻苦钻研，先后实现了12件大小革新项目。1959年4月他在生产力车钢圈时发现锯断工序跟不上去，马上进行研究创造了无齿锯，使原来需用20分钟锯断一副钢圈缩短到1分钟就可以锯断一副，提高工效20倍。中宁通用机械厂翻砂女工郭晋英到厂后工作一贯积极，工作中曾几次被煤烟熏倒，但她仍坚持积极工作。一年来由于她勤学苦练，技术提高很快，她在政治文化学习上也是全厂的榜样。1959年她被评为县先进生产代表、青年红旗手和妇女积极分子代表。银川电厂女徒工陈佳凤，工作中不怕苦、不怕脏，踏实谦虚，立志把青春献给宁夏，因而在各方面取得很大成绩。她在1959年3月光荣地参加共青团，5月被评为青年红旗手，12月又获

"银川市高速度跨进 1960 年的青年突击手"的光荣称号。尤其是代表我区出席全国青年社会主义建设积极分子大会的优秀共青团员、征服老龙潭的英雄、上海青年陈逎瑜烈士，1959 年 8 月 16 日，他为了山区人民的幸福和水库工程的安全，冒着暴雨巨浪勘探洪水流量时光荣牺牲了。他已经成为全区青年学习的光辉榜样。

我们在上海来宁职工的安置、教育和生活方面做了一些工作，并取得不少成绩。由于我区建立不久，各项工作制度尚未健全，因而工作中还有缺点。首先是有些企业、单位对政治思想工作做得不够，处理问题的方式方法有些简单；有的单位在安置使用上对个别上海来宁职工了解不全面，安排不够适当，因而造成个别人员工作不安心。有些单位在生活福利设施方面较差，因而对上海来宁职工接家属、医治慢性病等一时未能满足要求。上述工作缺点，我们正在改进。

随着我区生产建设事业的发展，我们还需要许多人力和物力，希望各兄弟省、市，特别是上海的人民继续不断地给我们以大力帮助与支持。最后衷心地祝贺祖国的上海在当地党的领导下，在建设社会主义的事业中日新月异地取得更加辉煌的成就，做出更大的和更加出色的贡献。

宁夏回族自治区民政厅副厅长　金　民

1960 年 3 月 31 日

（宁夏档案馆：J074-002-0001-0010，共 8 页）

二、三线建设移民档案摘录

1.《宁夏回族自治区党委关于成立三线建设领导小组的报告》（节选）

西北局：

宁夏回族自治区党委三线建设领导小组已成立，由马玉槐、吴生秀、马信、方明、薛华五同志组成。马玉槐任组长，薛华兼办公室主任。办公机构设在自治区计委。

宁夏回族自治区党委

1964 年 10 月 15 日

（宁夏档案馆：J057-001-0444-0139，共 1 页）

2.《中央西北局转发 1965 年第一批搬迁西北地区的工业企业建设项目名单》（节选）

各省委、自治区党委、兰州军区党委：

现将已经国家计委、国家经委批准的 1965 年第一批搬迁西北地区的工业企业建设项目名单转发给你们。

加速三线建设，改变我国不合理的工业布局，是具有伟大深远意义的战略决策，我们必须坚决按照毛主席的指示，争取时间，多快好省地完成这一重大的建设任务。所有搬迁项目和新建项目的建设，都必须切实贯彻"分散、靠山、隐蔽"的方针和专业化协作的原则，并注意充分利用现有的工业基础，技术从精，生活从俭，要做到少花钱，收效快。

对于这些项目的具体安排，有什么意见和问题，希速报西北局，以便汇总上报。

中央西北局

1964 年 11 月 17 日

1965 年第一批搬迁西北地区的工业企业
建设项目名单（节选）

其中：宁夏 10 项 5922~6022 人。

冶金 1 项（3400 人）：将鞍钢钢丝绳厂的部分设备，天津钢厂生产航空钢丝绳、密封钢丝绳的部分设备，天津线材公司生产针布钢丝的部分设备和本溪耐火材料厂的全部设备，迁往宁夏石嘴山（约3400人），生产军工和民用的各种钢丝和钢丝绳，成为三线的一个金属制品基地。

一机7项（2112~2212人）：

1. 将大连机床厂部分设备和人员（400人，机床50台）迁往宁夏石嘴山，建立宁夏组合机床厂（利用石嘴山钢厂机修车间），生产组合机床（全国短线产品）。

2. 将沈阳中捷友谊厂立钻车间的全部和摇臂钻车间的部分设备和人员（共500~600人，机床160~180台）迁往宁夏中卫，并入中卫钻床厂（利用中卫机修厂），生产立钻和摇臂钻，该产品是三线缺门。

3. 将大连机床厂部分设备和人员（80人，机床20台）迁往宁夏石嘴山，建立宁夏组合机床刀具厂（利用石嘴山农具厂），生产组合刀具，为组合机床配套需要。

4. 将大连起重机厂部分设备和人员（300人，机床60台）迁往宁夏银川，与银川机械修配厂合并，生产减速机。

5. 将上海崇明仪表厂部分设备和人员（132人，机床42台）迁往宁夏吴忠，建立吴忠调节阀厂（利用吴忠机械农具修配厂），生产调节阀，为化肥、石油自动化配套需要。

6. 将北京仪器厂部分设备和人员（300人）迁往青铜峡，建立青铜峡材料试验机厂（利用青铜峡化工厂和建筑工程局碳化砖楼），为配合新型材料实验，生产新型材料试验机。

7. 将大连仪表厂部分设备和人员（400人，生产流量计的成套设备）迁往宁夏银川，建立银川流量仪表厂（利用银川磷肥厂），生产差压流量计（是801的配套产品，全国短线）。

农机1项（40人）：将石家庄拖拉机配件厂和洛阳拖拉机厂生产活塞的设备和人员（40人，机床

40台）迁往宁夏中卫，并入宁夏中卫机械修配厂，年产活塞15万只，以加强三线建设，使配套生产合理分布。

化工1项（370人）：将天津染化五厂苯胺（年产650吨）车间、山东新华药厂醋酸（年产4000吨）车间及青岛染料厂（促进剂年产510吨和防老剂年产670吨）车间的全部设备及人员（天津40人，山东30人，青岛300人），搬往宁夏（地点未定），填补三线的空白点，并解决医药及橡胶的配套原料问题。

中央西北局

1964年11月17日

（宁夏档案馆：J057-002-0194-0118）

3. 《国家计委、经委关于西北地区迁厂问题的讨论纪要》（节选）

1964年12月17—19日，召开的西北地区迁厂工作和"三五"规划会议，讨论了1964年和1965年迁到西北地区的工厂企业的落实情况和迁厂工作中的问题。国家计委、国家经委初步确定1964年和1965年迁到西北的企业共57项，除军工8项以外，还有49项，其中1964年迁建的3项，1965年迁建的46项。分部门看，冶金部8项、化工部7项、一机部23项、农机部3项、水电部4项、铁道部2项、建工部1项、邮电部1项。

49个项目中，有47项厂址已经落实。有1项确定了省区，尚需继续进行工作，即建工部的玻璃纤维厂。落实和基本落实的48项中，陕西省18项，甘肃省15项，青海省5项，宁夏回族自治区10项。这些迁建项目，绝大部分是利用"下马"工厂和半截工程，因而既可以节省投资，又争取了时间。在已经落实的47项中，利用"下马"空厂房的有14

项，占 30%；迁入的厂房已被利用或部分利用的共 13 项，占 28%；有生产厂并进行部分扩建的 9 项，占 19%；因为没有现成的厂房或者可以利用的厂房很少，新建或者基本属于新建的有 11 项，占 23%。

已定的 47 项迁建企业，共需投资 9.9 亿元。其中 1965 年投资 1.1 亿~1.5 亿元，需要建筑面积共 189 万多平方米。其中，利用现有建筑 63 万平方米，利用半截工程 8 万平方米，新建 118 万多平方米。全部职工 5 万人左右，其中，西北各单位原有职工 5000 多人，计划迁入 25000 人，还需招收 2 万人。厂址的选择，基本上贯彻执行了分散、靠山、隐蔽的方针，已定的 46 个项目，分散在 4 个省区的 18 个点上，银川、石嘴山、西宁等城市虽然摆了一些项目，但城市较小，地形狭长，摆的项目同市中心保有一定的距离，也还是比较分散和隐蔽的。

总之，我们一定要坚持分散、靠山、隐蔽的方针，在今后的迁厂工作中，要特别注意安排一些项目到中小城镇，厂址的选择坚持了节约用地的原则，不占好地，少占耕地，基本上不迁居民。迁厂工作一定要迁好建好，做到迅速投产，快而不乱。因此，首先要做好职工和家属的政治思想工作，迁出工厂一定要有负责干部带队，随同迁来，中央各部应及早确定新单位的领导干部，以便主持各项迁建工作。西北各省区同志恳求中央各部尽量多调配一些领导骨干和技术力量，以加强企业的工作和西北地区的各项建设。关于口粮标准，迁入职工在原地口粮标准较高的，暂时予以保留，迁入地区较高的，执行迁入地区标准。在粮食品种的供应上，照顾到新迁职工的生活习惯，西北各省区应当尽可能做些调剂。家属搬迁，应当根据工厂建设和住宅建设等条件妥善安排，条件具备的，最好能携带家属，条件暂时不具备的，应当首先保证生产职工的宿舍，暂时不要携带家属。但是要积极创造条件，争取尽早地搬来。家属住在农村的，不要因迁厂而迁来城市。

西北是三线建设的重点地区之一，各省区应当在抓紧社会主义教育运动的同时，抽出必要的领导力量抓三线建设和迁厂工作，并且及时总结经验。建议各省区和迁厂任务较大的市成立迁厂办公室，负责解决迁厂中的一些具体工作问题。

中华人民共和国国家计划委员会

中华人民共和国国家经济委员会

（宁夏档案馆：J057-002-0209-0018，共 4 页）

4.《第一机械工业部关于大连起重机厂支援宁夏的批复》（节选）

有关迁出、迁入厂：

批准你厂支援内地建设计划，并希做好以下工作：

一、凡尚未成立迁厂领导小组和联合办事机构的，请尽速成立，开展工作。

二、当前必须首先做好迁入厂的工厂设计与施工准备工作（包括备料及施工力量安排等），以及人的政治思想工作，保证按时或提前完成搬迁任务。

搬迁计划内容若必须调整修改，请先报主管厅（局），提出意见后报我部及归口专业局办理。

中华人民共和国第一机械工业部

1965 年 2 月 17 日

附：

大连起重机厂支援内地建设计划

一、项目名称

支援厂名：辽宁省旅大市大连起重机器厂。

内地厂名：宁夏回族自治区银川市银川机械修

配厂。

二、内地厂现有条件

厂址：宁夏回族自治区银川市。

厂区面积 103360 平方米，现有建筑面积 19466 平方米。其中，金工车间 3104 平方米，铸造车间 1988 平方米，锻铆焊车间 1478 平方米，职工宿舍 7552 平方米。

现有职工总数 328 人：生产工人 244 人，技术人员 28 人。

三、支援计划

支援形式：大连起重机厂工矿减速机生产能力一分为二内迁。

搬迁领导小组：总负责人。

成员：大连起重机器厂赵健；银川机械修配厂王富成；一机部一三局；宁夏回族自治区机械厅（局）。

支援内容：设备 60 台，其中机床 42 台；人员 300 人，其中厂级干部 1 人，管理干部 30 人，技术人员 20 人。

内地厂建设工程内容：新建减速机车间及宿舍、退火炉和烟囱等。

行动进度：内地厂开始动工时间 1965 年一季度。

支援工厂人员、设备开始搬迁时间：搬迁时间 1965 年二至三季度，投产时间 1965 年四季度，搬迁规模年产减速机 3000 台。

四、实现支援内地建设方案需要的条件（以批准的设计任务书及基建计划为准）

搬迁费用 39.5 万元，基建费用 95 万元，其中 1965 年 95 万元，搬迁需要水泥 60 吨、木材 12 立方米、钢材 2 吨，基建需要水泥 928 吨、木材 658.6 立方米、钢材 169 吨。

（宁夏档案馆：J081-001-0110-0036，共 3 页）

5.《宁夏回族自治区三线建设领导小组关于支援三线建设情况的报告》（节选）

中央批准 1964 年和 1965 年在我区迁建、新建项目共有 14 个。其中，迁建 11 个，新建 3 个。包括相应的建筑安装、地质勘探队伍等，估计全年将迁入职工和家属共约 24000 人。今年全区基本建设投资总额 1.234 亿元（不包括国防和铁路），比去年实际完成额增加 75.4%。

到 2 月底止，14 个项目已来宁筹建的干部、设计和技术人员共有 580 多人，施工队伍 1245 人，3 月份将继续有大批职工来宁。目前迁建单位已指定筹建负责人的共有 12 个项目，只有吴忠仪表厂、毛纺厂制毡车间筹建负责人尚未定。筹建人员和施工队伍来宁后，迅速开展了工作。五四厂、银河仪表厂、长城机床厂的设计工作已完成或基本完成，其余项目 3 月份都可提出设计或施工图。开始备料的有 6 个项目，其中五四厂和银川橡胶厂已运到现场的有砖 150 万块，沙石 12000 立方米。五四厂和长城机床厂均已于 2 月份动工，这两个厂旧房已翻修好 10372 平方米，车间大修好的有 2600 平方米。

这一时期，我们支援三线建设，主要做了以下几件工作：

一、成立机构，加强领导。区党委对三线建设问题非常重视，先后讨论过 3 次，成立了三线建设领导小组，对全党进行了动员和部署。自治区人委成立了接待办公室，配备干部 15 人。银川、石嘴山两个任务较大的市成立了领导小组，下设办公室，各配 5 名干部。各厅、局均指定了专管人员。目前各地区、各部门已普遍行动起来，不少单位主动深入现场了解情况，征求意见，发现问题及时解决。

二、调剂房屋。银川市调剂出空房 772 间，已分配给 6 个迁建单位 668 间，尚留 104 间空置待用，其他地区也正在进行房屋调剂工作。

三、地方建材的生产供应。去年年底库存砖1500万块，1~2月，已陆续调拨出1000万块，还有500万块，可满足3月份需要。现有8台砖机，综合生产能力6500万块计，今年计划新增砖机10台，区内还有残缺不全的旧砖机8台，工业厅已指定技术员抢修安装，二季度可投入生产。到年底机砖生产能力可达1.5亿块，机瓦可达到580万片。砖今年安排生产1.3亿块，其中机砖9450万块，手工砖3550万块，今年可满足需要。瓦安排250万片，石灰25000吨，砂86000立方米，石料15万立方米，可以满足需要。1月份以来，投入砂石生产人数达2900多人。

四、短途运输。重点安排了银川、石嘴山两市。银川市全年运量95万吨，组织区、市现有运力可完成71万吨，不足运力准备组织贺兰、永宁两县支援。石嘴山市全年运量约80万吨，本市和迁建单位只能完成28万吨。决定由自治区统一调给汽车50辆，新购三轮汽车20辆。城市公共汽车已订货5辆，分配给石嘴山市4辆。运输上可能出现季节之间不平衡，二、三季度基建高峰时期可能不足。目前，采取以"运输逼建材，运输逼设计和施工"的办法，要求各单位提前将大宗建材运到现场，以减轻旺季压力。同时，加强运输指挥部的工作，统一安排，集中指挥，切实把运输抓起来。

五、商业服务网点。按照大小综合两种办法解决。建设任务大的地区，商业、供销分设综合门市部；建设任务小的地区，在城镇的由商业系统设立，在农村的由供销社系统设立。粮油供应站单独设立。对迁入职工及家属的供应标准，就高不就低。在粗细粮比例范围内，粗粮品种可以随意选购。蔬菜安排7000万斤，并适当增加品种。在建设区设银行分理处，人员由企业调配，编制、工资、设备、房屋以及业务训练，由区分行解决。

六、文教卫生。文教投资已安排495000元。区京剧二团下放石嘴山市。新建银川新城门诊部，石嘴山北部区医院病床增至200张。文教卫生方面仍有缺口，需请各迁建单位协力自行解决一些。

七、地质勘探和地震观测工作。着重搞贺兰山东麓石嘴山至青铜峡地区和山区草原的水文普查，以及黏土矿资源的勘探。今年增设固定的地震观测台1处，连原有共3处，新设流动观测台5处，力争尽快确定主要城市和若干小片地区的地震烈度。

八、工业协作。对迁建企业需要的标准件、非标准件以及零配件的生产协作和综合利用问题，由区工业厅组织摸底，开出单子，逐步提出安排和解决的意见。

九、城市规划。在国家经委规划工作组的协助下，集中有关部门力量，在4月份初步搞完石嘴山市的规划，下一步接着搞银川新市区的规划。

十、劳动力安排。今年各部门劳动力普遍紧张，尤其是增加建筑队伍需要地方配备的普工缺口更大。我们除从区内职工队伍和城市闲散劳动力中积极挖掘潜力外，准备再从农村招收一部分合同工和从外省招收一部分劳动力解决。

十一、基本建设工作。今年全区总投资比去年增加75.4%，任务相当繁重。必须坚决贯彻集中力量打歼灭战的方针，确保重点。为了加强基本建设的领导，区党委决定：加强基本建设指挥部由马信同志挂帅。主要抓统一规划，统一指挥，督促检查各方面的协作配合工作。成立建工局，编制20人，暂由经委领导负责管理设计、施工、城市规划等工作。成立地方建材公司，编制15人，归工业厅领导，负责管理全区地方材料的产、供、销工作。

宁夏回族自治区三线建设领导小组

1965年3月13日

（宁夏档案馆：J057-002-0240-0033，共3页）

6. 《国家计委关于下达 1965 年第二批迁厂项目的通知》（节选）

冶金、一机、农机、化工、煤炭、纺织、铁道各部党组，国防工办，各中央局，各有关省委、省计委党组：

现在将第二批确定的 1965 年迁厂项目发给你们，请照此执行。

国家计委

1965 年 1 月 4 日

附：

宁夏回族自治区 1965 年迁建项目

1. 将沈阳中捷友谊厂的部分设备和人员（500 人，设备 160 台）迁往宁夏中卫，建立中卫钻床厂（利用中卫机修厂）。

2. 将石家庄拖拉机配件厂生产活塞的设备和人员（40 人，机床 40 台），迁往宁夏吴忠机械农具修配厂（将一机部的上海崇明仪表厂改迁吴忠仪表厂）。1965 年投资 60 万元。

1965 年 3 月 30 日

（宁夏档案馆：J057-002-0236-0021，共 130 页）

7. 《宁夏回族自治区党委办公厅关于石嘴山地区三线建设几个问题的报告》（节选）

马信同志 4 月中旬去石嘴山地区检查三线建设工作，向西北局王林、宋平同志写了报告，提出了急需解决的问题：

（一）统配物资供应很不及时，到货晚，规格配不上套。

（二）二、三类物资供应不上，是迁建厂普遍存在的突出问题。自治区物资部门二、三类物资储备很少，今年建设项目增多，二、三类物资需要量大，不少物资订货不能按需要定足，市场采购又无货源，因而供不应求已成为普遍问题。

（三）设备供应不落实，主要是订不上货。为了解决设备供应问题，我们建议西北局计、经委统一组织与中央有关部研究一下设备订货问题。

（四）五四厂、石嘴山电厂、化工厂（规划中）的联合取水和排渣问题。这 3 个厂厂址紧紧相连，但由于分属中央 3 个部，在设计中各自考虑了取黄河水方案。这样，不仅投资大，每年经费高，而且需要管理人员也多。经国家经委和自治区计委城市规划工作组研究，认为这 3 个厂实行联合取水，不仅在技术上是可行的，而且在经济上是十分有利的。仅据电厂与五四厂分别取水和联合取水比较，采取联合取水方案可节省投资 357 万元，年节约运行费 129 万元。如 3 个厂联合取水，则节约投资与运行费更多。

（五）石嘴山市政建设力量问题。石嘴山市目前仅有 1 个 100 多人的土建队，其中有部分还是妇女劳力，年产值不足 30 万元，技术上只能承担民房修建和砌墙、砌灶任务。今年自治区安排该市地方项目投资 375 万元，系由 9 个公司挤调力量施工。今后随着城市建设任务逐年增加，施工力量更成问题。

宁夏回族自治区党委办公厅

1965 年 5 月 12 日

（宁夏档案馆：J057-002-0254-0103，共 6 页）

8. 《河北省第六建筑安装工程公司委员会关于支援内地建设调迁工作总结报告》（节选）

河北省第六建筑安装公司根据中央指示，由河北省厅周副厅长挂帅，由贾洪勋、王义、王元等同志组成领导小组，负责整个调迁工作，总结报告显示，共抽调 1034 名职工支援宁夏建设。其中，干部 167 人，工人 867 人。

1965 年 5 月 13 日

（宁夏档案馆：J088-002-0404-0022，共 13 页）

9.《宁夏回族自治区迁建项目进展情况和存在的问题》（节选）

宁夏回族自治区迁建项目共 11 个，1965 年安排。

投资 2600 万元，截至 4 月上旬，已迁入职工 2600 余人，家属 114 户 350 余人，全自治区共调整出厂房、生活用房 83000 余平方米，全部搬迁项目的设计在 6 月份可以搞完。建设的进度，长城机床厂 3 月份已投产，吴忠配件厂 5 月份投产，五四厂、银川机修厂、青山实验机厂要求在 10 月份投产。银河流量仪表厂、银川橡胶厂、吴忠仪表厂及银川毛纺厂要求在 11 月份投产。905 厂、大河机床厂 12 月份投产。总的来说，迁建企业行动快，职工干劲大，工作做得比较好。

中央西北经济委办公室

1965 年 5 月 25 日

（宁夏档案馆：J057-002-0240-0053，共 3 页）

10.《宁夏回族自治区商业厅关于拟从区外迁入一批加工厂和商业饮食服务业网点的计划说明》（节选）

我区的商业办加工厂和饮食服务网点，几年来发展很小，停留于原有水平，网点少，技术低，服务质量不高，服务项目不配套。在国民经济全面好转以后，就已显出不适宜形势发展的问题。去年下半年以来，由于内地建设加速进行，新兴工矿区突起，外来人员更多，要求商业部门供应工作做得更多、更好，适应南北方人不同需要的商品，提供高标准的配套的服务项目。这些急迫的要求，在短期内，区内是难以解决的。为此拟从区外迁入一批加工厂和商业饮食服务业网点。初步安排，两年内迁入厂店 39 个。

1965 年迁入 30 个厂店。所需生产用房，25 个可在已有主业中解决；另外 5 个需新建 2850 平方米厂房和购置设备，投资 49 万元，包括糖果糕点加工厂、啤酒厂、罐头厂、豆制品厂、洗染店。迁入的 844 名职工需要的宿舍，有 180 人能在现有宿舍中安排。其余 644 人，按带家的占 69%，458 户，每户占用 38.3 平方米；单身职工占 31%，每人 5.7 平方米计算，共需宿舍 18715 平方米，按造价 63 元每平方米计算，需投资 117.9 万元。

宁夏回族自治区商业厅

1965 年 6 月 7 日

（宁夏档案馆：J103-001-0393-0014，共 4 页）

11.《关于请上海、北京支援宁夏各种小企业和服务行业的计划》（节选）

1965 年 6 月 17 日，宁夏回族自治区计划委员会向三线建设领导小组并区党委提交了关于请上海、北京支援宁夏各种小企业和服务行业的计划。计划于 1965 年和 1966 年内请上海、北京支援各种小企业和修理服务、食品加工、饮食服务行业等共 80 个 2343 人。其中，为生产协作的 22 个，1045 人；修理服务 6 个，101 人；食品加工 6 个，220 人；饮食业 24 个，331 人；服务行业 20 个，593 人；其他 2 个，50 人。

（宁夏档案馆：J057-001-0489-0105）

12. 《中共银川市委关于支援三线建设的报告》（节选）

自治区党委并区党委，银川市社教工作团并报中央西北局：

1964 年冬自治区计划会议和自治区支援三线建设会议后，市委即成立了三线建设领导小组，并抽调专职干部做三线办公室的工作。今年 2 月市委三线建设领导小组制定了我市支援三线建设的规划意见，截至 6 月底已接待迁入我市的 12 个单位的3000 名职工和 500 多名家属。

根据自治区三线办公室的规划，"三五"期间迁入我市的 30 多个项目，新增职工达 6 万余人，加上自治区在银川市恢复生产的重点项目，我市为大工业服务的地方小工业，以及财贸、文教、卫生和其他部门的相应发展，我市人口亦将增加较快，基本建设投资预计在 3 亿元以上。

鉴于原来我市基础薄弱，建设重点又放在新市区，这样投资额大，建设时间紧迫，工程量集中，因而现状和发展不相适应的矛盾很突出。为了适应工业建设和城市人口增长的需要，当前必须：

1. 必须集中力量抓好地方建筑材料基地的建设工作。当前除石灰可以保证供应以外，其他砖、瓦、砂、石规格质量、数量都不能满足需要，从"三五"期间来看矛盾更加突出。为此，计划建成年产 3.5万吨石灰、20 万立方米各种料石（包括烧石灰用）、黏土砖 4000 万块、灰砂砖 3000 万块的地方建筑材料的生产基地。按此安排，砖、瓦、石料仍不能满足需要，不足部分和全部建筑用砂，请自治区统一安排调拨。

2. 狠抓为大工业服务的地方工业。地方小工业我们过去基础非常薄弱，除大力发扬自力更生、奋发图强的精神外，需要积极争取外地的支援，否则不能适应三线建设要求。今年下半年就开始对新建扩建和提高质量的小工业从技术力量、设备、领导骨干等方面给予装备、充实和提高。

3. 按照城市规划的初步方案，新市区要大发展，城市建设、商业服务网点、文教卫生、居民住宅都必须相应地跟上去。因此，我们设想这项工作的安排尽可能走在前面，适应迁建进度的需要。1966 年新市区和新城地区为大工业服务的排水、防洪、道路、绿化、路灯、商业服务网点、学校、医疗机构、城市住宅等总投资额 300 多万元，城市建设中的地下设施，为了避免反复拆建所造成的损失浪费，请自治区考虑尽可能安排一次搞成。根据旧城、新城、新市区"三片一线"的规划要求，市内交通工具需要增加。

4. 城市人口根据"有进有出，加强计划生育，严格控制城市人口增加"的原则，初步设想从老厂迁入职工占 1/3，从外地招收徒工占 1/3，当地招收占 1/3，连同随迁家属今年城市非农业人口预计增加1.5 万人，年末达到 14 万人。"三五"期间增加 11 万人，1970 年城市非农业人口预计达到 25 万人左右。

中共银川市委

1965 年 7 月 10 日

（宁夏档案馆：J088-002-0403-0062，共 6 页）

13. 《第一机械工业部宁夏工作组关于搬迁项目征用土地请示报告》（节选）

宁夏回族自治区党委：

一机系统 1966 年宁夏地区 6 个搬迁项目，由于自治区各级领导十分重视，各方面给予实际支援，热情帮助，从工作到生活关心备至，体贴入微，给各个单位现场工作都创造了非常有利的条件，这对按期或提前完成迁建任务提供了可靠保证。

根据部 1965 年计划会议决定，为了根本改变仪器仪表落后面貌，为逐步实现四个现代化所需的工业综合自动化成套仪表打下基础，争取在二三年之内将吴忠地区建成一个能够生产成套供应材料试验机工业基地。

为加快实现这一方针任务，部、局已拟定1966年仪器仪表搬迁项目，并提出利用厂址及选定厂址意见，经我们请示区计委、经委有关领导同志，认为占用吴忠耕地有问题，因为计划在吴忠安排的项目有的厂址不能落实下来。为了争取时间搞好内地建设，达到建设好、搬得快的目的，请自治区党委大力支持，给予解决如下几个问题：

一、为了贯彻厂所结合的方针，部已决定在1966年将长春材料试验机研究所（简称"材机所"）迁入内地放在吴忠，以利用吴忠材料试验机厂开展研究、实验、生产相结合的技术协作，加快研发新产品，满足国民经济发展需要。

二、微型材料试验机厂的厂址问题，我们意见利用吴忠材料试验机厂东侧空地仅18000平方米。这个厂规模很小，职工人数276人，建筑几个车间就能生产。铸热处理、机修工具制造、电镀、供水、供电、供汽都需材机厂协助解决，按照专业化协作来安排的。这样建厂既经济又合理，以实现多快好省地建设内地。

上述意见，恳求区党委大力支持给予解决，以便组织力量进行设计、钻探、测绘等准备工作。这个意见如有不妥之处，请批评指正。

工作组副组长　刘玉

1965年7月16日

（宁夏档案馆：J088-002-0404-0075，共5页）

14.《第一机械工业部关于大连机床厂内迁建设长城机床厂搬迁计划的批复》

国家计委、经委（64）计基字1955号文正式批准将大连机床厂部分设备和人员迁往宁夏回族自治区，利用银川铝厂、银川磷肥厂"下马"工程生产组合机床。大连机床厂内迁人员852人，设备143台，搬迁规模为组合机床40台，液压仿形床50台，厂名定为长城机床厂。计划1965年先内迁人员250人，设备92台。

（宁夏档案馆：J144-ZP·2017-0161-0026）

15.《关于长城机床厂建厂厂址的请示报告》（节选）

宁夏回族自治区计委并中共宁夏回族自治区党委书记处：

我厂在今年2月中旬搬迁到银川，利用原来铝厂做厂址，共迁来职工306人，搬来设备86台，其中金属切削机床58台，于3月底投入生产，并在五一节前装配出液压仿形机床3台，现还有4台正在试车。通过近5个月的生产时间，深深体会到，厂地处于风口地带，其风沙之多，不仅对现有设备的精度和寿命影响很大，而且也影响生产的正常进行，更重要的是影响产品的质量，保证不了出产合格的精密机床。据初步了解，设备已受到损失，寿命将缩短，精度也不能保证。经检查一台C 620-3车床的牙轮包轴瓦已被沙子拉坏。最近检修了两台C 620车床，主轴铜瓦已被沙子拉成很多绺子，精度有所降低。安装不久的大刨床子，导轨面绺子拉了很多。不仅如此，对生产影响也不小，大风一来，风沙即侵入车间内，沙土在厂房内飞扬，迫使停车，飞沙过后，就得擦机床，有时因风沙停车10~20分钟，5—6月最为严重，镗床一个老工人这样说："在刮风时，镗杆向主轴孔里一穿就沙沙响。用布擦，布上有沙，手上也有沙，总也擦不净。一天得擦20~30次床面子，工作台几乎每走2~3次就得擦一次，给生产增加很多辅助工时。"精密机床生产更受到限制，迁来1台座标镗床，已安装4个多月，但至今干了不到1个月的活，因风沙一来就得盖上防护罩，不然机床受不了。就是这样，机床从安上到现在横梁上已划了很多绺子。同时对质量影响也很突出，很难保证出产合格品。5—7月3个月装配成4台机床，其中一台C 759 D、一台C 720 K，在装配试车过程中，油缸已被沙子研坏，活塞杆被沙子拉伤，导轨面也普遍拉伤。这两台床子研坏的零件都要拆下来重新修理，或者换新的。

上述风沙对生产、设备、产品质量影响程度，在一机部二局骆局长来厂检查工作时，向他作了汇报。同时骆局长也到现场作了调查，并召开了有老工人、技术人员及生产管理干部参加的职工座谈会，到会职工对这方面也提了不少意见。骆局长听了之后，感到风沙，尤其是沙对设备和产品质量威胁大，是关系到这个厂能否巩固下来搞好生产的大问题，并提出3点意见。一、肯定了前阶段的工作成绩，要发扬光大，采取一切可能的防风防沙措施，使生产稳定下来；二、铸、锻厂有2万~3万平方米的建筑面积，在党校前原厂址不动；三、4个主机厂在银川不动，既要考虑到这4个主机厂是精密关键产品、投资相当大，又要考虑到风沙不能妥善解决的情况下，对4个主机厂的厂址有进一步考虑的必要，需要积极想办法，找风沙比较少，建筑精密机床厂比较适宜的厂址。骆局长将上述看法向自治区领导同志进行了汇报，取得了自治区计委的同意，一方面对建成的厂由厂提出防风沙措施，区基建指挥部同意安排施工力量及早处理，另一方面也确定在不占农田的原则下进行厂址选择。在区计委大力支持下，由区计委马处长陪同观察了几个地方，这些都考虑作为建厂的新厂址。这6个地方可分为二类：

第一类：环境好，风沙小，建厂速度快，经济效果较好。

（1）老城南门外银川电表厂，场地面积约有9.2公顷，电表厂实占面积约4公顷，厂前空地尚有5公顷，距电表厂不远的石油勘探处还有1公顷多空地，两者合起来，可作一建厂厂址，主厂房建在电表厂空地上，宿舍和有关福利设施放在石油勘探处。这里建厂的条件是：位于城南，绿树成荫，风沙小，交通便利，公路、铁路皆相连，水、电方便，福利设施全。这里建精密机床厂是比较适宜的。

（2）农业机械学校，位于城西门外。这里除了学校本身建筑占地外，尚有6公顷多空地，可作为建厂用地。这里建厂的条件是：可以充分利用现有房屋，可以办工厂、科研机关和学校，实现三结合；这里北、西两面是水田，又有水渠，厂区树木又多，因此沙少些，位于城边，福利设施较全，交通便利，水、电方便。这里建精密机床厂也比较合适。

第二类：投资较大，建筑速度慢，但风沙较小，还是可以考虑建筑厂房的，必须相应地也要加防风沙设施。

（1）老城南门外面粉厂，面积约2.5公顷，可建一个小型厂或建宿舍。这里风沙小，交通、水、电、福利都方便，但投资较大，得拆除旧厂房，并要迁走40多户居民，建厂需和城市改造结合起来，建设速度要慢一些，准备在这搞一电气元件厂。

（2）老城东北角银河流量仪表厂处，有场地面积约6公顷，水、电、交通也比较方便。但这里居住约200户的职工家属，需迁走，旧房要拆除，要结合城市建设建厂，投资比较大，建厂速度也相应的慢些，这里可考虑搞一个厂，也要防风沙设施。

（3）拖拉机附件厂、九公司木材厂与公安总队处，位于城北面，是一片碱洼地，面积约15公顷，据说风沙较小，可建一厂。问题是地势洼，需垫一米深的土方，大约共需土方70000立方米左右。现土方尚无来源，投资也要相对加大，速度也比较慢些，厂房基础也要采取措施。

（4）新城毛纺厂、机修厂之间，有两处空地，面积约18公顷，可建一厂，风沙虽然比党校好些，但也是不小的，建厂也特别需要防尘设施。

上述6个地方，从表面来看，在这些地方建厂比党校要好得多，起码是环境要好些，绿化较好，水、电、交通方面都比较方便，作为精密机厂厂址较为适宜。但也必须考虑采取简易可行的防风沙措施。

我厂明年基建投资，部局已初步定了970万元，这是一笔不小的投资。当前厂址若能及早定下来，就使我厂能更好地按新厂址特点来及早安排明年基建施工计划。为此，特呈上级审查、核定我厂建厂厂址，并请批示。

长城机床厂

1965年8月14日

（宁夏档案馆：J057-001-0489-0098，共5页）

16.《宁夏建设办公室关于组织迁建厂职工家属进行农业生产的意见（草案）》（节选）

区党委：

1965年迁入我区职工25446人，除去二冶建设公司、华北建筑一公司、河北六公司等单位暂不带家属外，据13个迁建单位初步统计，迁入家属共4103户（城镇3423户、农村680户），16412人，职工带眷的比例占56.6%，平均每户4人以上。"三五"迁建和新建工厂的职工约80000人，以带眷职工40%，每户平均4人计算，家属人数达128000人。这些家属迁入后，将分别安置在银川、石嘴山、平罗、吴忠、青铜峡、中宁、中卫等主要市、县。这样就会出现城市人口增长过猛、过快，给城市供应、商业服务等也会带来不少问题。因此，组织迁

入职工家属进行农副业生产有必要也有可能。组织职工家属搞农副业生产的办法：

（一）土地问题：在厂周围或者附近有荒地的，可划给一定数量的荒地，作为农副业生产基地。

（二）组织管理：由迁入单位负责组织管理，并配备一定的管理人员；以家属自办集体生产队的形式，结合具体条件，逐步发展农、林、牧、副、渔生产。

（三）居民点的布局，应结合农业生产，统一规划，合理布局，并由有关部门与市、县负责组织。

（四）安置费及生产资料购置费。安置费由迁入单位负责；农业生产资料购置费，如工厂投资不足，投资有困难，可由地方投资或贷款解决。

（五）口粮：第一年按居民口粮标准供应；二三年内生产不能自给时，不足部分由国家供应，以便逐步过渡到粮食自给。

应注意的问题：

1. 做好思想动员工作，把思想工作做深做透，要使职工和家属认识到：组织农业生产是亦工亦农的好办法，工人在厂做工，家属搞农业生产，既增加社会财富，又增加了个人收入。

2. 先经过试点，取得经验，然后逐步推广，在搞法上，应先简后繁，逐步开展。

3. 迁入职工家属，女的多，男的很少，且都是孩子，又对当地自然条件不熟悉，耕作技术、经营管理等方面没有经验，开头困难较多。因此，工厂和各市县及附近的人民公社都要热情帮助，大力支援他们，为他们提供一切方便，有条件的可办一些各种不同的短期训练班，培养他们。

以上报告妥否，请批示。

宁夏回族自治区建设办公室

1965年9月11日

（宁夏档案馆：J088-002-0402-0025，共3页）

17.《关于青山试验机厂搬迁工作的总结报告》（节选）

西北局经、计委：

青山试验机厂是利用停建的青铜峡化工厂的9468平方米的厂房、福利建筑、部分半截工程（厂房4154平方米，福利建筑5115平方米，半截工程1787平方米及其全部公用设施和部分物资），经过翻修、扩建，将北京仪器厂材料试验机生产线全迁至青铜峡的。该厂在施工单位的大力配合下，从今年7月6日开始搬迁到9月7日用了61天的时间，共迁来职工261（原定250人），另外从天津分配来徒工34人，国家分配的大中专毕业生46人。设备及仪器179台（件），其中，机床47台，辅助配套设备39台。迁入零部件11万多件，材料260多种，做到了不丢、不乱、无损伤。设备到后，职工们不分昼夜地搬运和安装，至9月11日全部安置就绪，比原计划缩短了5天。15日开始试生产，至10月5日已生产出K2型扭力试验机30台（零部件毛坯大部分是北京带来的）。目前全厂职工思想稳定，朝气勃勃，正以充沛的革命干劲，为完成今年生产任务而奋斗。

宁夏回族自治区计划委员会

1965年10月15日

（宁夏档案馆：J081-001-0110-0145，共5页）

18.《宁夏商业厅支援三线建设的情况和问题的汇报》（节选）

1966年1—9月，我区商业厅系统，对城市、工矿区的商业、服务工作，依靠广大革命职工，做了很多工作。

（一）积极组织货源，做好生产资料供应工作

1. 促进地方工业生产，为三线建设服务。1966年1—9月收购五金、交电、化工地方工业产品206万元，比去年同期增长86%；预计全年收购320万元，比去年增长1倍。

2. 大力进行清仓利用，增加市场货源。

3. 千方百计组织货源，合理分配供应。

（二）积极做好劳保用品的供应

对厂矿所需的劳保用品，根据劳动部和商业部规定的供应标准和供应原则，除线手套、胶制工作服、皮衣因货源较紧供应有些不足外，其他商品基本上做到了保证供应。

对内迁厂矿亦工亦农轮换工，我们参照西北局规定精神，对于凡参加生产1年以上的人员，每人给予衣着补助布49尺。

此外，对内迁厂矿生产需要的盖布、帐篷、钻井塔衣用帆布以及公共用布等，我们根据实际需要情况，给了适当的解决。

（三）积极组织生活资料的供应

1966年1—9月供应城市、工矿区生活资料总值3030万元，比1965年同期增长40.3%。预计全年供应5000万元，比去年增长40.8%。为了做好供应，安排好职工群众的生活，支援建设，商业部门加强了进货工作，1966年银川市经营的副食品和日用百货达到了11400多种。其他工矿区经营品种有所增加。商业部门还定期派人深入厂矿访问，了解需要，组织供应，基本保证了迁建厂矿广大职工生活资料的需要。

（四）充实网点、人员，加强工矿区的供应力量

为了适应后方建设的需要，1966年在银川、石嘴山（包括石炭井、大武口）、青铜峡重点工矿投资270万元，修建商业网点及仓库、加工企业等51个项目，预计今年可建成8个项目（另有13个项目已动工，明年建成30个项目）。银川市今年新增加亦

工亦家属商业人员 398 人。银川、石嘴山等地试办了厂矿和居民代销业务，去冬以来，在试点的基础上，已建立厂矿代销点 7 个，居民代销点 8 个，补充了城市、工矿区一些网点不足的问题。同时，举办训练班，为厂矿培训理发员 44 名。

支援建设我们虽然做了一些工作，但在思想上还很不适应，工作有被动的现象。同时，有些问题也请求上级协助我们解决：

（一）关于新兴工矿区商业网点的设置和人员安排问题。这个问题，在西北局转发的《三线地区财贸工作意见》中曾经规定：新兴工矿区商业网点建设和一般职工的配备，应由厂矿负责。但在具体执行中，没有得到彻底解决。据我们了解，这些厂矿不愿承担责任，主要是思想有顾虑，怕一旦网点建成和人员配齐以后，再要移交商业部门经营；有的单位则担心经济手续闹不好，麻烦事太多，因此，也不积极解决这些方面的问题。

（二）商业基建项目不能按期建成使用。今年，我区在 9 个重点工矿区安排 51 个商业、服务和加工企业基建项目。据了解，年内能建成的有 8 个项目；已经动工今年内尚无建成把握的有 13 个项目；目前未动工的有 30 个项目。造成这种情况的原因，一方面是资金拨来较晚，项目确定较迟；另一方面是施工力量排不上队。

（三）关于基建用铅丝的供应问题。制作轻屋顶用的铁丝布要用 20 号铅丝，用量很大。铅丝货源本来不足，如果大量供应基建使用，压力很大（每万平方米轻屋顶用铅丝 13.3 吨）。

（四）部门物资不足，请西北局协助解决。

1. 商业企业货运汽车不足。

2. 工矿区越冬和早春菜蔬菜生产基地需要的塑料薄膜不足。

3. 请拨给劳保用夹脚工作服 2000 套。

4. 主要有 78 种商品，其中 17 种没有组织到货

源，61 种分配不足，请求增拨。

宁夏回族自治区商业厅

1966 年 10 月 7 日

（宁夏档案馆：J103-002-0385-0198，共 8 页）

19.《宁夏回族自治区工业厅关于银川电表厂有关搬迁工作的安排意见》（节选）

第一机械工业部：

根据部（66）机密计字 879 号文通知，由天津电表厂搬迁职工 150 人，主要生产设备 30 台（其中金属切削机床 20 台），生产能力 30 万只电表，迁入银川电表厂。同时部（66）机密基字 1203 号文批准拨给银川电表厂投资 30 万元，主要用于新建装配厂房 1400 平方米，宿舍 3000 平方米。

据此，天津电表厂会同银川电表厂提出了迁厂工作的安排意见如下：

1. 由两个厂联合组成搬迁小组，做出搬迁工作计划，报主管厅局及部批准执行。

2. 搬迁后银川电表厂生产能力将达 7.5 万只电表。

3. 银川电表厂根据需要提出最少需迁入职工150 人，包括领导干部、技术人员和关键工种工人，着重配齐模具和生产所需工人。

4. 银川电表厂共需增加设备仪器 77 台（件），其中，天津电表厂已同意搬迁 48 台（件），自治区已分配订货 7 台，尚差 22 台（套）需请部协助解决。

5. 银川电表厂需新建厂房 3960 平方米（其中，装配车间 3200 平方米、电镀车间 760 平方米），职工宿舍 3000 平方米。

6. 搬迁进度：1967 年一季度以前完成土建，第二季度搬迁完毕投产。

为了加快搬迁进度，建设施工队伍将于今年12月1日进厂，今年年底完成装配车间（2590平方米）和宿舍（3000平方米）土建工程，装配车间的采暖、通风、水电等和电镀车间土建工程安排在1967年第一季度进行。

需请部协助解决的几个问题：

1. 搬迁投资共需83万元。除部（66）机密基字1203号文批准的30万元投资外，尚差53万元。请部核发。

2. 设备材料：除搬迁设备及已分配订货设备外，尚差22台；建筑安装材料需钢材130吨、原木300立方米、水泥400吨，请部分配解决。

3. 为保证迁入后设备、工种配套，请部考虑相应从天津有关专业化协作厂中迁入一部分人员和设备，搬迁职工人数总数应不低于150人。

以上请部速予批示。

宁夏回族自治区工业厅

1966年11月28日

（宁夏档案馆：J088-002-0339-0034，共7页）

20. 《宁夏回族自治区革命委员会筹备小组关于建立三线建设机构问题的通知》（节选）

宁夏回族自治区三线建设小组由陈阳春（宁夏军区副司令）、王志强（宁夏革筹小组副组长）、甘一民（宁夏军区后勤部副部长）、任玉钧（革筹小组生产指挥部综合计划组负责人）、王克（革筹小组生产指挥部基建组负责人）5人组成。由陈阳春任组长，王志强任副组长。

三线建设办公室暂编9人，由宁夏军区抽4人，地方干部中抽5人组成。办公室设正、副主任各1人（主任由军区派处级以上干部担任，副主任由地方选配）。下分2个组，1个组负责三线建设的规划、选点等有关业务，1个组负责地方军工建设工作。办公室设在革筹小组生产指挥部综合计划组，具体人选配备，由三线建设小组商定，报革筹小组批准。

宁夏回族自治区革命委员会筹备小组

1968年2月22日

（宁夏档案馆：J113-001-0007-0005，共2页）

21. 关于请求解决干部问题的报告（节选）

国营九九二二、九九五五厂是第三个五年计划的前三年项目，1966年冬才第二次筹建。第二次筹建到1968年近一年半的时间，有关这两个项目的工程进展非常缓慢，主要原因有两点：一是自治区没有具体的管理机构，施工不能落实到具体单位；二是人员长期配备不下来。

根据计划，共需123人。其中，厂级6人，科级28人，一般干部89人。目前只配备了36人（其中，外省调入16人，区上配备20人），且不配套，没有医务人员、会计、劳资、人保、政工人员和土建、机械等技术人员。急需配备厂级干部3人，科级干部19人，一般干部65人（其中，医务人员10人，技术人员10人，土建人员2人）。同时需要解决办公住房问题。希望能将新市区党校旁边的063原盖的空置宿舍拨给该厂使用，以解眼前之困。

国营九九二二厂

九九五五厂

1968年2月23日

（宁夏档案馆：J129-002-0006-0174）

22. 关于筹建宁夏电子仪器厂近期规划的初步意见（节选）

1968 年 6 月 15 日，宁夏电子仪器厂提交了《关于筹建宁夏电子仪器厂近期规划的初步意见》，意见指出，为加强三线建设，填补西北地区电子工业的空白，四机部建议并积极扶植宁夏回族自治区建设电子仪器厂。为迅速贯彻和实现中央四机部 4 月 12 日通知的（68）军管字 0078 号文和自治区革委会筹备小组 2 月 17 日下达的（68）宁革筹生字第 031 号文关于筹建宁夏电子仪器厂的批示，宁夏电子仪器厂准备正式上马开工建设，建成后归口四机部，生产和研制电子测试仪器。

第一期工程计划 1969 年下半年完成，第二期工程预计 1970 年年底完成。第一期在每年生产 300 台 XFD-7A 型低频信号发生器的基础上，1968 年再争取试制 1 个品种，1969 年增加实验 2 个新品种。生产工人 200 名，非生产工人 25~30 名（以借调银河仪表厂的老工人为骨干，争取四机部给予支援，在区内对技术工人和技术员进行调整并招收一些徒工培训）。第二期每年生产 1000 台 XFD-7A 型低频信号发生器，生产人员 500 人，非生产人员 50 人（人员来源主要以在本区招收徒工为主，每年争取四机部计划分配一些大中专学生）。

宁夏电子仪器厂

1968 年 6 月 15 日

（宁夏档案馆：J129-002-0008-0028，共 7 页）

23. 《宁夏回族自治区三线建设领导小组关于我区三线建设工作几个问题的请示报告》（节选）

自治区革命委员会，宁夏军区党委：

1968 年 3 月，成立三线建设领导小组。由刘德夫同志任组长，王克、任玉钧同志任副组长，任玉钧同志兼任办公室主任，张宝藏同志任办公室副主任，主持日常工作。为加速三线建设，经我们集体研究，提出以下建议：

1. 三线领导小组和办公室的任务应调整为：主要抓好三线建设项目的布局、定点工作；协助计划部门进行三线建设规划工作。另外，应明确指出在我区的中央专业部直属厂矿企业单位和地方军工厂关于生产建设方面的工作应归生产指挥部工交基建等领导。

2. 根据任务的调整及时处理各项工作，三线领导小组办公室与上级的领导关系提出如下两个方案：一是直属革委会领导；二是属生产指挥部领导。我们推荐第二方案，好处是生产建设方面的问题，轻重缓急便于统一考虑，容易统一部署安排。

3. 三线建设工作经费，"一般应由革委会负担比较合适"。由三线办公室提出申请计划，向地方财政部门请领、报销。

以上妥否，请批示。

自治区三线建设领导小组

1968 年 9 月 4 日

（宁夏档案馆：J129-002-0006-0071，共 10 页）

24. 《宁夏三线建设初步意见》（节选）

宁夏三线建设统计，从 1964 年年底开始到 1968 年 6 月，全区共有中央部署和自治区属主要工业企业 90 项，军工 6 项，共计 96 项（60 项在银北）。其中已建成投产和交付使用的 41 项，其余的正在建设或筹备。1966 年工业总产值比重比开始进行三线建设前的 1964 年增加 3.13 倍，由 1.4 亿元猛增至 3.1 亿元。增加了一批宁夏历史上从未有过的新产品，如橡胶内外胎、液压仿形车床、材料试验机、流量仪表等。我区主要工业产品的生产能力达到原煤353万吨。其中，中央矿286万吨，电机装机容量7.75万瓦，小型钢材1.67万吨，橡胶轮胎20万条，金属切割机床1000台，减速机3000台，铸铁管2000吨，水泥45000吨，机床纸15000吨，日用陶瓷850万件。一些项目的定点是比较合理的，一些厂矿企业不仅没有占用耕地，而且开垦荒地14600亩，生产了粮食、蔬菜600万斤。但是部分人思想上混乱，闹"迁厂风"，不愿在山区建设。有的厂址长期定不下来，如贺兰山电厂，跑了两年半，踏遍100多条山沟，拖了近3年时间。有的厂虽开工兴建，但因选址极不合理，一变再变，半途而废。仅就几个厂的统计，国家浪费就达700万~1000万元之巨。银川以北多（96个项目中60个在银北），银川以南少。甚至将部分重要项目摆在平地或集中在少数地区，经不起战争的考验。长期不抓水文地质勘探，很多地方地质资源不清，给建设选厂造成很大困难。据此，宁夏三线建设的几条原则是：

一、鉴于我区地理位置和未来战争中担负的任务，以及目前形成工业布局不合理的状况，今后建设重点应逐步南移。银川及其以北地区为北段，不再摆骨干项目，小型配套项目可摆在已建的骨干项目附近和分散在县城或村镇之中。已经定点的项目，应该抓紧建设，迅速投入生产，并积极做好防空等工作。永宁、吴忠、灵武、青铜峡、中宁、中卫地区为中段，为近期重点建设地区。同心以南地区为南段，从现在积极做好开发准备，在"四五"后期或稍后一些时间，重点建设。"三五"后两年半积极建设北段，重点发展中段，准备开发南段。

二、全面贯彻"靠山、分散、隐蔽"的方针，无论在什么地区建设，都必须认真执行。实行大分散、小集中。多搞或利用小城镇，注意国防安全和兼顾经费合理。

三、为建设打不垮、炸不烂的能坚持独立作战

的地区，必须全面发展。把钢铁、国防、机械（包括农机）、化工、石油、电子、电器、铁路和科研都搞起来，但不能贪大求丰，要小而全。抓大量需要而又容易制造的东西，配套起来。

宁夏回族自治区革命委员会

1968年10月25日

（宁夏档案馆：J113-002-0007-0056，共23页）

25.《关于辽宁抚顺矿务局支援我区大峰露天施工队伍有关问题的报告》（节选）

区生产指挥部：

根据煤炭部（69）煤筹字第20号函，从辽宁抚顺矿务局调600名露天施工队伍（包括干部、工人），担负大峰露天的建设和生产任务。今年10月份这批职工将陆续来宁正式成立大峰露天煤矿（先搞建设）。如可行，请批转有关单位和部门，以便办理户口、粮食关系、商品供应、劳动保护、用品供应等方面的问题。

特此报告。

宁夏回族自治区革命委员会生产指挥部

1969年10月11日

（宁夏档案馆：J089-002-0662-0115，共1页）

26.《关于由辽宁抚顺支援干部来宁的请示报告》（节选）

区政治部组织组：

我们根据（67）煤发368号文，煤炭部召开的支援西北兰州会议精神及新老厂（抚顺煤矿电机厂）双方所定下来的支援干部，我们决定在2—3月内调入，以配合投产后的需要，其调入数字如下：

根据兰州会议决定，包建厂——抚顺煤矿电机厂应支援干部为 87 名，从 1967 年至今已支援 36 名，这样在 2—3 月内实际调入干部为 51 名。另外，在调干时有双职工（随迁外单位职工）随之调入，这一部分为 30 名，在调入同时，职工家属将随迁来宁落户为 200 人左右。

以上报告请批示。

西北煤矿机修三厂筹建处

1970 年 2 月 21 日

（宁夏档案馆：J089-002-0674-0082，共 1 页）

27.《宁夏回族自治区工业厅关于天津标准件厂等四单位搬迁情况的汇报》（节选）

区革委会生产指挥部：

我们根据区革委会生产指挥部与天津革委会支内办公室签订的搬迁协议，现将搬迁工作进展情况和搬迁协议当中遇到的具体问题报告于后：

一、4 个搬迁项目进行情况

1. 天津电表厂原定搬迁我区银川电表厂，技术支援 100 人左右。现经两厂协商后，确定支援职工 80 人，加上需要安排在本厂的双职工 39 人，学徒工 21 人，总计 140 人。在 119 名职工当中，男职工 77 人，女职工 42 人，党员 13 人，团员 23 人。80 户职工（包括家属共 284 人），其中农村户 6 户，劳动力 22 人，随迁的已上山下乡 21 人全部安排在简泉农场，兵团有千人已安排在农建五师。从职工技术条件来看，在工种上，基本上是满足生产工艺的需求，双方都比较满意。支援设备 21 台。目前第一、二两批内迁职工已到银川，第三批在 12 月中旬前全部搬迁结束。

2. 天津标准件厂于 10 月中旬已派筹建班子来银川，前一段时间，指定建厂规划，进行调查，当前正在搞工艺设计、建筑设计等。1969 年做准备，1971 年初施工。争取在二季度末或三季度搬迁完毕并投产。

3. 天津工农电机厂技术支援贺兰电机厂，前几个月进行落实搬迁工作，其原因是贺兰电机厂职工宿舍未建起来，因此拖延了搬迁工作的进行。目前贺兰电机厂宿舍已全部建成，并已派人到天津具体商定搬迁时间，争取 12 月底或 1971 年 1 月份搬迁完。

4. 天津内燃机支援宁夏柴油机厂，原确定技术支援 100 人左右，现经两厂多次协商，天津内燃机厂因生产任务较重，只能支援 52 人，目前两厂正在组织落实搬迁工作，争取 12 月底或 1971 年 1 月份搬迁完毕。

现根据两地区的搬迁协议，天津还应支援职工 50 人，我们的意见拟再从天津一机局系统要上 30~50 名技术工人，充实银川机床修配厂和宁夏电子仪表厂。

二、在实行搬迁协议当中遇到的一些问题

1. 内迁职工的子女安置问题。

2. 内迁职工当中有的配偶在外省、市、县工作的，他们要求通过搬迁调到一起工作。

3. 调到银川市的干部落户问题。

4. 随迁职工的工资补差问题。

5. 内迁职工口粮标准和安置在农村落户的口粮分配等问题。

6. 对银川机床修配厂和宁夏电子仪表厂拟补充少数的技术工人问题，请批准增加劳动指标和职工搬迁安置费等。

三、自治区成立专门搬迁组织机构

组织学习，落实中央有关搬迁方面的方针、政策。统一思想、统一政策、统一认识，制定我区具体搬迁工作方案。如果自治区立即成立专门搬迁机构均有困难，我们建议由政治部组织组、民政局、工业局各抽 1 名专职干部，认真搞好由天津搬迁的后 3 个项目。

以上报告妥否，请批示。

宁夏回族自治区工业局

1970 年 12 月 17 日

（宁夏档案馆：J088-002-0513-0010，共 15 页）

28.《宁夏柴油机厂革委会关于解决迁宁职工随迁家属口粮的请示》

根据区革命委员会生产指挥部决定，天津内燃机厂支援宁夏柴油机厂 100 名技工。这批技工 2 月 15 日来银，随迁农村户家属 18 户（后经与天津进一步联系，最后确定为 9 户 39 人），从 3 月 1 日起供应口粮。经厂革委会研究决定安置在我厂农场从事农业劳动，口粮逐年达到自给。但因宁夏柴油机厂是新建单位，农场 1971 年才开始筹建，这些人的口粮宁夏柴油机厂无法解决，故提出意见，请工业局协助从粮食部门暂借 6 个月的口粮，每人平均 25 斤计算，共 5850 斤。特报请区工业局革命领导小组研究解决。

宁夏柴油机厂革委会

1971 年 2 月 10 日

（宁夏档案馆：J088-003-0005-0028）

29.《红卫机械厂革命领导小组关于从外地调进职工中几个问题的请示报告》（节选）

固原地区革委会民政组：

五机部和自治区指示我厂今年基本建成并进行试制生产，明年正式投产。这样 1971 年职工人数较去年要增加 3 倍以上，我们初步计划，除招收徒工

600 多人外，考虑到生产工艺复杂，任务繁重的情况，尚需从外省、市调进老工人和技术干部 362 人。从去年的调人情况来看，有些人的子女和户口问题得不到解决，调人的计划是很难完成的，如果今年仍得不到解决，不仅完不成 1971 年试制生产的任务，而且直接影响到明年正式投产计划的实现。五机部 1970 年给我厂下达的调人任务是 107 人。到年底 37 名干部仅完成 23 名，70 名老工人一个也未调进。深究原因，除我们过细地做工作不够有所影响外，在调人中有些同志提出的一些具体问题得不到切实的解决，也是调不来人的重要原因。现将调人中存在的几个问题及我们的意见一并上报，请予研究批示。

一、职工子女的工作问题。为了尽快完成调进老工人和吸收徒工的任务，给今年试制生产和明年正式投产打下好基础，对调进职工中的上山下乡子女可以随同父、母转来，转为城镇户口，符合徒工条件的，可以吸收当徒工。

二、农村家属入户的问题。为确保我厂尽快建成投产，涉及到技术熟练的老工人和关键性的工种，本人调来后其供养家属是农村户口的，可以转为城镇户口。

以上报告妥否，请批示。

红卫机修厂革命领导小组

1971 年 2 月 18 日

（宁夏档案馆：J129-002-0025-0112，共 2 页）

30.《国营 5233 厂关于调入技术工人和招收新工人的报告》（节选）

第五机械工业部：

根据部指示，我厂因厂房面积、设备、基建都有较大的变动，人员也需大量地增加。按照产品零

部件的工艺过程，初步计算得需 3200~3500 人。现首辆设备已到厂，部分厂房即将竣工，今年工具机修车间急需上，其他车间也筹备，为了早日投入试制生产，必须有部分技术工人做骨干。所需数量请部予以安排。

另外，根据今年基本建成的原则，今年还需要再招收徒工 648 名进行培训，请部予以批示。

国营 5233 厂

1971 年 2 月 11 日

（宁夏档案馆：J128-002-0025-0110）

31.《宁夏革委会重工业局关于同意天津市标准件厂等分迁宁夏标准件厂搬迁计划改为技术支援的报告》（节选）

第一机械工业部：

将天津市标准件厂等（包括标准件厂、材料改制厂、设备修理厂、螺纹工具厂、生活服务站）分迁宁夏标准件厂计划，天津市革委会支内办公室和宁夏回族自治区革委会生产指挥部于 1970 年 5 月 26 日签订协议，并经国家计委（70）计生字 33 号和一机部（70）一计划字 1086 号批准。根据部（72）一机计字第 186 号文下达的 1972 年搬迁计划，由天津标准件厂等一分为二，分迁到宁夏标准件厂，分迁规模为 7500 万件，职工 250~300 人。按 7500 万件配备设备。

截至 1972 年末，宁夏标准件厂已完成设计并全面开始施工，已基本建成工具车间厂房 2600 平方米，正在施工的建筑面积 9184 平方米，已购置设备 163 台 94 万元，建设工作正在抓紧进行。但天津市标准件厂等至今未派人来宁参加筹建，搬迁工作陷入停顿。针对上述情况，工业局曾多次向部里汇报，并与天津市一机局联系协商。1972 年 6 月间，天津

市一机局曾派天津标准件厂革委会副主任何恩生同志等来宁修改设计，并口头表示：天津标准件厂等有外援任务，执行原定搬迁计划有困难，要求改为技术支援，如宁夏同意，可立即行动。当时自治区领导表示不同意修改，之后天津未再派人来宁夏，搬迁工作也不能进行。

鉴于上述情况，为了争取时间，使宁夏标准件厂尽快投产，经我们研究，并请示自治区有关部门同意，拟同意将天津标准件厂等一分为二的搬迁计划改为技术支援。具体意见如下：

一、宁夏标准件厂由天津标准件厂等负责成套进行技术支援。近期形成生产标准件 19 类 7500 万件生产能力。技术支援内容包括工艺设计、人员培训、非标准设备和工装制造、部分标准设备支援、生产技术准备、设备安装、试车投产，直至正常生产为止。

二、原计划由天津标准件厂等按 7500 万件规模分迁的设备仍继续分迁，其中原方案已定搬迁 59 台设备请天津市负责，于 1973 年末以前迁到宁夏标准件厂。其余缺口设备，请一机部协助安排解决。

三、原方案由天津标准件厂等协作和自制的非标准设备各 44 台，改为技术支援后，因宁夏标准件厂技术力量薄弱，改为全部由天津市标准件厂等协作。分别于 1973 年至 1974 年上半年完全交给宁夏标准件厂，协作所需费用由宁夏负责安排解决。

四、原方案由天津标准件厂等分迁职工 250~300 人，原则上不再分迁，由宁夏负责从自治区内老厂中抽调部分技工，并配备适当数量的徒工到天津市标准件厂等培训，天津市标准件厂等立即选派工艺技术人员（10 人左右）来宁夏协助标准件厂筹建。同时根据宁夏标准件厂建设进度要求，由天津标准件厂等派出熟悉标准件生产的技术工人和管理人员（不少于 100 人）帮助宁夏标准件厂进行设备安装、试车、投产，直至正常生产后再返回。

以上意见，请部组织协商研究，如同意再协商具体修改协议。

宁夏回族自治区革命委员会重工业局

1973 年 2 月 10 日

（宁夏档案馆：J088-002-0818-0058）

32.《天津第一机械工业局关于天津标准件厂等对宁夏标准件厂技术支援协商意见》（节选）

因中央下达天津标准件厂等援建罗马尼亚小标准件厂任务，原定的由天津标准件厂等 5 家单位（包括标准件厂、材料改制厂、螺纹工具厂、设备修理厂、服装站）分迁宁夏标准件厂计划有所调整，经天津第一机械工业局与宁夏回族自治区重工业局双方协定，由宁夏重工业局、宁夏标准件厂、天津一机局、天津机械配件公司、天津标准件厂于 1973 年 4 月 2—5 日在北京一机部就天津标准件厂等对宁夏标准件厂技术支援计划进行协商。

协商指出，天津标准件厂等对宁夏标准件厂在技术、设备、人员上要大力支持。人员方面，由宁夏抽调技工、徒工、管理人员等于 1973 年 7 月份前到天津培训，根据工种情况培训 3~12 个月。宁夏标准件厂基建与设备安装力争于 1974 年上半年完成，在基建和设备安装完成后由天津派出 20~30 人帮助宁夏标准件厂进行试车投产，初步定于 1974 年 7 月前派人来宁协助设备调试及投产。

天津市第一机械工业局

1973 年 1 月 24 日

（宁夏档案馆：J088-002-0818-0074）

33.《宁夏回族自治区劳动局关于上报"三线地区内迁职工夫妻两地分居情况调查表"的报告》（节选）

国家劳动总局：

根据（80）劳总字第 7 号《请报三线地区内迁职工夫妻分居情况调查表》的要求，又参照国家计委、国家建委、公安部、粮食部、国家劳动总局计综（1980）368 号《请对〈关于逐步解决三线地区内迁职工夫妻长期两地分居问题的请示报告〉提出修改意见的函》后，对我区内迁职工夫妻两地分居的情况进行了调查统计，并研究了逐步解决问题的规划，现将调查表和我们的意见一并报告。

我区的内迁职工，是 1964 年后根据建设三线的需要，按国家计委、国家建委和中央主管部门迁建计划，通过全迁分迁、包建和技术支援等形式，从东北、华北和沿海一些地方内迁到宁夏的，1971 年基本完成。迁来和支援我区的内迁企业有机械、轻工、冶金、煤炭、石油化工、农机、国防工业和建筑等 6 个行业的 29 个厂、矿、公司，共 19715 人。

解决内迁职工夫妻两地分居问题，应本着有利于三线生产建设，有利于安定团结，有利于控制城镇人口的增加，以及鼓励人们去农村、去小城镇的原则，统筹安排，区别情况，采取多种形式，有计划、有步骤地加以解决，我们的意见是：

一、对内迁职工爱人在城镇的 702 人，尽量动员他们来我区工作和居住，如果确实困难来不了的，在做好单位工作的基础上，可以将内迁职工本人分期分批地调回原籍。

二、根据需要和可能，将一部分农村的家属迁到三线地区落户，转为吃商品粮人口。我区现在仍分居的 2489 人内迁职工中，家属是农业人口的

1787 人。连同父母、配偶、子女共 8526 人。其中，父母 751 人，配偶 1787 人，子女 5988 人。我们的意见是将参加工作年限在 15 年以上，现在是生产骨干的 1787 名职工的农村户家属今年或明年全部迁入我区城镇，转为吃商品粮人口。连同我区内迁职工人数中已入农场户的家属 1235 户 4323 人一并解决。

1964 年以来三线地区内迁职工夫妻两地分居情况职工调查表

迁入单位	迁出单位	迁建形式	内迁职工人数/人		夫妻分居情况	
			实际	现有	户数/户	人数/人
全区总计			19 725	13 570	2 489	11 354
机械局			4 172	3 312	162	668
长城机械厂	大连机床厂	包建	515	395	14	55
大河机床厂	中捷友谊厂	包建	821	656	39	154
银河仪表厂	大连仪表厂	包建	339	251	12	49
青山试验机厂	北京仪器厂	包建	612	481	22	92
银川起重机厂	大连起重机厂	分迁	296	218	2	7
贺兰电机厂	天津工农电机厂	分迁	33	28	7	27
吴忠仪表厂	上海崇明仪表厂	分迁	104	72	32	143
长城铸造厂	中捷友谊厂	分迁	320	292	5	22
吴忠微型实验仪器厂	天津光学仪器厂	分迁	192	144	8	30
西北轴承厂	瓦房店轴承厂	分迁	812	680	20	83
银川电表厂	天津电机厂	分迁	128	95	1	6
冶金局			2 576	2 004	339	1 623
宁夏钢铁厂	天津钢厂	分迁	1 576	1 195	311	1 481
青铜峡铝厂	抚顺、包头、沈阳铝厂	技术支援	503	415	15	71
有色金属冶炼厂	北京有色金属研究院	分迁	497	393	13	71
轻工局			81	42	15	87
银川制毡厂	上海福利制毡厂	分迁	81	42	15	87
煤炭局			7 059	4 885	815	3 518
石炭井矿务局	鸡西、鹤岗等矿务局	技术支援	3 392	2 938	567	2 431
西北煤机厂	张家口、淮南、抚顺煤机厂	分迁	1 510	1 327	87	348
基建公司	安徽、江苏、徐州基建工程处	技术支援	1 714	554	136	628
宁煤地质队	青海、河南地质队	技术支援	443	66	25	111
石化局			1 509	1 033	481	2 463
银川橡胶厂	青岛第二、沈阳第三橡胶厂	分迁	800	436	135	900
银川化肥厂	上海、太原、浙江化工厂	技术支援	243	141	98	392
宁化建设公司	鹤岗、双鸭山矿务局	技术支援	466	456	248	1 171

续表

迁入单位	迁出单位	迁建形式	内迁职工人数/人		夫妻分居情况	
			实际	现有	户数/户	人数/人
建工局			3 612	1 751	656	2 866
区建二公司	中建部七局八公司	全迁	2 116	744	318	1 377
区建三公司	河北一建、六建公司	全迁	1 170	732	260	1 116
住宅公司	中建部八局一公司五处	全迁	326	285	78	373
农机局			194	118	8	39
吴忠配件厂			194	118	8	39
国防工办			521	415	13	54
红卫机械厂			215	187	11	44
宁光电工厂			205	155	1	4
胜利阀门厂			101	73	1	6
实际总计			19 724	13 569	162	11 318

宁夏回族自治区劳动局

1980 年 10 月 25 日

（宁夏档案馆：J124-002-0026-0001，共 7 页）

34. 《宁夏回族自治区煤炭工业厅关于请求解决三线建设时期成建制调来宁夏煤炭企业的职工家属落城镇户口的报告》（节选）

自治区人民政府：

在宁夏煤炭工业大规模开发建设之初的 1964 年至 1966 年期间，煤炭工业部根据中央部署，为加快三线建设，先后从本溪、阜新、抚顺、双鸭山、鹤岗、鸡西、山丹、淮南、张家口等煤矿和煤机厂成建制调迁宁夏几批职工，职工调迁时，提出了家属子女入城镇户口的随迁问题，为了加速宁夏和西北的煤炭生产建设，原贺兰山煤炭公司允诺随迁问题以后逐步解决。后此项工作一直没有兑现，成为煤炭系统一个突出的遗留问题。

今年以来，煤炭系统这部分支援三线建设的职工不断来银上访，反映其他厅、局所属企业内迁职工家属子女的城镇户口已得到了解决，要求兑现当初调迁时对他们家属子女户口随迁问题的许诺。经初步摸底，1967 年以前，煤炭系统内迁职工家庭子女尚未落城镇户口的有 1100 多户 4600 余人。这些职工来宁已 20 年左右，为宁夏和西北的煤炭建设事业做出了积极的贡献，他们大多数年近半百，拖儿带女，没有户口，工作不安心，生活较为困难。现在工农业生产形势很好，具备了解决这个问题的物质基础。解决这一遗留问题，职工建设"四化"的积极性也将会被充分调动起来，为此，我们请求政府准予这些内迁职工家属子女落城镇户口。

妥否，请批示。

附件：支援三线建设职工的家属子女无城镇户摸底表

支援三线建设职工的家属子女无城镇户摸底表

项目单位	调出地	定点内迁时间	户数/户	人数/人	备注
石炭井矿务局	鹤岗	1965 年	100	460	
	山丹	1965 年	150	630	
	本溪	1966 年	200	270	
	阜新	1966 年	50	220	
	抚顺	1966 年	50	210	
	鸡西	1966 年	50	215	
	其他		50	220	1960 年前从老丹山、大岗、淮南、兰州等地调入
	小计		650	2 825	
基建公司	山丹	1965 年	82	293	
	双鸭山	1965 年	20	89	
	鹤岗	1965 年	37	120	
	小计		139	502	
煤机厂	张家口	1966 年	83	330	
	淮南	1966 年	12	46	
	抚顺	1966 年	120	485	
	小计		215	861	
石嘴山矿务局			80	320	内迁职工从调入单位又调入该单位
其他单位			20	100	
合计			1 104	4 608	

宁夏回族自治区煤炭工业厅

1984 年 4 月 3 日

（宁夏档案馆：J089-002-1543-0102，共 3 页）

35.《宁夏回族自治区煤炭工业局办公室关于对支援三线建设职工家属落城镇户口的审查意见》（节选）

自治区人民政府：

石炭井矿务局、宁煤基建公司、西北煤机总厂等单位报来支援三线建设内迁职工家属落城镇户口的审批材料，经我们审查认为 375 户 1162 人符合落城镇户口条件。其中，石炭井矿务局 239 户 683 人；宁煤基建公司 85 户 343 人；西北煤机总厂 51 户 136 人。这些人员中有山丹煤矿调来 166 户 606 人（石炭井局 85 户 264 人，基建公司 71 户 300 人，西北煤机总厂 10 户 42 人）；本溪调来 63 户 179 人（石炭井局）；阜新调来 34 户 84 人（石炭井局）；鸡西调来 20 户 52 人（石炭井局）；双鸭山调来 12 户 40 人（石炭井局 4 户 11 人，基建公司 7 户 26 人，西北煤炭总厂 1 户 3 人；）鹤岗调来 42 户 111 人（石炭井局 31 户 85 人，基建公司 7 户 17 人，西北煤机总厂 4 户 9 人）；张家口调来 13 户 28 人；淮南调来 11 户 21 人；抚顺调来 7 户 16 人；西安等地调来 7 户 25 人。

以上意见妥否，请批示。

附件：支援三线建设职工家属入户分类表

支援三线建设家属入户分类统计表

	户数/户	人数/人	分类/人								
			父母	妻子	子女	儿媳	孙子	外孙	本人	岳父母	侄子
石炭井局	239	683	14	52	175	152	250	37			3
基建公司	85	343	4	62	209	10	24	20	12	2	
煤机总厂	51	186	8	15	47	28	33	2	3		
合计	375	1 162	26	129	431	190	307	59	15	2	3
山丹	166	606	8	91	308	52	94	37	14	2	
双鸭山	12	40		3	4	9	2	2	1	1	
鹤岗	42	111	1	3	24	30	49	4			
淮南	11	21	4	2	6	5	4				
张家口	13	28			1	13	13	1			
抚顺	7	16	2	1	2	4	7				
本溪	63	179	3	10	35	46	72	13			
阜新	34	84		2	17	25	37	3			
鸡西	20	52	7	13	22	3	4				3
西安	5	17	1	2	6	3	5				
青海	1	5		1	4						
其他	1	3		1	2						

宁夏回族自治区煤炭工业厅办公室

1985 年 11 月 20 日

（宁夏档案馆：J089-002-1630-0094，共 3 页）

第六章 知识青年"上山下乡"档案摘编

一、外省来宁的知识青年档案摘录

1.《宁夏回族自治区农垦局关于安置京、津知识青年会议纪要》（节选）

时间：1965 年 3 月 5 日

地点：自治区农垦局

参加：雷震、买玉龙、陈万令、刘寅夏、董鹤霄、孙益友、石万虎、马杰、张月怀、柴天录、于洞金、常桂玉、尚明合、陈平

主持：雷震

记录：董鹤霄

议定问题如下：

一、人员分配。京津知识青年 3500 人，安置在：军垦 1300 人，暖泉二场 1100 百人，平吉堡一场 600 人，灵武农场 150 人，前进三场 150 人，连湖农场 100 人，前进一场 100 人。

二、房屋摸底情况。据孙益友、于洞金两同志汇报，军垦连、平吉堡一场和暖泉二场 3 个单位，经过维修可以暂时居住的房子，计有 357 间（6426 平方米）。

三、房间任务。军垦、平吉堡一场和暖泉二场共安置知识青年 3000 名，加上军垦连原有军垦战士 150 名，共计 3150 人，每人按 4.5 平方米计算，共

需要宿舍 14175 平方米。除现有 6426 平方米外，需增建 7749 平方米。需建办公室、会议室、食堂、库房等其他用房共计 4200 平方米，总计需建房 11949 平方米。每平方米造价不能超过 40 元。

安置在前进一场、三场和灵武、连湖农场的知识青年，建房工作投资由局负责，建房材料和运输都由本单位自行安排。

四、建房原则。

（一）耐用、经济、美观；

（二）房屋要依地建设，便于生产，并要选择地形较高、水质较好、交通方便等条件较好的地方；

（三）为了适应机械化作业，每点耕地面积不少于 4000 亩。

五、房建承包单位。军垦、暖泉二场和平吉堡一场建房任务，由基建队承担；前进一、三场和灵武、连湖农场的建房任务，由本场负责。

（一）规划定点、平面布置由农垦局勘察队负责，于 3 月 15 日前提出方案。

（二）施工由专业基建队负责。这支基建队，由陈家圈牧场抽 200 名工人，巴浪湖牧场和渠口堡农场各抽 50 名工人，共计 300 人组成，由石万虎同志负责领导。

（三）另设施工领导小组，由董鹤霄、孙益友、

石万虎、于洞金、常桂玉 5 名同志组成,董鹤霄同志为组长。

(四)施工时间:3 月筹备、备料,4 月 1 日开工。

(五)建房顺序是:先军垦,再暖泉二场,后平吉堡一场。

六、建房中应注意的几个问题。

(一)认真贯彻促生产的方针,加强政治思想教导,发扬"三八作风",充分调动人的积极因素。

(二)坚决贯彻执行奋发图强、艰苦奋斗、自力更生、勤俭办事业的方针,开展比学赶帮、增产节约运动,保质保量按时完成任务。

(三)必须建立和健全各项制度,如采购、保管、领发劳动管制等制度,以杜绝损失浪费和各种漏洞。

(四)在做好安置准备工作的同时,也要把原有职工的住处安排好,二者兼顾,不能顾此失彼。施工领导小组,重点抓军垦连的基建工作,并要对各有关安置单位的基建工作及时进行检查监督。

(宁夏档案馆:J095-001-0021-0122,共 11 页)

2.《宁夏回族自治区农垦局关于研究军垦农场安置京、津知识青年的会议纪要》(节选)

时间:1965 年 3 月 24 日

地点:农垦局局长办公室

参加者:雷震、张成友、赵万元、李树青、石万虎、杨月凡、王者兰、陈万令、刘寅夏、董鹤霄、孙益友、张月怀、柴天录

主持:雷震

记录:郑烈

会议研究议定的问题:

一、会议开始由雷震同志传达了杨静仁书记就

军垦和安置京、津知识青年工作的有关指示。静仁同志指示办军垦建设师已经定了,到 1970 年发展到 6 个团,2 万人左右。今年建 1 个团,现有平吉堡一场、二场和暖泉二场干部、老农工、退伍军人占到 20% 以上,作为骨干。原有工人够条件留下,不够条件调其他场。明年建设 1 个团。这就要根据中央方针和西北局的指示,只准办好,不准办坏。对青年要加强管理,不要出问题。生活要搞好,文化娱乐、电影、剧团、看书、看报都要安排好。生产上要有人教。要加强政治思想工作,要有一定的学习时间,加强政治时事学习,领导 1 个月或 2 个月去做 1 次报告,军垦要成为一个大学校,不仅是增加劳动,更重要的是出人才,出干部。对现有 3 个场的人,先把那些不够军垦条件的人调别的场,要安置好,决不能影响当年的生产,因此各连的架子,要早一点定下,准备工作要做好,青年一到银川后,经过训练,就投入生产。

二、根据静仁同志指示精神,会议研究确定:

1. 军垦农场实际是个生产队、战斗队、工作队,失去这个原则,就没有办军垦的必要,要贯彻"以生产为主"的原则,实行劳武结合。

2. 今年先将原平吉堡一、二场和暖泉二场组成 1 个团,在此基础上,下面分设 3 个营,即平吉堡奶牛场为第一营,平吉堡农场为第二营,暖泉二场为第三营。为了不打乱今年计划和影响生产,并有利于工作,军事上以军垦营的名义,其他生产、行政管理、财务计划、其他机构暂不变,待团的架子搭起来,相应的机构建起来,再改变原来的机构。

3. 军垦的干部来源,主要是以自力更生为主,不能光靠外援,可从国营农场抽一些政治、行政管理干部。现抽 20~30 名干部到新疆兵团学习政治工作经验。将来凡是接收安置京、津知识青年的场子,全体职工都要进行教育,特别是干部要专门训练,

讲清外区知识青年支援我区农业建设的重大意义，使他们对待青年抱积极欢迎的态度，一定要安置好、巩固好。

4. 为今后建立生产队打基础，在房屋建筑方面要本着以下原则：

（1）原老队人已经建点，并符合今后军垦正式规划建点的要求，现有的房子不够住，可以新建；

（2）现在是个点，但不是今后正式规划的点，这种情况，可在新点建房，逐渐放开旧点，现有房子要充分利用，不得拆除；

（3）新点有规划，没有房子，现在可以建，但要从当前和长远利益考虑，建点必须结合机械化，1个生产队不能少于4000亩地，3个队为1个点，共计12000亩地。

5. 安置经费必须花到真正发挥效益的地点，重点用于生产，控制非生产性的开支。切记解决安置青年的实际问题，以此精神应该掌握安置费60%以上用于生产方面，40%以下用于生活方面。

6. 房屋基建问题：总的3个场成立1个基建队，方法上分散同时进行，由各场统一领导，以此精神确定：陈家圈200多人的基建队承担平吉堡二场的建房任务；渠口的50人承担平吉堡奶牛场的建房任务；巴浪湖牧场50人承担暖泉二场的建房任务。投资、三材，按人数直接发各场，基建队不另设采购、会计等，基建队所有人员的工资由3个场负责开支。

建房要强调质量，要求耐用、经济、美观，一般的搞土木结构，每平方米的造价不能超过40元。

7. 基建领导问题：整个施工由各场负责，人、钱、物各场统一负责，为了有利检查和组织交流经验，施工领导小组可分工负责。一定要本着分工负责的精神，抓好基建。

为了备料快，应挖掘职工潜力，发动职工利用业余时间和家属脱坯，经验收后，给一定的报酬。

各场在基建期间要算细账，将任务、完成时间的底交给群众，调动群众的积极性。并在工地上开展以增产节约为中心的比学赶帮活动，搞好原材料的节约，防止一切漏洞。

8. 为了做到基建生产两不误，3个场领导力量组织二套人马，一套抓生产，一套负责搞基建，但主要力量应放在当年的生产上。

9. 接收安置京、津两地知识青年是第一次，搞不好不但经济上受损，更重要的是政治上影响不好，为此要求各场领导应高度地重视这项工作。青年未到以前，抓紧时间，做好一切准备，做到事事有负责，项项安排落实，并买一些书籍、报刊、娱乐品等，没电影机的要提前做预算。

1965年4月13日

（宁夏档案馆：J095-001-0021-0122，共13页）

3.《第一批北京来宁知识青年思想动态》（节选）

（一）有一部分人还没有安下心来，思想波动比较大，有的表现沉闷，吃不下饭，也不参加劳动。

（二）组织纪律差，有的到处乱跑，有的出外不请假，借口有病，开会、学习、劳动不参加。

针对上述情况，目前各场都抽出人力，协调连队加强政治思想教育，整顿组织纪律，具体抓以下几项工作：

第一，摸清情况，做到心中有数。通过各种方式，了解家庭出身、社会关系，了解特长和特点，摸清当前思想动向，以便对症下药，有针对性地加强思想工作。

第二，发动群众，利用各种组织进行工作，如充分发挥青年团、班排干部和积极分子的作用等。

第三，抓活的思想，及时表扬好人好事，利用黑板报等多种形式大力宣传，以调动积极因素，对表现差的，一般采取个别帮助的方法进行说服教育，改正缺点。

第四，建立必要的制度，加强组织纪律性，自下而上地制定请假、生活、学习、劳动等制度，使他们养成自觉遵守纪律的习惯。

第五，开展文娱活动，活跃文娱生活。

第六，休整三五天以后，要每天劳动二三小时，逐步做好半天劳动半天学习，经过一段时间，实行全日劳动，适当地进行一定时间的学习。

第二批北京知识青年 971 人也于 6 月 16 日到达，分别安置在平吉堡、暖泉农场和芦花台林场、固原县。

宁夏回族自治区党委办公室

1965 年 6 月 21 日

（宁夏档案馆：J057-002-0255-0136，共 3 页）

4.《中共宁夏回族自治区农垦局政治部关于安置在国营农场的第一、第二、第三批北京知识青年基本情况的报告》（节选）

区党委农业政治部：

前来我区参加社会主义建设的第一、二、三批北京知识青年，安置在暖泉二场、平吉堡农场和平吉堡奶牛场 3 个单位的共计 2186 人。其中，男性 1274 人，占总人数的 58.3%，女性 912 人，占 41.7%。这些青年中，汉族 2043 人，回族 100 人，满族 43 人。团员 130 人，占总人数的 6%。从年龄上看：最小的 14 岁，最大的 28 岁，平均年龄 17.9 岁。其中，16 岁的占总人数 27.4%，17 岁的占 24.1%，18 岁的占 16.9%，19 岁的占 12.9%，14~15 岁的和 20~28 岁的占 18.7%。文化程度：高中的占 13.5%，初中的占 56.5%，高小的占 27.6%，大学和初小的占 2.4%。

这三批北京知识青年，绝大多数的青年都是好样的，据我们初步了解，他们有以下几个特点：

（1）上进心比较强。

（2）有比较高的阶级觉悟。

（3）热爱劳动。

（4）组织纪律性较强。

（5）团结友爱。

此外，能歌善舞，爱好打球是知识青年的共同特点。

存在的主要问题是：

（1）有少数青年，思想落后。

（2）个别青年，不遵守纪律，无理取闹。

（3）有些青年怕艰苦，不愿意搞农业。

为了把北京知识青年带好、管好，针对上述情况，我们打算抓好以下几项主要工作：

（一）组织青年学习毛主席著作。教育他们树立雄心壮志、以农为荣的思想，加强组织纪律性。

（二）加强思想政治工作。特别要狠抓活的思想教育，要充分发挥共青团的组织作用，依靠连、排、班各级组织和骨干力量，做好青年的思想工作。

（三）培养典型，树立标兵，带动全面工作。

（四）经常向青年进行阶级教育和时事政治的教育，培养他们真正成为无产阶级的接班人。

（五）搞好生活管理。安排好他们的学习和劳动，在劳动安排上，由轻到重，由简到繁，因人制宜。

（六）大力开展文体活动，组织青年多开展一些集体性的文体活动。

（七）有计划地培养一批基层干部。培养出一批思想觉悟高、革命干劲大、民主作风好的骨干力量，加强基层组织的领导，做好青年的管理工作。

上述报告妥否，请指示。

北京知识青年基本情况（一）

单位项目	男性		女性		汉族/人	回族/人	满族/人	团员/人	备注
	人数/人	占比/%	人数/人	占比/%					
总计	1 274	58.3	912	41.7	2 043	100	43	130	团员占6%
平吉堡奶牛场	146		111		240	13	4	23	
平吉堡农场	462		276		712	19	7	53	
暖泉二场	666		525		1 091	68	32	54	

北京知识青年基本情况（二）

单位	年龄/岁															合计/人
	14	15	16	17	18	19	20	21	22	23	24	25	26	27	28	
总计/人	1	38	600	529	370	284	150	77	46	33	25	25	3	3	2	2 186
平吉堡奶牛场/人		9	75	73	36	34	9	8	3	7		1	1	1		257
平吉堡农场/人		7	248	178	113	92	36	18	16	10	14	5				738
暖泉二场/人	1	22	277	278	221	158	105	51	27	16	11	19	2	2	1	1 191

注：16岁占27.4%，17岁占24.1%，18岁占16.9%，19岁占12.9%，14~15岁和20~28岁占18.7%。

北京知识青年基本情况（三）

单位：人

单位	学历					合计
	大学	高中	初中	高小	初小	
总计	15	296	1 236	603	36	2 186
平吉堡奶牛场		32	134	83	8	257
平吉堡农场	4	82	445	201	6	738
暖泉二场	11	182	657	319	22	1 191

注：高中占13.5%，初中占56.5%，高小占27.6%，大学和初小占2.4%。

宁夏回族自治区农垦局政治部

1965年7月9日

（宁夏档案馆：J095-001-0021-0059，共10页）

5.《1965年本区、外区知识青年和闲散劳动力下乡、回乡人数统计》统计（节选）

1965年年底，外区知识青年共安置5374人。其中，杭州市635人，北京市4293人，天津市446人。

（宁夏档案馆：J075-002-0227-0025，共2页）

6.《宁夏前进农场安置天津青年的汇报材料》（节选）

亲爱的慰问团首长和全体同志们，下面将我们团对天津青年的安置教育情况作如下汇报：

一、安置情况

我团于1965年9月10日，共安置了天津青年

446 名，其中男青年 211 名，女青年 235 名，分别分配在一营和直属军垦连。一营分配了 218 名（男青年 109 名，女青年 109 名），又分别分配到 4 个连队（一、二、三、四连，原来的生产队）。分配到军垦连 228 名（男 102 名，女 126 名），分为 4 个排 16 个班。我们选拔了一批优秀青年，分别任正、副班排长。

党委把安置青年工作当一项重要的工作，为了安置好青年，我们专给建房 163 间，其中一营 80 间，直属连 83 间。每间屋都搭起了火炉，安装了烟筒，既解决了取暖，又防止了煤气中毒。投资 7034 元多，平均每人 15.09 元。直属连有些青年的被褥薄，还有 15 个青年没有被褥，我们给解决了 28.5 斤棉花，15 条毡。根据民族生活习惯，分设了食堂，并配备了老炊事员、青年炊事员和青年食堂管理员。

为保障青年们的身心健康，给连队配备了体育器材和文娱用品（包括篮球、排球、乒乓球、二胡、锣鼓）。

二、培训教育情况

为了使青年尽快掌握生产技术和军事知识，我们给直属连和一营配备专业的解放军战士 64 名，在各班、排负责政治思想工作。给直属连配备农业工人 19 名，对青年帮助很大。青年积极靠近组织，现青年中有 305 人申请入团，有 14 人申请入党，占青年人数的 81.9%，现已入团 11 人。一营 6 人、直属连 5 人，从青年中选拔排长 13 名，班长 54 名，文书 1 名。并先后抽调 62 名青年同志进行了专业培训，包括医务人员 13 人，机械修配人员 4 人，拖拉机驾驶人员 27 人，地质勘探人员 4 人，电影放映员 1 人，财会人员 3 人。

三、好人好事

天津青年到场时间虽然很短，但是学好人好事，做好人好事层出不穷。

（一）积极参加劳动，从去年 9 月份仅直属军垦连收割水稻 210 亩，复收 582 亩，平田整地 622 亩，

打埂 2472 公尺，积肥 47000 多斤，修理水渠 500 公尺，挖沟土方 1726 立方米。

（二）通过学习解放军艰苦朴素的优良传统，以助人为乐，以艰苦为荣。他们不但在物质上展开相互帮助，更重要的是在精神上展开互相帮助。

五、1965 年生产情况和"三五"生产规划

我团刚由前进一、二、三场合编为十三师三团。全团现有总人数 5154 人，其中职工 2632 人，土地总面积 259600 亩，其中，可耕地面积 126500 亩，目前基本上是一个半机械化农场。

（一）农业：1965 年种植面积 34000 亩，粮食总产量为 651 万斤，超产 9.3%，单位面积产量为 260 斤左右，比建场开始单位面积提高 2 倍。

（二）林业：原来西大滩没有一棵树，现有林木 4584.5 亩，苗圃 259 亩，各种果树 248 亩，苹果、葡萄、桃子已经开始供应职工，红枸杞也开始收获。

（三）畜牧业：现有大牲畜 1582 头，比 1954 年提高 3 倍多，现有羊 4362 只，比 1954 年的 700 多只提高 5 倍多，猪 2399 头，比 1954 年的 500 头提高 3 倍多。

（四）副业生产：米面加工除自给外，每月给地方加工 25 万斤。

（五）砖石厂：1965 年新建厂，下半年已投入生产，目前已完成机制砖 650 万块，砂石 16500 立方米，砖坯 256 万块。

1966 年 1 月 15 日

（宁夏前进农场档案：共 9 页）

7.《关于 1966 年度安置城市知识青年的安排意见》

自治区党委：

根据自治区安置办公室通知，我师 1966 年度安

置城市知识青年为 6920 名，其中北京 4820 名，天津 1000 名，杭州 1000 名，银川市 100 名。现根据我师具体情况安排如下。

一、任务分配计划：根据今年各团场农牧业生产和基建任务以及对安置的精神，对今年安置我师的 6920 名城市知识青年的分配意见是：一团 500 人，二团 1000 人，三团 1870 人，四团和工程团 2900 人，五团 400 人，良繁场 100 人，下马关 150 人。上半年安置 1500 人，下半年安置 5420 人。

二、接待安置工作的具体做法：我们准备在 5 月中旬派出两个工作组，去京、津、杭等地办理接收青年的任务。其中，京、津两地合派去 1 个工作组，人数 20~25 人，杭州派去 1 个工作组，人数 10~12 人，每组应有 1 名团场级干部担任组长。工作组的任务是：在当地党政的领导下，协同当地安置部门共同搞好青年的接收工作，主要应做好对青年的宣传、动员、条件审查和经济开支的管理等项工作，并经常把工作情况向自治区党委和师党委进行请示汇报。

在工作组派出以后，应提前做好新编连队的干部配备和训练工作，争取在每次接人的前半个月将人员派去，使他们亲自参加对青年的审查工作，要做到谁接谁带，这对提前熟悉每个青年的情况，一开始就和他们建立感情，便于今后加强对青年的教育是有好处的。

三、青年服装发放和工作问题：根据今年青年安置费比较少的情况，既要做到节约使用，又要做到解决实际问题，我们意见，今年每个青年只发给单衣、棉衣各 1 套，棉被 1 条，其他东西一律不发。另外，关于服装的制作和发放问题，今年统一由我师自己制作，在青年来宁前只将单衣带去发给本人，其余棉衣和棉被待青年来宁后再发。

工资问题：仍和去年同样，在到师后的半年内，按每人每月发给 24 元，半年后按中央和农垦部规定实行定额记分，按分付酬的办法。

其次，关于探亲假的问题。参加工作后 2 年左右可准许探家 1 次。

四、接收青年的条件：根据我师初建基础较差的情况，接收青年的条件是：年龄在 16~22 周岁的未婚青年；思想好、品质好、身体健康，具有高小以上文化程度；男女比例各占 50%；青年中应届毕业生要占 2/3，其中高中毕业生要有一定数量。

以上报告妥否，请批示。

中国人民解放军生产建设兵团农业建设第十三师

1966 年 4 月 21 日

（宁夏档案馆：J095-001-0508-0042，共 8 页）

8.《关于安置外区来宁知识青年有关情况简报》（节选）

区党委农办：

现将当前安置外区来宁知识青年的有关情况汇报如下。

一、对外区来宁青年安置计划的落实情况

今年国务院核定我区接收安置外区知识青年 1 万人。其中，北京 6000 名，天津 1000 名，浙江 3000 名。经我们联系，除北京来多少人，什么时间来，没有定下来外，天津确定动员 2000 名（原计划 1000 人，再增加动员 1000 人），浙江确定动员 5000 人（原计划 3000 人，再增加动员 2000 人）。对北京来宁青年问题，已由农建十三师政治部徐鸿儒同志到北京市亲自联系协商。初步意见 6000 全来。

二、京、津、杭三地青年当前的思想动态

（一）一般情况

这三地的来宁知识青年，绝大多数青年都有了较大的进步，有 80% 的青年基本上巩固下来，他们基本上过了思想、劳动和生活这三关，其中有不少青年光荣地加入了共青团，一大批青年被提拔担任了班排长、青年团的干部，以及生产队的会计、保管员、保健员和耕读教师。另有大批青年被抽去参加社教，或去学习当电工、拖拉机手、卫生员，等等。

（二）当前青年的思想反映

（1）相当一部分青年对探亲和调整工资比较关心，由于过去说法不统一，青年意见很大。

（2）对农垦部颁发的"十六条"，青年们不了解"十六条"的精神实质，反映较大。

（3）少数青年过早地谈情说爱。

宁夏回族自治区安置办公室

1966 年 8 月 3 日

（宁夏档案馆：J064-002-0035-0151，共 23 页）

9.《关于动员知识青年、城镇居民下乡上山有关问题的通知》（节选）

固原专区革委会，各市、县革委会：

根据中央安置下乡青年协作会议精神，结合我区情况，对经费开支标准范围以及粮、油供应等问题做了如下规定。

一、经费开支标准

（1）单身插队：山区每人 280 元，川区每人 220 元。

（2）成户插队：山区每人 170 元，川区每人 120 元，川区跨县的每人 130 元。

（3）农村有家、有房的城镇居民回乡，可发给路费，只对生活的确有困难的适当给予补助。

（4）原籍在我区农村，而由外省区动员回来的，与我区上山下乡人员一视同仁。各有关市、县应积极给予安置，如有的生活、住房有困难，可在市、县安置经费内适当解决。

（5）由我区返回外省区原籍的，只发给路费，

其他经费由安置地区按当地规定办理。

二、经费开支范围

安置经费由各市、县统一掌握，开支范围主要包括房屋修缮费、生活补助费、车运费、小农具及家具补助费、衣被补助费，用于动员安置工作的宣传费、医疗费及机动费等。

（1）房屋修缮费：插队落户人员的住房，本着发扬群众互助的精神，由社队统一安排解决，国家给予适当的补助；凡下乡上山城镇居民的原自有房屋，由于市、县房管部门负责折价收购或兑换木料，由安置社队协助建房，给予适当的建房用工补助；原籍农村有房屋，但年久失修需要维修者，可由安置社队协助修理，若房屋数量确实不足，可根据实际情况给以补助；对确实无房的单身人员按 3 人建房 1 间，居民户可按 3 口以内建房 1 间，5 口以内建房 2 间（5 口以上按实际人口、辈次具体掌握）的标准拨给建房费。

（2）生活、衣被补助费：上山下乡人员应积极参加集体生产劳动，努力做到自给，不依赖国家。对其中有其他经济收入（包括在外工作职工的工资收入）生活无困难的，生活费应自理；对确有困难的，可由群众民主评议，酌情补助。补助时间山区不得超过 1 年，川区不得超过 10 个月。补助标准不得超过当地贫下中农生活水平，一般单身插队的每人每月补助 10~11 元，成户插队的每人 7~8 元。

对个别衣被确有困难的，可酌情给予补助。补助布票平均每人按 8 尺计算，棉票平均每人按 2 斤计算。

（3）车运费：凡插队落户在本市、县范围内或离安置点较近，且本单位有运输条件的，由安置单位接送；远程运费可按实际里程计算报销。

三、粮、油供应

插队落户的上山下乡人员（包括外省、区回籍

人员），应将户粮关系及时迁至所在生产队，其口粮由原动员地区按原定量发给月余定量口粮和下一月口粮的粮票，从落户的第二个月起（凭粮食关系转移证停止供应时间）由安置地区粮食部门继续发证供应到他们参加集体分配新粮为止。供应标准：单身人员一个月39斤，居民户每人一个月31斤。

食油按当地标准供应。

各地对经费开支标准、范围以及粮、油供应等问题在执行中遇有新的问题，应及时报告区生产指挥部，并于今年3月10日前按以上标准报送经费预算。

宁夏回族自治区革命委员会

1969年2月15日

（宁夏中宁县档案馆：27-149，共6页）

10.《关于对在永宁县插队落户的杭州知识青年情况的调查情况》（节选）

区生产指挥部：

为进一步贯彻落实中发〔1970〕26号《关于进一步做好知识青年下乡工作》文件，在永宁县革委会领导下，对在该县插队落户的杭州知识青年进行了调查，现报告如下。

一

这批杭州知识青年是1965、1966年分两批到永宁县插队落户的，共939人。目前在这批知识青年中有35人被培养成社、队干部，60余人当了代课教师和赤脚医生，1人加入了中国共产党，84人加入了共青团，112人被输送到工交、财贸战线，11人上了大学和师范。

二

从永宁县调查实践的情况看，当前继续认真贯彻中发〔1970〕26号文件精神，进一步加强对知识青年上山下乡工作的领导，做好教育巩固工作是非常必要的，为此提出以下意见：

1. 知识青年上山下乡是一项具有战略意义的革命措施，要与共青团组织密切配合，狠抓青年政治思想工作。要充实机构，各县、市、旗应按自治区革委会宁发〔1970〕66号文件规定，迅速配备干部，开展工作。

2. 加强政治思想工作，以社、队为单位经常举办学习班，召开小型座谈会，交流经验，进一步提高广大下乡知识青年的觉悟。

3. 加强与动员城市的配合，共同做好下乡知识青年的工作。除安置地区继续加强管理教育外，应主动与动员地区联系，更好地做好安置巩固工作。

4. 认真贯彻执行党的方针政策。

5. 要支持鼓励他们进行农业科学实验，对他们生产生活中的实际问题，例如疾病、住房、维修等，安置社、队一定要抓紧协助解决。

今年内凡安置知识青年较多的县、市、旗，应进行一次检查慰问。

宁夏回族自治区革命委员会民政局

1972年9月4日

（宁夏档案馆：J115-001-0051-0071，共8页）

11.《关于当前动员、安置知识青年上山下乡工作情况的报告》（节选）

各地、市、县、旗革委会，银南、银北地区革筹小组，区直各单位：

现将自治区城市上山下乡知识青年安置领导小

组《关于当前动员、安置知识青年上山下乡工作情况的报告》转发你们，报告中提到的几个政策性问题很重要，请你们认真研究贯彻执行。

宁夏回族自治区革命委员会

1973 年 4 月 7 日

自治区革委会：

全区知识青年上山下乡工作会议后，不少市、县党委、革委会认真讨论和传达贯彻全区工作会议精神，配备专职干部，建立组织，积极开展宣传、动员工作。进展较快的固原、中卫等县，3 月下旬先后召开数千或上万人的欢送大会，热烈欢送首批知识青年奔赴农业生产第一线。固原县第一批下去了 94 人，中卫县第一批下去了 219 人。这些县、市正在积极工作，争取 4 月上、中旬首批知识青年去建设社会主义新农村。但是工作进展不平衡，有的市、县动员工作缓慢，个别县尚未开展工作，当前存在的主要问题是：

1. 有的县、旗和机关、厂矿、企事业单位领导对知识青年上山下乡的伟大战略意义认识不足，没有把这项工作摆到议事日程上来。少数县、旗和部分机关、学校、厂矿、企事业单位对全区知识青年上山下乡工作会议精神和党发〔1973〕13 号文件缺乏认真的传达、讨论，动员工作没有全面开展起来，个别县对一些方针政策的问题，认识模糊，打算安置在单位自办农场和家属农场。

2. 不少单位和群众担心政策不能兑现，持犹豫、观望、等待态度；不少下乡对象的家长到处探寻招工、招生消息，观察动向，注意领导干部子女的去向。有的利用职权，通过关系，当了工人；还有的违法乱纪，采取偷梁换柱的办法进了工厂。广大职工群众对这些做法很有意见，并反映"群众看干部，干部看领导，下级看上级"。另外不少群众对有些

市、县在应届高中毕业生中招收代课教员，提出意见，认为妨碍了当前的动员下乡工作。

3. 组织机构不健全，领导干部不亲自动手，影响了动员工作的开展。有的市、县、旗虽已建设了上山下乡领导小组，但有的配备不上干部，光靠民政局，而民政局抓不起来，上山下乡工作基本上没有进行。个别县和一些动员任务较大的单位，至今尚未建立上山下乡领导机构，对发去的宣传提纲成捆的放在那里。对安置工作，干部程度不同地存在着畏难情绪，主要是两难、两怕、一埋怨。两难是：职工难包，思想工作难做；两怕是：怕得罪人，怕挨骂；一埋怨是：埋怨领导不支持，工作没法开展。因此，不愿意承担这一工作，工作深入不下去。

以上问题，实质上是要不要坚持知识青年上山下乡这一正确方向。坚持知识青年上山下乡的正确方向，认真贯彻执行中发〔1970〕26 号文件和宁党发〔1973〕13 号文件，切实把这次动员、安置知识青年上山下乡工作做好，为此提出以下意见：

1. 必须把它摆到重要的议事日程上来，切实加强领导，配备干部，大力支持和协助开展工作。

2. 认真贯彻，坚持落实知识青年上山下乡的各项方针、政策。对知识青年上山下乡工作中的不正之风，必须采取坚决措施，进行纠正。

3. 身教胜于言教。广大干部，特别是各级领导干部和共产党员，要以身作则。

4. 总结和推广先进经验。拟在动员和安置工作进展较快的中卫县召开有关市、县、旗革委会领导干部参加的现场会议，推广他们在动员和安置工作中的经验，以推动全区知识青年上山下乡工作的开展。

宁夏回族自治区城市下乡知识青年安置领导小组

1973 年 4 月 1 日

（宁夏固原市档案馆：共 10 页）

12.《关于进一步认真落实中央〔1973〕21号、30号文件的指示》（节选）

各地、市、县、旗党委（核心小组），各国营农、林场党委（核心小组），区直各单位党委（核心小组）：

中央〔1973〕21号、30号文件下达以来，各级党委以关于知识青年上山下乡的教育为指针，加强对这项工作的领导，做了大量工作，取得了显著成绩。1973年以来，全区已有11000多名知识青年上山下乡，走与工农相结合的道路，他们在各级党委和贫下中农的关怀下觉悟不断提高，已有226人入党，2897人入团，501人被选进各级领导班子。

我们工作上还存在不少问题，有些问题相当严重。主要是：

（一）对破坏知识青年上山下乡的犯罪分子打击不力，有的甚至纵容包庇。在对待案件的查处上，采取拖延、抵制的态度，放纵犯罪分子。有的处理很不认真，有的根本没有处理，有的甚至颠倒是非。

（二）（略）

（三）（略）

（四）不注意对青年的政治教育和培养。

有些单位对知识青年，政治上无人管，学习上无人抓，单纯当劳动力对待，认为"只要好好干活，一天能挖一方土就行了"。对知识青年的文化活动、生活困难和医疗等，有的单位很不关心。

此类问题，各级党委务必要足够重视，采取有力措施，严肃认真地加以解决。

一、各级领导干部要认真贯彻落实中央〔1973〕21号、30号文件。充分认识到知识青年上山下乡，是一场伟大的社会主义革命，是培养和造就千百万无产阶级革命事业接班人的重大措施。

各地、各部门都要对知识青年上山下乡工作进行一次全面的、严格的检查，发现问题，及时解决，

有关单位对北京慰问团指出的问题，要组织一定力量，抓紧调查，认真处理。

对摧残、迫害上山下乡知识青年的犯罪活动，蓄意包庇纵容犯罪分子的，要认真追查，严肃处理。在处理这类案件时，要保护受害人的名誉和安全，并予妥善安置。

上山下乡知识青年档案填写混乱和错误的，以及不该存档的，要进行清理。

二、要重视对上山下乡知识青年的培养教育。充分发挥青年的特长，注意培养和吸收具备条件的青年入团、入党，参加领导班子。

三、各级党委都要把知识青年上山下乡工作列入重要议事日程，建立健全知识青年上山下乡领导小组和得力的办事机构，并由一名书记主管。各国营农、林场也要有一名书记主管这项工作。

四、各单位接到本指示后，要认真组织讨论，坚决贯彻执行。自治区有关部门，对此指示执行情况要进行检查。

中共宁夏回族自治区委员会

1975年3月14日

（宁夏银川市贺兰县档案馆：37-10，共8页）

13.《关于解决北京、天津知识青年问题的请示》（节选）

自治区人民政府：

60年代，我局在国营农场接收京、津两市知识青年5000多名，1969年有3000多人已返回两市安排了工作，目前，农垦系统还有京津知识青年500多人。他们多次来局要求解决城镇户口和重新安置问题，根据青年存在的实际问题，我局党委多次开会研究，除反复做好思想政治工作外，我们采取了以下几点措施：

（一）解决城镇户口问题。在自治区人民政府的关怀下，我们正在与公安、粮食部门联系解决。

（二）妥善安置适当的工作。我们重新安排了一批知识青年担任干部或其他工作，安置在文教卫生方面的53人，行管方面的35人，场办工业单位的17人，总共安置105人。

（三）对知识青年放宽政策。在兴办职工家庭农场中，我们制定了宁垦劳字〔1985〕第102号文件。规定：

1. 知青中单户办家庭农场有困难的，可以帮助他们办联户生产组，改变生产条件，发展商品生产，增加收入；

2. 从今年起，知青完成承包任务后，不再另加其他上交任务，以减轻他们的社会负担；

3. 允许知青兴办第三产业，并在资金、技术上给予支持，让他们尽快富起来；

4. 允许知青停薪留职，另谋职业，寻找新的副业门路；

5. 对于知青中长期患病不能参加体力劳动的，参照执行劳保条例的规定，发给生活费；

6. 对于个别体弱多病的知青，根据他们的实际情况，安排一些轻工作，如护林员、看水员以及新建、扩建的工副业单位；

7. 生产队积极搞好集体福利事业，如办好托儿所、幼儿园、学校等，解除他们的后顾之忧。

在解决北京、天津知识青年存在的问题上，我们立足于农垦，已尽了很大努力，做了不少工作，但他们还是不满意，要求离开农垦，请求政府给予重新安置。最近，我们又根据自治区领导指示，又给他们做工作，但他们还是坚持要离开农垦，为此，我们意见：

请自治区人民政府把现有的300多名知识青年，分散安置在银川市或县属工业、商业等企事业单位，以便彻底解决他们的实际问题。

以上请示妥否，望批复。

宁夏回族自治区农垦局

1985年6月5日

（宁夏档案馆：J095-002-0271-0026，共5页）

14.《关于解决农垦系统京津籍知青职工有关问题的通知》（节选）

各地、市、县（区）党委和行署，人民政府，自治区党委各部门，区直机关各厅局，各人民团队：

60年代中期，北京、天津大批知识青年响应号召，上山下乡来我区开发建设，现仍在区农垦系统工作的有500多人。为了妥善解决京津籍知青职工的实际问题，使他们安心宁夏的生产建设，现根据中央有关政策，经自治区党委、人民政府同意，提出如下处理意见。

一、（略）

二、根据自治区人民政府的有关规定，恢复京津知青职工的城镇户口，并同意其配偶及子女转为城镇户口，按照现行规定享受城镇户口的有关待遇。

三、对1984、1985两年从事农业生产的京津知青职工家庭承包中本人经济亏损部分由农场承担，因亏损而减发的工资部分全数予以返还；1986年在集体经营中承包产量、产值未达到定额造成亏损的，由农场发给其基本工资。

四、（略）

五、知青职工的住房问题，由区农垦局和农场根据中央和国务院有关农垦职工住房制度要进行改革的精神，结合农场建设规划，同解决和改善农场职工居住条件一起统筹考虑，逐步解决。知青职工居住的危房，自治区财政已经拨了专款，由农场负责维修或重建。

六、（略）

七、农垦系统中知青职工具有城镇户口的成年待业子女，可以参加城镇的招工、招干考试，与城镇待业青年一视同仁。

八、认真做好农垦系统知青职工的思想政治工作。

以上各条意见，请各级党委、政府，各有关部门，知青职工所在单位认真执行，真正关心原上山下乡知青职工的成长，积极稳妥地处理解决好他们生产生活中出现的问题，充分调动广大知青职工的积极性，在两个文明建设中做出新的成绩。

宁夏回族自治区党委办公室

宁夏回族自治区人民政府办公室

1987 年 4 月 28 日

（宁夏固原市原州区档案馆：共 8 页）

二、宁夏区内的知识青年档案摘录

1.《宁夏回族自治区革命委员会政治部关于知识青年下乡上山安置待遇的通知》（节选）

固原专区，各市、县革命委员会：

组织动员知识青年下乡上山，应以自力更生、群众互助、同社队互助、国家关心的精神进行安排，坚决克服一切依赖国家的思想。

一、关于口粮、物资、经费标准规定如下

口粮问题：上山下乡知识青年到农村插队落户，由到达地粮食部门按标准 39 斤（贸易粮）供应。供应时间到新粮下来参加分配为止。回乡生产的知识青年，按本队同等劳力的社员标准就地参加社队当年的口粮分配。

食油供应，应与农村人民公社社员同等待遇，由社队解决。

棉布、棉花问题：上山下乡知识青年衣被确有困难的，可以给予适当补助。补助原则：困难大的多补助，困难小的少补助，不困难的不补助，防止平均使用。各市、县所需棉布、棉花数量，请报区商业制定使用标准。上述经费，应纳入市、县财政预算，专款专用，年终按实际收入进行结算，结余转下年使用。

二、几个具体问题

1. 知识青年到农村插队落户，享受所在社队社员同样的福利待遇和一切经济待遇。

2. 知识青年到农村插队落户，应按劳动所得参加当年社队的经济收益分配。

3. 知识青年到农村插队落户，每个生产队安排人数，应不少于 6 人。

凡批准上山下乡的知识青年，出发时，要组织群众热情欢送，接收县、社、队组织群众热烈欢迎。

知识青年上山下乡不仅是学校的大事，各单位都要关心，要关注他们的政治生活，同时还要安排他们生产、生活的具体问题，积极帮助他们解决各种具体困难。接收的县、社、队要提前安排好住房，准备好生产、生活用品。要适当地安排好他们的生产劳动，逐步增加劳动强度，尽快使他们学会主要农活的操作。

宁夏回族自治区革委会政治部

生产指挥部

1968 年 9 月 26 日

（宁夏银川市贺兰县档案馆：37-42，共 4 页）

2.《关于动员、安置城市知识青年上山下乡的报告》（节选）

各地、市、县、旗党委、革委会，银南、银北地区革筹小组：

现将自治区城市下乡知识青年安置领导小组

《关于动员、安置城市知识青年上山下乡的报告》转发给你们，请认真研究，贯彻执行。

中共宁夏回族自治区委员会

宁夏回族自治区革命委员会

1973 年 2 月 27 日

关于动员、安置城市知识青年上山下乡的报告

区党委、区革委会：

为了进一步贯彻落实毛主席关于"知识青年到农村去，接受贫下中农的再教育，很有必要"的伟大指示，根据我区情况，计划今年将动员 1 万余名应届初、高中毕业生和社会知识青年上山下乡，参加农业生产，加强农业战线，现将有关问题报告如下。

一、凡年满 16 岁未升学和未正式分配工作的应届初、高中毕业生和社会知识青年都应动员上山下乡，参加农业生产劳动。

二、上山下乡知识青年主要是到农村人民公社生产队集体插队，各地根据实际情况也可以分散插队，或在生产建设兵团和国营农场安置一部分。插队安置时，应选择生产潜力大、收入较稳定、领导班子较强的社队。

三、凡批准上山下乡的知识青年，一律不许在城镇分配工作，今后招工和大、中专学校招生要统一计划、统一管理，原则上应优先从上山下乡知识青年中选拔，城镇社会上一律不再招工、招生。

四、安置经费必须专款专用，确实用在下乡知识青年的生产、生活方面。开支标准，在中央没有新的规定前，仍按（70）宁民安字 01 号、财金字（70）48 号文件执行。

五、到农村人民公社插队落户的知识青年，3 人合住 1 间房子的可另建 1 个小伙房，4 人住 2 间房子，则不另建小伙房。建房木材，原则上每间 1

立方米，安置地区所需木材上报区计划局和区安置办公室。

六、插队的上山下乡知识青年，按成品粮每月供应 45 斤，食油按当地城镇标准供应。

七、提高警惕，干部利用职权为非作歹的，要撤职查办；包庇怂恿违法犯罪分子的要给予严格的纪律处分。

八、加强党的领导是做好知识青年上山下乡工作的关键。领导干部要亲自深入基层，调查研究，抓好典型，总结经验，以点带面，把知识青年上山下乡工作做得更加深入扎实。

以上报告，如有不妥，请批转各地执行。

宁夏回族自治区城市下乡知识青年安置领导小组

1973 年 2 月 23 日

（宁夏固原档案馆：共 7 页）

3.《关于召开全区第一届上山下乡知识青年积极分子代表大会的通知》（节选）

一、会议内容。以党的基本路线为纲，总结工作，交流经验，表彰先进，推动全面，坚持知识青年上山下乡的正确方向。

二、参加人员。在农村、牧区和农、林、牧场的上山下乡青年、先进集体单位和先进个人。

三、代表条件

1. 先进知识青年（包括上山下乡知识青年集体户和社来社去的知识青年）。其中，上山下乡知识青年的先进代表要求有广泛的代表性，注意由各方面的先进分子参加。

2. 先进安置单位和贫下中农。热情支持知识青年上山下乡新生事物，认真执行知识青年上山下乡政策，在安置和教育、培养、使用知识青年方面做出显著成绩的社、队、农场和关心知识青年成长，热心对知识青年进行再教育的，有突出成绩的贫下中农。

3. 先进带队干部。密切联系知识青年，积极参加劳动，协助社、队认真搞好上山下乡知识青年工作的。

4. 家长代表和先进动员单位代表等由各市、县、旗参照上述精神进行挑选。

四、代表产生方法。一般由各市、县、旗召开上山下乡知识青年代表会议民主产生。

五、这次大会要隆重、热烈、扎扎实实地开好。会前要广泛宣传，造成声势，推动工作。为此，各地、市、县、旗要掀起动员知识青年上山下乡的高潮，进一步做好上山下乡知识青年的教育、安置和巩固工作。有关单位要大力支持，新闻单位要积极做好宣传报道工作。

六、会议经费由大会筹备小组作预算，地方财政开支。代表名单和典型材料，于 10 月 20 日前报大会筹备小组。

宁夏回族自治区革委会办公室

1974 年 10 月 11 日

（宁夏银川市贺兰县档案馆：37-7，共 4 页）

4.《关于当前知识青年上山下乡工作情况和意见的报告》（节选）

区革委会：

在区党委正确领导下，全区范围内普遍学习、重点推广了湖南株洲厂社挂钩集体安置知识青年的经验，调动了城乡两个方面的积极性，有利地促进了知青工作。今年截至 9 月底，全区已动员城镇知识青年 8500 余人到农村插队落户。据统计，目前全区已配备知识青年带队干部 200 名，给今年下乡青年建房 2000 余间。

为了发展我区农业学大寨和知识青年上山下乡的大好形势，给广大下乡知识青年扎根农村创造条件，在农业学大寨运动中更好地发挥生力军的作用，当前应做好以下工作：

一、组织广大下乡知识青年认真学习贯彻全国农业学大寨会议精神，通过学习，充分认识农业学大寨、普及大寨县的重要意义，明确下乡知识青年在农业学大寨中的光荣战斗任务，进一步提高觉悟。

二、立即做好冬季安置工作。各地应以安置社队为主，动员单位积极配合，做到主副食、取暖和安全设备齐全，要对青年进行防火、防盗和安全生产的教育，特别要进行防止煤气中毒的教育。

三、对上山下乡知识青年进行一次全面检查慰问。慰问团要大力宣传全面农业学大寨会议精神，多方倾听意见，通过检查慰问，要切实解决存在问题，防止走过场。慰问所需经费，由各市、县、旗地方财政列支。

宁夏回族自治区知识青年上山下乡工作领导小组

1975 年 11 月 4 日

（宁夏档案馆：J095-002-0055-0020，共 7 页）

5. 批转市知青领导小组《关于当前知青安置工作中几个问题的报告》

各县、区革委会及区、市各部门、各单位革委会（领导小组）：

市革委会同意市知青领导小组《关于当前知青安置工作中几个问题的报告》。现转发给你们，请贯彻执行。在执行中有什么问题，请及时告市知青办。

银川市革命委员会

1974 年 7 月 7 日

关于当前知青安置工作中几个问题的报告（节选）

市革委会：

银川市革委会知识青年上山下乡领导小组报告，银川地区已有11000余名知识青年满怀革命豪情，奔赴农村和国营农、林场插队落户，实行与工农相结合。但在安置工作中，也遇到了一些问题亟待研究解决。为此，市知青办对有关问题进行了调查，报告如下：

一、坚持党的基本路线，加强政治思想教育，建立健全学习制度。

二、为了保证学校教育的深入开展和知识青年上山下乡运动的健康发展，对于年龄不足17周岁的初中毕业生，学校和动员单位应说服家长和学生继续上学，未满17周岁的高中毕业生，暂由学校和动员单位组织他们自学或参加一些适当的劳动。

三、为了加强安置经费的管理，建议生活费由公社按规定标准逐月发放。

四、下乡知识青年离队时，原来国家给他们所建房屋，应留给新下乡青年使用。

五、下乡知识青年的口粮分配，既要体现按劳分配的原则，又要给以必要的照顾。

六、下乡知识青年离队时，原按政策分给他们的自留地，应收归集体所有，但生产队应根据种自留地时所用籽种、肥料、工时等情况，付给青年合理报酬。

七、对已下乡的知识青年，原则上不办理转点，但有下列情况之一者，经组织批准可以转点：

1. 父母一方工作调动，子女愿意随迁的。

2. 下乡青年成婚后，双方分居两地农村的，需要转点的青年，应向所在安置社队申请。由县以上知青办事先联系，落实安置地点，征得对方县以上知青办批准后（转入郊区的经市知青办批准），可以办理转点手续。

凡经组织批准转点的知识青年，在两地劳动锻炼时间应连续计算，由外省、市、区和本区外县、市、旗转入的，须在本市农村（包括永宁、贺兰和郊区）劳动一年以上，才能参加招工、招生和征兵。转点青年不再拨给安置经费和木材，不享受探亲路费。

以上报告如无不妥，请批转各单位执行。

银川市革委会知识青年上山下乡领导小组

1976年6月29日

（宁夏档案馆：J103-002-0621-0083，共5页）

6.《1976年选派首批带队干部的意见》（节选）

为了满腔热情地支持社会主义新生事物，进一步做好知识青年的安置教育工作，从1974年以来，银川地区先后派出来了185名带队干部，在农村各级党组织统一领导下，与社队干部、贫下中农一起，共同做好知识青年工作，发挥了重要作用。根据自治区党委〔1973〕139号文件的规定，以及各单位今年动员安置青年的实际任务，提出首批应抽调带队干部的意见于后，务于7月15日前来市知青办报到分配。

附：银川市首批抽调上山下乡知青带队干部名额分配表

银川市首批抽调上山下乡知青带队干部名额分配表

单位名称	1975年动员知青/人	应抽调带队干部/人
自治区计委	30	1
区物资局	82	2
区轻工业局	154	4
区重工业局	200	5
区商业局	70	2
区供销社	30	1

续表

单位名称	1975 年动员知青/人	应抽调带队干部/人
区外贸局	30	1
区燃化局	175	4
区建委	200	5
区交通局	200	5
区邮电局	30	1
区卫生局	30	1
区水电局	82	2
国防工办	30	1
铁路分局	250	6
宁夏人民出版社	25	1

续表

单位名称	1975 年动员知青/人	应抽调带队干部/人
市工业局	70	2
市交通局	100	3
市轻工业局	164	4
市商业局	200	5
市粮食局	50	1
市城建局	110	3
市建委	120	3
新城区	53	1
城区	100	3
郊区	56	1

银川市革委会办公室

1976 年 7 月 12 日

（宁夏银川市贺兰县档案馆：12-12，共 3 页）

7. 银川市上山下乡知识青年积极分子代表大会代表名额分配

银川市上山下乡知识青年积极分子代表大会名额分配表

单位：人、份

单位	代表名额	1974 年及以前下乡知青 人数	1974 年及以前下乡知青 代表	1975 年下乡知青 人数	1975 年下乡知青 代表	1976 年下乡知识青年代表	回乡知青代表	场、社队代表	贫下中农代表	带队干部代表	典型材料 先进知青个人	典型材料 先进知青集体	典型材料 贫下中农	典型材料 场、社队	典型材料 带队干部
永宁县	75	450	23	1 490	30	8	8	2	2	2	5	2	2	2	2
贺兰县	42	240	12	250	5	10	10	2	2	1	4	2	2	2	1
银川郊区	110	950	48	2 100	42	7	7	2	2	2	5	2	2	2	2
区农垦局	31	550	28	30	1	1		1			5			1	
区农林局	5			180	4	1					2				
固原地区	13	220	11	4	1	1					5	1			
市农林局	6			250	5	1					1				
合计	282	2 410	122	4 304	88	29	25	7	6	5	27	7	6	7	5
备注	1. 动员单位、家长代表及列席代表未列入表内。 2. 表内所列典型材料份数，指最少数，如有突出典型还可适当多报。 3. 永宁、贺兰本县下乡知青未统计，但应按照代表推选办法产生代表。														

（宁夏银川市贺兰县档案馆：12-12，共 3 页）

8.《关于做好今冬明春知识青年上山下乡工作的意见》（宁发〔1976〕94号）

各地、市、县、旗革委会，区直各部门：

自治区革委会同意区知识青年上山下乡领导小组《关于做好今冬明春知识青年上山下乡工作的意见》，现转发给你们，请贯彻执行。

宁夏回族自治区革命委员会

1976年12月6日

自治区革委会关于做好今冬明春知识青年
上山下乡工作的意见（节选）

各地、市、县、旗革委会，区直各部门：

我区知识青年上山下乡工作，取得了很大成绩。全区有7000多名城镇知识青年上山下乡，除银川、石嘴山两市外，各县（旗）已基本完成动员任务。其中，中卫、中宁、吴忠、盐池、西吉、海原、隆德、泾源8个县已全部完成了任务。

今冬明春的知青工作，主要应抓好以下几点：

一、公社、大队党组织要加强对知识青年的领导，保证他们有一定的学习时间。知识青年小组要制订学习计划，建立学习制度。

二、要按照中央文件精神关心群众生活，认真解决好知识青年的住房和安全过冬等问题，保证下乡知识青年分到应得的工分、口粮；要加强政治思想工作，充分发挥知识青年在农业学大寨运动中的作用。要求各地、市、旗在年底前结束检查，总结上报。

今年年终的知青慰问工作，由各市、县、旗组织。

以上报告如无不妥，请批转各地各部门参照执行。

宁夏回族自治区知识青年上山下乡领导小组

1976年12月6日

（宁夏档案馆：J113-001-0172-0064，共6页）

第七章　扶贫搬迁及生态移民档案摘录

一、吊庄移民档案摘录

1.《自治区人民政府批转西海固地区农业建设指挥部关于吊庄生产建设工作会议的情况报告的通知》（节选）

1985 年县内县外吊庄的主要任务是：完成 82000 亩的农田水利配套工程；4 个庄点种植各种粮食和经济作物 16623 亩，造林 7000 亩，育苗 750 亩，零星种树 50 万株，种草 6000 亩；建房 5200 间，搬迁社员 2682 户，14000 千人。对国务院"三西"领导小组第四次扩大会议提出的 3 年内在新灌区和吊庄点搬迁安置 20 万人的任务，进行了认真算账和讨论，初步规划：3 年内新灌区和吊庄点共开发耕地 46 万亩，其中同心 16 万亩，安置 6 万人；海原 8 万亩，安置 4 万人；固原大战场滩及七营灌区 10 万亩，安置搬迁 4.5 万人；泾源芦草洼 6 万亩，搬迁 2 万人；隆德潮湖 6 万亩，搬迁 3 万人；彭阳大战场滩 1 万亩，搬迁 5000 人；加上西吉在中卫南山台子搬迁 2000 人，共计 202000 人。

自治区西海固地区农业建设指挥部

1985 年 1 月 12 日

（宁夏档案馆：J073-001-0369-0001）

2.　自治区人民政府发布《宁夏回族自治区贫困地区吊庄移民管理试行办法》（节选）

第一章　总则

第一条　为开发利用黄灌区的水土资源，解决宁南贫困地区部分因生产条件恶劣，难以就地脱贫的农民的生产、生活出路；解决灌区一些乡村人多地少而需另行成片开垦安置的农户。特制定本办法。

第二条　吊庄移民必须坚持自愿原则。吊庄移民基地要先进行调查论证，全面规划，按总体规划分期实施。

第三条　移民的重点是：南部山区缺乏基本生活和生产条件，人口密度大，就地谋生无出路的部分农户；引黄灌区人多地少的部分农户；自愿投资、投劳到灌区开发经营荒地的山区农户。

第四条　吊庄移民应具备以下条件：

（一）申请搬迁人员应具有依靠自身辛勤劳动，艰苦创业的思想素质；

（二）搬迁户每户不少于 2 个劳动力；

（三）搬迁户户主应是智力健全，身体健康，具备劳动技能，年龄在 18~45 岁的农业人口。

第二章 吊庄移民管理

第五条 拟移民到其他县、市建设吊庄基地的县人民政府，应向自治区人民政府提出申请，由自治区吊庄移民主管部门、自治区土地管理部门会同荒地所在县、市人民政府协商同意并实地勘察，明确建设规模，划出"四至"界限，报经自治区人民政府批准后实施。

对零星投来亲友的搬迁户，迁出、迁入县协商确定后，由迁出、迁入乡协商安排，报自治区吊庄移民主管部门备案。

第六条 吊庄基地开发建设的总体规划，应按照调入县的总体规划要求，对农、林、牧、副、渔各业的经营项目进行分析论证，吊庄基地确定后，调出县应本着有利于生产、方便生活，全面发展的原则，组织农、林、水、牧等科技人员实地勘察，查清土壤、水利及其他环境资源。对农田、林带、道路、水、电和村镇居民点等布局先行全面规划，综合治理，分期实施。

第七条 吊庄移民工作由调出县统一组织进行，凡申请迁移定居的农户，由所在乡（镇）政府审查，县（市）政府批准，逐户登记造册，在吊庄基地建立临时户口。待生产、生活、居住稳定后办理户口迁移手续。

第八条 吊庄基地的土地属国家所有，应遵照《中华人民共和国土地管理法》和自治区有关规定管理。耕地以每人2亩左右承包给农民耕种，不能种粮的宜林、宜牧荒地，视吊庄移民的经营能力，承包种草种树，50年不变。

吊庄基地建设中的其他非农业建设用地，应按照规划，列入计划，依照用地审批规定报批，禁止未批先用。农民的宅基地，由吊庄基地所属乡政府审批，报调入县土地管理部门备案，经审核后发给宅基地使用证。其他非农业建设用地，按审批权限报县以上人民政府审批。

第九条 吊庄基地农民所需的化肥、柴油、籽种等生产资料，在未划归调入县管理之前应由调出县列入计划，将指标拨给调入县，保证就地供应。

第十条 吊庄基地的农业科技人员、教师及医务人员，原则上应由调出县抽派，也可以在调入县招聘。参加吊庄基地开发建设的干部、科技人员按自治区有关规定，享受山区待遇。

第十一条 吊庄的归属问题应本着有利于经济开发和管理的原则。开发建设时期由调出、调入县共管，以调出县为主，在搬迁稳定后，吊庄基地开发和配套公益服务设施及政权建设基本完成后，经调出、调入县协商，移交调入县。

第十二条 吊庄移民返回原籍的，要及时注销其在吊庄基地的临时户口，收回承包耕地及林草地，收回由国家或集体补助的部分建房资金及其他物资。严禁任何单位和个人倒卖土地和准迁的户口。

第三章 吊庄移民资金的使用管理

第十三条 调出县要按照吊庄基地的总体规划逐年安排吊庄基地的各项建设。建设中的水利工程、输电线路、公路、学校、医院及农林牧技术服务站等公益设施，调出县应按国家和自治区投放资金统筹安排。荒地开发和小型农田配套建设由自治区给以补助性投资，移民自己投劳、搬迁、建房，以自力更生为主，国家适当补助。

第十四条 用于吊庄移民的各项资金，由调出县列入县财政年度预算，保证投入。要加强财务管理，建立监督、审计制度，专款专用，严查乱支、挪用、截留、浪费和贪污。

第十五条 县内吊庄所需的各项资金、物资，由本县安排解决。需要建立乡级政权的，报自治区政府批准后建立，各项公益服务机构及其工作人员，均由县内调剂解决。

第四章　吊庄移民优惠政策

第十六条　新开荒地，免收水费 3 年，3 年后按实际用水量收费，尚未脱贫困难户的水费由县财政补贴。

第十七条　对吊庄移民的税收作如下规定：

（一）在吊庄基地范围内开发荒地从事农、林、牧业生产，5 年内免征农业税、牧业税、农林特产税。5 年后纳税有困难需要减免的，经申报，由自治区财政厅确定。

（二）吊庄移民基地举办的集体企业、联办企业、家庭工厂和个体工商户，除生产的烟、酒、糖、鞭炮、化妆品、焚化品等 30 种产品和"八小"企业按照规定征收产品税外，生产销售其他产品和经营收入，在 1990 年以前免征产品税、增值税、营业税、城市维护建设税和所得税。

吊庄移民购买生产自用的牲畜，在 1990 年以前免征牲畜交易税。

吊庄移民自养自食的猪、羊、菜牛、骆驼等牲畜，在 1990 年前免征屠宰税，到集市上出售的，应按照出售所占比例计征屠宰税。

第十八条　吊庄移民发展生产所需货款，可优先发放。

第十九条　吊庄移民迁入吊庄移民基地定居至移交调入县管理前，继续执行调出县的各项政策，国家和自治区给予的各项优惠政策不变。

宁夏回族自治区人民政府

1989 年 5 月 30 日

（宁夏档案馆：J073-001-0686-0001，共 8 页）

3.《宁夏吊庄移民情况》（节选）

1983 年，西海固地区有人口 170 多万，其中 120 万经过改造当地的条件后，可以就地解决温饱，但另外 40 多万人由于所处环境自然条件极差，只能另找出路。经过 8 年坚持不懈的努力，现已建成吊庄移民基地 15 处，其中县内 6 处，县外 9 处。截至 1990 年年底，已搬迁安置群众 22198 户 10.85 万人，还就近旱改水安置 6.05 万人，总共安置搬迁人口达到 16.9 万人，占山区贫困带极困户人口近 40%。

自治区党委办公厅

1991 年

（宁夏档案馆：J057-001-1271-0020）

4.《自治区世界银行贷款项目办公室关于 1990 年宁夏世行项目田间工程及移民验收结果的通知》（节选）（宁世管字〔1991〕17 号）

根据宁夏世行办关于工程管理的有关规定、移民工作有关规定，区世行办于 1991 年 6 月 25 日至 7 月 5 日组织验收 1990 年田间工程。

此次验收区财政厅、区审计局均派人参加，区计委未派出人员。共验收同心、中宁、中卫、吴忠、灵武 5 县（市），和长山头农场。

（一）汇总表。见《1990 年宁夏区世行项目田间工程验收汇总表》。

（二）除重点抽查外，农田组与移民组合并对 1990 年开荒配套、补充配套、移民等全面进行了检查、评议。

验收情况：

1. 同心县：开荒配套计划 9000 亩，验收开荒配套共 13857 亩（1990 年 9000 亩，其他年度 4857

1990 年宁夏区世行项目田间工程验收汇总表

县(市)、场	开荒配套/亩		补充配套/亩		移民						种树/万亩	
					户数/户		人数/人		建房/间			
	计划	完成	计划	完成	计划	完成	计划	完成	计划	完成	计划	完成
同心	9 000	13 857	10 000	未	600	450	3 000	2 177	1 200	952		1.2	0.7
中宁	20 000	20 000	无		1 000	384	5 000	2 300	2 000	1 075		2.6	2.6
长山头	3 000	3 000	无		无							无	
中卫	9 000	8 690.9	无		无							无	
灵武	12 000	10 661	无		750	125	3 750	633	1 500	324		2	2
吴忠	5 000	5 000	15 000	15 000	600	431	3 000	2 022	1 200	1 651	89、90 两年	0.6	0.6
合计	58 000	5 6351.9	25 000	15 000	2 950	1 390	14 750	7 132	5 900	4 002		6.4	5.9

亩)。经抽查,6 块面积、11 条斗渠均与县上自检数字相符。项目区计划移民 600 户 3000 人,完成 450 户 2177 人。移民均注册登记,50%农户通电,多数有水窖。

2. 中宁县:计划开荒面积 20000 亩,完成石喇叭 7000 亩,黑水沟 1000 亩,花豹湾河滩地 1.2 万亩。石喇叭土地平整,配套齐全,全部种植,为区世行项目土地开发建设标准区之一。花豹湾河滩地基本配套,全部种植。移民计划 1000 户 5000 人,完成 384 户 2300 人。

3. 长山头农场:1990 年计划开荒 3000 亩,抽样验收两块土地,面积基本相符。予以验收。

开荒地地块整齐,按机耕条田设计,已种植葵花,长势较好。存在问题:仅部分土地不够平整,应予加工。

4. 中卫县:1989 年计划开荒配套 3000 亩,1990 年 6000 亩,两年验收一次,这次验收 8690.9 亩。

1990 年进度较好,开发土地平整,渠系配套质量较好。开发土地中作物亩产估 400 斤左右。

南片土地多未种植,土地也不够平整,留作下年验收。

有固原县来的农户,占地不种植,建议收回,重新分配。

移民建房尚处于打墙阶段,不具验收条件,此次不予验收。

5. 吴忠市:计划开荒配套 5000 亩,补充配套 15000 亩,验收抽查面积与所报面积相符。予以验收。

吴忠开荒地平整,灌、排渠系配套,生产条件得到了改善,开发的土地已全部种植,生长良好。

移民 1989 年、1990 年共计划 600 户 3000 人,完成 431 户 2022 人,市政府重视移民工作,政策优惠,移民档案基本健全。

6. 灵武县:开荒配套计划 12000 亩,验收 1990 年开荒地 10661 亩。移民计划 750 户 3750 人,完成 125 户 633 人,建房 324 间。移民门牌、卡片和登记表齐全,农户 30%饮水得到解决。搬迁定居速度应加快。

宁夏世界银行贷款项目办公室
1991 年 7 月 25 日
(宁夏档案馆:J155-ZY-002-0298-0005,共 7 页)

5.《国务院关于继续做好甘肃、宁夏"三西"地区移民工作给国务院贫困地区经济开发领导小组、甘肃省、宁夏回族自治区人民政府的批复》（节选）

一、关于今、明两年"三西"地区移民工作的任务

今、明两年"三西"地区移民工作，要一手抓巩固，一手抓搬迁，努力把已经迁出的农户巩固下来。同意在不增加国家投资的条件下，再搬迁13万人（其中，甘肃中部就近迁移7万人，向河西移出2万人，宁夏西海固地区向县外吊庄移民4万人），使移民总数达到或超过45万人。

二、对继续做好移民工作的意见

（一）进一步搞好移民规划，严格控制移民的地区和搬迁对象。今、明两年的移民任务不再增加。原定的移民迁出县不再扩大，远距离移民的重点，是东乡、永靖、会宁、泾源、西吉5个县。迁出地区要严格限制在贫困带片，搬迁对象必须是贫困户，能在当地或通过其他途径解决温饱的，一律不搬迁。迁出户要适当集中。迁出地区和安置地区要从大局出发，积极配合，互相帮助。通过搬迁，真正达到"移出一人，宽松一人，解决两人温饱"的移民效益。

（二）抓紧做好移民基地的配套建设。移民工作是一项社会工程，各项组织工作和配套设施都要跟上。行政区划的设置和干部的配备及党、团、集体经济等组织的建立和科技、教育、卫生、商贸等服务设施的建设，都应按规定程序报批，尽快建立健全起来。

（三）实行科学种田，努力发展生产。移民是缓解贫困的一种手段，脱贫致富才是最终目的。移民搬迁后，每人有1亩左右旱涝保收的水浇地，且移民点交通方便、信息灵通，这是从根本上摆脱贫困的有利条件。

（四）加强土、水、电等资源的管理，提高使用效益。今后新开发的水浇地，老住户人均用地不得超过2亩，新迁入户人均不得超过1.5亩。

对土、水、电等资源，实行有偿使用。国家对移民区能获得直接经济效益的生产性项目的资金投入，一律实行有偿使用。逐步积累基金，用于当地的经济开发及设备维修。

（五）继续实行扶持政策，巩固移民成果。各级政府对移民政策的规定和实施，既要着眼于解决搬迁和定居的暂时困难，又要立足于培植他们的内在发展动力。要鼓励移民自力更生，艰苦创业，克服单纯依赖国家的思想。

（六）切实加强领导，认真把移民工作做好。移民任务大的地、市、县，更要把移民安置和迁出地区的扶贫工作，作为一项主要任务去做。国务院有关部门要继续指导和支持，齐心协力，共同把这件关系人民群众切身利益的大事情办好。

中华人民共和国国务院

1991 年 9 月 19 日

（宁夏档案馆：J152-002-0349-0033）

6.《自治区农业建设委员会关于 1991 年吊庄建设进展情况汇报》（节选）

自治区人民政府：

10 月 10 日—17 日，农建委主任及处室有关同志对海原月牙湖、南梁、泾源芦草洼、西吉玉泉营、固原大战场、彭阳马家梁和青铜峡甘城子等吊庄、开发区进行了全面检查，通过实地察看、座谈讨论，对一些问题提出具体解决办法。

一、存在的主要问题

1. 搬迁进度慢，有的今年完不成任务。今年计划搬迁安置1.8万人，除潮湖和芦草洼能完成任务外，其他均完不成任务。

2.经营水平低，耕作粗放，水地当旱地种，单产低，普遍存在田块过大，无限度地灌水，认为水灌得越多越好。

3.有些地方依赖思想严重，所有建设资金都靠国家投入。

4.县上领导重视不够，对吊庄的问题县上派人了解研究，也发了文件，落实不够。

二、需要协商解决的问题

1.月牙湖通电（大型发电、变配电工程），7月份召开的世行办，河套改造项目办和农建委几家的汇报会议上，责成计委落实。但至今资金不落实，9月份计委协调一次，也未落实。

2.潮湖吊庄为完整配套，超计划资金24万元（水利厅审批的）。今年无资金弥补，列入明年计划。

3.1992年吊庄投资安排。根据目前提出的初步意见，吊庄剩余工程却是比较难啃的骨头，工程量大，遗留问题多，又是最后一年。按照移民工作会议要求，今、明两年完成4万人，今年1.8万人还有欠账，明年按资金情况也只安排1万人，这样留的尾巴大，今后困难更大。

4.承包地的标准。农建委根据自治区领导的意见，人均承包地2亩，包括宅基地，但除少数吊庄外，都扩大了标准。这次国务院函发〔1991〕60号文件又规定今后吊庄承包地不超1.5亩，请县上领导研究要作为一条政策确定下来。对超标准要清理收回，多安排些贫困地区的群众。对于划了地长期不种的应收回重新分配新来户种，在注销户口时，应收回所有国家补贴资金，如建房、搬迁费等。

自治区农建委
1991 年 10 月 23 日

（宁夏档案馆：J073-002-0651-0054，共 9 页）

7.《固原地区吊庄建设现状及建议》（节选）

固原地区人大联络处会同行署农建办于 5 月中旬对我地区的吊庄建设进行了全面的调查，现将调查的主要情况报告如下。

一、吊庄建设的基本状况

自 1983 年起，固原地区认真贯彻国务院"三西"办和自治区党委确定的"有水走水路，无水走旱路，水旱都不通另找出路""以川济山，山川共济"的建设方针，借助于国家专项资金的大力扶持，全地区 6 县先后在河套灌区的中宁、永宁、平罗等 7 县境内易地开发建立吊庄 10 处。其中 1987 年前开发建设的 6 处，近几年开发建设的 4 处。在开发建设较早的 6 处中，西吉县的吊庄南山台子已于 1987 年移交中卫县。

10 年来，在各级党委和政府的重视下，吊庄建设一靠国家投入，二靠群众艰苦创业，三靠各方面的大力支持，取得了巨大的成就，令人信服。

一是生产、生活条件基本具备。全地区建立的 10 处吊庄，除移交的南山台子和新划定的海原县玉泉营 2 处吊庄外，现有 8 处吊庄。规划总面积 316 平方公里，计划开发面积 29.25 万亩，截至 1992 年年底，实际开发面积 19.19 万亩，其中可耕种面积 16.33 万亩，实际耕种面积 10.22 万亩。共修建干渠 67.94 公里，直干渠 607.93 公里，架设农电线路 299.68 公里。目前，吊庄各种管理、服务机构绝大部分建立健全。初步形成了区、乡、村、自然村四级行政建制，配备了相应的领导和干部。同时，按照乡的规模和要求，建立起了学校、卫生院、供销社、粮店、农技站、林业站等服务设施，基本上可以适应群众生产、生活的需要。

二是农业生产不断迈上新台阶。由于扬黄灌溉之利土地熟化和肥化，吊庄的农业生产一年一变化，呈不断发展趋势。10 年来总计产粮 7165.9 万公斤，营造防护林 17703.6 亩，"四旁"植树 492.71 万株，种植经济林 1994 亩。1992 年粮食播种面积 8.175 万亩，总产 1613.25 万斤，平均亩产 197.3 公斤，最高亩产达到 350 公斤。油料播种面积 0.9 万亩，总产 51.54 万公斤，平均亩产 57.3 公斤，最高亩产达 150 公斤。各类经济作物 9056 亩，收入 252.5 万元，亩均收入 278.8 元。截至 1992 年年底，大家畜存栏 3519 头，羊 5083 只，猪 3926 头，经济作物从以油为主扩大到了豆、菜、瓜等。林业生产中，经济林的营造有了新的突破。

三是工业、乡镇企业开始起步。吊庄的工业、乡镇企业在 1990 年前基本上是空白。但近两年来，随着农业这个基础的不断稳定，各吊庄普遍重视了发展工业和乡镇企业的问题。据统计 1992 年乡镇企业 199 个，从业人员 1230 人，总产值 2265.1 万元。今年各吊庄对发展工业和乡镇企业更为迫切，基本上都有审批投资新上的厂子和项目。特别是芦草洼和潮湖吊庄，靠地理、交通两大优势，加快了发展的步伐，芦草洼合股正在筹建年产 7 万吨的钢厂和年产 40 万吨的焦化厂。潮湖为了开发工业，经自治区人民政府批准成立了隆湖经济开发区，目前已办理各类工商企业执照 222 户，注册资金 1.02 亿元，实际到位 6000 多万元。已经投产的 65 家企业，正建的 21 家。同时还有意向性洽谈 16 家，总投资 5000 多万元。从潮湖吊庄看，现在已不是当初所规划的单纯农业型，而是已向农、工、商、贸型综合发展的高层次吊庄。

四是人民生活水平明显提高。目前吊庄共安置 13062 户 66069 人，其中有 15% 左右的户没有定居下来，两头流动。在定居的群众中绝大多数来自我地区干旱、高寒地区，原来的生活极其贫困，现在大有变化，基本上是"一年搬家，两年定居，三四年解决温饱，五年稳定脱贫"。据统计，1992 年这里的民房已建到了 27505 间 57.35 万平方米，人均有

粮和纯收入分别为：潮湖 395 公斤，425 元；芦草洼 247 公斤，279.7 元；大战场 311 公斤，366 元；马家梁 303 公斤，247 元，开发搬迁较迟的月牙湖也达到 102 公斤，77.8 元。通过调查、测算，大致上是 1/3 的户、人富了起来，1/3 的户、人解决了温饱。

二、吊庄建设存在的问题

目前有些问题已困扰着吊庄的建设和发展，主要是：

1. 开发、搬迁任务差距太大，建设资金短缺且到位迟甚至被截留。

2. 土地沙化、碱化严重。

3. 水、电供不应求。

4. 部分吊庄地界不清，影响开发施工。

5. 土地、户籍管理比较混乱。

6. 机构不健全，服务、管理跟不上。

7. 校舍桌凳紧张，学生入学难。

8. 群众负担重。

9. 各吊庄电话不通，信息闭塞，和外界联系困难。

三、吊庄建设的建议

第一，转变观念，确定吊庄发展的新思路。确立坚持以市场为导向，充分利用吊庄的人力、土地和各种资源提高农业经济效益和综合生产水平的吊庄建设发展路子。

第二，要把发展乡镇企业作为吊庄经济上台阶的突破口。主要是铺摊子、抓项目，对已立项批准投资的企业，要尽快开工，力争早日投产。

第三，必须加强林业建设。加强林业建设，不仅是农、林、牧协调发展的需要，也是防风固沙的客观要求。

第四，严格执行统一的计划生育政策，控制人口增长。

第五，要继续加大投入，扶持吊庄建设。在今

后 10 年"三西"建设中，各级政府继续把吊庄建设列为重点，资金投放上实行倾斜，扶持吊庄加快建设步伐，启动经济发展的活力。

第六，加强对吊庄工作的领导。要充实、加强吊庄管理机构，选派一批有事业心、善管理、具有开拓精神的干部到吊庄工作。

固原地区人大联络处

1993 年 7 月 2 日

（宁夏固原市原州区档案馆：共 14 页）

8.《明确任务，再鼓实劲，夺取西海固农业建设的新胜利》（全区农村工作会议材料节选）

西海固地区自 1983 年列入国家"三西"专项建设以来，经过 10 年不懈的努力，发生了深刻的历史性变化。生产条件有了很大改善，困难状况明显好转，80% 以上的群众初步解决了温饱。但是，至今还有 20 多万群众的温饱问题还未得到解决。就是在已初步解决温饱的农户中，还有 50 万群众的温饱很不稳定，遇到灾害，返贫率很高。整个地区人均收入和人民生活水平仍处在全区最低层次。

国务院决定将"三西"专项资金再延续 10 年，并要求加快这一地区的农业开发建设，从根本上解决贫困问题，使"三西"地区成为我国贫困地区中脱贫致富最早的地区，率先实现小康。

一、指导思想和基本目标

围绕建立社会主义市场经济体制，以国务院提出的"两个稳定"（稳定地解决温饱，稳定地增加群众经济收入来源）为基本目标，坚持"三个重点、两个不准、一个不减少"和项目管理的原则，以解决尚未脱离温饱线的 20 多万贫困人口的扶贫攻坚为重点，巩固扶贫开发成果，加快脱贫致富步伐，到 1998 年实现人均有粮 350 公斤、人均纯收入 590 元

的基本目标，初步解决 20 万处在温饱线以下群众的温饱问题。争取到本世纪末、下世纪初，根本上解决贫困问题，为实现小康奠定坚实的物质基础。

二、主要措施

（一）狠抓农业基础建设，进一步改善生态、生产、生活条件。

要把大搞旱作"三田"为中心的农田水利基本建设作为解决温饱的一项根本出路，在"三西"专项资金安排上作为一个重点，充分利用"三水"（天上水、地下水、地表水），大力建设"三田"（水浇地、水平梯田、沟坝地），实现人均 3 亩基本农田（水浇地 0.7 亩、旱作"三田" 2.3 亩）。

（二）立足资源优势，以"种养加"为重点，加快支柱产业的建设，大力发展乡镇企业，促进区域经济较快发展，切实增加农民收入。

（三）贯彻"以川济山，山川共济"的方针，下大力气进一步搞好吊庄移民。

在一部分不具备生产条件的地方搞吊庄移民，是从根本上解决群众温饱问题，走向共同富裕的一项有效措施。前 10 年吊庄移民是成功的，已受到国内外的关注。今后解决尚未得到温饱的 10% 以上的农户的问题，主要靠吊庄搬迁。10 年再开发土地 30 万亩，搬迁安置山区贫困农民 15 万人，前 5 年开发 20 万亩，移民 10 万人。搬迁安置重点是自然条件恶劣、人多地少的贫困带片上 27 个贫困乡 335 个贫困村的贫困户。

（四）加强科技投入和智力开发，积极推广先进科技成果，建立高效能的社会化服务体系。继续抓好温饱工程和丰收计划的实施，积极推广蓄水覆盖丰产沟耕作法，旱地机械化综合增产技术，各类农作物病虫害防治技术，农田轮作技术，旱地粮、油作物新品种推广，马铃薯脱毒、优质高产、防腐烂配套栽培技术，立体复合种植技术，无动力水窖滴灌立体种植技术及微肥、抗旱剂、根际固氮菌等实

用技术，山区天然草原综合改良技术，农村新能源新技术。加强山区庭院经济和家庭牧场等的示范推广。

（五）加强资金管理，努力提高使用效益。

（六）加强领导，强化扶贫机制。山区各级党委、政府要把扶贫开发作为中心任务，切实抓到手上，列入重要议事日程。主要领导亲自挂帅，加强具体指导，落实规划、任务和措施，经常深入基层、调查研究、总结经验，推动扶贫工作，要把有效地增加农民收入作为考核各级干部的一个主要标准。要动员各部门、社会各方面的力量，参与扶贫，提倡各级干部挂职蹲点扶贫，把扶贫工作作为培养造就干部的重要途径。

自治区农业建设委员会

1993 年 11 月 15 日

（宁夏档案馆：J158-002-0162-0153 共 7 页）

9.《吴忠市移民吊庄属地管理工作会议纪要》（节选）

1999 年 9 月 9 日，市政府召开了吴忠市移民吊庄移交属地管理工作领导小组会议。

会议认为，吊庄点对于解决贫困人口的温饱问题发挥了重要的作用。但由于原有的管理方式与新的发展形势很不相适应，吊庄点普遍存在治安混乱、管理失调、规划滞后、发展缓慢等问题。如果不尽快解决这些问题，不及时化解各种矛盾，使各种负面因素长期积累下去，不仅影响吊庄点的发展，降低扶贫开发的成效，而且会使矛盾进一步激化，对吊出方和吊入方都会产生不利影响，进而影响社会稳定。因此，自治区党委、政府决定把吊庄移民点移交属地管理。

会议决定：

（1）按照自治区的统一部署和要求，我市现有的 8 个移民吊庄点，这次移交 7 个，即固原吊庄大战场、彭阳吊庄马家梁乡、彭阳在长山头的插户吊庄点交中宁县，盐池狼皮子梁吊庄交灵武市，固原的石坡子吊庄交同心县，固原的扁担沟吊庄交利通区，永宁和青铜峡两县市交界处的西吉吊庄闽宁村按照区上的意见原则上由永宁接收。漫水尚暂不接交。

（2）关于地界纠纷问题。属于各县（市、区）之间的由市民政局进行勘定，属于跨地市吊庄的按照区上的要求由区民政厅进行勘定。中卫、中宁有争议的大战场、马家梁两乡中宁接管之后，由市民政局勘界定线，同心和中宁有争议的石坡子吊庄同心接管后，由市民政局勘界定线。

（3）整个吊庄移交工作从 9 月初开始，年底前完成。9 月 10 日开始，吊庄先由吊入县（市、区）接管，具体交接工作分 3 个阶段进行：第一阶段 9 月 10 日至 10 月 10 日，完成对吊庄人、财、物的清理核对，勘定地界，确定建制，核定编制，提出接交方案。第二阶段 10 月 11 日至 10 月底，协调审定交接方案。第三阶段 11 月 1 日至 12 月底前，按照审定的交接方案具体办理移交手续。

会议强调，按照区上的要求，市人民政府成立了吴忠市移民吊庄移交属地管理工作领导小组，各组成单位及人员都要各尽其职、各负其责，切实有效地开展工作。各县（市、区）也要成立相应的组织机构，由吊入地的县（市、区）长任组长，调出地的分管领导和吊入地的分管领导任副组长，双方有关部门负责人为成员。

吴忠市人民政府办公室

1999 年 9 月 9 日

（宁夏档案馆：J028-002-0071-005，共 9 页）

10. 《吴忠市主动搞好吊庄移民接管工作》（节选）

1999年9月7日，自治区移民吊庄移交属地管理工作领导小组会议之后，吴忠市积极贯彻落实区党委和区人民政府关于移民吊庄交属地管理的决定，主动采取措施开展接管工作。

第一，成立了吴忠市移民吊庄移交属地管理工作领导小组。办公室设在市农建办，由农建办处理日常工作。按区移民吊庄移交属地管理领导小组的意见，市政府决定，由中宁县接管固原县大战场乡、彭阳县吊庄马家梁乡及彭阳在长山头的插户吊庄；由灵武市接管盐池县狼皮子梁吊庄；由利通区接管固原县在扁担沟的吊庄；由同心县接管固原县在石坡子的吊庄。

市政府要求各县（市、区）必须从讲政治、顾大局、求发展的高度出发，主动搞好接管工作。接管以后要按照全区的统一要求，认真搞好清理登记，制定移交方案，为年底以前的移交做好准备。

市政府强调，要深刻理解区党委、区政府两个纪要的精神，充分认识移民吊庄属地管理的重要性。要坚决贯彻"先移交，后清理"的原则；不能纠缠具体问题，不能因为个体问题影响了接管和移交进程。要处理好移交与生产和稳定的关系，确保社会稳定，确保移民生产和生活正常进行。接管以后要及时安排好移民今秋和明春的生产、生活。各吊入县（市、区）要主动搭架子，组班子，组织有关人员积极与吊出县协调，切实搞好接管和移交准备工作。同时要积极搞好调查研究，妥善解决有关问题，及时反映存在问题。

第二，各县（市、区）按市政府要求积极行动，分别于9月9日和9月10日与吊出县联系，于9月10日全面接管了吊庄点。对吊庄移民户口、人事、资金、财产进行冻结。并组织有关人员开始了清理

登记工作。

第三，市移民吊庄移交管理领导小组办公室，积极主动开展工作，派出人员加强调查研究，及时反映接管以后的新情况，设计了各种表册进行调查统计。

第四，积极为吊庄点和吊庄群众解决实际问题，以高姿态欢迎吊庄移民归属地管理。

第五，在抓紧清理登记工作的同时，抓紧制定移交方案。

吴忠市移民吊庄移交属地管理领导小组办公室
1999年9月24日
（宁夏吴忠市档案馆：0028-002-0069-016，共3页）

11. 《自治区人民政府关于进一步做好县外移民吊庄扶贫开发工作的实施意见》（节选）

各市、县（区）人民政府，自治区有关部门：

为全面提升我区移民吊庄管理水平，进一步加大移民吊庄建设力度，根据新阶段《宁夏农村扶贫开发规划》和自治区人民政府2004年第33次常务会议精神的要求，结合移民吊庄实际，制定本实施意见。

一、指导思想

坚持以邓小平理论和"三个代表"重要思想为指导，围绕全面建设小康社会目标，按照统筹区域经济发展、城乡发展以及全面、协调和可持续发展的要求，坚持走政府主导、社会参与、自力更生、开发式扶贫的道路。以移民吊庄整村推进为切入点，进一步改善移民吊庄地区的基本生产生活条件和生态环境；以劳动力的培训和转移为切入点，提高移民的综合素质；以发展特色农业、劳务输出、畜牧养殖等主导产业和扶贫龙头企业为切入点，带动移民吊庄调整产业结构，增加群众收入，努力把移民吊庄建设成为功能齐全、设施配套、全面发展的社

会主义新型农村。

二、奋斗目标

到 2010 年，移民吊庄农民年人均纯收入达到 2500 元以上，其中 40% 以上的移民人均纯收入达到 3000 元以上；普及九年义务教育，75% 以上的初中毕业生受到高中或中等职业技术教育；努力做到乡有卫生院、村有卫生室，50% 以上的群众能够享受基本医疗保险；在有条件的地区逐步建立农村最低社会保障制度；村村建立社区文化娱乐中心。力争移民吊庄经济社会发展和群众生产生活条件达到或接近当地水平。

银川市是移民吊庄扶贫开发的重点地区，要加大工作力度，加快基础设施和公共服务设施建设，着力改善基本生产生活条件，尽快建立能够带动区域经济发展的优势主导产业，努力提高移民吊庄群众的生活质量和综合素质，力争提前 3 年实现上述奋斗目标。

三、扶持范围与对象

移民吊庄与扶贫开发扶持的范围和对象是：由自治区组织跨县安置的县外移民吊庄及经自治区政府批准享受扶贫优惠政策的自发移民吊庄点，包括银川市兴庆区、金凤区、西夏区、永宁县、贺兰县、灵武市，石嘴山市隆湖扶贫经济开发区、平罗县，吴忠市利通区、青铜峡市，中卫市城区、中宁县的 21 个乡（镇）151 个行政村，共有 43232 户 197539 人。

四、基本任务与途径

（一）切实加强农业基础设施建设。按照"科学规划，合理布局，立足当前，着眼长远"的要求，加快吊庄点盐碱地和沙化土地的治理，建设、改造和维修一批水利设施，力争用 5~8 年的时间，使移民吊庄地区的生产条件有一个明显改善。加大节水农业设施建设力度，力争在 3~5 年内，实现移民吊庄灌排畅通、管理规范的目标。

（二）推进交通、通信、能源等农村基础设施建设。力争到 2010 年，移民吊庄行政村通柏油公路，100% 的行政村、50% 以上的农户通电话，100% 的农户通广播电视。同时完成农村 35 千伏以下农电网改造工程，逐步实现城乡同网同价。

（三）加快移民吊庄农村产业结构调整步伐。积极吸引社会资金、项目、技术和人才参与移民吊庄扶贫开发，培育和壮大二、三产业。大力调整农业产业结构，把投入少、见效快、效益高，能够快速提高移民收入的种养业项目作为农业产业开发的重点，特别要加快发展以舍饲养殖为主的畜牧业和高效日光温棚为主的特色种植业。积极推行"公司+基地+农户"的新机制，培育和扶持一批能够带动移民增收的龙头企业。

（四）加大移民吊庄科技投入和实用技术培训工作力度。建立健全乡、村两级农技推广服务体系，重点推广普及节水灌溉、覆膜种植、品种改良、温棚养殖、疾病防治等技术；加大科技培训力度，提高农民科技文化素质。到 2010 年，使移民吊庄农村实用技术普及率达到 80% 以上，力争使移民群众户户至少有 1 名劳动力掌握 1 门就业技能并实现就业。

（五）加快小城镇建设步伐。有条件的移民吊庄要重视发展以乡（镇）为中心的小城镇建设，吸引更多的群众向小城镇聚集。到 2010 年城镇人口比例达到 35% 以上。

（六）大力发展劳务经济。结合移民吊庄交通便利、靠近城市的特点，引导和鼓励移民进城或赴外省打工，力争每年户均稳定输出 1 人，户均劳务收入在 4000 元以上。

（七）积极发展教育、卫生事业。科学规划、合理布局教育、卫生设施，努力提高中小学办学条件和医疗服务质量。重视解决好低收入群众子女的就学问题。建立健全移民吊庄三级医疗保健网，逐步做到乡有卫生院、村有卫生所，常见病能够得到及时治疗和有效控制。采取奖罚并举、疏堵结合的措施，全面落实国家现行计划生育政策，实施"少生快富"工程，力争3~5年，将吊庄的人口出生率降到12‰以下。

五、实施方法与步骤

移民吊庄扶贫开发工作要按照条块结合、以块为主和事权划分、分级负责的原则。以行政村为基本单位，科学规划设计，统一评估批准，集中扶持，综合开发，整村推进，分步实施。

（一）吊庄属地管理市、县（区）要按照"统筹安排、立足长远、高标准起步、多功能设计"的原则，组织有关部门认真做好移民吊庄村级规划，并组织实施。

（二）规划要根据当地实际情况和资源条件，以改善吊庄的生产生活条件和增产增收为重点，把吊庄开发与生态建设、调整优化产业结构、培育主导产业结合起来，选择适宜的到村到户项目，为群众找到一条脱贫致富的途径。规划要全面，扶持有重点，实施分先后，要同当地的经济社会发展规划和重点产业规划相统一。

（三）村级规划完成后，要张榜公示，召开村民大会或村民代表会议公开评议，广泛征求群众意见，接受群众监督。

（四）在村级规划的基础上，自下而上形成乡级和县级移民吊庄扶贫规划，最终完成自治区移民吊庄扶贫开发的总体规划。

（五）县级移民吊庄扶贫开发规划一经自治区扶贫开发领导小组批准，必须严格执行，不得随意修改和调整。确需修改的，必须提出充分理由和具体方案，按照管理程序逐级上报审批。

六、资金投入与管理

从2005年起，自治区每年用于移民吊庄建设的扶贫资金增加到2500万元，其中，发展改革委1000万元，财政厅1000万元，扶贫办500万元。鉴于银川市移民吊庄数量较多、基础设施比较滞后的实际，每年安排银川市的移民资金不少于1000万元。移民吊庄扶贫资金由自治区扶贫开发领导小组按照移民吊庄扶贫开发规划内容统筹安排使用，市、县（区）自筹配套资金比例应不低于自治区安排资金的50%。

有关市、县（区）和有关部门要加强移民吊庄开发建设资金的管理。实行项目管理，以项目定资金，资金跟着项目走。项目资金要专户存储、专账核算、专人管理。任何部门和个人不得擅自调整项目和资金投放额度，改变资金用途，对挤占、挪用、贪污、挥霍浪费现象一经发现，要严肃处理。

七、检查验收

为确保项目建设按照规划目标顺利实施，自治区扶贫开发领导小组要组织有关部门定期或不定期地对项目进行检查验收。

八、实行定点帮扶

有关市、县（区）要抽调党政机关、企事业单位组成扶贫开发工作组，对移民吊庄村实行定点帮扶。扶贫开发工作组要以高度的政治责任感，指导和参与移民吊庄村级规划的制定，督促村级规划的实施，落实扶贫到户项目，监督项目资金的使用。

宁夏回族自治区人民政府

2004年12月23日

（宁夏档案馆：J073-WS·2004-Y-MSYC-0021，共9页）

二、扶贫扬黄灌溉工程移民档案摘录

1.《团结一心　奋力开拓　打好扶贫扬黄灌溉工程移民开发攻坚战——自治区副主席马骏廷在红寺堡开发区工作暨组织民兵预备役参建扶贫扬黄工程会议上的讲话》（节选）

1996—1997年，工程建设在2年完成红寺堡灌区西部的路、电、水、通信和部分骨干工程的建设用地征用以及物资材料、高程控制网、水准控制网等"四通五准备"工作的基础上，顺利完成了红寺堡灌区一、二、三泵建设，3台机组试水成功并开始运行，已具备提供灌溉27万亩土地的能力。同时，完成红寺堡1、2干渠及3干渠前20公里，恩和220千伏无人值守变电站，红寺堡二、三泵站变电所及相应的送电线路等配套工程建设，基本完成了3个乡、8个农业移民试点村的基础设施建设。连同建成的八营万亩灌区在内，已搬迁移民1636户8760多人。建成住房3390多间，开发耕地27000多亩。红寺堡灌区第一个5000亩节水灌溉试验示范区也已建成并试喷成功。工程总共完成投资31790万元。

扶贫扬黄工程要完成开发土地200万亩，安置100万移民（包括就地旱改水脱贫20万人）的任务，其核心区域是红寺堡；而移民最终又是红寺堡灌区的开发者和建设者。

宁夏回族自治区人民政府

1999年4月15日

（宁夏档案馆：J073-002-1245-0194）

2.《自治区人民政府印发红寺堡开发区移民搬迁安置工作办法》（节选）

建设红寺堡开发区，是落实《国家八七扶贫攻坚计划（1994—2000）》和《宁夏"双百"扶贫攻坚计划》的重要战略举措，对实现本世纪末基本消除绝对贫困，加快宁夏经济社会发展有着重要的现实意义和深远的历史意义。红寺堡开发区的建设和发展，做好移民安置工作是关键。为了确保移民安置工作顺利进行，现提出如下办法。

一、指导思想

移民安置工作要以邓小平理论为指导，认真贯彻落实党的十五大和十五届三中全会精神，紧紧围绕自治区扶贫攻坚的总体部署，坚持开发式移民的方针，市场机制与政府行为相结合，移民安置与就地稳定解决贫困人口温饱相结合，山区广开脱贫致富门路与川区土地资源开发利用相结合，充分利用河套及新灌区经济发展的有利条件，按照高起点、快步伐、多功能、高效益的要求，统一规划，合理布局，综合开发，高标准、高质量地把红寺堡开发区建成农业节水、高产、高效，村镇联网互补，服务体系完善配套，内有凝聚力、外有辐射力的现代化新灌区，实现移民"一年搬迁，两年定居，三年温饱，五年脱贫，十年致富"的目标。

二、组织领导

红寺堡开发区移民安置工作实行自治区政府统一领导、分县负责的管理体制。自治区扶贫扬黄灌溉工程移民工作领导小组，统一组织和协调移民搬迁安置工作。红寺堡开发区管委会是自治区人民政府在红寺堡开发区的派出机构，行使相当于县级人民政府的职权：具体组织实施开发区经济、社会发展规划；督促检查验收移民安置和公益性服务设施建设；组织移民开发生产，妥善安排移民生活；负责移民的管理、教育、培训、计划生育、社会治安、造林绿化等工作。各迁出县要高度重视和切实加强对移民搬迁工作的领导，成立移民工作领导小组（与县扶贫扬黄工程建设指挥部两块牌子、一套班子），按照自治区扶贫扬黄灌溉工程移民工作领导小组下达的移民搬迁计划，认真落实移民对象和任务，精心组织好移民搬迁安置工作。

三、移民安置

移民安置政策性强、任务繁重，是开发建设中的重点和难点。各级政府要加强领导，扎扎实实抓好搬迁、安置各个环节的组织协调工作，做到统一规划、统一组织、统一安排。

（一）自治区扶贫扬黄灌溉工程移民工作领导小

组负责编制移民安置规划，分年度下达移民安置任务。各迁出县要按照自治区扶贫扬黄灌溉工程移民工作领导小组下达的任务，制订具体实施方案，有计划、有组织地搞好移民搬迁，既不得借故拖延，也不得超计划盲目搬迁。红寺堡开发区管委会要加强协调，督促迁出县按规划做好移民搬迁安置工作。

（二）移民范围：主要是同心、海原、西吉、固原、彭阳、泾源、隆德7县生活在贫困带上的农户，重点是高寒、土石山区、干旱带上就地脱贫无望的农户。此外，还有政策规定必须退耕还林还牧的封山育林区以及水库淹没区的农户，中宁县的部分农户。山区各县移民中的贫困户不得少于70%。

（三）移民条件：一是具有宁夏长住户口，户主智力健全、有一定劳动能力和艰苦创业精神；二是人均旱作耕地不足4亩，或本地降水稀少、人畜饮水困难、交通不便，人均年收入500元以下；三是积极执行计划生育政策。满足以上三项条件的农户方可迁入红寺堡开发区。独生子女户和双结扎户应优先考虑。整村迁移的可不受上述条件限制。

（四）移民搬迁要结合落实自治区封山育林、退耕还林还草的规划来进行，凡已确定封山育林、退耕还林还草的村庄，要整村搬迁。其他需要搬迁的散户，按照移民条件，实行自愿报名，村委会初审，乡政府审查。不论整村搬迁还是散户搬迁都要由迁出县移民领导小组审定后统一报自治区扶贫扬黄灌溉工程移民工作领导小组审批。移民名单确定后要张榜公布，以接受群众监督，提高移民工作的公开性和透明度。移民中不符合条件的，尤其是非宁夏籍的外来户，红寺堡开发区管委会不得接收安置；已经迁入的要坚决清退。

（五）移民安置坚持小集中、大分散的原则，不搞一县建一乡、一乡建一村、一村建一点的模式，以村为单位插花组建大行政村。

（六）移民迁入开发区后，当年建立临时户口；第二年户口要正式迁入开发区；第三年迁出地收回原承包地。移民返回原籍的，开发区要及时注销户口，收回承包地和各项补助款。

（七）在移民安置工作中，要充分发挥民兵预备役的作用，成建制地组织民兵预备役参加红寺堡移民开发区建设。要把开发区的建设与民兵预备役建设结合起来，按照国家双拥模范县的标准，把红寺堡开发区建成双拥模范区。

（八）切实加强红寺堡开发区的水利工程建设和移民开发。移民搬迁安置工作要层层建立目标责任制。各迁出县、开发区管委会和建设单位要精心组织，密切配合，集中力量，保质保量地完成移民搬迁任务。水利工程建设要严把质量关，按设计标准科学施工、严格验收，坚决杜绝重大质量事故。努力把红寺堡开发区建成节水灌溉的高效农业示范区。要强化资金管理，建立健全检查审计制度，对开发建设资金和移民安置资金的使用，监察、财政、审计部门要经常进行检查审计，发现问题要坚决查处。对移民安置工作中做出突出成绩的单位和个人给予表彰和奖励。

四、集镇建设

（一）要把开发区的经济建设和社会事业发展纳入全区发展规划，给予重点扶持。自治区有关部门要把红寺堡开发区的开发建设列入对口扶贫计划，帮助其搞好基础设施建设，努力发展文化、教育、卫生、体育、计划生育、环保等社会事业。要求全区实施的建设项目一律要覆盖到红寺堡开发区，并在投资上给予倾斜。

（二）红寺堡开发区要以公路干道为轴线，按现代城镇建设发展的要求，高起点、高标准地规划、建设若干个中心集镇，确保"五通"（通路、通电、通邮、通电话、通广播电视），并在中心集镇大力发展为农村经济服务的社会化中介组织，以及教育文化、医疗卫生、商贸流通等基础设施，使之成为联结城市、辐射乡村的经济枢纽，成为工业发展、商品流通、科技推广、信息传递、文明传播的发展中心。

五、开发区建设

（一）红寺堡开发区的区域界限，由自治区责成红寺堡区域界限勘定工作小组负责勘察，提出意见，报自治区人民政府批准，行政区域界限随后相机勘定。

（二）红寺堡开发区移民人均用地面积为 2 亩。其中，庭院经济用地每户 1.1 亩（抵顶承包耕地），宅基地每户 0.4 亩。

（三）红寺堡开发区管委会要与移民签订土地使用承包合同，依法核发宅基地使用证。

（四）严禁在开发区内乱采乱挖，开办砖、砂、石料场。对已圈地建房或新建坟地的，要全部拆除和迁出，并恢复原有地貌。

（五）红寺堡开发区内的土地由红寺堡开发区管委会统一管理。开发区各类建设用地以及农用地的开发利用、整治和保护都要纳入依法管理的轨道，严禁买卖、非法转让和荒置。凡在开发区申请进行各类种养业用地以及其他经营性用地的，由开发区管委会按照产业规划和发展要求及自治区扶贫扬黄工灌溉工程建设总指挥部制定的土地利用规划，依法审批或报批。

六、移民管理

（一）红寺堡开发区管委会根据移民开发工作的进程和需要，依据有关法律、法规，按照有关组织程序，有计划、有步骤地逐步设立必要的内部管理机构和基层管理组织。

根据目前红寺堡开发区治安管理现状，首先设立吴忠市公安局红寺堡开发区公安分局。

（二）搞好开发区的社会治安工作。在移民搬迁和安置过程中，对违反法律、法规，扰乱公共秩序，

影响工作、生产和生活的人员，要依法严惩。

（三）严格执行计划生育政策。开发区要建立严格的计划生育管理制度，坚决遏制人口超计划增长。迁入红寺堡开发区的移民执行灌区的计划生育政策。

（四）开发区管委会要有计划地对移民进行培训教育。培训教育的主要项目是：开展扫盲工作，提高移民的文化素质；组织政策宣传和思想教育，提高移民的思想觉悟；组织农业科技知识讲座，提高移民的科学种田水平，实现农业生产方式由雨养农业向灌溉农业的转变。要通过多种形式的培训，提高移民的整体素质，造就有觉悟、有文化、懂科学、守纪律的新农民。

（五）红寺堡开发区的农业科技人员、教师及医务人员，原则上由迁出县按移民人数比例选派（待开发区形成规模后，根据本人的意见决定去留。回原派出县的由派出县负责安排，留开发区的由管委会统一纳入人事管理序列），不足部分由管委会与有关部门协商选调或招聘。

七、扶持政策

（一）红寺堡开发区在经济建设、对外开放方面，享受自治区关于南部山区的各种优惠政策。通过政策引导，吸引区内外、海内外的投资者到开发区投资置业。

（二）红寺堡开发区 5 年内，行政事业单位工作人员按山区标准领取工资；报考大、中专院校的考生，按山区标准降段录取。

（三）红寺堡开发区财政实行单列。扶贫资金和扶贫专项贷款，从移民迁入开发区的第二年，由自治区财政厅与资金管理部门按移民比例切块划拨开发区管委会。管委会公务活动及其他经费由自治区财政按一个县的建制纳入正常预算核拨。

（四）自治区有关部门在安排建设项目和支农、水土保持、交通、文化、教育、卫生、环保等经费时，要重点向红寺堡开发区倾斜，促进开发区的经

济和社会发展。

（五）自治区对移民的搬迁、住房建设、人畜饮水和燃料每人补助200元。补助款由扶贫扬黄灌溉工程建设总指挥部按年度核准，划拨开发区管委会；开发区管委会根据预期目标任务和搬迁安置进度拨给各移出县；移出县按规定数额落实到户，不得挤占、截留或挪作他用。此外，移出县也要对本县迁出的移民给予补助。

（六）移民原籍享受的一切扶贫照顾在户籍迁出前不变，原承包耕地在户籍迁出前允许继续耕种。迁出县要予以保证。

（七）凡国家在开发区投资兴建的工程用工，应优先照顾移民，以增加移民收入。

（八）移民在开发区承包耕地灌溉用水，第一年缴纳成本水费的1/3，第二年缴纳2/3，第三年全额缴纳。减交的水费和运行费在工程建设期间从工程建设资金中列支。

（九）移民无力购置农机具、化肥、籽种等生产资料的，迁出县和红寺堡开发区管委会予以适当扶持，帮助其站稳脚跟，发展生产。

（十）开发区兴建的专门服务于移民生产、生活并具有扶贫开发效益的企业，自治区从扶贫资金中给予贴息扶持。

宁夏回族自治区人民政府办公室

1999年10月25日

（宁夏档案馆：J073-001-1529-0057，共13页）

3.《自治区扶贫办关于宁夏扶贫扬黄灌溉农业移民工程竣工验收报自治区党委的报告》（节选）

自治区党委：

宁夏扶贫扬黄灌溉工程是1995年批复立项的国家"九五"重点建设项目，工程自1998年开工建设

以来，经过十多年艰辛努力，工程建设任务全面完成。宁夏扶贫扬黄灌溉水利骨干工程于2008年8月通过国家竣工验收，农业移民工程于2015年8月通过自治区发改委主持的竣工验收。

宁夏扶贫扬黄灌溉工程位于宁夏中部，涉及中卫、吴忠、固原3市9县（区），初步设计开发灌溉面积130万亩，安置移民67万人，投资29.66亿元。随着工程建设的推进，建设规模调整为开发灌溉面积80万亩，安置移民40万人。

经2015年8月25—28日自治区发改委主持的宁夏扶贫扬黄灌溉农业移民工程竣工验收会议确认，农业移民工程全面完成，开发灌溉面积80.63万亩，搬迁移民40.51万人。

自治区扶贫办

2014年8月30日

（宁夏档案馆：J194-2015·ZH-D30-0048）

三、易地扶贫搬迁试点移民档案摘录

1.宁夏易地扶贫移民搬迁规划（2001—2010年）（节选）

近期目标（2001—2005年）易地搬迁移民10万人。来源主要是六盘山水源涵养林区44700人，涉及6县（区）38个乡，其中西吉县10000人、海原县7000人、原州区4800人、隆德县11000人、泾源县6400人、彭阳县5500人；中部干旱风沙治理区55300人，涉及5县（区）42个乡，其中海原县6300人、原州区2000人、同心县13000人、盐池县29000人、红寺堡5000人。安置地区为农垦农场14000人、红寺堡灌区41000人、盐池县盐环定扬黄灌区30000人、固海扩灌西线马家塘灌区15000人。

中、远期目标（2006—2010年）易地扶贫移民

20 万人。来源主要是六盘山水源涵养林区 100000 人，涉及 5 县（区）35 个乡，其中西吉县 15000 人、海原县 15000 人、原州区 10000 人、隆德县 15000 人、泾源县 45000 人；中部干旱风沙治理区 100000 人，涉及 6 县（区）23 个乡，其中海原县 40000 人、原州区 10000 人、同心县 40000 人、盐池县 29000 人、红寺堡 5000 人、中卫县 10000 人。安置地区为陶乐红墩子地区 30000 人、海原兴仁扬水灌区 170000 人。

根据移民安置规划目标及安置任务，2001—2010 年规划移民安置地区有：农垦农场、盐池县盐环定扬黄灌区、红寺堡灌区、马家塘灌区、陶乐红墩子地区、海原兴仁扬水灌区。规划主要建设内容：

农田水利配套工程土地平整及土壤改良 86.5 万亩，农田林网 8.5 万亩，防护林带及造林种草 15 万亩。

人畜饮水工程新建及改造人畜饮水工程 28 处，机井 18 眼，输水管道 1072 公里，水窖 6.125 万眼。

供电工程新建 10 千伏输电线路 182 公里，0.4 千伏输电线路 260 公里，35 千伏输电线路 66 公里，变压器 121 台；道路工程新建乡村公路 1268 公里，居民点道路 2538 公里；教育及科技服务设施新增在校学生 7.95 万人，新建校舍 19.75 万平方米，新建医疗站、科技服务、文化活动室 2.39 万平方米。

移民工程安置移民 30.35 万人 72100 户，建房 414 万平方米。

移民安置区规划建设项目投资总额 18.77 亿元，其中未包括水利骨干工程投资。

宁夏易地扶贫搬迁的政策措施包括：土地分配政策、税费优惠政策、户籍管理政策、补贴补偿政策、经济发展政策、其他方面政策。

（宁夏发展和改革委员会编，宁夏易地扶贫搬迁试点工程（生态移民）资料汇编，第 9—18 页。）

2.《自治区人民政府批转自治区发改委关于实施国家易地扶贫移民开发试点项目的意见》（节选）

易地扶贫开发应与全区的经济发展战略和扶贫开发工作相协调，实施中要注意做到 4 个结合：

一是与重大扶贫措施相结合，特别要与人畜饮水、农村"五通"、教育扶贫工程相结合。

二是与推进农业产业化经营相结合。帮助移民进行规模化的产业开发，创造条件增加移民收入。

三是与培育区域支柱产业相结合。积极引导移民参与当地资源开发和农业开发建设，使易地扶贫开发真正成为开发式的扶贫。

四是与积极发展小城镇建设相结合。搞好小城镇规划，移民人口适当集中。

计划用 5 年时间（2001—2005 年）易地扶贫安置移民 10 万人。易地扶贫移民开发项目主要考虑六盘山水源涵养林区和水库淹没区，将重点安排生态性移民。2001 年第一批移民安置地区为盐池县城西滩灌区、彭阳县长城塬灌区、长山头农场、红寺堡新圈灌区。规划在陶乐红墩子、中卫南山台引扬黄灌区和国营长山头农场开发土地 20 万亩。将引黄灌区土地集中连片、面积较大、水土条件较好的闲置土地，鼓励采取"公司+基地+农户"的形式进行移民开发。川区内原有人口居住比较分散、人均耕地面积较多且有零星荒地的地区，可采取插花安置，共同开发。

实施易地扶贫移民开发的政策措施包括以下几点：

（一）自治区确定纳入易地扶贫开发的土地，国有荒山荒地，应无偿划拨用于扶贫开发；集体土地，按实际可利用面积，可考虑结合开发安排投资项目。土地使用主要采取农户承包形式，承包期不得低于 30 年，并完善土地承包合同手续。安置区人均耕地和户均宅基地标准应统一规划。移民建房应减免宅基地有偿使用费。

迁出地的土地，由县人民政府统一调整。属于生态性移民，土地要用于退耕还林草；属于一般性移民，土地可以调整承包。

（二）参与易地扶贫开发的农户和企业，享受国家和自治区的税收优惠政策。易地搬迁的农户从有收入的那一年起，免征农业税 5 年；从事果园和其他经济林木经营的农户和企业，从有收入的那一年起免征农业特产税 7 年；接收统一安排的易地扶贫对象占职工总数一半以上的企业，在 5 年内免征企业所得税。

（三）迁入农户有永久性居住权，当地派出所予以办理迁移落户和居民身份证换证手续。

（四）扶贫开发地区要选派一定数量和素质较高的县、乡干部和教师、医务人员到项目区工作，其行政事业编制在机构改革时要统筹考虑，财政部门要及时将工资和事业费按比例划转。

（五）按照国家的要求，我区扶贫移民试点项目投资标准原则上按人均 3500~4000 元安排，其中水、电、路、文、教、卫等基础设施建设标准为 2500~3000 元/人，移民建房补助标准为人均 1000 元。

（宁夏档案馆：J073-WS·2001-Y-MSEC-0036）

3. 《宁夏实施国家易地扶贫搬迁试点工程责任书》

为贯彻落实国家易地扶贫搬迁试点工程的有关政策，从根本上解决六盘山水源涵养林区、水库淹没区贫困群众的脱贫问题，如期完成我区易地扶贫搬迁试点工程任务，自治区人民政府研究决定与有关市、县签订《宁夏实施国家易地扶贫搬迁试点工程责任书》。

一、有关县成立易地扶贫搬迁领导小组和办事机构，确定工作人员，建立健全各项工作制度。

二、编制易地搬迁总体规划和年度实施方案，确定搬迁对象，登记造册，落实到户。

三、制定移民优惠政策和土地调整分配政策，确保移民搬得出、稳得住、能致富。

四、编制迁出地生态环境建设规划，提出具体目标和措施，并负责落实。

五、全面完成自治区确定的移民搬迁安置任务。

六、迁入县按要求完成所有批准的基础设施建设项目。

七、迁出县应结合退耕还林还草和民政救济政策，给予移民群众生产和生活帮助。

八、有关县要及时研究、解决易地扶贫搬迁试点过程中出现的新情况和新问题，总结经验。

九、加强资金的管理和使用，防止挪用、挤占现象发生。

十、自治区政府将于年终据此责任书组织考核验收，并予以通报。

（宁夏发展和改革委员会编，宁夏易地扶贫搬迁试点工程（生态移民）资料汇编，第 88 页。）

4. 《自治区人民政府办公厅关于成立自治区实施国家易地扶贫移民安置试点项目领导小组的通知》（节选）

为了做好国家易地扶贫移民安置试点项目的组织和实施工作，自治区人民政府决定，成立自治区实施国家易地扶贫移民安置试点项目领导小组，组成人员如下：

组　长：马骏廷　自治区副主席

副组长：容　健　自治区政府副秘书长

　　　　项宗西　自治区计委主任

　　　　马学恕　自治区计委副主任

领导小组办公室设在自治区计委，办公室主任由马学恕同志兼任。

领导小组的主要职责：制定项目管理和实施的重大方针、政策，审定项目总体规划方案，协调落实项目配套资金，研究解决项目实施中的重大事项。

领导小组办公室的主要职责：落实项目领导小组的决定，制定并下达项目年度建设计划、移民计划，检查监督项目实施情况及日常工作。

自治区人民政府办公厅

2001 年 11 月 21 日

（宁夏档案馆：J073-WS·2001-C-MSEC-0064）

5.《自治区发展计划委员会关于下达国家易地扶贫搬迁试点工程 2001 年移民安置计划的通知》（节选）

2002 年，根据国家计委《关于下达易地扶贫搬迁试点工程 2001 年中央财政预算内西部专项资金计划的通知》（计投资〔2001〕1826 号）文件精神，自治区发展计划委员会下达 2001 年移民安置计划，有关事项通知如下：

一、移民搬迁对象为六盘山水源涵养林区和水库淹没区，重点安排生态性移民，安置地区为盐池县城西滩灌区、彭阳县长城塬灌区、农垦长山头农场。

二、本批计划安置移民 19000 人，其中县内移民 17500 人，跨县安置 1500 人。

1. 盐池县城西滩灌区：接收安置本县城郊、苏步井、柳杨堡等乡人口 15000 人；接收安置固原县移民 304 人，泾源县移民 146 人；扶贫移民 50 人。

2. 农垦长山头农场：接收安置固原县移民 218 人，泾源县移民 354 人，隆德县移民 378 人；扶贫移民 50 人。

3. 彭阳县长城塬灌区：接收安置本县移民 2500 人。

（宁夏档案馆：J081-WS·2002-C-DQC-0017）

6.《自治区发展计划委员会关于调整 2002 年第一批移民安置计划的通知》（节选）

按照国家计委《关于下达易地扶贫搬迁试点工程 2002 年中央财政预算内专项资金（国债）计划的通知》精神，自治区计委已经以宁计地区〔2002〕656 号文下达了 2002 年第一批移民安置计划，其中农垦长山头农场接收 1949 人 460 户。

为落实自治区党委、政府指示精神，经与自治区农垦局及海原县、隆德县研究后，决定将 2002 年第一批移民安置计划做出如下调整：

一、将原计划搬迁至农垦长山头农场的海原县南华山林场关门山村上、下队共 698 人 158 户移民任务，调减为 540 人 120 户，搬迁安置地点不变。

二、调增隆德县凤岭乡胜利村一组移民搬迁任务 158 人 38 户（山体滑坡区），安置地点为农垦长山头农场。要求移民搬迁工作在 2003 年 7 月底完成。

（宁夏档案馆：J081-WS·2003-C-DQC-0047）

7.《自治区发展计划委员会关于下达国家易地扶贫搬迁试点工程 2002 年第二批移民安置计划的通知》（节选）

按照国家计委《关于下达易地扶贫搬迁试点工程 2002 年中央财政预算内专项资金（国债）计划的通知》（计投资〔2002〕777 号）文件精神，根据自治区政府有关决定，宁计委已以宁计地区〔2002〕656 号文下达了 2002 年第一批移民安置计划，根据进展情况，宁计委下达 2002 年第二批移民安置计划。

计划安置易地移民 943 人 230 户，其中，原州区移民 546 人 134 户，泾源县移民 337 人 83 户，扶贫移民 60 人 13 户。

1. 渠口农场：共接收安置移民 642 人 155 户，其中，原州区移民 255 人 61 户，泾源县移民 337 人 83 户，扶贫移民 50 人 11 户。

原州区移民迁出地为：①开城乡史磨行政村前莲花沟自然村汉族 73 人 18 户；②开城乡史磨行政村后莲花沟自然村汉族 67 人 16 户；③南郊乡寇庄行政村海子峡自然村汉族 115 人 27 户。

泾源县移民迁出地为：大湾乡马场行政村马场自然村汉族 337 人 83 户。

2. 长山头农场：共安置移民 301 人 75 户，其中，原州区移民 291 人 73 户，扶贫移民 10 人 2 户。

原州区移民来源为：①黄铎堡乡张家山行政村石窑自然村回族 139 人 35 户；②开城乡马场行政村麻黄洼自然村回族 90 人 23 户；③红庄乡大店行政村冰沟自然村汉族 26 人 6 户（补 2001 年超计划数）；④蒿店乡花果行政村三、四队汉族 36 人 9 户（补 2001 年超计划数）。

（宁夏档案馆：J081-WS·2003-Y-DQC-0006）

8.《自治区发展计划委员会关于下达 2003 年（第一批）移民搬迁计划和建设项目投资计划的通知》（节选）

2003 年，根据国家发展和改革委员会《关于下达易地扶贫搬迁试点工程 2003 年中央财政预算内专项资金（国债）投资计划的通知》（发改投资〔2003〕614 号）要求，依照自治区政府批转的《实施国家易地扶贫开发试点项目意见》及有关指示精神，自治区计委批复了隆湖开发区三合院、贺兰县金山村、陶乐县、惠农县、贺兰山农牧场项目区建设方案（宁计地区〔2003〕124 号、268 号、269 号、276 号、267 号）。下达了 2003 年（第一批）移民搬迁计划和建设项目投资计划。有关事项通知如下：

一、本批计划安置易地移民 2516 人 595 户。其中：

1. 隆湖开发区三合院项目区安置隆德县六盘山水源涵养林区奠安乡海英村、惠台村、大营村人口 1000 人 169 户；

2. 贺兰县金山村项目区安置贺兰山禁牧区拜寺口、贺兰口、插旗口、苏上庄、苏下庄人口 625 人 170 户；

3. 陶乐县项目区安置本县禁牧区马太沟乡、五堆子乡、红崖子乡、高仁镇、城关镇、六顷地乡、县牧场人口 483 人 128 户；

4. 惠农县项目区安置本县禁牧区燕子墩乡、尾闸乡、庙台乡、下营子乡、红果子镇、西永固乡、农林牧场人口 255 人 77 户；

5. 贺兰山农牧场项目区安置贺兰山禁牧区人口 153 人 51 户。

二、本批计划总投资 2769 万元，主要建设内容有农田水利配套工程、人畜饮水工程、道路工程、供电工程、科技服务设施、移民建房、圈舍及品种改良等。

资金来源为中央财政预算内专项资金（国债）1025 万元、地方配套 100 万元（自治区计委已以宁计地区〔2002〕478 号文下达，本次计划予以明确）、县及群众自筹 1644 万元。

中央财政预算内专项资金（国债）安排自治区农垦局 61 万元、隆德县 519 万元、贺兰县 150 万元、陶乐县 193 万元、惠农县 102 万元。

（宁夏档案馆：J081-WS·2003-Y-DQC-0014）

9.《自治区发展和改革委员会关于下达2003年（第三批）易地扶贫搬迁试点工程建设项目投资计划的通知》（节选）

2003年，根据国家发改委《关于下达易地扶贫搬迁试点工程2003年中央财政预算内专项资金（国债）计划的通知》（发改投资〔2003〕614号）文件精神，自治区发改委分两批下达了中央财政预算内专项资金（国债）计划（宁计地区〔2003〕480号、宁发改地区〔2003〕679号）3875万元。

自治区发改委根据已经批复的《同心县马家塘项目区移民安置建设方案》（宁发改地区〔2003〕820号）和《盐池县盐环扩灌项目区移民安置建设方案》（宁发改地区〔2003〕868号），下达2003年（第三批）易地扶贫搬迁试点工程建设项目投资计划，有关事项通知如下：

一、本批计划安排中央财政预算内专项资金（国债）5000万元，其中：

1. 同心县马家塘项目区1800万元，包括：农田水利配套工程410万元、基础设施建设330万元、移民工程800万元、规划设计费260万元；

2. 盐池县盐环扩灌项目区3200万元，包括：农田水利配套工程875万元、基础设施建设1265万元、移民工程800万元、规划设计费260万元。

（宁夏档案馆：J081-WS·2003-Y-DQC-0011）

10.《自治区发展计划委员会关于农垦系统安置生态移民有关问题报自治区政府的请示》（节选）

在2001—2002年试点工程总任务中，农垦系统承担了2万人的移民任务。为确保移民"搬得出、稳得住、能致富"，如期完成易地扶贫搬迁试点任务，2003年就有关移民安置进展情况和存在的主要

问题做如下请示。

一、移民计划安排和执行情况

（一）计划安排情况

国家计委2001年安排我区易地扶贫搬迁试点工程中央财政预算内西部专项资金9000万元，计划安置移民3.3万人。2002年安排10000万元，计划安置移民2.7万人。两年下达移民搬迁任务6万人。按照政府批转的《实施国家易地扶贫移民开发试点项目的意见》，我区计划用5年时间，安排易地移民5万人。这样，我区将提前3年完成自治区政府关于生态移民的决策，并超额完成国家计委下达的计划任务。

农垦系统农场在2001、2002年计划安置生态移民2万人，其中，长山头农场接收安置6000人，南梁农场安置1000人，渠口农场安置13000人。

（二）计划执行情况

1. 盐池城西滩灌区截至7月底，已经安置县内易地搬迁人口4800人，县外移民建房工程已经竣工，计划10月底完成县外500人移民搬迁任务。

2. 红寺堡新圈项目区和新庄集项目区农田水利配套工程、道路工程、移民建房工程已经启动，移民调查、登记工作已经全面展开。8月30日召开了移民搬迁安置工作会议，落实了各县搬迁任务。年内可完成部分移民任务。

3. 农垦系统长山头农场已经完成了1000人的移民搬迁任务，其余5000人的安置方案已上报；南梁农场安置1000人的建设方案已经完成；渠口农场插花安置1000人的建设方案已经自治区计委批复。渠口农场太阳梁项目区主体工程可行性研究报告已经批复，10月底开工建设。

二、存在的主要问题及建议

（一）移民享受扶贫政策问题

我区实施国家易地扶贫搬迁试点工程确定的移民对象全部来自于国定贫困县和自治区确定的1026个重点扶贫村范围。群众生活比较困难，且实行整

村搬迁政策。因此，建议迁入农垦系统各农场的生态移民继续享受国定贫困县扶贫政策，主要是退耕还林还草政策、民政救济政策、农民社会负担政策、扶贫项目支持政策、计划生育政策、义务教育政策，以及原吊庄区享受的其他扶贫政策。

（二）教育问题

农垦系统各农场长期以来承担着企业办社会的重负，经济基础十分薄弱，原有教育资源不足，加之大量移民迁入后，对教学设施、教师需求量剧增，使目前难以维系的教育系统更是雪上加霜。按照国务院颁布的《中小学、幼儿园教职工编制标准》的要求及中小学生的构成比例，根据现有各农场教育资源和移民安置区的学校布局，需要规划新建中学2所、小学2所、幼儿园1所，新增在校学生9200余人，新增校舍面积27600平方米，需要教职工718人。

建议：

1. 农垦系统新增教职工人数由自治区有关部门核定。

2. 新增教职工工资由自治区财政和教育部门从迁出县教育经费中扣除，并划拨农垦系统农场，不足部分由区财政部门安排。

3. 中小学新扩建资金由自治区专项教育投资安排，不足部分由易地扶贫搬迁试点工程专项资金中安排。

4. 教学设备、课桌椅及教学器材所需资金由自治区教育部门协调解决。

（三）行政管理问题

各农场接收移民后，人口大量增加，相应的社会治安、计划生育、文教卫生、农业服务等社会性事务大量增加。建议自治区有关部门核定农场移民管理人员编制，相应由财政部门划拨管理人员工资和费用。

（宁夏档案馆：J081-WS·2002-C-DQC-0101）

11. 《自治区发展和改革委员会关于下达国家易地扶贫搬迁试点工程2003年（第四批）建设项目投资计划的通知》（节选）

2004年，根据国家发展和改革委员会《关于下达易地扶贫搬迁试点工程2003年中央财政预算内专项资金（国债）投资计划的通知》（发改投资〔2003〕614号）要求，按照自治区政府批转的《实施国家易地扶贫开发试点项目意见》，自治区发改委以宁计地区〔2003〕480号，宁发改地区〔2003〕679号、867号文下达国债资金8875万元。据此自治区发改委下达2003年（第四批）建设项目投资计划，并就有关事项通知如下：

本批计划安排中央财政预算内专项资金（国债）1305万元，其中，盐池县盐环扩灌区1000万元，贺兰县金山项目区100万元，西吉县马莲水库安置区100万元，彭阳县王洼镇安置区50万元，贺兰山农牧场安置区35万元，泾源县至红寺堡搬迁费20万元。各项目区移民安置工程于2004年10月底前全部完成。

（宁夏档案馆：J081-WS·2004-Y-DQC-0004）

12. 《宁夏实施国家易地扶贫搬迁试点工程进展情况汇报（节选）》

2003年11月14日，国家发改委对宁夏实施国家易地扶贫搬迁试点工程进展情况进行了调研汇报。具体内容如下。

一、宁夏贫困地区现状

宁夏南部山区包括固原市的西吉、海原、原州区、隆德、泾源、彭阳和吴忠市的盐池、同心，共8个国定贫困县区，162个乡（镇），1637个行政村，总面积3.04万平方公里，占自治区总面积的 58.8%。

由于自然和社会等多种因素，目前该地区依然存在许多问题和矛盾。

1. 贫困面仍然较大，脱贫不稳定。宁夏贫困地区绝对贫困人口（625 元以下）31.26 万人，占该地区总人口的 11.76%。其中，8 个国定贫困县 29.71 万人，3 个省定贫困地区 1.55 万人。低收入人口（865 元以下）80.69 万人，占该地区总人口的 30.35%。其中，8 个国定贫困县 72.8 万人，3 个自治区确定贫困地区 7.86 万人。2002 年返贫人口 17.1 万人，占当年脱贫人口的 46.47%。

2. 农民收入水平低下，增收困难。"九五"期间该地区农民人均纯收入总体呈上升趋势，从"八五"末的 599.6 元增加到 2002 年的 1204.66 元，年均增速为 10.27%。在贫困地区 1291 个行政村中，农民年人均纯收入在 625 元以下的村 391 个，占 30.3%，涉及人口 30.6 万人；865 元以下的村 416 个，占 32.2%，涉及人口 75.5 万人。贫困地区农民收入的 47.5% 来源于第一产业，本身不具优势的种植业长期处于主导地位。该地区自然灾害频繁，"十年九旱，三年两头旱"，农业生产综合效益低下，农民收入不稳定，增收困难。

3. 人口增长过快，生态环境恶劣。贫困地区 1949 年总人口为 53.4 万人，到 2002 年已经达到 251.6 万人，53 年增长 4.7 倍，年均增长 29.3%，远远高于全国和全区的平均增长率。人口密度每平方公里达到 71 人，其中六盘山地区和黄土丘陵区达到 117 人。人口密度已经远远超过了当地自然资源的承载能力。人们为了生存对自然资源进行掠夺式经营，对森林草场滥垦、滥伐、滥牧，破坏了人们赖以生存的环境，水土流失面积占 80% 以上。

4. 区域经济实力弱，积累能力差。在宁夏现有的 2 个县级市、16 个县中，南部山区 8 县除盐池县外，人均生产总值、工业总产值、农林牧渔总产值、财政收入，均列全区 12~18 位，整体经济实力低下。2001 年，8 县人均生产总值仅 1826.8 元，合 221 美元，相当于全区水平的 34.2%，全国 2000 年平均水平的 24.7%，与人均 800 美元的小康标准尚有很大差距；同期地方财政收支相差 149292 万元，财政收入只占支出的 9.8%。

5. 基础设施落后，投资仍显不足。长期以来，国家为帮助南部山区群众尽快摆脱贫困投入了大量财力、物力，尤其在基础设施建设方面投入了大量资金，累计修建高标准旱作"三田"421 万亩，加上 154 万亩水浇地，基本农田达 575 万亩，农民人均基本农田由 0.85 亩增加到 1.8 亩。宁夏南部山区地处黄土高原，丘陵山地占 80% 以上，仅有的 154 万亩灌溉面积中，由于灌溉设施配套不完善，加之部分设施年久失修以及经营管理不善等原因，尚有 1/3 的灌区需要进行节水改造。截至 2002 年年底，该区域内有 1 所普通高校、2 所中专学校、8 所职业中学、180 所初高级中学、1990 所小学，在校学生总数为 51.2 万人。其中，50% 的中小学生人均建筑面积不达标，40% 的校舍、12 万平方米的 D 级危房亟待改造，教学、实验设备老化问题十分突出。目前农村初级卫生保健阶段验收仅有 3 县达标，传染病发病率为 432.8/10^4，因病致贫、返贫现象严重。总之，宁夏贫困地区基础设施建设整体水平低，远远不能满足生产和社会发展的需要。

目前，南部山区还有 30 多万人口居住在土石高寒山区和严重缺水的干旱地区。

二、易地扶贫开发规划主要内容

近期目标（2001—2005 年）：易地搬迁移民 10 万人。来源主要是六盘山水源涵养林区 44700 人，涉及西吉县、海原县、原州区、隆德县、泾源县、彭阳县等 6 县（区）39 个乡 415 个行政村；中部干旱风沙治理区 55300 人，涉及海原县、原州区、同心县、盐池县、红寺堡等 5 县（区）42 个乡 376 个行政村。安置地区为农垦农场、红寺堡灌区、盐池县盐环定扬黄灌区、固海扩灌西线马家塘灌区。

中期目标（2006—2010年）：易地扶贫移民20万人。来源主要是六盘山水源涵养林区10万人，涉及西吉县、海原县、原州区、隆德县、泾源县5县（区）35个乡；中部干旱风沙治理区10万人，涉及海原县、原州区、同心县、盐池县、红寺堡、中卫县等6县（区）23个乡。安置地区为陶乐红墩子地区、海原兴仁扬水灌区。

三、国家投资及移民安置计划执行情况

2001年、2002年及2003年国家计委安排我区易地扶贫搬迁试点工程总投资60850万元，其中，移民专项资金39000万元，地方配套及群众自筹21850万元。计划安置移民11万人。

截至2004年2月底，已经累计下达移民安置计划105781人，占国家下达计划的96%。主要安置地点为：盐池县城西滩灌区15500人、彭阳县长城塬灌区2500人、农垦长山头农场（一、二期）3250人、渠口农场（一期）1000人、南梁农场1100人、红寺堡新圈和新庄集三支干渠灌区3万人、新庄集四支干渠（低口）灌区15915人、盐池县盐环扩灌区1.6万人、同心县马家塘灌区1.8万人、引黄灌区内插花安置2516人。

累计安排建设项目投资57484万元，其中，移民专项资金30875万元，地方配套资金4540万元，群众自筹22069万元。

截至2004年2月底，累计完成移民搬迁55866人，占自治区计划下达搬迁人数的52.8%，累计完成移民专项投资13950万元，占已经下达资金计划的74.4%。

四、易地扶贫搬迁的主要形式

自2001年以来，已经在引黄、扬黄灌区建设移民吊庄基地15处，其中县内7处，跨县、跨地区8处。依据不同的条件，创造了多种移民安置的形式：

1. 按安置形式划分

依托大型工程，集中安置。这是宁夏易地移民的主要安置形式。利用国家扶持的大中型水利建设工程，安置易地扶贫移民，具有投资省、见效快的特点。目前已经在宁夏扶贫扬黄灌溉工程开发的红寺堡新圈灌区、新庄集三支干渠灌区、新庄集四支干渠（低口）灌区、同心县马家塘灌区安置易地扶贫移民63915人；在盐环定扬水工程开发的盐池县城西滩灌区、盐池县盐环扩灌区安置易地扶贫移民31500人；在彭阳长城塬引水工程开发的长城塬灌区安置县内移民2500人。

在上述区域内计划搬迁安置的97915人中，属跨县、跨地区安置的64415人，占65.8%；县内安置33500人，占34.2%；属整村搬迁的63915人，占65.2%；就地旱改水1.7万人，占17.4%；自愿搬迁的1.7万人，占17.4%。

依托国营农场，插花安置。成立于新中国成立初期的国营农场，土地资源丰富，灌溉水源保证，交通便利。搬迁到国营农场的9100人，全部属于跨地、县搬迁，且实施整村搬迁。目前，泵站及干渠工程已经建成，供电、饮水、道路、教育、卫生、科技服务、住房等工程正在建设中。

2. 按移民搬迁形式划分

整村搬迁，再造秀美山川。在已经安排移民搬迁的105781人中，整村搬迁的有74030人，占70%，涉及近200个自然村。

自愿搬迁，减轻人口压力。在已经安排移民搬迁的105781人中，自愿搬迁的有1.8万人，占17%，涉及39个乡415个行政村。

五、移民搬迁的主要成效

1. 极大地改善了生产生活条件。据统计，移民搬迁前，居住在六盘山水源涵养林区内及边缘地区的群众，仅有5.3%的人口水、电、路"三通"，有72.4%的人口仅通电或通路，有22.3%的群众完全处于水、电、路"三不通"的状态，就医、就学困难户占65.1%。实施易地搬迁后，在水、电、路实现"三通"的同时，配套建设的教育、医疗设施齐全，就医、就学十分便利，基本生产生活条件得到根本改变，为移民群众奠定了脱贫致富的基础。

2. 拓宽了农民致富的空间。以隆德县搬迁到农垦农场的2433人为例，移民群众搬迁的原居住地人均旱耕地2.8亩，粮食作物产量120公斤/亩，年人均纯收入570元，种植养殖业收入占80%，劳务收入只有50元/人，占8.8%。实施易地搬迁后，人均分配水浇地2.5亩，粮食作物产量达到400公斤/亩，年增收近500元。一年内全家劳动力均可就近打工150天以上，移民群众年人均增加劳务收入近1200元，两项合计人均年增收近1700元，扣除支出后（灌溉水费，生活用电、水费，学生学费），年人均纯收入达到1500元，加快了贫困群众的脱贫致富进程。

3. 恢复和保护了迁出地的生态环境。移民实施搬迁后，人口与水土林草资源间的矛盾有所缓解，有利于土地利用结构和农村产业结构的调整，有利于自然植被的保护和陡坡地退耕还草还林，促进生态系统由恶性循环向良性循环转化。

4. 合理开发和有效利用了引扬黄灌区的土地资源。近几年，国家投入大量资金，建设了宁夏扶贫扬黄灌溉工程、盐环定扬黄工程等大型水利工程，为促进群众摆脱贫困创造了有利条件。同时，宁夏引扬黄灌区周边尚有部分可开发利用的荒地，这些地区灌溉水源基本有保证，土地相对平整，扬程一般在100米以下，具备投资省、效益好的特点。

5. 减轻了南部山区人口压力。南部山区2001年人口达到239.6万人，较1949年增长近4.5倍，远远高于全国和全区的平均增长速度。人口密度已经远远超过了当地自然资源的负荷能力，其中隆德县达到了218.9人每平方公里。

6. 降低了扶贫成本。根据对隆德县崇安乡山庄村的调查，搬迁前改善生产生活条件方面需投入17580元/人，社会服务方面需投入2450元/人，合计20030元/人。由于缺乏稳定解决温饱的经济、环境和社会条件，如此投资，仍不能使当地群众脱贫致富。实施易地扶贫搬迁的地区，各方面条件均优于迁出地，搬迁后用于改善群众生产生活条件需投入12000元/人，社会服务方面需投入1550元/人，移民即可稳定解决温饱，走上致富之路，进而向小康迈进。

7. 促进民族团结。宁夏实施生态移民工程的对象，少数民族人口将占50%以上，不仅体现了党和政府对少数民族的关怀和社会主义大家庭的温暖，也必将促进安置群众与当地农民相互往来和交流。

自治区政府批转的《自治区实施国家易地扶贫移民开发试点项目的意见》和自治区计委、移民办公室制定的《宁夏易地扶贫移民搬迁规划》中明确：近期目标（2001—2005年），易地搬迁移民10万人；中期目标（2006—2010年），易地扶贫移民20万人。来源主要是六盘山水源涵养林区、中部干旱风沙治理区以及水库库区，涉及10县（区）81个乡镇。

8. 各项优惠政策

（1）土地政策。自治区确定纳入易地扶贫开发的土地，国有荒山荒地，无偿划拨用于扶贫开发；集体土地，按实际可利用面积，可考虑结合开发安排投资项目。土地使用主要采取农户承包形式，承包期不得低于30年，并完善土地承包合同手续。安置区人均耕地和户均宅基地标准应统一规划。移民建房减免宅基地有偿使用费。

迁出地的土地，由县人民政府统一调整。属于生态性移民，土地要用于退耕还林还草；属于一般性移民，土地可以调整承包。

（2）税费政策。参与易地扶贫开发的农户和企业，享受国家和自治区的税收优惠政策。易地搬迁的农户从有收入的那一年起，免征农业税 5 年；接收统一安排的易地扶贫对象占职工总数一半以上的企业，在 5 年内免征企业所得税。

（3）户籍政策。迁入农户有永久性居住权，当地派出所予以办理迁移落户和居民身份证换证手续。接收地公安机关做好迁移人口的户籍管理工作。

（4）财政政策。扶贫开发地区选派一定数量和素质较高的县、乡干部和教师、医务人员到项目区工作，其行政事业编制在机构改革时要统筹考虑，财政部门及时将工资和事业费按比例划转。

（5）投资政策。按照国家的要求，我区扶贫移民试点项目投资标准原则上按人均 3500~4000 元安排，其中水、电、路、文、教、卫等基础设施建设标准 2500~3000 元/人，移民建房补助标准 1000 元/人，自治区有关部门主动积极地配合工作，协调安排配套项目和资金，做好项目管理、工程建设和移民搬迁安置工作。

七、存在的主要问题和建议

1. 基础设施投资较大。易地扶贫移民是一项社会系统重建工程，虽经自治区计委努力协调，落实地方配套建设资金，但水、电、路、学校等基础设施部分建设投资缺口仍较大。根据我区已经开始实施移民搬迁地区的实际情况统计有 3 种类型：

① 土地已开发，但基础设施不配套。依托陕甘宁盐环定扬水工程建设的盐池城西滩项目区以及将要建设的盐池县李家坝项目区，大部分土地开发任务已经完成，但原有建设标准低，配套不完善，实施易地扶贫搬迁工程虽然农田水利配套工程量较小，但配套建设的学校、医院、科技服务设施以及供电工程、道路工程、人畜饮水工程、移民建房工程的人均投资仍然在 7400 元左右。其中，按农村中小学建设标准规定，人均教学和配套设施建筑面积 4 平方米，按 40%学生、650 元每平方米计算，合人均

1040 元（不含教具配套）；人畜饮水工程 350 元/人；科技服务及医疗卫生设施建设 100 元/人（不含设备配套）；道路工程 990 元/人；供电工程 2500 元/人；移民建房工程 1500 元/人（人均 12 平方米，250 元/平方米）；农田水利改造 920 元/人。

② 土地开发及部分设施已经配套。依托宁夏扶贫扬黄灌溉工程建设的红寺堡新圈、新庄集项目区以及将要建设的同心马家塘项目区，大部分土地开发任务已经完成或正在进行，且相应配套建设了学校、医院、科技服务设施。实施易地扶贫搬迁工程仍然要配套建设道路工程、人畜饮水工程、移民建房工程以及供电工程，人均投资在 5900 元左右，含道路工程、供电工程、移民建房工程和农田水利改造。

③ 新开发土地并配套基础设施。依托国营农场建设的长山头、南梁、渠口项目区，需要新开发移民安置的土地，同时需要配套建设学校、医院、科技服务设施以及供电工程、道路工程、人畜饮水工程、移民建房工程，人均投资在 10500 元左右。其中，按农村中小学建设标准规定，人均教学和配套设施建筑面积 4 平方米，按 40%学生、650 元每平方米计算，合人均 1040 元（不含教具配套）；人畜饮水工程 350 元/人；科技服务及医疗卫生设施建设 100 元/人（不含设备配套）；道路工程 990 元/人；供电工程 2500 元/人；移民建房工程 1500 元/人（人均 12 平方米，250 元/平方米）；基本农田建设 2000 元/人；水利设施配套 2000 元/人。

今后年度移民安置项目区还需要新开发部分土地用于移民搬迁，基础设施建设投入严重不足，缺口较大。建议国家提高易地移民人均投资标准。

2. 移民应继续享受扶贫政策。宁夏实施国家易地扶贫搬迁试点工程确定的移民对象全部来自于国定贫困县和自治区确定的重点扶贫村范围。群众生活比较困难，且实行整村搬迁政策。因此，建议迁

入农垦系统各农场的易地扶贫移民继续享受国定贫困县扶贫政策，主要是退耕还林还草政策、民政救济政策、农民社会负担政策、扶贫项目支持政策、计划生育政策、义务教育政策等。

3. 迁出群众经济困难。由于迁出地区主要是林区、干旱土石山区、风沙区，群众生活困难，搬迁至迁入地后，自我发展能力低下，而易地移民专项资金明确不能用于生产经营性项目，加之地方政府自筹能力不强，移民群众脱贫致富的困难较大。建议国家配套专项用于产业开发的资金，扶持设施养殖、设施种植、经济林、小城镇建设项目，或者协调其他专项建设资金配套使用。"扶上马，送一程"，帮助移民发展生产，促进移民群众尽快脱贫致富。

4. 妥善解决教育问题。接受移民的各农场长期以来承担着企业办社会的重负，经济基础十分薄弱，原有教育资源不足，加之大量移民迁入后，对教学设施、教师需求量剧增，使目前难以维系的教育系统更是雪上加霜。按照国务院颁布的《中小学、幼儿园教职工编制标准》的要求及中小学生的构成比例，根据现有各农场教育资源和移民安置区的学校布局，需要规划新建中学 2 所、小学 2 所、幼儿园 1 所，新增在校学生 9200 余人，新增校舍面积 27600 平方米，需要教职工 718 人。

5. 落实行政管理问题。各地接收移民后，人口大量增加，特别是农场实行"一场两制"，相应地社会治安、计划生育、文教卫生、农业服务等社会性事务大量增加。我们已建议自治区有关部门协调解决，也请国家计委向有关部委呼吁支持。

6. 增加移民培训费用。宁南山区贫困农民搬迁到扬黄灌区后，缺乏种植技术和生产技术，一时不能适应迁入地的正常生产活动。加之迁入国营农场的农民，受管理体制的影响和资金的制约，农场无法有效地对农民进行种田、养殖等实用技术的培训，使移民在短时期内增加收入、脱贫致富。因此，建议国家适当安排必要的培训资金，解决相关实际问题。

（宁夏发展和改革委员会编，宁夏易地扶贫搬迁试点工程（生态移民）资料汇编，第 228-267 页。）

13. 《关于下达国家易地扶贫搬迁试点工程 2004 年（第一批）建设项目计划的通知》（节选）

国家发展和改革委员会《关于下达 2004 年易地扶贫搬迁试点工程中央财政预算内专项资金（国债）计划的通知》（发改投资〔2004〕1914 号），安排我区中央财政预算内专项资金（国债）3000 万元。现将 2004 年（第一批）建设项目计划予以下达，有关事项通知如下。

一、本批计划安排中央财政预算内专项资金（国债）660 万元。安置易地移民 1100 人 240 户，其中，南梁农场 600 人 130 户，简泉农场 500 人 110 户（移民搬迁计划另行下达）。

二、自治区农垦局要加强对移民安置农场项目建设、管理的检查监督，督促两个农场建立健全各项管理制度，严格按照本次计划下达的建设内容和投资实施项目，坚决杜绝超投资现象的发生。

三、要积极推行项目法人制、招投标制、监理制、合同制，建立资金专账、专户，加强项目的审计监督。

四、本批计划下达的建设项目必须于本月内开工建设，2005 年 5 月前全部建成并验收。中央财政预算内专项资金（国债）拨付计划由自治区财政厅下达。

（宁夏档案馆：J081-WS·2004-Y-DQC-0017）

14.《关于下达国家易地扶贫搬迁试点工程 2004 年（第二批）建设项目投资计划和移民搬迁安置计划的通知》（节选）

根据国家发展和改革委员会《关于下达 2004 年易地扶贫搬迁试点工程中央财政预算内专项资金（国债）计划的通知》（发改投资〔2004〕1914 号）精神，宁发改委批复了《彭阳县庙台项目区可行性研究报告》《中卫市南山台项目区可行性研究报告》（宁发改地区〔2004〕274 号和〔2004〕275 号），现下达 2004 年（第二批）建设项目计划及移民搬迁安置计划，有关事项通知如下。

一、本批计划安排中央财政预算内专项资金（国债）1710 万元，其中，中卫市南山台项目区 795 万元，渠口农场项目区 115 万元，彭阳县庙台项目区 800 万元。中央财政预算内专项资金（国债）拨付计划由自治区财政厅另行下达。

二、本次计划对已经批复的移民安置项目区建设内容调整如下。

1. 中卫市南山台项目区

一期工程安置易地移民 2200 人 557 户，移民来源为海原县南华山水源涵养林场 4 个自然村 1200 人 267 户，中卫市城区香山乡南长滩、梁水、黄泉 3 个自然村 1000 人 290 户，集中安置在 1 个移民安置村内。统一新建 2 间型住房 557 套，总建筑面积 2.23 万平方米。户均庭院占地 1 亩，其中，宅基地 0.6 亩，庭院经济用地 0.4 亩。开发配套水浇地 0.55 万亩，保证移民人均 2.5 亩水浇地面积。

2. 彭阳县庙台项目区

安置县内移民 2300 人 407 户，移民来源为彭阳县交岔乡关口、庙台行政村碾盘掌、炭洼等 10 个自然村 2300 人 407 户，安置在庙台、关口、中川、油坊沟 4 个新建居民点内。户均宅基地 0.6 亩，户均住房面积不超过 50 平方米。开发配套灌溉面积

5572 亩。人均水浇地面积不低于 2 亩。

3. 渠口农场太阳梁项目区

一期安置易地移民 6630 人 1595 户（宁发改地区〔2004〕549 号），分散安置在 5 个移民新村内，移民搬迁工作将于 2005 年 4 月底前完成。为加强对易地移民生产、生活的管理，保证项目区内社会稳定，项目区内中心村新增科技服务设施及警务室 493 平方米（加原批复的 200 平方米共计 693 平方米）。安排移民生活燃料补助每户 1 吨煤，计 37 万元。

（宁夏档案馆：J081-WS·2005-Y-DQC-0002）

15.《关于下达国家易地扶贫搬迁试点工程南梁、简泉农场项目区移民搬迁安置计划的通知》（节选）

截至 2005 年，根据国家发改委《关于下达 2004 年易地扶贫搬迁试点工程中央财政预算内专项资金（国债）计划的通知》（发改投资〔2004〕1914 号）及我委《关于下达易地扶贫搬迁试点工程 2004 年（第一批）建设项目计划的通知》（宁发改地区〔2004〕746 号）要求，南梁、简泉农场移民安置工程已经基本建成，现将农垦系统南梁、简泉农场移民搬迁安置计划予以下达，有关事项通知如下。

一、本批计划搬迁安置六盘山水源涵养林区易地移民 1100 人 236 户。

1. 南梁农场：接收安置易地移民 600 人 126 户，其中，泾源县 300 人 65 户，隆德县 120 人 24 户，原州区 120 人 24 户，西吉县 45 人 10 户，扶贫移民 15 人 3 户。

2. 简泉农场：接收安置易地移民 500 人 110 户，其中，隆德县 240 人 52 户，原州区 254 人 57 户，扶贫移民 6 人 1 户。

二、移民搬迁安置计划属指令性计划，迁出地

区及移民人数不得擅自变更。迁出乡村现役军人及在校大中专学生可以计入移民人数并分配土地，但必须附相关证明材料。超计划生育户，超生人口可办理户口迁移手续，但在迁入地不分配土地，不享受建房补助。搬迁农户由迁出县公安部门统一办理户口迁移和注销手续，并及时移交迁入地，确保搬迁农户尽快落户。

三、各迁出县易地移民领导小组及办公室要加强对移民搬迁工作的组织和协调，尽快完成农户的调查摸底、照相登记、建档立卡等移民资格审查工作。移民迁出后的土地必须由迁出县人民政府统一收回，全部用于林草建设。对特别困难的移民户，应给予适当补助，并争取包村扶贫单位给予支持。各移民迁出县要主动与移民接收农场协调，及时办理自筹资金移交和户口审查工作。2005 年 9 月 15 日前完成搬迁任务。

四、农垦局要按照自治区政府《实施国家易地扶贫移民开发试点项目意见》的统一要求，加强对各农场移民安置工作的领导和检查监督。南梁、简泉农场要严格按照自治区发改委批复的建设方案和已下达的建设项目计划，认真组织项目实施。务必于 2005 年 8 月底前完成饮水、供电、住房、道路、学校等工程建设，并组织验收。同时，积极与迁出县沟通、衔接，做好移民点建设和土地分配等工作。

（宁夏档案馆：J081-WS·2005-Y-DQC-0010）

16.《自治区发改委向国家发改委报送宁夏易地扶贫搬迁试点工程工作总结（2001—2005 年)》（节选）

一、宁夏贫困地区基本情况（略）

二、宁夏易地扶贫搬迁试点工程进展情况

从 2001 年起，国家发改委决定在宁夏、内蒙古、云南、贵州四省区实施易地扶贫移民搬迁试点工程。2001—2004 年国家发改委安排我区易地扶贫搬迁试点工程总投资 64370 万元，其中，移民专项资金 42000 万元，地方配套及群众自筹 22370 万元。计划安置移民 11.6 万人。

1. 投资完成情况

截至 2005 年年底，已下达建设项目投资 57118 万元，其中移民专项资金 31550 万元（主要用于农田水利配套、人畜饮水、防护林、道路、供电、教育及科技服务设施、移民住房等），地方配套 6035 万元（主要用于农田水利配套、人畜饮水、道路、防洪、移民住房、移民培训等），移民自筹 19533 万元（主要用于水、电入户、建房）。

在已下达的移民专项投资中，安排农田水利配套 8030 万元，占 25.45%；人畜饮水 2293 万元，占 7.27%；防护林 823.55 万元，占 2.61%；道路 5266 万元，占 16.69%；供电 1091 万元，占 3.46%；教育 1567 万元，占 4.97%；科技服务 659 万元，占 2.09%；移民住房 10217 万元，占 32.38%；其他 1604 万元，占 5.17%。

2001 年以来，根据工程建设情况，我委协调整合各种建设项目资金 6035 万元（不含各县整合的资金）作为地方配套资金。其中：（1）宁夏扶贫扬黄灌溉工程投资 1320 万元，主要是农田水利配套 325 元/亩、移民搬迁 200 元/人；（2）人畜饮水专项资金 740 万元，主要配套用于盐池城西滩、农垦长山头农场、渠口农场太阳梁项目区人畜饮水工程；（3）灌区节水改造资金 190 万元，主要配套用于农垦长山头农场、南梁农场引水支渠及渠系建筑物改造工程；（4）通县油路资金 500 万元，配套用于农垦渠口农场太阳梁项目区骨干道路建设；（5）二期电网改造资金 2470 万元，配套用于盐池县盐环扩灌、彭阳县长城塬、渠口农场太阳梁项目区供电工程；（6）以工代赈（预算内）资金 670 万元（只在

2001年安排），配套用于盐池县城西滩、农垦长山头农场项目区防洪及人饮工程；（7）扶贫贷款60万元，用于长山头、渠口农场移民发展生产；（8）财政扶贫资金25万元，用于农垦各农场移民培训；（9）民政救济60万元，用于农垦各农场困难移民救济。

2. 移民搬迁情况

目前，宁夏已经累计下达移民搬迁安置计划118956人，占国家下达计划的102.5%。主要安置地点为：盐池县城西滩灌区、盐池县盐环扩灌区；彭阳县长城塬灌区、彭阳县庙台水库灌区；红寺堡扬黄灌区；中卫市南山台灌区；农垦长山头农场、渠口农场、南梁农场。

移民全部来自宁夏南部六盘山水源涵养林区和中部干旱带的贫困县，其中，原州区3049人、西吉县9136人、海原县11593人、隆德县13150人、泾源县7866人、彭阳县10013人、同心县18000人、盐池县31000人、红寺堡12244人、中卫市香山和贺兰山禁牧区2905人。原州区、西吉县、海原县、隆德县、泾源县、同心县、彭阳县（5213人）6.8万人属跨县搬迁，占57.2%；彭阳县（4800人）、盐池县、红寺堡4.8万人属县内跨乡搬迁，占40.4%。

截至2005年年底，宁夏共搬迁受地质灾害影响地区移民2282人，其中，彭阳县王洼乡李寨村（煤矿塌陷区）117人迁往长城塬灌区；彭阳县城阳、崾岘乡4村（山体滑坡）263人迁往长城塬灌区；彭阳县9乡24村（山体滑坡）1744人迁往红寺堡四支干渠灌区；隆德县凤岭乡胜利村一组（山体滑坡）158人迁往长山头农场。截至2005年年底，我区已累计完成移民搬迁79046人，占自治区计划下达搬迁人数的67.7%。已经搬迁的易地移民基本实现了一年建设、两年搬迁、三年稳定的目标。

3. 工程建设情况

截至2005年年底，宁夏已经建设移民安置区18处。新增灌溉面积29.8万亩，建设支渠63.4公里、斗渠767.6公里；农田防护林4.7万亩，人工种草8.35万亩，围栏封育0.97万亩；机井31眼，人饮管道492.9公里，水窖5480眼；10千伏输电线路181.2公里，低压线路630.1公里，变压器129台；建设等级油路88.9公里、砂砾路561公里；新建教育设施6.1万平方米，科技服务设施0.7万平方米，移民住房116万平方米。

目前，2001年项目区（5处）已经全部建成并完成移民搬迁，通过了我委组织的验收；2002年项目区（4处），除渠口农场太阳梁项目区外，已经全部建成并完成移民搬迁，通过了我委组织的验收；2003年项目区（10处），已经建成并完成移民搬迁7处；2004年项目区（5处），移民安置工程已经基本建成，2006年可完成移民搬迁。盐池县盐环扩灌区、中宁—同心县马家塘灌区、渠口农场太阳梁灌区、彭阳县庙台水库灌区、中卫市南山台灌区移民安置工程仍在建设中，可安置移民4.65万人，移民搬迁计划已经下达，已搬迁安置1.15万人。

三、宁夏易地扶贫搬迁试点工程的主要形式

自2001年以来，我区已在引黄、扬黄灌区建设移民安置项目区18处，其中县内8处，跨县、跨地区10处。依据不同的条件，采取了多种移民安置的形式。

1. 按安置形式划分

依托大型工程，集中安置。利用国家支持的大中型水利建设工程安置易地扶贫移民，是宁夏易地移民的主要形式。在已批复的安置区中，宁夏扶贫扬黄灌溉工程开发的红寺堡灌区、同心县马家塘灌区可安置易地扶贫移民63915人；在盐环定扬水工程开发的盐池县城西滩灌区、盐环扩灌区可安置易地扶贫移民31500人；在彭阳长城塬引水灌区可安置县内移民 2500 人。

依托国营农场，插花安置。国营农场土地资源丰富，灌溉水源保证，交通便利。依托国营农场机械和技术力量、集约化经营的雄厚优势安置易地移民，不仅为国营农场缓解了人少、地多、劳动密集型产业较多的矛盾，也为贫困群众拓宽了脱贫致富的路子。在已批复的安置区中，4 个国营农场可安置移民 6000 人（不含渠口农场太阳梁灌区）。

新建小型灌区，集中安置。宁夏引、扬黄灌区周边还有部分可开发利用的荒地，具有土地平整、扬程低的特点；南部山区近几年利用以工代赈资金新建了一批水库和骨干坝，灌溉水源基本有保证。新建灌溉设施区安置易地移民，具备投资省、效益好的特点。渠口农场太阳梁灌区、彭阳县庙台水库项目区、西吉县马莲水库项目区均属这一类型，可安置移民 1.08 万人。

2. 按移民搬迁形式划分

整村搬迁，为生态恢复、重建创造条件。宁夏易地扶贫移民的主要来源是水源涵养林区，当地交通闭塞，生产水平低，人口超过了土地承载能力。我们采取整村搬迁的形式，将这部分群众搬迁到条件较好的扬黄灌区建设新家园，为群众脱贫致富创造了有利条件。同时，对迁出区，除留一两间较好的房屋做护林点以外，对住宅区拆除平整，拆除电力线路，保留村庄道路，原村庄占地全部按退耕还林草工程的整地要求退耕造林，真正达到了人退林进，恢复生态，造福子孙的目的。在自治区发改委已经下达的移民搬迁计划中，实施整村搬迁的占 75%，其中盐池县苏步井乡、同心县窑山乡、红寺堡新庄集乡属整乡搬迁。

自愿搬迁，减轻人口压力。水源涵养林区边缘和风沙治理区，水土条件和生产生活条件相对较好，但人口、资源的矛盾仍十分突出，对这部分区域的群众，采取自愿搬迁的原则，迁移出部分贫困人口，使当地人口、资源的矛盾得到缓解，减轻扶贫工作压力。自治区发改委只在 2001 年建设的项目区中安排了自愿搬迁的移民计划，占总计划的 25%。

四、宁夏易地扶贫搬迁试点工程的主要做法

1. "以土地定人数"原则是确保移民稳定解决温饱的关键。按照 2.5 亩／人的标准核定可安置易地移民的数量

耕种复垦和新开垦两年以上土地的农户占移民搬迁总人数的 69.7%，这部分移民依靠自力更生当年即可稳定解决温饱。以隆德县搬迁到农垦农场的 2433 人为例，移民在原居住地人均旱耕地 2.8 亩，正常年景粮食作物产量 120 公斤／亩，年人均产粮 336 公斤。实施易地搬迁后，人均分配复垦后的水浇地 2.5 亩，粮食作物产量达到或超过 400 公斤／亩，年人均产粮达到 1000 公斤，年人均增产粮食 664 公斤。

2. "能脱贫，有发展"的目标是移民安置地选择的重要依据

由于国家移民专项资金不得用于生产经营范畴的设备、运输工具、加工项目、蔬菜大棚等建设项目，因此，宁夏在移民安置过程中始终未安排产业化项目，而在移民安置地选择时重点考虑当地是否有一定规模的产业依托。为保证生态移民搬得出、稳得住、能致富，同时树立自力更生、艰苦创业的观念，各安置地政府通过捆绑其他扶贫项目的方式扶持移民发展温棚、菌草种植及种草养畜项目；自治区发改委也协调财政扶贫资金、"三西"扶贫资金和扶贫贷款向安置易地移民的地区倾斜；自治区政府也在批转的《自治区实施国家易地扶贫移民开发试点项目的意见》中明确，安置易地移民占职工总数一半以上的企业，在 5 年内免征企业所得税。2001 年以来，宁夏已经建设移民安置区 18 处，累计易地搬迁安置移民 7.9 万人（截至 2005 年年底），各移民安置地均有相当规模的产业开发基础。其中

集中安置移民人数最多的红寺堡灌区（工程移民 11 万人、生态移民 4 万人），虽然近几年逐步培育形成了以草畜产业为主导，葡萄、枸杞、中药材、长枣、桑蚕为特色的农业产业新格局，但由于起步较晚，与其他生态移民安置区相比，移民发展的产业依托相对较弱。以 2002 年搬迁至红寺堡新圈、新庄集三支干渠移民安置区的 2.85 万人（移民全部来自南部山区 8 县）为例，至 2005 年，农民年人均纯收入已经达到 1880.2 元，年均递增 14.92%，高于原居住地 11.85% 的年递增率。移民依托当地的产业和相邻地区的枸杞产业年人均劳务收入近 1000 元，基本实现了"能脱贫，有发展"的目标。

3. 开发和利用引、扬黄灌区的土地资源是移民安置的基础

以新建的渠口农场太阳梁灌区为例，灌区拟开发土地面积 2.4 万亩，其中水浇地 2 万亩，安置易地移民 0.8 万人。在批复的建设方案中，包括了围栏封育草场 9700 亩（荒漠草原）、防护林 2300 亩的建设内容。在开发的面积中，林地面积占 10%（接近宁夏平均水平），同时对未开发的土地实施封育，有效保护和改善了当地的生态环境。

移民迁出后的土地统一纳入退耕还林规划，一律按退耕还林工程的要求整地、植树，并由林业部门丈量验收后，发给退耕还林证书，并享受退耕还林政策。同时，对于集中连片的迁出区域，自治区发改委又批复专项生态建设规划。其中隆德县陈靳、山河、城关等乡镇，连片搬迁 11 个自然村，退出土地总面积 23.1 平方公里。为保护自然植被促进生态系统的良性循环，自治区发改委批复了《中药材资源修复示范区规划》，通过围栏保护、人工补植、良种繁育等方式，实现中药材自然修复和种子资源保护。盐池县苏步井乡（已撤销）属干旱风沙地区，5 个行政村 24 个自然村整建制（仅留部分护林人员）搬迁到城西滩灌区，退出土地总面积 243 平方

公里，其中有林地 7.6 万亩、天然草地 25.4 万亩、人工草地 0.49 万亩、旱耕地 2.68 万亩。盐池县制订了因地制宜的生态治理方案：在严重沙化地区，采取机械化抢墒播种，并长期禁牧，以恢复和改良草场；在轻度沙化地区，建防护林带，带间补播混合草籽；水土条件较好地段，补播紫花苜蓿；有效地恢复和保护了天然草原植被，促进了区域性草原生态系统的良性循环。

4. 技术培训是提高移民增收技能的保障

针对移民缺乏灌溉、种植技术和新品种的生产技术，难以适应迁入地的生产活动这一实际情况，各移民安置地人民政府和农业、科技等部门，选派专业技术人员深入移民新村，采取集中授课、地头宣讲、现场指导、观摩会等多种形式，组织移民进行技术培训。自治区农林科学院根据多年的生产实践和科技推广经验，按照户均人口、劳动力数量，总结出"种植为主，种养结合""养殖为主，种养结合""种养相结合"的生产发展模式，提出了年人均纯收入的目标，并以挂图、手册的形式向移民推荐、推广。自治区发改委还协调财政扶贫资金，依托宁夏农垦培训中心的技术力量和实用技术培训的经验，编制了《移民生产技术培训手册》，包括农业灌溉技术、农业生产技术、农作物栽培和管理措施，以及移民管理的政策法规、乡规民约、安置区各项费用标准、计划生育、安全知识、生活常识等内容。按照"生产发展、生活宽裕、乡风文明、村容整洁、管理民主"的新农村要求，采取理论与实践相结合的方法，通过对移民进行农业生产技术、养殖技术以及其他实用知识的培训，使移民能够在较短时间内掌握一定的技术和技能，从而尽快提高移民的综合素质，实现了搬得出、稳得住的目标，为推进社会主义和谐移民新区的建设，打下良好的基础。

5. 责任落实是移民顺利搬迁的保证

迁出县领导小组抽调政府办、发改、民政、林

业、公安、土地等部门工作人员成立工作小组，深入移民迁出地，逐户登记、照相、回收土地及宅基地丈量、自筹款收缴。针对部分群众"故土难离"的思想问题，积极宣传国家及自治区有关政策，深入浅出地为群众分析迁入地的区位、土地、水、电、路等优势及发展潜力，通过大量认真细致的思想工作，使群众充分认识到"不搬没希望，早搬早发展"的道理，确保了长期居住在林区、偏远山区贫困群众的顺利搬迁。

为确保林区、风沙治理区群众搬迁，避免移民"搭车"现象的发生，自治区发改委制定了"迁出人口审查表""搬迁农户管理卡"。移民资格审查由所在地乡政府、派出所、林业部门、县移民领导小组负责审查并签字盖章，"迁出人口审查表"和"搬迁农户管理卡"必须粘贴户主免冠照片和"全家福"照片。要求"迁出人口审查表"由自治区领导小组办公室、县领导小组办公室、移民接受地、迁出乡政府各执一份；"搬迁农户管理卡"每个搬迁农户一份，其内容必须与"迁出人口审查表"内容一致，移民持管理卡到移民接受地登记入户。

五、宁夏易地扶贫搬迁试点工程存在的主要问题

1. 安置区开发难度加大

依托大中型水利工程安置生态移民，具有投资省、见效快的特点。近几年，宁夏依托宁夏扶贫扬黄灌溉工程、盐环定扬黄工程、彭阳长城塬引水工程，已经建设的项目区有红寺堡灌区、盐池县城西滩灌区、盐池县盐环扩灌区、彭阳县长城塬灌区、同心县马家塘灌区，可安置易地移民 97915 人（其中完成搬迁 63915 人）。随着宁夏扶贫扬黄灌溉工程接近尾声，盐环定扬水工程和彭阳长城塬引水工程的竣工验收，在我区境内，近期已没有国家支持的大中型水利建设工程。移民安置只有通过新建小型灌区，集中安置的方式实施。这样，移民专项资金不仅要配套建设道路、供电、饮水、学校、卫生设

施、移民住房，还要配套建设水利骨干工程和农田水利设施，使移民安置区开发难度加大。国家现行补助投资标准偏低（3620 元/人），建议国家提高补助标准。

2. 搬迁群众近期谋发展能力弱

由于生态移民迁出地区自然条件严酷、资源贫乏、交通闭塞、生态环境恶化，移民迁出前生活已十分困难，尽管国家已经投入大量的资金，为移民群众在移民安置地配套建设了水浇地、道路、供电、饮水、学校、卫生等基础设施，统一建设了移民住房，但人均 2.5 亩耕地只能解决移民的温饱问题，要加快脱贫致富进程，必须大力调整农业产业结构，发展设施种植、养殖业。按照国家的要求，实施移民搬迁，还需要群众自筹 4000~5000 元住房建设费用。移民搬迁后，虽然可以通过外出打工增加收入，但农业生产投入（种子、肥料、灌水）、生活费用（自来水）、子女入学等费用要远远高于原居住地，加上搬迁初期土地产出率偏低等原因，移民群众近期内自力更生谋发展的能力弱。由于扶贫贷款是通过商业银行发放的，银行考虑偿还能力，发放给移民的贷款普遍存在数额少、期限短的问题。为促进移民群众尽快脱贫致富，建议国家出台相应的移民产业扶持政策，"扶上马，送一程"，帮助移民发展生产。

自治区发展与改革委员会

2006 年 4 月 29 日

（宁夏档案馆：J081-WS·2006-C-DQC-0110）

四、中部干旱带县内生态移民档案摘录

1. 《自治区发改委关于协调解决中部干旱带生态移民农垦渠口农场太阳梁项目区移民用地报自治区政府的请示》（节选）

渠口农场太阳梁是国家易地扶贫搬迁试点工程

项目区之一，原规划由跃进渠取水，开发土地总面积近 5 万亩，安置来自六盘山水源涵养林区移民 8000 人。生态移民工程是自治区十大民生工程和为民办 30 件实事之一，渠口农场太阳梁又是获国家批准实施的《宁夏易地扶贫搬迁试点工程规划》（2001—2010 年）的项目区之一。目前一期工程已安置移民 8000 人，水利工程和基础设施均是按照安置 1.5 万人的规模建设的。

2010 年 5 月 21 日

（宁夏档案馆：J081-WS·2010-C-DQC-0020）

五、"十二五"中南部地区生态移民档案摘录

1.《原州区生态移民建设工作专题会议纪要》（节选）

3 月 10 日，固原市原州区就进一步做好区内生态移民工作进行了研究部署。现纪要如下：

会议认为，实施区内生态移民搬迁，是自治区作出的重大战略部署，对加快山区群众脱贫致富步伐具有重要的意义。去年我区南城拐子生态移民工程启动实施以来，经过各方努力，一期工程进展顺利，二期工程即将启动建设。各有关乡镇、部门必须按照区委、政府决策部署，加快实施一期工程后期建设，并做好二期工程建设前期准备工作，确保今年生态移民建设取得新的成就。

（一）关于一期工程后续建设问题

1. 由扶贫办负责，组织机械尽快进入现场作业，做好土地平整工作，在 4 月 1 日前完成土地整理任务；三营镇负责土地分配到户，组织群众完成培埂任务，水利局负责做好自来水入户配套工作，每户 150 元的自来水配套资金由三营镇收缴，确保尽快通水。

2. 由政府分管领导组织召开移民涉及乡镇负责

人会议，监督未入住的移民搬迁户于 3 月底前全部入住。

3. 由农牧局负责，于 5 月 1 日前完成剩下 28 个温棚搭建任务，并做好技术指导和服务工作。

4. 由三营镇牵头，扶贫办、扬黄局配合，尽快分配院落用地，要求做到大小一致，方正整齐，并积极组织入住移民平整院落场地。

5. 由林业局牵头，科技局配合，做好枸杞苗木招标、采购工作，必须保证苗木数量和质量。三营镇负责组织群众于 3 月底完成栽植任务；扬黄局要加快泵站动工建设，确保苗木种植后能够及时灌水。

6. 由交通局负责，保质保量完成今年确定的团结村道路建设，确保在 5 月底交付使用，同时对 2008 年硬化道路部分路段进行修补。发改局负责团结村大门、围墙、厕所等附属设施建设，争取尽早投入使用。

7. 三营镇要对照移民人员名单，组织移民户尽快将统筹地分配到户，在分地时要求当事人必须在场，讲清相关政策规定，决不允许有私自倒卖房屋现象发生，在移民搬迁后，民政局、发改局要协调有关乡镇尽快对已搬迁移民的原住房屋予以拆迁，原承包耕地实行自然封育，不允许再行种植，移民全部搬住新居后，由民政局牵头，组织部、三营镇配合，尽快按程序完成村级组织报批工作，赶在 6 月底前配备齐村级两委班子，及时加强村级事务管理。

（二）关于二期工程建设问题

1. 要进一步完善移民村建设规划，在高速公路边规划建设 1500 亩枸杞种植基地和 300 亩设施农业生产园区。

2. 要明确分工，二期工程房屋等基础设施建设由发改局牵头组织实施，产业发展由扶贫办组织实施，建房任务确定 4~5 家部门共同完成。

3. 由扶贫办、水利局负责，于 3 月底前完成土

地平整工作，道路绿化工作由头营镇负责。

4. 由林业局负责，抓紧整理高速公路边 1500 亩枸杞种植土地。

5. 由交通局负责，尽快完成村庄道路规划设计任务，村级 1.8 公里主道路宽度不超过 12 米，路面 9 米，道路左右各留 1.5 米的路肩，巷道 4 米左右。

6. 由农牧局负责，3 月底前完成 300 亩温棚土地平整任务，5 月底完成 150 个温棚搭建任务，8 月份组织移民进行种植。

固原市原州区人民政府办公室

2009 年 3 月 12 日

（宁夏固原市原州区档案馆：共 3 页）

2. 《关于印发民政支持生态移民的政策措施的通知》（节选）

一、加大生态移民区社会保障力度

1. 发挥低保兜底保障作用。进一步加大对生态移民区困难群众的保障力度，对生态移民区的低保对象按照自治区农村扶贫标准来界定，凡搬迁到生态移民区定居、且家庭年人均收入低于 1350 元的困难群众全部纳入最低生活保障范围，实行分类、分档施保。其中，对二级以上重度残疾人、重特大病和长期慢性病患者、与残疾人共同生活的 60 岁以上老年人、重点优抚对象，按照搬迁地农村低保标准给予全额救助，对困难家庭中在校学生适当提高低保补助水平。

2. 发挥低保促进就业功能的作用。建立就业渐退机制，鼓励和引导生态移民区具有劳动能力的低保对象积极就业和自主创业，对低保对象当年务工收入不计入家庭收入，一年后视其家庭生活状况，逐步减少低保补助或退出低保。

3. 发挥临时救助对生态移民的扶助作用。对搬迁定居困难群众因临时性、突发灾难导致家庭基本生活难以维持的，视其家庭生活困难程度，给予 500~3000 元的临时生活补助；积极实施"寒冬送暖"工程，为生态移民当年搬迁入住的困难家庭，每户送 1 吨煤，为 60 岁以上的老年人送 1 套御寒衣被，帮助搬迁群众温暖越冬。

4. 加大重点优抚对象保障力度。对生态移民搬迁定居的重点优抚对象，在已有政策的基础上，每户一次性给予 1 万元的建房补助。

5. 实行生态移民区退役士兵城乡一体化安置新路子。将生态移民区农村退役士兵参照城市退役士兵，列入指导性计划安置范围，并为其提供免费职业教育、技能培训和就业指导等方面的公共服务，帮助其及时创业就业。

二、推动生态移民区社会福利服务向适度普惠型迈进

6. 加大生态移民区社会福利基础设施建设。在生态移民区规划建设综合性社会福利机构。先期建设红寺堡区综合福利服务中心项目，在智力残疾人员较为集中的南川乡菊花台村建设智力残疾人员生活照料中心；在同心县下马关镇等生态移民集中搬迁地区规划建设适当规模的综合福利服务项目；启动建设陶乐天河湾老年产业园，重点解决生态移民中"五保"对象的集中供养。认真贯彻落实国务院《关于鼓励和引导民间投资健康发展若干意见》（国发〔2010〕13 号）等文件精神，制定完善相关优惠政策，鼓励和支持社会力量在生态移民区兴办社会福利机构。

7. 不断创新社会福利制度，重点保障"三孤"人员基本生活。逐步将生态移民区的"五保"对象全部纳入当地中心敬老院实行集中供养；将高龄老人津贴标准统一提高到川区水平，加大孤儿保障力度，将无人抚养的孤儿全部纳入社会福利机构进行集中抚养。在生态移民区，率先探索建立重度残疾

人福利津贴制度。

8. 充分发挥慈善对生态移民的助推作用。组织和引导公益类社会组织和爱心人士积极在生态移民区实施助老、助孤、助医、助学、助困等慈善项目；广泛动员社会力量开展慈善捐助。创设慈善产业园区，广泛吸纳国内外慈善资源，协同解决生态移民区突出民生问题，助推移民区经济社会快速健康发展。

9. 支持生态移民区残疾人创业就业。制定相关优惠政策，鼓励全区福利企业接纳安置生态移民区残疾人就业；引导各种经济成分在生态移民较为集中的地区创办社会福利企业。积极协调税务、财务等有关部门适当放宽福利企业认定标准，加大对福利企业的扶持服务力度，积极倡导社会各界在同等条件下，优先购买福利企业的产品或服务。

三、加强生态移民区社会管理

10. 强化移民区基层组织建设。适应新农村建设的形势和要求，健全党组织领导下的充满活力的村民自治机制，指导和支持生态移民村建设新型农村社区，优先帮助生态移民村建设不低于 200 平方米的社区服务用房和活动场所，努力将移民区社区建成管理有序、服务完善、文明祥和的生活共同体。

11. 积极开展生态移民区双拥共建活动。发挥双拥维护稳定、促进民族团结、构建和谐社会的特殊作用，组织协调驻宁部队、武警、消防与生态移民区开展结对共建活动。

12. 加强民风建设。指导相关县（市、区）生态移民村开展村风民风教育，组织开展村务公开、民主管理、典型示范、"十星级民风建设模范户"等教育实践活动和群众性创建活动，努力营造扬善惩恶、遵规守法、明礼诚信、民族团结、勤劳致富的良好风气，促进移民区社会稳定，群众安居乐业。

四、提升生态移民区公共服务水平

13. 大力扶持生态移民区社会组织建设。重点培育发展各类民间服务性组织，发挥其在联系社区、沟通民意等方面的重要作用。组织和引导学会、研究会和民办非企业单位关注和研究生态移民生产生活的相关问题。扶持生态移民区行业协会，农村专业经济协会和公益、慈善类、社区服务类社会组织发展，对组织健全、运转协调，带动作用大的社会组织给予 1 万~3 万元一次性补助，引导社会组织帮助移民区群众开展生产、生活服务，早日实现脱贫致富。

14. 积极开展居家养老服务工作。依托农村社区配套建设居家养老服务站，探索适合农村特点的社区居家养老服务模式，为老年人提供各层次、个性化的公共服务。对生态移民区建成并较好发挥服务功能的社区居家养老服务站，视情给予一次性补助。

15. 强化生态移民区殡葬管理与服务。科学规划建设生态移民区公益性公墓及服务设施，设立殡葬救助保障基金；制定优惠政策，凡生态移民搬迁群众死亡后自愿火化的，免除基本殡葬服务费用，对城市低保对象等困难群众给予重点殡葬救助；生态移民搬迁群众愿意从原住地迁坟的，按每穴 800 元给予补助。

宁夏回族自治区民政厅

2011 年 4 月 22 日

（宁夏固原市原州区档案馆：共 6 页）

3.《自治区人民政府关于进一步促进中南部地区生态移民的若干政策意见》（节选）

各市、县（区）人民政府，自治区政府各部门、直属机构：

生态移民是一项重大的民生工程，是从根本

上解决我区中南部地区贫困问题的战略决策，对于加快转变经济发展方式、统筹区域协调发展、实现全面小康社会目标具有重要的现实意义。为切实解决工程建设中存在的困难和问题，进一步促进中南部地区生态移民工程顺利实施，确保实现"搬得出、稳得住、逐步能致富"，现提出如下政策意见：

第一，严格执行规划批复确定的生态移民每户54平方米的住房和公共服务项目建设规模及投资标准，各地不得随意扩规超标。对于擅自扩大工程建设规模、超规划、超标准建设形成的资金缺口，各地自行承担，自治区不予补助。各地要在不增加住房面积的前提下，进一步优化移民住房结构，以满足两代人合理居住或三代人过渡性居住需求。

第二，严格执行规划确定的生态移民自筹资金标准，建房自筹资金每户一律按1.28万元标准由迁出县（区）负责收缴，不得减免和加收。产业发展资金不足部分，可通过整合国家及自治区相关项目资金、以奖代补资金和市、县（区）扶持生态移民的专项资金解决。

第三，适当放宽劳务移民县对县限制，凡属中南部地区生态移民规划区内，没有享受生态移民政策，已在城镇、工业园区、农业产业园区稳定就业的务工家庭，可以作为迁入和迁出县（区）的劳务移民任务，由相关县（区）做好对接确认工作。自治区发展改革委、移民局依据自治区扶贫办核准的结果，对原规划做相应调整。各迁出地政府要从确定搬迁移民中认真筛选务工能力较强的家庭作为劳务移民对象，与迁入地政府共同做好就业安置工作。

第四，劳务移民周转房面积每户由40平方米提高到50平方米。鼓励接纳地在务工企业周边、企业生活区和城市郊区建设劳务移民安置区，规模依照便于生活、便于管理的原则科学确定。

第五，劳务移民5年内享有周转房廉租权，5年后自愿核转户籍、拆除迁出区原住房及附属设施、

解除原土地承包合同者，迁入县（区）政府根据自治区劳务移民相关政策，帮助解决住房并纳入城镇住房保障体系。

第六，劳务移民享有政府给予的低价购买周转房，享受购买商品房补助及子女入学、医疗救助、养老保险、城乡居民最低生活保障等各项优惠政策。具体政策意见由自治区扶贫办商财政厅、住房城乡建设厅、教育厅、卫生厅、人力资源社会保障厅、移民局研究制定。

第七，对中南部地区35万生态移民规划区中具有当地户籍的自发移民，原则上不再纳入移民搬迁计划。已在区内外定居、有稳定职业和收入、核转户籍、拆除迁出区原住房及附属设施、解除原土地承包合同者，自治区按照年度搬迁安置计划，一次性给予每户3万元创业补助资金。具体操作办法和规程由自治区移民局牵头，财政厅、公安厅、国土资源厅、扶贫办等部门共同研究制定。

第八，对经济困难、现阶段确实无力缴纳建房自筹资金的特困户，根据《自治区党委人民政府关于进一步扶持生态移民新村发展的若干意见》（宁党发〔2010〕46号），经自治区移民局审核，迁出县（区）政府以借款先行垫付。对搬迁到生态移民区定居，属于优抚对象的特困低保家庭，自治区民政厅一次性给予每户1万元的建房补助。对搬迁定居户因临时性、突发性灾难导致家庭基本生活难以维持的，自治区民政厅根据困难程度给予500~3000元的临时生活救助。

第九，将生态移民新村防洪排水设施纳入项目区水利工程建设规模和投资中，统一规划建设。将原规划安排的每亩1200元耕地改造项目资金调整用于产业发展和迁出区移民林木补助等。

第十，免除承担生态移民（含劳务移民）工程建设企业缴纳的整改专项基金、"四项措施费"（用能标准、能耗定额、超定额加价、节能服务）、

劳保基金、测绘费、放线费、人防设施审核费、防雷设施安装审核等各类行政事业性收费，以降低建设成本，减轻企业负担。

第十一，提高生态移民区设施农业补助标准。日光温室补助每亩由 8000 元提高到 15000 元，大中型拱棚补助每亩由 8000 元提高到 10000 元；设施养殖圈棚补助每座由 5000 元提高到 10000 元。

第十二，对迁出区移民"四旁"林木和经果林给予适当补助，所需资金从调整的山区耕地改造工程建设项目资金中解决，具体标准由自治区林业局商财政厅研究制定。迁出县要切实担负起迁出区生态保护责任，加强对迁出移民"四旁"林木和经果林的管护，严禁乱砍滥伐乱占。

第十三，各县（区）、农垦局是移民培训的主体，培训对象、培训方式、培训内容由各县（区）和农垦局确定，县外移民由迁入地负责培训。自治区移民局牵头，迁出、迁入县（区）配合，统筹整合财政、发展和改革、农牧、人力资源和社会保障、教育、扶贫、科技、林业、团委、妇联等各类培训资源，按照规划在移民安置区有针对性地开展培训。

第十四，生态移民（含劳务移民）搬迁后，继续享受在原籍的退耕还林、退牧还草等补助政策。移民在原住地享受的最低生活保障、医疗救助、新农合补助、妇幼卫生"六免一救助"、养老保险等政策不变，由迁出、迁入县（区）政府协作配合，做好转移接续工作，解除移民后顾之忧。

第十五，按照"一事一议，分类处理"的原则，统筹解决以往移民遗留问题。对各移民点需要解决的遗留问题，由相关县（区）、农垦局上报方案，自治区发展改革委、移民局、扶贫办提出审查意见，报自治区人民政府审定后，相关部门落实，各县（区）和农垦局具体组织实施。所需项目和资金，按照中部干旱带县内生态移民项目资金整合办法筹集解决。

第十六，自治区党委组织部、民政厅等部门要按照任务分工和部门职责，指导、帮助生态移民新村建立健全基层组织，加强移民新村基层党组织和民主管理建设，创新社会管理模式，努力构建民族团结、和谐发展的移民新村。

第十七，依法加强生态移民区宗教事务和殡葬管理。移民安置区宗教场所的建设一律由自治区民委（宗教局）审批。宗教场所水、电、路等基础设施纳入生态移民规划统一建设，自治区民委（宗教局）可通过争取国家项目、倡导企业捐助等形式给予支持。

第十八，严格落实现行计划生育政策，所有生态移民和劳务移民一律按照《自治区人口计生委关于加强中南部地区生态移民人口和计划生育服务管理工作办法》（宁人口发〔2011〕30 号）政策执行。

第十九，严格移民户籍管理。不论是以往移民，还是"十二五"中南部地区生态移民，户籍均实行属地管理，由迁入、迁出地公安机关，严格按照户籍政策和管理规定办理相关业务，防止出现空挂户、重户等现象，确保户籍资料的真实性和准确性。各类移民办理户籍业务免收迁移证、户口簿工本费。

第二十，严格执行"十二五"生态移民规划确定的 2009 年 12 月 31 日移民户籍界定时间点，禁止违规分户。对擅自分户的，要追究相关县（区）负责人的责任。

第二十一，自治区每年从生态移民资金总盘子中安排一定资金，由中南部地区生态移民领导小组统一考核后，奖励全区生态移民工作突出的县（区）和部门。奖励资金主要用于移民生产生活等项建设直接支出。

第二十二，依法加强移民住房和土地管理。严禁移民非法转让土地和房屋，对擅自转让土地和住房的要严肃查处，坚决纠正。凡已提供的生态移民住房和劳务移民周转房，一年内没有使用或私自转租的，当地政府要及时收回并予以处罚。移民在迁出区退回的土地、房屋，迁出地政府要及时收回、拆除，确保恢复生态。具体操作办法由自治区移民局、国土资源厅共同研究制定。

第二十三，为进一步促进生态移民工程建设，由自治区财政厅抓紧研究制定支持生态移民的税收优惠政策，自治区经济和信息化委商国资委、扶贫办研究制定接收劳务移民和建设劳务移民周转房企业的扶持政策，自治区国土资源厅商林业局、农牧厅研究制定移民安置区新增耕地占用林地、草地异地置换政策。

各地、各有关部门要从全局出发，统一思想，提高认识，加强领导，明确责任，严格落实生态移民各项优惠政策，不断探索创新工作机制，引领移民尽快脱贫致富，实现安居乐业，促进全区经济社会的全面、协调、可持续发展。

宁夏回族自治区人民政府

2012 年 2 月 9 日

（宁夏档案馆：J073-WS·2012-Y-MSYC-0003）

4.《自治区扶贫办关于"十二五"中南部地区生态移民情况报自治区政府的报告》（节选）

"十二五"期间，自治区决定对中南部地区 7.88 万户 34.6 万人实施移民搬迁，涉及原州、西吉、隆德、泾源、彭阳、同心、盐池、海原、沙坡头 9 个县（区）91 个乡镇 684 个行政村 1655 个自然村。规划县内安置 2.84 万户 12.11 万人，占移民总规模的 35%，县外安置 5.04 万户 22.49 万人，占移民总规模的 65%。规划建设安置区 274 个，其中，生态移民 234 个，安置移民 5.87 万户 25.95 万人，占移民总规模的 75%；劳务移民安置区 40 个，安置移民 2.01 万户 8.65 万人，占移民总规模的 25%。

移民搬迁。五年规划搬迁移民 34.6 万人，其中，生态移民 25.95 万人，劳务移民 8.65 万人。截至 2014 年年底，已搬迁安置移民 27.78 万人，占总规划的 80%。其中，生态移民 23.47 万人，占规划的 93%；劳务移民 4.31 万人，占规划的 51%。

宁夏回族自治区扶贫办

2015 年 3 月 13 日

（宁夏档案馆：J194-2015·ZH-D30-0032，共 7 页）

5.《自治区扶贫办关于摆脱贫困——宁夏三西扶贫攻坚总结报告》（节选）

易地搬迁：从 20 世纪 80 年代起，先后组织实施了 5 次大规模的移民搬迁。创新开展了吊庄移民、生态移民、劳务移民、教育移民、插花移民等扶贫移民方式，生态移民成为"中国经验"。特别是"十二五"生态移民，对中南部地区 7.88 万户 35 万人实施移民搬迁。

解决西海固的贫困问题，关键在于缓解发展的人口压力，从根本上改善基本生产生活条件。20 世纪 80 年代以来，按照"山上的问题山下解决，山里的问题山外解决，面上的问题点线解决"的思路，中央、自治区投入移民资金 175 亿元，对生存条件恶劣、就地发展难度大、成本高的地区先后组织实施了吊庄移民、扶贫扬黄灌溉工程移民、国家易地扶贫搬迁试点工程、中部干旱带县内生态移民及"十二五"中南部地区生态移民工程，累计搬迁移民 116 万人，仅次于三峡百万大移民。

自治区扶贫办

2015 年 9 月

（宁夏档案馆：J194-2015·ZH-Y-0369）

六、"十三五"易地扶贫搬迁档案摘录

1. 《自治区扶贫办 2016 年工作总结暨 2017年工作打算》（节选）

按照《宁夏"十三五"易地扶贫搬迁规划》和2016 年度易地扶贫搬迁工作方案，已开工新建、插花、安置、实施移民安置区 127 个共 11080 户46050 人。

中共宁夏回族自治区扶贫开发办公室党组

2016 年 11 月 16 日

（宁夏档案馆：J194-2016·ZH-Y-0355）

2. 《自治区扶贫办关于报送 2017 年脱贫攻坚工作总结的报告》（节选）

推进易地搬迁，务实发展致富基础。强化制度保障。先后印发《宁夏"十三五"易地扶贫管理办法》《宁夏"十三五"易地扶贫搬迁资金管理办法》《宁夏回族自治区"十三五"易地扶贫搬迁项目资金拨付管理办法》《宁夏"十三五"易地扶贫搬迁项目资金申请与拨付实施细则》等文件，加快建房和搬迁进度。全年新建和回购移民住房 1.03 万套，搬迁安置移民 9300 万人，完成投资 24 亿元，基本完成了"十三五"易地扶贫搬迁住房建设任务，累计搬迁安置移民 5.5 万人，占总任务的 68.8%，统筹解决搬迁与脱贫。

自治区扶贫办

2017 年 11 月 21 日

（宁夏档案馆：J194-2017·ZH-Y-0503）

3. 《自治区扶贫办关于报送 2018 年脱贫攻坚工作总结的报告》（节选）

累计搬迁安置移民 1.6 万户 6.86 万人，占总任务的 85.8%；完成投资 48.88 亿元，占总投资的99.7%，预计年底前基本完成建设和搬迁任务。同时，针对"十一五""十二五"移民发展问题，召开全区政策性移民工作会议，出台《关于解决政策性移民发展问题的实施意见》，着力解决政策性移民产业发展、户籍迁转、社会保障接续、"多代多人"住房困难等突出问题。

宁夏回族自治区扶贫开发办公室

2018 年 11 月 15 日

（宁夏档案馆：J194-2018·ZH-Y-0484）

4. 《自治区扶贫办关于报送 2019 年脱贫攻坚工作总结的报告》（节选）

加快移民后续发展。自治区"十三五"累计搬迁定居 1.8 万户 8.08 万人，全面完成易地扶贫搬迁项目建设和安置任务。出台《解决政策性移民发展问题实施意见》《进一步做好易地扶贫搬迁群众后续扶持发展意见》，扎实抓好移民安置区产业发展、就业培训、社会管理等后续工作，让搬迁群众搬得出、稳得住、能脱贫。

宁夏回族自治区扶贫开发办公室

2019 年 12 月 03 日

（宁夏档案馆：J194-2019·ZH-Y-0321）

5.《关于2020年脱贫攻坚工作总结的报告》（节选）

强化移民后续扶持。全面完成"十三五"8万人易地扶贫搬迁任务。

宁夏回族自治区扶贫开发办公室

2020年12月10日

（宁夏档案馆：J194-2020·ZH-Y-0393）

七、东西部合作的典范——闽宁对口扶贫协作档案摘录

1.1996年《闽宁开展对口扶贫协作协议书》

为贯彻落实党中央、国务院关于沿海发达省、市对口帮扶西部贫困省、区的决定，1996年11月5日—11日，宁夏回族自治区白立忱主席、周生贤副主席率代表团访问了福建省，与福建省委书记陈明义，省委副书记习近平，省委常委、组织部部长陈营官，省委常委、秘书长黄瑞霖等领导同志进行了诚挚友好的会谈，并举行了两省区对口扶贫协作首次联席会议，双方一致认为，开展对口帮扶是加强东西部地区互助合作，如期实现《国家八七扶贫攻坚计划（1994—2000）》，逐步缩小地区间差距和增强民族团结的一项重大措施，充分体现了党中央、国务院对贫困地区各族人民的殷切关怀和支持。双方表示坚决拥护党中央、国务院的决定，正式建立两省区对口帮扶关系，并要切实加强领导，紧密协作，相互配合，动员社会各方面的力量广泛参与，通过坚持不懈的努力，使对口帮扶取得实实在在的效果。

双方就开展对口帮扶达成如下协议：

一、闽、宁两省区开展对口帮扶，应当坚持以促进贫困地区经济发展为中心，本着"优势互补、互利互惠、长期协作、共同发展"的原则，各级政府机构积极引导、协调帮助、支持开展多种形式的合作与交流，着力培植扶贫支柱产业，加快建立新的经济运行机制，增强造血功能，为宁夏贫困地区如期实现《国家八七扶贫攻坚计划（1994—2000）》确定的目标创造有利条件。

二、组织福建经济发达的县、市与宁夏的贫困县结成对子，开展经济协作和对口扶持。经协商确定，由福州市的福清市与盐池县、长乐市与隆德县，泉州市的晋江市与固原县、石狮市与同心县，厦门市的开元区与泾源县、同安县与海原县，莆田市的莆田县与西吉县，漳州市的龙海市与彭阳县，开展对口帮扶。

三、福建省政府和有关行业管理部门将积极引导企业和私人投资者，到宁夏投资办厂，以各种形式帮助宁夏发展资源开发型和劳动密集型产品的生产；宁夏回族自治区对此将实行优惠政策，在各个方面提供方便。

四、福建省政府将建立扶贫协作发展基金，基金利息将用于扶持宁夏贫困地区经济效益好、见效快、能带动经济发展的"造血型"项目。

五、福建要帮助宁夏多渠道引进台资、外资，扩大对台贸易和国际贸易。帮助介绍和组织港、澳、台工商界人士和华侨华人企业家，到宁夏考察，投资办厂，尽力促成更多的投资项目在宁夏落户、开花、结果。同时帮助开拓海外市场，提高经济效益。欢迎宁夏参与主办每年一度的福建投资贸易洽谈会，福建方面为宁夏招商引资提供方便。

六、帮助宁夏贫困地区培训人才。从1997年起，根据需要福建省有计划地为宁夏山区培训县、乡干部和企业经营者，扶贫协作项目所需的人才培训，随项目安排。

同时，实行互派干部挂职交流。宁夏8个贫困县每年选派一批县级干部和乡镇干部，到福建省对

口县、市进行专门学习或挂职锻炼；福建每年选派熟悉经济工作的县处级干部到宁夏的贫困县进行考察或挂职工作，帮助发展当地经济。

七、帮助宁夏扩大劳务输出。1997 年起福建省每年都要积极安排吸收宁夏高原山区劳力到福建省就业，并积极帮助向国际市场输出劳务。

八、福建省要积极发动社会各界，广泛开展多种形式的对口扶持与协作，发动社会力量为宁夏贫困地区捐资助学，帮助支持教育、卫生等各项社会事业的发展，捐款捐物，扶危救困。

九、福建、宁夏合作开发旅游市场和有特色的旅游资源。

十、福建省宣传部门，特别是报刊、电台、电视台等新闻媒体，要大力宣传宁夏回族自治区的自然、经济、社会及人文状况，并积极协助宁夏回族自治区举办新闻发布会等活动，努力扩大宁夏的知名度。

十一、本协议为对口帮扶双方共同遵循的指导性文件。双方同意做好以下工作：

1. 加强领导。两省区对口帮扶工作，福建省成立了由省委副书记习近平任组长、省政府副省长童万亨、潘心城任副组长的福建省对口帮扶宁夏回族自治区领导小组专门负责这项工作，宁夏回族自治区由周生贤副主席负责分管。两省区政府每年举行一次联席会议，总结对口帮扶工作，协商解决有关问题。

2. 实行帮扶工作目标管理。由两省区有关部门共同成立对口帮扶协调指导机构，负责制定年度对口帮扶计划，协调处理和指导有关工作，督促落实双方有关部门、市、县和企业达成的扶贫协作项目。

3. 双方制定有关优惠政策，对扶贫协作给予鼓励、扶持、引导和规范。

4. 双方要积极宣传对方的经济建设、社会发展、

自然及人文状况，共同增进闽、宁两省区人民之间的相互了解，促进共同繁荣。

福建省人民政府　宁夏回族自治区人民政府
签字：童万亨　　　签字：周生贤
1996 年 11 月 6 日
（宁夏档案馆：《闽宁对口扶贫协作二十年档案资料选编》）

2.《闽宁对口扶贫协作第二次联席会议纪要》（节选）

1997 年 4 月 17 日，闽宁对口扶贫协作第二次联席会议纪要签字仪式在银川举行。福建省省长贺国强、省委副书记习近平，自治区党委书记黄璜、政府主席白立忱等，以及两省区有关方面的负责人出席了签字仪式。福建省委副书记习近平、自治区副主席周生贤，分别代表福建、宁夏在纪要上签字。

会议认为，从 1996 年 11 月在福州召开两省区对口扶贫协作第一次联席会议至今，两省区签订的"开展对口帮扶协议书"得到很好落实，对口扶贫协作取得了实质性进展。双方在资金、项目、劳务、干部交流和人才培训等方面的帮扶协作进展顺利；福建省提供的 600 万元帮扶资金已及时到位，一批协作项目已经确定，部分项目进入实施阶段。

在会议纪要里，双方达成如下协议：

一、1997—1999 年 3 年中，福建省每年拿出1500 万元无偿支持宁夏回族自治区开展扶贫攻坚工作。这些资金主要用于资助宁夏南部山区群众打井打窖、兴修基本农田、吊庄建设以及改善生产生活、教育文化等基础设施。1997 年的 1500 万元主要用于帮助打水窖 2 万眼、兴修基本农田 5 万亩、援建闽宁希望小学 16 所。

二、福建省根据"优势互补、互利互惠、长期协作、共同发展"的原则，广泛发动省内的国有、三资、乡镇及民营企业到宁夏联办或创办经济实体，重点发展能带动千家万户脱贫致富的淀粉、皮毛、啤酒花等农副产品加工项目。宁夏对此将实行扶贫开发和"东西合作工程"等优惠政策，在各个方面提供方便。

三、福建作为在厦门举办的中国投资贸易洽谈会承办单位，热诚邀请宁夏作为成员单位参加一年一度的中国投资贸易洽谈会。

四、加强科技协作和交流，相互提供先进科学技术，促进农业开发和经济建设。福建作为菌草技术的发源地，将积极向宁夏提供技术，帮助培训技术骨干，协助宁夏运用这一技术发展菌草业。1997年先在彭阳县搞示范生产，取得经验后逐步推广。

五、双方继续落实两省区对口帮扶协议的其他条款。多渠道帮助宁夏引进台资、外资，扩大国际贸易；帮助宁夏培训人才；互派干部挂职锻炼；扩大宁夏劳务输出；组织社会扶贫。

在签字仪式上，福建香江集团为宁夏西吉县希望小学捐赠人民币100万元。

（宁夏档案馆：《闽宁对口扶贫协作二十年档案资料选编》）

3.《闽宁对口扶贫协作第三次联席会议纪要》（节选）

1998年6月29日—30日，福建省、宁夏回族自治区对口扶贫协作第三次联席会议在福州举行，宁夏回族自治区政府主席马启智、自治区党委副书记韩茂华，福建省委书记陈明义、省长贺国强、省委副书记习近平、省委常委、秘书长黄瑞霖、副省长朱亚衍出席会议。纪要如下：

会议认为，在两省区党委、政府的高度重视下，从1996年11月在福州召开两省区对口扶贫协作第一次联席会议至今，两省区签订的《开展对口帮扶协议书》和《对口扶贫协作第二次联席会议纪要》都较好地得到落实。双方本着"优势互补、互利互惠、长期协作、共同发展"的原则，达成了一批经济技术合作项目，其中8个项目已经建成投产，开始发挥效益，16个项目正在实施；福建省财政无偿支持宁夏的2100万元资金已如期到位，援建的"井窖工程""坡改梯工程"、移民开发和希望小学等项扶贫工程均已基本完成；闽宁对口扶贫协作的示范工程——闽宁村建设进展顺利；石狮市与同心县协作共建的同心石狮镇也已启动；彭阳县的菌草技术示范点已取得成功；帮教助学、智力扶贫、劳务输出、互派干部挂职交流和人才培训等均按计划顺利实施；社会扶贫成效显著，为宁夏捐送衣物123.5万件，捐款107万元；8个对口县市扶贫效果明显；在宁夏投资的福建企业家成立了宁夏福建企业家扶贫协会。对口扶贫协作已在经济、科技、教育、文化等领域全面展开，结出了丰硕成果。

会议议定：

1.根据第二次联席会议纪要精神，1998年福建省继续安排1500万元无偿支持宁夏回族自治区开展扶贫攻坚工作。这些资金主要用于与解决温饱密切相关的项目，兴修坡改梯基本农田5万亩，新建闽宁希望小学16所，吊庄移民1万人。

2.1998年5月20日，宁夏发生百年不遇的暴雨，山洪暴发成灾，部分地区群众生命财产遭受严重损失。福建省委、省政府对宁夏发生的灾情十分关切，代表全省人民向宁夏受灾群众表示慰问，并捐款300万元，用于灾区人民的生活救济和恢复生产。宁夏回族自治区党委、政府对福建遭受特大洪灾深表关切，代表全自治区人民向受灾群众致以亲切慰问，并捐赠 100 吨大米，用于灾区人民的生活救济。

3. 积极引导两省区企业、社团、各类民间组织和投资者之间开展交流，加强联合与合作，通过投资办企业，参与宁夏企业的经营管理，对宁夏企业进行参股、控股、兼并等多种形式的经济协作。鼓励社会力量捐资助学，帮助宁夏发展教育、卫生等社会事业；积极开展教育、文化、学术对口交流与协作，福建省同意为宁夏定向培养研究生，具体由双方教育部门协商；相互转播两省区电视节目；扩大宁夏对福建的劳务输出。

4. 开展科技交流与合作，加大科技扶贫的力度。继续抓好由福建省闽宁对口办（脱贫办）牵头，福建省科委、省农业大学配合，在宁夏彭阳县和闽宁村的菌草技术示范推广工作，培训技术骨干，尽快在全区推广。

5. 加快闽宁村的建设进度。全部工程建设任务到今年 8 月底前完成。要把闽宁村建设成为宁夏易地开发脱贫示范区、现代农业示范区（节水滴灌技术、稀土保水技术、菌草技术）、农业产业化示范区和庭院经济示范区。

6. 宁夏回族自治区成立 40 年大庆期间，将举办投资贸易洽谈会，福建省同意作为协办单位组团参加，并发挥台胞、侨胞和外资企业多的优势，积极介绍港、澳、台工商界人士到宁夏考察，帮助宁夏引进台资、外资。

7. 进一步做好干部交流和培训工作。在继续执行两省区已签署的干部挂职和培训协议的基础上，1998—2000 年，宁夏每年增派 5 名共青团干部到福建挂职锻炼，每期 6 个月；福建省同意为宁夏培训妇联干部，并救助贫困母亲和贫困女童各 100 名，具体由两省区妇联商定。

8. 加快制定《"九五"期间福建—宁夏对口帮扶

与经济技术协作规划纲要》，使其成为两省区对口扶贫协作共同遵循的重要文件。

（宁夏档案馆：《闽宁对口扶贫协作二十年档案资料选编》）

4.《闽宁对口扶贫协作第四次联席会议纪要》（节选）

2000 年 4 月 3 日，福建省、宁夏回族自治区对口扶贫协作第四次联席会议在福州举行。宁夏回族自治区党委书记毛如柏，自治区政协主席马思忠，自治区党委常委、宣传部部长王正伟，自治区人大副主任韩有为等；福建省委书记陈明义，省委副书记、省长习近平，省人大常委会主任袁启彤，省政协主席游德馨，省委副书记石兆彬，省委常委、秘书长黄瑞霖，副省长黄小晶，以及两省区有关部门和地市的负责同志出席了会议。

会议一致肯定，自 1996 年 11 月在福州召开两省区对口扶贫协作第一次联席会议至今，对口扶贫协作不断深化和发展，两省区人民的友谊不断增进和加深，双方签订的有关协议、纪要都得到了较好落实。福建省财政无偿支持宁夏的 5700 万元资金已如期到位，援建的井窖工程、坡改梯工程、希望工程、闽宁村建设和妇幼保健所建设已基本完成；福建与宁夏结对子的市、县、区无偿支援 3200 万元帮助建设的各类项目也已全部建成。闽宁村、彭阳县等地菌草技术扶贫示范项目已获得成功；土豆淀粉、肉牛基地和种草养畜等项目进展顺利；温饱示范村建设已经启动；帮教助学、智力扶贫、劳务输出、互派干部挂职交流、人才培训等均按计划顺利实施。同时达成经济技术协作项目 154 项，实际投资近 7 亿元。从总体上看，对口扶贫协作已在经济、科技、教育、文化、卫生、宣传等领域和方面广泛展开，目前正在巩固成果的基础上继续向前推进。

根据西部大开发的重点和宁夏扶贫工作的实际，会议议定：

一、巩固对口扶贫协作已取得的成果。2000 年福建省继续安排 1500 万元无偿支持宁夏回族自治区。这些资金主要用于与扶贫密切相关的项目：继续巩固提高原定 80 个闽宁温饱示范村，扶持 1000 户农户发展菌草技术，修建基本农田，扶持发展畜牧业、种养业，加强生态建设，开展以环境保护和建设为中心的小流域综合治理试点，开展劳务输出培训和跟踪管理，探索设立两省区扶贫合作重点项目贷款贴息资金。宁夏有关部门负责管理使用，双方共同监督，确保使用方向，提高使用效益。此外，福建省再安排 300 万元，用于宁夏回族自治区科技、教育和人才建设等方面的项目。

二、进一步加强科技交流与合作。充分发挥福建在科研、信息、人才和管理等方面的优势，在生物工程、中医药研制、高科技产业、信息化建设、改造传统产业等更宽领域进行广泛的科技开发，通过专家指导、人才培训、成果转让等形式全面开展两省区的科技合作。重点围绕生态环境建设和保护、特色经济培育、技术创新及高新技术成果产业化发展等方面，开展合作研究和联合攻关。双方共同协助中国扶贫基金会办好今年 6 月份在宁夏召开的全国菌草技术扶贫现场会，使之成为推动两省区科技合作的新起点。加强福建海峡信息网与宁夏科技信息网的信息沟通，使之成为闽宁科技合作的桥梁与纽带。

三、继续开展干部交流和人才培训。两省区继续开展互派干部挂职交流工作。围绕西部大开发对人才的需求，福建省继续帮助宁夏搞好干部和企业管理人员的培训工作，福建高等院校拓展在宁夏招收本科生的专业领域，增加招生名额。采取定向培养、联合培养和举办研究生课程等形式，帮助宁夏回族自治区培养急需人才。采取宁夏选送骨干教师来闽进修、福建选派知名教授赴宁讲学等形式，组织实施"对口扶贫支教工程"。

四、扩大两省区企业和社团间交流和合作。巩固现有企业合作项目，对福建企业家已经在宁夏兴办的企业，宁夏回族自治区方面继续给予支持和帮助，及时协调解决有关困难和问题，同等享受西部大开发的优惠政策。同时，遵循市场经济规律，充分考虑两省区经济发展的互补性，拓展企业、社团、民间组织之间技术经济合作的广度与深度。

鼓励两地企业间开展多种形式的交流与合作，探索联合组建跨地区、跨行业、跨所有制的大型企业集团。由两地经协、工商联等部门牵线搭桥，开展中小企业之间交流与合作，促进两地非公有制经济发展。鼓励福建企业家到宁夏创办各类企业。两省区积极组织双方企业参与两地举办的各种交易会、洽谈会、恳谈会、订货会。规范市场行为，创造公开竞争环境。鼓励和支持福建的优质工程队到宁夏参与重点工程和基础设施建设。落实闽宁对口扶贫协作的优惠政策，为双方企业到双方省区投资提供信息、咨询等服务。宁夏方面继续关心和支持福建企业家扶贫协会。通过以上工作，努力使以企业为重点的两省区对口扶贫协作和经济交流合作再上新台阶。

五、大力推进农业经济的交流与合作。双方在调整农业经济结构，推进农业产业化、市场化方面加强合作，积极探索农业综合开发、现代农业科技应用推广、优良品种选育、设施农业、农副产品深加工等方面的新路子，相互吸收先进技术、转让成果。鼓励宁夏具备条件的地区与福建的漳州市等现代化农业发达地区开展联合，共创企业、开拓市场，建立长期稳定的农产品生产、加工、贸易合作关系。

六、关心和参与宁夏回族自治区生态环境保护和建设。宁夏生态环境保护和建设的任务艰巨而繁重。为此，福建省在宁夏南部山区退耕还林还草、小流域综合治理上，治理造纸、皮革、冶金、化工等工业污染，以及在处理城市污水、垃圾等方面，发挥技术、人才、大型治理设施制造等优势，同宁夏回族自治区进行广泛的合作。

七、增加宁夏对闽劳务输出。双方继续扩大劳务合作，进一步加强劳务基地建设和就业前培训，充分发挥劳动力市场的功能，为宁夏劳动力来闽从事劳务活动创造更多的机会。同时，加强宁夏在闽劳务人员的管理，保证用工单位工作的正常开展。

八、加强旅游和文化产业合作。福建省和宁夏回族自治区都有着丰富的旅游资源和独特的民族风情，发展旅游业潜力巨大。两地应不断加大这方面的合作力度，在开发旅游新景点、扩展特色旅游项目、共建旅游设施等方面进行多层次探索与合作。福建方面发挥文化产业所具有的现代化设施和人才等优势，参与西部文化的建设与开发。宁夏回族自治区利用独特的民族风情和依托深厚的文化背景，积极为福建提供创作资源。双方积极组织各自的文化单位和文化工作者广泛开展形式多样的文化交流活动，推动两省区文化产业更快发展。

九、认真落实两省区已签署的纪要和协议确定的各个项目。对尚未落实的事项，两省区要抓好督促检查工作，采取有力措施使其真正落到实处。

（宁夏档案馆：《闽宁对口扶贫协作二十年档案资料选编》）

5.《闽宁对口扶贫协作第五次联席会议纪要》（节选）

2001年8月6日，福建省和宁夏回族自治区对口扶贫协作第五次联席会议在银川举行。会议议定，今后的对口扶贫协作，要重点围绕以下几个方面深入进行：

一、继续以解决贫困和温饱问题为中心，不断巩固已经取得的扶贫成果。福建省委、省人民政府决定，2001年继续安排1500万元资金无偿支持宁夏。这些资金主要用于与扶贫有关的"千村扶贫开发工程"，修建基本农田，发展畜牧、种养业，推广菌草技术，移民吊庄，开展劳务输出培训与跟踪管理，建设闽宁对口扶贫协作科技文化活动中心，开展以环境保护和建设为中心的小流域综合治理试点，设立两省区扶贫合作重点项目贷款贴息资金，开展"母婴平安120"项目试点等。另外再安排300万元资金，用于宁夏"千村扶贫开发工程"试点村的科技推广以及科研、教育和人才建设等方面的项目。

二、继续坚持市县结对帮扶的成功做法。结对帮扶工作继续由福建省沿海经济相对发达的福州、厦门、泉州、漳州、莆田5市负责。具体结对县（市、区）由福建省闽宁办会同5市与宁夏有关部门研究确定。

三、继续互派干部挂职交流。2001—2003年，福建省继续选派熟悉经济工作的1名厅级干部到宁夏固原地区挂职（兼领队），选派8名县级干部到宁夏南部山区对口帮扶县挂职，帮助开展工作。2002—2003年，福建省每年免费为宁夏举办3期干部培训班，共培训县处级干部、乡镇领导干部和企业管理人员180人，具体工作由两省区党委组织部门协商进行。

四、以企业协作为基础，进一步扩大企业间的合作与交流，建立新世纪的全面合作关系。从福建省无偿支持宁夏的资金中安排一部分作为对口扶贫协作项目贷款贴息，不断推进经济技术合作向高层次、全方位、多形式、纵深化发展，为建立新世纪两省区全面合作奠定基础。

五、进一步加强劳务协作。到目前为止，福建省已累计向宁夏提供劳务信息 3 万多条,接收宁夏劳务人员 6000 多人,仅在莆田金威集团一家企业务工的宁夏青年就有 2200 人。双方议定,两省区有关部门要继续抓好这项工作,使闽宁劳务协作在原有的基础上有新的突破。

六、进一步加强科技合作与交流,推广菌草技术,加快生态环境保护和建设。双方议定,要进一步加大科技培训力度,扩大项目覆盖范围,使这项技术尽快变成贫困农户新的增收途径。同时,两省区的科研部门要进一步加强合作与交流,根据中央实施西部大开发战略的要求,重点保护和建设生态环境,把退耕还林还草、小流域综合治理与扶贫开发有机地结合起来,努力在这方面进行研究、探索,为建设山川秀美的大西北做出应有的贡献。

（宁夏档案馆：《闽宁对口扶贫协作二十年档案资料选编》）

6. 《闽宁镇经济与社会发展三年规划 (2002—2004 年)》 (节选)

今后 3 年是闽宁镇成立后经济与社会发展的重要时期,闽宁镇的发展面临着许多机遇与挑战。根据闽宁镇实际情况,制定《闽宁镇经济与社会发展三年规划 (2002—2004 年)》。

一、现状与存在的问题

（一）现状

十年来,在各级党委、政府和福建省党委、政府的关怀和支持帮助下,经闽宁镇广大开发建设者的艰苦奋斗和开发建设,闽宁镇农田开发、水利设施配套建设、供电设施、道路建设、移民搬迁和服务机构设置等已初具规模。开发总面积 6.6 万亩,开发配套农田 3.4 万亩。目前已成立 9 个行政村,

50 个村民小组,安置移民 3300 户,8515 人。

2001 年闽宁镇工农业总产值达 1725 万元,农民人均纯收入达 840 元,比上年增长 20.3%。由于闽宁镇建设时间短,基础设施差,农民因搬迁建房、改造土地等耗资较大,造成经济差,造血功能微弱,缺乏自我发展后劲。

（二）存在的困难

一是闽宁镇农村生产力水平低,农民收入低;二是农业经济结构不合理,农业的特色优势和规模化优势尚未形成,订单农业少,农民增收、农业增效困难;三是农民筹措生产资金困难,在经济结构调整过程中缺乏启动资金,给农业发展造成较大的阻力,致使经济发展速度缓慢;四是本地扬水灌溉农业生产成本高、投入大,但产出低,仅水电费一项亩均投入就比自流灌区高出百余元,农民负担较重;五是农业生产基础设施条件差,建设滞后,严重制约着经济快速发展;六是服务单位建设滞后,为农业生产开展优质服务条件差,对农民的科技培训工作跟不上;七是闽宁镇工业经济基础差,尚属空白。

二、指导思想

今后 3 年,要坚持以发展为主题,以市场为导向,以发展和科技进步为动力,以增加农民收入、提高移民生活质量为根本目的,正确处理人口、资源、生态和环境问题,正确处理改革、发展、稳定的关系,贯彻依法治国战略,促进经济和社会协调发展,逐步缩小闽宁镇与永宁县其他乡镇的差距,推进闽宁镇小城镇化水平。

三、发展思路、目标与任务

（一）发展思路

以农业为基础,通过第一产业的发展带动第二、三产业的发展。要大力调整产业结构,重点发展葡萄、生态经济林、菌草种植业和畜牧养殖业,培育支柱产业,走产业化、规模化、效益化的路子,走

种养加结合、农科教结合、贸工农相结合的路子。实施科技兴镇，大力推进市场化进程，着力改善投资环境，以优惠的政策措施招商引资，高速度发展。进一步加快小城镇建设步伐，把闽宁镇建设成为功能齐全、产业结构合理，内有凝聚力、外有辐射功能的富裕、文明的闽宁新镇。

（二）主要目标与任务

今后3年经济和社会发展的主要目标是：

经济保持较快发展速度，年均增长15%，争取到2004年实现年工农业总产值5500万元；农民物质文化生活有较大改善，农民人均收入持续增加，保持年增长15%，到2004年人均纯收入达到1550元；生态建设和环境保护得到加强；科技教育加快发展；精神文明建设和民主法治建设取得明显进展。

1.种植业方面，在稳定粮食生产的同时，充分利用靠近银川大市场的区位优势，实施"四个一"工程

到2004年要实现农民户均种植1亩葡萄、1亩经济林、1亩饲草、1栋菇棚的"四个一"目标，全镇实现发展菇棚3300栋、葡萄种植3300亩、种草3300亩、生态经济林种植3300亩的任务。在区域分布上：重点在闽贺、兰江、月亮、木兰、武河、黄夷6个村发展菌菇生产；结合"中山01号"扶贫项目，双沟、玉营、园艺3个村要以种植优质葡萄为主，在现规模的基础上，大面积种植，大范围推广，实行"公司+基地+农户"的形式，推广种植订单农业；在闽贺、兰江、月亮、木兰、武河、黄夷6个村重点发展枣、桃、杏等生态经济林；在黄夷、武河、兰江、闽贺重点发展饲料甜菜和苜蓿等饲草种植。

要重视发展节水型特色产业，搞好生态农业建设，增加对农业的投入力度，进一步改变农业生产条件，抓好农田水利基本建设，加快中低产田改造，确保"四个一"工程的顺利实施。

2.养殖业方面，实施好"2582"项目

按照"小群体、大范围、快发展"的思路，到2004年，实现农民户均养2头牛，汉族户均养5头猪，户均养8只羊，户均饲养20只特禽家禽目标，全镇牛饲养量达6600头，生猪饲养量达到3000头，羊只饲养量达到26400只，家禽饲养量达到66000只。区域分布上：结合自治区民革委"中山01号"项目，玉营、黄夷发展养猪示范小区和示范户，武河、木兰、月亮发展养牛示范小区和示范户，在闽贺、兰江、双沟、园艺发展养羊示范区、示范户。

要把集中养殖小区和分散养殖小区建设结合起来，抓点带面，全面发展。

3.加强生态林业建设，逐步改善农业生态环境

坚持"谁造谁有，谁管护谁受益"的原则，广泛动员全民动手，重点营造闽贺、兰江、月亮、木兰、武河、黄夷6个村中心路两侧防护林带，营造闽贺、兰江两村沿山公路西长4公里、宽40米防风固沙林带，营造园艺、双沟、玉营3个村公路两侧防护林带。完成各村房前屋后绿化及条田林网建设，彻底改变闽宁镇生态环境面貌。

4.加强水利基础设施建设，改善农业灌溉条件

3年内，要完成三级扬水工程建设项目，完成闽贺、兰江两村庭院节水设施配套建设，完成闽宁镇防洪工程2002—2004年项目任务。彻底改造不符合设计要求的闸门、渠口，加强渠道维修工作。进一步改善农业灌溉条件，促进经济增长。

切实完善水管所各项管理制度，合理配置工作岗位，强化灌溉管理。提倡节约用水，实行小畦节水灌溉，杜绝大水漫灌，减轻农民负担。

5.加快基础设施建设，推进小城镇建设步伐

完善闽宁镇规划，分期完成福宁路续建工程，完成莆西路、环城路柏油路建设，改善主要街道的绿化、美化，筹措资金，修建闽宁办公大楼1座，改善办公条件。3年内，力争完成甘城子小学、铁

西小学的扩建任务，完成闽宁小学新建、闽宁中学续建任务；完成福宁路、莆西路、沿山路两侧商业楼统一规划与建设任务，完成闽宁镇广场建设。

加大电力、交通、通信、市场设施建设力度，改善投资环境。完成全镇农网改造工程，实现水、电、暖配套供应；争取村村通柏油路；提高信息化水平，力争有线电视入户率达 20%，电话普及率达 65%；完成闽宁镇农贸市场建设任务。

积极集聚人口，强化户籍管理，稳步推进小城镇化水平。

6. 大力发展服务业

依托本地市场，发展面向生产的服务业，重点发展以农产品保鲜、加工、销售、运输、信息服务为主的服务业，以带动农业产业化经营。

要积极输出劳务，增加农民劳务收入，成立闽宁镇市场劳务信息服务公司，把闲散劳动力组织起来，实现劳务与信息有机结合、劳务输出统一组织，向周边农场、公司、企业输送，争创就业机会，培养他们的劳动技能，增加农民收入。

7. 大力发展教育、卫生事业

普及九年义务教育，进一步改善中小学办学条件，提高教学质量，提高适龄儿童入学率，提高人口文化素质。

改善医疗服务质量，提高农民初级医疗保健水平，提高人民的健康水平。

8. 加大科技培训力度

农科站、林业站、畜牧站要彻底转变工作作风，强化科技服务意识，提高服务质量，积极组织干部进行科技下乡，实行科技跟踪服务。加强对农民的素质教育，定期或不定期举办各类培训班，使每户农民都掌握几种种植或养殖实用技术，增强农民脱贫致富的创造力和自我发展的能力，组织力量，开办农业"110"服务组织，进一步方便农民。

9. 加强精神文明建设，促进社会全面进步

坚持依法治国与以德治国相结合，促进农民文化生活水平的提高。大力发展农村文化，繁荣农村文化生活。坚持不懈地进行党的基本理论、基本路线、基本纲领的教育；加强爱国主义教育和思想道德建设。开展多层次、多样化的文明村镇建设活动，形成积极健康、奋发向上的社会风尚。认真贯彻落实党的民族宗教政策，依法加强对宗教事务的管理，发展平等、团结、互助、和谐的社会主义民族关系，促进各民族共同繁荣。

10. 加强基层组织建设

要按照"五个好"村党支部的标准，加强村党支部建设。结合闽宁镇换届选举工作，完成闽宁镇各村党支部、村委会换届选举，选配好村级领导班子。3 年内各村要建齐党员活动室、村文化室、村党支部（村委会）办公室。

11. 加强社会治安综合治理，维护稳定的社会局面

中共永宁县闽宁镇委员会　闽宁镇人民政府
2002 年 1 月 25 日
（宁夏档案馆：《闽宁对口扶贫协作二十年档案资料选编》）

7.《闽宁对口扶贫协作第七次联席会议纪要》（节选）

2003 年 10 月 9 日，福建省、宁夏回族自治区对口扶贫协作第七次联席会议在宁夏银川市举行。

会议议定，今后闽宁对口扶贫协作要结合西部大开发战略和宁夏"千村扶贫开发工程"的实施，重点做好以下工作：

一、实施项目带动，巩固和扩大扶贫协作成果。今年福建援助宁夏的 1500 万元资金，主要用于扶持万户菌草产业扶贫工程、万名劳务输出人员

培训工程、万名失学儿童救助工程和基础设施建设、特色种养业、科技文化活动中心建设、小流域综合治理试点及农业实用技术的培训示范和推广等项目。

二、进一步加大劳务合作力度。力争到2004年10月，使宁夏输入福建的劳务人员增加4000人次。要切实加强劳务人员的培训工作，提高综合素质和劳动技能。今年，福建另外安排300万元，在宁夏新建1所劳务培训中心，集中培训宁夏输入福建的劳务人员。

三、菌草技术扶贫要向宁夏本地化发展。2003—2004年，福建菌草技术扶贫的重点是在扶持贫困农户的同时，为宁夏培养一支稳定的菌草技术队伍，并能掌握菌种制作技术，让菌草技术扶贫项目扎根宁夏。

四、继续坚持市县结对、福建省派干部到宁夏挂职的成功做法。双方商定，继续坚持市县结对帮扶和福建省选派1名厅级干部和8名县级干部分别到宁夏固原市及8个对口帮扶县挂职，帮助抓好扶贫开发工作。2003—2004年，福建省继续免费为宁夏培训200名左右的县处级干部、乡镇干部、企业管理人员、专业技术人员和公务员。

五、继续加强教育、卫生、文化等领域的交流与合作。福建省继续选派优秀教师到宁夏贫困地区支教。引导和支持两省区教研机构开展交流与合作。福建省继续组织好青年志愿者医疗服务活动，选派更多的医务人员到宁夏贫困地区开展医疗服务。福建对口市县继续选派医疗技术骨干组成医疗小分队到宁夏贫困县义诊。宁夏贫困地区继续选派医务人员到福建学习培训。进一步加强两省区电视转播、文化交流、文物保护等方面的合作，继续加强两省区妇女组织的交流与合作。

六、进一步加强两省区经济协作。两省区有关部门要进一步加强协商，引导更多福建企业到宁夏

投资置业，帮助他们解决实际困难，使闽宁经济协作加快发展。

（宁夏档案馆：《闽宁对口扶贫协作二十年档案资料选编》）

8.《闽宁对口扶贫协作第八次联席会议纪要》（节选）

2004年10月11日，福建省、宁夏回族自治区互学互助对口扶贫协作第八次联席会议在福建省福州市举行。

会议议定，今后闽宁互学互助、对口扶贫协作要结合西部大开发战略和宁夏"千村扶贫开发工程"的实施，重点做好以下工作：

一、实施项目带动，巩固和扩大扶贫协作成果。今年福建省另外安排300万元，主要用于宁夏整村推进有关项目的实施。

二、继续加大劳务合作力度。双方有关部门要进一步加大工作力度，积极组织，力争到2005年10月，使宁夏输入福建的劳务人员新增加6000人，稳定在福建的劳务人员达到1.3万人左右。宁夏要在福建已建立5个劳务工作站的基础上，力争再增加1~2个劳务工作站，收集用工信息，协调劳务工作，解决宁夏劳务人员的各种困难，促进劳务合作的发展。

三、加快菌草技术向宁夏本地化发展步伐。今年，要继续加大技术队伍和菌种制作培训力度，积极开拓市场，巩固老菇农，稳步发展新菇农，让菌草技术尽快扎根宁夏。

四、继续坚持市县结对、双方互派干部挂职的成功做法。双方商定，长期坚持市县结对帮扶和福建省选派1名厅级干部和17名县（处）、乡镇（科、局）级干部分别到宁夏固原市及8个对口帮扶县挂

职，帮助宁夏抓好扶贫开发工作，宁夏也选派部分干部到福建挂职锻炼。

五、进一步推动两省区经济协作。力争到 2005 年 10 月，再引进几家福建企业到宁夏办厂。

六、进一步加强教育、卫生、文化等领域的交流与合作。建立"县对县"教育对口支援制度，具体工作按教育部部署的对口支援任务落实。继续坚持青年志愿者医疗服务活动，加大医疗帮扶力度，具体项目由两省区卫生部门商定。继续加强两省区电视转播、文化交流、文物保护等方面的合作。继续加强两省区工会、青年、妇女组织的交流与合作。

2004 年 10 月 11 日

（宁夏档案馆：《闽宁对口扶贫协作二十年档案资料选编》）

9.《闽宁对口扶贫协作第九次联席会议纪要》（节选）

2005 年 8 月 6 日，福建省、宁夏回族自治区互学互助、对口扶贫协作第九次联席会议在宁夏银川举行。

会议议定，今后闽宁互学互助对口扶贫协作要紧密结合两省区实际，按照中央扶贫开发工作要求，突出"整村推进、劳动力转移和培训、产业扶贫" 3 个重点，向着拓宽领域、深入推进、务求实效的方向发展，重点做好以下工作：

一、继续实施到村到户项目。今年福建省另外安排 300 万元，在宁夏扶贫开发工作重点村新建 200 个村级卫生室（每个投资 1.5 万元）。

二、继续加大劳务合作力度。一是在福建部分城市建立劳动力转移培训基地，加强务工人员的技能培训；二是将宁夏向福建输送劳动力的范围由山区 8 县扩大到全区，川区市县享受同样的优惠政

策；三是双方构建固定的信息通道和共享的信息平台，加强用工信息交流、沟通和对接，带动劳动力转移。力争到 2006 年 8 月，使宁夏在福建的劳务人员新增 1 万人，稳定在福建的劳务人员达到 2.5 万人左右。

三、进一步推进两省区经济协作。从今年开始，银川市在宁东规划建设综合工业园，凡是符合工业园发展规划和功能定位的福建企业投资项目，可优先进入工业园建设发展。福建对口帮扶的宁夏南部山区 8 县引进的项目投产后，上缴的税收地方留成部分可全额返还，完成的生产总值计入招商引资的县（市、区）。宁夏有关部门要切实做好协调和服务工作，帮助企业解决实际困难。力争到 2006 年 8 月，再引进 5~10 家福建企业到宁夏投资。

四、进一步加强旅游合作。建立双方旅游合作保障机制，双方省级和重点城市旅游部门定期召开联席会议，每年在对方举办一次旅游推介会，促进旅游合作稳定发展。双方共同努力，争取尽快开通银川至福州或厦门的航线。

五、继续加快菌草技术向宁夏本地化发展步伐。今年，要继续加强技术队伍和菌种制作合作力度，积极开拓市场，稳定老菇农，扩大示范效果，稳步发展新菇农，让菌草技术尽快扎根宁夏，使更多的贫困群众受益。

六、继续坚持市县结对、双方互派干部挂职的成功做法。今年，两省区党委组织部继续履行两省区达成的干部挂职和培训协议，要力争实现创新和突破。

七、进一步加强教育、卫生、文化等领域的交流与合作。进一步做好"县对县"教育对口支援工作。继续坚持青年志愿者医疗服务活动，加大医疗帮扶合作力度。继续加强两省区工会、青年、妇女组织和文化、司法、计生、环保、税务等方面的交

流与合作，使闽宁对口扶贫协作向更宽领域更高层次推进。

（宁夏档案馆：《闽宁对口扶贫协作二十年档案资料选编》）

10.《国务院扶贫办电贺闽宁扶贫协作会议》

2005 年 8 月 6 日，国务院扶贫开发领导小组办公室向闽宁互学互助对口扶贫协作第九次联席会议发来贺电，高度评价两省区 9 年来取得的丰硕成果。

贺电认为，闽宁对口扶贫协作 9 年来，两省区党委、政府高度重视，精心组织，按照"优势互补、互惠互利、长期合作、共同发展"的原则，不断探索新路子，培育新机制，开创新局面，取得了显著成绩，积累了许多行之有效的宝贵经验。两省区建立的省区联席会议制度以及市县结对帮扶、互派干部挂职、省区部门对口、积极开展劳务协作等成功做法值得广泛宣传和大力推广。

贺电说，党中央、国务院始终高度重视东西扶贫协作。胡锦涛总书记、温家宝总理对此多次作出重要指示，要求对口扶贫协作双方不断创新机制，加大帮扶力度，进一步推动东西扶贫协作工作再上新台阶。希望两省区按照科学发展观和构建和谐社会的要求，认真总结经验，采取有效措施，进一步扩大合作成果，继续谱写宁夏经济社会快速发展和海峡两岸经济腾飞的新篇章，为全国东西扶贫协作的深入开展做出新的更大的贡献！

（宁夏档案馆：《闽宁对口扶贫协作二十年档案资料选编》）

11.《闽宁对口扶贫协作第十次联席会议纪要》（节选）

2006 年 4 月 20 日，福建省、宁夏回族自治区互学互助对口扶贫协作第十次联席会议在福建省福州市举行。

会议议定，"十一五"期间，闽宁互学互助、对口扶贫协作要紧密结合两省区实际，注重发挥优势，注重创新机制，注重提高实效，突出经济发展，突出扶贫开发，推进经济技术协作，推动闽宁合作与交流再上新台阶。

一、坚持政府主导，着力构建对口帮扶平台。"十一五"期间，福建省财政继续每年安排 1500 万元无偿援助资金，帮助宁夏加快扶贫开发进程。2006 年，1500 万元援助资金主要用于扶持菌草产业发展、劳动力转移培训、发展特色种养业以及开展农业新技术培训示范和推广、开展文化扶贫、新建 20 个闽宁社会主义新农村示范村等项目。另外 300 万元，主要用于支持宁夏建设 200 个农村卫生室项目。

二、拓宽人才培训交流渠道，着力构建人才提升平台。（1）实行两省区互派干部挂职锻炼。今年，福建选派第五批 18 名援宁挂职干部，宁夏选派 16 名干部到福建挂职锻炼。（2）福建帮助宁夏培养学科带头人，吸引海内外高层次人才，促进宁夏高层次人才队伍建设。

三、以农村劳动力技能培训为突破口，着力构建劳务合作平台。（1）加强劳务培训。实行统一规划，分头培训，积极推进两省区的劳动力转移培训基地合作。（2）加快培育两省区劳务中介组织和劳务经纪人队伍，实行政府引导、基地培训、中介服务、企业吸纳的良性机制，推动劳务合作多层次有序发展。（3）扩大宁夏在闽劳务基地数量。2006 年力争新增输闽劳务人员 8000 人，使在闽劳务人员达 3 万人左右。

四、努力扩大经济协作规模，着力构建企业创业平台。2006 年，要促成一批福建企业到宁夏投资。合力推动宁东综合工业园建设。银川市在宁东规划建设的综合工业园，要创新招商机制，制定优惠政策，提供优良服务，对福建企业符合工业园发展规划和功能定位的投资项目，可优先进入工业园。

五、以科技入户为切入点，着力构建科技进步平台。2006 年，福建农林大学继续选派优秀菌草技术人员到宁夏开展菌草技术指导服务，推动菌草技术进村入户。要在抓好菌草生产的基础上，着力搞好菌草生产的加工和销售，做大做强菌草产业。

六、以完善教育对口帮扶为主线，着力构建教育协作平台。继续做好援宁教师支教工作。今年福建省组织 70 名骨干教师赴宁夏支教，同时，抓好两省区学校间结对工作。

七、积极开展卫生互学互助活动，着力构建卫生帮扶平台。2006 年，福建省确定市级精神病院、中医院和疾控机构各一所与宁夏西海固地区相应的医疗机构结成帮扶单位，组织医疗工作者到对口县开展支医活动。同时，帮助宁夏培训医疗技术人员。

八、引导更多的部门和民间组织参与闽宁合作，着力构建社会参与平台。2006 年，福建省旅游局帮助宁夏培训旅游管理人员，努力促成福建至宁夏旅游包机、旅游专列的开通；两省区总工会互派干部考察交流，福建省工会帮助宁夏企业实施技术协作项目，支持宁夏固原市职工活动中心建设；进一步加强两省区团组织间的互访交流，共青团福建省委继续选派青年志愿者开展援宁活动，为宁夏西海固地区贫困家庭捐赠电视机；福建省妇联继续做好妇女干部培训交流工作，继续资助宁夏贫困女童完成学业。

（宁夏档案馆：《闽宁对口扶贫协作二十年档案
资料选编》）

12.《闽宁对口扶贫协作第十一次联席会议纪要》（节选）

2007 年 7 月 24 日，福建省、宁夏回族自治区互学互助对口扶贫协作第十一次联席会议在宁夏回族自治区银川市举行。

会议议定，今后闽宁互学互助、对口扶贫协作要结合新农村建设，重点做好以下工作：

一、继续实施项目带动。2007 年福建省财政继续安排 1500 万元资金，主要用于扶持菌草产业、劳动力转移培训、特色种养业以及农业新技术培训示范和推广、文化帮扶和 10 个闽宁社会主义新农村示范村建设等项目。另外安排 300 万元，主要用于支持宁夏实施扶贫整村推进项目。

二、加大农村劳动力培训转移力度。扩大宁夏在闽劳务基地，2007 年力争向闽输出经过培训的、有一定技能的务工人员 5000 人，其他务工人员 1 万人。福建省向宁夏提供用工岗位信息 10 万个，协助宁夏做好赴闽务工人员的就业安置、培训、维权和跟踪服务工作。

三、坚持做好人才交流与培训工作。继续实行两省区互派干部挂职锻炼，完善互派干部挂职机制，加强两省区人才资源开发的合作与交流，发挥两省区继续教育基地作用，扩大培训规模，加强人才培训。

四、进一步加强经济协作。促进两省区产业对接，积极发挥福建和宁夏各自的特点、资源、区位和市场优势，推进闽宁产业转移、产业延伸、产业对接、产业配套。

五、进一步加强农业科技合作。重点抓好菌草循环经济示范基地的巩固和扩大，提升示范效果。着力抓好加工和销售，做大做强菌草产业。加强双方在中药材、农产品加工、生物农药等方面的科技合作，促进贫困地区优势资源的开发利用，带动宁夏贫困地区优势特色产业和设施农业的快速发展。

六、切实推进教育、卫生对口帮扶。2007 年福建省继续选派 90 名中学骨干教师赴宁夏南部山区支教。加强两省区间教师的交流培训，抓好两省区学校间对口互助，突出高等职业学校间的结对与合作。尽快落实两省区医疗机构的结对帮扶事宜，福建有条件的地方可组织医疗工作者到对口县（区）开展支医活动，帮助宁夏培训医疗技术人员。

七、引导更多的部门和社会组织参与闽宁合作。2007 年，在文化交流、职工技术培训、选派青年志愿者、救助贫困母亲、计划生育和旅游合作等方面力争有新的突破。

（宁夏档案馆：《闽宁对口扶贫协作二十年档案资料选编》）

13.《闽宁互学互助对口扶贫协作第十二次联席会议纪要》（节选）

2008 年 11 月 8 日，福建省、宁夏回族自治区互学互助对口扶贫协作第十二次联席会议在福建省福州市召开。

会议议定，今后闽宁互学互助对口扶贫协作要结合两省区实际，进一步加大力度，提升水平，拓宽领域，全面推进，重点做好以下工作：

（一）认真贯彻落实《国务院关于进一步促进宁夏经济社会发展的若干意见》，进一步创新对口协作机制，携手争创全国东西对口协作示范省区。福建继续做好宁夏南部山区 8 县的对口帮扶工作，鼓励企业参与宁夏红寺堡开发区和中南部地区的开发建设，帮助宁夏中部干旱带和南部山区早日脱贫致富。福建充分发挥沿海港口、外向带动、对台合作等优势，努力把海峡西岸经济区建设成为科学发展的先行区、两岸人民交流合作的先行区，为宁夏提供快捷顺畅

的对外开放综合通道。利用"6·18"中国海峡项目成果交易会、"9·8"中国国际投资贸易洽谈会等大型展会，为宁夏提供招商引资、经贸合作、技术创新等平台服务，积极推动更多适合宁夏发展需要的技术开发、产学研结合项目，在宁夏转化和落地。

（二）促成福州、厦门至银川空中航线开通，共同开辟东南沿海—台湾—宁夏经贸合作的通道与平台，推动福建及台湾与宁夏的经贸交流。双方共同支持厦航在 2009 年夏秋航季开通福州—西安—银川的航线（暂定每周三班）。大力整合与充分发掘两省区旅游资源的互补优势，实现闽、宁在跨地区旅游业上的新发展。福建省举办的各类招商引资和商展活动，特别是与台湾的商贸联系中，尽最大可能地为宁夏提供支持与帮助。

（三）实施项目带动，提升宁夏贫困地区产业层次，加快宁夏现代农业和社会主义新农村建设步伐。深化闽宁马铃薯产业合作，宁夏积极支持福建马铃薯企业在宁夏建立脱毒种薯繁育基地，带动当地发展种薯产业。以解决宁夏中部干旱带贫困人口生存条件为重点，在人畜饮水、节水灌溉、生态移民等方面加大帮扶协作力度，推动宁夏贫困地区新农村建设。

（四）整合区域优势资源，拓宽帮扶领域，深化协作层次，实现闽宁帮扶协作的新发展，为形成两省区相互促进、优势互补的互动格局提供新平台。2008 年，福建省财政在原有 1800 万元无偿援助资金的基础上，新增 300 万元，共 2100 万元，用于重点扶持宁夏山区 8 县和红寺堡开发区改善基础设施，发展优势特色产业，促进社会事业进步，建立闽宁"互助资金"示范点。进一步加强教育、卫生等方面的交流与协作，福建省选派第十批 85 名教师赴宁夏支教；在福建高校招生计划总量内，单列 50 名招收宁夏民族学生，分解到福建省属相关院校培养；组织福建省若干所一级达标中学帮助宁夏培训师资力

量；深入开展卫生专业技术人员交流与培训；继续开展青年志愿者支教活动和青年医疗志愿者援宁服务活动。通过多种形式开展文化宣传交流与合作，推动文化产业发展；有计划地组织两省区文艺团体、民间艺人进行互访和慰问展演活动。继续坚持实行两省区互派干部挂职锻炼，完善互派干部挂职机制，定期召开座谈会，指导挂职干部健康成长。

（宁夏档案馆：《闽宁对口扶贫协作二十年档案资料选编》）

14.《闽宁互学互助对口扶贫协作第十三次联席会议纪要》（节选）

2009 年 8 月 21 日，福建省、宁夏回族自治区互学互助对口扶贫协作第十三次联席会议在宁夏银川市召开。

会议议定，今后闽宁互学互助对口扶贫协作要立足两省区实际，充分发挥各自优势，重点做好以下工作：

一、积极创新闽宁互学互助对口扶贫协作方式，深化现代农业合作，着力培植贫困地区主导产业。2009 年福建省财政安排 1800 万元援助资金，支持宁夏做大做强扶贫龙头企业，发展品牌农业，培育一批农产品加工示范园区、示范企业和示范项目；加强产业配套和农户参与，推进产业链条延伸，提高农业科技水平，带动贫困农民发展生产，增加收入。另外，安排 300 万元用于支持宁夏固原市社会事业项目建设。各对口帮扶市县（区）要大力扶持贫困地区以菌草、马铃薯特色种植为主的设施农业、旱作节水农业、生态农业，和以滩羊、肉牛为主的特色养殖业发展，壮大农业合作组织，不断提高农产品和特色资源深加工水平，带动产业和农民走向市场。不断深化两省区马铃薯种薯培育及生产技

方面的合作，共同扶持福建农业产业化龙头企业参与宁夏马铃薯等品牌农业、优势特色农产品开发，实现优势互补、互利共赢。

二、大力拓展闽宁互学互助对口协作平台。宁夏立足全区经济社会发展情势与相关产业发展走向，合理有序引导企业投资，推动两省区产业对接。建立招商引资项目跟踪落实责任制，全力抓好重点产业转移项目的协调督办服务；加强地方商业银行金融合作，支持兴业银行在宁夏开设网点，为两省区企业融资提供良好的金融服务。福建省利用"6·18"中国海峡项目成果交易会、"9·8"中国国际投资贸易洽谈会等大型展会，为宁夏提供招商引资、经贸合作、技术创新等平台服务；鼓励和支持有实力、信誉好、有竞争力的宁夏企业在福建发展壮大，积极推动更多适合宁夏发展需要的技术开发、产学研结合项目在宁夏转化和落地；充分发挥福建商协会牵线搭桥作用，引导更多闽商、台商赴宁投资兴业。

三、抓住中央支持福建加快建设海峡西岸经济区、支持宁夏加快发展的重大历史机遇，立足闽宁两省区对口协作的优势条件，推动宁夏加快跨越式发展进程。福建加快建设海峡两岸交流合作先行先试区域，积极为宁夏与台湾加强相关产业对接、经贸合作搭建桥梁，推动闽宁、台宁马铃薯、枸杞、牛羊肉、瓜果、蔬菜等特色农业产业合作。引导和支持福建、台湾企业在宁夏建立农产品加工基地。福建加快建设东部沿海地区先进制造业的重要基地，为宁夏将光热、土地、人力、电力、矿产、农产品等资源优势转化为产业优势创造条件，鼓励包括台资企业在内的符合环保要求的沿海地区劳动密集型产业向宁夏转移。福建加快建设我国重要的自然和文化旅游中心，以海峡旅游、生态旅游、红色旅游、文化旅游为重点，为宁夏增强旅游产业竞争力，培育一批有特色、有影响、有效益的旅游精品提供服务，积极发展面向台湾，以及海外的各类旅游节庆

会展活动。

四、积极引导社会各界参与闽宁互学互助，创新对口协作理念与方式，推动两省区互学互助扶贫协作全面发展。建设闽宁对口协作成果展示平台，进一步深化省区部门间的对口协作，加强两省区市县（区）交流与合作，健全市县（区）定期互访学习制度，完善互派干部挂职机制。继续加强基础教育结对帮扶，福建省选派第十一批教师赴宁夏支教；鼓励福建科技、教育等领域人才到宁夏创业；加强两省区职业教育合作，培养高素质劳动者和实用型、技能型人才，建立起与两省区产业对接相适应的人才培养结构，进一步拓宽劳务输出渠道，推动务工移民快速发展。继续开展青年志愿者支医、支教活动。继续加强对宁夏农村基层医疗机构的对口帮扶。福建省文化部门为宁夏培训编剧、导演、演员和文化管理、市场营销等方面的专业人才，支持和鼓励合作开发具有地方特色的民间文化产品。鼓励民间组织、各界人士、慈善机构帮助宁夏中南部地区发展各项社会事业，形成两省区全社会共同参与的多层次、全方位的交流与合作，推动社会事业全面发展。

（宁夏档案馆：《闽宁对口扶贫协作二十年档案资料选编》）

15.《闽宁互学互助对口扶贫协作第十四次联席会议纪要》（节选）

2010年8月2日，福建省、宁夏回族自治区互学互助对口扶贫协作第十四次联席会议在福建省福州市召开。

会议议定，今后闽宁互学互助对口扶贫协作要结合两省区实际，进一步加大力度，提升水平，拓宽领域，全面推进，重点做好以下工作：

一、紧紧抓住国家深入实施西部大开发战略的

重大机遇，不断拓宽协作领域，推动两省区合作向纵深发展，实现优势互补。双方商定按照《中共中央　国务院关于深入实施西部大开发战略的若干意见》（中发〔2010〕11号）精神，宁夏充分利用中央产业引导资金和相对富余的劳动力、土地等生产要素，建设福建产业转移示范区和闽宁产业园，吸引福建企业到宁夏投资，开发能源、化工、医药、旅游及农副产品加工等优势资源。进一步放宽市场准入，支持闽台资本进入宁夏基础设施、公用事业和金融服务等领域，推动闽宁台合作迈出实质性步伐。引导、鼓励闽台企业开发固原岩盐、煤炭、石油、石灰石、风能、太阳能等资源，参与建设固原盐化工循环经济扶贫示范区。鼓励闽台企业融资参与宁夏中南部城乡饮水安全水源工程、六盘山区交通道路等基础设施建设。引导闽台企业积极参与宁夏"黄河金岸"和陕甘宁、呼包银经济区建设。

二、突出机制创新，搭建合作平台，鼓励和吸引更多企业参与两省区经济协作，实现互利共赢。重点加强闽宁两省区企业合作、经贸交流、开放开发，实现由项目帮扶为主向经济协作、互惠互利为主转变。福建通过沿海、对台区位优势，积极引导闽台农业产业化企业参与宁夏农业资源优势的开发和市场营销，提升宁夏特色农产品市场竞争力。闽宁双方要继续发挥两省区各类经贸洽谈活动和展览展示平台的作用，大力宣传和推介两省区资源优势、知名企业、优势品牌、特色产业，推动两省区在更高层次、更宽领域的经贸交流合作。

三、坚持项目带动，深化现代农业合作，着力培育贫困农户自我发展能力。2010年福建省财政安排2100万元援助资金（其中300万元用于固原市社会事业项目建设），重点支持宁夏中南部地区生态移民、人畜饮水、节水灌溉、劳动力转移培训等民生工程建设，发展设施农业（含菌草）、马铃薯、枸杞、中药材、牛羊肉等优势特色产业。积极推进农

业合作方式创新，推广"华林模式"，支持更多的企业参与宁夏中南部山区农业资源开发。

四、积极引导社会各界参与闽宁对口协作，推动两省区互学互助、对口扶贫协作全面发展。福建省选派第12批教师赴宁支教；鼓励福建科技、教育等领域人才和学科带头人赴宁创业。加强两省区职业教育合作，培育高素质劳动者和实用型、技能型人才，建立起与两省区产业对接相适应的人才培养机制。继续开展对宁夏中南部地区农村基层医疗机构的对口帮扶。有计划地组织两省区文艺团体、民间艺人进行互访和慰问展演活动。大力整合和充分发掘两省区旅游资源的互补优势，实现闽宁在跨地区旅游业上的新发展。鼓励民间组织、各界人士、慈善机构参与宁夏南部地区各项社会事业，形成两省区全社会共同参与的多层次、全方位的交流与合作，推动社会事业全面发展。

（宁夏档案馆：《闽宁对口扶贫协作二十年档案资料选编》）

16. 《闽宁互学互助对口扶贫协作第十五次联席会议纪要》（节选）

2011年8月29日，福建省、宁夏回族自治区互学互助、对口扶贫协作第十五次联席会议在宁夏银川召开。

会议议定，"十二五"期间，闽宁互学互助、对口扶贫协作要将保障和改善民生作为开展闽宁对口扶贫协作的首要任务。实现闽宁对口扶贫协作在更高层次，更宽领域的互利共赢。

一、着力支持宁夏生态移民工程，共同推进六盘山区集中连片特殊困难地区扶贫攻坚工程。2011年福建省财政安排3000万元援助资金（其中300万元用于固原市社会事业项目建设），支持宁夏生态移

民和六盘山集中连片特殊困难地区，以整村推进连片开发为重点，发展设施农业（含菌草）、草畜、马铃薯、枸杞、中药材、花卉等扶贫到村到户增收致富产业；借鉴福建省"造福工程"扶贫搬迁工作经验和做法，福建省各承担对口任务的县（市、区）帮助宁夏建设14个闽宁生态移民示范村。从2012年开始，将红寺堡区纳入闽宁对口扶贫协作范围，由福建省晋江市对口帮扶并选派干部挂职。

二、发挥中阿经贸论坛等平台优势，推动两省区合作向纵深发展，实现优势互补。充分发挥中阿经贸论坛、"9·8"投洽会（中国国际投资贸易洽谈会）、"海峡论坛"等展会平台，为闽宁双方提供招商引资、经贸合作、技术创新服务。支持和引导闽宁两省区企业开展以马铃薯、胡萝卜、西红柿等优势果蔬深加工产业，牛羊等肉制品加工业，服装、鞋帽等轻工产业为主的食品、用品开发和生产合作，共同开拓中东市场；充分发挥福建省的区位、人文和闽商等优势，鼓励引导闽台企业和海外闽商进入宁东能源化工基地和固原盐化工循环经济扶贫示范区，在火电、煤炭、煤化工、盐化工、石灰石、风能、太阳能等资源开发方面开展合作；围绕将沿黄经济区建成全国重要的能源化工、新材料基地，食品、用品和特色农产品加工基地，充分发挥区域性商贸物流中心的发展优势，引导闽台企业在旅游、交通、城建、能源化工、农业基础设施和生态环境建设等领域投资创业。

三、创新协作机制，鼓励支持更多企业参与两省区对口协作。探索以产业发展为基础、园区建设为依托、移民务工为主体、福利企业为骨干的园区建设、移民致富、企业盈利三位一体的发展模式。继续开展"福建农业产业化龙头企业宁夏行"活动，促进闽宁农业产业化合作向多层次、宽领域、全方位发展；支持福建农产品加工企业向生态移民安置区和西海固地区特色产业基地、园区集中，走组织

化、专业化、规模化发展路子，依托农业龙头企业，积极推广"公司+基地+农户"的"华林模式"，带动贫困农民发展生产、增加收入；两省区相关部门做好闽台企业投资置业的服务工作，引导支持福建民间资本和闽台企业参与固原闽宁产业园、六盘山生态创业园建设；进一步放宽市场准入，支持闽台资本进入宁夏社会公益事业和金融服务等领域开展合作；发挥宁夏福建企业家协会的牵线搭桥作用，引导更多闽台企业落户宁夏，投资兴业。

四、支持开通厦门至银川直航航班，推动两省区旅游文化产业协同发展。双方共同支持厦航力争在 2011 年新开银川—南昌/西安—厦门直航航班，根据客流量情况适当加密银川—西安—福州航线，提升厦航在西北地区航空运输市场的地位，拓展两省区文化旅游市场。两省区共同促进宁夏大漠风光旅游和福建海峡旅游的合作开发，积极开展大型旅游推介会，推动旅游产业协同发展。福建将积极组织有实力、有影响的大企业集团到宁夏投资旅游产业，开发旅游产品。

五、加强教育、卫生、科技和文化等方面的合作交流，推动两省区互学互助对口扶贫协作全面发展。建立与两省区产业对接相适应的人才培养机制，进一步拓展高技能人才、农村实用人才和社会工作人才的培训合作；加强两省区市（县、区）对口协作，健全市（县、区）互访学习制度，进一步深化两省区干部挂职和培训工作；继续加强基础教育结对帮扶，福建省选派第13批教师赴宁支教，宁夏组织教师赴闽培训学习；继续实施两省区中等职业教育联合招生合作办学；积极推动两省区省属高校进行交流和招生协作；继续加强对宁夏中南部地区基层医疗机构的对口帮扶，积极鼓励和扶持福建社会资本来宁举办医疗服务机构，组织卫生专业技术人员赴闽进修培训；深入开展福建大学生赴宁志愿者服务工作；鼓励福建科技、教育等领域人才和学科

带头人赴宁创业；适时组织两省区文艺团体进行慰问展演和商业演出活动。

（宁夏档案馆：《闽宁对口扶贫协作二十年档案资料选编》）

17.《闽宁互学互助对口扶贫协作第十六次联席会议纪要》（节选）

2012 年 10 月 22 日，福建省、宁夏回族自治区互学互助对口扶贫协作第十六次联席会议在福州市召开。

会议议定，今后闽宁互学互助对口扶贫协作要结合宁夏实施沿黄经济区发展和百万贫困人口扶贫攻坚两大战略，实现闽宁对口扶贫协作在更高层次、更宽领域的互利共赢。

一、着力支持宁夏百万贫困人口扶贫攻坚，共同推进六盘山区连片特困地区扶贫攻坚工程。2012年福建省财政安排 3000 万元援助资金（其中 300 万元用于固原市社会事业项目建设），以 65 万贫困人口"四到"扶贫攻坚为重点，发展设施农业（含菌草）、草畜、马铃薯、枸杞、红枣、中药材、花卉等扶贫到村到户增收产业。结合 35 万生态移民工程实施，继续帮助宁夏建设闽宁生态移民示范村。

二、发挥海峡西岸经济区、宁夏内陆开放型经济试验区等平台优势，推动两省区合作向纵深发展。支持和引导闽宁两省区企业开展特色果品、绿色有机蔬菜、六盘山马铃薯、酿酒葡萄、牛羊肉等优势农产品深加工产业和轻工产业的开发和生产合作，共同开拓向西开放市场；充分发挥双方的区位和政策等优势，两省区鼓励宁夏中南部地区劳动力等资源向福建合理配置，宁夏进一步放宽市场准入，鼓励引导闽台企业和海外闽商进入沿黄经济区和固原市经济技术扶贫开发试验区、六盘山旅游扶贫试验

区、西北通用航空产业扶贫试验区、西兰银现代物流园区，在旅游、交通、物流、城建、金融、能源化工、农业和生态环境、社会公益事业建设等领域投资创业。

三、继续拓展协作途径，鼓励支持更多企业参与宁夏"黄河善谷"建设。支持福建农产品加工企业向慈善产业园区、生态移民安置区、中南部地区特色产业基地集中，带动贫困农民发展生产、增加收入；继续支持福建民间资本和闽台企业参与宁夏闽宁（西吉）产业园、六盘山生态创业园、圆德和弘德慈善产业园建设；继续开展"福建百名企业家宁夏行"和宁夏赴闽招商等经贸活动，促进闽宁产业合作向多层次、宽领域、全方位发展。

四、挖掘优势，突出特色，推动两省区文化旅游产业协同发展。两省区鼓励更多的企业开展文化创意、动漫游戏、民俗文化等文化产业合作开发，福建积极组织有实力、有影响的大企业集团到宁夏六盘山旅游扶贫试验区投资文化旅游产业，开发文化旅游产品。

五、深化合作交流，推动两省区互学互助对口扶贫协作全面发展。进一步深化两省区干部挂职机制，福建省继续选派干部到宁夏中南部地区对口挂职帮扶；继续加强基础教育结对帮扶，福建省选派第14批教师赴宁支教，宁夏组织教师赴闽培训学习；继续实施两省区中等职业教育联合招生合作办学，推动两省区省属高校进行交流和招生协作；继续加强对宁夏中南部地区基层医疗机构的对口帮扶，鼓励和扶持福建社会资本来宁举办医疗服务机构，组织卫生专业技术人员赴闽进修培训；深入开展福建大学生赴宁志愿者服务工作，鼓励福建科技、教育等领域人才和学科带头人赴宁创业，形成两省区全社会共同参与的多层次、全方位的交流与合作，推动社会事业全面发展。

（宁夏档案馆：《闽宁对口扶贫协作二十年档案资料选编》）

18.《闽宁互学互助对口扶贫协作第十七次联席会议纪要》（节选）

2013年10月23日，福建省、宁夏回族自治区互学互助对口扶贫协作第十七次联席会议在宁夏回族自治区银川市召开。

会议议定，今后闽宁互学互助对口扶贫协作要按照中央扶贫开发工作的总体要求，进一步拓展思路、提升水平，实现"三个转变"。一是从过去以政府为主导，更多地向由政府引导、以企业和社会为主体方向转变；二是从过去以相对单一的扶贫协作为主，更多地向经济、社会、生态等全方位合作领域转变；三是从过去主要与福建省开展对口协作为主，更多地向闽宁台、港澳侨等多区域合作方向转变。

一、建设闽宁产业城，在建立产业扶贫"造血"机制上实现新突破。望远镇闽宁产业园，重点发展机械装备制造业、食品加工业、轻工纺织业、电子信息等高端产业；闽宁镇扶贫产业园重点发展葡萄酒及配套产业等劳动密集型产业。福建省协助宁夏回族自治区引进一批福建重点和龙头企业到闽宁产业城落地投资。继续开展福建企业家宁夏行活动，宁夏在福建省定期或不定期举办招商引资推介活动，集中引进福建、台湾一批重点和龙头企业。

二、培育壮大优势特色产业，在促进贫困群众增收上实现新突破。2013年福建省财政安排3300万元援助资金，重点支持宁夏中南部地区发展设施农业（含菌草）、草畜、马铃薯、枸杞、红枣、中药材等扶贫到村到户增收产业。继续帮助宁夏建设闽宁生态移民示范村。两省区继续支持福建民间资本和闽台企业向宁夏生态移民安置区、中南部地区特色产业基地集中。

三、加大推进产学研合作共赢，在创新人才培养模式上实现新突破。福建省选派第15批中小学骨干教师赴宁支教。扩大福建省属高校面向宁夏二本、大专和高职跨省招生计划，每年增幅不低于10%。鼓励支持厦门大学、福州大学与宁夏大学、宁夏医科大学、宁夏师范学院开展多领域交流合作，鼓励支持厦门大学与宁夏联合开展重大理论、发展规划和专项课题研究。继续开展福建大学生赴宁志愿者服务活动，鼓励支持福建科技、教育等领域人才和学科带头人赴宁夏创业。

四、推进金融服务机构跨区域发展，在建立闽宁台、港澳侨多方合作机制上实现新突破。两省区共同推进金融机构跨区域发展，兴业银行将于2014年申请在宁夏设立分支机构，兴业银行各子公司也将进一步加强与宁夏合作。支持福建省地方金融机构、大型企业在宁夏设立村镇银行，或投资组建保险公司、证券公司、小额贷款公司、担保公司。欢迎宁夏银行等地方金融机构在福建设立分支机构，参与福建当地金融市场资本运作。两省区联手在台湾地区开展旅游宣传推介和招商引资工作。福建省台办每年（不定期）组织"闽台企业家宁夏行"活动，积极吸引台资台商来宁投资发展。

五、加大旅游文化合作，在推进文化旅游发展上实现新突破。以海峡旅游博览会为载体，福建省为宁夏免费提供展位展台，推介宁夏旅游线路。发挥福建在台湾设立的旅游服务中心等平台优势，积极宣传推介宁夏观光景点，创立台湾—福建—宁夏旅游精品线路。两省区加强协商，努力促成媒体定期发布对方旅游广告，为对方设立旅游推介专栏，在酒店、机场、车站、码头等公共场所投放对方的旅游广告。鼓励支持闽宁企业开展文化创意、动漫游戏、民俗文化等文化产业合作开发。培育打造会展游、文化观光游、乡村休闲游等特色文化旅游产业。

六、加强部门联动，在推动闽宁协作向纵深发展上实现新突破。进一步深化闽宁两省区干部挂职机制，福建省继续选派干部到宁夏中南部地区对口挂职帮扶。继续加强对宁夏中南部地区基层医疗机构的对口帮扶，

鼓励和扶持福建社会资本来宁举办医疗服务机构，组织卫生专业技术人员赴闽进修培训。

（宁夏档案馆：《闽宁对口扶贫协作二十年档案资料选编》）

19. 《闽宁互学互助对口扶贫协作第十八次联席会议纪要》（节选）

2014年12月2日，福建省、宁夏回族自治区互学互助对口扶贫协作第十八次联席会议在福州召开。

会议决定，闽宁互学互助对口扶贫协作要认真贯彻习近平总书记在首个"扶贫日"的重要批示和系列重要讲话精神，继续坚持以往好的经验做法，进一步创新互学互助机制，拓展合作领域，实现闽宁对口扶贫协作在更广领域、更深层次上互利共赢。

一、以"一带一路"建设为契机，推动两省区合作向纵深发展。充分利用福建平潭综合实验区、宁夏内陆开放型经济试验区发展机遇，发挥各自优势，推动双向交流，互利互惠发展。充分发挥"9·8"投洽会（中国国际投资贸易洽谈会）、中阿博览会等经贸活动平台作用，为闽宁双方提供招商引资、经贸合作、技术创新服务，支持闽宁企业共同开拓中东地区食品和用品市场。鼓励支持福建企业参与宁夏国有企业改组改造。以海峡旅游博览会为载体，福建为宁夏免费提供展位展台，宣传推介宁夏旅游线路和观光景点。利用福建在台湾设立的旅游服务中心，培育台湾—福建—宁夏旅游精品线路。支持固原市与武夷山市开展旅游合作。两省区努力促成地方媒体定期发布对方旅游广告，推介旅游资源。鼓励闽宁企业间开展文化创意、动漫游戏、民俗文化等文化产业合作开发。

二、发挥两省区合作共建优势，推进闽宁镇经济社会发展。闽宁两省区共同努力把闽宁镇打造成

为东西扶贫协作、生态移民和美丽宜居示范镇。漳州市台商开发区角美镇与银川市永宁县闽宁镇开展结对帮扶，积极推进望远镇闽宁产业园、闽宁镇扶贫产业园建设。两省区共同举办招商引资推介活动，集中引进一批闽台等地区技术含量高、劳动密集型企业入驻园区。培育壮大葡萄、养殖、劳务等优势特色产业发展，着力推进现代农业示范项目建设，提高农业产业化经营水平，把现代服务、旅游休闲、小商品集散融为一体，拓宽移民群众增收渠道。着力打造美丽宜居小镇，突出传统建筑特色，统筹谋划好村镇基础设施建设和产业开发，整体推进闽宁镇新型城镇化建设。

三、开展精准扶贫，培育壮大区域特色产业。2014 年福建省财政安排 3500 万元援助资金，重点支持宁夏中南部地区和生态移民村发展设施农业（含菌草）、草畜、马铃薯、枸杞、红枣、中药材等增收产业，培育支持农村经济合作组织和扶贫龙头企业。福建承担帮扶任务的市、县（区）帮助宁夏对口县（区）建设一批产业扶贫示范村，培育一批产业扶贫示范户。开展多种形式的扶贫技能培训，为宁夏培训脱贫致富带头人。两省区密切协作，扎实做好招商引资工作，发挥宁夏闽籍商会和企业家的作用，引导福建民间资本和企业到宁夏生态移民安置区、中南部地区特色产业基地投资兴业，参与宁夏闽宁产业园建设，开展特色果品、绿色有机蔬菜、六盘山马铃薯、酿酒葡萄、牛羊肉等优势农产品深加工及节水农业示范等项目的开发与合作。

四、拓宽教育卫生领域合作，实现产学研互利共赢。扩大两省区职业教育联合招生合作办学规模，鼓励福建省职业院校对口支援宁夏职业院校。扩大福建省属高校面向宁夏二本及以上跨省招生计划，2015 年增幅不低于 10%。鼓励支持厦门大学、福州大学、福建中医药大学与宁夏大学、宁夏医科大学、宁夏师范学院等开展多领域交流合作，鼓励支持厦门大学与宁夏联合开展学术理论、发展规划和专项课题研究，全面落实福州大学与银川能源学院合作办学协议。继续开展福建大学生赴宁志愿者服务活动。鼓励支持福建科技人才到宁夏创业，促进科技服务和成果转化产业化。深化闽宁卫生计生交流与协作，建立学术、业务交流和科研合作机制，开展食品安全风险监测体系建设、精神卫生和血液安全技术等领域的合作。福建每年选派人员到宁夏开展疾病诊治、临床教学、技术培训和医院管理指导，加大宁夏选派卫生专业技术人员赴福建进修培训力度。积极鼓励和扶持福建社会资本赴宁开办医疗服务机构。

五、加大金融合作力度，推动闽宁金融服务机构跨区域发展。争取兴业银行 2015 年在宁夏设立分支机构，推动宁夏银行等地方金融机构在福建设立分支机构。鼓励、引导福建省有实力、有投资意愿的企业来宁参股地方金融机构，参与组建保险、融资租赁和投资设立小额贷款公司、信托公司、金融租赁公司等机构。

六、加强互动交流，促进两省区社会各界对口协作全面发展。创新社会扶贫机制，发挥"10·17"扶贫日的平台作用，建立闽宁社会扶贫信息交流渠道，引导福建省更多的企业、社会组织、爱心人士参与；建立健全两省区部门、市、县（区）对口交流、联席会议等长效机制。深化闽宁两省区互派干部挂职机制。开展闽宁党政人才、专业技术人才、企业经营管理人才培训，拓展高技能人才、农村实用人才等领域培训合作，不断提升闽宁对口扶贫协作水平。

（宁夏档案馆：《闽宁对口扶贫协作二十年档案
资料选编》）

20.《闽宁互学互助对口扶贫协作第十九次联席会议纪要》（节选）

2015年11月24日，福建省、宁夏回族自治区互学互助对口扶贫协作第十九次联席会议在福州市召开。

会议决定，当前及今后一个时期闽宁互学互助对口扶贫协作要以深入学习贯彻党的十八届五中全会、中央扶贫开发工作会议和习近平总书记系列重要讲话精神为统揽，把精准扶贫、精准脱贫作为基本方略，密切协作，精准互助，推动闽宁对口扶贫协作向更广领域、更高层次发展。

一、实施精准扶贫，发展特色产业推动脱贫一批。2015年福建省财政安排3500万元援助资金，围绕建档立卡贫困人口精准扶贫，继续支持宁夏中南部地区和生态移民村发展设施农业（含菌草）、草畜、马铃薯、枸杞、红枣、中药材等增收产业。引导福建民间资本和企业到宁夏生态移民安置区、中南部地区特色产业基地投资兴业，深化特色果品、绿色有机蔬菜、六盘山马铃薯、酿酒葡萄、牛羊肉等农产品深加工和节水农业示范等项目的开发与合作。福建省承担帮扶任务的市、县（区）继续帮助宁夏对口县（区）建设一批产业扶贫示范村，培育一批产业扶贫示范户。

二、发挥"一带一路"平台作用，建立更加紧密的互利共赢协作关系。以中国（福建）自由贸易试验区和宁夏内陆开放型经济试验区建设为契机，发挥各自优势，推进双向交流，实现互利互惠发展。发挥"9·8"中国国际投资贸易洽谈会、中阿博览会等经贸活动平台作用，为闽宁双方提供招商引资、经贸合作、技术创新服务，提升对外开放水平。加强沟通对接，进一步落实哈纳斯莆田600万吨LNG接收站等闽宁合作签约项目，深化闽宁对口协作成果。培育台湾—福建—宁夏旅游精品线路。相互向"一带一路"沿线国家客源推介旅游产品，推动闽宁旅游联动发展。

三、推进闽宁镇建设，携手打造东西扶贫协作示范镇。两省区共同努力将银川市永宁县闽宁镇打造成为东西扶贫协作、生态移民、美丽宜居示范镇。加快推进新镇建设和老镇区升级改造。推动漳州台商投资区角美镇与银川市永宁县闽宁镇结对帮扶工作取得新成效。福建省支持有意向的省、市属企业到闽宁产业园区发展。两省区共同努力，提升闽宁扶贫产业园和闽宁产业城基础设施建设水平，创优投资环境，集中引进一批闽台等地区技术含量高、劳动密集型企业入驻园区。

四、加强人才培养交流，拓宽教育卫生文化合作领域。增加安排漳州台商投资区角美镇和银川市永宁县闽宁镇互派干部挂职，加大福建省对宁夏干部教育培训工作支持力度。福建省选派优秀教师到宁夏永宁县闽宁镇等地支教，建立福建省优质学校与闽宁镇学校结对帮扶机制。深化宁夏艺术职业学校与福建艺术职业学院合作办学。借助福建省高校与港澳台地区高校、科研机构间的合作关系，推动建立宁夏、福建和港澳台高校合作机制。福建省属高校面向宁夏本科及以上跨省招生计划2016年增幅不低于10%。福建继续选派人员到宁夏开展疾病诊治、临床教学、技术培训和医院管理指导，加大宁夏选派卫生专业技术人员赴福建进修培训力度。继续鼓励和扶持福建社会资本赴宁开办医疗服务机构。借助海峡两岸（厦门）文化产业博览交易会，推介宁夏文化产品。鼓励闽宁企业开展文化创意、动漫游戏、民俗文化等文化产业的合作开发。

五、发挥社团组织桥梁纽带作用，建立社会各界广泛参与的协作机制。深化两省区妇联组织的合作，在银川市永宁县闽宁镇创建"妇女之家"和"儿童快乐家园"，继续实施关爱贫困女童助学活动、宁夏妇女人才培训等项目，继续组织开展女企业家互访交流等活动。加强两省区团组织的互动交流，继续开展"闽宁少年手拉手"夏令营交流互访、团组织干部培训和选派研究生支教团到宁夏服务等工作。福建省动员社会各界人士加载宁夏"爱心一帮一"手机 App 软件，为福建省各类社会组织、爱心人士与宁夏建档立卡贫困群众建立结对帮扶关系提供信息服务。

（宁夏档案馆：《闽宁对口扶贫协作二十年档案资料选编》）

21. 《闽宁互学互助对口扶贫协作第二十次联席会议纪要》（节选）

2016 年 7 月 21 日，福建省、宁夏回族自治区互学互助对口扶贫协作第二十次联席会议在银川召开。

会议决定，"十三五"期间，闽宁两省区要推进闽宁对口扶贫协作向更宽领域、更高层次发展，全面提高新形势下东西部扶贫协作和对口支援水平。

一、围绕宁夏脱贫攻坚目标，大力实施精准帮扶。2016 年福建省财政安排 5000 万元援助资金，按照精准扶贫精准脱贫要求，支持宁夏中南部地区和生态移民村发展。"十三五"期间，福建支持对口帮扶的宁夏 9 县（区）1 镇整村推进 100 个贫困村脱贫，着力实施发展产业、就业培训、易地搬迁脱贫"三个一批"工程。开展扶贫技能培训，"十三五"期间多渠道帮助宁夏培训实用技术人员 2 万人次以上；鼓励支持在宁闽籍企业优先招收宁夏贫困劳动力就地就近就业，同时加强劳务协作，组织宁夏中南部地区特别是建档立卡贫困户到福建务工就业，通过就业培训脱贫一批。支持扶贫搬迁，依托县城、集镇、工业园区、中心村深化闽宁协作示范村建设，争取建成若干易地扶贫搬迁示范点，实现易地搬迁脱贫一批。

二、深化人才领域交流合作，加大智力帮扶力度。继续实施互派挂职干部机制，增加漳州台商投资区角美镇和银川市永宁县闽宁镇互派干部挂职。

每年为宁夏免费培训 1~2 期党政干部，每期 10 天40 名。福建承担对口帮扶任务的市、县（区）选择 1 所本地优质中小学校与宁夏受帮扶县（区）中小学校开展结对共建。扩大两省区职业教育联合招生、合作办学规模，建立福建省级示范高职和中职学校帮扶宁夏职业技术学院和固原市农业学校机制。扩大福建省属高校面向宁夏本科及以上跨省招生计划。支持福建省属高校与宁夏高校在学科建设、师资队伍建设、科学研究、人才培养、产学研协同、国际化合作等领域进行交流合作。全面落实宁夏大学与厦门大学、宁夏师范学院与福建教育学院、银川能源学院与福州大学合作办学协议。支持福建医科大学附属协和医院和附属第一医院与固原市原州区人民医院开展结对共建。福建承担对口帮扶任务的市、县（区）选择 1 家医院与宁夏受帮扶县（区）县级医院开展结对共建，其中设区的市安排三级医院承担帮扶任务。福建继续选派人员赴宁开展疾病诊治、临床教学、技术培训和医院管理指导，加大宁夏选派卫生专业技术人员赴闽进修培训力度。加强农业科技协同创新，支持科研部门开展葡萄种质资源引进与开发、亚热带果树新品种引进、瓜菜作物制种、食用菌生态化生产、马铃薯优质种薯北繁南调与主粮化加工等领域的联合研究，促进成果应用与示范推广。建立人力资源需求信息交流、培训资源共享等机制。

三、推进闽宁产业园区建设，提升产业合作水平。支持福建企业到各闽宁扶贫产业园区开展特色果品、绿色有机蔬菜、马铃薯、酿酒葡萄、牛羊肉等农产品深加工及机械装备、金属制造、中药材等产业和节水农业示范等项目的开发合作。支持闽宁企业间开展文化创意、动漫游戏、民俗文化等文化产业合作开发。积极争取宁夏哈纳斯集团莆田 600万吨 LNG 接收站项目列入国家规划，推进前期工作，力争早日核准。支持福建省投资开发集团、电子信息集团参与宁夏高新技术产业投资建设。

四、加大金融合作力度，推动金融服务机构的跨区域发展。支持兴业银行与宁夏有关方面开展战略合作，更好地服务宁夏发展。积极支持、引导福建省地方商业银行、企业和金融机构在宁夏设立村镇银行等金融服务机构。鼓励引导福建省有实力、有投资意愿的企业到宁夏参股地方金融机构，参与组建保险、融资租赁和设立小额贷款公司、信托公司、金融租赁公司等机构。推动福建省证券公司、信托公司、股权交易中心等机构通过多种方式与宁夏开展业务对接合作，参与宁夏地方经济建设。

五、加强"一带一路"建设的合作，不断提升两省区对外开放水平。福建积极参与中国阿曼（杜古姆）产业园、中国沙特（吉赞）产业园、宁夏中卫云基地建设。以中国（福建）自由贸易试验区和宁夏内陆开放型经济试验区建设为契机，发挥各自优势，推进双向交流，互利互惠发展。加强福建"5·18"海交会和中阿博览会协作，从2017年起互为协办单位。福建为宁夏企业参加"5·18"海交会免费提供一定数量的展台和展位。福建作为2017年中阿博览会的主题省，两省区要加强沟通衔接，福建方要提前谋划主题馆建设；宁夏方要对福建主题馆建设给予支持，提供便利。以海峡旅游博览会为平台，支持宁夏推介旅游产品，培育精品旅游线路，推动"八闽亲人塞上游"，建立"闽宁旅游推广联盟"，相互向"一带一路"沿线国家推介旅游产品，创新推介形式，实现互利共赢。

六、发挥社团组织桥梁作用，动员社会力量广泛参与。鼓励支持闽籍民营企业、社会组织和慈善组织参与闽宁对口扶贫协作和精准扶贫。深化两省区妇联、共青团和工商联等组织间的合作，继续实施妇女干部培训、关爱贫困女童活动和女企业家互访交流，支持创建闽宁镇妇女儿童之家，拓宽闽宁妇女合作领域，合作开展巾帼家政培训，共同打造

巾帼就业基地；继续开展"闽宁少年手拉手"夏令营交流互访、专兼职团干部培训、农村青年电商交流培训、选派研究生支教团到宁夏服务和"微心愿"认领等工作。发挥"10·17"扶贫日的平台作用，实施扶贫志愿者行动计划和社会工作专业人才服务贫困地区计划，广泛动员福建社会各界人士参与闽宁对口扶贫协作，利用社会信息服务网络，到宁夏贫困地区奉献爱心。

（宁夏档案馆：《闽宁对口扶贫协作二十年档案资料选编》）

22. 宁夏回族自治区扶贫开发办公室《关于闽宁对口扶贫协作第二十一次联席会议纪要（送审稿）的请示》（节选）

2017年4月27日，福建省、宁夏回族自治区互学互助对口扶贫协作第二十一次联席会议在福州召开。

二十次联席会议期间签订的经贸合作项目已开工建设27个，完成投资55.14亿元；建设了13个闽宁示范村；援建了一批道路交通、村道绿化亮化等基础设施项目；新增一批学校、医院建立了结对共建关系；干部挂职、支教、支医、"福建院士专家宁夏行"等人才交流活动深入开展。

（宁夏档案馆：J194-WS·2017-Y-SHC-0014）

23.《福建省、宁夏回族自治区互学互助对口扶贫协作第二十二次联席会议纪要》（节选）

2018年6月13日，福建省、宁夏回族自治区互学互助对口扶贫协作第二十二次联席会议在银川召开。

2017年福建省各级财政投入帮扶资金1.12亿元，实施帮扶项目134个；与福建企业签订合作协议44个，计划投资171.1亿元，当年到位资金60.7亿元。

下一步将强化组织领导，加大产业协作力度，加强劳务协作，深化人才交流合作，深入开展"携手奔小康"行动，提升闽宁镇建设发展水平，精准规范使用帮扶资金，动员社会力量参与闽宁扶贫协作。

（宁夏档案馆：J194-WS·2018-Y-ZHC-0012）

24. 宁夏回族自治区扶贫开发办公室《关于审核闽宁对口扶贫协作第二十三次联席会议纪要（送审稿）报自治区政府的请示》（节选）

2019年4月，福建省、宁夏回族自治区互学互助对口扶贫协作第二十三次联席会议在福州市召开。

2018年，福建省投入援宁财政资金32035万元，实施项目119个，引导112个闽籍企业到宁夏贫困地区投资，到位资金65.8亿元，带动44626名建档立卡贫困群众脱贫。

（宁夏档案馆：J194-WS·2019-D30-SHC-0005）

25.《福建省、宁夏回族自治区互学互助对口扶贫协作第二十四次联席会议纪要》（节选）

2020年9月4日，福建省、宁夏回族自治区互学互助对口扶贫协作第二十四次联席会议在银川市召开。

2019年，福建省投入财政援宁资金47030万元，实施闽宁协作扶贫项目350个，带动12.45万名建档立卡贫困人口增收。落地招商项目128个，实际到资63.77亿元，闽宁两省区结对县（区）加强消费扶贫协作，累计采购、销售宁夏9个贫困县

和永宁县农特产品10.76亿元。

（宁夏档案馆：J194-WS·2020-D30-SHC-2007）

26.《福建省、宁夏回族自治区"十四五"东西部协作框架协议》（节选）

为深入贯彻习近平总书记关于深化东西部协作的重要讲话重要指示批示精神，全面落实《中共中央 国务院关于实现巩固拓展脱贫攻坚成果同乡村振兴有效衔接的意见》《中共中央办公厅 国务院办公厅关于坚持和完善东西部协作机制的意见》及全国东西部协作和中央单位定点帮扶工作推进会部署要求，闽宁两省区于2021年5月30日召开了闽宁协作第二十五次联席会议，全面回顾总结了25年闽宁协作的成功经验，共同研究确定了新发展阶段深化闽宁协作的总体目标、协作原则和协作重点，达成如下协议。

一、（略）

二、（略）

三、协作重点

（一）深化结对帮扶。

巩固拓展脱贫攻坚成果。严格落实"四个不摘"要求，帮扶资源重点支持国家和宁夏乡村振兴重点帮扶县，帮扶资金优先扶持到乡到村带户的产业和就业增收项目，优先支持易返贫致贫人口"一户一策"精准帮扶计划，巩固"两不愁三保障"成果，坚决守住不发生规模性返贫的底线。

（二）（略）

（三）加强人才交流。

1. 继续坚持干部双向挂职。福建省每2年一轮选派20名左右优秀干部到宁夏乡村振兴重点帮扶县（区）和闽宁镇挂职，发挥桥梁纽带和传帮带作用。宁夏每2年一轮选派19名干部到福建省挂职锻炼，

进一步开阔眼界、丰富阅历、增长才干。

2. 持续加强人才交流。福建每年组织开展"院士专家宁夏行"活动,根据工作需要选派专家支持宁夏院士工作站、专家服务基地建设,选派专家赴宁开展学术交流、技术合作和休假疗养等活动,宁夏每年组织相关专家赴闽开展先进技术学习交流和休假疗养活动。宁夏支持各类企业事业单位与福建相关高等院校合作,预引进优秀在读博士、硕士研究生来宁创新创业,组织用人单位在福建省举办急需紧缺和高层次人才招聘活动,协助宁夏解决人才短缺难题。

3. 加大人才培养力度。围绕宁夏九大重点产业、十大工程项目和四大提升行动,通过两地培训、委托培养、联合办学、网络培训等方式,加强对宁夏各类人才的培养培训。宁夏每年组织教育、医疗、农业、工业、信息、文化旅游等专业技术人才和高技能人才赴闽培训学习;福建每年选派各类人才来宁开展支教、支医、支农等活动,宁夏加大对福建在宁支教支医支农人才的关怀力度;宁夏支持中青年人才赴闽深造、访学,组织专业技术人才高级研修、骨干人才和急需紧缺人才培训。"十四五"期间,福建省选派不少于1000名专业技术人才和高技能人才支持宁夏,每年为宁夏培训3期党政干部,宁夏选派不少于1000名专业技术人才和高技能人才到福建学习进修,为建设黄河流域生态保护和高质量发展先行区提供人才支撑。

(四)持续加强劳务协作。

1. 稳定劳务协作规模。健全订单培训、定向输送、权益保障协同机制,畅通劳动力资源供需信息渠道,开展多种形式劳务协作推介会和招聘会,推动宁夏农村劳动力到协作地区转移就业、到第三地就业,就地就近就业有新的增长。"十四五"期间,福建省帮助宁夏5万名(人次)农村劳动力和约1.5万名(人次)脱贫人口实现转移就业。其中,2021年帮助宁夏1万名农村劳动力和0.32万名脱贫人口实现转移就业。

2. 创新劳务协作方式。共同培育劳务中介组织、劳务经纪人,建立劳务供需基地,在闽建立劳务工作站,为宁夏在闽务工人员提供就业服务、权益维护、工作生活环境改善等服务保障。推广福建飞毛腿技师学院"1+1+1"模式,支持双方用工企业和职业院校合作办校、定向培训、精准就业。

3. 落实稳岗就业政策。两省区将宁夏籍脱贫人口、边缘易致贫人口、易地搬迁移民及农村低收入人口等人员作为就业帮扶的重点对象,加大就业帮扶力度,优先提供就业岗位,积极开展就业服务,在就业补贴、交通补贴、培训补贴等方面给予倾斜支持。宁夏支持闽籍企业到脱贫地区建设帮扶车间,对组织开展职业培训的,按照政策规定给予培训补贴。支持在外务工人员带资源、带技术、带业务回乡创业,发展纺织服装、商贸物流、家政服务等劳动密集型产业,促进农村劳动力就地就近就业。开发公益性岗位,加强规范管理,健全按需设岗、以岗聘任、在岗领补、有序退岗的管理机制。

(宁夏档案馆征集)

27.《福建省、宁夏回族自治区闽宁协作第二十六次联席会议纪要》(节选)

2021年,福建省投入财政援宁资金6.1亿元,实施闽宁协作项目250个,新增引导落地投产企业166个,实际到位资金58.75亿元,结对县(区)加强消费帮扶协作,累计采购、销售宁夏9个脱贫县和永宁县农特产品31.51亿元。

2022年,闽宁合作要深化产业合作、劳务合作、人才合作、教育协作、科技协作、医疗卫生协作、消费协作、宣传文化领域合作,动员全社会参与,深化示范引领,拓展协作领域。

附　录

表 1　宁夏省辖区乡、村、镇及人口、土地、物产概况统计

行政区总数		13 个县，1 个市，1 个镇，2 个蒙旗
所辖区乡村镇	区	73 个
	乡	416 个
	行政村	1901 个
	自然村	5216 个
	集镇	47 个
户数		155 688 户
人口	合计	823 730 人
	男	435 526 人
	女	388 204 人
土地面积	总面积	274 910 平方公里
	耕地	2 633 585 亩 5 分 4 厘
主要物产	矿产	干炭、渣炭、烟煤、盐、碱
	农作物	稻、小麦、大麦、糜、豆类、玉米、高粱、棉花、麻
	其他	甘草、发菜、枸杞、皮毛、烟草

1950 年 8 月 31 日

（宁夏档案馆：J015-001-0005-026，共 21 页）

表 2　宁夏省行政区划户口统计　　　　　　　　　　　　（1952 年）

区划						户口			
名称	行政区划			自然村/个	集镇/个	户数/户	人口数/人		
	区/个	乡/个	行政村/个				合计	男	女
总计	73	416	1901	5216	47	155 688	823 730	435 526	388 204
银川市	4		212			10 347	40 731	21 512	19 219
贺兰县	5	45	132	251	4	12 069	66 903	37 008	29 895
永宁县	6	35	202	555	5	15 393	76 166	41 375	34 791
宁朔县	4	35	145	355	4	10 830	55 947	30 450	25 497
平罗县	5	36	151	592	2	11 573	59 146	31 767	27 379
惠农县	5	37	175	739	3	12 807	66 091	35 448	30 643
金积县	5	28	84	86		9 237	50 390	27 146	23 244
灵武县	5	24	109	364	2	9 845	48 424	25 081	23 233
中卫县	7	38	157	523	8	18 385	89 121	46 164	42 957
中宁县	6	38	145	412	9	17 400	85 875	45 482	40 393
盐池县	6	32	132	482	2	6 668	33 383	17 023	16 360
同心县	6	24	86	336	4	7 338	37 023	18 840	18 183
磴口县	5	17	52	162	4	4 080	18 170	9 176	8 994
陶乐县		5	13	40		901	4 220	2 344	1 876
吴忠镇	4	19	106	319		8 815	40 140	20 110	20 030
阿拉善旗							50 000	25 500	24 500
额济纳旗							2 000	1 100	900

（宁夏档案馆：J015-001-0005-026，共 21 页）

表3　宁夏省各市、县、旗内各民族人口、面积、耕地统计　　　　　　　　（1952 年）

名称	合计/人	汉族/人	回族/人	满族/人	蒙古族/人	藏族/人	总面积/平方公里	耕地面积/市亩
总计	823 730	589 970	190 852	2 570	39 038	1 300	274 910	2 633 585
银川市	40 731	31 233	8 652	828	18		5	355
贺兰县	66 903	52 446	14 457				1 325	264 759
永宁县	76 166	58 868	17 056	242			1 395	267 828
宁朔县	55 947	53 104	2 843				1 300	248 963
平罗县	59 146	50 994	8 152				1 350	212 383
惠农县	66 091	36 198	29 893				1 550	212 533
金积县	50 390	24 515	25 875				1 625	135 711
灵武县	48 424	18 351	30 073				2 155	108 825
中卫县	89 121	88 367	754				3 000	193 745
中宁县	85 875	83 351	2 524				2 125	195 639
盐池县	33 383	32 578	805				4 075	360 465
同心县	37 023	9 849	27 174				3 250	217 623
磴口县	18 170	17 268	882		20		3 080	97 398
陶乐县	4 220	3 862	358				3 120	17 610
吴忠镇	40 140	18 886	21 254				95	59 214
阿拉善旗	50 000	10 000	100	1 500	37 500	900	120 460	40 530
额济纳旗	2 000	100			1 500	400	125 000	

（宁夏档案馆：J015-001-0005-026，共 21 页）

表 4　宁夏省三年来（1949—1952 年）各项建设数字统计

项目	项目 1	项目 2	1949 年	1950 年	1951 年	1952 年
农业	播种面积/亩		2 506 560	2 639 553	2 804 957	3 387 671
	产量/斤		347 135 234	400 334 936	466 653 948	572 233 123
林业	造林/亩			2 617	10 249	16 132
	种树/株			323 480	225 609	551 181
	封山育林/亩				1 075 105	724 995
水利	灌溉面积/亩		1 750 000	1 900 000	2 050 000	2 296 170
	水利投资/元			2 969 724 566	14 776 740 000	
	新修工程		共做土方 8 473 726 公方，大小建筑物 201 座，可固出湖面和扩大耕地 1 100 000 亩			
	春修工程		三年来疏清淤沙 12 870 000 公方，挖卵石 590 000 多公方，修补闸、坝、桥等工程共 8 676 处，扩大灌溉面积 546 170 亩			
畜牧	大牲畜/头		148 233		379 553	402 586
	羊/只		766 948		1 241 813	1 712 680
交通			黄河在本省航道共 559 公里，公路里程 982 公里			
	汽车/辆		19	21	32	76
	船只/只		52	126	239	677
文教	小学	学校/所		475	500	582
		班级/个		1 132	1 327	1 702
		学生/人		38 683	47 557	61 115
		少数民族学生/人		9 204	12 499	19 734
	中等学校	师范 学校/所		4		
		师范 班级/个		21	24	39
		师范 学生/人		655	700	1 654
		中学 学校/所		6		
		中学 班级/个		31	30	38
		中学 学生/人		878	746	1 233
	中等学校	技校 学校/所		3		
		技校 班级/个		7	7	21
		技校 学生/人		169	181	723
		少数民族学生/人		241	328	912
民主政权			县 13，市 2，旗 2，区 88，乡 515			
民族干部	回族/人			600	1 246	1 878
	蒙古族/人					314

（宁夏档案馆：J009-001-0045-026，共 3 页）

表5　浙江来宁青年人数统计

浙江来宁青年人数统计表　（表一）

安置单位	安置总人数	家属合计	老人	小孩	青年合计	男	女	已婚	党员	团员	随住干部	复员军人	工人	贫农	中农	地富	城市居民	其他	高等	高中	初中	高小	初小	小计	店员	杂业
银川	5006	344	84	260	4662	2973	1589	752	321	1167	12	188	490	2618	702	169	23	580	10	107	708	1030	1875	1025	888	127
中卫	7451	849	48	795	6608	4651	1957	1150	473	1593	59	653	210	4530	1150	101		587	2	46	656	1609	2729	1811	1581	254
中宁	5984	758	30	728	5026	3440	1694	774	238	1143	38	250	49	366	399	118	213	848	4	66	605	1250	2286	611	611	
吴忠	5145	710	29	681	4435	2694	1741	1447	275	839	35	523	/	2369	717	60	/	19	/	30	213	1019	1458	367	322	45
金积	2599	310	2	308	2289	1404	885	687	152	530	114	224	208	1625	534	57	/	105	2	40	193	407	298	208	135	73
灵武	3693	485		485	3208	1818	1190	543	171	441	8	196	33	2284	505	60		11		26	214	855	1155	160	126	34
宁朔	5740	850	23	827	4890	3266	1624	914	378	858	21	277		3148	995	147			1	43	321	658	1220	559	301	358
永宁	2373	285	2	283	2088	1333	775	554	128	371	/	189		1519	354	53	19	145	17	166	312	741	190	199	11
贺兰	5075	914	20	894	4161	2440	1751	1126	273	723	22	492							1	64	360	681	2361	514	194	320
平罗	4625	602	6	596	4023	2556	1467	780	276	797	66	316	68	2864	739	165	128	117	2	41	350	635	1228	540	327	213
惠农	8135	1166	53	1113	6969	4701	2268	1367	396	1406	47	432	505	3424	896	270	393	1481	11	92	774	692	889	2440	2590	50
陶乐	1190	180	9	171	1010	782	228	93	33	112										16	60	724				
青铜峡	1013	105		105	908	560	348	143	72	182	4	104								67		326				
总计	57829	7752	306	7446	50077	32087	17238	10314	3886	10178	81	3834							33	588	4474	9849	18605	8655	7270	1385

1957年10月25日

浙江来宁青年按置及造房情况　（表二）

安置单位	公社	大队	安置队数	总数	青年男	女	家属老人	小孩	农牧场总人数	青年	家属	工矿企业总人数	青年	家属	逃跑	重返	死亡	新生	计划合计	住房	公房	完成	割麦	播种
银川	2	12	29	2521	1546	764	47	164	548	542	6	37	1810	127	185	16	1	13	880			509		31
中卫	4	28	47	5713	3413	1544	46	710				88	1651	87	171	28	2	23	2324	1876	348	2100	10581	
中宁	5	21	47	7484	3603	1123	30	728				00	300		407	39	5	6	2240	1971	269	1853	4088	1942
吴忠	1	6	20	3359	1642	1017	29	671				86	1776	10	312	15	/	31	1511	1314	187	1414	170	330
金积	3	9	9	1725	772	338	2	213	575	518	57	99	261	38	56	4	3	13	766	684	82	574	951	443.50
灵武	2	11	11	2406	1147	766		493	1133	969	164	54	126	28	101	1	6	6	1153	853	316	1153/544	179	122
宁朔	3	29	35	4749	2510	1382	18	827	741	736	5	50	250		248	8	2	12	2080	1667	443	1890	9000	300
永宁	3	11	13	2014	1010	728	2	273	180	170	10	79	179		162	43	/	14	982			1053	1150	812
贺兰	4	13	17	4038	1885	1405	20	728	843	682	161	74	189	5	404	60	2	11	1877	1595	282	1852	1805	350
平罗	3	5	35	3005	1600	821	6	478	1283	1175	118	27	327		183		6	24	1425	1244	181	1274	1855	470
惠农	3	12	46	4649	2553	1626	17	753	554	500	54	32	2590	342	681	6	15	23	1879	1742	237	1899	2861	
陶乐									1190	1010	180				(152)									
青铜峡									1013	908	105				(46)									
总计	38	157	338	78663	21681	1727	217	6036	7057	6802	755	657	10367	742	3510	292	43	176	17319	15751		15108	22586	14051

6253

3708

(3416)

浙江赤宁青生产资料统计表 （表三）

统计单位	土 地						耕 畜					农 具													
	合计	基本农田	非基本农田	菜园	新开荒地计划	完成	合计	牛	驴	马	骡	其计	大车	花轮车	小车	犁	耧	耙	铡草机	石碾	碾磨	锨	镢	锄	其他
银川	6516	6516					237	102	35	23	77	2406	5	29	41	36		24	7			516	435	320	763	36
中卫	8304	8152	138	14	6000	800	451	115	212	45	39	8561	42	12	81	182		3			151	110	1946	566	153	1205
中宁	11167.81	11121.01		46.8	7736		784	192	505	59	28	4677	92	17	10	276	84			1470	355	840	1408	82	46
吴忠	7593.71	5742.33	840	9.58			344	58	260	21	5	5295	21	41	72	80	17		2	473	478	1266	1149	29	144	601
金积	4006.15	4006.15					203	19	162	19	3	2324	3	29	40	29	13		37	13	523	447	178	1388	231	75
灵武	3784	3724	60			201	163	31	129	7	2	4649		21	70	100	10		1	6	920	113	1025	180	320	143
平朝	13624	13162.28	457	4.00	10000	30	878	241	516	96	25	6063	101		143	203	51	39		29	80	30	877	281	531	113
永宁	6000	6000			2425	20	168	61	76	14	17	2725	6	34	25	55	5	2	35	8	726	99	489	169	31	43
贺兰	7908.98	7760.88	145	3.58	10026	227	291	154	88	37	12	4899	56	5	48	57	43	18	20	81	23	136	346	375	1591	53	724
平罗	10715	10715			3525		421	230	173	8	10	13588	7	46	66	107	206	210	9	208	62	400	428	650	2396	657	143	616
惠农	20275	20275	3566		1968	87	1049	468	542	3	11446	24	146	62	221	248	125		167	89	814	583	1845	2834	187
总计	101874.71	99175	2641.17	78.33		2145.61	4989	1691	2752	345	221	67113	357	280	658	1346	574	525	39	538	230	1059	3419	10380	3146	1031	10382
															4647				61476					

浙江赤宁青年农付业生产情况统计表 （表四）

统计单位	播 种 面 积（亩）								农业产量（万斤）		付 业								
	合计	小麦	水稻原稻	稻谷	蔬菜	原谷	玉米	豆类	其他	总产量	单产	每人平均斤数	家畜家禽例养 鸡 鸭 猪 羊 兔					专业认领 数量 人数	每年拔死死数	打划联 完成数
银川	4193	776	650	1413	597	385	137		218	1142.842		575	93	192	116	64	859	36.042	885
中卫	9374	1389	485	486	344	597		919	856	3495.240	429	40	221			310,000	124000	76800	15000
中宁	11121.93	1125	644	1720	1378	755	372	98	207	7454.918	353	600	415	1262	84	1377	38953	14185	32874	10420
吴忠	1392	1573	372	1852	90	53		1623	246	1640.138	583					24456		35832
金积	327.33		409	2422	139		578	54	1125.264	487	90	63	448	98	33	106	46900	7777	28351	6185
灵武	3134.48	338	2232	152			449	1028.934			79	150	28	9		44327	5450
平朝	11605	1071	7360	377	580		231.65	3908676	410	1887	778	435		23000	93200	466850	154061
永宁	4337		3937	258	124		42	1593.382		500	143	294		28000	153438	34540	59463
贺兰	6461.98	600	160	2302	349	1148	85	990	947	1332.662	297	756	6	121	145	131	36	460	115320	42800	71820	56188
平罗	8655.64	1354	357	650	200	93	87	225	2110	2551.75	279	146	231	327	42	13	53	5800	193200	86000
惠农	15092	2044	100	689	1127	1385	571	633	1145	3892.145			450	1560			155710
总计	84500.72	9976	1126	3716	5316	6906	2315	4234	7233	25071.831		4167	99	2603	2917	437	882422	509264
													13408						

表6　上海市参加宁夏回族自治区社会主义建设职工、家属分布统计

（1）自治区属各系统上海来宁职工、家属统计表

系统	单位	人数/人	先进生产者/人	红旗手/人	入党/人	入团/人	备注
	总计	6 496	345	16	11	146	
工业局	合计	1 036	30	2	1	21	
	银川制药厂	39	3		1	1	
	毛纺织厂	20	10			2	
	建筑安装队	21					
	橡胶厂	20					
	棉纺织厂	11					
	糖厂	169	1			13	
	银川化工厂	82	6				
	磷肥厂	62	10	2		5	
	化工设计研究院	3					
	石油化工学校	25					
	石嘴山玻璃厂	15					
	中卫油页岩厂	70					
	酒精淀粉厂	10					
	石嘴山化工厂	60					
	青铜峡纸厂	50					
	固原亚麻纺织厂	70					
	石嘴山瓷厂	309					
机械局	合计	1 077	14		1	2	
	吴忠仪表厂	223	3				
	银川机械修配厂	133	11		1	2	
	中卫机械修配厂	100					
	吴中技校	409					
	银川中等技校	86					
	其他	126					
冶金局	合计	553	48			24	
	石嘴山钢铁厂	462	41			20	
	银川铁合金厂	64	7			4	
	中卫照壁山铁矿	27					
水电局	合计	329	45	4	3	23	
	银川电厂	140	42		3	20	
	修配厂	23	3	4		3	
	勘测设计院	12					
	银川加工厂	1					
	吴忠建筑队	1					

续表

系统	单位	人数/人	先进生产者/人	红旗手/人	入党/人	入团/人	备注
水电局	吴忠技校	3					
	天津培训	3					
	固原水利工程队	2					
	中卫电厂	20					
	石嘴山安装工程队	78					
	石嘴山电厂	46					
建工局	银川市老城工地	1 297	8				
	银川市新城工地	88					
	青铜峡工地	72					
	中卫水泥厂	21					
	中卫县工地	2					
	固原县工地	6					
	其他	380					
	家属	701					
煤炭局	合计	722	28	1		3	
	石嘴山矿务局	275		1		3	
	石嘴山安装建筑公司	178					
	上下河沿煤矿	2 689	28				
交通局	合计	109					
地质局	合计	99					
邮电局	合计	5					
文教厅	合计	644					
	越剧团	53					
	展览馆	6					
	医学院	45					
	农学院	6					
	师范学院	3					
	新华书店	16					
	文教大队	515					
卫生厅	合计	82	3		1		
商业厅	合计	14					
农业厅	合计	6					
粮食厅	合计	10					
铁路办事处	合计	59	1	2			
青铜峡工程局	合计	41	1				
财经学校	合计	10					
区体委	合计	3					
交际处	合计	15					
电台	合计	104					
宁夏日报社	合计	285					

（2）各县、市上海来宁职工、家属统计表

市、县	单位	人数/人	先进生产者/人	红旗手/人	入党/人	入团/人	备注
	总计	21 128	1286		10	179	
银川市	合计	11 102	376		4	85	
	工业	5 883	275		4	52	
	商业	531	82			28	
	城市建设	132					
	交通	22					
	粮食	43	7			4	
	文教	71	3				
	卫生	132	5				
	东街公社	1 500	3				
	西街公社	2 127	1			1	
	其他	261					
吴忠市	合计	3 953	303			6	
石嘴山市	合计	717	39		2	3	
中卫县	合计	1 330	125				
中宁县	合计	880	29				
固原县	合计	1 224	39				
西吉县	合计	375					
海原县	合计	334					
泾源县	合计	210					
隆德县	合计	249					
金积县	合计	112					
贺兰县	合计	57					
永宁县	合计	41					
宁朔县	合计	400					
灵武县	合计	39					
平罗县	合计	22					
陶乐县	合计	11					
另外	流回上海	100 多人					
	流往江苏、浙江、新疆等地	3 000 多人					
	死亡	18 人					

宁夏回族自治区人民委员会接待上海慰问团办公室

1960 年 3 月 20 日

（宁夏档案馆：J074-002-0001-0022）

表7　全区各地来宁人员基本情况统计

全区统计来宁人员基本情况统计表　　　一九六一年二月十五日

项目 地区	安置人数				返乡外流				亡				新生人数	现有人数			
	小计	青年	家属	小孩	小计	青年	家属	小孩	小计	青年	家属	小孩		小计	青年	家属	小孩
浙江(嘉兴)	50,175	37,405	980	5828	26,961				481				1412	21,899			
温台地区	35,118	2670	708	7748	12,001	9183	315/2017	2017	832				934	21,606	15,429	408	5769
江苏	11,500				3450									8010			
	96,793				42,412									51,555			
陕西	28,831	11,055	12,212	6664	9310				1364				1826	22,300			
北京	11,727				8637				207				263	2827			
济南	15,073				9494				2565				337	5224			
上海	18,235				2848				190					14,639			
其他	6086				424									5278			
	177,846				73,125				3,240				4972	101,823			

各县市安置浙江青年救济情况统计表
（1961年6月20日）

县市	安置总人数				返乡				死				勤返	新生	现实有人数			
	合计	青年	家属	小孩	合计	青年	家属	小孩	合计	青年	家属	小孩			合计	青年	家属	小孩
石咀山	8296	7096	90	1110	4478	4125	41	312	100	24	3	73	375	127	3845	3013	73	759
吴忠	4326	3613	95	618	2041	1660	33	342	28	12	1	16	42	141	2035	1733	58	244
永宁	3137	2657	28	452	2093	1761	15	317	25	14	1	10		129	1144	879	12	253
中宁	5828	5061	36	731	2881	2454	12	415	21	21			95	780	614	21	145
平罗	3391	2863	60	468	2561	2243	41	277	66	20	1	45	361	203	898	547	13	338
中卫	7542	6608	525	409	4981				35	20	5	10	1500	110	3853	3100	553	200
银川郊区	4891	4066	116	709	2600	2092	68	440	77	27	8	42	183	215	1899	1536	40	423
贺兰	4739	3850	30	859	2774	2285	8	481	111	10	5	96	44	316	1879	1278	20	581
灵武	2063	1591		472	683	533		150	17	11		6	69	76	1373	1041	1	332
银川	5962				1869										4093			
	50,175	37,405	980	5,828	26,961				481				1412	21,899				

国营农牧场收容安插社来职员人数费用建设统计表
（1961年7月11日）

单位	安置总人数				返籍外流				死亡			重返	新生	现实有人数			
	合计	壮年	小孩	家属	小计	壮年	家属	安置外流	小计	壮年	家属			合计	壮年	小孩	家属
连湖	2173	442	421	52	1017	844	150	23	24	13	1	16	44	1029	682	212	35
渠口堡	2478	2007	474	4	1187	1009	177	1	41	13	8	23	17	1277	771	233	3
灵武	2087	1556	531		414	279	35		27	14	13	32	57	1542	1118	44	
军田农场	393	232	101		70	70						3	6	242	155	17	
巴浪湖	769	630	130	9	265	228	37		13	3	11	2	55	522	341	133	1
草吉堡	6963	4985	1726	252	2914	1472	403	117	321	165	141	13	221	4463	2775	610	178
前进	6786	5135	1648		2767	1053	684		127	13	34	82	157	9655	2544	44	
暖泉	3604	2748	529	27	1219	1018	186	5	72	1	41	34	76	2412	1722	68	22
菜花宫	4474	3517	826	71	1136	941	158	7	126	51	31	13	130	3503	2529	4	7
贺兰山	4848	3590	1080	208	1674	1346	175	133	97	45	39	13	40	104	3145	2120	763	62
银川牧场	273	214	60		143	99			2	2		21	18		2		
玉太堡	150	170	10		54	54			8	11		143	11		4	19	
银川机械厂	47	47			5	5						16	1				
陶乐林场	113	74		39	80	54		36					33	20		13	
	35418	26670	7740	708	12001	9783	2017	311	832	324	373	45	276	934	21606	15429	5159	448

单位：各县市（西）| | | 一九六一年六月十五日

单位	安置总人数				返籍外流				死亡				流往安置区	引进职工入安置区	现有人数			
	小计	青壮年	家属	小孩	小计	青壮年	家属	小孩	小计	青壮年	家属	小孩			小计	青壮年	家属	小孩
乐兴	1825	411	967	447	803	260	389	154	115	12	81	22	3	56	15	119	475	321
石咀山	1636	904	369	363	682	357	143	182	50	16	28	6		92	313	524	197	192
永宁	282	58	188	36	102	10	68	24	22	2	6	14		23	76	43	113	20
平罗	3017	1467	1089	452	486	186	174	126	8	14	71	25		433	814	1236	849	725
吴忠	187	143	11	33	8	8								22	214	144	27	43
中卫	1922	1052	507	360	990	495	353	142	5	10	13	580		85	668	1505	251	268
青铜峡	1750	837	1195	718	673	227	226	804	3	62	26	37	179	343	505	878	560	
陶乐	7004	2144	3176	1684	589	217	226		23	27	69	75	265	367	1789	2706	1772	
陶乐	8674	2515	3469	2690	4665	1740	1264		26	256	343	2081	535	208	375	2205	1029	
银川	1870	930	658	282	287	143	58			17	29	8	3	83	781	217	415	
宋夫堡	1764	694	583	487	25	17	5	3		17	29	8	3	86	97	695	579	623
总计	29931	11055	12212	6664	9310	3660	2906	2744	1364					1826	700	31604	4171	

注：各县市原未化置天西物底。表列按学采训工矿在业单位人数。

表四　　　　宁夏人民　本省迁移表　　一九六一年三月十五日

项目	迁入人口				迁移外流				亡				新生人数	当年未入人口	现有人口			
县	小计	宁北平	款属	小	小计	宁北平	家	小	合计	宁北平	款属	小武			小计	宁北平	款属	小
平宁	980	516	56	408	758	402	50	326	5	5			6		223	109	6	108
永宁	1519	527	399	613	1214	395	252	570	17	2	9	6	32		313	108	138	67
吴忠	172	126	13	33	3	2		1					8		163	118	12	33
盐卫	1169				795				15				25		444			
青铜峡	1170	604	89	477	922	510	46	366	28	19	5	4	12		227	72	38	117
贺兰	3705	892	2158	655	2751	609	177	372	115	49	53	39			385	236	322	27
灵武	1828	643	35	835	1422	522	258	804	38	11	9	8			157	66	30	61
银川	956				621													
市辖区	245				148													
总计	11,7-7				86,7				31?				267		371			

表四　　　分县作外南宁夏人民　本省迁移表　　一九六一年三月十五日

项目	迁入人口				迁移外流				亡				新生人数	当年未入人口	现有人口			
县	小计	宁北平	款属	小	小计	宁北平	家	小	合计	宁北平	款属	小武			小计	宁北平	款属	小
永宁	1868	662	232	975	1069	426	36	607	14	1	14	9	27		303	235	182	386
平罗	3146				2379								33		981			
吴忠	221	146	30	45	4	2	1	1					22		314	144	17	43
石咀山	976	657	143	176	697	476	93	128	9	6	3		6		206	116	42	48
青铜峡	1375	1037	64	274	636	566	27	43	14	4	4	6	4	1	534	368	22	144
贺兰	4204	1526	1116	1562	2200	708	601	881	94	25	39	30	146	86	615	762	470	783
灵武	1112	776	47	89	698	672	5	21	7	5	1	1	4	256	421	289	41	71
银川	245				145													
陶乐	1871	341	923	607	1621	288	874	459	67	3	27	37	95	868	350	52	49	148
国营农场	55				45													
总计	15,073				9494				250				337		5834			

单位　　　　　上海 来宁人员 本月情况统计表　　　一九六一年二月十五日

项目	交流入城				返籍外流				亡				新生人数	自来宁人又	现有人数			
县市	小计	青壮年	家属	小孩	小计	青壮年	返家	小孩	小计	青壮年	家属	小孩			小计	青壮年	家属	小孩
中宁	770	356	101	313	245	121	65	59	15	5	2	8	18		528	212	54	264
永宁	74	66		8	23	23					2	2			51	43		8
平罗	59				20				2						60			
吴忠	4440	1952	512	1976	308	200	34	74	49	25	12	12	118		3569	1450	422	1717
石嘴山	813	813			444	444			5	5					338	305	33	
中卫	1330				510				5	18	3	4	65		650	390	104	156
贺兰	330	143	116	71					1	1					310	132	112	66
盐池	94	94			48	48							16		62	46		16
灵武	94	86		8	58	55			1	1					32	24		8
银川	8298				613										7685			
固原	1933				579										1354			
总计	18235				2848						100				14639			

单位　　　　　其他 来宁人员 本月情况统计表　　　一九六一年二月十五日
（包括南京、天津、江苏、山西）

项目	交流入城				返籍外流				亡				新生人数	自来宁人又	现有人数			
县市	小计	青壮年	家属	小孩	小计	青壮年	返家	小孩	小计	青壮年	家属	小孩			小计	青壮年	家属	小孩
中宁	120	76			49										72			
吴忠	2925	2747			59				4				68		2802			
石嘴山	87	97			10										82			
中卫	366	236			25								19		556			
贺兰县	990	449			74				1	1					585			
银川	317				25										352			
固原	1211				182										1029			
总计	6086				424										5278			

表8 三线建设有关情况统计

（1）三线建设项目按地区分布情况（1968年7月1日）

单位：个

序号	部门	项目合计	银川 合计	银川 市区内	石嘴山	平罗	永宁	吴忠	灵武	中宁	青铜峡	中卫	贺兰	固原	备注
	总计	86	34	6	16	9	1	5	3	4	6	5	1	2	
	其中：														
1	一机部	24	14	3	2	2		3			1	1	1		
2	四机部	1	1												
3	八机部	4	2	1				1				1			
4	冶金部	3			2									1	
5	化工部	9	5				1			1	1	1			
6	煤炭部	12			6	4			2						
7	石油部	1							1						
8	纺织部	3	3												
9	铁道部	1				1									
10	水电部	5			1			1			1	1		1	
11	物资部	2								2					
12	公安部	2				2									
13	商业部	5	1	1	1					1	1	1			
14	供销总社	1	1												
15	农业部	1	1	1											
16	交通部	1	1												
17	建材部	4			2						1				
18	一轻部	5	3		1						1				
19	二轻部	1	1												
20	中央气象局	1	1												

注：在90个项目中宁夏新电厂、五四一厂、宁夏标准件厂、宁夏电子仪器厂厂址未确定在区内哪个县内。此表只统计86个项目。

（2）三线建设项目建设情况统计（1968年7月1日）

部门	项目合计	已建成（或基本建成）投产		正在建设项目		筹建中项目		未定点项目		备注
		项目名称	数量/个	项目名称	数量/个	项目名称	数量/个	项目名称	数量/个	
总计	90		41		29		10		10	
中央项目	47		20		16		3		8	
一机部	15		6		3		2		4	
		长城机床二厂		长城机床铸造厂		第五砂轮厂		长城机床一厂		
		银河仪表厂		西北轴承总厂		宁夏起重机厂		长城机床二厂		
		青山试验机厂		吴忠微型试验机厂				长城机床四厂		
		吴忠仪表厂						长城机床锻造厂		
		大河机床厂								
		吴忠材料试验机厂								
化工部	4		1		1				2	
		银川橡胶厂		宁夏制药厂				西北化工厂		
								西北第二合成药厂		
四机部	1		1							
		新立织造厂								
八机部	1		1							
		吴忠配件厂								
煤炭部	8		2		6					
		石嘴山矿务局		大武口洗煤厂						
		石炭井矿务局		汝箕沟矿区						
				西北煤矿第一机械厂						
				西北煤矿第二机械厂						
				西北煤矿第三机械厂						
				西北煤矿机修总厂						
水电部	7		4		2				1	

部门	项目合计	已建成（或基本建成）投产		正在建设项目		筹建中项目		未定点项目		备注
		项目名称	数量/个	项目名称	数量个	项目名称	数量/个	项目名称	数量/个	
		石嘴山电厂		青铜峡水电厂				宁夏新电厂	1	
		中卫电厂		宁夏输变电工程	1					
		吴忠电厂								
冶金部	4	石银青输变电	2							
		五四厂		三〇四厂	1			五四二厂	1	
物资部	2	九〇五厂	2							
		一七七库								
		五三六库								
中央气象局	1	银川资料室	1							
公安部	1			平罗玛钢厂	1					
铁道部	1			汝箕沟支线	1					
石油部	1			石油指挥部	1					
供销总社	1					石空仓库	1			
地方项目	48		21		13		7		2	
一机部	9	银川电表厂	4	贺兰电机厂	2	银川机床修理厂	2	宁夏标准件厂	1	
		银川机修厂		石嘴山工业陶瓷厂		银川汽车配件厂				

续表

部门	项目合计	已建成（或基本建成）投产 项目名称	数量/个	正在建设项目 项目名称	数量/个	筹建中项目 项目名称	数量/个	未定点项目 项目名称	数量/个	备注
四机部	1	新生风机厂							1	
		新生机修厂								
八机部	3	中卫农牧机械厂	2			宁夏柴油机厂	1	宁夏电子仪器厂		
		银川拖拉机配件厂								
煤炭部	4	汝箕沟煤矿	4							
		新生煤矿								
		石沟驿煤矿								
		磁窑堡煤矿								
交通部	1	银川汽车修理厂	1							
农业部	1	银川农机修理厂	1							
化工部	5	银川氮肥厂	3	银川化肥厂	2					
		石嘴山氧气厂		银川磷肥厂						
		银川化工厂								
建材部	4	青铜峡水泥厂	1	石嘴山炉渣砖厂	2	银川水泥瓦厂	1			
				石嘴山水泥厂						

（3）三线建设项目分项登记明细

项目名称	面积 / 万平方米			职工总数 / 人	需要条件		备注
	建筑				水 / 吨·天	运量 / 万吨·年	
	小计	生产	生活				
一、已建成投产项目	143.97	67.85	75.12	48 072	64 124	849.82	
中央项目	93.6	43.97	49.5	34 181	50 476	711.59	
一机部	15.82	8.07	7.74	4 017	2 350	6.61	
1.长城机床二厂	2.5	1.2	1.3	653	500	1.1	由大连机床厂迁入
2.银河仪表厂	1.91	0.85	1.06	570	350	0.76	由大连仪表厂迁入
3.青山实验机场	2.61	1.82	1.28	597	500	0.35	由北京仪器厂迁入职工 258 人，设备 69 台
4.吴忠仪表厂	1.36	0.98	0.74	483	100	0.6	由上海崇明仪表厂迁入职工 64 人，机床 17 台
5.大河机床厂	3.74	1.72	1.96	965	500	3.25	由沈阳中捷友谊厂迁入 323 人，机床 124 台
6.吴忠材料试验机厂	3.4	2	1.4	749	400	0.55	
化工部	5.3	8.2	2.1	1 372	3 600	5.8	
7.银川橡胶厂	5.3	3.2	2.1	1 372	3 600	5.8	由沈阳橡胶三厂和青岛橡胶二厂迁来
四机部	3.09	1.28	1.8	999	500	1	
8.新立织造厂	3.09	1.28	1.8	999	500	1	
八机部	3.04	1.77	1.27	850	98	1.26	
9.吴忠配件厂	3.04	1.77	1.27	850	98	1.26	准备迁至原塑料厂及制药厂旧址北扩建，并新增活塞环 250 万片，远期 500 万片
煤炭部	35.73	7.02	28.63	21 928	14 398	595	
10.石嘴山矿务局	35.1	6.57	28.4	11 451	12 000	230	
11.石炭井矿务局	0.68	0.45	0.23	10 472	2 398	365	
水电部	11.1	8.74	2.37	1 042	15 035	42	
12.石嘴山电厂	3.16	1.92	1.25	700	15 000	41	
13.中卫电厂	6.03	5.13	0.9	164	20	0.2	
14.吴忠电厂	1.8	1.65	0.15	178	15	0.8	
15.石嘴山－银川－青铜峡 110 千伏输变电线路	0.11	0.041	0.063				
冶金部	11.78	7.69	4.1	3 635	14 045	57.9	
16.五四厂	7.85	5	2.85	2 635	7245	55.9	
17.九〇五厂	3.93	2.69	1.25	1 000	6 800	2	由天津、太原、唐山钢厂迁来
物资部	7.4	6	1.4	230	400	2	
18.一七七库	3.6	3	0.6	110	200	1	自备电源
19.五三六库	3.8	3	0.8	120	200	1	自备电源
中央气象局	0.29	0.2	0.09	113	50	0.015	
20.银川资料室	0.29	0.2	0.09	113	50	0.015	由于"文化大革命"正在进行，目前人员尚未迁来

续表

项目名称	面积/万平方米			职工总数/人	需要条件		备注
	建筑				水/吨·天	运量/万吨·年	
	小计	生产	生活				
地方项目	50.37	23.88	23.49	13 891	18 648	138.28	
一机部	13.06	6.97	6.09	3 603	840	6.12	
21.银川电表厂	1.47	0.7	0.77	765	40	0.12	由天津电表厂迁建
22.银川机修厂	8.56	4.53	4.08	2 200	780	4	由大连起重机厂迁入
23.新生风机厂	1.23	0.85	0.38	138			
24.新生机修厂	1.8	0.89	0.9	500	20	2	
八机部	4.09	2.66	1.43	1 400	350	3.2	
25.中卫农牧机械场	1.89	1.8	0.9	650	150	2.7	八机部批准扩建,第一期工程70万元
26.银川拖拉机配件厂	1.39	0.86	0.53	750	200	0.5	
煤炭部	15.24	5.11	10.13	3 734	1175	90	
27.汝箕沟煤矿	2.44	0.61	1.83	1 170	250	37	
28.新生煤矿	0.46	0.33	0.13	44	15	12	
29.石沟驿煤矿	1.44	0.17	1.28	800	110	3	新建斜井一对,投资144万元,地面建筑面积1200平方米,现有职工470人
30.磁窑堡煤矿	10.9	4	669	1720	800	38	现有职工520人,今年新建一对斜井投资320万元,区革委会已批准扩建
交通部	3.83	0.68	3.15	585	300	0.3	
31.银川汽车修理厂	3.83	0.68	3.15	585	300	0.3	
农业部	0.893	0.44	0.458	378	200	0.27	
32.银川农机修理厂	0.893	0.44	0.458	378	200	0.27	
化工部	2.41	1.32	1.09	849	6 595	6.71	
33.银川氮肥厂	1.52	0.79	0.73	590	5 952	5.54	
34.石嘴山氧气厂	0.115	0.047	0.068	60	43	0.064	
35.银川化工厂	0.77	0.48	0.29	199	600	1.1	
建材部	2.28	1.51	0.77	710	1600	27.3	
36.青铜峡水泥厂	2.28	1.51	0.77	710	1600	27.3	其中水泥部分扩建200万元
纺织部	3.57	2.18	1.39	1380	2071	2	
37.银川毛纺厂	3.57	2.18	1.39	1380	2071	2	由上海富康制毡厂迁建
一轻部	3.65	2.13	1.52	994	317	1.83	
38.石嘴山瓷厂	1.87	1.01	0.86	576	70	1.4	
39.银川皮革厂	1.44	0.96	0.48	304	240	0.23	
40.银川火柴厂	0.34	0.16	0.17	114	7	0.2	
商业部	1.35	0.88	0.47	258	200	0.5	
41.银川冷库	1.35	0.88	0.47	258	200	0.5	
二、正在建设项目	516.86	463.64	53.21	36 717	95 757	1 020.85	

续表

项目名称	面积/万平方米			职工总数/人	需要条件		备注
	建筑				水/吨·天	运量/万吨·年	
	小计	生产	生活				
中央项目	497.11	451.68	45.42	30 469	59 065	933.81	
一机部	19.09	9.25	9.84	6 320	7 304	19.61	
1.长城机床铸造厂	5.55	3.5	2.05	1 118	2 663	9.4	
2.西北轴承总厂	12.26	5.26	7	5 000	4 500	10	由东北瓦房店轴承厂迁职工1 000人,设备350台
3.吴忠微型试验机厂	1.28	0.49	0.78	202	141	0.21	由天津微型试验机厂迁职工153人,设备12台,目前已基本建成
冶金部	8.78	7	1.78	1 450	6 500	18	
4.三〇四厂	8.78	7	1.78	1 450	6 500	18	由东北迁入职工及部分设备,目前已到职工500人
公安部	3.54	2.08	1.46	192	253	2.5	
5.平罗玛钢厂	3.54	2.08	1.46	192	253	2.5	由天津玛钢厂迁入,主要劳力是劳改犯
煤炭部	53.58	29.25	24.34	15 924	20 908	693	
6.大武口洗煤厂	6.63	4.83	1.81	1 003	5 800	300	
7.汝箕沟矿区							
8.西北煤矿第一机械厂							
9.西北煤矿第二机械厂							
10.西北煤矿第三机械厂							
11.西北煤矿机修总厂							
化工部							
12.宁夏制药厂							
铁道部							
13.汝箕沟支线							
水电部							
14.青铜峡水电厂							
15.宁夏输变电工程							
其中:大汝输变电							
石哈变电							
三〇四电厂输变电							
石油部	410.97	403.22	7.74	6 073	6 100	200	
16.石油资源勘探				5 101	5 000	200	
其中:石油钻井工程							
青铜峡料库	0.51	0.2	0.31		400		
公路工程	400	400					
房屋建筑	8.48	1	7.43				
供水工程	0.05	0.05					

项目名称	面积 / 万平方米			职工总数 / 人	需要条件		备注
	建筑				水 / 吨·天	运量 / 万吨·年	
	小计	生产	生活				
通讯及供电	0.06	0.06					
综合机修厂	1.92	1.92		972	700		另1968年内设备购置1050万元
地方项目	19.75	11.96	7.79	6 248	36 692	87.04	
一机部	2.29	1.55	0.74	850	200	2.9	
17.贺兰电机厂	1.62	1.07	0.55	600	100	1.5	
18.石嘴山工业陶	0.67	0.48	0.19	250	100	1.4	
化工部	5.17	2.57	2.6	1 230	21 610	35.04	
19.银川化肥厂	4.42	2.37	2.05	1 100	21 600	30	
20.银川磷肥厂	0.75	0.2	0.55	130	10	5.04	
纺织部	4.93	2.71	2.22	2 176	756	2.5	
21.银川棉纺厂	4.3	2.4	1.9	1 880	636	1.5	
22.银川亚麻纺织厂	0.63	0.31	0.32	296	120	1	
一轻部	2.42	1.62	0.8	921	11 498	15	
23.青铜峡纸厂	0.99	0.6	0.39	330	7 000	2	
24.银川糖厂	1.43	1.02	0.41	591	4 498	13	
建材部	1.79	1.12	0.67	706	778	21.79	
25.石嘴山炉渣砖厂	1	0.69	0.31	273	210	1.79	
26.石嘴山水泥厂	0.79	0.43	0.36	433	568	20	
商业部	3.15	2.39	0.76	365	1 850	0.81	
27.固原冷库	0.53	0.36	0.17	123	1 000	0.51	
28.石嘴山冷库	0.62	0.33	0.29	122	800	0.3	
29.青铜峡油库	2	1.7	0.3	120	50	9	主管部门未定
三、筹建项目	29.52	16.23	13.29	4 092	9 544	39.9	
中央项目	12.36	7.47	4.89	1 801	4 404	22.26	
一机部	11.33	6.47	4.85	1 771	4 404	14.76	
1.第五砂轮厂	6.43	3.77	2.65	771	4 000	9	由第一砂轮厂迁入职工650人,机床5台
2.宁夏起重机厂	4.9	2.7	2.2	1 000	404	5.76	由大连起重机厂迁入职工600人,设备113台
供销总社	1.03	1	0.03	30		7.5	
3.石空仓库	1.03	1	0.03	30		7.5	自备电源
地方项目	17.16	8.76	8.4	2 291	5 140	17.64	
一机部	3.29	1.59	1.7	800	2 200	0.75	
4.银川机床修理厂	1.3	0.8	0.5	400	1 750	0.15	
5.银川汽车配件厂	1.99	0.79	1.2	400	450	0.6	
八机部	11.5	5.5	6	965	1 000	0.6	

续表

项目名称	面积/万平方米			职工总数/人	需要条件		备注
	建筑				水/吨·天	运量/万吨·年	
	小计	生产	生活				
6.宁夏柴油机厂	11.5	5.5	6	965	1 000	0.6	
建材部	1.1	0.9	0.09	150	200	2	
7.银川水泥瓦厂	1.1	0.9	0.09	150	200	2	
商业部	0.54	0.33	0.21	120	1 000	0.25	
8.中卫冷库	0.54	0.33	0.21	120	1 000	0.25	
水电部	0.28	0.14	0.14	96	620	13.6	
9.固原电厂	0.28	0.14	0.14	96	620	13.6	
二轻部	0.45	0.3	0.15	160	120	0.44	
10.银川塑料厂	0.45	0.3	0.15	160	120	0.44	

续表

表 9 上海铁道医学院支宁名单

姓名	职务	姓名	职务
曹佑安	院党委副书记、副院长	刘振荣	小儿科讲师
李义清	病理副教授	张银福	外科主治医师
李跃增	体育讲师	马正行	生理教师
李福祥	病理讲师	郭 莉	内科医师
李 素	内科讲师	张启泉	外科麻醉医师
强龙才	外科讲师	梁大用	外科医师
卢玉韵	微生物讲师	于克明	保卫部副部长
徐 龙	内科主治医师	李名瑜	科研处处长
刘长法	内科医师	张清云	教务科科长
侯仲球	内科医师	严慕程	科研处干部
曹承华	外科医师	李少英	图书馆副主任
李宗泉	院党委组织部部长	范增峰	宣传部部长
顾振声	外科副教授	邓永高	总务科科长
余伟均	药理讲师	郭大定	教研室主任
沈 谧	病生讲师	楼瑞祥	学生处副科长
王晋芳	内科讲师	袁太之	教材科副科长
一般干部	罗善圣　陈剑飞　许坤兴　陈秀春　胡雪琴　王兆元　邵培成　吴玉德		
工人	陈桂林　凌林法　汪林芳　顾福祥		
其他人员	陈邦枢　陈德利　陈志铭　冯嘉福　冯兆南　贡 坚　顾伯诚　侯锡祥　黄福申　姬忠奎　姜殿甫　李春华　林周璋　刘静良　刘现桐　吕安明　罗润胜　潘鏊川　沈 刚　盛履玄　施梦娟　宋玉环　孙建中　唐国治　田洪元　汪炳华　王庆坤　吴信法　徐荣海　薛凤岐　杨虎川　余 彬　詹闲学　张承祖　赵 恩　赵培翼　周湘云　周振菁　朱五荣　祝寿嵩		

表 10　宁夏回族自治区文教厅 1961 年 6 月末全部职工人数统计

单位：人

单位	职工数	本区		合计	外省											流入
		合计	农业		国家分配的						组织支宁的					
					小计	北京	天津	上海	东北	其他	小计	北京	上海	浙江	其他	
文教厅	89	13	5	76	76	7	3	2		64						
电影公司	22	6		16	16			3	1	12						
电影制片厂	35	5		30	30	3	1		3	23						
电影机械厂	32	12		20	20	2		2		16						
区新华书店	36	3	1	33	24	10		5		9	6	3			3	3
博物馆	44	12		32	27	8		1	1	17	5		4	1		
区图书馆	24	1	1	23	21	11		2			1	1				1
京剧团	136	3		133	131	129										2
京剧团学员队	105			105	105	105										
越剧团	61	1		60	60	2		58								
文工团	188	15	2	174	172	31	8	11	39							1
秦剧团	147	139	3	8	8	4		1	1							
秦剧团学员队	71	71	19													
电影训练班	7	20	10	5	5	1	1	1								
银川剧场	20	14	2	6	6	1		1	3							
新城剧场	9	4	1	5	5	1										
红旗剧场	17	5		12	10	6	1	2			1			1		1
幼儿师范	42	10	3	32	12			5	1		15	6	5		4	5
银川师范	63	33	18	32	28	4		2								4
工农师范	20	5	3	15	15	1	2	1	1							
银川夜大	6			6	6	1		1								
师范附小	45	29	14	16	16	12										
区幼儿园	77	18	10	59	54	7	2	4	3		1		1			4
群众艺术馆	4			4	4		1	1								
合计	1 306	405	83	901	851	346	19	103	53	141	29	10	10	2	7	21

表 11　1955—1957 年安置北京、上海移民情况统计

单位：人

县别	上海移民 1956年移来单身妇女					北京移民 1955年安置		1956年安置		学生数				变动情况 逃跑		就业外迁		巩固在农村的实有人数		1957年生产生活情况 自给		半自给		无劳救济		1955年建房款	建房情况 1957年度 计划建房	建成	未建成
	大人	小孩	合计	已婚	未婚	户数	人数	户数	人数	中学生	小学生	新生	病故	户数	人数	户数	人数	户数	人数	户数	人数	户数	人数	户数	人数				
银川市	9		9	9				297	1 417	13	13	34	17	68	322	17	82	212	1 030	49	198	153	793	10	39		396	368	28
中卫	40	15	55	31	9			249	1 169	41	222			23	122	6	17	220	1 030	89	400	75	369	56	261		517	517	
中宁	39	12	51	35	4			238	981	19	159	20	11	33	58	6	19	199	913	46	155	130	662	23	96		347	319	28
宁朔	81	16	97	73	8	241	1 014	245	1 114	85	405	101	45	53	205	5	28	428	1 951	82	288	328	1 587	18	96	500	388	266	122
永宁	60	14	74	56	4	108	493	282	1 367	48	249	38	20	47	233			343	1 645	61	217	250	1 275	32	153	255	437	266	171
贺兰	82	14	94	80	2	509	2 178	333	1 546	76	619	111	65	117	571	139	501	586	2 698	44	128	519	2 474	23	96	1 000	568	437	131
平罗	18	2	20	17	1			11			1	3	1	6	22			5	16			4	13	1	3		10	10	
惠农	21	6	27	21																									
合计	380	79	429	322	28	858	3 685	1 655	7 630	282	1 668	307	159	347	1 533	173	647	1 993	9 283	371	1 386	1 459	7 173	163	724	1 755	2 663	2 183	480

备注：

1. 1955—1956 年共安置北京移民 11 315 人，巩固在农业者 9 283 人，占原安置人数的 82.3%，就业者 647 人，占 5.71%，逃返原籍者 1 533 人，占 11.99%。

2. 巩固在农业社的 9 283 人 1957 年的生产情况：全部自给者 1 386 人，占 14.94%；半自给者 7 137 人，占 77.27%；无劳需长期救济者 724 人，占 7.99%。

根据银川市和贺兰县逐户摸底材料统计，半自给的人数内，能自给 8 个月者占 4.5%，7 个月者占 6.47%，6 个月者占 8.17%，5 个月者占 12.2%，4 个月者占 18.87%，3 个月者占 24.74%，2 个月者占 17.2%，1 个月者占 7.85%。

表 12　浙江省 1959 年支宁青年分配意见

被支援的县市	宁夏要求人数	浙江支援人数/人	担负支援任务的县市	备注
银川市		4 660	杭州市（包括萧山、富阳两县共 3 300 人）；宁波市（1 360 人）	嘉兴对小坝
吴忠市		4 400	遂昌（300 人）；江山（600 人）；缙云（300 人）；龙游（400 人）；浦江（600 人）；义乌（700 人）；兰溪（700 人）；金华（800 人）	嘉兴对小坝
石嘴山		7 050	温州（1 500 人）；平阳（2 300 人）；永嘉（800 人）；乐清（1 150 人）；临海（1 300 人）	海宁对瞿靖
贺兰		5 105	吴兴（2 070 人）；黄岩（1 515 人）；温岭（1 520 人）	海宁对瞿靖
平罗		4 000	丽水（550 人）；青田（600 人）；瑞安（2 000 人）；玉环（300 人）；仙居（550 人）	海宁对瞿靖
灵武		3 000	东阳（1 600 人）；永康（1 400 人）	德清对连湖
青铜峡		900	衢县（900 人）	德清对连湖
金积		2 271	建德（547 人）；桐芦（576 人）；开化（285 人）；淳安（863 人）	德清对连湖
永宁		2 080	临安（410 人）；平湖（750 人）；安吉（420 人）；长兴（500 人）	桐乡、昌化对李俊
宁朔		4 879	嘉兴（1 660 人）；桐乡（1 080 人）；海宁（1 160 人）；德清（660 人）；昌化（319 人）	桐乡、昌化对李俊
中宁		5 065	诸暨（1 210 人）；绍兴（1 845 人）；鄞县（1 040 人）；上虞（970 人）	桐乡、昌化对李俊
中卫		6 590	余姚（1 225 人）；慈溪（1 285 人）；嵊县（1 360 人）；象山（1 415 人）；奉化（605 人）；天台（700 人）	桐乡、昌化对李俊
合计	50 000	50 000	3 个市、47 个县	

表13 1960年安置青年及随迁家属分配

单位：人

县（市）	合计			具体安置单位	人数			浙江对口地区
	共计	青年	家属		小计	青年	家属	
银川	12 086	10 510	1 574	平吉堡农场	7 486	6 510	976	金华　温州
				银川牧场	1 150	1 000	150	嘉兴
				贺兰山畜牧试验场	2 300	2000	300	嘉兴
				芦花台园林试验场	1 150	1 000	150	嘉兴
宁朔	978	850	128	连湖农场	403	350	53	金华　温州
				宁朔县农场	575	500	75	金华　温州
贺兰	575	500	75	暖泉农场	575	500	75	金华　温州
灵武	920	800	120	灵武农场	920	800	120	金华　温州
平罗	2 300	2 000	300	前进农场	2 300	2 000	300	金华　温州
中宁	1 380	1 200	180	渠口堡农场	1 380	1 200	180	金华　温州
同心	805	700	105	王团庄农场	805	700	105	金华　温州
海原	575	500	75	高崖农场	575	500	75	金华　温州
惠农	747	650	97	惠农县农场	747	650	97	金华　温州
金积	1 265	1 100	165	巴浪湖农场	1 265	1 100	165	嘉兴
农垦局	1 495	1 300	195	基建队	1 495	1 300	195	金华　温州
水利水电局	6 084	5 290	794	水利电力局	6 084	5 290	794	宁波
工矿企业	5 290	4 600	690	工矿企业	5 290	4 600	690	杭州　温州　宁波　嘉兴
合计	34 500	30 000	4 500		34 500	30 000	4 500	
备注	各县安置单位安置28 700人，其余基建队的1 300人，除平时同样进行开荒、垦地、生产外，主要负责今后来宁人员的修建房屋和新建单位的基建工作。这样可避免以往任务集中，时间限制，建设跟不上去的困难。（专供农垦局所属系统基建）							
	1959年安置青年留浙家属来宁任务分配：原安置国营农牧场700人；银川350人；中宁600人；中卫600人；宁朔500人；吴忠400人；金积200人；灵武300人；永宁300人；贺兰500人；平罗400人；惠农600人；青铜峡工程局50人；合计5 500人。							

表 14　自治区属系统上海来宁职工、家属统计

单位：人

系统	单位	人数	先进生产者	红旗手	入党	入团	备注
	总计	6 496	345	16	11	146	
工业局	合计	1 036	30	2	1	21	
	银川制药厂	39	3		1	1	
	银川毛纺织厂	20	10			2	
	建筑安装队	21					
	银川橡胶厂	20					
	银川棉纺织厂	11					
	银川糖厂	169	1			13	
	银川化工厂	82	6				
	银川磷肥厂	62	10	2		5	
	化工设计研究院	3					
	石油化工学校	25					
	石嘴山玻璃厂	15					
	中卫油页岩厂	70					
	酒精淀粉厂	10					
	石嘴山化工厂	60					
	青铜峡纸厂	50					
	固原亚麻纺织厂	70					
	石嘴山瓷厂	309					
机械局	合计	1 077	14		1	2	
	吴忠仪表厂	223	3				
	银川机械修配厂	133	11		1	2	
	中卫机械修配厂	100					
	吴忠技校	409					
	银川中等技校	86					
	其他	126					
冶金局	合计	553	48			24	
	石嘴山钢铁厂	462	41			20	
	银川铁合金厂	64	7			4	
	中卫照壁山铁矿	27					
水电局	合计	329	45	4	3	23	
	银川电厂	140	42		3	20	
	修配厂	23	3	4		3	
	勘测设计院	12					
	银川加工厂	1					
	吴忠建筑队	1					
	吴忠技校	3					
	天津培训	3					

附录

续表

系统	单位	人数	先进生产者	红旗手	入党	入团	备注
水电局	固原水利工程队	2					
	中卫电厂	20					
	石嘴山安装工程队	78					
	石嘴山电厂	46					
建工局	银川市老城工地	1 297	8				
	银川市新城工地	88					
	青铜峡工地	72					
	中卫水泥厂	21					
	中卫县工地	2					
	固原县工地	6					
	其他	380					
	家属	701					
煤炭局	合计	722	28	1		3	
	石嘴山矿务局	275		1		3	
	石嘴山安装建筑公司	178					
	上下河沿煤矿	2 689	28				
交通局	合计	109					
地质局	合计	99					
邮电局	合计	5					
文教厅	合计	644					
	越剧团	53					
	展览馆	6					
	医学院	45					
	农学院	6					
	师范学院	3					
	新华书店	16					
	文教大队	515					
卫生厅	合计	82	3		1		
商业厅	合计	14					
农业厅	合计	6					
粮食厅	合计	10					
铁路办事处	合计	59	1	2			
青铜峡工程局	合计	41	1				
财经学校	合计	10					
区体委	合计	3					
交际处	合计	15					
电台	合计	104					
宁夏日报社	合计	285					

续表

表 15　各县、市上海来宁职工、家属统计

单位：人

市、县	单位	人数	先进生产者	红旗手	入党	入团	备注
	总计	21 128	1 286		10	179	
银川市	合计	11 102	376		4	85	
	工业	5 883	275		4	52	
	商业	531	82			28	
	城市建设	132					
	交通	22					
	粮食	43	7			4	
	文教	71	3				
	卫生	132	5				
	东街公社	1 500	3				
	西街公社	2 127	1			1	
	其他	261					
吴忠市	合计	3 953	303			6	
石嘴山市	合计	717	39		2	3	
中卫县	合计	1 330	125				
中宁县	合计	880	29				
固原县	合计	1 224	39				
西吉县	合计	375					
海原县	合计	334					
泾源县	合计	210					
隆德县	合计	249					
金积县	合计	112					
贺兰县	合计	57					
永宁县	合计	41					
宁朔县	合计	400					
灵武县	合计	39					
平罗县	合计	22					
陶乐县	合计	11					
另外	流回上海	100 多人					
	流往江苏、浙江、新疆等地	3 000 多人					
	死亡	18 人					

表16　西北地区（宁夏项目）1964—1965年迁厂项目落实情况对照

所属部	企业名称	一线企业名称	原定迁入地址（厂名）	落实的地址（厂名）	原定迁入人数/人	落实迁入人数/人	原定迁入设备/台	落实迁入设备/台
冶金工业部	第十六钢厂	鞍山钢厂天津钢厂本溪钢厂钢丝部分	宁夏石嘴山钢厂	宁夏石嘴山钢厂	3 400	2 100	0	2 200吨
	银川组合机床厂	大连机床厂	石嘴山钢厂机修车间	银川铝厂	400	852	50	143
	中卫机床厂	沈阳中捷友谊厂	中卫机修厂	中卫机修厂物资仓库	500~600	420	160~180	105
	银川机械厂	大连起重机厂	银川机械修配厂	银川机械修配厂	300	300	60	60
	吴忠仪表厂	上海崇明仪表厂	吴忠机械农具修配厂	吴忠仪表厂	132	126	42	42
	青铜峡材料实验机厂	北京仪器厂	青铜峡化工厂	青铜峡化工厂	300	250	未定	53
	银川流量仪表厂	大连仪表厂	银川磷肥厂	银川东门拖拉机修理站	400	350	未定	87
农机部	宁夏活塞厂	石家庄配件厂洛阳拖拉机厂	宁夏中卫机修厂	宁夏吴忠农具厂	40	80	40	40
化工部	银川橡胶厂	青岛橡胶厂沈阳橡胶三厂	银川橡胶厂	银川橡胶厂	920	950	0	0
	西北有机化工厂	天津染化五厂青岛染料厂山东新华药厂	宁夏	兰州烧碱厂	370	71	0	0

后　记

从现代化发展的视角而言，当代宁夏的历史本身就是一部社会主义道路上会聚移民共同开发、建设现代化新宁夏的发展史，是宁夏各民族共同团结进步、共同繁荣发展的光辉历史。七十多年来，一批批移民会聚宁夏，带来了先进的理念与技术，促进了多地域文化的交流和融合，为宁夏建设和发展注入了强大活力，做出了重要贡献。对新中国成立以来宁夏移民档案进行系统收集整理研究，追溯新中国不同时期、不同形式的移民壮举，对于反映当代宁夏移民们艰苦卓绝的奋斗历程，充分彰显社会主义制度优越性，进一步铸牢中华民族共同体意识，为努力建设经济繁荣、民族团结、环境优美、人民富裕的社会主义现代化美丽新宁夏凝心聚力，具有重要的现实意义和历史意义。

为了全面揭示当代宁夏移民历史原貌，将当代宁夏移民事件的来龙去脉厘清，2022年年底宁夏档案馆向国家档案局申报了《新中国成立以来宁夏移民档案整理选编》课题，并被列入国家重点档案专题保护开发项目。2023年年初宁夏档案馆聘请宁夏社会科学院退休研究馆员李习文开始拟定编写大纲并承担此项目编写工作，一年来通过走访区内各档案馆，较全面地收集了移民档案2000多件，在经过反复审读和深入研究的基础上，选出内容严谨翔实、数据可靠、学术价值高的部分档案进行了摘录选编。本档案选编具有史料价值，为呈现档案原貌，客观反映新中国成立以来宁夏移民的发展历史，编者对选文尽量不作修改。不擅自增删、修改字句（包括特定历史时期的用词、称谓、语法习惯），只校订明显误排的文字及标点等。但为便于读者查阅和理解，对于部分年代较久档案中看不清的字迹，编者在不改变原义的前提下有适当调整和修改。

先后协助参与此项工作的还有王海荣、丁玉海、丁钰镔、王乾、叶顺晴、母慧新、吕毅、孙戈、李翔、李蕾蕾、张丽、张学倩、陈菊英、顾冬梅、倪雪梅等，宁夏回族自治区党校退休研究馆员梁春阳先生对书稿进行了审读和修改，宁夏档案馆馆长王耘、副馆长孙建军对书稿进行了终审。宁夏区内各级档案馆为档案的查阅提供了极大便利，阳光出版社编辑郑晨阳、赵维娟也为本书的出版付出了辛勤劳动，在此一并表示衷心感谢。

本选编初衷是通过档案文献最大程度地揭示当代宁夏移民历史原貌，为后续移民研究提供第一手资料。由于学识水平和资料所限，书中缺漏错误在所难免，恳请各位读者和专家不吝指教。